"信息化与信息社会"系列丛书编委会名单

编委会主任　曲维枝

编委会副主任　周宏仁　张尧学　徐愈

编委会委员　何德全　邬贺铨　高新民　高世辑　张复良　刘希俭
　　　　　　刘小英　李国杰　秦　海　赵泽良　杜　链　朱森第
　　　　　　方欣欣　陈国青　李一军　李　琪　冯登国

编委会秘书处　廖　瑾　刘宪兰　刘　博　等

高等学校信息管理与信息系统专业系列教材编委会名单

专业编委会顾问　（以汉字拼音为序）
　　　　　　陈　静　杜　链　冯惠玲　高新民　黄梯云　刘希俭
　　　　　　王安耕　汪玉凯　王众托　邬贺铨　杨国勋　周汉华
　　　　　　周宏仁　朱森第

专业编委会主任　陈国青　李一军

专业编委会委员　（以汉字拼音为序）
　　　　　　陈国青　陈　禹　胡祥培　黄丽华　李　东　李一军
　　　　　　马费成　王刊良　杨善林

专业编委会秘书　闫相斌　卫　强

本书主审　卫　强

工业和信息化部"十二五"规划教材

"信息化与信息社会"系列丛书之
高等学校信息管理与信息系统专业系列教材

管理系统模拟
（第2版）

肖人彬　龚晓光　编著

電子工業出版社
Publishing House of Electronics Industry
北京·BEIJING

内 容 简 介

本书共分 8 章，包括绪论、管理系统模拟的基础知识、离散系统模拟原理与 Arena 入门、Arena 建模实例分析、基于系统动力学的连续系统模拟原理与 Vensim 入门、Vensim 建模实例分析、多智能体模拟与实例、混合型模拟与实例，以及高级传输模块简介、Arena 高级过程模块简介、χ^2 分布的临界点和 K-S 检验的临界值三个附录。

全书各章均设有问题导航和知识归纳，帮助读者学习相关内容。书中主要实例的演示文件可从有关网站下载，便于读者动手操作，重现各个实例的建模和求解过程。

本书既可作为高等学校信息管理类及其相关专业本科生的教材，也可作为上述专业的研究生和有关专业科技工作者的参考用书，还可作为企事业单位信息管理工作人员的培训教材。

未经许可，不得以任何方式复制或抄袭本书之部分或全部内容。
版权所有，侵权必究。

图书在版编目（CIP）数据

管理系统模拟 / 肖人彬，龚晓光编著. —2 版. —北京：电子工业出版社，2015.12
（"信息化与信息社会"系列丛书）
高等学校信息管理与信息系统专业系列教材
ISBN 978-7-121-27866-2

Ⅰ. ①管… Ⅱ. ①肖… ②龚… Ⅲ. ①管理信息系统－计算机模拟－高等学校－教材 Ⅳ. ①C931.6

中国版本图书馆 CIP 数据核字（2015）第 304187 号

策划编辑：刘宪兰
责任编辑：徐蔷薇　　特约编辑：刘宪兰
印　　刷：北京京师印务有限公司
装　　订：北京京师印务有限公司
出版发行：电子工业出版社
　　　　　北京市海淀区万寿路 173 信箱　邮编　100036
开　　本：787×1092　1/16　印张：26　字数：635 千字
版　　次：2009 年 12 月第 1 版
　　　　　2015 年 12 月第 2 版
印　　次：2015 年 12 月第 1 次印刷
定　　价：52.00 元

凡所购买电子工业出版社图书有缺损问题，请向购买书店调换。若书店售缺，请与本社发行部联系，联系及邮购电话：(010) 88254888。
质量投诉请发邮件至 zlts@phei.com.cn，盗版侵权举报请发邮件至 dbqq@phei.com.cn。
服务热线：(010) 88258888。

第 2 版总序

信息化是世界经济和社会发展的必然趋势。近年来，在党中央、国务院的高度重视和正确领导下，我国信息化建设取得了积极进展，信息技术对提升工业技术水平、创新产业形态、推动经济社会发展发挥了重要作用。信息技术已成为经济增长的"倍增器"、发展方式的"转换器"、产业升级的"助推器"。

作为国家信息化领导小组的决策咨询机构，国家信息化专家咨询委员会按照党中央、国务院领导同志的要求，就我国信息化发展中的前瞻性、全局性和战略性的问题进行调查研究，提出政策建议和咨询意见。信息化所具有的知识密集的特点，决定了人力资本将成为国家在信息时代的核心竞争力。大量培养符合中国信息化发展需要的人才是国家信息化发展的一个紧迫需求，也是我国推动经济发展方式转变，提高在信息时代参与国际竞争比较优势的关键。2006 年 5 月，我国公布《2006—2020 年国家信息化发展战略》，提出"提高国民信息技术应用能力，造就信息化人才队伍"是国家信息化推进的重点任务之一，并要求构建以学校教育为基础的信息化人才培养体系。

为了促进上述目标的实现，国家信息化专家咨询委员会致力于通过讲座、论坛、出版等各种方式推动信息化知识的宣传、教育和培训工作。2007 年，国家信息化专家咨询委员会联合教育部、原国务院信息化工作办公室成立了"信息化与信息社会"系列丛书编委会，共同推动"信息化与信息社会"系列丛书的组织编写工作。编写该系列丛书的目的是，力图结合我国信息化发展的实际和需求，针对国家信息化人才教育和培养工作，有效梳理信息化的基本概念和知识体系，通过高校教师、信息化专家、学者与政府官员之间的相互交流和借鉴，充实我国信息化实践中的成功案例，进一步完善我国信息化教学的框架体系，提高我国信息化图书的理论和实践水平。毫无疑问，从国家信息化长远发展的角度来看，这是一项带有全局性、前瞻性和基础性的工作，是贯彻落实国家信息化发展战略的一个重要举措，对于推动国家的信息化人才教育和培养工作，加强我国信息化人才队伍的建设具有重要意义。

考虑到当时国家信息化人才培养的需求，各个专业和不同教育层次（博士生、硕士生、本科生）的需要，以及教材开发的难度和编写进度时间等问题，"信息化与信息社会"系列丛书编委会采取了集中全国优秀学者和教师，分期分批出版高质量的信息化教育丛书的方式，结合高校专业课程设置情况，在"十一五"期间，先后组织出版了"信息管理与信息系统"、"电子商务"、"信息安全"三套本科专业高等学校系列教材，受到高校相关学科专业师生的热烈欢迎，并得到业内专家与教师的一致好评和高度评价。

但是，随着时间的推移和信息技术的快速发展，上述专业的教育面临着持续更新、不断完善的迫切要求，日新月异的技术发展及应用变迁也不断对新时期的建设和人才培养提出新要求。为此，"信息管理与信息系统"、"电子商务"、"信息安全"三个专业教育需以综合的视角和发展的眼光不断对自身进行调整和丰富，已出版的教材内容也需及时进行更新和调整，以满足需求。

这次，高等学校"信息管理与信息系统"、"电子商务"、"信息安全"三套系列教材的修订是在涵盖第1版主题内容的基础上，进行的更新和调整。我们希望在内容构成上，既保持原第1版教材基础的经典内容，又要介绍主流的知识、方法和工具，以及最新的发展趋势，同时增加部分案例或实例，使每一本教材都有明确的定位，分别体现"信息管理与信息系统"、"电子商务"、"信息安全"三个专业领域的特征，并在结合我国信息化发展实际特点的同时，选择性地吸收国际上相关教材的成熟内容。

对于这次三套系列教材（以下简称系列教材）的修订，我们仍提出了基本要求，包括信息化的基本概念一定要准确、清晰，既要符合中国国情，又要与国际接轨；教材内容既要符合本科生课程设置的要求，又要紧跟技术发展的前沿，及时地把新技术、新趋势、新成果反映在教材中；教材还必须体现理论与实践的结合，要注意选取具有中国特色的成功案例和信息技术产品的应用实例，突出案例教学，力求生动活泼，达到帮助学生学以致用的目的，等等。

为力争修订教材达到我们一贯秉承的精品要求，"信息化与信息社会"系列丛书编委会采用了多种手段和措施保证系列教材的质量。首先，在确定每本教材的第一作者的过程中引入了竞争机制，通过广泛征集、自我推荐和网上公示等形式，吸收优秀教师、企业人才和知名专家参与写作；其次，将国家信息化专家咨询委员会有关专家纳入各个专业编委会中，通过召开研讨会和广泛征求意见等多种方式，吸纳国家信息化一线专家、工作者的意见和建议；最后，要求各专业编委会对教材大纲、内容等进行严格的审核，并对每本教材配有一至两位审稿专家。

我们衷心期望，系列教材的修订能对我国信息化相应专业领域的教育发展和教学水平的提高有所裨益，对推动我国信息化的人才培养有所贡献。同时，我们也借系列教材修订出版的机会，向所有为系列教材的组织、构思、写作、审核、编辑和出版等做出贡献的专家学者、教师和工作人员表达我们最真诚的谢意！

应该看到，组织高校教师、专家学者、政府官员及出版部门共同合作，编写尚处于发展动态之中的新兴学科的高等学校教材，有待继续尝试和不断总结经验，也难免会出现这样或那样的缺点和问题。我们衷心希望使用该系列教材的教师和学生能够不吝赐教，帮助我们不断地提高系列教材的质量。

曲维枝

2013年11月1日

第 1 版总序

信息化是世界经济和社会发展的必然趋势。近年来，在党中央、国务院的高度重视和正确领导下，我国信息化建设取得了积极进展，信息技术对提升工业技术水平、创新产业形态、推动经济社会发展发挥了重要作用。信息技术已成为经济增长的"倍增器"、发展方式的"转换器"、产业升级的"助推器"。

作为国家信息化领导小组的决策咨询机构，国家信息化专家咨询委员会一直在按照党中央、国务院领导同志的要求就信息化前瞻性、全局性和战略性的问题进行调查研究，提出政策建议和咨询意见。在做这些工作的过程中，我们愈发认识到，信息技术和信息化所具有的知识密集的特点，决定了人力资本将成为国家在信息时代的核心竞争力，大量培养符合中国信息化发展需要的人才已成为国家信息化发展的一个紧迫需求，成为我国应对当前严峻经济形势，推动经济发展方式转变，提高在信息时代参与国际竞争比较优势的关键。2006 年 5 月，我国公布《2006—2020 年国家信息化发展战略》，提出"提高国民信息技术应用能力，造就信息化人才队伍"是国家信息化推进的重点任务之一，并要求构建以学校教育为基础的信息化人才培养体系。

为了促进上述目标的实现，国家信息化专家咨询委员会一直致力于通过讲座、论坛、出版等各种方式推动信息化知识的宣传、教育和培训工作。2007 年，国家信息化专家咨询委员会联合教育部、原国务院信息化工作办公室成立了"信息化与信息社会"系列丛书编委会，共同推动"信息化与信息社会"系列丛书的组织编写工作。编写该系列丛书的目的，是力图结合我国信息化发展的实际和需求，针对国家信息化人才教育和培养工作，有效梳理信息化的基本概念和知识体系，通过高校教师、信息化专家、学者与政府官员之间的相互交流和借鉴，充实我国信息化实践中的成功案例，进一步完善我国信息化教学的框架体系，提高我国信息化图书的理论和实践水平。毫无疑问，从国家信息化长远发展的角度来看，这是一项带有全局性、前瞻性和基础性的工作，是贯彻落实国家信息化发展战略的一个重要举措，对于推动国家的信息化人才教育和培养工作，加强我国信息化人才队伍的建设具有重要意义。

考虑当前国家信息化人才培养的需求、各个专业和不同教育层次（博士生、硕士生、本科生）的需要，以及教材开发的难度和编写进度时间等问题，"信息化与信息社会"系列丛书编委会采取了集中全国优秀学者和教师、分期分批出版高质量的信息化教育丛书的方式，根据当前高校专业课程设置情况，先开发"信息管理与信息系统"、"电子商务"、"信息安全"三个本科专业高等学校系列教材，随后再根据我国信息化和高等学校相关专业发展的情况陆续开发其他专业和类别的图书。

对于新编的三套系列教材（以下简称系列教材），我们寄予了很大希望，也提出了基本要求，包括信息化的基本概念一定要准确、清晰，既要符合中国国情，又要与国际接轨；教材内容既要符合本科生课程设置的要求，又要紧跟技术发展的前沿，及时地把新技术、新趋势、新成果反映在教材中；教材还必须体现理论与实践的结合，要注意选取具有中国特色的成功案例和信息技术产品的应用实例，突出案例教学，力求生动活泼，达到帮助学生学以致用的目的，等等。

为力争出版一批精品教材，"信息化与信息社会"系列丛书编委会采用了多种手段和措施保证系列教材的质量。首先，在确定每本教材的第一作者的过程中引入了竞争机制，通过广泛征集、自我推荐和网上公示等形式，吸收优秀教师、企业人才和知名专家参与写作；其次，将国家信息化专家咨询委员会有关专家纳入各个专业编委会中，通过召开研讨会和广泛征求意见等多种方式，吸纳国家信息化一线专家、工作者的意见和建议；最后，要求各专业编委会对教材大纲、内容等进行严格的审核，并对每一本教材配有一至两位审稿专家。

如今，我们很高兴地看到，在教育部和原国务院信息化工作办公室的支持下，通过许多高校教师、专家学者及电子工业出版社的辛勤努力和付出，"信息化与信息社会"系列丛书中的三套系列教材即将陆续和读者见面。

我们衷心期望，系列教材的出版和使用能对我国信息化相应专业领域的教育发展和教学水平的提高有所裨益，对推动我国信息化的人才培养有所贡献。同时，我们也借系列教材开始陆续出版的机会，向所有为系列教材的组织、构思、写作、审核、编辑、出版等做出贡献的专家学者、教师和工作人员表达我们最真诚的谢意！

应该看到，组织高校教师、专家学者、政府官员及出版部门共同合作，编写尚处于发展动态之中的新兴学科的高等学校教材，还是一个初步的尝试。其中，固然有许多的经验可以总结，也难免会出现这样或那样的缺点和问题。我们衷心地希望使用系列教材的教师和学生能够不吝赐教，帮助我们不断地提高系列教材的质量。

曲伟枝

2008 年 12 月 15 日

第 2 版序言

在移动计算、物联网、云计算等一系列新兴技术的支撑下，网络生活、社交媒体、协同创造、虚拟服务等新型应用模式持续拓展着人类创造和利用信息的范围与形式。这些日新月异的新兴技术与应用模式的涌现，使得全球数据量呈现前所未有的爆发式增长态势。同时，数据复杂性也急剧增加，其多样性（多源、异构、多模态和富媒体等）、低价值密度（信息不相关性和高"提纯"难度等）、实时性（流信息和连续商务等）特征日益显著。可以说我们已经进入"大数据"时代。数据已经渗透到每一个行业和领域，成为国家宏观调控和治理，社会各行各业管理和技术应用的基础和要素。

大数据时代的管理喻意可以从两个方面来概括，即"三个融合"和"三新"。"三个融合"指 IT 融合（信息技术与社会生活及企业业务的密不可分性）、内外融合（企业外部数据与内部数据整合的重要性）和价值融合（企业"造"与"用"价值创造的模式创新性）。这三个融合意味着：①越来越多的传统管理和决策成为基于数据分析的管理和决策（如数字化生存、数据运营、深度业务分析（Business Analytics，BA）核心能力等）；②用户/公众创造内容（UGC/PGC）（如评论、口碑、商誉、舆情和社会网络等）成为企业活动的重要关注点；③企业的价值创造过程日益体现出"无形围绕有形"的互动（如"服务围绕产品"的业务拓展方式等）。而"三新"则指大数据时代催生的新模式、新业态和新人群。这意味着：①现有企业需要升级转型（如数据驱动的精益管理和模式创新等）；②新兴业态在诞生和发展（如赛博空间生活和众包等）；③信息社会中"移民"和"原住民"的多样化生存（如新型客户关系、新式企业文化和新颖行为特点等）。大数据时代管理喻意的上述两个方面反映了大数据时代管理理论和实践的变化特征，其中前者主要体现管理领域和视角上的变化，后者则主要体现管理主体和方式上的变化。

在我国信息化与工业化、城镇化和农业现代化同步发展的背景下，展望我国信息化发展的未来，信息技术应用将持续呈现出在物联网和智慧城市建设、云平台和大数据分析、新兴电子商务应用、企业信息化新拓展、绿色信息化路径等领域的主流现象和发展趋势，也为高等学校"信息管理与信息系统"专业建设和人才培养在新形势下带来新的挑战和机遇。

"信息管理与信息系统"作为一个快速更迭、动态演进的学科专业，必须以综合的视角和发展的眼光不断对自身进行调整和丰富，以适应新时代前进的步伐。高等学校信息管理与信息系统专业系列教材的第 2 版修订，就是希望通过更为系统化的逻辑体系和更具前瞻性的内容组织，帮助信息管理与信息系统专业相关领域的学生及实践者更好地理解现代信息系统在"造"（技术）和"用"（管理）维度上的分野和统一，掌握相关的基础知识和基本技能（特别包括企业进行数据运营、利用深度业务分析（BA）构建核心竞争能力方面的基础知识和技能）。

本次对高等学校信息管理与信息系统专业系列教材的修订，在基本保留第 1 版主要内容的框架基础上，仍然强调把握领域知识的"基础、主流与发展"的关系，并体现"管理与技术并重"的领域特征。同时，在整个系列和相关教材内容中，从领域发展与知识点的角度，以不同程度和形式反映新技术时代的特点（如云计算和大数据这一新型计算模式）、IT 应用特征（如移动性、虚拟性、个性化、社会性和极端数据）、信息化拓展（如两化深度融合和企业外部数据分析）、新兴电子商务应用（如移动商务、社会化商务和 O2O）、搜索方法与服务（如关键词搜索与营销、信息检索与匹配）、IT 战略与管理（如服务管理、伙伴管理、业务安全管理和连续商务管理）等。我们希望通过系列教材专业编委会的共同努力，第 2 版系列教材能够成为高等学校信息管理与信息系统专业及相关专业学生循序渐进地了解和掌握专业知识的系统性学习材料，成为大数据环境下从业人员及管理者的有益参考资料。

本系列教材的编写和修订得到了多方面的帮助与支持。在此，我们感谢国家信息化专家咨询委员会及高等学校信息管理与信息系统系列教材编委会专家们对教材体系设计的指导和建议，感谢教材编写者在时间和精力上的大量投入及所在单位给予的大力支持，感谢参与本系列教材研讨和编审的各位专家、学者的真知灼见！同时，我们对电子工业出版社在本系列教材整个出版过程中所做的努力深表谢意！

由于时间和水平有限，第 2 版系列教材在内容上肯定存在不足和不尽如人意之处，恳请广大读者批评指正。

高等学校信息管理与信息系统
专业系列教材编委会
2013 年 12 月于北京

第1版序言

日新月异的技术发展及应用变迁不断给信息系统的建设者与管理者带来新的机遇和挑战。例如，以 Web 2.0 为代表的社会性网络应用的发展深层次地改变了人们的社会交往行为及协作式知识创造的形式，进而被引入企业经营活动中，创造出内部 Wiki（Internal Wiki）、预测市场（Prediction Market）等被称为"Enterprise 2.0"的新型应用，为企业知识管理和决策分析提供了更为丰富而强大的手段；以"云计算"（Cloud Computing）为代表的软件和平台服务技术，将 IT 外包潮流推向了一个新的阶段，像电力资源一样便捷易用的 IT 基础设施和计算能力已成为可能；以数据挖掘为代表的商务智能技术，使得信息资源的开发与利用在战略决策、运作管理、精准营销、个性化服务等各个领域发挥出难以想象的巨大威力。对于不断推陈出新的信息技术与信息系统应用的把握和驾驭能力，已成为现代企业及其他社会组织生存发展的关键要素。

2008 年中国互联网络信息中心（CNNIC）发布的《第 23 次中国互联网络发展状况统计报告》显示，我国的互联网用户数量已超过 2.98 亿人，互联网普及率达到 22.6%，网民规模全球第一。与 2000 年相比，我国互联网用户的数量增长了 12 倍。换句话说，在过去的 8 年间，有 2.7 亿中国人开始使用互联网。可以说，这样的增长速度是世界上任何其他国家所无法比拟的，并且可以预期，在今后的数年中，这种令人瞠目的增长速度仍将持续，甚至进一步加快。伴随着改革开放的不断深入，互联网的快速渗透推动着中国经济、社会环境大步迈向信息时代。从而，我国"信息化"进程的重心，也从企业生产活动的自动化，转向了全球化、个性化、虚拟化、智能化、社会化环境下的业务创新与管理提升。

长期以来，信息化建设一直是我国国家战略的重要组成部分，也是国家创新体系的重要平台。近年来，国家在中长期发展规划及一系列与发展战略相关的文件中充分强调了信息化、网络文化和电子商务的重要性，指出信息化是当今世界发展的大趋势，是推动经济社会发展和变革的重要力量。《2006—2020 年国家信息化发展战略》提出要能"适应转变经济增长方式、全面建设小康社会的需要，更新发展理念，破解发展难题，创新发展模式"，这充分体现出信息化在我国经济、社会转型过程中的深远影响，同时也是对新时期信息化建设和人才培养的新要求。

在这样的形势下，信息管理与信息系统领域的专业人才，只有依靠开阔的视野和前瞻性的思维，才有可能在这迅猛的发展历程中紧跟时代的脚步，并抓住机遇做出开拓性的贡献。

另一方面，信息时代的经营、管理人才及知识经济环境下各行各业的专业人才，也需要拥有对信息技术发展及其影响力的全面认识和充分的领悟，才能在各自的领域之中把握先机。

因此，信息管理与信息系统的专业教育也面临着持续更新、不断完善的迫切要求。我国信息系统相关专业的教育已经历了较长时间的发展，形成了较为完善的体系，其成效也已初步显现，为我国信息化建设培养了一大批骨干人才。但我们仍然应该清醒地意识到，作为一个快速更迭、动态演进的学科，信息管理与信息系统专业教育必须以综合的视角和发展的眼光不断对自身进行调整和丰富。本系列教材的编撰，就是希望能够通过更为系统化的逻辑体系和更具前瞻性的内容组织，帮助信息管理与信息系统相关领域的学生及实践者更好地掌握现代信息系统建设与应用的基础知识和基本技能，同时了解技术发展的前沿和行业的最新动态，形成对新现象、新机遇、新挑战的敏锐洞察力。

本系列教材旨在于体系设计上较全面地覆盖新时期信息管理与信息系统专业教育的各个知识层面，既包括宏观视角上对信息化相关知识的综合介绍，也包括对信息技术及信息系统应用发展前沿的深入剖析，同时还提供了对信息管理与信息系统建设各项核心任务的系统讲解。此外，对一些重要的信息系统应用形式也进行了重点讨论。本系列教材主题涵盖信息化概论、信息与知识管理、信息资源开发与管理、管理信息系统、商务智能原理与方法、决策支持系统、信息系统分析与设计、信息组织与检索、电子政务、电子商务、管理系统模拟、信息系统项目管理、信息系统运行与维护、信息系统安全等内容。在编写中注意把握领域知识上的"基础、主流与发展"的关系，体现"管理与技术并重"的领域特征。我们希望，这套系列教材能够成为相关专业学生循序渐进地了解和掌握信息管理与信息系统专业知识的系统性学习材料，同时也成为知识经济环境下从业人员及管理者的有益参考资料。

作为普通高等教育"十一五"国家级规划教材，本系列教材的编写得到了多方面的帮助和支持。在此，我们感谢国家信息化专家咨询委员会及高等学校信息管理与信息系统系列教材编委会专家们对教材体系设计的指导和建议；感谢教材编写者的大量投入及所在各单位的大力支持；感谢参与本系列教材研讨和编审的各位专家、学者的真知灼见。同时，我们对电子工业出版社在本系列教材编辑和出版过程中所做的各项工作深表谢意。

由于时间和水平有限，本系列教材难免存在不足之处，恳请广大读者批评指正。

高等学校信息管理与信息系统
专业系列教材编委会

第 2 版前言

管理系统模拟是管理学理论和方法与计算机科学和技术互相交叉渗透、彼此融合而生的产物。2009 年 12 月，我们编著的《管理系统模拟》一书列入"信息化与信息社会"系列丛书之高等学校信息管理与信息系统专业系列教材，由电子工业出版社出版。该书被遴选为普通高等教育"十一五"国家级规划教材，出版后受到好评，使我们深感鼓舞。

上述教材是《管理系统模拟》的第 1 版，出版五年多来，我们收到不少教学方面的反馈意见，深感它有修订再版的必要。本书作为《管理系统模拟》的第 2 版，其撰写以第 1 版为基础，既吸收了它的优点，保留了原有的特色；又根据教学实践的反馈，进行了全面的修改，旨在贴近广大读者的实际需求，达到令人满意的教学效果。

本书修改的主导思想是进一步加大管理系统模拟基本方法和模拟工具的分量，强化基础知识的学习，突出建模实例的掌握，为此增加了新的章节，删除了比较高深的部分。与第 1 版相比，本书篇幅由 7 章增加到 8 章，其中新增了 3 章内容，即第 4 章（Arena 建模实例分析）、第 6 章（Vensim 建模实例分析）和第 8 章（混合型模拟与实例）；删除了第 1 版中的元胞自动机模拟（第 1 版的第 6 章）和定性模拟（第 1 版的第 7 章）两章内容；重写了绪论（第 1 章）；其他保留，只做了必要的修订和微调。本书相对于第 1 版来说，变动较大，可以说是一本全新的教材。

归纳起来，本书具有以下主要特点：

第一，内容充实，定位准确。

本书的定位主要是面向高等学校管理类学科本科生和研究生，按照问题导向的要求，充分考虑管理系统的复杂性特征和管理系统模拟方法体系的特点，根据本科生和研究生培养的不同要求，侧重基础知识讲解和基本技能培养，采用"2+4+2"的结构来组织内容，具体来说：前 2 章（第 1、2 章）是后面所有章节的基础；中间 4 章（第 3、4、5、6 章）偏重讲解如何利用相关方法和工具解决实际应用问题，适合本科生自学和教学；最后 2 章（第 7、8 章）偏重探讨如何综合利用相关方法和工具解决带有一定深度的理论问题，适合研究生的教学和参考。这样的安排使得全书内容充实，系统完整。读者通过对所有章节的学习可以掌握当前主要管理系统模拟方法的体系，体会如何表达不同的管理系统模拟方法和处理管理系统的复杂性。同时这种安排也便于教学：本科生教学重点为前 6 章，略讲后 2 章；研究生教学的具体情况差异较大，建议略讲第 3、4 章，其他章节依据实际情况安排。

第二，突出实用，操作性强。

管理学是一门面向实际的致用学科，通过管理系统模拟课程的学习，读者不仅要掌握有关概念术语和基本原理方法，更要具备一定的解决实际管理问题的能力。为了做到学以致用，我们加强了本书内容的可操作性。书中的主要实例都是由作者亲自开发完成的。读者按照书中的详细介绍和演示说明文件的提示，即可将各个实例的建模和求解过程一一重现出来。在此基础上，若能认真思考，细心体味，进而举一反三，尝试求解类似的管理系统问题，就可融会贯通，提高自身解决实际管理问题的能力。

第三，直观生动，可读性好。

为了方便读者阅读和掌握书本知识，本书在体例上力求创新，既保持了第1版的特色，设计了形象化的图标，也可直观生动地表达书中有关内容，从而提高学习的趣味性。同时为了增强可读性，本书每章均设有问题导航和知识归纳并附有练习题，帮助读者消化理解相关内容。

- ：表示学习导引；
- ：表示拓展阅读；
- ：表示小技巧或小知识点；
- ：表示小故事、生活事例或者师生交互；
- ：表示重点或难点提示。

本书部分内容反映了作者近期的研究成果，有关工作得到了国家自然科学基金项目（编号：71171089）和高等学校博士学科点专项科研基金项目（编号：20130142110051）的资助。清华大学卫强副教授审阅了全书，并提出了宝贵的修改意见。电子工业出版社首席策划刘宪兰为本书的出版花费了大量心血，付出了辛勤劳动。在此一并表示衷心的感谢。

管理系统模拟是管理学的前沿发展领域，尚未达到成熟的阶段，因此书中难免有所疏漏，存在不当之处。我们期盼广大读者不吝指教，提出修改意见和建议，以使本书能够精益求精，不断完善。

肖人彬、龚晓光
2015年7月11日
写于华中科技大学

第1版前言

管理系统模拟是管理学与计算机互相交叉渗透、彼此融合而生的产物。2008年9月，我们编著的《管理系统模拟》一书列入"高等学校信息管理示范教材"，由电子工业出版社出版。此前的2007年7月，正在紧张撰写该书稿的时候，获悉国家信息化专家咨询委员会联合教育部管理科学与工程学科教学指导委员会，拟组织编写"信息化与信息社会"系列丛书，"管理系统模拟"列为其中选题之一。我们不揣冒昧，主动承担了这一任务。经过两年的不懈努力，这本新的《管理系统模拟》终于完稿了，我们深感如释重负。

本书的撰写以原书为基础，既吸收了它的优点，保留了原有的特色，又进行了全面的改进和提升。与原书相比，本书增加了元胞自动机模拟（第6章）和定性模拟（第7章）两章新的内容，重写了绪论（第1章）；其他4章（第2章至第5章）虽在原书中存在相应的部分，但进行了较大幅度的修改，整合了原有材料，重组了章节结构，更新了主要实例；在表达形式方面，本书力求生动，加强了表达上的直观性。

归纳起来，本书具有以下主要特点：

第一，内容充实，定位准确。

本书主要是从定量上讲述管理系统模拟方法，同时也在第7章对管理系统的定性模拟做了介绍。书中内容既覆盖了管理系统模拟的基础知识（第1章至第3章），又包含了主导性的管理系统模拟方法（第4、5章），还涉及一些新兴模拟技术的介绍（第6、7章）。这样的布局谋篇使得全书内容充实，系统完整，便于读者全面掌握管理系统模拟的有关知识。

本书的定位主要是面向管理类本科生，因此应该按照问题导向的要求，根据管理系统的特点组织相关资料。管理系统作为一类社会经济系统，本身属于复杂系统的范畴。基于这一认识，本书在内容的安排上充分考虑了管理系统的复杂性特点，重点讲解了系统动力学模拟（第4章）和多智能体模拟（第5章），也适当介绍了元胞自动机模拟（第6章）和定性模拟（第7章）。它们作为复杂系统研究的重要手段，正在管理系统模拟中发挥着越来越大的作用。

第二，学以致用，操作性强。

管理学是一门面向实际的致用学科，通过管理系统模拟课程的学习，读者不仅要掌握有关概念术语和基本原理方法，更要具备一定的解决实际管理问题的能力。为了做到学以致用，我们加强了本书内容的可操作性。书中的主要实例都是由作者亲自开发完成的，相应的演示文件可登录华信教育资源网（www.huaxin.edu.cn或www.hxedu.com.cn）下载得到。读者按照书中的详细介绍和演示说明文件的提示，即可将各个实例的建模和求解过程一一重现出来。在此基础上，若能认真思考，细心体味，进而举一反三，尝试求解类似的管理系统问题，就可融会贯通，提高自身解决实际管理问题的能力。

第三，直观生动，可读性好。

为了方便读者阅读和掌握书本知识，本书在体例上力求创新，设计了以下形象化的图标，使得书中有关内容得到直观生动的表达，从而提高学习的趣味性。同时为了增强可读性，本书每章均设有问题导航和知识归纳，帮助读者消化理解相关内容。

：表示学习导引；

：表示拓展阅读；

：表示小技巧或小知识点；

：表示小故事、生活事例或者师生交互；

：表示重点或难点提示。

本书按照肖人彬拟订的写作大纲，由四位作者共同编著完成，最后由肖人彬、龚晓光对全书进行统校定稿。作者之一的张新辉博士现为美国 Wright State University 副教授，因此本书的出版既是作者智慧的结晶，也是中外合作的成果。

博士生陈卫明、蔡政英，硕士生余轲、梁红保、周品、潘炤、杜柳协助完成了本书的有关工作；北京大学王其文教授审阅了全书，提出了宝贵的修改意见；电子工业出版社首席策划刘宪兰为本书的出版花费了大量心血，付出了辛勤劳动；在此一并表示衷心的感谢。

管理系统模拟是管理学的前沿发展领域，尚未达到成熟的阶段，因此书中难免有所疏漏，存在不当之处。我们期盼广大读者不吝指教，提出修改意见和建议，以使本书能够精益求精，不断完善。

肖人彬

2009 年 7 月 11 日

目 录

第1章 绪论 ·· 1

    1.1 引言 ·· 2

    1.2 系统与管理系统 ··· 2

        1.2.1 系统的概念 ··· 2

        1.2.2 管理系统 ··· 3

        1.2.3 系统与管理系统的特性 ··· 4

    1.3 系统模型与模拟 ··· 5

        1.3.1 系统模型的概念 ··· 5

        1.3.2 系统模型的结构 ··· 6

        1.3.3 系统建模的基础 ··· 7

        1.3.4 系统模拟 ··· 9

        1.3.5 模型与模拟的关系 ··· 9

    1.4 管理系统模拟概述 ··· 10

        1.4.1 管理系统模拟的定义 ··· 10

        1.4.2 管理系统模拟的特征 ··· 11

        1.4.3 管理系统模拟的步骤 ··· 12

        1.4.4 管理系统模拟的实现方式 ··· 14

    1.5 管理系统模拟与其他研究方法的比较 ··· 16

        1.5.1 实物模拟与计算机模拟的比较 ··· 16

        1.5.2 统计方法与管理系统模拟的比较 ··· 17

        1.5.3 数学解析方法与管理系统模拟的比较 ·· 18

    1.6 管理系统模拟的发展 ··· 18

        1.6.1 管理系统模拟的发展概况 ··· 18

        1.6.2 管理系统模拟技术的新发展 ··· 19

    1.7 本书结构与基本内容 ··· 25

    知识归纳 ·· 27

    练习题 ·· 27

第2章 管理系统模拟的基础知识 ·· 29

    2.1 引言 ·· 30

    2.2 随机数与随机变量 ··· 30

        2.2.1 系统模拟中的随机性 ··· 30

        2.2.2 均匀分布随机数的性质与伪随机数 ··· 32

        2.2.3 伪随机数的产生与检验 ·· 34

        2.2.4 随机变量的产生与随机抽样 ··· 43

2.3 数据采集与预处理 ... 50
2.3.1 数据采集与预处理概述 ... 50
2.3.2 样本数据评估方法 ... 51
2.3.3 利用 Input Analyzer 获得数据样本的随机分布类型 ... 55
2.3.4 管理系统模拟中几种重要的分布类型 ... 56
2.4 实验方案的设计 ... 65
2.4.1 实验方案设计的作用和基本要求 ... 65
2.4.2 实验方案设计方法 ... 66
2.5 模拟结果的统计分析 ... 69
2.5.1 终态模拟和稳态模拟的概念 ... 69
2.5.2 终态模拟结果分析 ... 71
2.5.3 稳态模拟结果分析 ... 73
2.5.4 多模拟方案的模拟结果比较分析 ... 74
2.6 模拟模型的验证、确认和检验 ... 78
2.6.1 模拟模型的验证 ... 78
2.6.2 模拟模型的确认 ... 80
2.6.3 模拟输出与实际系统观察结果的统计处理方法 ... 82
知识归纳 ... 88
练习题 ... 88

第3章 离散系统模拟原理与 Arena 入门 ... 91
3.1 引言 ... 92
3.2 离散系统模拟中的基本概念 ... 92
3.3 离散系统模拟分类与时间控制方法 ... 94
3.3.1 离散系统模拟的分类 ... 95
3.3.2 离散系统模拟中的时间控制方法 ... 97
3.3.3 离散型系统的手工模拟 ... 99
3.4 Arena 模拟工具 ... 102
3.4.1 Arena 简介 ... 102
3.4.2 Arena 基本过程面板 ... 106
3.5 Arena 建模示例 ... 121
3.5.1 画流程图 ... 121
3.5.2 定义模型数据 ... 122
3.5.3 模型运行过程 ... 126
3.5.4 模拟结果分析 ... 127
3.5.5 增强可视化效果 ... 128
3.5.6 进一步分析与讨论 ... 130
3.5.7 参数寻优 ... 134
知识归纳 ... 135
练习题 ... 136

第4章 Arena 建模实例分析 ... 137
4.1 引言 ... 138
4.2 Arena 基本过程面板与应用实例 ... 138

	4.2.1	工件加工过程的模拟问题	138
	4.2.2	建模分析	139
	4.2.3	模拟模型流程图与数据描述	139
	4.2.4	模型运行参数的设置	146
	4.2.5	模拟结果及分析	146
4.3	Arena 高级过程面板与应用实例	149
	4.3.1	一个简单的 JIT 系统的建模与分析问题	149
	4.3.2	Arena 高级过程面板与新的建模特性	150
	4.3.3	建模过程与动画	152
	4.3.4	模拟结果及分析	160
4.4	Arena 高级传输面板与应用实例	162
	4.4.1	自动化仓库搬运设备故障处理的建模与分析问题	162
	4.4.2	Arena 高级传输面板与新的建模特性	163
	4.4.3	建模过程与动画	165
	4.4.4	模拟结果及分析	176
知识归纳			178
练习题			179

第 5 章 基于系统动力学的连续系统模拟原理与 Vensim 入门 ... 181

5.1	引言		182
5.2	系统动力学概述		182
	5.2.1	系统动力学发展简史	182
	5.2.2	系统动力学的特点与基本观点	184
	5.2.3	系统动力学的基本概念	185
	5.2.4	系统基模	188
	5.2.5	系统动力学解决问题的基本流程	196
5.3	系统动力学的数学模型求解		199
	5.3.1	数值积分法	199
	5.3.2	用 Excel 实现系统动力学模型模拟与寻优——以网民扩散为例	205
5.4	系统动力学模拟工具 Vensim Ple		210
	5.4.1	Vensim Ple 的基本操作入门	210
	5.4.2	Vensim Ple 的函数分析	225
知识归纳			236
练习题			237

第 6 章 Vensim 建模实例分析 ... 239

6.1	引言		240
6.2	Microsoft 和 Intel 的市场份额增长模型与分析		240
	6.2.1	Microsoft 和 Intel 的市场份额模型与参数确定	240
	6.2.2	用 Vensim 进行 Microsoft 和 Intel 的市场份额预测	242
6.3	"啤酒游戏"和"牛鞭效应"的建模与分析		245
	6.3.1	"啤酒游戏"和"牛鞭效应"的概述	245
	6.3.2	"牛鞭效应"的系统动力学建模	248
	6.3.3	"牛鞭效应"模拟与分析	256

    6.3.4 对模型的进一步讨论 ················ 259
  知识归纳 ······················· 274
  练习题 ························ 275

第7章 多智能体模拟与实例 ················ 277

  7.1 引言 ······················· 278
  7.2 智能体的相关概念 ·················· 278
    7.2.1 智能体的定义 ·················· 278
    7.2.2 智能体与对象 ·················· 280
    7.2.3 多智能体系统概述 ················ 281
  7.3 多智能体建模 ··················· 282
    7.3.1 多智能体建模概述 ················ 283
    7.3.2 多智能体建模分析 ················ 286
    7.3.3 常用多智能体模拟工具 ·············· 290
    7.3.4 多智能体建模分析实例——以传染病传播为例 ····· 294
  7.4 多智能体模拟工具 AnyLogic ·············· 299
    7.4.1 AnyLogic 的建模语言和方法 ············ 299
    7.4.2 AnyLogic 中基于智能体的建模 ··········· 301
    7.4.3 产品生命周期模型 ················ 302
  知识归纳 ······················· 316
  练习题 ························ 317

第8章 混合型模拟与实例 ·················· 319

  8.1 引言 ······················· 320
  8.2 混合型模拟原理 ··················· 320
    8.2.1 混合型模拟概述 ················· 320
    8.2.2 混合系统与混合模拟 ··············· 321
    8.2.3 多智能体与混合型模拟 ·············· 322
    8.2.4 混合型模拟的相关理论分析 ············ 324
  8.3 生产—销售系统 ··················· 325
  8.4 建模分析 ····················· 327
  8.5 建模过程 ····················· 328
  8.6 模型运行参数设置 ·················· 342
  知识归纳 ······················· 344
  练习题 ························ 345

附录 A 高级传输模块简介 ·················· 347

附录 B Arena 高级过程模块简介 ················ 373

附录 C χ^2 分布的临界点和 K-S 检验的临界值 ·········· 391

主要参考文献 ························ 395

第 1 章 绪 论

问题导航

- 管理系统有何特性?
- 系统模型有哪些类型?
- 系统模型结构的一般形式是什么?
- 为什么系统建模要以同构映射和同态映射为基础?
- 模型与模拟的对应关系是什么?
- 管理系统模拟有哪些实现方式?它们各有什么特点?
- 管理系统模拟是怎样发展起来的?近年来管理系统模拟技术又有哪些新发展?

1.1 引言

早在 20 世纪 60 年代，诺贝尔经济学奖获得者、管理理论丛林中决策理论学派的代表人物 Simon 在《管理决策新科学》一书中就专门论述过计算机与组织管理的关系及其在管理决策中可能起到的作用，由此开启了计算机与管理学互相交叉渗透、日益紧密联系的时代。管理系统模拟就是两者彼此融合、应运而生的产物。

本章作为绪论，主要是对管理系统模拟进行了概要性论述并对全书内容加以说明。首先从系统与管理系统的介绍入手，围绕系统模型和模拟展开讨论，指出同构性和同态性是系统建模的基础，模型是知识的外在表现和描述形式，模型与模拟之间存在着一定的对应关系；随后直入主题，针对管理系统模拟进行概要论述，阐释了管理系统模拟的定义和特征，给出了管理系统模拟的步骤和四种实现方式，并通过比较方式将其与其他研究方法进行对比说明；最后给出了全书的基本结构并对书中内容加以说明。本章旨在发挥导引的作用来统领后续章节，从而形成全书的主线。

1.2 系统与管理系统

在学习管理系统模拟这门课程时，首先应该了解和掌握一些基本概念。本节从系统这一基础概念入手进行讲解，方便读者建立和形成关于管理系统的初步认识。

1.2.1 系统的概念

系统这个词源远流长，古已有之；但将系统从一个一般术语提升为科学概念，将系统思维从一种自发的经验性思维演变成自觉的科学思维，则是 20 世纪中叶以来的事情。引入系统概念，本质上是为了从联系的观点和整体的视角来认识事物，因而系统概念的实质就是要揭示出联系与整体特征的本质内涵。所以说，掌握系统概念是培养系统思维的基础，准确理解系统概念对于管理系统模拟中的分析问题、建立模型和模拟求解等环节都具有非常重要的指导作用。

目前已有各种各样的系统定义。通常情况下，由多个相互联系、相互作用、相互配合实现预定功能的事物或对象的有机统一体称为系统；由于相互联系而被包含在系统中的那些事物或对象称为系统的组成部分，简称组分；组分及组分之间联系方式的总和，称为系统的结构。在组分不变的情况下，往往将组分的联系方式称为结构。最小的即不需要再细分的组分称为系统的元素。由多个元素所组成的具有特定功能的组分称为子系统。

系统描述是对现实系统的一种抽象表达，是现实系统的一般性模型。与系统相关联的概念有元素、联系、边界和外界环境等，系统、元素、联系、边界和外界环境关系如图 1.1 所示。

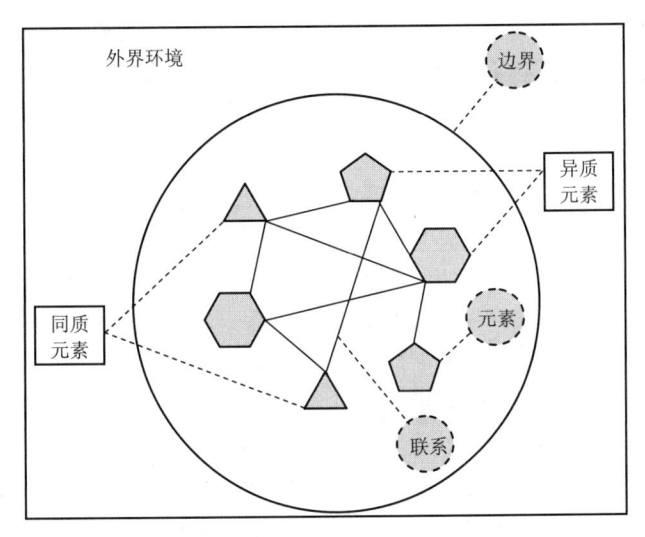

图 1.1 系统、元素、联系、边界和外界环境

现实系统都处在一个更大的系统中，它与外界有一定联系，属于开放系统。而围绕一定的研究目的，首先必须设置系统的边界（即明确问题的过程），边界外部往往被假定为暂时不可知的世界，系统被假定为封闭的系统，这就是明确所研究问题的范围。

由于现实系统通常是可以无限细分的，其元素也是可分的，而系统中所描述的元素是被假定（暂时）不可分的。如何划分系统的元素，涉及研究问题的粒度。异质元素之间存在着某些本质特征上的差异，如果没有本质差异和明显的界限，相关元素要划分为同质元素，这就是明确所研究问题的相关影响因素。

由于现实系统中没有完全意义上的元素的概念，一种被广泛接受的假定认为，系统中元素的相互联系、相互作用、相互配合决定了系统的功能，元素的主要联系决定了系统的主要功能，这就是明确各因素之间的主要联系。

明确所研究问题的范围旨在明确问题，明确所研究问题的相关影响因素和各因素的主要联系则是分析问题，模拟方法是一种求解现实系统中问题的方法。

1.2.2 管理系统

系统可以按照不同的标准进行不同的分类，主要有：确定性系统与随机性系统、连续性系统与离散性系统、简单系统与复杂系统、线性系统与非线性系统、自然系统与人工系统、开放系统与封闭系统、静态系统与动态系统，等等。

在上述分类中，复杂系统是相对于简单的线性系统和一般的非线性系统而言的。通常认为，复杂系统是由众多存在复杂相互作用的组分组成的，它的整体行为（功能或特性）不能由其组分的行为（功能或特性）来获得。这里所谓的复杂相互作用是指组分之间采用诸多可能的方式相互作用，正是这种组分之间诸多可能的相互作用才使得复杂系统涌现出所有组分不具有的整体行为。

与复杂系统相反，如果系统的整体行为可以由其组分的行为来获得，即满足叠加原理，这样的系统称为简单系统。线性系统就是一种简单系统。非线性系统不满足叠加原理，但它不一定都是复杂系统。反之，复杂系统一定是非线性系统。这说明，非线性是构成非线性系统的充分必要条件，简称充要条件，而非线性只是构成复杂系统的必要条件。

复杂系统的研究对象包括自然现象、物理现象、生物现象、生命现象、生态现象、社会现象和经济现象等。从人类的认识和生产实践活动由低级到高级的发展过程来看，可将复杂系统分为复杂自然系统、复杂工程系统和复杂社会系统三类。复杂社会系统中社会的概念泛指由于共同物质条件、经济条件和信息条件等互相联系起来的人群、集团、公司和组织等。管理系统作为一类典型的复杂社会系统，本身属于复杂系统的范畴。

管理是共同劳动和社会组织的产物。从所实现的职能的角度来看，一般认为管理就是实行计划、组织、指挥、协调和控制。从根本上讲，管理乃是运筹人力与物质资源以实现组织目标的过程，因此，人、物、组织就成为管理系统的三大要素。作为组织运作的管理系统，借助于管理过程的实施，不仅要使"人尽其才"，且要力求"物尽其用"。

按照管理系统所实现的功能可以将其划分为企业管理系统、物资管理系统、国民经济计划管理系统、工业管理系统、农牧渔管理系统、交通运物管理系统、邮电管理系统、建筑管理系统、教育管理系统、卫生管理系统和社会服务管理系统等多种类别。

1.2.3 系统与管理系统的特性

一般来说，系统具有整体性、关联性、目的性和环境适应性四个方面的特性。

1）整体性

一个系统由两个或两个以上的元素或子系统组合而成。这些组成部分虽然具有一定的相对独立性，但更重要的在于它们是根据逻辑统一性的要求，相互联系构成的一个有机整体。系统是一个复杂的整体，为了便于管理与控制，往往把系统整体分解成一个多层次结构，以提高系统的有序性。

例如，一个加工装配型的企业管理系统，一般由综合计划、经营销售、生产计划与控制、产品开发与研究、质量控制、财务与成本、物资供应与运输、劳动工资、人事教育、辅助生产等方面的子系统组成，它们相互紧密联系。

> **销售广告与系统思维。**
>
> 曾经有一百货商店，打出一则广告"买左鞋，送右鞋"。商家的意思是想表达打对折销售，但看了这则广告的人一般都会觉得有点"另类"。到底是什么使人们感到在思维上有冲突？实际上，大多数人在想到鞋的时候，很自然地认为是一双，左、右两只作为一个整体在思维中出现，这一广告将单只鞋作为一个整体，与人们贯有的系统思维产生了冲突。
>
> 由此可见，系统思维人皆有之，不过其能力有高低之分。要提高自己的系统思维能力，必须不断地进行学习和修炼。

2）关联性

要使一个系统有效地实现其功能，它的各个子系统之间必然是相互联系和相互作用的，具体表现为某个子系统从别的子系统接受输入而产生有用的输出，这个子系统的输出又往往成为其他子系统的输入。各个子系统之间形成一定的物资流动、信息流动及信息反馈关系。

企业管理系统的关联性往往表现为它的各个组成部分存在着一定的数量关系，它可以用相应的数学关系式来表达。例如，一个企业成品库存量与生产量、销售量有着如下的关系：期末成品库存量=期初成品库存量+该期生产数量−该期销售数量。系统的关联性还表现为它的各个子系统之间存在着一定的逻辑关系。

3）目的性

系统具有目的性，它通过实现特定的功能达到既定的目标。例如，一个企业管理系统要合理地组织企业的人员、物资、资金和信息等各种流程，有效实现对企业生产经营活动的各个环节的管理功能，以提供满足社会需要的优质产品或服务，降低劳动消耗，减少资金占用，提高综合经济效益，努力使系统达到优化。

4）环境适应性

任何系统都有一定的边界和环境，它与周围的外部环境产生一定的联系和相互作用，受到环境的各种影响（包括正常输入及随机干扰），经过系统的转换，产生一定的输出，从而对外部环境产生影响。外部环境及其环境是经常变化的，为了使系统达到优化，必须对系统进行相应的调节，使之适应环境的变化。

一个企业的生产与经营决策系统要经常密切注视与研究国家有关发展经济和科技的方针政策与具体规定，国内外市场对产品的品种、质量和数量的需求，同行业竞争对手的生产与经营动向，新产品、新工艺、新材料和新技术的发展趋势等方面的动态变化，及时、正确地收集和处理大量来自企业外部和内部的生产经营信息，适时、灵活地采取有效措施对系统进行调节，实现生产经营管理的优化决策。

管理系统除了具有上述系统特性之外，还具有以下三种自身独有的特性。

1）随机性

通常，部分管理系统元素具有随机性特征，如出入库车辆到达时间、出入库货物的品种和数量、装卸机械的效率等。

2）动态性

管理系统的状态一般会随时间的变化而变化，如库存货物的品种和数量、货物的存储期等。

3）多目标性

管理系统的目标一般不是单一的，如经常要求库存系统尽量达到成本低、效益好、客户服务满意度高等目标，而这些目标之间往往存在冲突，需要加以有效协调。

1.3 系统模型与模拟

本节主要讨论系统模型，并引入系统模拟，进而给出了两者之间关系的说明。

1.3.1 系统模型的概念

系统模型是对一个现实存在的系统或计划建立的系统的抽象描述，也即一个现实系统的抽象化。它是由那些与研究目的有关的系统要素构成的并能体现它们之间关系的表达形式,因此,系统模型是对现实系统的一种简化。

建立系统模型的目的在于明确现实系统的主要组成部分以及它们之间的逻辑关系,以便人们对系统的运动规律进行深入的分析和研究。现实系统存在于现实世界中,而逻辑关系存在于逻辑世界中。因此,系统建模是从现实世界中的问题到逻辑世界中的模型的映射。

系统模型按其存在形式,可以分为以下五类。

(1) 描述性模型,即运用文字形式简明阐述系统的构成、所处环境、主要功能和研究目的等。

(2) 物理模型,如一个待研制的新产品的模型,一个工厂、车间、仓库和生产线的平面布置模型等。

(3) 数学逻辑模型,它们是系统的各种变量的数学逻辑关系的抽象表述。

(4) 流程图和图解式模型,它们显示了系统组成部分相互之间的基本逻辑关系。

(5) 计算机程序模型,运用通用的计算机程序语言或专用的模拟语言编写的计算机程序。

系统模型按照系统状态变化,可以分为静态模型和动态模型两类:

静态模型,描述系统在某个特定时刻的状态;

动态模型,描述系统状态随时间的变化,模拟就是系统状态随时间变化的动态写照。

系统模型按照系统变量的变化规律,可以分为连续型模型和离散型模型两类:

连续型模型,系统变量随时间呈连续性的变化;

离散型模型,系统变量随时间呈间断性的突然变化。

系统的状态是随时间连续且光滑性变化的系统,若可用微分方程来描述其状态变化的,称为连续型系统;若系统状态的变化只发生在一系列离散的时点上,可用差分方程来描述的,称为离散型系统。

系统模型按照是否含有随机因素,可以分为确定性模型和随机性模型两类:

确定性模型不涉及随机变量,系统在某一时刻的新状态完全由系统的原状态以及相应的活动所决定。

随机性模型包含有随机变量,在既定的条件和活动下,系统从一个状态转换为另一个状态,不是确定性的,而是具有随机性质,遵循一定的统计分布规律的。

1.3.2 系统模型的结构

系统模型的基本结构可以用如下的数学形式表示为

$$E=f(x_i, y_i)$$

式中,E 为系统的工作性能;x_i 是可以控制的变量和参数(它们能够由决策者加以控制和利用,以使模型解得到优化),决策变量通常是 x_i 的主要部分;y_i 是不可控制的变量和参数,它往往不能为决策者所控制,在某种程度上表达了系统模型的环境,作为模型的输入信息反映其对模型解的影响;f 表示 E 与 x_i、y_i 之间的关系。

系统模型是由六个方面的某种组合构成的，即：①组成要素；②变量；③参数；④函数关系；⑤约束条件；⑥目标函数。下面分别加以阐述。

组成要素是指所研究的系统的组成部分，也即系统的要素或子系统。

变量有外生变量和内生变量两类变量。外生变量起源于或产生于系统的外部，即由外部原因所引起的；内生变量是在系统内部产生的，即由内部原因所引起。内生变量又进一步划分为状态变量和输出变量，前者表明它们在系统内的状态或条件，后者是指离开系统时的状态。依照变量的相互依赖关系，变量可以划分为自变量和因变量。

参数是指模型运算部分能赋予任意值的一个量度（或系数）。与变量不同，对于一定形式的函数它只能赋予定值，而参数一经设定即保持不变。

函数关系描述一个系统的变量和参数在系统的组成部分或组成部分之间的相互关系。它可能是确定性的或随机性的。确定性函数关系是当输入一经确定，则输出也唯一确定；而随机性函数关系是在既定的输入情况下，仍会产生不确定的输出。这两类函数关系都以输入变量以及状态变量的数学方程的形式出现，它们可以由统计方法和数学分析方法进行假设和推断。

约束条件体现了对变量数值、可供分配的资源等方面的限制。对于一个生产计划系统模型而言，它的约束条件可能有：

（1）产品的市场需求量；
（2）生产能力的限制，包括人力、设备、厂房面积及空间、运输能力等方面的限制；
（3）物质资源（原材料、能源等）尤其是稀缺物资供应量的限制；
（4）财务资金方面的限制；
（5）其他具体生产技术条件的限制。

目标函数是评价系统性能的准则。随着决策策略以及系统模拟目的的不同，目标函数可以是单目标的或多目标的。通过系统模型拟定以及模拟试验，能够获得优化系统目标函数的最优解或者接近于最优解的较优解。在设计与分析生产计划决策系统时，目标函数可能为下述项目中的一项或多项：

（1）较高的服务水平（或供货率）；
（2）最大利润；
（3）最高生产率；
（4）最低产品成本或生产费用；
（5）最低废品率或最高优质品率；
（6）生产均衡率；
（7）最少流动资金占用量或流动资金周转天数；
（8）其他。

1.3.3 系统建模的基础

系统建模是从现实世界中的问题到逻辑世界中的模型的映射。逻辑世界中建立的模型虽然并不唯一，但也不能随心所欲。该模型作为现实世界中问题的映像，应该具备与原问题相同或相似的结构。因此，同构性是建模的基础。下面从系统建模的角度，对同构性及与之相关的同态性概念进行说明。

同构性是针对同构映射而言的。所谓两个同构的系统，是指系统中元素间关系的数目及它们的安排都是一样的。可以从图 1.2 所示的同构映射中看出，系统 1 中的元素与关系均映射到系统 2 中的元素与关系之上。这种映射是一一对应的，因为系统 1 的每个元素都映射到系统 2 的一个元素上，而且关系也相应地进行映射（如 A、B 间的关系 I 映射到 a、b 间的关系 1 上）。同构映射可以双向进行，是一种双射，具有对称性。

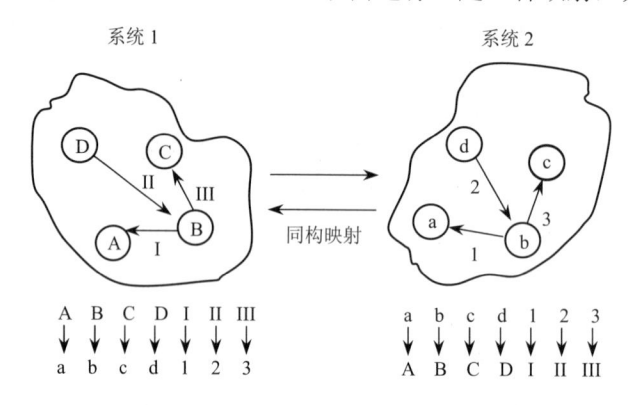

图 1.2　同构映射

同态性是针对同态映射而言的。从图 1.3 所示的同态映射中可以看出其特点：同态映射是"多对一"的映射，只在单方向有意义，因此不对称。显然，同构性比同态性要求严格，它可以看做同态性的一种特殊情况。

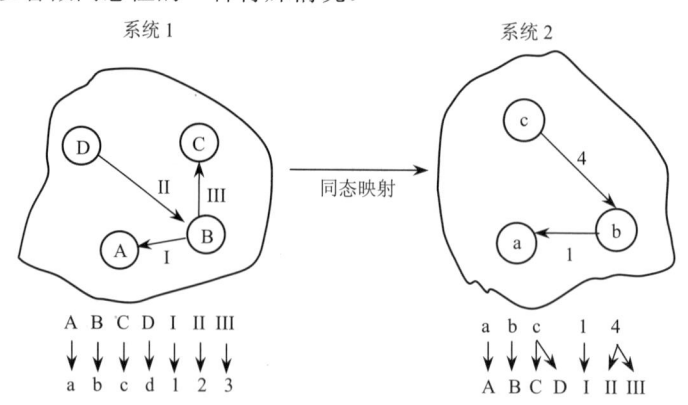

图 1.3　同态映射

前已述及同构性是建模的基础。如果可以在逻辑空间中建立一个与现实系统同构的模型，借助该模型来研究系统的性态就要方便得多。但对于系统性态的讨论并不要求对其中的每一个细节都做深入的研究，常常是有的地方细，有的地方粗，这样采用同态的模型会更方便一些。因为在同态的模型中，一些元素和关联关系已被集结起来，由此既简化了系统结构，又保持了现实系统的主要性质不变。

一般来说，常用的模型大多是同态模型，但同构性仍然是研究建模的基本着眼之处，所以，同构性与同态性都是建模的基本思想，这也是检验建模有效性的重要准则。

1.3.4 系统模拟

系统模拟是指采用模仿和拟实的方式,通过了解现实系统的行为变化,对某个现实系统加以分析的过程。系统模拟是 20 世纪 50 年代以来,在计算机科学和系统科学发展的基础上产生的,是解决复杂系统分析与设计的重要技术之一。系统模拟可以借助不同的手段实现,比如在工程实际中,人们采用按照缩小比例制作的汽车或飞机模型来模拟真实汽车的机械传动系统或确定飞机形状的空气动力特性。

随着现实世界中的问题日益复杂,现实系统在逻辑世界对应的模型往往难以直接求解,而需要通过一定的算法,借助计算机进行处理才能求解。算法是在计算机世界中生成的,由逻辑世界中的模型向计算机世界中算法的转换过程即为计算机模拟,它最终是在计算机世界中完成的,现已发展成为系统模拟的一种主要形式,因此系统模拟(或简称模拟)在大多数情况下指的就是计算机模拟。

如果将模型的概念泛化,那么计算机世界中的算法可以看做计算机程序模型,其中主要的一类就是计算机模拟模型。系统模拟同样需要建立与研究目的有关的模拟模型,并依据模拟模型进行模拟实验,来考察系统行为的特征和变化规律。

为了保证系统模拟的有效性,需要对模拟模型进行验证、确认和检验,这也是系统模拟所关注的一个重要问题。关于模拟模型的验证、确认和检验,将在本书 2.6 节进行详细讨论和说明。

1.3.5 模型与模拟的关系

在逻辑世界中,知识乃是人类对于客观世界规律性的认识,而模型则是知识的外在表现和描述形式。大体上讲,知识有显性知识和隐性知识之分。这里分别从显性知识和隐性知识的角度,对模型与模拟的关系进行说明。

> "只可意会,不可言传"。
> 通常说的"只可意会,不可言传"指的就是隐性知识(tacit knowledge)。

数学模型是最常见的显性知识的一种主要描述形式。数学模型的含义很广,通常认为,所谓数学模型,是用数学方法来描述一个系统里各部分、各变量间的关系,描述系统的性质、功能、状态、表现、目的及系统与其他外部环境的关系等,并用数学形式来表达它们。例如,在力学中描述力、质量和加速度之间关系的牛顿第二定律 $F=ma$;在电学中描述电压、电流和电阻之间关系的欧姆定律 $V=RI$;在经济学中描述单价、销售金额和销售量之间的关系 $c=pq$ 等。它们都是数学模型,并且具有相同的数学结构。数学模型揭示了客观事物的内在规律性,反映了对它们的机理性认识,清晰明确,具有普遍指导意义。但是由于数学模型要求了解事物的机理,然后进行抽象、概括才能得到,因此它的建立并不容易。囿于人类认知水平的局限,单用数学模型一般只能描述具有良好结构的问题,而管理系统作为一类典型的复杂社会系统,其中存在着大量的非结构化问题,描述这类问题的知识往往需要采用其他形式,或是其他形式与数学模型集成的混合方式。

除了数学模型描述的显性知识，管理系统中还有很多经过长期实践积累得到的经验性知识，这些经验性知识一般采用语言符号来描述，称为符号模型，它所反映的事物规律性也是显性知识的一种主要描述形式。

相对于显性知识具有数学模型和符号模型这两种主要描述形式的认识而言，目前对隐性知识描述形式的认识并不充分，但仍有一定的了解。管理系统中存在着大量的历史数据和案例样本，这些历史数据和案例样本的集合隐含了事物内在的规律性，因而属于隐性知识的范畴，它可借助人工神经网络技术来存储和描述。经过大量数据和样本训练过的人工神经网络，可以在一定范围和程度上揭示由这些数据和样本所反映的事物的规律性，因此人工神经网络是隐性知识的一种描述形式。

管理系统作为一类复杂系统，其中的个体之间存在着多种多样的交互作用，这种局部交互作用适于采用多智能体来刻画，正是由于多智能体之间的局部作用才导致宏观上的整体涌现现象。由于整体涌现现象带有不可预知性，用来刻画它的知识适于采用隐含的方式，因此多智能体也是隐性知识的一种描述形式。

就显性知识而言，通常将源于数学模型的各种模拟方法和技术视为定量模拟方式，它是当前模拟领域的主体；基于符号模型的模拟从定性层面刻画对象，可称为定性模拟方式。而在隐性知识的范围内，其知识描述形式（如人工神经网络或多智能体）具有较多的智能成分，由此形成的模拟可称为智能模拟方式。

根据上面所述，无论是显性知识还是隐性知识，其模型表达形式与模拟实现方式之间存在着如表 1.1 所示的对应关系，其中某些隐性知识还缺乏与其对应的合适模型表达形式和有效模拟实现方式。

表 1.1　模型与模拟的对应关系

知 识 类 别	模 型 形 式	模 拟 方 式
显性知识	数学模型	定量模拟
	符号模型	定性模拟
隐性知识	人工神经网络	智能模拟
	多智能体	

1.4　管理系统模拟概述

在关于系统模型与模拟讨论的基础上，本节针对管理系统，围绕管理系统模型进行概要论述。

1.4.1　管理系统模拟的定义

前面已对系统模拟和计算机模拟做了一点说明，显然计算机模拟的概念是从系统模拟的概念延伸发展而来的，它使用计算机作为模拟的手段。比较准确地说：计算机模拟就是设计和建立一个计算机模型来代表某个现实系统，并利用该模型对现实系统的行为变化进行数值模拟实验，通过这样的模拟实验实现对该系统在某些给定条件下的动态行为进行分析和了解的目的。

计算机模拟技术具有以下五个特点。

（1）模拟是一种"人工"实验手段。通过模拟能够对所研究的系统进行类似于物理实验、化学实验那样的探索过程。与在现实系统中进行实验相比，模拟实验依据的不是现实系统本身及其所存在的实际环境，而是作为系统映射的系统模型及其相应的"人工"环境。显然，模拟模型和输入数据是否客观、准确地反映了现实系统，会对模拟结果产生至关重要的影响。

（2）模拟是一种数值计算技术。对于大多数含有随机因素的复杂系统，往往难以甚至无法用准确的数学解析模型进行描述。在这种情况下，以数值计算为基础并利用模拟进行分析就是一个可供选择的途径。

（3）模拟是对系统状态在时间序列中的动态写照。由于计算机可以加速模拟过程和减少误差，因此它在整个系统模拟中占据了日益重要的地位。

（4）模拟可用于复杂系统的研究。针对具有复杂内部作用的系统，模拟方法可较方便地将研究对象分成若干个子系统，从而研究探讨某些因素对系统行为的影响，找出各变量间的关系等。模拟还可用于研究外部环境复杂的系统，以详细考察系统在外部环境作用下的反应。

（5）模拟的可控性强。模拟环境可根据需要由实验者进行控制，甚至可以在不同时间构造出完全相同的实验环境，这在现实世界的真实系统中是难以实现的。

管理系统是计算机模拟的一个重要应用领域。基于上述对系统（特别是管理系统）的概念和模拟内涵的认识，可以对管理系统模拟给出如下定义：管理系统模拟是指在建立管理系统模型基础上，通过计算机实验，围绕管理系统按照一定的决策准则或运作规则，随着时间的推移，对由一个状态变换为另一个状态的动态行为进行描述，并通过对动态行为的分析来评价管理系统的性能。

1.4.2 管理系统模拟的特征

由于管理系统不同于一般的系统，其研究的问题或面向的对象总是有人的因素存在，因此，管理系统模拟除了具有一般系统模拟的常规特点外，还具有如下四种特征。

（1）模拟环境的动态性。管理系统模拟的环境不同于一般系统模拟的环境，一般系统在运行中，很少受外界突发事件的影响，因此可用概率分布函数描述外界环境；而管理系统在实际运行中，其外界环境的变化有时没有特定的规律，这主要是因为人的原因造成的。众所周知，人的行为带有很大的不确定性，在同一个工作日中可能发生明显的变化。

（2）管理系统的多层次。由于大到一个区域的社会经济系统，小到一个企业的某项管理流程，都可以作为一个管理系统看待。那么对于管理系统的决策者而言，管理系统模拟旨在为决策者对管理控制方案的设计、优化、选择等管理活动提供决策支持。而正因为管理系统存在着多层次特性，所以相应的决策者也会处在不同的层次上。

（3）管理系统模拟的验证困难。一般系统模拟作为一种"人工"的实验手段，类似于物理实验、化学实验这样的实验，存在与之对应的现实系统，可从现实系统的运行中获取实际数据，验证和确认系统模拟的可靠性和可行性。而管理系统在运行规律上缺乏统一的范式，许多情况下难以从实际环境中得到用来验证和确认的数据。

（4）管理系统模拟多为非平稳过程。由于外部环境相对稳定，一般系统经过长时间运行，大多处于平稳过程；而管理系统模拟的平稳状态是暂时的，非平稳过程是永恒的。这就导致在一般系统模拟中，研究某些特殊时间点的系统状态，就可以把握系统的全局；而对于管理系统模拟，只能从系统状态在时间序列中的动态写照中，把握系统在统计上的规律。

1.4.3 管理系统模拟的步骤

对一个管理系统进行计算机模拟，需要经历一个去粗取精、去伪存真、由表及里、由浅入深，逐步把握系统状态变化规律的过程。可以将整个管理系统模拟过程划分为一定的阶段和若干个步骤。图 1.4 给出了管理系统模拟的步骤，现就各个步骤进行简要说明。

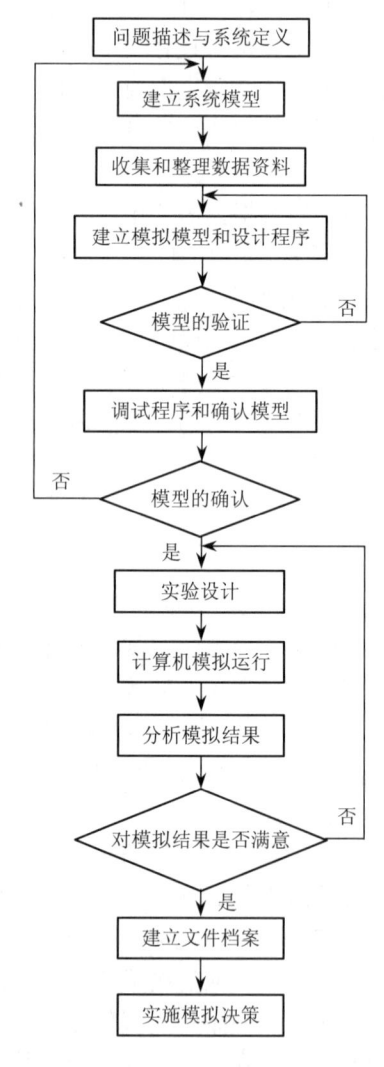

图 1.4 管理系统模拟的步骤

1）问题描述与系统定义

在进行管理系统模拟之前，首先必须对所研究的问题正确地进行定性或定量的描述，明确规定管理系统模拟的目的与任务。要正确定义所要模拟系统的边界、组成部分和环境，正确决定评价模拟方案优劣的准则，也即衡量系统性能或模拟输出结果的目标函数。

2）建立系统模型

根据系统的结构、管理决策准则和运作规则，分析系统及其各组成部分的状态变量和参数之间的定量与定性关系，在此基础上建立系统的定性模型或定量模型。系统模型应该具有客观真实性，必须正确、清晰地反映现实系统的本质，还应繁简适宜并且经济实用。

3）收集和整理数据资料

在系统模拟中，需要输入大量的数据，且数据的正确性和完整性直接影响模拟输出结果的正确性。通过这项工作，提供系统模型运行所需的参数数值及基础资料，确定各项随机变量的分布函数形式及其相应参数，并汇集系统组成部分相互关联的定性分析资料。

4）建立模拟模型和设计程序

运用一定的通用计算机程序语言或专用模拟语言，将系统的定性分析或定量分析模型转换为主要由计算机模拟程序组成的模拟模型，以便在计算机上进行模拟运行。在这个阶段，要进行模型的验证（verification of model），考察计算机模拟程序是否正确反映了系统模型，并在必要时进行相应的修改。

5）调试程序和确认模型

进行调试性模拟，分析其结果，进行模型的确认（validation of model），考察所设计的定性分析或定量分析模型是否正确地反映了现实系统的本质。随之相应修改模型和调整计算机程序，直至系统模拟模型的精度达到满意的水平。

6）实验设计

实验设计主要是建立系统模拟运行的实验条件。要合理设计具有不同的可控变量与参数组合的模拟方案，设定系统的初始条件，确定模拟运行长度，决定随机样本大小和独立模拟运行次数，等等。

7）计算机模拟运行

对所研究的系统进行大量的计算机模拟运行，以获得丰富的模拟输出资料。一般应详细、准确地记录每次模拟运行的输入参数和输出结果，供分析之用。

8）分析模拟结果

对计算机模拟输出结果要从以下三个方面进行分析：①分析模拟结果的统计特征；②进行灵敏度分析；③根据既定的目标函数，进行方案优选分析。在这些分析的基础上，做出模拟结论，向管理决策人员提出建议以辅助管理决策。

9）建立文件档案

将经过验证、确认和运行考核的系统模型、计算机模拟程序以及相应的输入/输出资料和分析结论，写成书面文件，建立档案以备查询。

10）实施模拟决策

将经过计算机模拟辅助做出的管理决策付诸实施。只有实现了这一步骤，管理系统模拟才能完成自身的任务，达到预期的目的。

1.4.4 管理系统模拟的实现方式

从软件开发的角度，管理系统模拟的实现方式是多样化的，这里将其总结归纳为利用通用高级语言进行模拟，利用专用模拟语言进行模拟，利用模拟器进行模拟和利用混合型模拟软件进行模拟的四种实现方式。下面对这四种实现方式分别进行说明，实际情况下采用哪种方式为宜要根据具体条件加以适当的选择。

1. 利用通用高级语言进行模拟

能用来编制计算机模拟程序的语言很多。许多高级语言如 Visual Basic、FORTRAN、C、C++、Visual C 和 Java 等都可用于模拟分析。由于这些语言在数据传输和内存的利用上比较困难，成本较高，程序编制一般需要比较长的时间，编制通用的程序就更不容易。

基于电子表软件 Excel 的模拟，通常被认为是利用通用高级语言进行模拟的特例。支持 VBA 的电子表软件 Excel 可以对某些系统进行模拟，比如连续系统模拟和风险模拟等。实际上，为了使 Excel 更好地适应模拟的需要，可以利用 Excel 的嵌套宏语言 Visual Basic 编程实现具有某些特定功能的宏，加强 Excel 的已有功能，甚至增加新的功能。将宏语言与电子表格软件相结合的最大好处是可以充分利用现有的运行环境所提供的功能，从而大大减少编程量，提高工作效率。利用 Matlab 进行离散系统模拟和多智能体模拟，也有类似的特点。

2. 利用专用模拟语言进行模拟

专用模拟语言与通用模拟语言类似，可以将编写的程序解释或者编译成为能与计算机直接交流的可执行程序。由于模拟在社会生活中扮演着越来越重要的角色，使得专用模拟语言得以迅速发展。目前，用于管理系统模拟的模拟语言中比较著名的有以下六种。

（1）GPSS（General Purpose Simulation System）是一种通用的面向过程的模拟语言，主要用于离散系统模拟，也可用于连续系统模拟。

（2）DYNAMO 是基于系统动力学的模拟语言，其通用性不强，但易用性属各种语言之首。起初该语言是在大中型计算机上使用的，后来在小型机上也可以使用，现已发展成为包括 Vensim 在内的软件家族。

（3）SIMAN（SIMulation ANalysis）模拟语言是美国 Systems Modeling 公司开发的混合系统模拟语言。它既可按照进程交互方式进行模拟，又可按照事件调度方式进行模拟，还可将这两种方式加以有机结合，是一种可视化模拟语言。

（4）SLAM（Simulation Language for Alternative Modeling）是应用比较广泛的复合型模拟语言，可用于连续型、离散型和混合型系统的模拟。

（5）Simscript 是一种面向事件的离散系统模拟语言。自从兰德公司于 20 世纪 60 年代初开发出该语言以来，至今已推出了许多版本。

（6）SIMLIB（SIMulation LIBrary）模拟语言适用于基于事件调度法的模拟建模。除了主程序、事件处理子程序及输出报告子程序需要用户编写外,基于事件调度法的模拟模型的各种要求均可通过调用 SIMLIB 的子程序来实现。

相对于纯粹的通用语言,利用专用模拟语言进行模拟具有以下明显的优点。

(1)减少代码编写量。专用模拟软件通过对常用功能的模块化,提高了软件的可移植性,减少了编程的工作量。

(2)模块设计原则与模拟过程相近,较好地体现了用户的需求。大多数专用软件的建模过程与人们常规的思维过程非常相似,如 GPSS 就是将系统流程转化为程序模块,再加上一些必要的控制语句即可。

(3)界面友好。一般专用软件均具有比较完善的查错功能,某些软件包甚至具有图形动画功能,使得建模与分析过程更为逼真。例如,在对程序进行编译后系统一般会给出相应的报告,如果程序中存在错误,则会详细列出错误位置及类型。

(4)具有标准输出功能,使用户在输出设计方面更为方便。标准输出报告中包含了常规的分析信息,同时也可以针对用户的特殊要求实现输出信息的定制。

3. 利用模拟器进行模拟

20 世纪 80 年代以后出现了面向对象的模拟器,简称模拟器(Simulator)。相对于模拟语言来说,这类软件学习起来更加容易,且设计得到的模型与系统原型相似。模拟器通过图形界面,将建模过程变为单击图标并将之拖曳至目标位置的操作,直观方便。

按照模拟器是否提供用户开发接口,可以将模拟器大致分为以下两种:不提供开发接口的是纯模拟器,提供接口的是混合模拟器。

纯模拟器是为了模拟特定问题类型的系统而设计的,如根据企业制造过程、石油和煤气生产工程等而开发的专用模拟器,其目标就是通过菜单或图表来构建一个模拟模型,而无须编程。纯模拟器的专业性和易用性非常高,比如 Enterprise Dynamic。如果研究对象与模拟器的类型正好相符,那么模拟器就能工作得非常出色。但是,纯模拟器的目标对象比较单一,处理复杂问题时的灵活性和适应性不够充分。

纯模拟器存在的欠缺使其数量相对比较少,20 世纪 80 年代以后的模拟语言逐步向混合模拟器方向发展,新出现的模拟软件也大多具有模拟器或者类似模拟器的功能,这些软件更接近于混合型的模拟软件。例如,第 5 章将要学习的 Vensim 软件就是以直观的系统因果关系图作为建模基础,将因果关系图转化为系统流程图后,再通过对不同系统要素间的关系做出规定来实现模拟。

4. 利用混合型模拟软件进行模拟

从现有情况看,优秀的模拟软件除了具有一般模拟过程所需要的建模和模拟分析功能外,还要在易用性、灵活性、数据接口和模拟动画等方面有良好表现。混合型的模拟软件有的是从传统的模拟语言发展而来,也有的是基于计算机通用高级语言开发的。

一些相对久远的模拟语言的设计与那些相对久远的计算机通用高级语言一样,是基于过程的,这不利于大型模拟系统的开发和模型的重用,而且改造这些模拟语言的代价也非常高。所以,20 世纪 80 年代以后出现的新兴模拟软件更倾向于直接使用面向对象的通用高级语言。

其实，基于通用高级语言开发"模拟语言"不是新的创造。GASPIV（General Activity Simulation Program）是一种基于 FORTRAN 的面向事件的模拟语言，由多个 FORTRAN 子程序和函数组成。它既可用于离散系统模拟，也可用于连续系统以离散—连续混合系统的模拟。

基于计算机通用高级语言开发的混合型模拟软件中比较典型的是后面要学习到的 AnyLogic。不论是在建立离散型模拟模型或连续型模拟模型，还是在建立多智能体模型及它们的混合模型过程中，AnyLogic 所提供的非常灵活且强大的建模环境只是帮助用户书写 Java 代码，运行模型是通过 Java 自己的编译器来实现的。利用 Java 优良的面向对象特性，能使用户将模型直接变为可以重用的建模模块。

从传统的模拟语言发展而来的典型例子就是第 3 章将要介绍的基于 SIMAN 语言的模拟软件 Arena。Arena 的底层具备高级模拟器的易用性和专用模拟语言的柔性。不仅如此，Arena 还提供了高级语言 Visual Basic 的开发环境，使其同时具有通用语言、模拟语言和模拟器功能，大大增加了它的表达能力。

1.5 管理系统模拟与其他研究方法的比较

作为面向管理系统的一种主要的研究方法，管理系统模拟的作用日益显现，而管理系统的研究方法并不单一，下面将管理系统模拟与其他具有代表性的管理系统研究方法加以比较说明。

1.5.1 实物模拟与计算机模拟的比较

实物模拟采用的是实物模型，其输入（输出）也采用实物形式，是实物型输入（输出）；而计算机模拟采用的是逻辑世界中的逻辑模型和计算机世界中的模拟模型，其输入（输出）为数值型输入（输出）；这是两者的主要区别。

从模拟的成本与效率角度进行考察和比较，一般来说，计算机模拟占有优势，其成本较低、效率较高。

从应用范围来看，由于计算机的广泛普及和性能的极大提高，使得人们可以比较方便地在计算机上对所研究的对象建立模型并进行模拟，过去只能通过实物模型进行的模拟现在很多都能用计算机模拟来代替，而且成本更低、效率更高，现在，人们通常所说的模拟也大都是指计算机模拟。进行计算机模拟之前，通常需要建立一个模拟环境。人们可以利用计算机来驱动模拟所需的综合环境和虚拟世界。通过在计算机中建立人工对象，使这些人工对象具有与现实对象相似的特性和行为，让各种对象相互作用，在动态的环境中承担自己相应的角色，共同组成计算机中的虚拟世界，从而为人们认识现实世界及其复杂性的方方面面提供一个方便的试验场。

总体来说，实物模拟在物理、化学、工程等领域的应用相对广泛一些，在管理系统中应用得比较少。管理系统中虽然有不少情景具有实物模拟的条件，但现在一般都能用计算机模拟来代替，而且效果更好。在某些情况下，实物模拟与计算机模拟可以互相补充。

1.5.2 统计方法与管理系统模拟的比较

统计方法的关键环节是参数估计，具有历史数据依赖性；而管理系统模拟采用的是按步推算的模拟计算方式，重点在于模拟方案的设计；这是两者的主要区别。

对于人们常用的统计模型，其逻辑框架如图 1.5 所示。通过对研究对象某方面的特性和行为进行抽象，研究人员建立起系统模型，这一模型可以是一组方程，其中含有一些参数，利用有关统计软件包，可以通过这些方程对参数进行估计。在建立模型的同时，研究人员还要收集一些数据，用于参数估计。有了参数的估计值，就可以利用所建立的模型对系统进行预测。最后还要对模型及其预测结果进行分析，一方面检查预测结果与实际观察数据的符合程度，一般是用统计假设检验方法来做出判断；另一方面要检查参数的灵敏度，即如果参数有微小变化，模型预测会产生多大偏差。

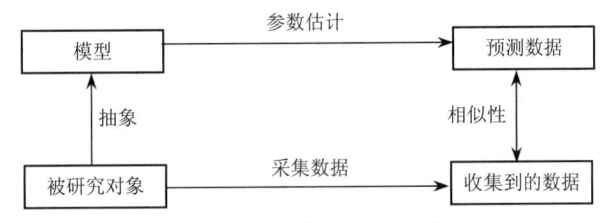

图 1.5 统计模型的逻辑框架

管理系统模拟模型也有着与统计模型形式类似的逻辑框架，如图 1.6 所示。研究人员对所研究的管理系统建立一个可能是计算机程序的模型，而不是统计方程。然后运行这一模拟模型，其行为也就被记录下来，得到所需的模拟数据。实际上，这就是建立管理系统模拟模型的一个主要目的。将这些模拟数据与收集到的数据进行比较，进而检查这一模型是否产生了与实际管理系统相似的输出。

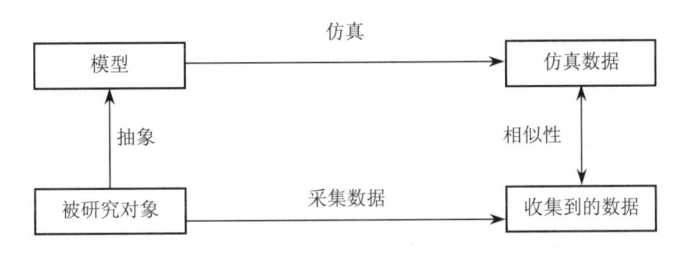

图 1.6 管理系统模拟模型的逻辑框架

统计方法与管理系统模拟的联系较为紧密，统计学是管理系统模拟的重要理论基础，管理系统模拟模型所需的参数值和模拟结果的分析等都依赖于统计方法。

从应用范围来看，统计方法被广泛应用于管理系统研究中，特别是在系统结构不明确的情况下。统计方法一般只适合于短期预测，对于中期或中长期预测缺乏实际意义（就社会经济系统而言，中期一般指两年或以上）。统计方法往往用于预测和相关性分析、敏感性分析等方面，而管理系统模拟应用范围广泛得多，它可以用于预测、设计、评价和培训等许多方面。

1.5.3 数学解析方法与管理系统模拟的比较

数学解析方法通过采用数学解析算法,力求得到一个或一组精确解;而管理系统模拟采用按步推算的模拟计算算法,得到的是满意解(可行解);这是两者的主要区别。

就成本与效率而言,一般来说,在计算机的辅助下,数学解析方法运行效率高,但随着研究对象的复杂程度增加,数学解析方法的求解过程的代价会以极快的速度增加;而管理系统模拟求解过程的代价不会快速增加。

以下从应用范围的角度考察数学解析方法与管理系统模拟并加以对比说明。

研究一个简单的系统不一定要用到模拟,如线性方程系统(可以直接求出显式解,通常称为解析模型)。然而,现实世界的绝大部分管理系统模型都难以得到显式解,这时一般可以通过管理系统模拟来研究这个系统。为了区别于解析模型,管理系统模拟所用的模型称为模拟模型,相应的求解方法称为模拟方法。在以下情形中,通常要用到模拟方法。

模型非常复杂,有很多变量和相互作用的组成部分,这时即使系统有显式解,这个解也非常复杂,难以直接进行研究,而通过模拟可以很方便地研究系统的输入/输出关系。

所用变量相互之间有非线性的关系,根据已有探索得到的认识,非线性系统的研究是很困难的,因为这些问题大多难以通过解析模型来进行有效描述,通常难以通过一组可解的方程组来预测系统的行为。研究非线性系统的唯一有效的一般方法是通过建立和运行模拟模型来考察这一系统。

另一方面,即使我们能够理解非线性系统的工作原理,这一系统大多仍是不可预测的,即出现通常所说的混沌现象。股市就是一个典型的例子,不管对股市的性质研究有多么深入,仍然不可能准确预测到股市崩盘的时间。

由于模拟不必求出系统的显式解,只需给出系统的模型,就可以让计算机根据模型来一步步地模仿系统的运行,可以利用统一的模拟模型技术来研究各种各样的系统,而不必求助于仅适宜求解某些特殊问题的神秘的"锦囊妙计"。

模型中通常包含有随机变量,计算机可以借助随机函数来轻松地模拟这类随机系统;而数学上的处理则要相对困难得多。

模拟的输出结果可以用三维的计算机动画来显示,可以利用计算机的多媒体技术使得输出结果更加逼真和直观,用户界面更加友好;而基于数学公式表达的解析方法则没有这方面优势。

总体来说,数学解析方法(如运筹学中的许多方法)已被广泛应用于管理系统研究中,特别是在系统结构明确的情况下(如线性系统);大部分非线性管理系统问题都难以通过解析模型来求解,研究非线性管理系统的一般方法是管理系统模拟。

1.6 管理系统模拟的发展

1.6.1 管理系统模拟的发展概况

管理系统模拟是管理科学与工程、系统工程、应用数学、人工智能和计算机科学相结合而形成的新兴边缘学科。近几十年来，随着相关科学的长足进步，管理系统模拟在工业发达国家尤其是美国得到十分迅速的发展。无论是模拟模型、理论分析，还是在软件开发与推广应用等方面都进展很快，集中表现为反映模拟理论与方法发展的模拟语言迅速更新换代并得到广泛应用。以美国为例，20 世纪 60 年代开发了第一代模拟语言——低功能、进行单种类型模拟的模拟语言。20 世纪 70 年代中期以后，第二代模拟程序语言问世，它们是具有较强功能的可进行多种类型模拟的模拟语言。到 20 世纪 80 年代初，各种模拟语言逐步应用于经济系统、企业管理系统、物资流通系统、城市规划系统、交通运输系统和教育系统等，在辅助管理决策和管理系统设计方面发挥了重要作用。进入 20 世纪 80 年代以后，美国又开发了第三代模拟语言——模拟支持系统软件，它对第二代模拟语言进行了扩充，具有模拟控制、输入数据和输出结果的统计分析和图表处理及数据库等功能，可以与第二代模拟语言一起共同完成管理系统模拟的任务。

20 世纪 90 年代以来，随着知识经济的来临和经济全球化、科技高新化、社会信息化的推动，管理系统模拟技术飞速发展。原有的模拟软件迅速更新换代，新的更先进的模拟开发工具层出不穷，并迅速推向市场。

关于国内的管理系统模拟发展情况，总体来说，已引入了多种理论和方法，但是起步相对较晚；目前虽有一定发展，但是还未出现具有国际性影响的成果和原创性的贡献。

20 世纪 80 年代初期，系统模拟技术从国外开始引入中国，一些高等学校的有关专业相继开设了系统模拟课程。物资出版社于 1985 年出版的《管理系统模拟》就成为国内该领域的第一本专业性图书。

30 年来，许多高等学校、科学研究单位、企业以及实际工作部门在管理系统模拟的理论研究、软件开发和实际应用等方面做了大量工作，取得显著成效。国内在管理系统模拟的研究和应用方面所做的工作，可以归纳为以下四个方面。

（1）移植、开发了适用于中小型计算机和微型计算机的 GPSS、SIMSCRIPT、GASPⅣ、Q-GERT、SIMULA、SLAM、DYNAMO、SIMAN 和 Arena 等模拟语言软件，基本上能够适应对多种类型的管理系统进行计算机模拟的需要。

（2）在系统模拟的理论与方法，如系统建模、输入数据和输出结果的统计分析、模拟数学基础、模型的验证与确认、模拟实验设计、模拟与优化的结合等方面开展了科学研究工作，取得了丰富成果。

（3）运用通用的计算机程序语言或专用的模拟语言，进行经济计划系统、企业管理系统、物资管理系统、交通运输管理系统、能源开发系统、建筑管理系统、农业生产系统、城市建设规划系统、卫生保健服务系统、旅游服务系统、军事系统、航空航天系统等系统的计算机模拟辅助设计和管理决策。

（4）在本学科的某些学科前沿研究领域，如智能模拟系统、网上模拟系统、可视化交互式模拟系统以及管理系统集成模拟和定性模拟等方面，进行了探索性研究工作，取得了可喜的进展。

1.6.2 管理系统模拟技术的新发展

近年来，随着对包括管理系统在内的复杂系统认识的深入，系统模拟研究得到快速发展，主要表现在从关于对象单一的形式化模型及数字化信息空间的定量研究发展到关于对象的形式化模型与认知模型相结合，将人、信息和资源整合在一体化信息空间中的从定性到定量的集成研究，由此形成了一些新的系统模拟方法和技术的研究热点。下面主要从技术主导的层面，介绍一些管理系统模拟技术的新发展，包括虚拟现实模拟、分布交互式模拟、并行模拟技术等。

1. 虚拟现实模拟

虚拟现实是一种可以创建和体验虚拟世界的计算机模拟系统，它利用计算机生成一种模拟环境，是一种多元信息融合的交互式的三维动态视景和实体行为的系统模拟，可使用户沉浸到该环境中去。虚拟现实技术是模拟技术发展的一个重要方向，是模拟技术与计算机图形学、人-机接口技术、多媒体技术、传感技术、网络技术等多种技术的集成，是一个富有挑战性的前沿研究领域。虚拟现实源于现实又超越现实，将对科学技术、文化教育和认知等各领域及人类生活产生深刻的影响。

1）虚拟现实的概念与特性

1989年，美国学者Lanier正式提出了"虚拟现实（Virtual Reality）"一词。虚拟现实是指综合利用计算机系统和各种显示及控制等接口设备，在计算机上生成的可交互的三维环境中提供沉浸感觉的技术；其中，计算机生成的可交互三维环境称为虚拟环境。理想中的虚拟现实技术就是利用计算机技术、传感与测量技术、微电子技术等现代技术手段创建一个虚拟场景，用户可以走进这个环境并操纵系统中的对象，使用户在这个虚拟场景中的在视觉、听觉、嗅觉、味觉、触觉等方面有如同在现实中一样的感觉，人们在现实中所能感受到的一切在虚拟现实中均能感受到，人们通过大脑想象的超越现实的虚构世界同样可以在虚拟环境中以可感知的形式感受到，且两者毫无差别。由此可见，"虚拟现实"这一术语包含了以下三方面的含义：

（1）虚拟现实是一种基于计算机图形学的多视点、实时动态的三维环境，这个环境可以是现实世界的真实再现，也可以是超越现实的虚构世界。

（2）用户可以通过人的视、听、触等多种感官，直接以人的自然技能和思维方式与所投入的环境交互。

（3）在操作过程中，人是以一种实时数据源的形式沉浸在虚拟环境中的行为主体，而不仅仅是窗口外部的观察者。

1993年，Burdea提出了虚拟现实的"3I"特性，即沉浸（Immersion）、交互（Interaction）和构想（Imagination），说明如下。

（1）沉浸是指用户感觉到已融合到虚拟现实环境中去，能在三维图像的虚拟空间中有目的地漫游，观看、触摸、听取和闻嗅各种虚拟对象的特征，用户在虚拟场景中有"身临其境"的感觉，而且似乎离开了自身所处的外部环境，沉浸在所研究的虚拟世界之中，成为系统的组成部分。它是虚拟现实系统的核心。

（2）交互是指用户与虚拟场景中各种对象相互作用的能力，它是人-机和谐的关键因素。当用户进入虚拟世界后，可以借助多种传感器与多维化信息的环境发生交互作用，经过大脑的思考和分析，形成自己想要实施的动作或策略，通过输入界面反馈给系统，实现与系统的交互和自主控制系统运行的功能；同时，虚拟环境也会做出相应的响应，与现实世界一样。交互性包括对象的可操作程度及用户从虚拟环境中得到反馈的自然程度、虚拟场景中对象依据物理学定律运动的程度等,它是以用户的视点变化进行虚拟变换的。

(3) 构想是指用户沉浸在"真实的"虚拟环境中,与虚拟环境进行了各种交互作用,从定性和定量综合集成的环境中得到感性和理性的认识,从而深化概念,萌发新意,产生认识上的飞跃。

用户在虚拟世界中根据所获取的多种信息和自身在系统中的行为,通过联想、推理和逻辑判断等思维过程,随着系统的运行状态变化对系统运动的未来进展进行想象,以获取更多的知识,认识复杂系统深层次的运动机理和规律性。将这种想象的结果输入到系统中去,系统会将处理后的状态实时显示或由传感装置反馈给用户。如此反复,形成一个"学习—创造—再学习—再创造"的过程,因此说虚拟现实乃是启发人的创造性思维活动的有效工具。

2) 虚拟现实与系统模拟

从字面上来看,虚拟现实与系统模拟是两个不同的概念。有时人们又把虚拟现实认为就是系统模拟或虚拟现实具有系统模拟的全部功能。实际上它们之间既存在一定的区别又具有内在的联系。

虚拟现实系统与系统模拟在某些实际功能上既相互补充又相互区别。模拟系统特别是离散模拟系统的核心是基于离散事件的模拟引擎,这种模拟引擎通过对随机离散事件的排序和调度,演绎出系统的动态模拟过程,并由相应的决策机制实现对模拟过程的控制,而系统的实时数据采集和分析功能则可为用户提供说明系统动态性能测度的模拟数据,为决策者提供决策依据。单纯的虚拟现实系统在听觉、视觉和触觉方面较之一般的可视化模拟系统具有不可比拟的沉浸感,但在处理随机过程模拟和辅助实时决策方面却难以满足人们的需要。

因此,可以将虚拟现实与系统模拟有机结合起来,形成一种虚拟现实模拟系统,将两类系统的特点结合成为一个有机体,使用户可以在一个虚拟空间中将个人的偏好和独立行为,融合到虚拟现实模拟过程中去,实现"人在回路中"的模拟。虚拟现实模拟系统对一般的可视化模拟系统加以发展,实现了质的飞跃,具有广阔的应用前景。

3) 虚拟现实模拟及其应用

虚拟现实模拟是一门以系统科学、计算机科学、概率论与数理统计学为主要基础,结合各应用领域的技术特点和应用中的实际需要,逐渐发展起来的新兴技术。随着各学科技术的进步,虚拟现实模拟也得到日新月异的发展。

虚拟现实模拟系统在许多领域已经得到成功的应用,并取得显著的经济效益。建立在动态模拟和虚拟现实环境基础上的虚拟开发技术使设计师能对虚拟样机或生产线进行直观交互式互动,有助于提高产品开发质量,缩短开发周期和降低开发成本;同时虚拟现实技术的使用可以在计算机中创造一个虚拟的成品,用户可直接对其进行操作,对于不满意的地方,用户可以随时提出,然后由设计者及时更改设计直至用户满意,由此增加了制造商与用户的交互性,使用户的意见得到及时反馈,保证了产品设计的有效性。在企业管理培训中,虚拟现实可体现组织教育培训的主体价值,能为学习型组织提供良好的学习环境，而且对知识性和技能性的组织学习具有重要作用。在供应链管理中，通过建立供应链实体的三维几何模型和构造逼真的供应链环境，其虚拟现实模拟系统可用于辅助设计和改善供应链，降低风险成本，提高供应链管理决策水平。

虚拟现实模拟系统的发展和完善，将使工程技术人员、管理人员、领导决策人员有可能在虚拟环境中对所设计的系统、所管理的系统、所领导范围内的系统进行观察、设计、修改、决策、调度或重组等，从而使这些系统更加完善。虚拟现实模拟系统除具有广泛的应用前景外，它还是一种理想的训练和实践系统，操作人员在实际使用新型装备之前，可在虚拟环境中进行操作训练，以便熟练掌握装备的操作技术。作战指挥人员可在虚拟战场或虚拟战斗中，培养作战指挥能力，或对所制定的作战策略和战术进行模拟评估。企业领导和决策人员则可在虚拟生产环境或虚拟市场模拟环境中，培养实时决策能力，以提高其领导和决策素质。

2. 分布交互式模拟

分布交互式模拟（Distributed Interactive Simulation，DIS）是随着计算机技术特别是网络技术和虚拟现实技术的快速发展，为了满足不断增长的模拟应用需求而发展起来的。它把空间上分布的多个模拟器通过一个公共通信网络（如计算机网络）连接在一起，协调完成复杂的具有分布特性的模拟任务，以虚拟模拟的方式完成对真实任务的逼真模拟，既保证了良好的效果，又提高了效率，也降低了成本，从而成为系统模拟领域内研究复杂任务和复杂对象的主要手段之一。

1）分布交互式模拟的概念

下面通过 DIS 系统的物理组成和基本特征来说明分布交互式模拟的概念。

（1）从系统的物理构成来看，一个 DIS 系统是由模拟节点和计算机网络组成的。模拟节点负责实现本节点自身的模拟功能，如模型计算、运动模拟、视景及音响效果合成、人-机交互等。每个模拟节点负责维持组成该节点的一个或几个对象的状态，并把这些对象的状态及其所产生的事件传递给其他节点。节点还负责接收从其他节点发来的事件信息，并计算该事件对本节点所含对象的影响。如果这些影响导致新的模拟事件产生，则该节点还应把这些新事件通知其他节点。节点之间相互交换信息是通过传递协议数据单元（Protocol Data Units，PDUs）来实现的。计算机网络用以将这些分布在不同地点的模拟节点连接起来。通过传递 PDUs，使模拟节点中的对象可以交互作用。由于 DIS 中模拟节点分布范围较广，因此其计算机网络一般采用局域网和广域网互连的结构。

（2）一个 DIS 系统具有以下基本特征：①没有中心控制计算机。②模拟节点具有自治性。③具有一个用来传递模拟数据的标准协议，并且只传递对象的状态变化信息。④接收节点负责将接收的原始数据变成"感知数据"。

2）分布交互式模拟的特点

分布交互式模拟的主要包括分布性、交互性、模拟性、实时性和集成性五种特点。

（1）分布性。DIS 的分布性表现为地域分布性、任务分布性和系统的分布性。地域分布性是指组成模拟系统的各个节点处于不同的地域。它们可以同处于一个局域网中，也可以处于不同的局域网中，可以处于同一个城市，也可以处于不同的城市甚至不同的国家。任务分布性是指同一个模拟任务可以由几台计算机共同协同完成。系统的分布性是指同一个模拟系统可以分布在不同的计算机上。这些计算机可以处于同一地域，也可以处于不同的地域。

（2）交互性。各模拟器中的模拟实体通过交换信息而相互影响彼此的状态。以军事模拟为例，DIS 的交互性包括人-机交互和作战时的对抗交互。其中人-机交互的意义是指参与作战演习的人员通过计算机将其对模拟系统的命令传达给模拟系统，如指挥人员通过计算机下达系统暂停命令等；而对抗交互是指参与作战的对抗双方相互之间交互作战信息，比如红方向蓝方进行了一次射击，则红方应该将射击信息发送给系统中的蓝方，以保证作战环境的时空一致性。

（3）模拟性。DIS 是基于模拟器的训练活动，是在计算机合成的电子环境中进行的。DIS 中包括真实节点、虚拟节点和构造节点的交互，后两部分是通过模拟实现的。

（4）实时性。DIS 通常是实时运行的。DIS 系统应该尽量保证模拟系统中的时间和空间与现实世界中的时间和空间的一致性，这就要求实体状态必须是实时更新的，实体间的信息必须是实时传输的，图形显示必须是实时生成的等。因此，DIS 系统必须要在实时前提下运行。

（5）集成性。DIS 系统是对已有系统的集成，而不是为了进行某一训练任务而建立一个全新的网络化系统。如何将这些地域上分散、不同的制造厂商开发、系统的硬件和软件结构配置各不相同、实体表示方法与描述精度各异的模拟节点连接起来并实现互操作，就成为研究人员有待解决的问题，也是 DIS 技术中的关键。可以将 DIS 系统形象地看成是由各模拟器组成的"自治联邦"系统。

3）分布交互式模拟的关键问题

（1）模拟对象的位置、姿态表示方法及坐标变换方法。

在 DIS 中，模拟对象的地理位置及姿态表示是一个基本的问题。不同的模拟节点，其模拟对象的地理位置及姿态表示方法可能不同。例如，可能采用地心坐标系、大地坐标系及局部坐标系等不同坐标系等来表示对象的地理位置。对象的姿态也有欧拉角、四元数和方向余弦等几种不同的表示方法，主要应从网络通信量和计算效率两方面来考虑。另外，还需要研究不同表示方法之间的转换问题。

（2）DIS 的体系结构研究。

体系结构是一个系统的基本框架，它规定了系统的组成原则、组成部分、各部分之间的关系以及实现这些关系的方式。体系结构的研究是 DIS 中的一个重要问题。Strawman Architecture 是目前讨论最广、影响最大的一种 DIS 体系结构。在 Strawman Architecture 中，引入了胞元（Cell）和虚拟网络（Virtual Network），胞元接口单元（Cell Interface Unit）和胞元适应单元（Cell Adapter Unit）等概念。

分布交互式模拟代表了模拟技术的发展方向，随着网络及其相关技术的迅速发展，分布交互式模拟已不再仅局限于局域网，广域网环境下的分布交互式模拟越来越受到重视。虽然 DIS 在虚拟模拟方面得到了成功的应用，但其体系结构决定了它很难与其他类型的模拟进行交互。高层体系结构（HLA）的出现，为这一问题提供了很好的解决方案。因此分布交互式模拟的体系结构也得到飞速发展，逐步从原来粗线条、无层次的原始结构发展成为今天成熟的 HLA 高级模拟体系结构。HLA 具有良好的开放性，开发基于 HLA

的模拟系统具有重要的应用价值和实际意义。

3．并行模拟技术

并行性有两种含义：一是同时性，指两个或多个事件在同一时刻发生；二是并发性，指两个或多个事件在同一时间间隔内发生。

复杂系统一般由具有多层结构的子系统组成，通常复杂系统中子系统的个数较多，各子系统之间以共享数据或传递消息的方式进行交流。因此复杂系统中必然存在大量的并行信息。而且随着模拟对象复杂性的增加，模拟对计算机系统的速度要求越来越高，这种实时计算的要求常常超出了最强大单机处理的能力。与此形成对比的是，大规模并行技术使计算机的运算能力在 20 年内提高了 4 个数量级。因而必须研究模拟计算的并发性，运用并行处理和分布式处理等技术来提高计算机模拟的速度。另一方面，随着低成本并行计算机结构和高速网络计算平台的出现，并行模拟的实现成为可能。近年来，并行模拟技术发展成为模拟领域的一个研究热点。计算机网络，尤其是高速度交换型局域网的发展，在提高并行计算平台性能的同时，极大地降低了成本；特别是集群系统的出现和普及，使得并行模拟的广泛应用日益变为现实。

1）并行模拟的体系结构

在建立并行模拟系统时，由于其比较复杂，要考虑的影响因素很多，比如实际系统的并行特性，模拟系统中的时间模型和抽象层次等，所以说保持其层次化的结构和各层系统的相对独立性就显得非常重要。一般来说，可以将并行模拟的框架从结构上分为并行模拟操作系统、并行模拟内核、并行模拟支持环境和并行模拟应用实现 4 层。

（1）并行模拟操作系统就是为了在多个处理器与其他资源之间进行模拟任务的协调，保证系统可以正常有序的进行并行处理。现在已经出现了可以完全支持并行模拟的操作系统如 Time Warp Operating System 和 Mimdix System。此类操作系统对模拟编程语言没有特别要求，模拟过程中的策略和模拟调度都由操作系统完成；不过采用此类操作系统，在模拟建模和模拟运行过程对于一些影响模拟性能的策略和参数无法进行调整和修正，因此有时候模拟效果不是很理想。

（2）并行模拟内核的主要功能是对并行模拟任务进行调度和划分，根据任务的特点和模拟目标选择合适的模拟同步策略，这是并行模拟系统在实现过程中最为重要的环节，也是对模拟系统的性能有重大影响的关键因素，因此成为并行模拟研究的热点之一。并行模拟任务的分配可以采用随机分配和算法分配，随机分配的方式是将模拟任务交给操作系统，由它在执行过程中根据处理器的运行状态进行分配。这种方式虽然简单，但对于复杂系统而言，效果却不是很好，因此绝大部分的并行模拟系统中都采用算法分配方式。

（3）并行模拟的支持环境分为硬件环境和软件环境。硬件环境指存在一台多处理器组成的并行计算机或是多台计算机组成的计算机群。软件环境指拥有支持并行模拟的操作系统，适合模拟工作的编程语言和模拟策略。这样，模拟工作就可以按部就班地进行。

（4）就应用实现而言，并行模拟的应用实现过程与传统的串行模拟是一致的。首先是物理问题求解，需要将模拟的实际系统进行分解和提取，用数学语言描述系统行为子集的特性，建立合适的数学模型；其次是选择恰当的模拟算法和模拟语言，将数学模型映射到计算机上，形成模拟模型；然后在计算机上运行模拟模型，进行模拟实验；最后是针对目标问题进行模拟结果分析。对于并行模拟系统而言，模拟结果分析不仅仅要对模拟系统的功能实现进行考核，更重要的是分析系统的执行性能以及模拟策略的有效性。

2）并行模拟的任务分配

并行模拟的难点是数据分布（域分解）策略，由此可决定通信量。为降低通信量，在空间划分时要考虑被模拟对象的性质和相互联系，在一定的误差限度内，允许偏差和不对称（负荷不平衡）的存在。

随着并行模拟系统规模的不断扩大，模拟任务的分配方式已经成为影响模拟性能的重要因素之一。简单的随机分配模拟任务的方式已经不能满足提高模拟系统性能的要求。因此，任务分配算法的研究在近些年里引起越来越多的注意和重视，而且出现了许多优秀的模拟任务分配算法。

除了少数的随机分配和在处理器之间平均分配模拟任务外，大多数的模拟任务分配算法都遵循一个原则——处理器负荷平衡原则。这里的处理器负荷平衡包含如下两个含义：

（1）单个处理器的有效工作时间平衡。在并行模拟中，处理器的工作时间分为两个部分，计算时间和通信时间。计算时间是指处理器执行模拟程序的时间，通信时间是指操作系统将消息进行打包处理放到硬件上以及数据传输的时间。提高计算时间与通信时间的比例有利于提高并行模拟系统的性能。

（2）各处理器的工作量负荷平衡。如果并行模拟系统中各处理器之间的任务分配不平衡，如有的处理器由于负荷较轻、运行速度较快，它就会越来越多地处理将来事件，而负荷重的处理器因为很多的计算和通信负担，落后的差距越来越大，很容易导致因果错误，严重影响模拟系统的性能。

尽管许多学者致力于并行模拟系统任务分配算法的研究，也有一些优秀的算法出现，不过总体上看还是没有引起足够的重视。因此，对于并行任务的分配方式问题仍然有待进一步的研究。

并行模拟技术是对复杂系统进行研究的一种有效的手段，但目前的并行模拟技术尚不成熟，主要表现在四个方面：①算法适应范围较窄；②模拟环境不够完善；③模拟应用较少；④人工智能技术应用不多。因此，并行模拟技术仍然需要进一步的发展，以适应对复杂系统进行高效模拟的要求。

1.7 本书结构与基本内容

本书共包括 8 章内容，其基本结构如图 1.7 所示。

第 1 章绪论是对全书的一个导引，它从系统与管理系统的介绍入手，首先围绕系统模型与模拟展开讨论，指出同构性与同态性是系统建模的基础，模型是知识的外在表现和描述形式，模型与模拟之间存在着一定的对应关系；随后直入主题，针对管理系统模拟进行概要论述，阐释了管理系统模拟的定义和特征，给出了管理系统模拟的步骤和四种实现方式，并通过比较方式将其与其他研究方法加以对比说明；最后对管理系统模拟的发展进行总结；这些论述和说明旨在起到统领全书的作用。第 2 章比较全面地讲解了管理系统模拟的基础知识，首先介绍随机数与随机变量，然后按照管理系统模拟分析和求解问题的过程，依次讨论数据采集与预处理，实验方案的设计，模拟结果的统计分析，模拟模型的验证、确认和检验。

```
                        ┌─────────────────┐
                        │  第1章  绪论      │
                        └────────┬────────┘
                                 │
                        ┌────────▼────────────────┐
                        │ 第2章 管理系统模拟的基础知识 │
                        └────────┬────────────────┘
                     ┌───────────┴──────────────┐
                     │                          │
               离散系统模拟                   连续系统模拟
        ┌──────────────┬──────────┐   ┌──────────────┬──────────┐
        │第3章 离散系统模拟│第4章 Arena │   │第5章 基于系统动力│第6章 Vensim│
        │原理与Arena入门 │建模实例分析│   │学的连续系统模拟 │建模实例分析│
        │              │          │   │原理与Vensim入门│          │
        └──────────────┴──────────┘   └──────────────┴──────────┘
                     │                          │
        ┌────────────▼─────────┐   ┌────────────▼─────────┐
        │ 第7章 多智能体模拟与    │   │ 第8章 混合型模拟与     │
        │      实例             │   │      实例             │
        └──────────────────────┘   └──────────────────────┘
```

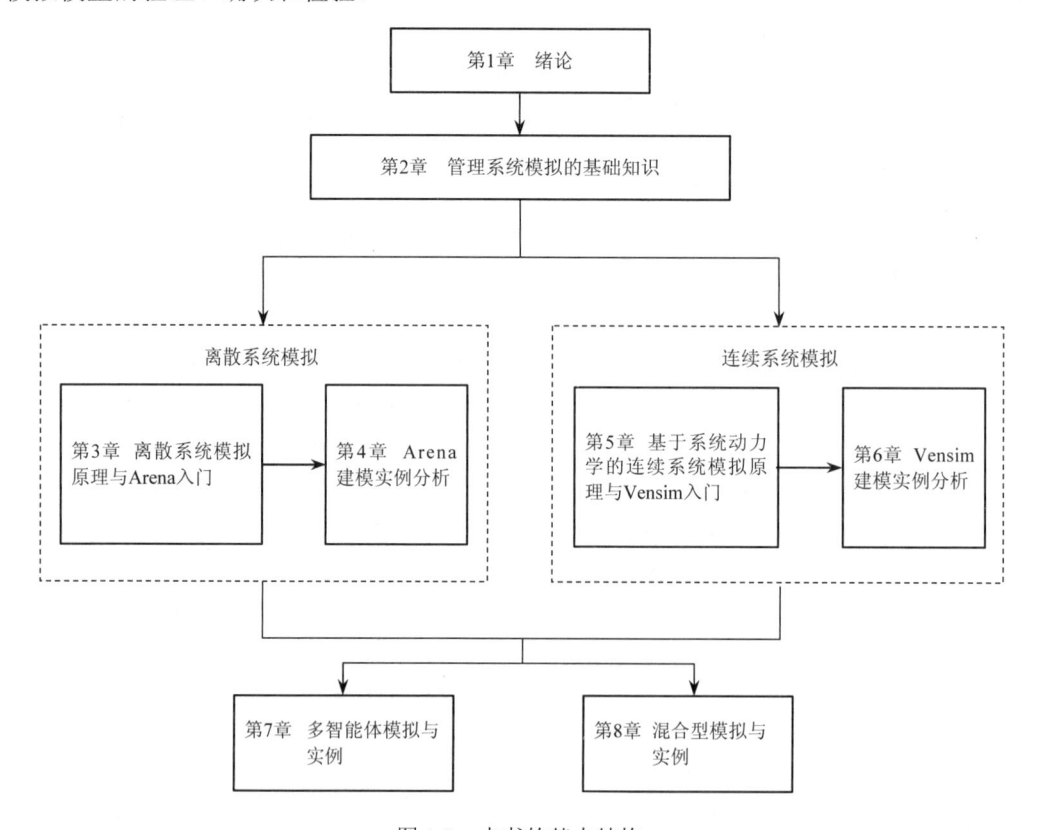

图 1.7　本书的基本结构

第 3 章和第 4 章都是围绕离散系统模拟展开的，第 3 章主要结合 Arena 模拟工具，讨论离散系统模拟，阐述了离散系统模拟的基本概念和有关原理。第 4 章进一步给出了多个 Arena 建模实例并进行了分析。第 5 章和第 6 章的内容都属于连续系统模拟的范畴。第 5 章讨论基于系统动力学的连续系统模拟，阐述了系统动力学解决问题的基本原理并用 Excel 实现系统动力学模型模拟与寻优，也对系统动力学模拟工具 Vensim 进行了讲解。第 6 章进一步针对市场份额模型和牛鞭效应，给出了 Vensim 建模实例并进行了分析。这四章的内容是对管理系统模拟基本方法的讲述，也是本书的重点所在。

作为管理系统模拟基本方法的延伸和提高，第 7 章阐述了多智能体模拟的相关概念和建模原理，结合实例介绍了多智能体模拟工具 AnyLogic；第 8 章阐述了混合型模拟原理与工具，并给出了应用实例。这两章内容力图使读者对管理系统模拟有一个全面的认识和了解。

从全书内容上看，可以分成三个逐步递进的部分：第 1 章和第 2 章是基础部分，第 3 章至第 6 章是主体部分，第 7 章和第 8 章是提高部分。它们各有侧重，又互为补充，形成了一个整体，显示出本书的系统性。

知识归纳

系统是多个事物或对象相互联系而形成的有机统一体，具有整体性、关联性、目的性和环境适应性。管理是共同劳动和社会组织的产物，管理系统作为一类典型的复杂社会系统，本身属于复杂系统的范畴。管理系统除了具有系统的一般特性之外，还具有随机性、动态性、多目标性等自身独有的特性。

系统模型是对现实系统的抽象和简化，它具有一定的结构形式，存在于逻辑世界之中。同构性与同态性都是系统建模的基础，它们反映出建模的基本思想，也是检验建模有效性的重要准则。模拟是利用某种手段对现实世界中的真实系统的模仿，本书讲到的"模拟"在不加特别说明的情况下一般是指"计算机模拟"。

在逻辑世界中，知识乃是人类对于客观世界规律性的认识，而模型则是知识的外在表现和描述形式，逻辑世界中的模型实际上是知识模型。知识有显性知识和隐性知识之分，显性知识的描述形式有数学模型和符号模型，分别对应的是定量模拟和定性模拟；隐性知识的描述形式有人工神经网络和多智能体，对应的模拟形式是智能模拟。所以说，模型与模拟之间存在着一定的对应关系。

管理系统由于包含了人的因素，因此其中的问题一般都比较复杂，要解决这些问题通常采用的是问题求解的模拟途径。因此，管理系统模拟乃是解决现实世界中管理问题的主要方式。管理系统模拟是指在建立管理系统模型的基础上，通过计算机实验，围绕管理系统按照一定的决策准则或运作规则，随着时间的推移，对由一个状态变换为另一个状态的动态行为进行描述，并通过对动态行为的分析来评价管理系统的性能。管理系统模拟与统计方法、数学解析方法相比，既有区别，又有联系，呈现出互补性关系。

对一个管理系统进行计算机模拟，需要经历一个去粗取精、去伪存真、由表及里、由浅入深，逐步把握系统状态变化规律的过程，它包括问题描述与系统定义、建立系统模型、收集和整理数据资料等十个步骤。针对管理系统模拟问题，既可利用通用高级语言又可利用专用模拟语言进行模拟，还可利用模拟器或者混合型模拟软件进行模拟，因此管理系统模拟有多种实现方式。同时在管理系统模拟的技术层面，出现了虚拟现实模拟、分布交互式模拟和并行模拟等新进展。

练习题

1. 简述运用管理系统模拟解决实际问题的步骤及其特点。
2. 从区别、联系和应用范围等方面，论述说明管理系统模拟与自己了解到的其他研究方法的关系。

第 2 章
管理系统模拟的基础知识

问题导航

- 如何模拟随机现象？
- 为什么计算机产生的都是伪随机数？
- 常用概率分布的主要应用范围有哪些？
- 实验方案设计的基本要求有哪些？
- 终态模拟与稳态模拟有何区别？它们在模拟结果统计分析中关心的重点有什么不同？
- 管理系统模拟模型的验证与确认有何异同？

2.1 引言

管理系统模拟是面向管理者的模拟，管理专业学生应该掌握管理系统模拟的基本原理，能够利用相关模拟软件建立管理系统问题的模拟模型，具备设计模拟实验方案，进行相关分析的能力。只有掌握了管理系统模拟的基础知识和基本原理，才能充分地理解模拟软件的功能和用途，才能更好地利用模拟软件去解决管理问题。

管理系统模拟是一门综合性的交叉学科。从学习模拟基本原理的角度看，它与统计学密不可分，有关概率与统计的基础知识必须适当了解。尽管如此，在管理系统模拟原理与统计学交叉的部分，它们所关注的侧重点有所不同。从管理系统模拟应用的角度看，学习管理系统模拟要结合各专业问题，因此对相关专业的基础课程也应该了解。比如，对于管理科学与工程专业而言，管理学、生产与运作管理等专业基础知识需要提前掌握；对于信息管理与信息系统专业而言，管理学、管理信息系统等专业基础知识需要提前掌握。

管理系统问题大多带有随机性因素的影响。相对于数学解析方法，管理系统模拟更适于处理随机性问题，其模拟模型一般都考虑了随机性因素。要建立随机性模拟模型，首先应通过随机变量来实现对随机性的模拟，随机数和随机变量的产生是模拟软件的重要功能组件。

从方法论角度看，相对于管理专业常用的统计学和解析数学等方法的不同之处在于，管理系统模拟方法是一种管理系统虚拟实验手段。它在建立模拟模型的基础上，通过实验方案的设计，构造多个可能的方案进行对比分析，以得到优化的决策方案。所以，实验方案的设计也是模拟求解问题过程中所要经历的一个阶段，它是管理系统模拟实现的关键之一。

本章首先介绍随机数与随机变量，然后按照管理系统模拟分析和求解问题的过程来安排有关内容，依次讨论数据采集与预处理，实验方案的设计，模拟结果的统计分析，模拟模型的验证、确认和检验。

2.2 随机数与随机变量

随机数与随机变量都是用来刻画管理系统模拟中普遍存在的随机性的，所以首先要学习关于随机性的有关知识。

2.2.1 系统模拟中的随机性

随机性是具有某一概率的事件集合中的各个事件所表现出来的不确定性。在现实世界中有必然发生的事件，也有根本不可能出现的事件，随机事件是介于必然事件与不可能事件之间的现象和过程。随机性的基本特征是：在相同的条件下，某一现象或过程可能引发多种（至少两种）不同的结果（事件）；而究竟出现何种结果是无法事先确定的，不过这种不确定性同时存在一定的规律性，具体表现在各种结果出现的概率满足一定的统计学规律。

随机性普遍存在，自然界、社会和思维领域中的诸多事件都具有随机性。宏观世界中必然发生的、确定性的事件在其细节上会带有随机性的偏离。微观世界中个体的运动状态往往具有随机性，如商品的价格波动，科学实验中误差的出现。信息传递中受到的干扰等都是随机性的。

现实中的管理系统大多具有随机性。例如，就一个银行系统而言，顾客到达时间间隔和服务时间虽然有一定的规律，但是每天的具体情况不尽相同，往往带有随机性因素的影响。又如，在生产系统中，产品的次品数量大致满足一定的分布函数形式，但每天每时到底产生多少次品，往往又具有一定的随机性。因此，管理系统模拟的研究对象大多存在随机性，管理系统模拟建模过程中往往不能回避随机性一类问题，这也是管理系统模拟的一个重要特性。

> **管理系统模拟模型都是随机性模型吗？**
>
> 并不是任何模拟模型都需要考虑随机性，是否需要将实际系统中的随机性纳入到模拟模型，要根据研究目标和研究条件来确定。当随机因素对系统的主要性能指标（目标）有显著影响（比如风险分析）时，就必须考虑随机性了；当系统模拟中的随机因素对系统的主要性能指标（目标）影响甚微时，随机因素影响可以简单地以平均值的作用来反映，这时应该忽略模拟中的随机性。如果没有关于随机性规律的充分信息，那么在开始建立模型时可以暂时不考虑随机性影响，待深入研究后再加入随机性因素。

根据模拟建模过程中是否考虑系统的随机性，即模拟模型中是否包括随机变量，可以将系统模拟分为确定性和随机性两类。在确定性模拟中，因为确定性模型不涉及随机变量，所以系统在某一时刻的新状态完全由系统的原状态以及相应的活动所决定，即系统的状态、输入和输出都是确定的。而在随机性模拟中，因为随机性模型包含有随机变量（随机输入），模拟过程中以随机模拟序列作为模型的输入进行模拟，所以在既定的条件和活动下，系统由一个状态到另一个状态的转换带有随机性并遵循一定的统计分布规律。

> **比较管理系统模拟中的随机问题与统计学中的随机问题。**
>
> 统计学中研究随机问题的重点在于，研究随机现象发生的随机性规律，以及这种规律的统计学特征。而管理系统模拟中研究的随机问题主要关注两个方面：一是现象的随机性规律，二是如何模拟这种随机性规律，即如何产生足够多的符合一定随机规律的数据来模拟实际现象。

管理系统模拟中处理随机问题的基本步骤如图 2.1 所示。首先通过对样本中的有限数据进行分析，推算出其满足的概率分布函数并进行验证，然后通过一定的随机数生成器生成独立同分布的一组或几组随机数，再利用这些随机数构造出满足所要求的概率分布函数的随机变量，随机变量在模拟过程中产生随机模拟序列作为模型的输入，最后分析模拟得到的多个模拟结果的统计分布特性，并确定模拟结果在一定置信水平上的性能指标是否可信。

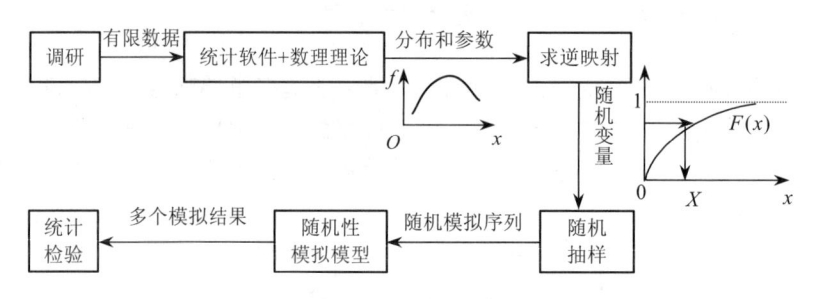

图 2.1 管理系统模拟中处理随机问题的基本步骤

可见,如何产生随机数并构造随机变量是处理管理系统中的随机问题以进行随机性模拟的基础。下面首先描述均匀分布随机数的性质,然后介绍伪随机数的几种产生方法及其检验方法,最后阐述多种随机变量的产生方法与随机抽样。

2.2.2 均匀分布随机数的性质与伪随机数

> **随机性=规律性+无规律扰动?**
> 对事物的随机性规律可以简单地采用 $Y=ax+b+\varepsilon$ 来表达。其中"ε"为随机规律扰动项,它代表一定的随机性规律;$ax+b$ 代表了确定性部分。随机规律扰动项又可以看做由随机性规律性和无规律扰动两部分组成。在纯粹无规律扰动的基础上加入一些具有随机规律的函数可以构造出其他复杂的"ε"。所以要模拟随机规律,首先要构造出均匀分布,然后加入既定的随机规律。

大多数管理系统带有随机特性,模拟具有随机特性的实际问题时,会用到各种具有不同分布特征的随机数。服从某一分布的随机变量都可以通过转换 IID $U(0,1)$(Identical and Independent Distribution,简记为 $U(0,1)$,意为独立的同类的(0,1)区间上均匀分布)的随机变量得到。因此,[0,1]上均匀分布随机数即成为一切随机变量的基础,正确地生成[0,1]上均匀分布的随机数也就显得尤其重要。

设随机变量 R 在 [0,1] 区间上是均匀分布的,它的密度函数为

$$f(x)=\begin{cases} 1 & 0 \leqslant x \leqslant 1 \\ 0 & 其他 \end{cases}$$

其分布函数为

$$F(x)=\begin{cases} 0 & x \leqslant 0 \\ x & 0 \leqslant x \leqslant 1 \\ 1 & x > 1 \end{cases}$$

为方便起见,将(0,1)上均匀分布的随机数简称为随机数,用 r_i 表示。

r_i 的期望值为

$$E(R)=\int_{-\infty}^{+\infty} xf(x)\mathrm{d}x = \frac{1}{2}$$

r_i 的方差为

$$D(R) = \int_0^1 \left(x - \frac{1}{2}\right)^2 dx = \frac{1}{12}$$

R 的密度函数和分布函数分别如图 2.2 和图 2.3 所示。

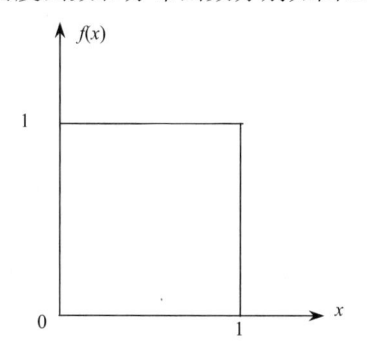

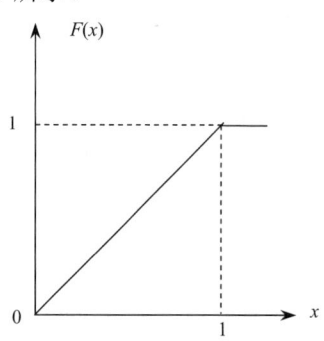

图 2.2　R(0,1)的密度函数　　　　图 2.3　R(0,1)的分布函数

均匀分布随机数必须具备均匀性和独立性，即要求：

（1）若将区间[0,1]分成 n 个等长子区间，则观察总数 N 足够大时，在每一个子区间内得到的观察期望值应是 N/n；

（2）每个观察值落入某一子区间的概率与前一观察值无关。

真正服从均匀分布的随机数可采用物理方法，如电子噪声发生器、放射源计数器等获得。采用物理机制获得的随机数，完全具备均匀性和独立性，更切实地反映了真正的随机性，因此有时称为"真随机数"。但是这种方法需要一套物理设备，且这样产生的随机数列无法重现，因而也就不可能进行重复模拟，所以在实际应用中已很少使用这种方法。

> **获取真随机数。**
> 弗里吉雷欧（Frigerio）等人用一个 α 粒子放射源和一个高分辨率的计数器做成的装置，在 20 ms 内平均记录 24.315 个 α 粒子。当计数为偶数时，便在磁带上记录二进制的"1"。这个装置每小时可以产生约 6 000 个 31 bit（b）的真随机数。

目前主要采用数学方法来产生随机数，即运用一定的算法求得随机数列，若该数列具有均匀性和独立性的统计特性，则它类似于真正的随机数序列，称之为伪随机数（Pseudo Random Number）序列。在计算机上，已经使用的产生随机数的方法可以分为三类：

（1）把已有的随机数表输入机器，显然这需要大量的内存单元，并浪费大量选取操作的时间，现在已很少使用。

（2）用物理方法产生真正的随机数。但这种方法常常无法对模拟的问题进行复算检查，从而降低了这类方法的使用价值，目前使用也不多。

（3）用数学方法产生伪随机数。这是目前使用较广、发展较快的一类方法。

用数学方法产生随机数的实质是，利用计算机能对数字直接进行算术运算和逻辑运

算的特点，由递推公式

$$r_{n+l} = g(r_n, r_{n+1}, \cdots, r_{n+l-1}) \tag{2.1}$$

通过计算机程序直接产生数值序列$\{r_n\}$。这种方法速度快，占用机器的内存小，可对模拟的问题进行复算检查。

由于计算机上只能表示有限个不同的数，严格地说，用式（2.1）产生的是伪随机数，并不能产生真正的连续分布随机数。序列$\{r_n\}$中的各数是完全确定的，到一定长度之后，后续产生的数退化为零或重复出现前面产生的序列，因而与随机数的基本性质产生矛盾。但是，如果数值序列$\{r_n\}$能够通过随机数的各类统计检验，就可以将$\{r_n\}$当做真正的随机数使用。

在计算机上用数学方法产生伪随机数，有如下要求：

（1）$\{r_n\}$应具有均匀总体简单子样的统计特性（均匀性、随机性、独立性和一致性等）。

（2）$\{r_n\}$应有足够长的周期，以满足模拟实际问题的需要。

（3）产生的$\{r_n\}$应该可以重复出现，即相同的初值得到相同的随机序列。

（4）产生$\{r_n\}$的过程应该具有速度快且占用计算机内存小的特点。

在产生伪随机数的数学方法中，使用最广的是同余法，其中乘同余法和混合同余法能够产生周期长且统计性质良好的数值序列。下面在2.2.3节中介绍同余法产生伪随机数及其检验。

2.2.3 伪随机数的产生与检验

1．同余法产生伪随机数

同余法是选定初值后以一定的迭代过程产生随机数的一类方法。其迭代公式可以写成数论中模为M的同余式形式，即

$$A = B \bmod M$$

式中，$A<M$，A的取值是B被M整除后的余数，所以这一类方法称为同余法。

1）乘同余法

乘同余法的递推同余式是

$$x_{n+1} = \lambda x_n (\bmod M) \tag{2.2}$$

式中，λ为乘子，M为模，x_0为初值（称x_0为种子）。当式（2.2）产生的数值序列$\{x_n\}$周期长且统计性质良好时，取$r_n = \dfrac{x_n}{M}$作为[0, 1]区间上的伪随机数。

例2.1 当$M=32$时，取$\lambda=4$，$x_0=1$，则由式（2.2）进行递推运算，可得到数值序列$\{4, 16, 0, \cdots, 0\}$。容易验证这个序列很快退化为0，当λ取为偶数时，序列终会退化。当取$\lambda=5$，$x_0=1$时，则由式（2.2）进行递推运算，结果如表2.1所示。

这个序列没有退化，但周期地循环出现5、25、29、17、21、9、13、1这八个数。

下面介绍如何选取x_0、λ和M使$\{r_n\}$满足产生伪随机数的基本要求。考虑到这一内容涉及较多数论方面的知识，所以仅给出一些有关的原则和结论。

表 2.1　乘同余法生成的随机数序列

i	x_i	r_i	i	x_i	r_i
1	5	0.156	9	5	0.156
2	25	0.781	10	25	0.781
3	29	0.906	11	29	0.906
4	17	0.531	12	17	0.531
5	21	0.656	13	21	0.656
6	9	0.281	14	9	0.281
7	13	0.406	15	13	0.406
8	1	0.031	16	1	0.031

（1）在一台尾部字长（除去符号位）为 k 位的 b 进制的计算机上，取模

$$M = b^k \text{ (或} b^k - 1, b^k + 1) \tag{2.3}$$

例如，在二进制计算机上取 $M=2^k$（或 2^k-1，2^k+1）。这里，M 为计算机能够表示不同数字的最大个数。可以证明，当 $M=2^k$ 时，在计算机上可得到的最大可能周期为

$$T = 2^{k-2} \tag{2.4}$$

（2）乘子 λ 取与模 M 互素的奇数。通常有以下三种取法。

① $\lambda=5^{2s+1}$（等价地，λ 取 $8a+5$ 型数值），这里，参数 s 是使 $\lambda<M$ 的最大正整数，a 为待定正整数。

② $\lambda=3^{2s+1}$（等价地，λ 取 $8a+3$ 型数值），s 和 a 意义同上。

③ $\lambda=7^5=16\,807$（对应于 M 取 2^k-1），这是所选参数中最好的几个数值之一。

例如，当取 $M=2^{31}$ 时，可取 $\lambda=5^{13}$。理论分析与统计检验表明，λ 取值过小或它的二进制形式中 0 和 1 呈规则性排列时，都不能产生统计性质优的数值序列。周期的长短与 λ 的取值有着密切的关系。

（3）初值 x_0 为任一奇数。由式（2.2）递推产生 $\{x_n\}$，周期为 2^{k-2} 时，$\{x_n\}$ 由 0, 1, $\cdots$, 2^{k-2} 中的部分正整数重新排列而成，经简单计算可知：

① 取 $\lambda=5^{2s+1}$，$x_0=4b+1$（b 为 0 或正整数），$\{x_n\}$ 由正整数 1, 5, 9, $\cdots$, $4q+1$, $\cdots$, 2^k-3 重新排列而成。

② 取 $\lambda=3^{2s+1}$，$x_0=8b+1$ 或 $8b+3$（b 为 0 或正整数），$\{x_n\}$ 由正整数 1, 3, 9, 11, $\cdots$, $8q+1$, $8b+3$, $\cdots$, 2^k-3, 2^k-1 重新排列而成。

由于乘同余法具有在计算机上容易实现、产生速度快等优点，因此它已得到广泛应用。表 2.2 给出了乘同余法常用参数及相应的周期。

表 2.2　乘同余法常用参数及相应周期

模 M	乘子 λ	初值 x_0	周期 T
2^{30}	5^{11}	1 或任意奇数	2^{28}
$2^{31} \sim 2^{34}$	5^{13}	1 或任意奇数	2^{k-2}
$2^{35} \sim 2^{39}$	5^{15}	1 或任意奇数	2^{k-2}
$2^{41} \sim 2^{44}$	5^{17}	1 或任意奇数	2^{k-2}
$2^{45} \sim 2^{48}$	5^{19}	1 或任意奇数	2^{k-2}
2^{30}	3^{17}	1 或任意奇数	2^{28}

续表

模 M	乘子 λ	初值 x_0	周期 T
$2^{31} \sim 2^{33}$	3^{19}	1 或任意奇数	2^{k-2}
$2^{34} \sim 2^{36}$	3^{21}	1 或任意奇数	2^{k-2}
$2^{37} \sim 2^{39}$	3^{23}	1 或任意奇数	2^{k-2}
$2^{40} \sim 2^{42}$	3^{25}	1 或任意奇数	2^{k-2}
$2^{43} \sim 2^{45}$	3^{27}	1 或任意奇数	2^{k-2}
$2^{40} \sim 2^{42}$	3^{29}	1 或任意奇数	2^{k-2}
10^8+1	23	147 594 118	5 882 352
10^{11}	7^5	1	10^8
10^{11}	$7^{4k+1},(k \neq 1)$	1	5×10^8
$2^{31}-1$	7^5	任意整数	$2^{31}-1$

2）混合同余法

混合同余法又称线性同余法，其产生伪随机数的递推同余式为

$$x_{n+1}=(\lambda x_n+c)(\text{Mod } M) \quad (2.5)$$

式中，λ 为乘子，M 为模，x_0 为初值，c 为增量。当式（2.5）产生的数值序列 $\{x_n\}$ 周期长并且统计性质优时，取 $r_n = \dfrac{x_n}{M}$ 作为[0, 1]区间上的伪随机数。

混合同余法各参数的取法如下：

（1）模 $M=2^k$ 或 10^k。

（2）乘子 λ 取与模 M 互素的奇数。可以证明，当 λ 为 2^b+1 或 2^b-3（$b \geq 2$）型正整数时产生的随机数最大可能周期为

$$T=M=2^k$$

当 $T=2^k$ 时，$\{x_n\}$ 是由 $0 \sim 2^k-1$ 中的全部数值重新排列而成，因此混合同余法的特点是周期最长。若采用移位和指令相加法，混合同余法的计算速度也快。

（3）初值为任意非负整数。

（4）增量 c 为奇数。实践表明，适当地选取增量 c，可进一步改善伪随机数的统计性质。特别地，当 $c=0$ 时，式（2.5）即为式（2.2）的乘同余式。

例 2.2 当 $M=16$，$\lambda=5$，$c=3$，$x_0=7$ 时，用混合同余法生成的随机数序列如表 2.3 所示。

表 2.3 混合同余法生成的随机数序列

i	x_i	r_i	i	x_i	r_i
1	6	0.375	11	0	0.000
2	1	0.063	12	3	0.188
3	8	0.500	13	2	0.125
4	11	0.688	14	3	0.813
5	10	0.625	15	4	0.250
6	5	0.313	16	7	0.438
7	12	0.750	17	6	0.375
8	15	0.938	18	1	0.063
9	14	0.875	19	8	0.500
10	9	0.563	20	11	0.688

3）组合同余法

用上述线性同余法产生的伪随机数,在一维情况下,只要有较长的字长,适当选择初值就能得到效果很好的[0, 1]上均匀分布的伪随机数序列。另外,在高维情况下也存在着所产生的伪随机数分布非均匀的缺点。这种非均匀性对短字长的计算机来说更为严重。所以,实际模拟对线性同余法的改进提出了要求,组合同余法即是其中最简单的一种。组合同余法优点很多:首先,它大大减少了线性同余法带来的自相关,提高了独立性;其次,它延长了线性同余法的周期,提高了随机数的密度,从而提高了均匀性。组合同余法的实现方法有许多种,下面介绍两种。

第一种方法:设 $Z_i^{(1)}$ 和 $Z_i^{(2)}$ 分别是第一个和第二个线性同余法产生的整型随机数,要保证两个线性同余发生器模数不同,取

$$Z_i = (Z_i^{(1)} + Z_i^{(2)}) (\mathrm{mod}\ m) \qquad (2.6)$$

式中,m 为另外选取的一个整数（如何选取 m 和两个线性同余法的模数需要仔细研究),最终输出 $U_i = Z_i / m$。这种思路很容易扩展到两个以上线性同余法组合的情况,已经有人用这种方法实现了周期大于 10^{18} 的随机数。

第二种方法:用一个线性同余法产生前 k 个 U_i 值,顺序填入数组 $V = \{V_1, V_2, \cdots, V_k\}$,用另外一个线性同余法产生一个均匀分布于[1, k]区间的随机整数 I,然后把 V 中下标为 I 的元素 V_I 作为组合同余法的一个随机数输出;再用第一个随机数下一个 U_i 值置换数组 V 中的第 I 个位置,然后第二个随机数再生成下一个[1, k]区间的随机整数 I',再在 V 中选取下一个返回的随机数;依次进行下去。

2．准随机数

设 α 为一无理数,{}表示取实数 x 的小数部分,于是可用 $r_n = \{n\alpha\}$, $n=1, 2, \cdots$ 产生随机数,称为准随机数。

由理论分析可知,通过无理数产生的准随机数在[0, 1]上是处处稠密且均匀分布的。实践表明,如果对随机数的随机性、独立性要求较高,用准随机数代替伪随机数计算高维数值积分时,可以得到较快的收敛速度。

> **准随机数与真随机数。**
> 从理论上看,无理数具有无限不循环的特性,取其小数部分应该满足真随机数的要求,那么为什么不是真随机数呢?
> 提示:以圆周率为例,说明计算机能得到真正意义上的无理数吗?

3．伪随机数的检验

前面介绍了产生伪随机数的几种基本方法,那么这些伪随机数序列的质量,即伪随机数序列的统计性质与真正的[0, 1]均匀分布随机数的简单随机样本的统计性质有无明显差异,就需要进行所谓的随机性检验,看其是否满足随机性统计性质。

> **通过检验就是随机数吗？**
>
> 值得注意的是，通过某种随机性检验的伪随机数序列，只能说它与随机数的统计性质不矛盾，没有理由拒绝它，从而接受它。通过的检验项目越多，检验标准越高，则说明产生的伪随机数序列越可靠，但不能断言，它一定具有真正随机数的全部性质和规律。

随机性检验主要有四个方面，其中最基本的是均匀性和独立性检验。

（1）均匀性检验。均匀性检验又称为频率检验或拟合优度检验，检验经验频率与理论频率的差异是否显著，以确定产生的 N 个伪随机数是否均匀分布在[0, 1]上。

（2）独立性检验（或不相关检验）。检验每个产生的伪随机数是否与前后各数独立无关。

（3）组合规律性检验。将 N 个伪随机数按一定规律组合起来，检验组合规律的观察值与理论值的差异是否显著。

（4）无连贯性检验。将 N 个伪随机数按其大小分类，检验各类数的出现是否"没有连贯现象"。

1）均匀性检验

首先介绍在随机性检验中最常用的皮尔逊（Pearson）χ^2 统计量及检验方法。

将随机变量 X 的简单子样 $x_1, x_2, \cdots, x_N$ 按一定的规则分为互不相交的 k 组，记 n_i 为第 i 组的观测频数（$i=1, 2, \cdots, k$）。原假设 H_0 是"观测结果落在第 i 组的概率为 p_i"，此时 $\sum_{i=1}^{k} p_i = 1$，$m_i = Np_i$ 为第 i 组理论频数。检验原假设 H_0 的目的是比较观测频数 n_i 与理论频数 m_i 之间的差异是否显著，由 n_i 和 m_i 构造统计量，即

$$\chi^2 = \sum_{i=1}^{k} \frac{(n_i - m_i)^2}{m_i} = \sum_{i=1}^{k} \frac{(n_i - Np_i)^2}{Np_i} \tag{2.7}$$

在原假设 H_0 为真的假定下，统计量式（2.7）渐近服从自由度为 $(k-r-1)$ 的 χ^2 分布，其中 r 是被估计参数的个数。由此产生的检验方法称为 χ^2 检验。

一般选择 χ^2 分布的右尾作为否定域，其含义是统计量 $\chi^2 > \chi_\alpha^2$ 的概率为 α

$$\alpha = \int_{\chi_\alpha^2}^{\infty} f(x) \mathrm{d}x$$

这里，χ_α^2 为 χ^2 分布的上侧分位点。α 一般取 0.01 或 0.05。事实上，若观测频数 n_i 与理论频数 m_i 之间的差异越大，则由式（2.7）确定的观测值 χ_0^2 也越大。如果有

$$\chi_0^2 \geqslant \chi_\alpha^2$$

那么就出现了小概率事件。根据假设检验的概率原则：小概率事件在一次观察中可以认为基本上不会发生，与假设检验中概率性质的反证法思想一样，认为此时产生了与原假设 H_0 不符的矛盾，应在显著性水平下拒绝原假设。也就是说，实际观测的频数与 H_0 假设的理论频数有显著性差异，从而说明子样 $x_1, x_2, \cdots, x_N$ 不服从 H_0 中指定的分布规律；反之，则没有理由拒绝 H_0，即接受在显著性水平 α 下服从 H_0 指定的分布规律的假设。

一般情况下，若 $\chi_0^2 \geqslant \chi_{0.05}^2$，则称为显著；$\chi_0^2 \geqslant \chi_{0.01}^2$，则称为极显著。

为了有效地进行统计检验，一般要求 $N>30$，$k\geqslant 5$，$m_i\geqslant 5$。

对伪随机数进行均匀性检验常用的方法之一就是上述的检验方法，把[0, 1]区间分成 k 个相等的子区间（一般取 k=8、16 或 32），设 n_j 为伪随机数 $r_1, r_2, \cdots, r_N$ 属于第 j 组的伪随机数的个数，即共有 n_i 个 r_i 满足

$$\frac{j-1}{k} < r_j \leqslant \frac{j}{k} \qquad j = 1, 2, \cdots, k$$

由原假设 H_0，每个伪随机数属于第 j 组的概率为

$$p_j = \frac{1}{k}$$

则应有理论频数

$$m_j = \frac{N}{k}$$

由式（2.7）得到统计量

$$\chi^2 = \sum_{j=1}^{k} \frac{\left(n_j - \frac{N}{k}\right)^2}{\frac{N}{k}} = \frac{k}{N} \sum_{j=1}^{k} \left(n_j - \frac{N}{k}\right)^2$$

渐近服从 $\chi^2(k-1)$ 分布。

例 2.3 对表 2.4 所列 200 个随机数进行均匀性检验，将(0, 1)区间分成 10 个等长子区间，然后统计落在每一个子区间内的样本随机数的数目，并与理论频数进行比较，如表 2.5 所示。

表 2.4 随机数

0.860 8	0.622 4	0.751 9	0.563 3	0.760 2	0.971 2	0.301 1	0.846 7	0.632 6	0.089 3
0.074 5	0.010 7	0.031	0.628 4	0.307 9	0.284 5	0.824 2	0.131 6	0.176 2	0.049 1
0.738 3	0.780 1	0.465 3	0.322 6	0.934 6	0.270 5	0.911 9	0.231 9	0.595	0.185 5
0.810 4	0.271	0.118 4	0.599 6	0.121 9	0.973 4	0.256 3	0.922 2	0.569 3	0.316 2
0.045 4	0.695 6	0.733 4	0.714 7	0.788 6	0.249 5	0.030 5	0.421 9	0.940 2	0.211 4
0.054	0.335 9	0.588 7	0.500 5	0.199 6	0.920 2	0.743 2	0.845 5	0.142 1	0.541 1
0.407 2	0.743 9	0.181 1	0.114 5	0.947 3	0.533 2	0.032	0.041 5	0.043 2	0.792
0.180 5	0.830 6	0.816 7	0.956 1	0.898 3	0.499 8	0.909 7	0.276 7	0.519 5	0.248 8
0.448 7	0.300 1	0.433 6	0.897 3	0.035 6	0.746 6	0.291 3	0.715 8	0.279 1	0.552 2
0.564 7	0.379 9	0.177 5	0.591 3	0.610 6	0.087 2	0.380 8	0.590 6	0.326 6	0.664 4
0.794 9	0.739 1	0.115 7	0.437 8	0.678 7	0.514 6	0.183 4	0.069 8	0.022 7	0.117 2
0.581 8	0.608 9	0.046 2	0.031 2	0.705 9	0.057 4	0.781 7	0.162 4	0.188 5	0.212 7
0.070 8	0.435 8	0.852 5	0.111 1	0.501 4	0.462 4	0.083	0.728 5	0.649 2	0.111 8
0.606 7	0.142 6	0.797 7	0.900 9	0.558 9	0.785 5	0.737 3	0.367	0.73	0.268 8
0.901 4	0.765 4	0.269	0.292 3	0.128 9	0.214 8	0.366	0.316 9	0.533 5	0.161 1
0.014 4	0.605 9	0.806 9	0.825 3	0.544 7	0.646 3	0.872 6	0.579 4	0.576 2	0.207 8
0.911 6	0.102 8	0.990 2	0.356 2	0.186	0.397	0.406 5	0.459 9	0.050 6	0.890 1

续表

0.18	0.621	0.449	0.429 2	0.038 4	0.014 9	0.812 5	0.174 6	0.352	0.404 6
0.726 6	0.823 1	0.641 1	0.678	0.297 8	0.633 8	0.579 9	0.782 7	0.575 5	0.923 8
0.478 3	0.821 8	0.098 9	0.337 9	0.414 8	0.266 4	0.182 1	0.527 6	0.682 6	0.234 2

表 2.5 随机数的频数

区间号	1	2	3	4	5	6	7	8	9	10
理论频数	20	20	20	20	20	20	20	20	20	20
实际频数	25	25	20	17	15	24	17	24	17	15
$\frac{(n_i - m_i)^2}{m_i}$	1.25	1.25	0	0.45	1.25	0.8	0.45	0.8	0.45	1.25

由表 2.4 和表 2.5 可以算得

$$\chi^2 = \sum_{i=1}^{10} \frac{(n_i - m_i)^2}{m_i} = 7.95$$

在 χ^2 分布的临界点表（见附录 C）中查得：$\chi_\alpha^2(k-1) = \chi_{0.05}^2(9) = 16.92 > 7.95$，故接受显著水平为 $\alpha=0.05$ 的均匀分布假设。

另一种常用的均匀性检验方法是柯尔莫哥洛夫-斯米尔诺夫（Kolmogorov-Smirnov）检验，即 K-S 检验。K-S 检验是将连续的 $U(0, 1)$ 分布函数 $F(x)$ 与由观察而得到的经验分布函数 $S_N(x)$ 进行比较，如图 2.4 所示。

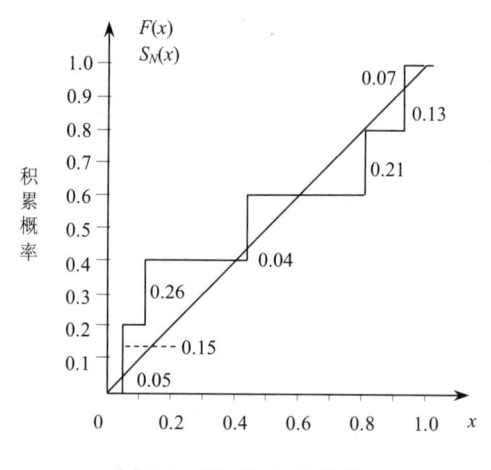

图 2.4　$F(x)$ 和 $S_N(x)$ 比较

连续的 $U(0, 1)$ 分布函数的定义为

$$F(x) = x \qquad 0 \leqslant x \leqslant 1$$

经验分布函数的定义为

$$S_N(x) = \frac{n_x}{N}$$

式中，N 为待检验的随机数的个数，n_x 为小于或等于 x 的 u 的个数。

当 N 很大时，$S_N(x)$ 更接近于 $F(x)$。经验分布的累积概率分布是阶跃函数，即在每一个观察点上跳跃，K-S 检验是检查 $F(x)-S_N(x)$ 的绝对值是否超过规定的要求，其检验步骤是：

（1）将观察值 u_i 从小到大排序，使其排序后的观察值成为：$u_1 \leqslant u_2 \leqslant \cdots \leqslant u_N$。

（2）计算 D^+ 和 D^-，其中

$$D^+ = \max_{1 \leqslant i \leqslant N} \left\{ \frac{i}{N} - u_i \right\}$$

$$D^- = \max_{1 \leqslant i \leqslant N} \left\{ u_i - \frac{i-1}{N} \right\}$$

（3）计算样本统计值 $D=\max\{D^+, D^-\}$。

（4）根据显著水平 α 及样本 N 查 K-S 准则表，得 D_α。

（5）若样本统计值 D 大于 D_α，则拒绝均匀性假设。

例 2.4 已知 5 个观察数分别为 0.44、0.81、0.14、0.05 和 0.93，要求在显著水平为 $\alpha=0.05$ 时，用 K-S 法检验其均匀性。

解：①将 5 个观察数按由小到大的顺序排列。

②分别求 D^+ 及 D^-。

③求 $D=\max\{D^+, D^-\}$。

结果列于表 2.6 中，由表 2.6 可知

$$D^+ = \max_{1 \leqslant i \leqslant N} \left\{ \frac{i}{N} - u_i \right\} = \max_{1 \leqslant i \leqslant N} \{0.15, 0.26, 0.16, -0.01, 0.07\} = 0.26$$

$$D^- = \max_{1 \leqslant i \leqslant N} \left\{ u_i - \frac{i-1}{N} \right\} = \max_{1 \leqslant i \leqslant N} \{0.05, -0.06, 0.04, 0.21, 0.13\} = 0.21$$

所以

$$D=\max\{D^+, D^-\}=\max\{0.26, 0.21\}=D^+=0.26$$

表 2.6 K-S 检验

u_i	0.05	0.14	0.44	0.81	0.93
i/N	0.20	0.40	0.60	0.80	1.00
$i/N - u_i$	0.15	0.26	0.16	−0.01	0.07
$u_i - (i-1)/N$	0.05	−0.06	0.04	0.21	0.13

④查 K-S 检验的临界值表（见附录 C），当自由度 $N=5$，显著水平 $\alpha=0.05$ 时，$D_\alpha=D_{0.05}=0.565>D$，故通过均匀性检验。

2）独立性检验

独立性检验包括相关系数检验、列联表检验、Good 检验及递增-递减游程检验等，这里仅介绍常用的列联表检验和递增-递减游程检验。

（1）列联表检验。

设随机变量 ξ 和 η 分别取值为 ξ_i 和 η_j $(j=1,2,\cdots)$，如果 ξ 和 η 是相互独立的，则有

$$p(\xi_i, \eta_j) = p(\xi_i) p(\eta_j) \tag{2.8}$$

在 xOy 平面上将单位正方形分为 k^2 个相等的小正方形，ξ 在横轴上取值，η 在纵轴上取值。点 (ξ_j, η_j) 落入网格 (i, j) 内的理论频数记为 m_{ij}，实际观察产生的观测值的观测频数记为 n_{ij}。所谓独立性列联表检验就是以式（2.8）为原假设 H_0，检验观测频数 n_{ij} 与理论频数 m_{ij} 之间是否有显著性差异。

设需要检验其独立性的随机数为 $r_1, r_2, \cdots, r_N$，把这 N 个随机数按其先后顺序两两分组，如取

$$(r_1, r_{l+1}), (r_2, r_{l+2}), \cdots, (r_{N-l}, r_N), (r_{N-l+1}, r_1), \cdots, (r_N, r_l) \qquad l = 1, 2, \cdots, \frac{n}{2} \qquad (2.9)$$

令 (ξ_i, η_j) 按顺序取式（2.9）中的值。记 $n_{i\cdot} = \sum_{j=1}^{k} n_{ij}$，$n_{\cdot j} = \sum_{i=1}^{k} n_{ij}$，在原假设 H_0 成立下有

$$m_{ij} = Np(\xi_i, \eta_j) = Np(\xi_i)p(\eta_j) \approx \frac{n_{i\cdot} n_{\cdot j}}{N}$$

式中 $p(\xi_i) \approx \dfrac{n_{i\cdot}}{N}$，$p(\eta_j) \approx \dfrac{n_{\cdot j}}{N}$。则统计量

$$\chi^2 = \sum_{i=1}^{k}\sum_{j=1}^{k} \frac{(n_{ij} - m_{ij})^2}{m_{ij}} = N\left(\sum_{i=1}^{k}\sum_{j=1}^{k} \frac{n_{ij}^2}{n_{i\cdot} n_{\cdot j}} - 1\right) \qquad (2.10)$$

渐近服从自由度为 $(k-1)^2$ 的 χ^2 分布，这样就可以进行独立性检验了。若 $\chi^2 \geqslant \chi^2_{0.05}[(k-1)^2]$，则在显著性水平 $\alpha=0.05$ 下，$r_1, r_2, \cdots, r_N$ 显著相关；若 $\chi^2 \geqslant \chi^2_{0.01}[(k-1)^2]$，则在显著性水平 $\alpha=0.01$ 下，$r_1, r_2, \cdots, r_N$ 极显著相关。

（2）递增-递减游程检验。

递增-递减游程检验方法的基本思想是，将得到的随机序列转换成相邻两个数据之差的符号表示的序列。例如，待检验随机数序列为

    0.32，0.43，0.12，0.47，0.69，0.5，0.41，0.49，0.07，0.6

确定此序列中相邻两数据之差的符号，若后者大于前者记"+"号，反之记"-"号。故此随机数序列可以转换为以下符号序列

    + - + + - - + - +

其中，连续的"+"号称为一个递增游程，连续的"-"号序列称为一个递减游程。记 R 为符号序列中游程的总数，若待检验随机数序列具有随机性，则 R 的均值和方差分别为

$$E(R) = (2n - 1)/3$$

$$V(R) = (16n - 29)/90$$

随着待检验随机数个数的增加，随机变量 R 渐进服从正态分布。对 R 进行标准化，即

$$Z = \frac{R - E(R)}{\sqrt{V(R)}}$$

在显著性水平 α 下，若 $|Z| > Z_\alpha$，则拒绝待检验随机数具有随机性的假设。

例 2.5 对表 2.4 中前 30 个随机数进行随机性检验。

将随机数序列转换成符号序列如下：

$$-+-++-+----++--+-+-++--+-+-+-$$

则游程总数 $R=21$，$E(R)=19.67$，$V(R)=5.01$。

对随机变量 R 进行标准化，即

$$Z = \frac{R - E(R)}{\sqrt{V(R)}} = 0.59$$

查标准正态分布表，在显著性水平 $\alpha=0.05$ 下，标准正态分布 $Z_\alpha=1.96>|Z|$，因此，不能拒绝随机序列具有随机性的假设。

> **蒙特卡洛模拟方法。**
>
> 蒙特卡洛模拟方法又称为随机试验（模拟）方法，是一种基于"随机数"的计算方法。这一方法源于美国在第二次世界大战间研制原子弹的"曼哈顿计划"。该计划的主持人之一、数学家冯·诺伊曼用驰名世界的赌城——摩纳哥的 Monte Carlo 来命名这种方法。
>
> 在建立数学模型时，如果考虑了随机因素的影响，则求解比较困难，那么就通过变通的方法来求解：先模拟这种随机性规律，然后将得到的不同的随机值代入模型，进行大量重复计算，使结果（的平均值）更接近真值，且能统计分析随机性的影响。
>
> 目前，蒙特卡洛方法广泛地应用于市场预测、证券投资、金融与保险行业，在计算机高度普及的今天，有着广阔的应用前景。
>
> 管理系统模拟方法一般针对动态系统，而蒙特卡洛模拟是一种静态模拟方法，它更接近于统计学的研究内容，是统计学的研究分支。

2.2.4 随机变量的产生与随机抽样

1. 随机变量的产生

通过某种程序产生出合格的随机数，随后的任务就是要把这些服从 $U(0,1)$ 分布的随机数转变成为服从某个设定的概率分布的随机变量，或者说转变成为从该分布中随机抽样得出的（随机变量）数值，以供随机模拟模型使用。

在处理随机问题时，可以通过对分布函数求逆映射，用随机数来构造随机变量，而不需要进一步对所得到的随机变量进行统计检验，这是由以下定理来保证的。

定理 2.1 若 $F(x)$ 是任意随机变量 X 的分布函数，则 $Y = F(x)$ 满足独立同分布的 $U(0,1)$ 分布，且与 X 的分布函数无关。

此定理的严格证明较为复杂，这里仅给出说明性证明。令 $Y = F(x)$，$F(x)$ 是 X 的分布函数，则 Y 也是一个随机变量。令 $G(y)$ 为 Y 的分布函数，根据分布函数单调增加的性质有

$$G(y) = P(Y \leqslant y) = P(F(x) \leqslant y) = P(x \leqslant F^{-1}(y)) = F(F^{-1}(y)) = y$$

即 $G(y) = y$。按定义，$0 \leqslant Y = F(x) \leqslant 1$，故 Y 为[0,1]区间的均匀分布，因此 $Y = F(x)$ 为满足独立同分布的 $U(0, 1)$ 的随机变量。显然 $G(y) = y$ 与 X 的分布特性无关。

定理 2.1 为利用随机数生成所需随机变量提供了依据，即从原理上讲，一旦得到满足 $U(0, 1)$ 的随机数，就可以直接通过相应分布函数的逆函数变换，转变为对应分布的随机变量。

下面重点介绍如何用逆变法来产生服从一定分布的随机变量。首先假设 X 是一个连续的随机变量，X 的分布函数是 $F(x)$，也即 $X \sim F(x) = P(X \leqslant x)$，这里 $F(x)$ 是模拟模型对 X 所要求或设定的概率分布。$F(x)$ 是一个连续的而且单调增加的函数，而且 $0 \leqslant F(x) \leqslant 1$，那么对任意一个给定的随机数 U_j（$0 \leqslant U_j \leqslant 1$），可以通过反函数来确定一个随机变量 X_j，并且满足 $X_j = F^{-1}(U_j)$。一般来说，如果 X 是一个连续的随机变量，而 $F(x)$ 是 X 的分布函数，$f(x)$ 是 X 的概率密度函数，则

$$F(x) = P(X \leqslant x) = \int_{-\infty}^{x} f(x)\mathrm{d}x \qquad f(x) = \frac{\mathrm{d}F(x)}{\mathrm{d}x}$$

给定 $F(x)$，反函数 $F^{-1}(U)$ 总是可以被定义并且是唯一的。由于 $F(x)$ 的连续性和单调增加性，以及 $F(x)$ 的取值范围是[0,1]，也即与随机数 $U \sim U(0,1)$ 的取值范围相同，所以对任意一个给定的随机数 U_j，总可以通过反函数 $F^{-1}(U_j)$，确定一个唯一与之对应的映射 X_j，这个 X_j 就是所要求的一个随机变量，如图 2.5 所示。

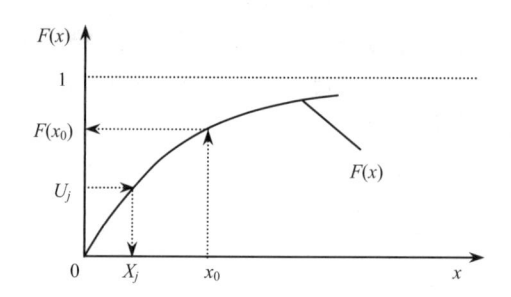

图 2.5 通过 $F(x)$ 的反函数 $F^{-1}(U)$ 产生连续随机变量 X_j

例 2.6 假设随机变量 X 代表个体到达时间间隔，而且 X 服从参数 λ 为 5 的指数分布 EXPO(5)，其概率密度和分布函数分别为

$$f(x) = \begin{cases} 5\mathrm{e}^{-5x} & x > 0 \\ 0 & x \leqslant 0 \end{cases} \qquad F(x) = \begin{cases} 1 - \mathrm{e}^{-5x} & x > 0 \\ 0 & x \leqslant 0 \end{cases}$$

假定 U 是一个服从 $U(0, 1)$ 的随机数，可以令 U 等于 X 的分布函数 $F(x)$，然后直接对 X 求解（把 X 表达成为 U 的函数），也即令 $U = F(x) = 1 - \mathrm{e}^{-5x}$，然后再对 X 求解，即

$$X = -(1/5)\ln(1 - U)$$

对非连续的随机变量来说，求解随机变量的方法原则上与对连续型随机变量的求解类似，只是在第二步的处理上由于随机变量的性质不同而有所不同。现在假定 X 是一个非连续（离散）的随机变量，取值 $x_1, x_2, \cdots, x_n$，而 $F(x)$ 是它的分布函数，$p(x_i)$ 是它的概率密度，也即

$$\begin{cases} F(x) = P(X \leqslant x) = \sum_{x_i \leqslant x} p(x_i) \\ p(x_i) = P(X = x_i) \end{cases}$$

为了使用逆变法获得离散随机变量 X，先将[0, 1]区间按 $p(x_1), p(x_2), \cdots, p(x_n)$ 的值分成 n 个子区间 $(0, p(x_1)], (p(x_1), p(x_1) + p(x_2)], \cdots, (\sum_{j=1}^{n-1} p(x_j), \sum_{i=1}^{n} p(x_i)]$，并依次编号为 1, 2, $\cdots$, n。设 U 是[0, 1]区间上均匀分布的随机变量，根据 U 的值落在哪一个区间，相应区间对应的随机变量就是所需输出量，假设落在第 i 个区间，那么输出即为 x_i，如图 2.6 所示。

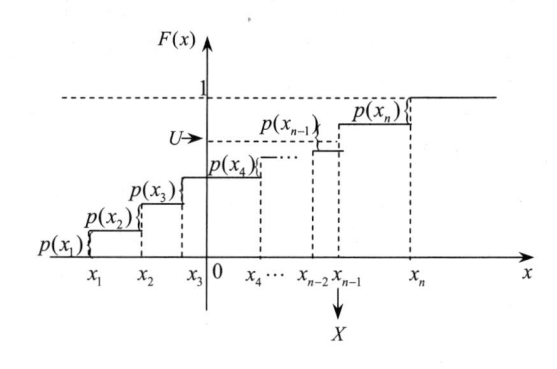

图 2.6 逆变法生成离散随机变量

例 2.7 假定 X 是一个离散的随机变量，其概率密度为

$$p(x) = P(X = x) = \begin{cases} 0.1 & x = -2 \\ 0.5 & x = 0 \\ 0.4 & x = 3 \end{cases}$$

根据上述概率密度，可以绘出该变量的分布图形（如图 2.7 所示）。给定一个随机数 U（假设 U=0.7），通过图 2.7 中的虚线，可以看出对应的随机变量是 X=3。

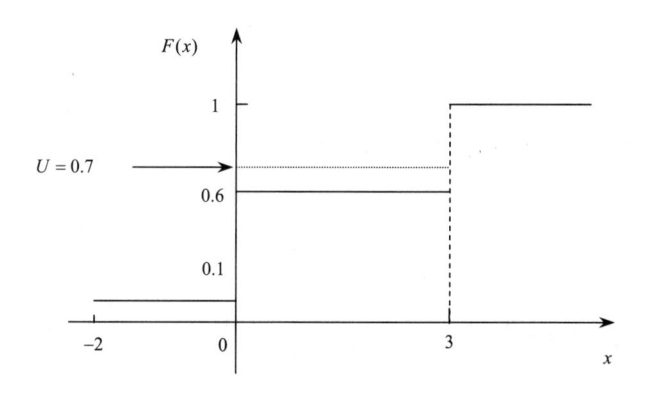

图 2.7 产生离散随机数值的例子

在图 2.7 中，虽然离散随机变量是在有限取值区间中生成的，但事实上，离散逆变法也能直接用于产生具有无限取值区间的随机变量，如泊松分布、几何分布和二项式分布等。读者可参考有关书籍来获得此方面的信息，这里不再赘述。

> **逆变法的缺陷。**
> 使用逆变法获得连续型随机变量的一个缺点是，在使用此方法之前，必须先求出分布函数的逆函数 $F^{-1}(x)$，但是有些分布函数（如正态分布和伽马分布等）解析的反函数表达式是求不出来的。在这种情况下，可以采用数值分析或幂级数展开的方法来得到 $F^{-1}(x)$ 的近似表达式，但这就不可避免地带来准确性的问题。另外，对于某些分布函数而言，逆变法也许不是最佳选择。读者可参考生成随机变量的其他方法，如组合法、取舍法和卷积法，来加深对生成随机变量的理解。

2. 模拟软件中随机变量的产生

大多数模拟软件中都有产生随机数的发生器，并能把这些随机数转化成符合一定概率分布的随机抽样值。在模拟中，通常称这些抽样值为服从某一分布的随机变量。上面讨论了用逆变法生成随机变量的原理，实际上模拟软件中随机变量的生成也大多是基于逆变法的。下面以 Arena 为例来说明模拟软件中随机变量是如何生成的。

当随机变量 X 有确切的累积分布函数和逆函数时，Arena 生成随机变量 X 的过程如下。

（1）生成服从 $U(0,1)$ 的随机数序列 U。

（2）对随机数序列 U 中的 U_i，令 $X_i=F^{-1}(U_i)$，则 $X_1, X_2, \cdots, X_i$ 即为符合要求的一组随机变量。

例如，要生成服从 $U(a, b)$ 的随机变量 X，Arena 采用以下算法：

（1）生成 $U \sim U(0,1)$；

（2）返回 $X=a+(b-a)U$。

又如，要生成服从 $\text{WEIB}(\alpha, \beta, 0)$ 的随机变量 X，Arena 采用如下算法。

（1）生成 $U \sim U(0,1)$；

（2）返回 $X=\alpha[-\ln(1-U)]^{1/\beta}$。

对于生成服从 $\text{POIS}(\lambda)$ 分布的离散型变量 X，Arena 是通过"连续搜索算法"实现的，此算法本质上也属于逆变法。设 $\text{POIS}(\lambda)$ 分布的累积分布函数为

$$F(x) = \begin{cases} e^{-\lambda} \sum_{i=0}^{[x]} \dfrac{\lambda^i}{i!} & x \geqslant 0 \\ 0 & \text{其他} \end{cases}$$

其中 $[x]$ 表示不大于 x 的最大整数。

则连续搜索算法的实现过程如下：

（1）初始化令 $i=1$；

（2）生成 $U \sim U(0,1)$，若 $U<F(i)$，令 $X=i-1$；否则，转向步骤（3）；

（3）令 $i=i+1$，返回步骤（2）。

> **Arena 是如何生成随机变量的？**
>
> Arena 支持的大部分连续分布随机变量都采用累积分布函数逆变法来生成，在某些情况下也使用高精度的数值逼近。对于某些特定的分布，Arena 也使用了其他的方法。请在联机帮助中搜索"Distributions"关键词来了解 Arena 是如何生成这些连续分布随机变量的。

3. 利用 Input Analyzer 随机抽样获得样本值

Input Analyzer 是 Arena 内置的数据分析功能模块，它可以获取输入数据服从的分布函数类型，也可以将输入数据与某一具体的分布函数进行拟合，以比较不同的分布函数或显示改变同一分布函数参数后的效果。另外，Input Analyzer 也可以产生服从某一分布的随机变量，下面将利用 Input Analyzer 随机抽样获得样本值。

> **参数是率参数还是其倒数？**
>
> 在不同的模拟软件中，指数分布往往需要设定的参数的含义不同。有的是率参数，而有的是率参数的倒数，即平均值。比如 Arena 中，设置的参数值就是率参数的倒数（Mean），EXPO(0.2)表示平均值为 0.2 的指数分布函数。

例如，模拟顾客进入系统的时间间隔服从平均值为 0.2 的指数分布，在 Arena 中对应的指数分布函数为 EXPO(0.2)，下面将利用 Input Analyzer 获得随机抽样样本值。

首先，打开 Input Analyzer，在菜单中依次选择"File"→"New"命令，产生一个空白窗口。

然后在菜单中依次选择"File"→"Data File"→"Generate New…"命令，此时屏幕出现"Generate"对话框，其左边"Distribution"列出了 11 种分布函数类型，这里选择"Exponential"函数。在"Parameters"选项中，设 Mean 的值为 0.2，Offset 的值为 0。单击"Browse…"按钮，选择数据文本的存放位置。单击"OK"按钮，这样就产生了服从平均值为 0.2 的指数分布的 5 000 个样本值，获得的数据文本可用记事本或写字板打开查看。同时，Input Analyzer 对样本进行了统计分析，其结果如图 2.8 所示。

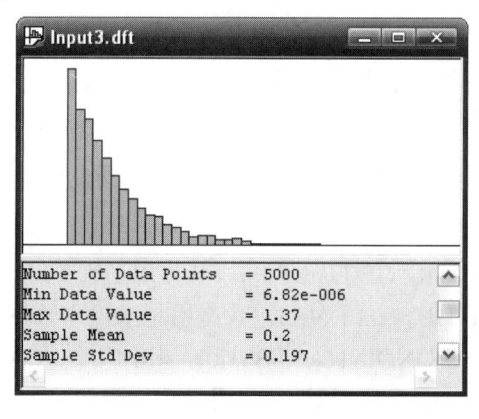

图 2.8 样本数据统计分析结果图

从图 2.8 可以看出，样本平均值为 0.2，样本标准差为 0.197。

4．利用 Excel 随机抽样获得样本值

用 Arena 内置的 Input Analyzer 随机抽样可以获得样本值，但是上面介绍的只是一个利用现有工具的操作过程，尚未将样本的生成过程和方法阐述清楚。下面利用 Excel 手动获得这些随机抽样样本值，以便将样本的生成过程和方法讲解清楚。

总的来讲，一个随机抽样过程有两个基本步骤。

（1）在服从 $U(0,1)$ 的随机数序列中抽取一个确定的值 U_j；

（2）将该随机数的值代入函数 F^{-1} 中得到一个确定的值 $F^{-1}(U_j)$。

Excel 本身内置有生成[0,1]区间上均匀分布随机数的函数 RAND( )，该函数没有参数。那么要想生成参数 λ=5 的指数分布随机变量，则在 Excel 中利用如下公式，即

$$-1/\lambda * \text{LN}(1-\text{RAND}( ))$$

Excel 产生指数分布随机变量例子的具体实现过程如图 2.9 所示。

	A	B	C	D	E	F	G	H	I
1	λ=	5		样本值	分格	个数	频率	理论频率	
2	样本均值	0.2	1	0	0	0	0	0	
3	样本标准差	0.21	2	0.19	0.1	201	0.4	0.4	
4		分格	概率	3	0.09	0.2	119	0.24	0.24
5		0	5	4	0.54	0.3	78	0.16	0.15
6		0.1	3.03	5	0.33	0.4	35	0.07	0.09
7		0.2	1.84	6	0.11	0.5	31	0.06	0.05
8		0.3	1.12	7	0.27	0.6	10	0.02	0.03
9		0.4	0.68	8	1.37	0.7	11	0.02	0.02
10		0.5	0.41	9	0.08	0.8	5	0.01	0.01
11		0.6	0.25	10	0.13	0.9	3	0.01	0.01
12		0.7	0.15	11	0.47	1	1	0	0
13		0.8	0.09	12	0.27	1.1	1	0	0
14		0.9	0.06	13	0.34	1.2	1	0	0
15		1	0.03	14	0.01	1.3	2	0	0
16		1.1	0.02	15	0.16	1.4	2	0	0
17		1.2	0.01	16	0.27	1.5	0	0	0
18		1.3	0.01	17	0.02	1.6	0	0	0
19		1.4	0	18	0.23	1.7	0	0	0
20		1.5	0	19	0.37	1.8	0	0	0
21		1.6	0	20	0.35	1.9	0	0	0
22		1.7	0	21	0.43	2	0	0	0
23		1.8	0	22	0.21	2.1	0	0	0
24		1.9	0	23	0.11	2.2	0	0	0
25		2	0	24	0.1	2.3	0	0	0
26		2.1	0	25	0.11	2.4	0	0	0
27		2.2	0	26	0.04	2.5	0	0	0
28		2.3	0	27	0.14	2.6	0	0	0
29		2.4	0	28	0.11	2.7	0	0	0
30		2.5	0	29	0.11	2.8	0	0	0
31		2.6	0	30	0.71	2.9	0	0	0
32		2.7	0	31	0.14	3	0	0	0

图 2.9　Excel 产生指数分布随机变量的例子

图 2.9 中用到的公式如下所述。

B2 中的公式为：=AVERAGE(D2:D501)，其作用是求 500 个样本数据的平均值。

B3 中的公式为：=STDEV(D2:D501)，其作用是求样本数据的标准差。

B5 中的公式为：=EXPONDIST(A5,$B$1,0)，其作用是求 A5 的指数密度函数值。

B6~B35 中的公式与 B5 中的相似，其作用是分别求 A6~A35 值的指数密度函数值。

D2~D501 中的公式为：=-(1/$B$1)*LN(1-RAND( ))（当然也可以将 1-RAND( )替代为 RAND( )，这里是为了与前面推导的公式相对应），其作用是用逆变法生成服从

EXPO(λ)的随机变量,其中用 RAND( )函数生成服从 U(0,1)的伪随机数。

F2～F32 中的公式为:=FREQUENCY(D2:D501,E2:E32),其作用是统计样本数据落在各个区间的个数。

G2 中的公式为:=F2/SUM($F$2:$F$32),其作用是计算各个区间的频率。

G3～G32 中的公式与 G2 中的相似。

H3 中的公式为:=0.1*(B5+B6)/2,其作用是计算落在区间[0, 0.1]的理论频率,近似为区间的面积。

H4～H32 中的公式与 H3 中的相似,其作用是计算对应区间的理论频率,近似为区间的面积。

上面公式中用到的函数"AVERAGE","STDEV","EXPONDIST","FREQUENCY"均为 Excel 的内置函数,具体细节请参考 Excel 的帮助文档。

最后做出样本数据的频率和理论频率直方图,对随机变量进行拟合优度检验,如图 2.10 所示。从图 2.10 可以看出,样本数据的频率大致与理论频率相一致,这说明用 Excel 生成的服从指数分布的随机变量基本符合要求。

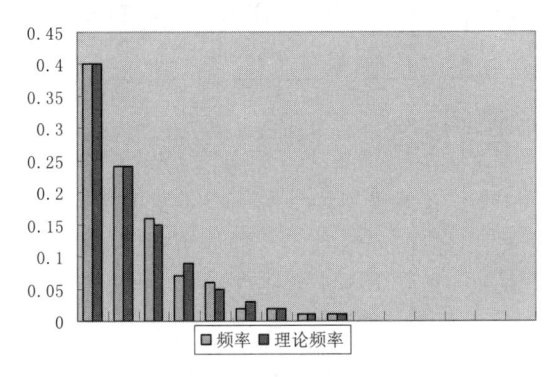

图 2.10 指数分布 500 个观测值的分布情况图

当然,也可以用更严谨的方法对样本数据进行拟合优度检验,下面用 2.2.3 节介绍的皮尔逊(Pearson)χ^2拟合优度检验方法进行检验。

假设图 2.9 中生成的 500 个随机变量的 $X \sim$ Exponential(5)分布,用样本均值 $\bar{X}$ 作为期望值 $1/\lambda$ 的估计值,由图 2.9 可知 $\bar{X} = 0.2$。

将 500 个数据分成 5 组,则 $k=5$,分别计算落在每个区间的实际频数和理论频数,如表 2.7 所示。

表 2.7 500 个观测值的 χ^2 统计分析结果

区间	实际频数 n_i	理论频数 m_i	$(n_i-m_i)^2/m_i$
0～0.1	201	200	0.005
0.1～0.2	119	120	0.008
0.2～0.4	113	120	0.408
0.4～0.6	41	40	0.025
0.6～3.0	26	20	1.8
合计	500	500	2.246

由表 2.7 可知，χ^2=2.246。查 χ^2 分布的临界点表（见附录 C），在置信水平 α=0.05 下，自由度为 $k-r-1=5-1-1=3$（这里 r=1，因为待估计参数为 $1/\lambda$）的 χ^2 分布临界值为 χ_α^2=7.815>2.246，因此，没有理由拒绝样本数据服从 EXPO(5)分布。

2.3 数据采集与预处理

> Garbage in, Garbage out。
> 数据采集是整个建模分析过程的重点之一，它往往占据模拟决策项目的大部分时间。若输入信息有误，则再好的分析方式也是徒然，即"Garbage in, Garbage out"。
> "Garbage in, Garbage out"现象也不是绝对的。模型中的某些参数是优化对象，它们的初始值可以在一定的区间变化，请参考 2.5 节内容。在探索性的模型中，敏感性分析的前提也是对输入要求的放松。另外，模拟模型运行结果对某些参数是不敏感的。
> 所以，数据采集要特别注意保证敏感参数和用于检验模拟模型运行结果的历史数据的准确性。

2.3.1 数据采集与预处理概述

数据采集与预处理是建立有效模拟模型的一个关键步骤，因为所采集的数据是模拟模型的基础，在此阶段产生的任何差错都有可能使所建立的模拟模型失效。一般来说，此阶段的主要任务有两项：一是确定一个明确的采集方案，二是对所采集数据的有效性进行分析和检验。

现实中数据的采集与预处理是一个非常烦琐和复杂的过程，是一门专门的科学。为了分析一组数据的分布规律，一般要求数据量应该足够大，否则将无从做起。数据的采集可以根据需要和实际问题的约束，在所模拟的现实系统中进行，或者在所模拟对象的近似系统中进行。下面仅介绍数据采集与预处理的基本步骤和要求，详细内容读者可参考相关的书籍。

（1）确定所需要进行采集的信息和数据，即确定信息/数据需求。首先要了解所研究的系统中有哪些随机过程，其结构如何，其运作流程步骤是什么，有哪几类数据属于输入数据，以及所能采集到的输入数据的具体数值是多少，等等。这个过程更多的是需要充分了解整个系统运作，通常需要与系统管理者、系统内专家以及运作人员进行全面沟通和实地考察。

（2）研究采集方法，编制采集计划。对各类数据根据它所在的环境和所具有的特点，编制不同的采集计划。计划应包括采集的地点、时间、负责人员、所需要的仪器和工具等。还应估计到在采集过程中可能出现的、会给数据采集工作带来影响的情况，并一一制定预防和处理措施。

（3）设计和绘制数据采集表格。数据采集过程中数据的记录十分重要，如果事先没有进行充分的准备，常常会出现措手不及的情况。一般情况下，应按需要和数据采集的方法事先设计好数据采集表格，如果各采集地点的时间是事先确定的，则应将采集时间也在表格中填好，以免实施采集时缺少时间记载。如果是委托他人代理采集数据，表格中还应详细注明各项要求和注意事项。

（4）数据采集的地点和时间应按研究目的和系统不同时段的特点进行选定。一般来说，数据采集的开始时间、结束时间及总时间应事先定好，不宜到现场后再临时决定，尤其不能在采集工作开始时才计时。如果采集时间较短，可能会对结果造成很大误差。

（5）在采集任务较重时，要按计划分组采集。对于十分重要的数据，要注意在相同的时间段采集多次。

（6）每次数据采集结束后，要注意数据的整理。对记录不清楚或有明显错误的地方要立即修改或重新采集。要注意发现数据不正常的记录，如有不可靠的迹象，最好重新采集数据。

（7）一般情况下，数据采集工作结束后，要立即利用计算机对所采集的数据进行粗略的分析。采用绘图的方法是最直观的，而且往往也是非常有效的。对于明显不规范的数据要进行删除，必要时应重新采集。

（8）采集的数据经整理后要认真存档，作为原始数据，其本身具有重要意义。

> **数据缺失如何处理？**
>
> 在数据收集的过程中，由于某些原因经常会出现数据缺失（不完整）的情况，若对缺失数据不加处理，有可能会影响模拟输出的可靠性。对缺失数据的处理属于数据挖掘的研究内容，通常有个案剔除法、热卡填充法、均值替换法、回归替换法和多重替代法等几种方法。这些方法有各自的适用条件和不足，没有一种处理缺值的方法可以适合于任何问题，要根据具体问题和数据缺失的情况选择合适的处理方法，也可以综合使用多种方法。目前，许多统计分析软件（如 SPSS、SAS 和 Stata 等）都具有处理缺失数据的功能模块，可以方便地处理数据缺失的问题。

2.3.2 样本数据评估方法

上面主要介绍了数据的采集和预处理，完成此项任务后，在对数据进行统计分析之前，还有一个非常重要的环节易被忽略，这就是对样本数据是否满足独立同分布的性质进行评估。因为要利用经典统计分析方法对数据进行分析，就应满足经典统计理论的前提——这些数据必须是独立同分布的。只有满足这个假设，才能利用概率和统计理论对样本数据进行后续的统计分析，否则，一切基于数据的统计分析都是无效的。对样本数据的独立同分布性进行评估主要包含独立性评估、同质性评估和稳态性评估三个方面，下面分别进行简要说明。

1．独立性评估

在一次数据采集过程中，并不能保证采集到的数据都是相互独立的。事实上，很多时候在不同时间点采集的数据往往是互相相关的。以 M/M/1 的排队系统为例，设 $X_1, X_2, \cdots$ 为相继到达客户的排队时间，显然后一个客户的排队时间取决于前一个客户的排队时间，这些样本数据在本质上是（线性或非线性）相关的。对这些数据进行独立性评估通常有自相关图法和散点图法两种简便的图形方法。

1）自相关图法

设一组样本采集数据为 $X_1, X_2, \cdots, X_n$，ρ_i 表示 X_i 与 X_{i+1} 的相关度，$i=1,2,\cdots,n-1$。用样本相关度 $\hat{\rho}_i$ 来表示 ρ_i 的估计值，自相关图就是将样本相关度 $\hat{\rho}_i$ 在图上绘制出来。若样本采集数据 $X_1, X_2, \cdots, X_n$ 是相互独立的，则理论上应有 $\rho_i = 0$，$i=1,2,\cdots,n-1$。然而，由于 $\hat{\rho}_i$ 只是 ρ_i 的估计值，即使 X_i 是相互独立的，$\hat{\rho}_i$ 也很难等于 0，但应该落在区间 $(-\varepsilon, \varepsilon)$ 内（ε 是一个比较小的正数）。因此，可以设定一个显著水平，若 $|\hat{\rho}_i|$ 超过该显著水平，则可以认为 X_i 并不是相互独立的。

2）散点图法

散点图是用点的密集程度和趋势表示两种现象的相关关系，具体做法就是将样本采集数据 $X_1, X_2, \cdots, X_n$ 以成对点 (X_i, X_{i+1}) 的形式在图上绘制出来，其中 $i=1,2,\cdots,n-1$。若 X_i 是独立的，则理论上成对点 (X_i, X_{i+1}) 应该在图上无规律地分散排列。若 X_i 是相关的，则散点应该集中在一条斜线附近。其中，若斜线的斜率为正值，则 X_i 是正相关的；若斜线的斜率为负值，则 X_i 是负相关的。

下面通过两个例子说明上述两种方法的应用。设采集到客户服务时间和室外温度两个样本数据，其中 100 个客户的服务时间数据如表 2.8 所示，100 个室外温度数据如表 2.9 所示。

表 2.8　100 个客户的服务时间（单位：min）

5.54	6.12	8.25	4.32	6.9	4.92	6.25	2.41	5.25	4.95
3.47	3.4	5.97	5.5	5.92	5.79	5.1	8.14	5.68	7.9
5.34	7.51	6.47	5.11	6.57	2.48	6.5	6.55	6.77	5.78
5.98	4.83	3.75	4.2	5.7	3.49	7.73	3.38	5.8	5.57
6	7.57	5.72	6.59	4.25	4.63	4.38	5.74	4.72	5.88
6.21	5.85	3.74	5.72	5.22	4.4	4.96	5.36	4.2	5.79
3.72	4.34	3.26	5.27	4.46	4.87	5.25	6.54	8	4.65
1.26	8.11	5.54	6.39	6.74	5.39	6.02	4.7	7.17	7.86
7.8	2.9	3.2	8.75	9.9	5.88	6.67	6.17	5.32	6.43
6.1	6.27	6.47	4.99	5.08	4.94	5.26	6.34	5.59	3.78

表 2.9　100 个室外温度数据（单位：℃）

20.9	20.9	21.4	22	22	22.6	22.6	23.7	23.7	23.7
24.2	24.2	24.8	24.8	25.3	25.9	25.9	27	27	27.6
28.1	28.7	29.2	29.2	29.8	30.3	29.8	30.3	30.9	30.9
30.9	30.9	31.4	32	32.6	32.6	33.1	33.7	33.7	34.2
33.7	34.2	34.2	34.8	35.3	35.3	35.9	35.9	35.3	35.9
35.3	35.3	35.3	34.8	34.8	34.2	34.2	33.7	34.2	33.7
33.1	33.1	32.6	32	32	31.4	31.4	30.9	30.3	30.9
30.9	30.3	29.8	29.8	29.2	29.2	29.2	28.7	28.7	28.7

									续表
28.7	28.1	28.1	28.1	28.1	27.6	27.6	27	27	27
26.4	26.4	25.9	25.9	25.9	25.3	25.9	25.3	25.3	24.8

对于以上数据，应用 SPSS 统计分析工具中的 Graphs 工具分别绘制出客户服务时间数据、室外温度数据的自相关图和散点图，其结果如图 2.11～图 2.14 所示。

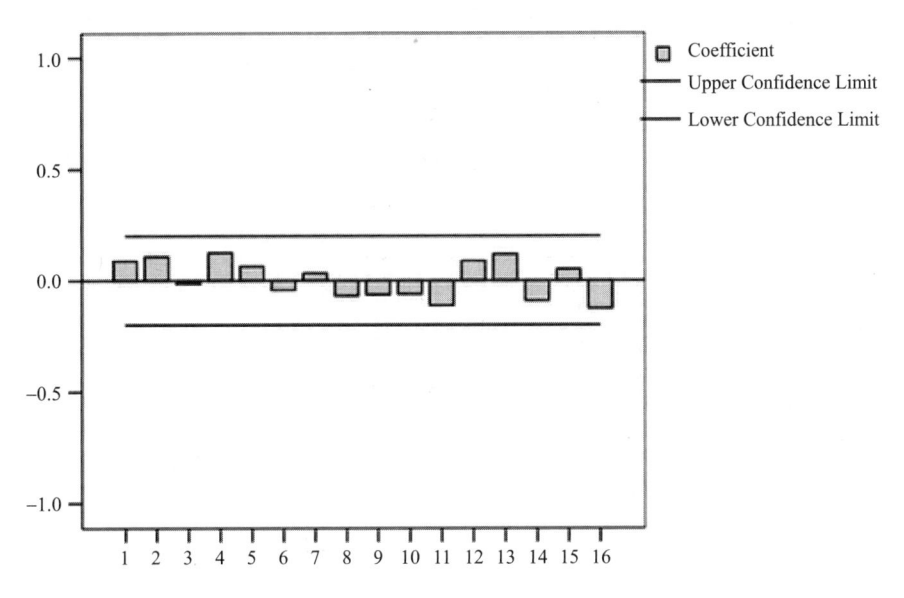

图 2.11 客户服务时间数据自相关图

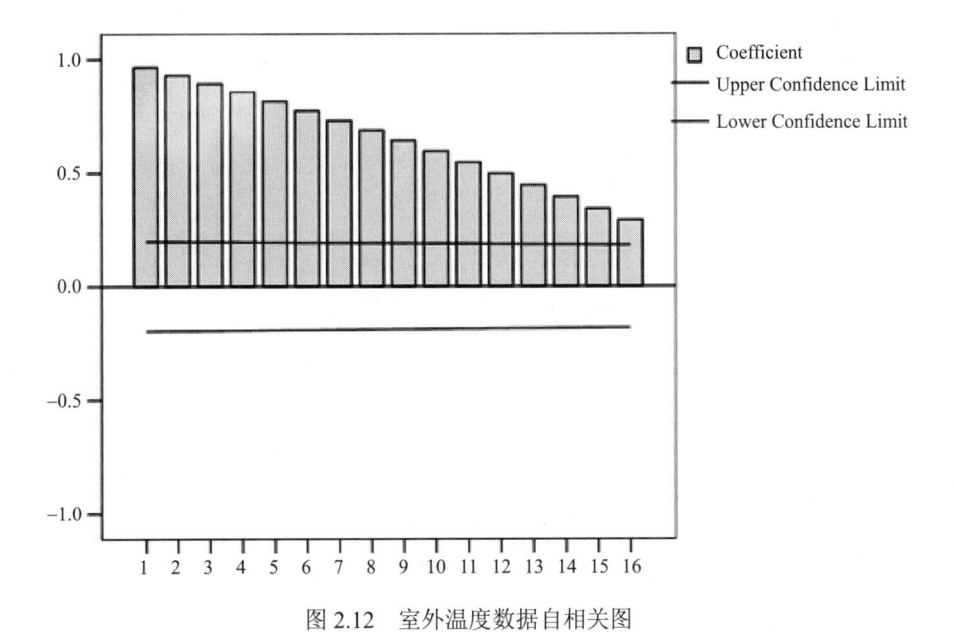

图 2.12 室外温度数据自相关图

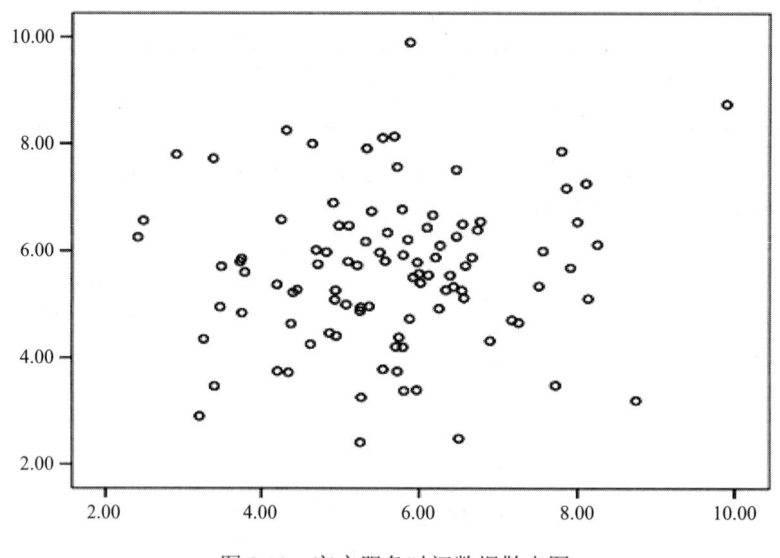

图 2.13　客户服务时间数据散点图

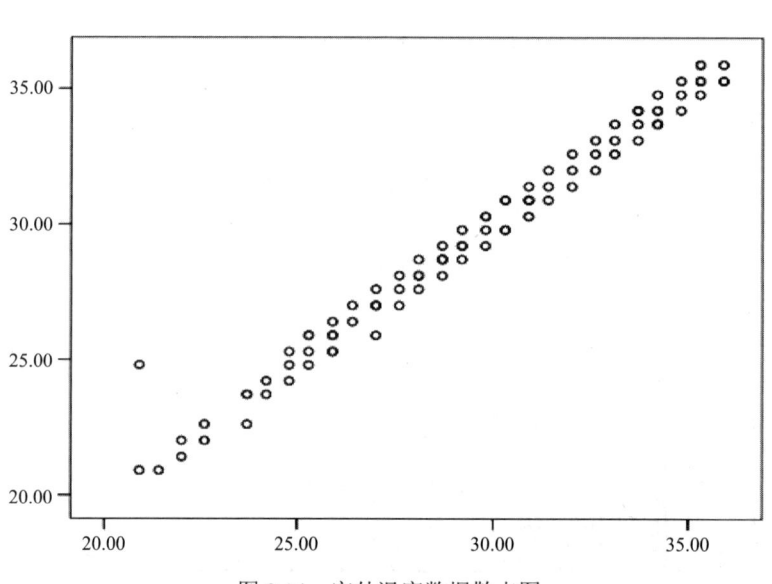

图 2.14　室外温度数据散点图

通过图 2.11 可以发现，客户服务时间自相关图的曲线起伏比较小，样本相关度在最小相关限制与最大相关限制之间，说明样本相关度的绝对值不超过 0.3（假设设定的显著水平为 0.3）；从图 2.12 所示的散点图来看，散点在图上随机分布。根据以上评估，可以接受认为客户服务时间数据具有独立性的假设。相反，对于室外温度数据，无论是从自相关图还是从散点图来看，都具有很强的自相关性（确切地说是正相关性），说明这些数据不具有独立性，也就不适合用经典统计分析理论进行分析。

2．同质性评估

样本数据的同质性是指数据起码在同一点上具有相同的性质，具体来说就是要服从同一分布。样本数据的同质性评估包括两个方面：一是评估样本数据是否来源于同一个分布函数，二是评估数据是否代表了多个分布函数。

对样本数据进行同质性评估，一种直观的方法就是通过数据的频数直方图来观测是否存在多个分布模式的叠加。

假如根据采集到的一组样本数据做出其频数直方图，如图 2.15 所示。显然，该图所示的直方图有两个峰值，而常见的分布函数一般只有一个峰值，这就说明采集到的样本数据很可能是由两种分布模式叠加而成的。因此，样本数据不具有同质性，也就不能拟合为一种理论分布。对于这种情况，很可能是由两种事件叠加造成的，要将两种事件进行拆分，重新进行数据采集。

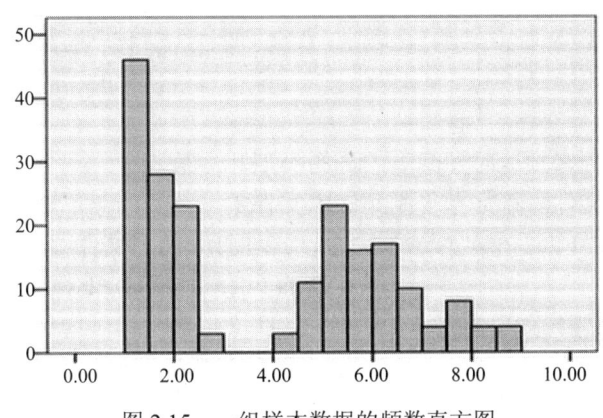

图 2.15 一组样本数据的频数直方图

3. 稳态性评估

简单地说，稳态性就是指数据的分布规律保持对时间的稳定性。然而，在现实世界中，能严格满足稳态性的随机过程很少，大多数系统都是非稳态的，如银行系统、交通系统、学校食堂等，顾客的到达率在一天的不同时间段是不同的。即使不同时间段的分布规律相同，但参数也有可能会发生变化，这也是造成数据非同质性的一个原因。对样本数据的稳定性评估也可以采用直方图的方法，这里不再赘述，读者可参考同质性评估进行理解。

对于同质性和稳态性评估，上述直方图的方法也许不是那么严格，但确实是一种行之有效的办法。在数据正式采用之前，应用直方图对数据进行评估，既非常直观，又容易发现问题。

2.3.3 利用 Input Analyzer 获得数据样本的随机分布类型

对输入数据的统计分析是一个比较费时的过程，但是整个过程也是非常标准化和程序化的。因此，目前的一些模拟软件，大都带有对输入数据的分析功能模块。它通过对用户导入的数据进行分析，输出相应的检验结果，用户只需对其进行评估和选择。本节主要介绍如何用 Arena 内置 Input Analyzer 数据分析功能模块来获得数据样本的随机分布类型。

以某服务系统的手工模拟为例（见 3.3.3 节），顾客到达时间间隔如表 2.10 所示。

表 2.10 顾客到达时间间隔

顾 客 编 号	到达时间点（min）	到达时间间隔（min）
1	3.2	3.2
2	10.9	7.7
3	13.2	2.3
4	14.8	1.6
5	17.7	2.9
6	19.8	2.1
7	21.5	1.7
8	26.3	4.8
9	32.1	5.8
10	36.6	4.5

现在要求的是顾客到达时间间隔的分布类型和参数。

首先新建文本文件，将数据复制到文本文件中。从开始菜单中打开 Input Analyzer，在菜单中依次选择"File"→"New"命令，再在打开的新文件菜单中依次选择"File"→"Data File"→"Use Existing…"命令，打开对话框后，在文件类型选项中选择"Text file (*.txt)"，然后选择刚才保存的文本文件。打开文本文件后的结果如图 2.16 所示。

在菜单中依次选择"Fit"→"Fit All"命令，"Fit All"命令可以让 Input Analyzer 选择"最优"的拟合分布及相应的参数。得到的分布类型和参数为 1 + 7 * BETA(0.715, 1.17)，平方误差为 0.004 220。

这就是"最优"拟合分布，系统所谓的"最优"是指平方误差值（square error value）最小。从直方图来看，其特征也比较类似一个指数分布，可以利用 Input Analyzer 进行检验。在菜单中依次选择"Fit"→"Exponential"命令，得到指数分布类型和参数为 1+EXPO(2.66)，平方误差为 0.007 857。

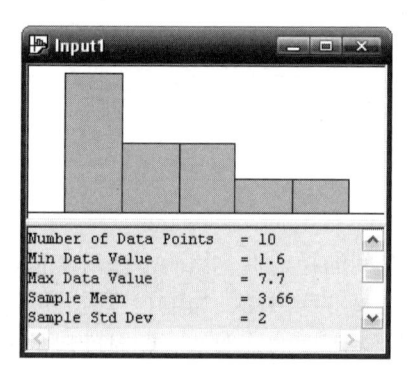

图 2.16 打开文本文件后的结果图

> **应该选哪种分布。**
>
> 从经验上来看，到达时间间隔类问题绝大部分都服从指数分布，并且指数函数的拟合优度也足够好，所以用户可以选择指数分布。在这个例子中，Input Analyzer 拟合的结果是 Beta 分布，这可能是由于样本数据数目太少造成的。因此，对实际问题而言，不一定要选择平方误差值最小的分布函数，要结合问题的背景来考虑。

2.3.4 管理系统模拟中几种重要的分布类型

> **数据缺乏如何处理？**
>
> 由于各种原因而收集不到足够多可靠数据的情况并不罕见，这就会产生数据缺乏

的问题。在这种情况下，往往不得不对数据进行猜测。对于这些猜测的数据要在一定程度上进行敏感性分析，以便把握最终结果的可信度。可以精选一些确定性数据在模型中使用，或者用不同的输入值多次运行模型，还可以使用概率分布作为输入。在选择分布类型时，可以首先考虑几种比较常见的分布，如指数分布、三角形分布、正态分布和均匀分布等，根据这些分布的基本特征选择合适的分布类型。

先进的软件工具针对给出的大量数据，通过比较不同形式分布的拟合优良度的方式，可以迅速得到样本的随机分布类型和参数。但是，如果数据不是足够多，那么得到的随机分布类型和参数的可信度就不高（如 2.3.3 节的例子）。另外的情况是如果拟合过程中两种随机分布类型的拟合度相差比较小，这时候就需要根据经验和以往类似问题的统计学研究来确定随机分布类型的选取。下面主要介绍管理系统模拟中几种重要的概率分布，包括均匀分布、三角形分布、泊松分布、指数分布、韦伯分布、正态分布和对数正态分布等。

1. 均匀分布 UNIF(*a,b*)

如果连续随机变量 X 的概率密度函数 $f(x)$ 在有限的区间 $[a, b]$ 上等于一个常数，则 X 服从的分布为均匀分布（也记为 $U(a,b)$）。

其概率密度函数为

$$f(x) = \begin{cases} \dfrac{1}{b-a} & a \leqslant x \leqslant b \\ 0 & x < a \text{ 或 } x > b \end{cases}$$

分布函数为

$$F(x) = \begin{cases} 0 & x < a \\ \dfrac{x-a}{b-a} & a \leqslant x \leqslant b \\ 1, & x > b \end{cases}$$

X 的均值为 $\dfrac{a+b}{2}$，X 的方差为 $\dfrac{(b-a)^2}{12}$。

均匀分布应用范围是，当许多系统的统计特征还没有被深入分析，获得的数据量不足时，可以简单地看做均匀分布。

均值、方差和分布类型参数。

如果模拟时间足够长，或者模拟次数足够多，那么随机因素对研究目标函数的平均影响基本等价于均值带来的影响，因而经常使用均值代替随机因素来检查模拟结果是否符合预先设计的逻辑（模型验证）。方差的大小代表了随机抽取的数据偏离均值的状况，它往往影响随机输出结果的方差大小，即影响系统状态的稳定性。而分布函数的均值和方差一般与分布类型参数大小直接相关。

随机模拟模型往往需要分析输入的随机性对输出的影响，所以理解均值、方差和分布类型参数对于正确选择、运用和检验分布类型和参数是至关重要的。

2. 三角形分布 TRIA(*a*,*b*,*c*)

在概率论与统计学中，三角形分布是下限为 a、众数为 c、上限为 b 的连续概率分布。其概率密度函数为

$$f(x) = \begin{cases} \dfrac{2(x-a)}{(b-a)(c-a)} & a \leqslant x \leqslant c \\ \dfrac{2(b-x)}{(b-a)(b-c)} & c < x \leqslant b \\ 0 & x < a \text{ 或 } x > b \end{cases}$$

三角形分布 TRIA(*a*, *b*, *c*) 的概率密度函数曲线如图 2.17 所示。

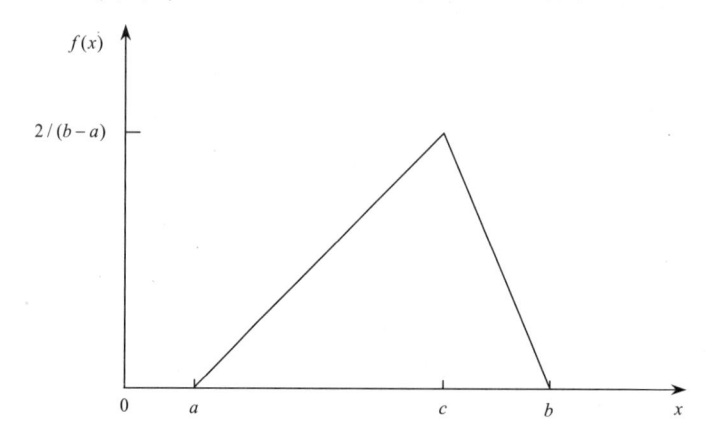

图 2.17　三角形分布 TRIA(*a*,*b*,*c*) 的概率密度函数曲线

三角形分布的概率分布函数为

$$F(x) = \begin{cases} 0 & x < a \\ \dfrac{(x-a)^2}{(b-a)(c-a)} & a \leqslant x \leqslant c \\ 1 - \dfrac{(b-x)^2}{(b-a)(b-c)} & c < x \leqslant b \\ 1 & x > b \end{cases}$$

式中，均值为 $\dfrac{a+b+c}{3}$，众数为 c，方差为 $\dfrac{a^2+b^2+c^2-ab-ac-bc}{18}$。

三角形分布的应用范围包括如下四个方面。

（1）通常用于表述只有优先采样数据的人口信息，尤其是已知变量之间的关系，但是由于数据的收集成本太高而缺少采样数据的场合。这通常是根据已知最小值与最大值从而推算合理的常见值。

（2）经常用于商务决策，尤其是计算机模拟领域。如果对结果的概率分布所知信息很少，如仅仅知道最大值和最小值，那么可以使用平均分布模型。但是，如果已经知道了最可能出现的结果，那么就可以用三角形分布进行模拟。

（3）三角形分布在项目管理中大量地用做项目评估和审核技术以及关键途径的输入信息，以建立在最大值与最小值之间事件发生的概率模型。

（4）三角形分布的密度函数图与正态分布和对数正态分布比较接近，对于理论上服从正态分布和对数正态分布的现象，在收集的数据量不充分或者研究精度要求不高时，可以用三角形分布来近似模拟这些现象。

3. 泊松分布 POIS(λ)

若事件是以固定速率发生的，则单位时间内发生的事件次数服从泊松分布。

泊松分布 POIS(λ)的概率质量函数为

$$p(x) = \begin{cases} \dfrac{\lambda^x e^{-\lambda}}{x!} & x \in \{0, 1, 2, \cdots\} \\ 0 & \text{其他} \end{cases}, \text{其中参数} \lambda > 0。$$

其均值和方差都为 λ。

当 λ 取不同值时，泊松分布 POIS(λ)的概率质量函数曲线如图 2.18 所示。

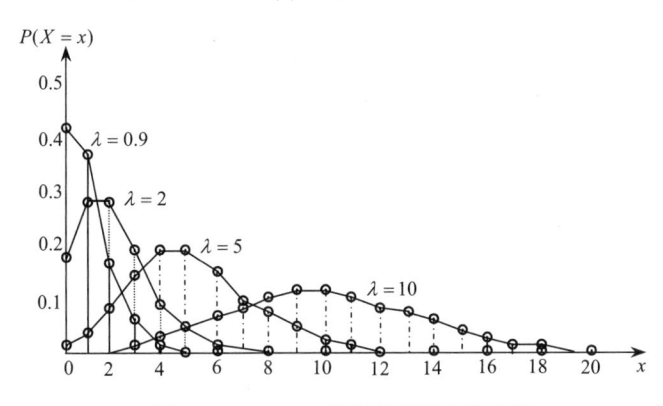

图 2.18 POIS(λ)的概率质量函数曲线

泊松分布的应用如大卖场的顾客数，电话总机接到的电话次数，市级医院急诊病人数，某一地区发生的交通事故的次数，一本书中每页印刷错误的个数，道路交叉口车辆到达辆数，进入停车场的车辆数及某道路区间发生交通事故的件数等。

> **可靠性工程学中的泊松分布。**
>
> 一个系统在运行过程中由于负载超出了它所能允许的范围造成失效，在一段运行时间内失效发生的次数 X 是一随机变量，当此随机变量具有如下特点时，X 服从泊松分布。①当时间间隔取得极短时，只能有 0 个或 1 个失效发生；②出现一次失效的概率大小与时间间隔大小成正比，而与从何时开始算起无关；③各段时间出现失效与否是相互独立的。例如，飞机被击中的炮弹数，大量螺钉中不合格品出现的次数，数字通信中传输数字中发生的误码个数等随机变量，就相当近似地服从泊松分布。

车辆到达辆数和交通事故发生件数的统计通常以辆和件数（或起数）为单位。然而，说到达了500辆车没有多大意义，人们经常问的是几分钟或一小时到达多少辆。如果严格地表达，可以表示为辆/小时和件/年，即用数量/时间为单位表示。此时，就对象事件考虑以下条件：

（1）在微小的时间间隔$(t, t+\Delta t)$内，事件的发生概率与时刻t无关；

（2）在区间$(t, t+\Delta t)$内，相同事件发生两次以上的概率非常小，且可以忽略不计；

（3）任意两个不同区间的事件发生概率相互独立。

在上述条件下发生的事件服从泊松过程（Poisson process），即在泊松过程考虑的是单位时间$(0, t)$内，事件的发生次数X，其概率密度函数为

$$f_X(x) = \frac{(\lambda t)^x}{x!} e^{-\lambda t} \quad x = 0, 1, 2, \cdots \tag{2.11}$$

如果令$\lambda t = m$，则有

$$f_X(x) = \frac{m^x}{x!} e^{-m} \quad x = 0, 1, 2, \cdots \tag{2.12}$$

式（2.11）或式（2.12）被称为泊松分布（Poisson Distribution）。

4. 指数分布 EXPO(λ)

在概率论和统计学中，指数分布（Exponential Distribution）是一种连续概率分布。

指数分布可以用来表示独立随机事件发生的时间间隔，如旅客进机场的时间间隔、设备的故障时间间隔等。

指数分布 EXPO(λ)的概率密度函数为

$$f(x; \lambda) = \begin{cases} \lambda e^{-\lambda x} & x \geqslant 0 \\ 0 & x < 0 \end{cases}$$

它的分布函数为

$$F(x; \lambda) = \begin{cases} 1 - e^{-\lambda x} & x \geqslant 0 \\ 0 & x < 0 \end{cases}$$

式中，$\lambda > 0$是分布的一个参数，常被称为率参数（rate parameter）。指数分布的区间是$[0, \infty]$。如果一个随机变量X服从指数分布，则可以写做：$X \sim$ Exponential(λ)。当λ取不同值时，指数分布的概率密度函数曲线如图2.19所示。

随机变量X（X的率参数是λ）的均值为$1/\lambda$，X的方差为$1/\lambda^2$。

指数分布是可靠性工程学中最重要的分布之一。通常情况下，产品在剔除了早期故障后，到发生元器件或材料的老化变质之前的随机失效阶段的寿命服从指数分布。

指数分布有三个特点：①平均寿命和失效率互为倒数；②特征寿命就是平均寿命；③指数分布具有无记忆性（即产品以前的工作时间对以后的可能工作时间没有影响）。

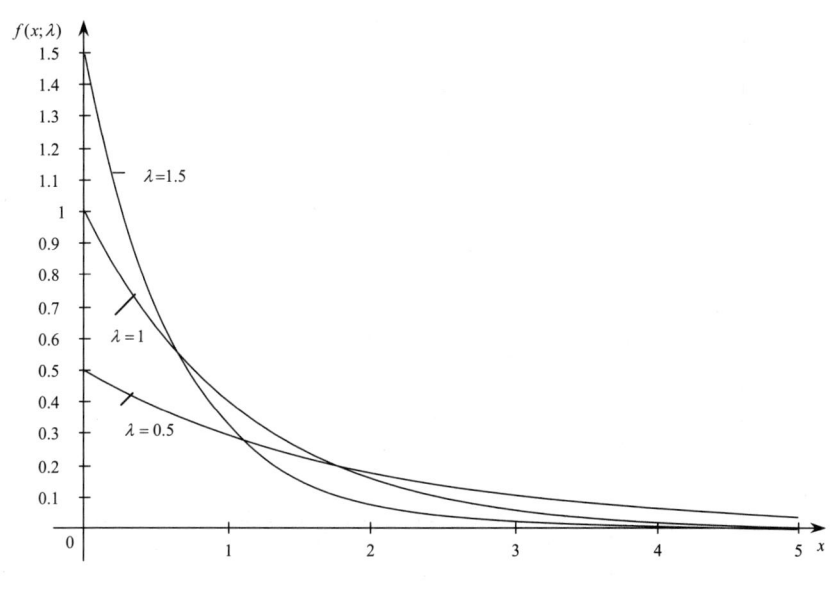

图 2.19 指数分布的概率密度函数曲线

5. 韦伯分布 WEIB(α,β,v)

产品在整个寿命期描述中，指数分布只适用于浴盆曲线的底部，但任何产品都有早期故障，也总有耗损失效期。在可靠性工程学中可以用韦伯分布来描述产品在整个寿命期的分布情况。

韦伯分布 WEIB(α, β, v)的概率密度函数为

$$f(x) = \begin{cases} \dfrac{\beta}{\alpha}\left(\dfrac{x-v}{\alpha}\right)^{\beta-1} e^{-\left(\dfrac{x-v}{\alpha}\right)^{\beta}} & x \geqslant v \\ 0 & x < v \end{cases}$$

韦伯分布 WEIB(α, β, v)有以下三个参数：

位置（Location）参数 $v, (-\infty < v < \infty)$；尺度（Scale）参数 $\alpha, (\alpha > 0)$；形状（Shape）参数 $\beta, (\beta > 0)$。

韦伯分布 WEIB(α, β, v)的分布函数为

$$F(x) = \begin{cases} 1 - e^{-\left(\dfrac{x-v}{\alpha}\right)^{\beta}} & x \geqslant v \\ 0 & x < v \end{cases}$$

当位置参数 v=0 时，韦伯分布变为

$$f(x) = \begin{cases} \dfrac{\beta}{\alpha^{\beta}} x^{\beta-1} e^{-(x/\alpha)^{\beta}} & x \geqslant 0 \\ 0 & x < 0 \end{cases}$$

当 v=0，α=1 时，不同 β 值的韦伯分布 WEIB(1, β, 0)的概率密度函数曲线如图 2.20 所示。

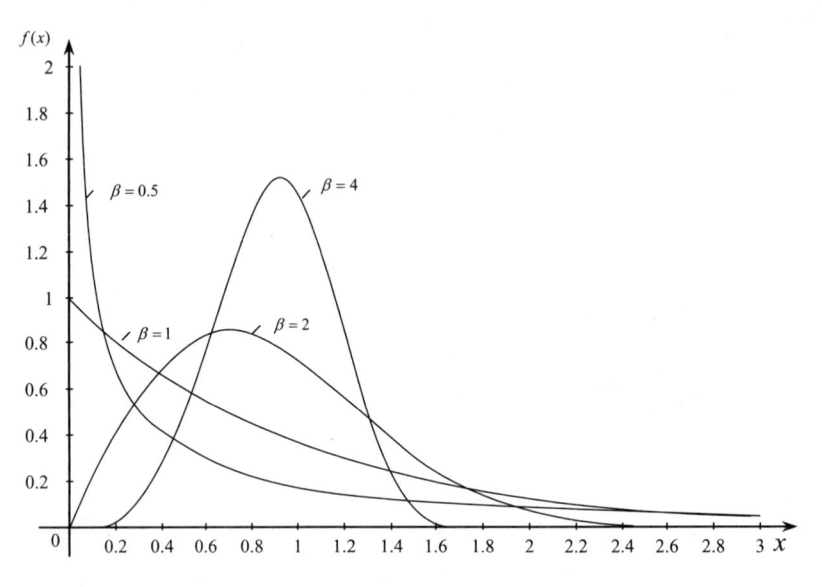

图 2.20　WEIB(1, β, 0)的概率密度函数曲线

当 $v=0$，$\beta=1$ 时，韦伯分布变为

$$f(x) = \begin{cases} \dfrac{1}{\alpha}e^{-x/\alpha} & x \geqslant 0 \\ 0 & x < 0 \end{cases}$$

此时，韦伯分布也是 $\lambda=1/\alpha$ 的指数分布。

韦伯分布的均值为 $v+\alpha\Gamma\left(\dfrac{1}{\beta}+1\right)$，其中 $\Gamma\left(\dfrac{1}{\beta}\right)=\int_0^\infty x^{\beta-1}e^{-x}dx$，韦伯分布的方差为 $\alpha^2\left[\Gamma\left(\dfrac{2}{\beta}+1\right)-\left[\Gamma\left(\dfrac{1}{\beta}+1\right)\right]^2\right]$。

6. 正态分布 NORM(μ,σ^2)

在自然现象和社会现象中，大量随机变量都服从或近似正态分布，如材料性能、零件尺寸、化学成分、测量误差和人体高度等。

正态分布 NORM(μ, σ^2)随机变量 X 的概率密度函数为

$$f(x) = \dfrac{1}{\sigma\sqrt{2\pi}}e^{-(x-\mu)^2/(2\sigma^2)}$$

式中，$-\infty < x < \infty, -\infty < \mu < \infty, \sigma > 0$。

正态分布的均值为 μ，正态分布的方差为 σ^2，正态分布的分布函数没有具体的解析式，通常表示为

$$F(x) = P(X \leqslant x) = \int_{-\infty}^x \dfrac{1}{\sigma\sqrt{2\pi}}e^{-\dfrac{(t-\mu)^2}{2\sigma^2}}dt$$

正态分布 NORM(μ,σ^2)的概率密度函数曲线如图 2.21 所示。

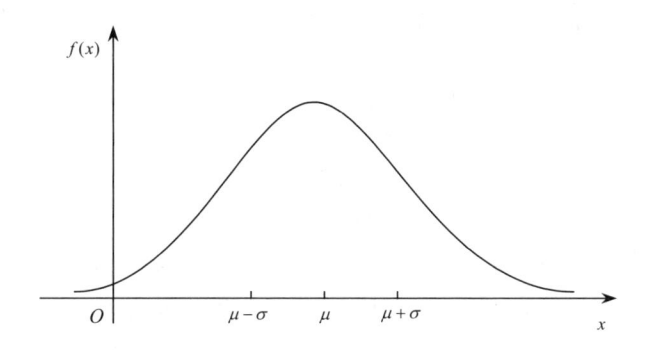

图 2.21 正态分布 NORM(μ, σ^2)的概率密度函数曲线

特别地，当 $\mu=0$，$\sigma=1$ 时，称为标准正态分布，标准正态分布的概率密度函数记为

$$\varphi(x) = \frac{1}{\sqrt{2\pi}} e^{-x^2/2} \qquad -\infty < x < \infty$$

标准正态分布的分布函数记为

$$\Phi(x) = \int_{-\infty}^{x} \frac{1}{\sqrt{2\pi}} e^{-t^2/2} dt$$

正态分布的实验频率曲线具有以下特征：
（1）曲线的纵坐标值为非负值；
（2）观测值在平均值附近出现的机会最多，所以曲线存在一个高峰；
（3）大小相等、符号相反的偏差发生的频率大致相等，所以曲线有一中心对称轴；
（4）曲线两端向左、右延伸逐渐趋近于零，这表明特大正偏差和特大负偏差发生的概率极小；
（5）在对称轴两边曲线上，各有一个拐点。

具有这五个特征的曲线，且该曲线下的总面积等于 1，即符合理论频率曲线的要求。

正态分布是概率论中最重要的一种分布，它与二项分布、泊松分布并称为"三大分布"。它在实际应用与理论上都有很重要的作用。一方面，正态分布应用很广，一般来说，若影响某一数量指标的随机因素很多，而每一因素所起的作用又不很大，则这个数量指标服从正态分布。例如，在进行测量时，由于仪器精度、人的视力、心理因素、外界干扰等多种因素的影响，测量结果大致服从正态分布，测量误差也服从正态分布。事实上，正态分布是 19 世纪初高斯（Gauss）在研究测量误差时首次引进的，故正态分布又称误差分布或高斯分布，像生物的生理尺寸如成人的身高和体重，某地区一类树木的胸径，炮弹落地点，某类产品的某个尺寸等都近似服从正态分布。另一方面，正态分布具有良好的性质，在一定条件下，很多分布可用正态分布来近似表达，有些其他分布又可以通过正态分布导出来，因此正态分布在理论研究中也相当重要。

7. 对数正态分布 LOGN(μ, σ^2)

若随机变量 $\ln X$ 服从正态分布 NORM(μ, σ^2)的分布，则随机变量 X 服从对数正态分布 LOGN(μ, σ^2)。

对数正态分布 LOGN(μ, σ^2)的概率密度函数为

$$f(x) = \begin{cases} \dfrac{1}{x\sigma\sqrt{2\pi}} e^{\dfrac{-(\ln x - \mu)^2}{2\sigma^2}} & x > 0 \\ 0 & x \leqslant 0 \end{cases}$$

式中，形状参数 $\sigma > 0$，规模参数 $\mu \in (-\infty, \infty)$。

与正态分布类似，对数正态分布也无法得到分布函数的解析式。

对数正态分布的均值为 $e^{\mu + \sigma^2/2}$，对数正态分布的方差为 $e^{2\mu + \sigma^2}(e^{\sigma^2} - 1)$。

当 $\mu = 0$ 时，对数正态分布 LOGN($0, \sigma^2$)的概率密度函数曲线如图 2.22 所示。

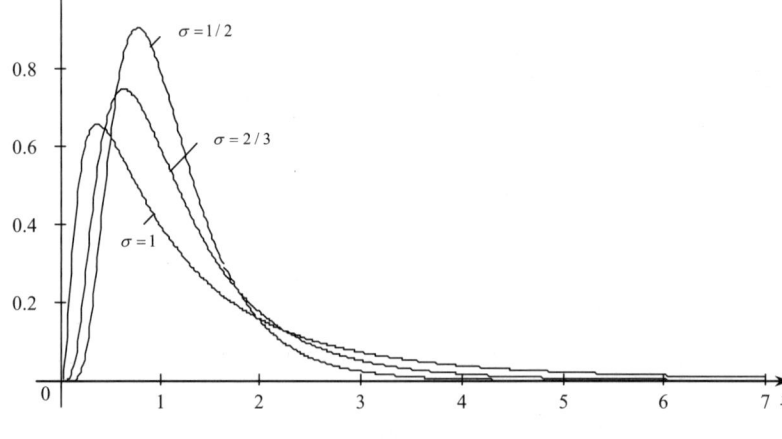

图 2.22 对数正态分布 LOGN($0, \sigma^2$)的概率密度函数曲线

对数正态分布是一种偏态分布，它很早就用于疲劳试验，至今仍是材料或零件寿命分布的一种主要分布模型。对数正态分布主要用来描述圆柱螺旋弹簧、轴向受载螺栓、齿轮的接触疲劳和弯曲疲劳、轴及钢、铝合金等的疲劳寿命分布。在耐久性设计中，紧固件孔的当量初始裂纹尺寸等都可以用对数正态分布来描述，而且对数正态分布使用方便，能给出可靠的置信区间，从而在寿命试验中得到广泛的应用。此外，对数正态分布也用做设备维修时间的模型。

8. 经验分布函数

设 $x_1, x_2, \cdots, x_n$ 是取自总体分布函数为 $F(x)$ 的样本，若将样本观测值从小到大排列为 $x_{(1)}, x_{(2)}, \cdots, x_{(n)}$，则 $x_{(1)} \leqslant x_{(2)} \leqslant \cdots \leqslant x_{(n)}$ 为有序样本，将如下函数

$$F_n(x) = \begin{cases} 0 & x < x_{(1)} \\ \dfrac{k}{n} & x_{(k)} \leqslant x < x_{(k+1)}, \ k = 1, 2, \cdots, n-1 \\ 1 & x > x_{(n)} \end{cases}$$

称为经验分布函数。

经验分布函数 $F_n(x)$ 的分布图如图 2.23 所示,它是一条呈跳跃上升的阶梯形曲线。若样本观测值中没有重复的数值,则每一跳跃为 $1/n$,若有重复 l 次的值,则按 $1/n$ 的 l 倍跳跃上升。图 2.23 中圆滑曲线是总体 X 的理论分布函数 $F(x)$,当 n 充分大时,$F_n(x)$ 是母体分布 $F(x)$ 的良好近似。就给定的有序样本,经验分布函数对于变量 x 是一个分布函数;另一方面,对于固定的 x,$F_n(x)$ 作为样本的函数又是一个统计量。

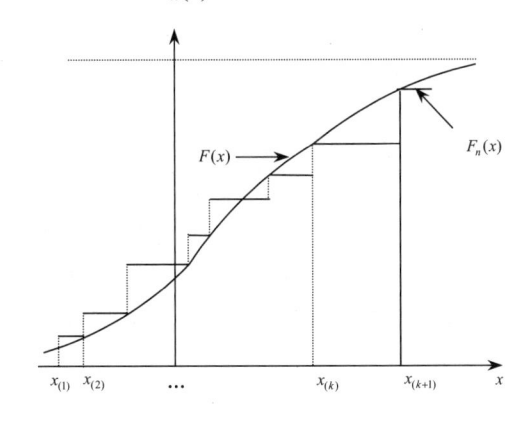

图 2.23 经验分布函数的分布图

经验分布函数为用于对收集的数据进行数据分析后,发现所研究的随机变量不服从任何一种已知的理论分布,即找不到合适的输入数据的拟合概率分布,此时就不得不使用经验分布函数了。

> **使用理论分布还是经验分布?**
>
> 解决这一问题的原则是首先分析数据是否接近某个理论分布,找到已知数据的一个拟合的分布,而尽可能不采用经验分布。这是因为:一方面经验分布的规律性不是很好,而拟合的分布不仅可以表现已知数据的基本特性,还可以反映系统中没有采集到的所有数据的特性;另一方面,如果数据是按要求采集的,并且足够多,通常总是可以找到一个合适的拟合分布。

2.4 实验方案的设计

上面讨论的数据采集与预处理是管理系统模拟实验的前期准备工作,在此基础上,管理系统模拟实验就要进入操作实施阶段,为此先要进行实验方案的设计。

2.4.1 实验方案设计的作用和基本要求

模拟是对客观系统在计算机上进行模仿和实验的过程。一组输入决策变量对应一定的模拟输出响应,当输入决策变量较多,且每一变量均可在一定范围内取值时,如果用穷举法进行模拟,将耗费大量的机时费用,而且效率很低。这就需要对模拟过程做出相应的方案设计，以便从有限次的模拟实验中得到尽可能多的信息。

具体来说，模拟实验方案设计就是确定不同决策变量组合对响应变量的影响。进行模拟实验方案设计的基本要求如下：

（1）事先确定模拟的处理方案，用最少的模拟时间（计算费用）得到所需要的模拟输出结果。

（2）预先进行模拟实验方案设计可以有目的地做模拟实验，避免无目的地或非系统化地进行模拟运行，以提高模拟研究的效率。

（3）按预先设计的模拟方案做模拟实验，确定哪些变量对输出响应的影响最大，即进行输入变量的灵敏度分析。

（4）在模拟实验的基础上，找出最优的变量组合，给出系统的最优响应。

在模拟实验中，对一些主要变量可做如下定义：

（1）因子（factor），即系统的输入变量，由数量因子和质量因子组成。凡是可用数量描述的因子，如服务台数目、到达率、服务率、订货点、提前订货期等，均为数量因子；凡是表示某种结构性假设且不能用数量表示的因子，如排队规则（FIFO、LIFO、RM等）、缺货补充策略等，均为质量因子。

（2）因子水平（level of factors），即模拟输入变量的可能取值或质量因子可取的方案。

（3）处理（treatment），在规定水平上的因子组合，称为一个处理。对某一处理进行模拟将得到一定的输出响应。若共有 m 个因子，每个因子都有 n 个水平，则共可组成 n^m 个不同的处理。

2.4.2 实验方案设计方法

本节介绍单因子、多水平的模拟实验设计方法。如果该因子共有 k 个水平，设 τ_j 为第 j 个水平对响应的影响，μ 为总的平均影响，ε_{ij} 为第 j 个水平上第 i 次观察值的随机项，它是 $N(0,\sigma^2)$ 的随机变量，Y_{ij} 为第 j 个水平上的观察值，则

$$Y_{ij} = \mu + \tau_j + \varepsilon_{ij} \tag{2.13}$$

式（2.13）表示第 j 个水平的响应围绕 $(\mu+\tau_j)$ 以随机变量 ε_{ij} 而变化。

单因子完全随机化实验设计是指对每一个水平都做模拟实验，每次实验均采用独立的随机数流做重复模拟运行的实验设计。

当因子的水平可由分析人员离散地选定，而不同水平对响应有固定的影响并满足 $\sum_{j=1}^{k}\tau_j = 0$ 时，这种实验设计称为固定效应模型。

单因子完全随机化固定效应模拟实验设计如表 2.11 所示。

在表 2.11 中，$Y_{11}, Y_{21}, \cdots, Y_{1k}$ 均相互独立，且 $\overline{Y_1}, \overline{Y_2}, \cdots, \overline{Y_k}$ 也相互独立。

对于统计假设

$$\{H_0 : \tau_j = 0, j = 1, 2, \cdots, k\}$$

若不能拒绝 H_0，则对所有水平，平均响应均为 μ，该因素对输出响应无显著影响；若拒绝 H_0，则不同水平对响应的影响显著，于是要进一步了解哪一个水平有最大的影响，或

不同水平对响应影响的差异大小。

表 2.11 单因子完全随机化固定效应的模拟实验设计

重复运行 i	因子的水平 $\quad$ 1 $\quad$ 2 $\quad \cdots \quad$ j $\quad \cdots \quad$ k	总均值
1	$Y_{11}\quad Y_{12}\quad \cdots \quad Y_{1j}\quad Y_{1k}$	
2	$Y_{21}\quad Y_{22}\quad \cdots \quad Y_{2j}\quad Y_{2k}$	
$\vdots$	$\vdots \qquad \vdots \qquad \vdots \qquad \vdots$	
R_j	$Y_{R_1 1}\quad Y_{R_2 2}\quad \cdots \quad Y_{R_j j}\quad Y_{R_k k}$	
均值	$\overline{Y}_1\quad \overline{Y}_2\quad \cdots \quad \overline{Y}_j\quad \cdots \quad \overline{Y}_k$	$\overline{\overline{Y}}$

为了检验假设 H_0，需要用到方差分析的基本方法。模拟输出响应 Y_{ij} 的变异由两部分组成，其一为每一水平引起的变异，其二为被模拟过程内部固有的变异，即抽样随机波动引起的偏差。

由表 2.11 可知，总的平均响应 $\overline{\overline{Y}}$ 为

$$\overline{\overline{Y}} = \frac{\sum_{j=1}^{k}\sum_{i=1}^{R_j} Y_{ij}}{R} \tag{2.14}$$

式中，R 为总的模拟重复运行次数，即

$$R = \sum_{j=1}^{k} R_j$$

响应变量 Y_{ij} 与样本的总平均响应之间的差为

$$Y_{ij} - \overline{\overline{Y}} = (\overline{Y}_j - \overline{\overline{Y}}) + (Y_{ij} - \overline{Y}_j) \tag{2.15}$$

对上式左端做平方和，得

$$\begin{aligned} Q &= \sum_{j=1}^{k}\sum_{i=1}^{R_j}(Y_{ij} - \overline{\overline{Y}})^2 = \sum_{j=1}^{k}\sum_{i=1}^{R_j}[(\overline{Y}_j - \overline{\overline{Y}}) + (Y_{ij} - \overline{Y}_j)]^2 \\ &= \sum_{j=1}^{k}\sum_{i=1}^{R_j}(\overline{Y}_j - \overline{\overline{Y}})^2 + 2\sum_{j=1}^{k}(\overline{Y}_j - \overline{\overline{Y}})\sum_{i=1}^{R_j}(Y_{ij} - \overline{Y}_j) + \sum_{j=1}^{k}\sum_{i=1}^{R_j}(Y_{ij} - \overline{Y}_j)^2 \\ &= \sum_{j=1}^{k} R_j (\overline{Y}_j - \overline{\overline{Y}})^2 + \sum_{j=1}^{k}\sum_{i=1}^{R_j}(Y_{ij} - \overline{Y}_j)^2 \end{aligned} \tag{2.16}$$

式中

$$\sum_{i=1}^{R_j}(Y_{ij} - \overline{Y}_j) = \sum_{i=1}^{R_j} Y_{ij} - R_j \overline{Y}_j = 0$$

令

$$Q_1 = \sum_{j=1}^{k} R_j (\overline{Y}_j - \overline{\overline{Y}})^2$$

$$Q_2 = \sum_{j=1}^{k} \sum_{i=1}^{R_j} (Y_{ij} - \overline{Y}_j)^2$$

即

$$Q = Q_1 + Q_2$$

式中，Q_1 是由每一水平引起的偏差平方和，又称组间平方和；Q_2 是由抽样随机波动引起的偏差平方和，又称组内平方和。

当 $Y_{ij}(i=1,2,\cdots,R_j, \ j=1,2,\cdots,k)$ 相互独立，且 $Y_{ij}(j=1,2,\cdots,k)$ 均服从 $N(\mu_j, \sigma^2)$ 正态分布时（有公共的 σ），则有

$$\frac{Q_2}{n-k} = \frac{\sum_{j=1}^{k}\sum_{i=1}^{R_j}(Y_{ij}-\overline{Y}_j)^2}{n-k} \tag{2.17}$$

它是 σ^2 的无偏估计，并且 $\dfrac{Q_2}{\sigma^2}$ 服从自由度为（R-k）的 χ^2 分布。

当 $\{H_0: \tau_j = 0, j=1,2,\cdots,k\}$ 成立时，所有的 μ_j 均相等，则 $\dfrac{Q_1}{k-1} = \dfrac{\sum_{j=1}^{k} R_j(\overline{Y}_j - \overline{\overline{Y}})^2}{k-1}$ 也是 σ^2 的无偏估计，并且 $\dfrac{Q_1}{\sigma^2}$ 服从自由度为(k-1)的 χ^2 分布。

定义统计量 F 为

$$F = \frac{\dfrac{Q_1/\sigma^2}{k-1}}{\dfrac{Q_2/\sigma^2}{R-k}} = \frac{Q_1/(k-1)}{Q_2/(R-k)} \tag{2.18}$$

可以证明，F 服从自由度分别为(k-1)和(R-k)的 F 分布。于是可对假设 H_0 做方差分析的 F 检验。

当 F 值较大时，或 $F > F_{k-1,R-k,1-\alpha}$ 成立，则由不同水平引起的偏差平方和较大，从而对模拟输出响应的影响显著，故 H_0 将以较高的概率被拒绝，可以判断在 $\mu+\tau_1, \mu+\tau_2, \cdots$ 之间有较大的差异。

当 F 值较小时，或 $F \leqslant F_{k-1,R-k,1-\alpha}$ 成立，则由抽样波动引起的偏差平方和较大，而由不同水平引起的偏差平方和较小，故 H_0 应予接受。

按照以上方差分析和 F 检验，若判定 H_0 应予拒绝时，还需要确定在第 j 个水平上对 $\mu+\tau_j$ 的估计。

设 $\hat{\mu}$ 和 $\hat{\tau}_j$ 分别是对 μ 和 τ_j 的点估计，因为

$$\hat{\mu}=\overline{\overline{Y}} \qquad \hat{\tau}_j = \overline{Y}_j - \overline{\overline{Y}}$$

所以

$$\hat{\mu}+\hat{\tau}_j = \overline{Y}_j \qquad j = 1, 2, \cdots, k$$

这表明在第 j 个水平上 $\mu+\tau_j$ 的估计值 $\hat{\mu}+\hat{\tau}_j$ 就等于样本均值，由此可以建立 $\mu+\tau_j$ 的 $100(1-\alpha)\%$ 置信区间为

$$\overline{Y}_j \pm t_{R-k,1-\alpha/2}\sqrt{\frac{Q_2/(R-k)}{R_j}} \tag{2.19}$$

对每个水平都建立相应的置信区间，从而可以分析各个水平对响应的影响程度。

2.5 模拟结果的统计分析

用计算机模型模拟一个实际系统的最终目的是对该系统的某些动态行为特征进行分析和评估，这些特征变量也就是模拟模型的输出变量。为了分析这些输出变量，可以把模拟模型重复地运行若干次来收集足够的相关数据，然后通过对这些数据进行特殊的分析（如统计分析）来获取对有关特征变量的估计值。

这个过程一般称为计算机模拟的输出分析。输出分析要解决的主要问题是分析由模拟运行产生的实验数据，估算有关的系统特征变量及其置信区间，或者对有关的特征变量进行统计假设检验，并在此基础上按照系统模拟的目的要求得出有关结论。

在介绍模拟结果的统计分析方法之前，要弄清两种类型的模拟过程，即终态模拟和稳态模拟，对它们模拟结果的统计分析过程是不同的。

2.5.1 终态模拟和稳态模拟的概念

模拟模型的每一次运行就相当于在某个样本空间里的一次随机抽样试验。可以把模拟模型运行产生的输出过程（产生输出变量观察值的过程）看做一个随机过程 $(Y_1, Y_2, \cdots, Y_n)$，其中 n 是模拟每次（重复）运行的样本容量（也即单次运行产生 n 个观察值）。那么模拟试验的第 j 次重复运行便是一个随机过程 $(Y_{1j}, \cdots, Y_{ij}, \cdots, Y_{Nj})$，其中 Y_{ij} 是变量 Y 在第 j 次重复试验中的第 i 个观察值。通常在一次试验运行中，模拟输出过程的随机变量往往既不是相互独立也不是同一分布的（即不符合 IID 假设）。为了达到统计意义上的相互独立性，可以把模拟试验独立地重复 m 次，而且每一次都用一组不同的随机数来产生输入变量，这样可以使随机变量在不同的重复试验中产生相互独立而且服从同一分布的数据，然后再用这些近似满足 IID 要求的数据来估计所待求的输出特征变量。例如，为了估计随机变量 Y 的均值 $E(Y)$，可以采用以下公式

$$E(Y) = \overline{Y} = \sum_{j=1}^{m} \frac{\overline{y}_j}{m} \tag{2.20}$$

注意到公式中的分子也就是第 j 次试验的样本均值，即

$$\bar{y}_j = \sum_{i=1}^{n} \frac{y_{ij}}{n} \tag{2.21}$$

一个随机变量或者一个随机过程的动态特性表现可以分为两种或者两个阶段：一种是当系统处于过渡状态中的表现，而另一种则是系统进入平稳状态后的表现。随机过程在过渡状态下的主要表现是：各个随机变量的分布是不稳定而且不同的，更准确地说，也就是这些随机变量的分布形式与分布参数值都不相同，形成非平稳的波动（如图 2.24 所示，为某系统特征变量 Y 在时间 $0 \sim T_0$ 之间的表现）。比如说一家餐馆在上午 10:30 开张时，顾客来得很少，但随着时间向中午靠近，来就餐的顾客会越来越多，所以开始时顾客的到达过程（一个随机过程）处于过渡状态之中。系统的初始条件是造成随机过程过渡状态行为的一个主要原因。就餐馆的例子来说，上午 10:30 开门时，系统（餐馆）中没有一位顾客，而进入"正常"（稳定）的营业时间后，系统中的顾客及其到达规律都会维持在一个大致稳定的范围之内。从图 2.24 中可以看出，当系统进入平稳状态之后（$T>T_0$），尽管其特征变量 Y 仍然在随机地波动，但总体趋势是稳定在某个期望值（平均值）上下，因此可以近似地认为，进入平稳状态后的系统特征变化是服从 IID 假设的随机过程（服从相同分布的独立随机变量序列）。例如分析一台机床的噪声水平，当机床刚开始启动运行时，其噪声水平的分布波动很大，然而当机床运行一段时间进入平稳运转之后，其噪声的分布则基本上稳定在一定的均值水平上下，呈现正常的随机波动。

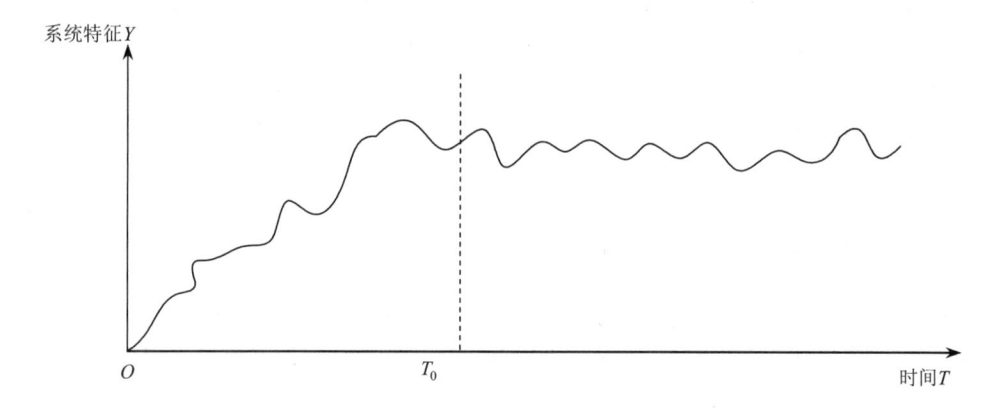

图 2.24 过渡状态与平稳状态下系统的特征变化

按照对随机过程动态行为处理要求的不同，可以把模拟模型分为两类：一类叫做有限持续系统或者终态模型（terminating model），另一类则称为无限持续系统或者稳态模型（steady-state model）。

在有限持续系统模型中，系统在初始状态或者过渡状态期间的行为表现是不能忽略的，都是研究系统整体行为特征的一部分，而且模型的每一次试验运行都有一个自然的停止时间。例如，为了研究一家餐馆（或银行）的顾客流量规律，并依此确定服务员工的数量和时间安排，模拟模型就需要模拟餐馆一整天的运营情况，从上午 10:00 开门到晚上 10:00 打烊。尽管在上午 10:00 开门时没有顾客，而且从上午 10:00 到 11:00 之间光临的顾客很少甚至没有，但这都是正常的，也是餐馆经营时间的一部分（如在此期间做一些准备工作)。而餐馆到晚上 10:00 关门也是一个正常的行为,没有必要让模拟时间超过晚上 10:00。在有限持续系统模型中,主要是对系统在一个"自然持续期间"或短期内的行为表现感兴趣,如餐馆平均每天接待的顾客量,就餐顾客的平均等待时间,餐馆服务人员每天的工作调度安排等。在有限持续系统模型中,影响是否能够准确地估计系统输出变量的一个关键因素是模拟试验的重复次数(也即样本的抽样次数),重复次数越多,估计值的统计精度也就越高。

在无限持续系统模型中,人们关心的则是系统在平稳状态下或者达到平稳状态后的行为表现特征,或者说,要研究的是系统的"长期"行为特征。从理论上讲,无限持续系统模型的运行没有一个自然的停止时间。系统在初始阶段的过渡行为也不会对系统的长期稳定状态造成重大影响。这里可以举一个汽车制造流水线的例子,假设这条流水线实行"三班倒"(24h 不间断)的连续生产时间。对这样一个系统,人们感兴趣的是它在稳定状况下的生产率等特征指标,对于该流水线早在开始运行之初产生的那些数据指标,由于其不稳定而往往被忽略不计。

> **无限持续系统模型的初始条件。**
> 在无限持续系统模型中,系统的初始条件及其过渡时期的行为变化是被忽略不计的,研究所要确定或估计的是系统在平稳状态下的行为特征。

2.5.2 终态模拟结果分析

1. 基本步骤

有限持续系统模型具有如下特征:①系统的初始状况以及系统在过渡状态下的行为表现是不能忽略不计的,因而必须在模拟模型中反映出来;②模拟模型每次试验的运行时间是由系统的某个内在自然的停止条件决定的(如某家银行在下午 4:30 关门)。

在一个模拟模型单次运行所产生的数据中,最大的问题就是这些数据具有相关性,或者说缺乏统计意义上的相互独立性。其形成的原因之一是由于模拟模型产生和使用随机数的方法。用这些具有相关性的数据来估计输出变量的特征值会造成较大甚至很大的统计偏差。解决这个问题的基本方法是采用重复的试验运行。例如,可以把一个模拟模型独立地重复 m 次运行,每一次运行都始于同样的初始条件,并且服从同样的停止条件;此外再用不同的随机数组来产生每一次运行的输入随机变量值。有限持续系统模型的输出分析包括以下两个主要步骤。

(1) 计算每一次(单次)运行的均值:假设输出过程是 $(X_1, X_2, \cdots, X_n)$,将模拟独立地重复运行 m 次,则第 j 次重复运行产生的数据是 $(X_{1j}, X_{2j}, \cdots, X_{nj})$,所以第 j 次重复的样本均值可以由下式计算,即

$$\bar{X}_j = \sum_{i=1}^{n} \frac{X_{ij}}{n} \tag{2.22}$$

由此得到的一组重复样本均值 $\bar{X}_j$,$j=(1, 2, \cdots, m)$,它们是符合 IID 假设的一组随机变量。

(2) 计算综合样本均值 $\bar{X}$ 和综合样本方差 S^2,即

$$\bar{X} = \sum_{j=1}^{m} \frac{\bar{X}_j}{m} \tag{2.23}$$

$$S^2 = \sum_{j=1}^{m} \frac{(\bar{X} - \bar{X}_j)^2}{m-1} \tag{2.24}$$

这两个统计量实际上就是把 m 次重复模拟运行的结果加以"综合"计算得到的结果。

2. 统计估算值的置信度分析

由于用于估算综合样本均值和方差（像 $\bar{X}$ 和 S^2）的模拟输出变量都是随机变量（也即通过模拟试验进行随机抽样的结果），所以这些估计得出的样本统计特征本身也是随机变量。那么它们的可靠性或者说可信程度怎么样呢？根据统计学里有关参数估计的理论，能够反映和描述统计量可信程度的一个指标就是该统计量的置信区间及与该区间相联系的一个概率系数（置信度）。令 α 为置信系数，则统计量 $\bar{X}$ 的置信度为 $100(1-\alpha)\%$ 的置信区间是

$$\bar{X} \pm Z_{1-\alpha/2} \frac{\sigma}{\sqrt{m}} \quad \text{（如果总体方差已知）}$$

$$\bar{X} \pm t_{m-1,1-\alpha/2} \frac{s}{\sqrt{m}} \quad \text{（如果总体方差未知）}$$

式中，随机变量 Z 服从标准正态分布，而随机变量 t 则是自由度为 $m-1$ 的 t 分布。对于给定的置信系数和样本容量（重复次数）m，可以方便地从有关的统计图表中查找出相关的分布数值 $Z_{1-\alpha/2}$ 和 $t_{m-1,1-\alpha/2}$。

从上面两式中看到，当总体方差已知时，可以用标准正态分布变量 Z 来确定置信区间的上下限，而当总体方差未知时（实际情况往往是这样），且样本容量较小的时候，就只能用一个服从于抽样分布的变量 t 来确定。解释一个统计量 θ 的置信区间在模拟分析中是极为重要的。例如，假定置信系数 $\alpha=0.05$，则统计量 θ 的置信度为 95% 的置信区间的意义就是：如果通过大量的随机抽样（样本容量为 m）来为估计量 θ 建立起很多的置信区间，那么 95% 的置信区间将会包含 θ 的期望值，或者说这些随机区间包含 θ 的期望值的概率是 95%。

根据统计学原理，样本的容量越大（抽样次数越多），估计量的置信区间长度就越小，也即统计估算的精度越好。然而，增加样本容量也就意味着增加统计试验的成本。所以，如何选择确定样本容量是统计估算中的一个重要问题。就模拟分析而言，问题也就是给定要达到的置信度，如何确定（模型）重复运行的次数 m。令 α 为给定的置信系数，h 为置信区间的一半长度，则用以估算样本容量的公式为

$$h = t_{m-1,1-\alpha/2} \frac{S}{\sqrt{m}} \tag{2.25}$$

$$m = t_{m-1,1-\alpha/2}^2 \frac{S^2}{h^2} \tag{2.26}$$

显然，式（2.26）是通过式（2.25）直接对样本容量 m 进行求解得到的。给定了要达到的"精度"（也即给定置信系数 α 和区间半长 h），则可通过式（2.26）来求解样本容量 m。然而由于式（2.26）的两边都涉及待求解的变量 m，所以对 m 的求解只能通过逐步近似的方法来估算。另外，在上述估算式中假定总体方差未知，所以用的是 t 分布和样本方差 S^2。当估计的样本容量 m 很大时（比如大于 30），根据统计学中的"中心极限定理"，总体样本均值的分布将近似于正态分布，所以也可以用下面的公式来估算 m，即

$$m \approx Z_{1-\alpha/2}^2 \frac{S^2}{h^2} \tag{2.27}$$

2.5.3 稳态模拟结果分析

前面已经提到，在稳态模拟中关心的是系统在平稳状态之下或者达到平稳状态以后的行为表现特征，即要研究的是系统"长期稳定"的行为特征。从理论上讲，无限持续系统模拟的运行没有一个自然的停止时间，而且系统在初始阶段不规则的波动变化（非随机性的变化）并不会对系统的长期稳定状态造成重大影响。事实上，系统运行之初产生的那些"热身"数据往往由于具有不稳定性而被忽略不计，如果把这些数据也引入统计分析的过程，它们反而会严重地影响到分析结果的准确性和有效性（如会把实际的方差放大）。所以在无限持续系统模拟中，系统的初始条件及其过渡时期的行为表现是被忽略不计的，研究所要确定或估计的是系统在平稳状态下的行为特征。于是产生了两个问题：一是如何确定"热身区间"的长度；二是如何准确有效地分析系统在平稳状态下的表现。下面介绍截断法和分段法两种基本方法。

1．截断法

截断法的基本思想是：确定一个合适的热身长度 L，将每一次（重复）运行所得到的数据集合前面的 L 个数据去掉（截断），而将剩余的 $N-L$ 个数据用于统计量的分析与估计。为了提高统计量的估计精度，截断法仍然采用多次重复模拟运行的办法。注意这里用了输出数据的个数来度量热身长度，当然也可以根据需要采用时间单位（小时或分钟等）来进行度量。假设输出过程是 $(X_1, X_2, \cdots, X_N)$，模拟独立地重复运行 m 次，每一次的运行长度是 N，则第 i 次重复运行的样本均值可以由下式计算，即

$$\bar{X}_i = \sum_{j=L+1}^{N} \frac{X_{ij}}{N-L} \tag{2.28}$$

2．分段法

在实际中，任何无限持续系统的模拟也是有限的，也即计算机模拟运行的时间不可能无限地延长下去。所以当热身时间 L 比较长时（相对于整个模拟运行时间而言），采用截断法就不见得有效，因为那样会浪费大量的模拟时间。分段法的基本思想是：将模拟只运行一次（一段很长的或者说足够长的时间），然后把在这一段很长时间里收集的输出数据，截去热身阶段的数据，再把剩余的数据分成若干互不重叠、互不相关的分段，用每一个分段区间内数据的均值（所谓"分段均值"）来估计总体均值，并且估算总体均值

的置信度。

假设输出过程是 $(X_1, X_2, \cdots, X_N)$，模拟的重复次数为 1 次，而运行长度是 N，若已经截去热身区间的数据，并且把剩余的数据分成了 m 段，每段包含有 k 个数据（假定 $m \times k = N$），也即第一段是 $(X_1, X_2, \cdots, X_k)$，第二段是 $(X_{k+1}, X_{k+2}, \cdots, X_{2k})$……依次类推。这样可以用下列公式来计算第 i 个分段的样本均值为

$$\bar{X}_i = \sum_{j=(i-1)k+1}^{ik} \frac{X_{ij}}{k} \tag{2.29}$$

如何确定分段的长度 k 是一个至关重要的问题。计算机模拟单次运行产生的数据之间往往具有很强的相关性，而这种相关性的存在违反了统计分析所要求的 IID 假设，给统计量方差的估计带来很大的偏差，严重影响着统计分析的精度。所以为了得到无偏估计量，需要互不相关的分段，或者说各分段之间的相关性应该减少到可以忽略的程度。那么在实际应用中如何来确定分段的区间长度 k 呢？确定分段的区间长度要注意两点：①在一个由模拟产生的数据序列中，数据之间的相关程度（可以用一个相关系数来表示）是随着两数据之间"距离"的增加而减少的，也就是说相距越远，相关系数越小（越接近于零）。这里的"距离"是用相隔的两数据之间有多少个其他数据来衡量的（如图 2.25 所示）。②分段区间必须有足够的长度以减少相邻区间均值的相关系数。从图 2.25 中可以看出，相邻两个分段中心之间的距离也就等于分段区间长度 k。

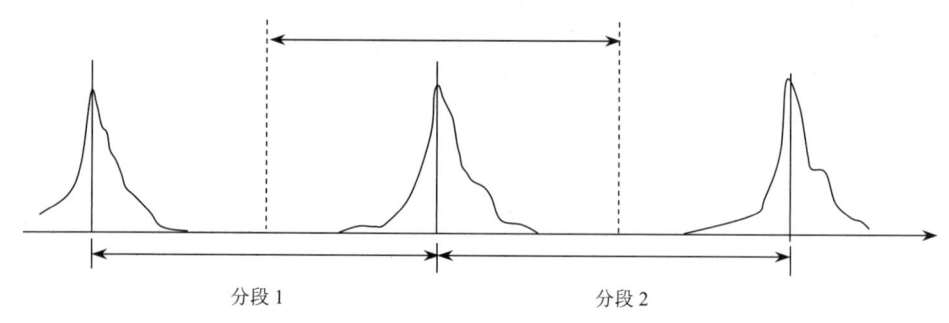

图 2.25　分段区间的长度 k 对数据之间相关性的影响

根据这样的观察，可以用简单的图解方法来确定分段长度 k，即按照输出数据的顺序排列，把它们之间的相关性用图形标示出来，分段长度应该确定在相关性曲线稳定下来并趋近于零的地方。

2.5.4　多模拟方案的模拟结果比较分析

上面介绍的如何应用统计分析方法对系统模拟结果进行统计分析，是针对单一模拟方案的。而系统模拟的一个重要目的是对不同的系统设计方案进行比较，进而从中选择最优的方案。下面将讨论如何对多模拟方案模拟结果进行比较分析，并先分析两种模拟方案的模拟结果比较，然后进一步讲解多种模拟方案的模拟结果比较。

1. 两种模拟方案的模拟结果比较

设 $i=1, 2$，令 $X_{i1}, X_{i2}, \cdots, X_{in_i}$ 为模拟方案 i 的 n_i 个独立同分布的观测值，$\mu_i = E(X_{ij})$ 为要达到的性能指标期望值，则可构建统计量 $\xi = \mu_1 - \mu_2$。对于不同方案的模拟输出结果，可以通过建立 ξ 的置信区间进行比较。下面针对不同情况对两种模拟方案性能指标之差的置信区间进行讨论。

1）配对 t 置信区间

当两种模拟方案的模拟样本相关，且方差不等时，假设 $n_1=n_2=n$，那么可以将 X_{1j} 和 X_{2j} 配成对，并定义 $Z_j = X_{1j} - X_{2j}$，其中 $j=1,2,\cdots,n$。这样得到的 Z_j 就是独立同分布的随机变量，且 $E(Z_j) = \xi$，并有

$$\bar{Z}(n) = \frac{\sum_{j=1}^{n} Z_j}{n} \qquad S^2[\bar{Z}(n)] = \frac{\sum_{j=1}^{n}[Z_j - \bar{Z}(n)]^2}{n(n-1)}$$

相应的，其置信度为 $100(1-\alpha)\%$ 的置信区间为

$$\bar{Z}(n) \pm t_{n-1,1-\alpha/2}\sqrt{S^2[\bar{Z}(n)]}$$

如果 Z_j 为正态分布随机变量，则上述置信区间的覆盖率精确为 $1-\alpha$；否则，当 n 足够大时，根据中心极限定理，其覆盖率将逼近 $1-\alpha$。上述的置信区间称为配对 t 置信区间，通过此方法，可以将两种模拟方案的模拟结果比较问题转化为单一方案模拟结果的比较。

> **相关性问题。**
> 如果 X_{1j} 和 X_{2j} 具有正相关性，则会给上述方法带来积极影响，因为这将使 Z_j 的样本方差显著减小，从而可以缩小置信区间。具体见本节后面介绍的"方差缩减技术"。

2）经典双样本 t 置信区间

当两种模拟方案的模拟样本相互独立，且方差相等时，可以采用经典双样本 t 置信区间的方法构造 ξ 的置信区间。设两种模拟方案的样本总平均值的方差分别为

$$V(\bar{X}_1) = \frac{V(X_{1j_1})}{n_1} \qquad j_1=1,2,\cdots,n_1$$

$$V(\bar{X}_2) = \frac{V(X_{2j_2})}{n_2} \qquad j_2=1,2,\cdots,n_2$$

由于 $\bar{X}_1$ 与 $\bar{X}_2$ 相互独立，两种模拟方案期望性能指标之差的点估计为 $\bar{X}_1 - \bar{X}_2$，其方差可表示为

$$V(\bar{X}_1 - \bar{X}_2) = \frac{V(X_{1j_1})}{n_1} + \frac{V(X_{2j_2})}{n_2} \qquad (2.30)$$

对于这两种模拟方案的样本，其性能测度 $\bar{X}_i$ 的方差点估计为

$$S_i^2(n_i) = \frac{\sum_{j=1}^{n_i}[X_{ij} - \bar{X}_i(n_i)]^2}{n_i - 1} \qquad i=1, 2$$

又因两种模拟方案观测值的综合方差可以表示为两种模拟方案的加权平均形式，即

$$S_p^2 = \frac{(n_1-1)S_1^2(n_1) + (n_2-1)S_2^2(n_2)}{n_1 + n_2 - 2}$$

所以其自由度为 $f=n_1+n_2-2$。

由式（2.30）可得

$$S^2[\bar{X}_1 - \bar{X}_2] = S_p^2\left(\frac{1}{n_1} + \frac{1}{n_2}\right)$$

因此，两种模拟方案性能指标之差的置信度为 $100(1-\alpha)\%$ 的置信区间为

$$(\bar{X}_1 - \bar{X}_2) \pm t_{f,1-\alpha/2} S_p \sqrt{\frac{1}{n_1} + \frac{1}{n_2}}$$

需要指出的是，要采用经典双样本 t 置信区间方法，必须保证 $V(X_{1j}) = V(X_{2j})$，否则采用此方法得到的置信区间的实际覆盖率会退化。而在实际应用中，很难保证方差相等的条件，因此经典双样本 t 置信区间方法也就无法得到应用。

3）修正双样本 t 置信区间

当两种模拟方案的模拟样本相互独立，但方差不等时，可以对经典双样本 t 置信区间的方法进行修正，从而也可以对两种模拟方案的模拟结果进行比较。这时有

$$\bar{X}_i(n_i) = \frac{\sum_{j=1}^{n_i} X_{ij}}{n_i}$$

$$S_i^2(n_i) = \frac{\sum_{j=1}^{n_i}[X_{ij} - \bar{X}_i(n_i)]^2}{n_i - 1}$$

式中，$i=1, 2$。

对两种模拟方案性能指标之差的方差点估计为

$$S^2[\bar{X}_1 - \bar{X}_2] = \frac{S_1^2(n_1)}{n_1} + \frac{S_2^2(n_2)}{n_2}$$

其自由度为

$$f = \frac{[S_1^2(n_1)/n_1 + S_2^2(n_2)/n_2]^2}{[S_1^2(n_1)/n_1]^2/(n_1-1) + [S_2^2(n_2)/n_2]^2/(n_2-1)}$$

则两种方案性能指标之差的置信区间为

$$(\bar{X}_1 - \bar{X}_2) \pm t_{f,1-\alpha/2}\sqrt{\frac{S_1^2(n_1)}{n_1} + \frac{S_2^2(n_2)}{n_2}}$$

由于 f 通常不是一个整数,因此需要根据 t 值表进行插值计算或利用相应的软件来计算。

2. 多种模拟方案的模拟结果比较

以上讨论的是两种模拟方案的结果比较,但在实际工作中往往会产生两种以上的模拟方案或策略,决策人员要对全部模拟方案所共有的某种性能指标进行模拟结果比较,以便选出一种性能最优的模拟方案。这也可以采用置信区间的方法,即同时构建多个置信区间,并对这些置信区间的置信水平进行调整,以保证所有置信区间的全面置信水平不小于 $1-\alpha$。

设性能指标 μ_s 的置信区间 I_s 的置信水平是 $1-\alpha$,$s=1,2,\cdots,k$,即意味着 μ_s 以 $1-\alpha$ 的概率落在置信区间 I_s 中。则所有 k 个置信区间同时都包含相应的 μ_s 的概率要满足下式,即

$$P\{\mu_s \in I_s, s=1,2,\cdots,k\} \geqslant 1-\sum_{s=1}^{k}\alpha_s = 1-\alpha_E$$

式中,$\alpha_E = \sum_{s=1}^{k}\alpha_s$ 称为总误差概率。上式称为 Bonferroni 不等式。

在多模拟方案的比较问题中,可以采用 Bonferroni 不等式进行分析。具体来说,如果需要构建 c 个置信区间,则需要确保每个置信区间的置信水平都能达到 $(1-\alpha)/c$,才能确保全面置信水平不小于 $1-\alpha$。下面将介绍两种不同的模拟结果的比较方法,即与标准模拟方案进行比较和完全两两比较。

1)与标准模拟方案进行比较

设有 $k(k>2)$ 个模拟方案,当前实际配置的系统模拟方案为标准模拟方案,称为模拟方案 1,其他模拟方案分别称为模拟方案 2,模拟方案 3,$\cdots$,模拟方案 k。分别对均值差 $\mu_2-\mu_1$,$\mu_3-\mu_1$,$\cdots$,$\mu_k-\mu_1$ 构建 $k-1$ 个置信区间,以确保全面置信水平达到 $1-\alpha$。因此,有 $c=k-1$,即要构建 c 个置信区间,且相应的置信水平应为 $(1-\alpha)/(k-1)$。在全面置信水平不低于 $1-\alpha$ 的条件下,系统模拟方案 i 与标准模拟方案的输出结果不同,仅当所有 $\mu_i-\mu_1$ 的单个置信区间(置信水平为 $(1-\alpha)/(k-1)$)不包括 0 时,系统模拟方案 i 与标准模拟方案的差别才不显著,其中 $i=2,3,\cdots,k$。

2)完全两两比较

与上述方法类似,完全两两比较就是对每一个系统模拟方案与其他所有模拟方案分别进行比较,以判断是否有显著的两两差异。具体来说,就是对于任意两个模拟方案均值差 $\mu_{i_1}-\mu_{i_2}$ 都构建相应的置信区间,其中 i_1 和 i_2 为 $1\sim k$ 的整数,且 $i_1<i_2$(以确保任意两模拟方案只比较一次)。因此,需要构建 $c=k(k-1)/2$ 个单个置信区间,根据 Bonforroni 不等式,要求每个置信区间的置信水平为 $(1-\alpha)/[k(k-1)/2]$,这样才能保证全面置信水平不小于 $1-\alpha$。

3. 方差缩减技术

在模拟模型中包括随机变量的情况下,有时即使对一个简单的模型做模拟运行,其置信区间也有可能很大或模拟精度很差,于是不得不增加重复运行次数,以减少输出响

应的方差。但是增加重复运行次数会使模拟运行的效率显著降低,成本成倍增加。因此,需要采用其他的一些手段对方差进行控制,从而达到用较少的重复运行次数,得到较小的置信区间和较高的精度。这些手段称为方差缩减技术。

常用的方差缩减技术包括公共随机数法、对偶变量法、控制变量法、间接估计法和条件期望法等,下面仅简要介绍前两种方法。

1) 公共随机数法

在讲解"配对 t 置信区间"中提到,如果 X_{1j} 与 X_{2j} 具有正相关性,将会使 Z_j 的样本方差显著减小,这是因为 $Z_1, Z_2, \cdots, Z_n$ 是独立同分布的随机变量,有

$$V[\bar{Z}(n)] = \frac{V(Z_j)}{n} = \frac{V(X_{1j}) + V(X_{2j}) - 2\text{Cov}(X_{1j}, X_{2j})}{n} \quad (2.31)$$

如果在两种模拟方案的模拟运行中采用公共的随机数流,即某一随机数流在一个模拟方案中用于某一对象,则在另一模拟方案中也同步地用于所对应的对象,于是 X_{1j} 与 X_{2j} 就具有正相关性,从而 $\text{Cov}(X_{1j}, X_{2j}) > 0$,由式(2.31)可知 $V[\bar{Z}(n)]$ 将会减小。协方差 $\text{Cov}(X_{1j}, X_{2j})$ 越大,则方差缩减的幅度越大。

2) 对偶变量法

对偶变量法是用于单一系统模拟的方差缩减方法。其基本思路是将互补的随机数序列用于系统的模拟运行中,由于对偶互补随机数具有高度负相关性,据此模拟运行的输出数据也具有内在的负相关性,通过将成对的输出结果进行加权平均,就可以减少由于随机噪声所产生的影响,从而达到缩小方差、提高模拟精度的目的。

具体操作方法是用对偶随机数对同一模拟方案输入,并将输出的成对结果进行平均后再进行分析。这样得到的加权平均后的结果相互之间仍然是独立的,因而可以进行输出数据分析。

2.6 模拟模型的验证、确认和检验

在对模拟结果进行统计分析的基础上,还要进一步剖析论证模拟模型的有效性,包括模拟模型的验证、确认和检验。

2.6.1 模拟模型的验证

模拟模型的验证是指模拟模型与模拟程序在逻辑结构和数据参数之间的比较过程。通过验证过程使模拟程序与模拟模型保持一致,并能精确地反映模型中各部分之间的逻辑关系、各参数之间的数量关系及对模型所做的简化和假设等,从而使人们确信,在计算机上运行该模拟程序能够复现模拟模型内在的逻辑和数量关系,进而展示实际系统的基本性能。

对模拟模型的验证可通过以下途径排除模拟程序中存在的问题。

1. 在开发模拟程序时,应分块或按子程序来分别进行验证

对于大型模拟程序而言,首先可对主程序及若干关键子程序分别调试和排错,并初

步连成系统，然后再将其他子程序逐一加入进行联调，直到能满意地反映模拟模型的全部要求时为止。这种由简到繁的验证过程对一切程序都是适用的，但对模拟程序具有特殊的必要性，尤其是用高级模拟语言编程时，程序语句属于宏指令性质，调试和排错往往更为复杂。如果对一个大型的、未经分别验证的模拟程序直接进行调试运行时，则往往会出现大量错误信息。它们之间是互为因果的，因而非常难以排除。

2. 在模拟程序的运行中检查输出的合理性

当模拟程序能正常运行并给出模拟输出结果时，应对主要参数的输出响应进行验证。在具有排队功能的模型中，若某些服务设施的利用率过低，则可能是由于程序中存在逻辑错误，使进入系统的实体数太少，或服务时间参数过大所造成的，从而需要在相应程序段中，对照模拟模型进行比较，找出不相符合之处，予以修正。

在大多数模拟语言中，都有打印模拟结果的标准输出功能。例如，在 GPSS 和 Q-GERT 模拟语言中，都有"实体当前含量"和"实体总计数"等输出。前者表示在某一时刻存在于模型各组成部分中的实体数目，而后者则是从模拟开始到该时刻之间进入各部分的实体总数。这些数据均由模拟语言自动收集、统计和打印输出。如果当前含量过大，则表明实体在运行中受到不应有的延迟；如果当前含量呈线性增长趋势，则表明某一队列处于不稳定状态。有时也可能出现实体总计数为零的情况，这表明整个模拟过程中，始终没有实体进入该子系统，从而反映了程序中的逻辑错误。

3. 在验证离散事件模拟模型时，对模拟程序运行的跟踪是最有效的工具之一

模拟跟踪是在每一离散事件发生时，将系统的状态、状态变量数值、事件表的内容及一定的统计计数器数值等都打印出来，从而可以看出模拟程序的运行是否与模型的要求相一致。跟踪不是显示某一时刻上系统的状态，而是在每一事件发生时刻，按系统的运行次序，不断地反映系统的状态。由此可以得到系统参数的动态变化过程，因而更有利于对模拟模型进行验证。

例如，在一个单服务台排队系统的模拟中，可利用模拟语言中的跟踪功能，打印出系统主要状态的跟踪表（见表 2.12）。其中，CLOCK 为模拟时钟，每当发生离散事件时，模拟时钟即被更新；EVTYP 为事件类型，在此模型中应包含模拟开始事件、到达事件、离开事件和模拟停止事件等；NCUST 表示在时刻 CLOCK 时系统中的顾客人数；STATUS 表示服务台的状态，当服务台忙时，STATUS=1，否则为 0。

表 2.12 中仅列出到 CLOCK=16 时的时间单位的跟踪数据。从中可见，当 CLOCK=3 时，NCUST=1，但 STATUS=0；CLOCK=11 时，也有 NCUST=1 而 STATUS=0。这种情况是不正常的，即系统中有一位顾客，但服务台却处于空闲状态。表明在模拟程序中必定存在逻辑错误，需要进行检查和排除，使程序符合模型的基本要求。

> **验证模拟模型的其他方法。**
>
> 在验证模拟模型时，还可以采用验证一般模型所常用的方法。例如，在简化假设下运行模型；利用图像终端显示模拟输出的动态变化，以观察其规律；由未参加编程工作的人员来审查模拟程序等。

表 2.12　系统状态跟踪表

每一事件发生时系统的状态		
CLOCK=0	EVTYP="START"	NCUST=0 STATUS=0
CLOCK=3	EVTYP="ARRIVAL"	NCUST=1 STATUS=0
CLOCK=5	EVTYP="DEPART"	NCUST=0 STATUS=0
CLOCK=11	EVTYP="ARRIVAL"	NCUST=1 STATUS=0
CLOCK=12	EVTYP="ARRIVAL"	NCUST=2 STATUS=1
CLOCK=16	EVTYP="DEPART"	NCUST=1 STATUS=1
……	……	……

在大多数模拟语言中，都具有很好的跟踪功能。例如，GPSS、Q-GERT、GASP-IV、SLAM 和 SIMSCRIPT 等模拟语言，均在语言中包含了跟踪功能，为模拟分析人员提供了模型验证的有效工具。然而，跟踪是面向每一离散事件的模拟跟随活动，每发生一个随机事件就会产生整个系统状态的大量信息。当模拟大型系统时，跟踪将打印输出数量惊人的系统信息。因此，通常只在验证特定程序段时才使用跟踪技术。

2.6.2　模拟模型的确认

模拟模型的确认用于检验所构造的模型能否真正代表一个实际系统（或所设计系统）的基本性能。模拟模型的确认过程是对模型和实际系统进行反复比较的过程，并且利用两者的比较差别来改进和修改模型，使之逐步逼近实际系统，直到模拟模型被确认为是实际系统的真正代表时为止。

模拟建模是一种艺术。对于同一个实际问题，不同的建模人员由于水平和素质的不同，所构造的模拟模型也可能各不相同，运行的模拟输出自然会有差异。关键是从不同模拟模型中确认一种最有代表性的模型，再经过模型的验证，就能在计算机上进行模拟实验，以复现实际系统的真实性能。

在对模拟模型进行确认时，应注意以下四个方面的问题。

（1）用模拟模型在计算机上进行实验是对实际系统或所设计系统进行实验的一种"替代"，因此模型确认的目的不在于模拟模型代表实际系统的精确性，而是使决策人员在利用模拟实验和实际系统实验时，能够做出完全相同的决策或选择。

（2）对于一个复杂的实际系统，其模拟模型只能近似地符合所模拟的系统。在确认模拟模型时，不要求绝对的确认，而是要求模型在一定程度上符合实际系统。当然在模拟建模中所做的工作越细致，则模型与实际系统就越接近。

（3）模拟模型往往是针对某一特定目的而建立的，即一个模拟模型对某一目标可以被确认，对另一目标则可能是无效的。

（4）模拟模型的确认并不是在模型建立以后所做的点缀，而是在整个模拟研究过程中必须自始至终协同进行，这一点往往被大多数模拟分析人员所忽视。

关于模拟模型确认阶段，Naylor 和 Finger 提出了模拟模型确认的"三步法"。现简要叙述如下。

1. 由模拟模型的专家评估确认

对模拟模型确认的第一个步骤是使模型具有较好的外观合理性,特别是模型的用户和其他了解所模拟实际系统的人员应当承认模型的直观合理性。因此,在模拟建模过程中,在概念建模和模型执行阶段,最好有用户代表参加,充分吸收他们作为模拟模型的最终使用者的意见,使模型的结构、数据和简化假设具有较好的实用性。

对模拟模型的灵敏度分析也可辅助专家进行模拟模型的确认。根据对实际系统的观察和运作经验,模拟模型的用户和建模人员通常都具有某种直观概念,即当某些输入变量增大或减小时,模拟模型输出响应应向那个方向变化。通过对模拟模型运行中的灵敏度分析,可以判断模拟模型在结构上的合理性。对于大型复杂的模拟模型,由于变量和响应信息都比较多,因此有必要对其中最关键的输入变量或灵敏度最高的输入变量进行灵敏度测试,以确定其合理性。如果至少可以获得两组系统的输入数据,则实验设计等古典的统计方法将可用于模拟模型的灵敏度分析,以达到对模拟模型确认的目的。

2. 对模拟模型假设的确认

模拟模型的假设可分为两大类,其一是结构假设,其二是数据假设。

(1) 结构假设包括对实际系统的简化和抽象,或者说是系统最低限度的运行条件。例如,银行系统中顾客的队列和服务设施构成该模型的基本结构,其中顾客可以排成单一队列或在每个出纳员前排成一个队列。对于多队列的结构,顾客可以按先到先服务的排队规则进入服务过程,同时也允许顾客选择队长较短或服务速度较快的队列。此外,银行出纳员的数目可以是固定的,也可以随顾客多少而变化,等等。这些模型结构上的假设都必须与银行经理和出纳人员进行讨论,并在实际观察的基础上加以确认。

(2) 数据假设包括对所有输入数据的数值和概率分布所做的规定,这些规定应与实际系统的运行条件基本符合。数据假设应在收集实际系统可靠的运行参数的基础上,进行必要的统计分析之后加以确定。例如,在银行顾客高峰期和正常期内的顾客到达时间间隔分布、不同类型的服务时间分布等,这些基本的输入数据直接影响模拟运行的结果,因此,必须尽可能使之符合实际需要,取得经理、决策人员等用户的确认。此外,模拟模型的数据假设还应在收集实际系统的随机样本数据的基础上,识别其概率分布类型,估计其假设理论分布的各项分布参数,并进行 χ^2 或 K-S 检验等,使模型的数据假设得到定量的确认。

3. 对模拟模型输入/输出的确认

如果抽象地观察模拟模型的性质,则可以将模拟模型看做一种输入/输出变换器,即模拟模型接收输入参数,并通过模拟模型的内部逻辑使之转换为模拟模型的输出响应(即系统的性能测度)。

对模拟模型的确认,最终体现在模拟模型能否预测系统的基本性能上。当模拟模型和实际系统都以同样的输入参数或输入策略运行时,应具有相同的输出响应。当对某些输入变量做一定范围内的变动时,模拟模型应能估计出实际系统在同一情况下的输出变化。由此可以确认模拟模型与实际系统具有相同的内部结构,或者说具有相同的输入/输出变换性能。

如果现有的实际系统与所建模的系统十分相似,则可以先构造一个与现有实际系统一致的模拟模型,并将不同策略环境和数据环境下的模拟运行结果,与相同环境下实际系统的输出数据进行比较和分析。当两者十分接近时,表明该模拟模型对于现有实际系统来说已被确认。如果必要,可对该模拟模型再做必要的修改,使之与所建模的系统在结构和数据上都有较好的一致性。这时该模拟模型已在较高的置信度上被确认为所建模的系统的代表。

如果现有的实际系统与所建模的系统并不相同,但从内部结构上看仍有大部分子系统是相同的。在这种情况下,可以先对各子系统分别建立子模型,对这些子模型逐一地进行确认,然后再将这些已被确认的子模型组合起来,使之构成需要建模的系统。这样的模拟模型,也可被确认为所建模的系统的代表。

如果人们要求建立一个与现有实际系统相同的模拟模型,可以充分利用现有系统的历史统计数据来进行模拟模型的输入/输出确认。例如,可以利用某组历史数据输入模拟模型,并观察其输出响应,然后将此输出响应与对应的实际系统的输出数据进行比较。如果两者之间并不一致,则对模型的内部结构或参数进行修改,再做模拟运行,之后与对应的历史数据进行比较,直到模型的响应与实际系统的历史数据一致时为止。这一过程称为模拟模型的校准过程(Calibration Procedure)。但是,模拟模型的校准并不能代替对模拟模型的确认,因为它可能只是某组特定输入/输出数据的代表。因此,还需要另外选择一组历史数据(或不同时期的历史数据),对已经校准过的模型进行运行和比较。如果实际系统的历史数据是可靠的,则模拟模型应能在不同历史数据条件下得到确认;否则应对模拟模型做进一步的修改,使模拟模型输入/输出与实际系统输入/输出的历史数据一致。这种以一组历史数据进行校准,而以另一组数据进行确认的方法,在经济和管理领域中得到普遍应用。

> **一种简单实用的方法。**
>
> 还有一种对模拟模型的输入/输出进行确认的简单实用方法,其基本思想是将模拟结果和实际系统的运行数据不加标志地提交给深刻了解该系统的专家进行鉴别,如果专家们能区分两者的区别,则他们的经验就是修改模型的依据。经过多次这样的评议和改进,模拟模型将接近真实系统而达到对其确认的目的。

2.6.3 模拟输出与实际系统观察结果的统计处理方法

在模拟模型的确认中,经常需要对模拟的输出数据与实际系统的观察结果进行比较,以确定模拟模型能否代表实际系统。然而,由于实际系统和模拟模型的输出过程几乎都是非平稳过程及其相关过程,因而古典的统计方法不能直接加以应用,需要对实际系统和模拟模型的输入/输出数据做必要的统计处理。下面就两类数据的统计处理来说明对模拟模型确认的方法。

1. 用拟合输入数据的理论分布进行模拟模型的确认

如果所建立的模拟模型在结构上与实际系统基本一致,这时实际系统与模拟模型的输出响应要在类似的输入条件下才能进行比较。因此,可以根据实际系统的运行情况,对输入参数进行统计,并拟合成相应的理论分布,以此作为模拟模型的输入变量,使得模拟模型与实际系统就具备了比较的基础。

可以把模拟模型看做输入/输出的变换器,当对模拟模型输入一定的变量时,经过模拟运行,即可得到相应的输出响应。而输入变量可分为可控的决策变量和不可控的随机变量。前者由建模人员根据实际系统的结构加以确定,如排队系统中的服务台数目、队列数目、排队规则等;而后者则主要取决于客观的过程,如到达间隔时间和服务时间等;它们不能由建模人员控制,而只能根据实际过程进行统计分析,做出理论上的拟合。这种输入/输出变换如图 2.26 所示。

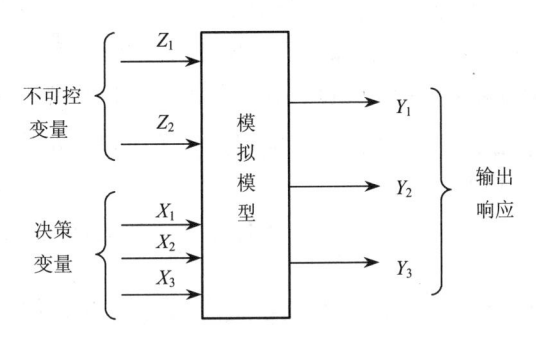

图 2.26 输入/输出变换

在确认模拟模型时,可以固定一组决策变量,而对实际系统和模拟模型分别按客观过程和拟合的理论分布,进行系统的实际运行和模拟运行,并选定某一主要的输出响应作为模型确认的准则。在此基础上,可以得到实际系统的性能 μ_0,同时对模拟模型作 R 次独立重复运行,取得相应的随机样本,如表 2.13 所示。

表 2.13 独立重复运行的输出响应

重 复 运 行	输 出 响 应	平 均 响 应
1	Y_{11} Y_{12} $\cdots$ Y_{1n}	Y_1
2	Y_{21} Y_{22} $\cdots$ Y_{2n}	Y_2
$\vdots$	$\vdots$ $\vdots$ $\vdots$	$\vdots$
R	Y_{R1} Y_{R2} $\cdots$ Y_{Rn}	Y_n
样本均值	$\bar{Y} = \dfrac{1}{R}\sum\limits_{i=1}^{R} Y_i$	

为了对模拟模型作出是否确认的结论,可对以上结果做零假设的统计检验,即

$$H_0: \bar{Y} = \mu_0 \qquad H_1: \bar{Y} \neq \mu_0$$

如果不能拒绝 H_0 假设,则不能断定模拟模型为"非确认"的。如果 H_0 被拒绝,则肯定当前模拟模型不能被确认,需要做相应的修改。

零假设的统计检验可通过 t 统计量来判定,其步骤如下:

(1) 根据模拟模型特点,选定显著性水平 α 和样本量 R。

(2) 计算模拟输出的样本均值 $\bar{Y}$ 和方差 S^2,即

$$\bar{Y} = \frac{1}{R}\sum_{i=1}^{R} Y_i$$

$$S^2 = \frac{1}{R-1}\sum_{i=1}^{R}(Y_i - \overline{Y})^2$$

（3）求统计量 t。假设 Y_i（$i=1, 2, \cdots, R$）为独立的正态分布随机样本，则统计量

$$t = \frac{\overline{Y} - \mu_0}{S/\sqrt{R}}$$

服从自由度为 R–1 的 t 分布。

（4）进行假设检验。若 $|t| > t_{\alpha/2, R-1}$，则拒绝 H_0 假设，说明该模拟模型不能代表实际系统。其中，$t_{\alpha/2, R-1}$ 是显著度水平为 α、自由度为 R–1 的 t 统计量临界值；

若 $|t| \leqslant t_{\alpha/2, R-1}$，则不能拒绝 H_0 假设，即不能判定该模拟模型为"非确认"的。

应当指出，按照表 2.13 的形式来组织模拟模型的运行和对数据的统计处理，可以保证上述确认步骤的如下基本假设成立。

（1）对模拟模型作重复运行时，每一个 Y_i 都是 n 次抽样的均值，当 n 充分大时，Y_i 可近似地认为服从正态分布。

（2）对模拟模型作 R 次重复运行时，每次运行分别调用不同的随机数流，该模拟模型的输出响应可以认为是相互独立的。

（3）鉴于以上所述，Y_i（$i=1, 2, \cdots, R$）是近似独立的同一正态分布的随机序列，因而统计量 t 服从自由度为 R–1 的 t 分布得到保证，从而使零假设的 t 检验有效。

> **假设检验的两类错误。**
>
> 任何检验方法都不能完全排除出现错误的可能性，理想的检验方法应使犯两类错误的概率很小，但在样本容量给定的情况下，不可能使两者都很小，降低一个，往往使另一个增大。
>
> 假设检验的基本思想是控制犯第一类错误的概率不超过 α，若有必要，再通过增大样本容量的方法来减少 β。

从理论上说，当 H_0 被拒绝时，表明根据现有的模拟输出结果，已足以反映出它与实际系统之间存在显著差别，当前模拟模型不能得到确认。可以认为这是一种"强"结论。但是，这并不排除可能发生 "H_0 为真时，拒绝 H_0" 的错误（即第 I 类错误），出现这类错误的概率应为 α，即

$$P\{H_0 \text{ 被拒绝} \mid H_0 \text{ 为真}\} = \alpha$$

当 H_0 不能被拒绝时，表明现有的数据还不足以拒绝 H_0，或这次检验中未发现现有数据与 μ_0 之间存在显著差异，因而是一种"弱"结论。当然也存在犯 "H_0 为伪时，不能拒绝 H_0" 错误（第 II 类错误）的可能性，出现这类错误的概率为 β，即

$$P\{\text{不能拒绝} H_0 \mid H_1 \text{ 为真}\} = \beta$$

当 H_0 为伪而拒绝 H_0 的概率应为 $1-\beta$。在分析的过程中，这种正确判断的概率越高越好，即 β 应尽可能地小。β 取决于 $|\overline{Y} - \mu_0|$ 和样本量 R 的大小。定义 $|\overline{Y} - \mu_0|$ 与 Y_i 的标准偏差之比为 δ，即

$$\delta = \frac{\left|\overline{Y} - \mu_0\right|}{S}$$

当 $\left|\overline{Y} - \mu_0\right|$ 较大时，或 δ 较大时，出现第 II 类错误的概率降低。当样本量 R 增大时，也使发生第 II 类错误的概率下降。于是可以得到 β 值与 δ 和样本量 R 之间的函数关系，如图 2.27 所示，它称为运行特性曲线（OC 曲线）。

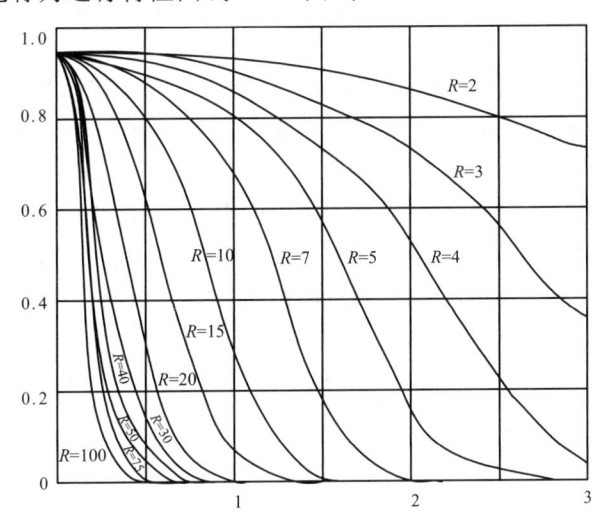

图 2.27　样本量不同时 t 检验运行特性曲线

由于第 II 类错误是接受一个不该确认的模型，而这种错误是比较严重的错误，因此要正确设计模拟实验，以控制"接受不该确认的模型"的风险度，即尽量减小 β 值。在 α 值一定时，若确定了 δ 值，则减小 β 值的唯一途径是增大样本量 R。例如，某排队系统，根据模拟模型和实际系统的运行结果，$\left|\overline{Y} - \mu_0\right|=1$，且 $S=1.66$，则 $\delta=0.6$，这时模拟模型的重复运行次数为 $R=10$ 次，由 OC 曲线可得 $\beta=0.75$，拒绝不应确认的模拟模型的概率为 $1-\beta=0.25$。若将样本量增大至 $R=30$，则 $\beta=0.1$，相应的 $1-\beta=0.9$，使拒绝不应确认的模拟模型的概率显著提高。

当然，拒绝不应确认的模型并不是目的。如果现有模型不能被确认，则应找出它与实际系统之间的差别，进行必要的修改，再做检验，直至模拟模型被接受为止。

2．利用历史数据进行模拟模型的确认

上面所述方法是建模人员利用人为产生的输入数据，尽量使模拟模型中所产生的事件模式与实际系统产生的事件模式相一致，并通过假设检验对输出响应结果进行统计比较，以判断模拟模型与实际系统的一致性。

另一种方法是利用实际系统的历史统计数据作为模拟模型的输入参数，来驱动模拟模型，然后再用模拟输出结果与实际系统的对应输出响应进行统计比较，以达到确认模型的目的。

实际执行时，先将实际系统的输入数据，如到达间隔时间 $\{A_n, n=1, 2, \cdots\}$ 或服务时间 $\{S_n, n=1, 2, \cdots\}$ 等，存入模型相应的数组（或文件）中，在对模型进行模拟运行时，再从数组中调入模型,作为输入数据,从而可以复现实际系统的输入过程和主要的离散事件。例如,第 n 个顾客在 $t_n = \sum_{i=1}^{n} A_i$ 时到达,则立即产生下一顾客的到达时间为 $t_n + A_{n+1}$。若对第 n 个顾客在 t_n' 时开始服务,则服务结束时间为 $t_n' + S_n$,等等。在这样的条件下运行模拟模型,其输出响应主要取决于模拟模型的结构,将实际系统输出响应的历史数据与模拟模型的输出响应进行比较,并利用相应的统计方法可以对模拟模型做出能否确认的判断。

假设对于实际系统共收集 k 组输入数据,并利用它们对模拟模型进行同步运行。令 $Z_{i1}, Z_{i2}, \cdots, Z_{ik}$ 为实际系统对应于 k 组输入数据的第 i 种性能参数的系统响应,$Y_{i1}, Y_{i2}, \cdots, Y_{ik}$ 为相应的模拟模型输出响应,则 $d_j = Z_{ij} - Y_{ij}$ $(j = 1, 2, \cdots, k)$ 为系统响应与模拟模型输出响应之间的差别,一般来说,这种差别越小越好。系统输出与模拟模型输出的比较如表 2.14 所示。

表 2.14 系统输出与模拟模型输出的比较

插入数据集	系统输出 Z_{ij}	模型输出 Y_{ij}	差别 d_j	$(d_j - \overline{d})^2$
1	Z_{i1}	Y_{i1}	$d_1 = Z_{i1} - Y_{i1}$	$(d_1 - \overline{d})^2$
2	Z_{i2}	Y_{i2}	$d_2 = Z_{i2} - Y_{i2}$	$(d_2 - \overline{d})^2$
⋮	⋮	⋮	⋮	⋮
K	Z_{ik}	Y_{ik}	$d_k = Z_{ik} - Y_{ik}$	$(d_k - \overline{d})^2$
			$\overline{d} = \frac{1}{k}\sum_{j=1}^{k} d_j$	$S_d^2 = \frac{1}{k-1}(d_j - \overline{d})^2$

当实际系统与模拟模型的输入数据是相互同步一致时,则可以假设 k 组差别 d_j ($j=1, 2, \cdots, k$) 是同分布的。如果 k 组输入数据在时间上是分隔开的,并没有交叉现象,则可以认为 d_j ($j=1, 2, \cdots, k$) 是相互独立的。又由于 Z_{ij} 和 Y_{ij} 都是一组输入数据输出响应的样本均值,它们近似地服从正态分布,从而可以认为 d_j ($j=1, 2, \cdots, k$) 是独立、同一正态分布的随机样本,其均值为 μ_d。于是,同样可以采用零假设的 t 检验来判定模型是否应予确认。

令

$$H_0: \mu_d = 0 \qquad H_1: \mu_d \neq 0$$

取 t 统计量为

$$t_0 = \frac{\overline{d_0} - \mu_d}{S_d / \sqrt{k}}$$

若 $|t_0| > t_{\alpha/2, k-1}$,则拒绝 H_0,该模拟模型不被确认。若 $|t_0| \leqslant t_{\alpha/2, k-1}$,则不能拒绝 H_0,不能判定模拟模型为"非确认"的;但在 t 检验的 k 组数据基础上,该模拟模型可以被确认。

例 2.8 某糖果生产线由糖果生产机、制盒机、糖果包装机及相应的传送带等构成,如图 2.28 所示。三种机器的生产率互相匹配并为常数,但每种机器都有随机故障,这将使传送带满溢,也可能使之变空。若糖果生产机故障,糖果传送带变空,则糖果包装机的运行中断,直到糖果生产机恢复为止。若盒子传送带变空,则由操作人员将预先储备的盒子逐个供给糖果包装机,以维持生产继续进行。若糖果包装机发生故障,则传送带满溢,要停止糖果和盒子的生产。建立模拟模型的目的是研究操作人员人工干预生产的频率,使得保持一定人工干预时产量达到最大。

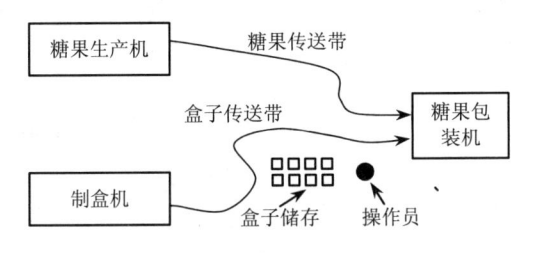

图 2.28 糖果生产线构成

工程师们从现有生产线上,在一个工作班时间内收集到各台机器的故障间隔时间 T_{ij} 和故障停工时间 D_{ij}($i=1, 2, \cdots$; $j=1, 2, \cdots$),利用这些数据来同步地驱动模拟模型。如果模拟模型的输出响应(糖果生产水平)与实际系统的输出响应非常接近,则工程管理部门便有信心确认该模拟模型。

设总共对实际生产线收集了五组输入和输出数据,并利用五组输入数据进行模拟模型的同步运行,其结果如表 2.15 所示。

表 2.15 糖果生产线输出响应比较

输入数据组	系统响应 Z_{ij}	模型响应 Y_{ij}	差别 d_j	$(d_j - \bar{d})^2$ (×10^7)
1	897 208	883 150	14 058	7.594
2	629 126	630 550	−1 424	4.580
3	735 229	741 420	−6 191	1.330
4	797 263	788 230	9 033	1.362
5	825 430	814 190	11 240	3.477
			$\bar{d}$ = 5 343.2	S_d^2 = 7.580

按上述数据进行零假设检验,令

$$H_0 : \mu_d = 0$$

取 t 统计量为

$$\alpha = 0.05 \quad t_0 = \frac{\overline{d_0}}{S_d/\sqrt{k}} = \frac{5\,343.2}{8\,705.85/\sqrt{5}} = 1.37$$

由

$$t_{\alpha/2, k-1} = t_{0.025, 4} = 2.78$$

则有

$$|t_0| \leqslant t_{0.025, 4} = 2.78$$

因此不能拒绝 H_0,故该模拟模型可被确认。

若 $|t_0| > 2.78$,则应找出产生差别的原因,修改原模拟模型,再进行模拟模型的运行。

知识归纳

实现随机模拟模型时，需要通过计算机算法模拟随机现象。真正的随机数可以由物理方法产生，但是这种方法的成本高，且产生的随机数序列不能重现，因此用于系统模拟的随机数往往是与真随机数性质相近的伪随机数。

伪随机数是由数学方法产生的，同余法是最常见有效的方法之一。随机数产生后，要对其进行随机性检验，以了解其是否满足随机性的统计性质。通过对 IID $U(0,1)$ 进行函数变换，可构造随机变量，随机变量在模拟过程中产生符合规律的随机抽样来模拟随机现象。

对概率分布的研究往往来源于对某些实际现象的研究。当历史数据缺乏时，概率分布的应用范围对于获得随机现象的分布类型和分布参数具有重要参考价值。

数据的采集和预处理对模拟模型运行的重要性毋庸置疑。对数据采集和预处理工作有一般的步骤和要求，但是在具体的操作中，并不一定要拘泥于这些步骤和要求，可根据工作中的实际情况灵活安排。在对数据进行统计分析之前，还要对采集的样本数据进行评估，以检验其是否满足独立同分布的性质。而对样本数据的独立同分布性进行评估主要包含三个方面，即独立性评估、同质性评估和稳态性评估。

对实验方案的设计是模拟方法特有的步骤。在进行系统模拟时，一组输入决策变量对应于一定的模拟输出响应，模拟实验的设计就是确定不同决策变量的组合对响应变量的影响，找出最优的变量组合，给出系统的最优响应。

如果模拟模型中包含了随机因素，有限几次的模拟输出结果并不能提供足够可靠的信息，必须采用相应的统计方法来分析模拟结果的可靠性。根据对随机过程动态行为处理要求的不同，可以把模拟模型分为终态模型和稳态模型。可以通过基于置信区间的方法对两类模型系统方案的性能指标进行比较，对于多种模拟模型方案的模拟结果的比较问题，可采用 Bonferroni 不等式可以保证置信水平不小于 $1-\alpha$，由此产生了两种比较方法：与标准方案进行比较和完全两两比较。方差缩减技术是一种重要的精度控制方法，它已在系统模拟中得到了广泛的应用。

模拟模型的验证是确认计算机内所构建的程序或模型是否符合模拟模型设计的要求，模拟模型的确认则是确认所建立的模拟模型能否正确模拟实际系统。模拟模型的验证相对简单，而模拟模型的确认往往是研究的难点，Naylor 和 Finger 提出的对模拟模型确认的"三步法"，是重要的模拟模型的确认方法框架，但具体的确认方式还需要结合具体问题来进行。

练习题

1. 阐述管理系统模拟中处理随机问题的基本思路，说明管理系统模拟与统计学中对随机问题研究的侧重点有何不同。

2. 分别利用 Input Analyzer 和 Excel 随机抽样服从于 EXPO(10)分布的 1 000 个样本

值，通过 Input Analyzer 分析它们的随机分布类型。

3. 简述管理系统模拟中八种重要分布类型的常见应用范围。

4. 某离散型经验分布随机变量 X 取值为 1, 2, 3 和 4 的概率分布为 0.20, 0.25, 0.35 和 0.20。试确定当抽样随机数 u 分别为 0.91, 0.60, 0.18 和 0.41 时的 X 之值。

5. 模拟实验方案设计中要涉及哪些变量？这些变量的含义是什么？

6. 对管理系统模拟模型的验证和确认的目的分别是什么？

7. 简述对模拟模型确认的"三步法"的内容。

第 3 章
离散系统模拟原理与 Arena 入门

问题导航

- 离散系统模拟方法是如何抽象描述离散系统的？
- 为什么对模拟时钟的控制是掌握离散系统模拟方法原理的关键所在？
- 离散系统模拟方法是如何通过逐步推理得到系统状态动态变化情况的？
- 在应用离散系统模拟方法解决问题的过程中，模拟软件能辅助完成哪些方面的工作？

3.1 引言

根据系统状态变量是否随时间连续变化，管理系统模拟可以分为离散系统模拟和连续系统模拟两种。在本书第2章介绍了管理系统模拟基础知识的基础上，本章从离散系统模拟入手，开始讲解管理系统模拟的主体内容。

离散系统模拟是指系统状态仅在某些确定的时间点（由系统结构决定）才发生变化的模拟，其模拟时间呈现离散性变化，系统状态在时间点之间不变化。离散系统模拟的应用领域主要是排队系统，比如服务系统问题、流程问题、调度问题等流程的分析与优化。在管理中的具体应用领域非常多，如生产作业计划，设备的平面布置和作业安排；航空运输控制排队服务，公共汽车作业安排，铁路运输调度和出租汽车调度等；银行出纳作业安排，文书档案处理系统设计等。由于离散系统模拟应用领域广泛，大量的管理系统可以通过离散系统模拟进行研究，因此出现了众多成熟的商业化模拟软件，如 Arena 和 Promodel 等。

离散系统模拟相对于连续系统模拟更显直观，易于理解，若结合专业模拟软件学习，掌握起来也较容易，故适于作为管理系统模拟初学阶段的讨论对象。

本章将首先介绍离散系统模拟的概念，包括实体和属性、队列、事件、活动和进程、模拟时钟以及统计计数器；进而围绕离散系统模拟的基本原理，着重阐述离散系统模拟中系统状态是如何随着时间的推进逐步变化的；具体介绍系统模拟的分类及时间控制方法，并通过手工模拟实例，进一步说明离散系统模拟中的时间控制方法；最后，结合模拟软件 Arena，以抵押申请处理模型为实例，详细说明如何利用 Arena10.0 来实现建模、模拟、可视化、模拟结果分析及参数寻优，以展示离散系统模拟方法是如何用来分析和解决实际管理问题的。

3.2 离散系统模拟中的基本概念

离散系统模拟的对象是离散系统，其重要特点之一在于引入了实体、属性以及事件、活动和进程等概念，来描述离散系统的排队流程和运行过程。可以将离散系统模拟方法的求解过程看做是将研究对象抽象为与这些概念相对应的数据结构，以供计算机模拟算法调用，从而得到模拟结果。

> **身边的离散系统模拟问题。**
>
> 早上起床后，小明感觉不适，但是上午有门重要考试。于是，小明先去食堂买早餐，然后匆匆赶到教室参加考试；考完试后，小明来到公交车站，坐公交车去医院；到了医院后，小明先是挂号，然后去看医生，最后拿了药。
>
> 请问上述过程中，小明遇到了哪些排队系统？你生活中又有哪些问题是排队系统，它们是否需要优化？

1. 实体和属性

广义的实体可分为临时实体和永久实体两大类。在系统中只存在一段时间的实体称为临时实体。这类实体由系统外部到达系统，通过系统，最终离开系统。例如，排队服务系统中的顾客显然是临时实体，它按一定规律到达，接受服务员服务（可能要排队等待一段时间）后即离开系统。永久驻留在系统中的实体称为永久实体（一般指资源），如排队服务系统中的服务员。只要系统处于活动状态，这些实体就存在，或者说，永久实体是系统处于活动的必要条件。狭义的实体概念是广义实体概念中的临时实体。

属性是指系统中的实体（资源）的特性。在某种意义上来说，管理系统模拟的任务就在于分析和研究系统实体、资源及其属性的变化规律，评价系统的工作性能，从而辅助管理决策和系统设计。因而，正确划定模拟的实体、资源及其属性，是系统建模的重要组成部分。Arena 中每个实体都有自己的属性，用以记录实体的特性。属性包括系统默认的属性和用户根据需要定义的属性。表 3.1 列举了一个生产计划系统的实体及属性。

表 3.1 生产计划系统的实体和属性

实 体	属 性
产品	类型，需求量，生产量，库存量，交货期单价，工时定额
元件	类型，需求量，生产量，库存量，单价，工时定额
原材料	类型，需求量，库存量，订货点，订货批量，消耗定额
机器	类型，拥有量，作业时间，调整时间，役龄
工人	工种，组别级别，数量，作业时间，工资，工龄

2. 队列

在模拟过程中，队列（queue）为实体提供等待的空间。队列中的实体按照一定规则（如先进先出等）进出队列。队列有单独队列和内置队列两种类型。单独队列有自己的名称、排队规则和容量等属性以及统计功能和动画功能，而内置队列仅提供先进先出的排队空间，不提供排队规则、动画和统计等功能。

3. 模拟时钟

模拟时钟用于表示模拟时间的变化。模拟模型必须按一定规律来控制模拟时钟的推进。离散系统的状态只在离散时间点上发生变化，如果事件的发生时间具有随机性，那么模拟时钟的推进步长也是随机的。由于两个相邻发生的事件之间，系统状态不会发生任何变化，因而模拟时钟可以跨过这些"不活动"时期，从一个事件发生时刻推进到下一个事件发生时刻，模拟时钟的推进呈现跳跃性。

4. 统计计数器

在模拟模型中，统计计数器用于统计系统中有关变量的变化情况。离散事件系统的状态随着事件的不断发生而呈现动态变化。由于这种变化往往是随机的，某一次模拟实验运行得到的状态变化过程只不过是随机过程的一次取样，如果再进行一次独立的模拟实验运行所得到的状态变化过程可能完全是另一种情况，因此这些系统状态变化只有在统计意义下才有参考价值。例如，排队服务系统中，顾客到达的时间间隔和顾客服务时间都具有随机性,在某一时刻,顾客排队的队列长度或者服务台的忙闲状况是不确定的。但是在分析该系统时,关注的不是某一时刻系统的状态,而是模拟实验结束时,系统中的顾客平均排队的队列长度、平均等待时间以及服务员的利用率等。

5. 事件、活动和进程

事件就是引起系统状态发生变化的行为。从某种意义上说,可以将离散系统看做是由事件来驱动的。例如,在排队服务系统中,可以定义"顾客到达"为一类事件,因为在无人排队的情况下,由于顾客到达,系统的状态——服务员的"状态"可能从闲变到忙,或者另一系统状态——排队的顾客人数发生变化,队列人数加 1。一个顾客接受服务完毕后离开系统也可以定义为一类事件,因为服务台的"状态"从忙变到闲,或者排队的顾客人数减1。

在一个系统中,往往有许多类事件,而事件的发生一般与某一类实体相联系,某一类事件的发生还可能会引起别的事件发生,或者是另一类事件发生的条件等。为了实现对系统中的事件进行管理,必须在模拟模型中建立事件列表,记录每一个已经发生了的或将要发生的事件类型和发生时间,以及与该事件相关联的实体有关属性,等等。

活动通常用于表示两个可以区分的事件之间的过程,它标志着系统状态的转移。在排队服务系统中,顾客到达事件与该顾客开始接受服务事件之间可称为一个活动,该活动使系统的状态(排队队列长度)发生变化,从顾客开始接受服务到离去也可视为一个活动,它使排队队列长减1或使服务台从忙变到闲。

进程由若干个有序事件及若干有序活动组成,一个进程描述了它所包括的事件及活动间的相互逻辑关系及时序关系。例如,一个顾客到达服务系统,经过排队,接受服务,直到服务完毕后离去可称为一个进程。

事件、活动、进程三者之间的关系如图 3.1 所示。

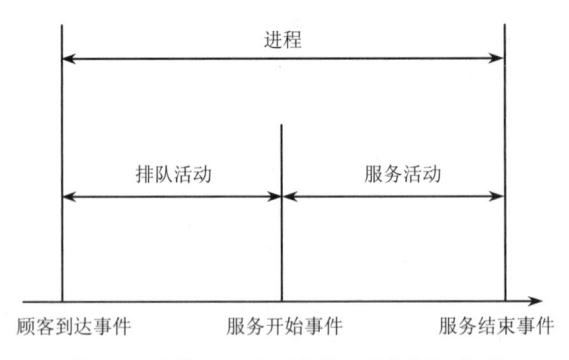

图 3.1 事件、活动、进程三者之间的关系

3.3 离散系统模拟分类与时间控制方法

模拟过程如何按照模拟时间推演是理解不同模拟方法的关键,对模拟时钟的处理是模拟算法的核心。理解时间控制方法也是理解模拟工具如何工作的基础。在离散系统模拟中,对模拟时钟的不同处理方式代表了模拟过程的工作机理不同。

3.3.1 离散系统模拟的分类

离散系统模拟按照工作机理的不同，或者按照分别侧重于处理事件、活动和进程的不同，可以分为三类：以事件为基础的（event orientation）离散系统模拟，以活动扫描为基础的（activity scanning orientation）离散系统模拟和以进程为基础的（process orientation 离散系统模拟，它们对模拟时钟的处理方式各不相同。

> 若时间是按照固定步长而增长的，则称此模拟是面向时间的；若时间是依据事件发生而变化的，则称此模拟是面向事件的。离散系统模拟尽管可以是面向时间的（称为离散时间模拟），但在多数情况下，离散系统模拟是面向事件的，所以离散系统模拟往往被称为离散事件模拟。

下面以一个单人服务排队系统为实例来分别加以说明。

1. 以事件为基础的离散系统模拟

在以事件为基础的离散系统模拟中，系统的建模是通过定义系统状态事件时间的变化来实现的。建模的任务在于确定导致系统状态改变的事件以及与各类事件相对应的逻辑关系。模拟过程按照多个相关联的逻辑变换关系组成的时间序列执行。这是目前在离散型模拟中应用得最为广泛的一种模型。

在排队系统中，客户到达事件和客户离去事件是基本的事件。以事件为基础的离散事件模拟模型如图 3.2 所示。

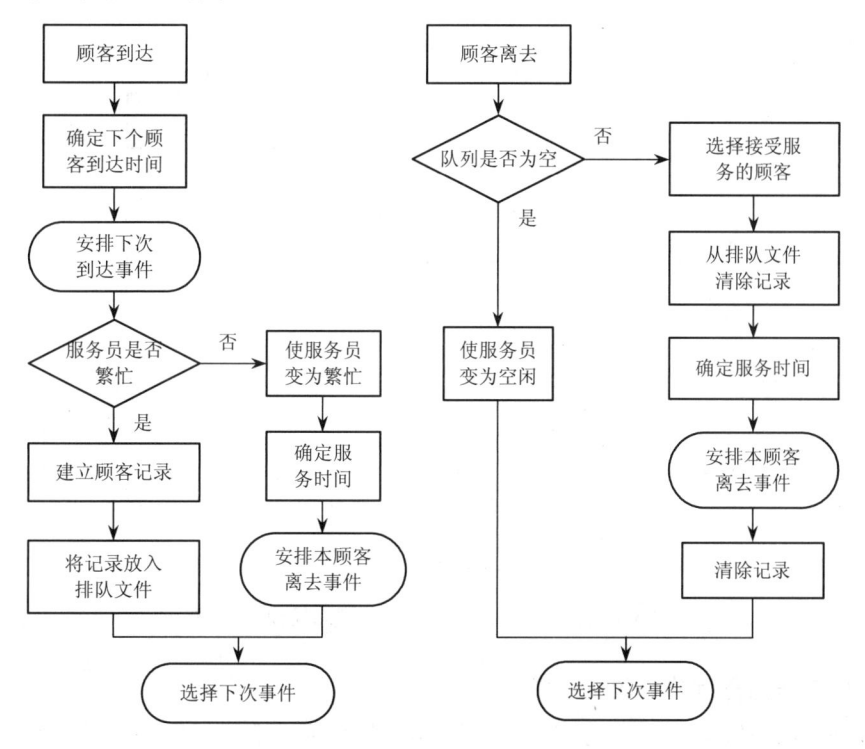

图 3.2 以事件为基础的离散事件模拟模型

2. 以活动扫描为基础的离散系统模拟

在以活动扫描为基础的离散系统模拟中，模拟模型用于描述系统的实体所进行的活动，以及预先定义导致活动开始或结束的条件。活动开始或终止的事件并非由模拟模型事先安排，而是由活动发生的条件决定规定的条件进行初始化。随着模拟时钟按一定的步长推进，模拟系统对每项活动的开始或终止的条件进行扫描。如果预先定义的条件得到满足，那么相应的活动就得以进行。在以活动扫描为基础的离散系统模拟中，为了保证顾及每项活动，必须在每个时间点对整个活动集合进行扫描，而不是像以事件为基础的离散系统模拟一样自动跨过那些"不活动"时期。所以，要得到比较精确的结果，以活动扫描为基础的离散系统模拟往往要花费比以事件为基础的离散系统模拟更多的计算代价。

这种模拟尤其适宜于活动延续时间不定且由满足一定条件的系统状态来决定的情况。由于这种模拟相对于以事件为基础的离散系统模拟效率低下，因而目前应用不够广泛。

在排队系统中，服务员为客户提供服务是基本的活动。以活动扫描为基础的离散系统模拟模型如图3.3所示。

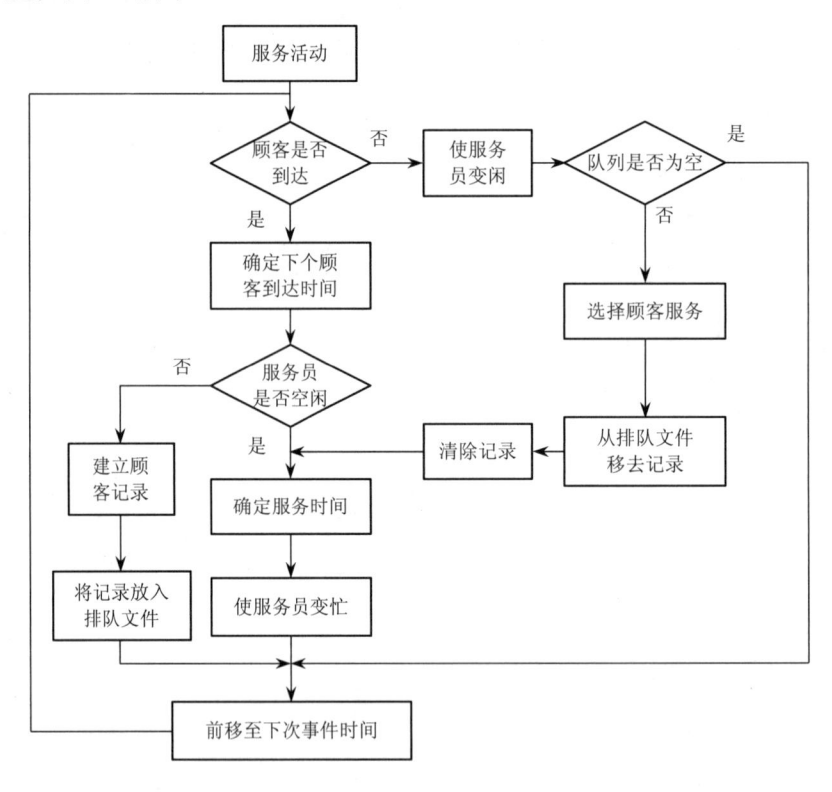

图3.3 以活动扫描为基础的离散系统模拟模型

3. 以进程为基础的离散系统模拟

在以进程为基础的离散系统模拟中，模拟时钟按照"服务时间的步长"进行推进。在每个"服务时间的步长"内部，流动实体进入、处理开始、处理结束和退出进程等事件被忽略。

例如，为了模拟排队服务系统，可以运用下面的语句：

（1）每隔 T 分钟产生一个到达的实体；

（2）实体排队等候服务；

（3）将模拟时钟以服务时间的步长（固定的或者随机的）向前推移一步；

（4）当服务结束时释放服务员资源；

（5）将实体从系统中清除。

3.3.2 离散系统模拟中的时间控制方法

> **你知道吗？**
> 以事件为基础的离散系统模拟和以过程为基础的离散系统模拟一般用最短时间事件步长法，以活动扫描为基础的离散系统模拟中则采用固定时间步长法。

1．固定时间步长法

固定时间步长法的模拟控制过程如图 3.4 所示。

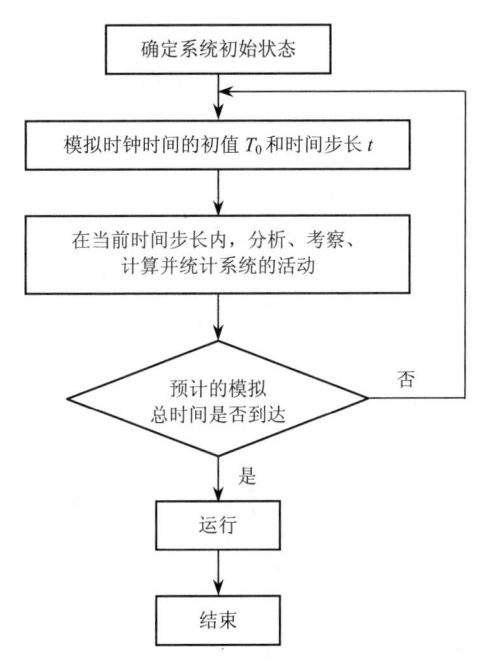

图 3.4 固定时间步长法的控制过程

应用固定时间步长法应注意以下要点：

（1）首先应进行被模拟系统的系统分析，明确模拟目的，确定系统状态变量和决策变量，包括随机变量，建立模拟数学模型，搜集有关参数和常数等数据，以及确定随机变量生成算法。

（2）建立模拟时钟，即确定一个称做"时钟"的变量 T，其初值 T_0 一般定为 $T_0=0$，以便对模拟过程进行计时。

（3）设定模拟总时间长度，它与时间步长 t 值的确定有关。

（4）确定固定的时间步长 t 值。时间步长 t 值越小，则越能较真实地观察、记录到系统的变化过程，但模拟工作量较大，占用机时较多；时间步长 t 值越大，则越可能遗漏一些系统的演变环节，造成模拟过程和结果的失真。

（5）确定模拟开始的系统初始状态及其有关参数值。

（6）建立随机数生成算法的子程序，确定其种子数。

（7）设计输出模拟结果的要求和方式。

（8）编写模拟程序并调试。

2．最短时间事件步长法

由于在离散系统模拟中，系统状态仅在事件时间点上发生变化，即系统状态在两次事件之间不发生变化，因而模拟时钟可以跳过这些系统状态不发生变化的时间区间。确定模拟过程中事件的顺序，即确定模拟时间如何由一个事件的时间点推进到紧接着的事件的时间点，这主要采用最短时间事件步长法。

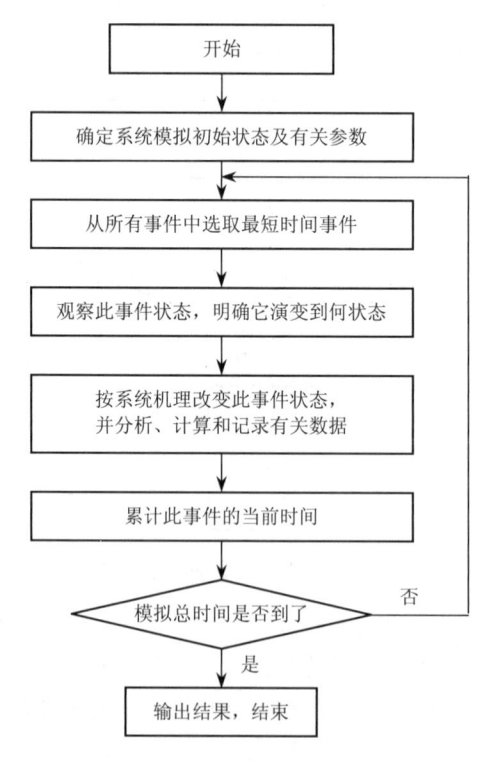

最短时间事件步长法，是对系统中的所有事件，挑选一个距离模拟开始时间最短的，称做最短时间事件，加以观察、分析、计算和记录等处理，并作为一个步长，如此一步一步地进行模拟，直到预定的总模拟时间到了为止。

最短时间事件步长法的模拟控制过程如图 3.5 所示。

图 3.5 最短时间事件步长法的控制过程

现将最短时间事件步长法的要点分述如下：

（1）明确系统中有哪些事件及其演变机理，即系统中实体的活动如何改变系统的状态。

（2）确定模拟开始运行时各事件的初始状态及其当前时间（离模拟开始所经历的时间）。

（3）明确事件状态变化中随机变量的概率分布及其参数（一般从过去数据中统计得出）。

（4）确定随机数算法及种子数。

（5）设计确定总模拟时间长度。

（6）设计模拟结果输出要求和方式。

（7）编写模拟程序并调试。

如果模拟过程中出现多个事件同时发生的情况，那么需要预先设定这些重叠事件的处理顺序规则。

> 最短时间事件步长法与固定时间步长法的主要区别是：
>
> （1）固定时间步长法的模拟时钟以等步长前进，而最短时间事件步长法的模拟时钟步长取决于事件之间的间隔。
>
> （2）固定时间步长法在一个步长内，默认系统所处的状态相同，因而步长的大小影响模拟精度；最短时间事件步长法中步长不影响模拟精度。
>
> （3）固定时间步长法每个步长都要对整个系统进行一次全面分析，最短时间事件步长法只是在某一事件点上判断和比较事件是否出现。因此，一般地讲，当判断比较次数较多时，固定时间步长法可以节省用机时间；而当相继两个事件出现的平均间隔较长时，更适合采用最短时间事件步长法。

3.3.3 离散型系统的手工模拟

下面通过一个手工模拟实例来进一步理解离散系统模拟中的时间控制方法。

模拟对象：某储蓄所拥有一名出纳员，客户来到储蓄所，当出纳员繁忙时就排队等候，当出纳员空闲时开始接受服务，服务完成后离开系统。

已知条件：为简化问题起见，假定客户的到达时间和每个客户的服务时间皆为已知，如表 3.2 所示。

求解目标：确定在模拟开始后的 40 min 内，出纳员的空闲时间所占的比例以及客户在系统内的平均停留时间。

表 3.2　客户的到达时间和服务时间

客户编号	到达时间（min）	服务时间（min）
1	3.2	3.8
2	10.9	3.5
3	13.2	4.2

续表

客户编号	到达时间（min）	服务时间（min）
4	14.8	3.1
5	17.7	2.4
6	19.8	4.3
7	21.5	2.7
8	26.3	2.1
9	32.1	2.5
10	36.6	3.4

对于这个系统，出纳员的状态有繁忙和空闲两种，事件类型包括模拟开始，客户到达，客户离开，模拟结束。根据表 3.2 给出的客户到达时间和服务时间，从系统模拟时间 $T=0$（单位为 min，以下为叙述方便，都省略时间单位）开始，跟踪每一个事件的发生，观察事件时间、事件类型，以及系统中的排队人数和总人数、出纳员的状态，分别计算每个顾客的开始服务时间、离开系统时间、排队时间和在系统中的停留时间及出纳员的空闲时间，一直到时间 $T=40$，模拟过程停止为止。

（1）$T=0$：模拟开始。此时，事件时间为 0.0，事件类型为开始，排队人数和总人数都为 0，出纳员状态为空闲，系统中没有客户。下一"客户到达"事件的时间为 3.2，模拟时钟从此刻（$T=0$）跃进到下一事件"客户到达"的发生时刻 $T=3.2$。

（2）$T=3.2$：第一位客户到达。第一位客户开始接受服务，出纳员的状态变为繁忙。此时，事件时间为 3.2，事件类型为到达，排队人数为 0（因为这是第一个客户，所以不需要排队），系统中的总人数为 1，出纳员的状态为繁忙。第一位客户的开始接受服务时间为 3.2，服务时间为 3.8，离开时间为 3.2+3.8=7.0，排队时间为 0.0，在系统中的停留时间为 7.0–3.2=3.8。出纳员空闲时间 3.2。下一次到达事件的时间为 10.9，而下一次离开事件的时间则为 3.2+3.8=7.0，因而下一个事件将是"客户离开"，计时钟跃进到下一事件的发生时刻 $T=7.0$。

（3）$T=7.0$：第一位客户完成服务离开系统。排队长度为 0，服务员状态由繁忙变为空闲。此时，事件时间为 7.0，事件类型为离开，排队人数和系统中的总人数都为 0，出纳员状态为空闲，系统中没有客户。由于系统中这时无任何客户，所以下一次离开的时刻为∞，而下一次到达的时刻是 $T=10.9$，所以下一个事件将是"客户到达"，计时钟跃进到 $T=10.9$。

（4）$T=10.9$：第二位客户到达。出纳员空闲，所以该客户可直接进入服务。此时，事件时间为 10.9，事件类型为到达，排队人数为 0，系统中的总人数为 1，出纳员的状态为繁忙。第二位客户的开始服务时间为 10.9，服务时间为 3.5，离开时间为 10.9+3.5=14.4，排队时间为 0.0，在系统中的停留时间为 14.4–10.9=3.5。出纳员空闲时间 10.9–7.0=3.9。下一次到达的时间为 13.2，而下一次离开的时间为 10.9+3.5=14.4，所以下一个事件是"客户到达"，计时钟跃进到下一个事件发生的时刻 $T=13.2$。

（5）$T=13.2$：第三位客户到达。由于资源正被占用，所以进入排队等候，排队人数增加 1 人。此时，事件时间为 13.2，事件类型为到达，排队人数为 1 人，系统中的总人数为 2 人，出纳员的状态为繁忙。第三位客户的开始服务时间为 14.4（因为要等第二位客户离开后，其才能开始服务），服务时间为 4.2，离开时间为 14.4+4.2=18.6，排队时间为 14.4−13.2=1.2，在系统中的停留时间为 4.2+1.2=5.4。下一次到达的时间是 14.8，而下一次离开的时间是 14.4，所以下一个事件是"客户离开"，计时钟跃进到下一事件的发生时刻 T=14.4。

按照上面的推理方式，一直推理到模拟结束时间（T=40.0），模拟结束。此时，事件时间为 40.0，事件类型为结束，排队人数 0，系统中的总人数都为 0，出纳员状态为空闲。表 3.3 是本系统模拟的事件描述，其中的事件按事件时间由小到大的顺序排列。

表 3.3　本系统模拟的事件描述

事件时间（min）	客户编号	事件类型	排队人数	系统人数	出纳状态	出纳空闲	事件发生间隔时间（min）
0.0	−	开始	0	0	空闲	−	3.2
3.2	1	到达	0	1	繁忙	3.2	3.8
7.0	1	离开	0	0	空闲		3.9
10.9	2	到达	0	1	繁忙	3.9	2.3
13.2	3	到达	1	2	繁忙		1.2
14.4	2	离开	0	1	繁忙		0.4
14.8	4	到达	1	2	繁忙		2.9
17.7	5	到达	2	3	繁忙		0.9
18.6	3	离开	1	2	繁忙		1.2
19.8	6	到达	2	3	繁忙		1.7
21.5	7	到达	3	4	繁忙		0.2
21.7	4	离开	2	3	繁忙		2.4
24.1	5	离开	1	2	繁忙		2.2
26.3	8	到达	2	3	繁忙		2.1
28.4	6	离开	1	2	繁忙		2.7
31.1	7	离开	0	1	繁忙		1
32.1	9	到达	1	2	繁忙		1.1
33.2	8	离开	0	1	繁忙		2.5
35.7	9	离开	0	0	空闲		0.9
36.6	10	到达	0	1	繁忙	0.9	3.4
40.0	10	离开	0	0	空闲		0
40.0	−	结束	0	0	空闲		0

从表 3.3 可以计算出，在模拟开始后的 40 min 内，出纳员的空闲时间比例为（3.2+3.9+0.9）/40=20%。系统中的平均客户人数 $\bar{q}$（平均每分钟内系统内客户人数）为 1.452 5 人。$\bar{q}$ 的计算公式为

$$\bar{q} = \frac{\sum_{i=1}^{M} q_i \times g_i}{T}$$

式中，q_i 表示发生第 i 事件时系统中的顾客人数，g_i 表示第 i 事件和第 $i–1$ 事件发生间隔时间，T 表示模拟总时间，M 表示在 T 内发生的事件数。

表 3.4 所示为基于手工模拟过程统计得到的客户排队、服务等时间（单位为 min）消耗的情况。

表 3.4 本储蓄所的手工模拟情况　　　　　　　　　　　　　时间单位：min

客户编号(1)	到达时间(2)	服务时间(3)	开始服务时间(4)	离开时间 =(3)+(4)	排队时间 =(3)–(2)	系统内停留时间 =(3)+(4)–(2)
1	3.2	3.8	3.2	7.0	0.0	3.8
2	10.9	3.5	10.9	14.4	0.0	3.5
3	13.2	4.2	14.4	18.6	1.2	5.4
4	14.8	3.1	18.6	21.7	3.8	6.9
5	17.7	2.4	21.7	24.1	4.0	6.4
6	19.8	4.3	24.1	28.4	4.3	8.6
7	21.5	2.7	28.4	31.1	6.9	9.6
8	26.3	2.1	31.1	33.2	4.8	6.9
9	32.1	2.5	33.2	35.7	1.1	3.6
10	36.6	3.4	36.6	40.0	0.0	3.4

从表 3.4 中可以计算得到：客户的平均排队时间为(1.2+3.9+4.0+4.3+6.9+4.8+1.1)/10=2.61min，平均停留时间为(3.8+3.5+5.4+6.9+6.4+8.6+9.6+6.9+3.6+3.4)/10=5.81min。

3.4　Arena 模拟工具

　　模拟工具是为编译和运行某种模拟语言所编写的模拟模型的图形用户界面或集成开发环境。Arena 是典型的离散系统模拟工具，适用于多层次、不同复杂程度的系统模拟，而且有强大的制作 2D/3D 动画的能力，在制造业、物流及供应链、服务、医疗、军事等诸多领域得到了广泛应用。Arena 层次化、模板化的开发思想，与各种外部信息资源的整合能力，体现了模拟软件的发展趋势。

3.4.1　Arena 简介

1. Arena 的发展

　　1982 年和 1984 年，柔性建模语言 SIMAN 和基于 SIMAN 的动画模拟环境 CINEMA 相继问世。SIMAN 和 CINEMA 都是由美国 System Modeling 公司开发并推向市场的产品，在随后的十余年里，SIMAN、CINEMA 不断更新，成为当时世界上最有影响力的模拟软件之一，为 Arena 的产生奠定了技术基础。

　　基于 SIMAN/CINEMA 发展起来的 Arena 是美国 System Modeling 公司于 1993 年开始研制开发的新一代可视化通用交互集成模拟环境，其核心技术来源于 SIMAN 和 CINEMA，但又在此基础上有了深刻的变化，很好地解决了计算机模拟与可视化技术的有机集成，兼备高级模拟器易用性和专用模拟语言柔性的优点，并且还可以与当时流行的通用过程语言，如 Visual Basic 和 C/C++等编写的程序连接运行。

正是 Arena 的这些优良特性使其可以实现多种类型的模拟模型，包括离散系统模拟、连续系统模拟（系统动力学模拟）、离散-连续混合模拟，也包括蒙特卡罗模拟。

2．Arena 的层次结构

专用模拟语言（如 GPSS、SIMSCRIPT 和 SLAM 等）具有建模灵活的优点，但是需要花费不少时间学习编程，并且由于特定语法规则的限制，编程较复杂且容易出错。通用过程语言（如 Visual Basic、FORTRAN 和 C/C++等）更是如此。

另一方面，一些模拟器（Simulator），很好地解决了专用模拟语言和通用过程语言使用复杂的特点，它们采用直观的图形用户界面、菜单和对话框等典型操作，简单易用。进行模拟时，只需选择可以获得的模拟建模构造（如模拟模块等），将它们连接起来，然后运行所建模型，就可进行模拟，且系统中的可视化图形动画会随模型的运行而变换。但与此同时，模拟器又往往为了达到易用的目标而损失建模的灵活性，走向了另一个极端。

可视化集成模拟环境 Arena，则将通用过程语言、专用模拟语言和模拟器的优点有机地整合集成起来，采用面向对象技术、层次化的系统结构，兼备易用性和建模灵活性两方面的优点。Arena 的层次结构如图 3.6 所示。

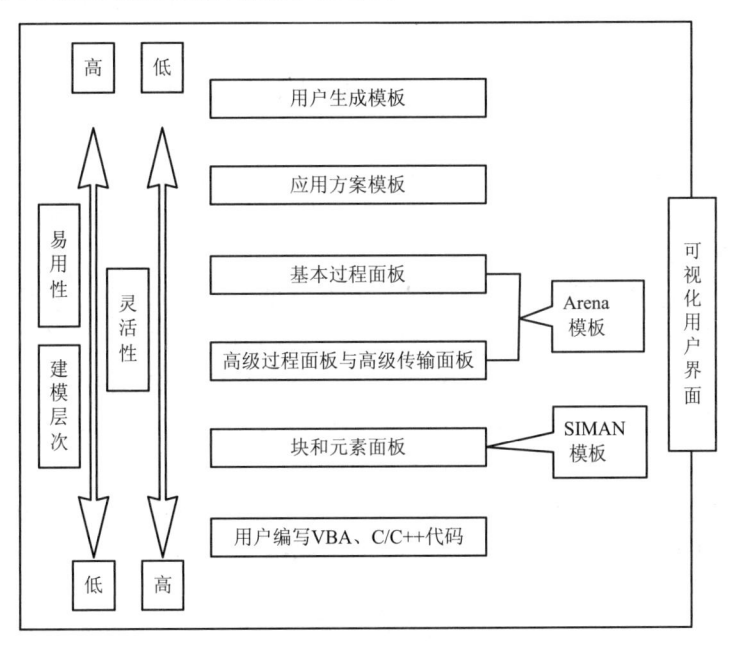

图 3.6 Arena 的层次结构

在 Arena 的底层，过程语言（包括 VB 和 C/C++）用来建立特殊要求的模型，即满足复杂的决策规则或外部数据的选取等这些特别的需求。

块和元素面板是由 SIMAN 模块组成的，即 SIMAN 模板，因而它具有 SIMAN 的一切优点，其中包括 SIMAN 中的连续系统模拟模块。

高级过程面板与高级传输面板是由 SIMAN 模块封装后组成的模板，可以进行更灵活性的建模。基本过程面板是模拟建模过程中最常用的一些通用模块，与高级过程面板和高级传输面板一起组成了 Arena 模板。SIMAN 模板、Arena 模板及用户采用过程语言编写的程序，一起构成了 Arena 的标准版本。本章后面内容在介绍基本过程面板的基础上讲解 Arena 的基本操作，第 4 章将结合具体模拟实例讲解 Arena 的基本过程面板、高级过程面板和高级传输面板。

应用方案模板（Application Solution Templates, ASTs）是 System Modeling 公司建造的一些常用系统模板，如先进制造模板、流程再造模板、程控中心模板和其他工业模板等。用户生成模板是商业性质的组织用来生成各种商业用途的模板，目前已经生成的模板有矿业模板、自动制造业模板、快餐店模板和森林资源管理模板等。ASTs 和用户生成模板一起构成了商业方案。Arena 的标准版本与 ASTs 和用户生成模板一起则组成了 Arena 的专业版本。

一方面，这些模板都由动画模拟建模模块和分析模块组成，从面向对象的角度来看，模块都是独立的组件，通过对这些组件的组合，可以建立管理领域中各种类型的模拟模型。另一方面，Arena 的建模能力也不局限于模块的应用，通过完整的层次结构体系，Arena 的建模能力具有很大的柔性。

在建模过程中，可以从上述模板和面板中获取需要的模块或编写需要的代码，并且所有这些部分，不管在该体系中位置多高或多低，都采用 Arena 提供的统一的可视化用户界面。这样，就既保证了使用的方便性，又保证了建模的灵活性。

此外，在同一工作环境里，Arena 还提供了与模型集成的模块动画和图表数据设计分析等可视化技术支持功能。

作为新一代可视化交互集成模拟环境，Arena 具有强大的功能。下面从输入分析器、可视化柔性建模、输出分析器、Arena 的定制与集成等方面来讨论 Arena 的功能特点。

1）输入分析器（Input Analyzer）

输入数据质量的好坏决定了系统模拟的质量高低。如果输入的数据质量不高甚至是错误的，那么再好的建模模拟也不过是把错误"精确地"处理了一下，此即所谓的"垃圾进，垃圾出（Garbage in, Garbage out）"。传统的系统模拟中的输入数据用手工处理，费事费力且效果不好。在 Arena 环境下，提供的输入分析器作为 Arena 的一个标准组成成分来辅助用户进行数据处理。

输入分析器是一个功能强大且通用的工具，能够分析用户所提供的数据，以拟合出各种概率分布函数，或者说生成各种概率分布函数，其中包含了该分布函数的特征参数。用户可以将生成的分布函数用于模拟模型的建模。

输入分析器的输出则是各种类型分布函数及其参数估计，Arena 提供了多种常用的分布函数，包括贝塔分布、常数分布、指数分布、经验连续分布、经验离散分布、k 阶爱尔朗分布、伽玛分布、约翰逊分布、正态分布、泊松分布、三角形分布、均匀分布和韦伯分布等（依版本而定）。

2）可视化柔性建模

Arena 通过层次化的体系结构，保证了建模的易用性和柔性两方面优点。在 Arena 环境下，采用的是面向对象的层次建模方法。

对象是构成模型的最基本的元素，对象与对象之间相互作用构成了模型。由于对象具有封装和继承的特点,使得对象构成的模型也具有对象的特点,即模型本身也是模块化的。这样,模型又可以与其他模块或对象构成新的更大更复杂的模型,从而形成层次建模,保证了模型层次分明且易于管理。

根据不同的类,Arena 将模块化的模型组成不同类的模板,不同模板公用一个统一的图形用户界面,且不同模板之间转换简便,使来自不同模板的模块可以共同来完成一个模型的建模工作。

与传统建模环境 SIMAN 和可视化环境 CINENA 分为独立的两个系统不同的是,在 Arena 可视化交互集成环境下,建模与可视化技术是集成在一起的。这样,在建模的同时可实现模型的可视化表达,提高了可视化建模的效率。

3)输出分析器(Output Analyzer)

由于模拟的输出数据是随机变量,因此要经过统计分析才能为用户的决策工作服务。输出分析器作为 Arena 集成模拟环境的有机组成部分,提供了一个易用的用户界面以帮助用户简化数据分析,使用户查看和分析输出数据更加快捷和简便。

输出数据文件记录单个统计观测值和该观测值发生的时间,它通过一次或多次模拟运行后,由位于 SIMAN 模板和 Arena 模板的模块产生,也可由输出分析器直接产生。

输出数据分析器可对数据进行多样化的显示处理,包括条形图(Bar chart)、柱状图(Histogram)、移动平均(Moving Average)、曲线图(Plot)和表(Table)等;还可对数据进行功能强大的数理统计分析,包括分批/截断观察(Batch/Truncate Observations)、相关图(Correlogram)分析、古典置信区间(Classical Confidence Interval)分析、标准化时间序列置信区间(Standardized Time Series Confidence Intervals)分析、标准差置信区间(Confidence Interval on Standard Deviation)分析、均值比较(Compare Means)分析、方差比较(Compare Variances)分析、单因素固定效应模型方差分析(one-way analysis of variance fixed-effects model)等。

4)Arena 的定制与集成

Arena 2.0 以上的版本能完全与 Microsoft Windows 和 Microsoft Windows NT 等兼容。Arena 通过 Activex 自动化(OLE 自动化)和应用程序集成技术(Visual Basic for Application,VBA)增强了 Arena 与其他应用程序的集成性。

OLE 自动化允许应用程序之间通过一个编程界面相互控制。许多应用程序(如 Microsoft Office、AutoCAD 和 Visio 等)都可以自动化(被其他应用程序控制),可以使用像 C++、Visual Basic 或 Java 这样的编程语言来生成控制这些应用程序的程序。VBA 是一个包含在桌面应用程序中支持 ActiveX 自动化的 Visual Basic 编程环境。使用 VBA,用户不用购买附加的编程产品就可以开发出集成的自动化程序。安装 Arena 后,通过 "Tools" 菜单的 "Show Visual Basic Editor" 项或单击相应的工具按钮就可以进入一个完整的 Visual Basic 编程环境。

Arena 中的对象链接与嵌入。

Arena 还可以通过对象链接与嵌入(OLE),来使用其他应用程序的文件和函数。例如,在 Arena 的模型中放入 Word 文件,建立到 Microsoft PowerPoint 的链接,添加语音文件,增加欢迎窗体等。

3. Arena 建模环境

运行 Arena 即出现如图 3.7 所示的 Arena 建模环境。

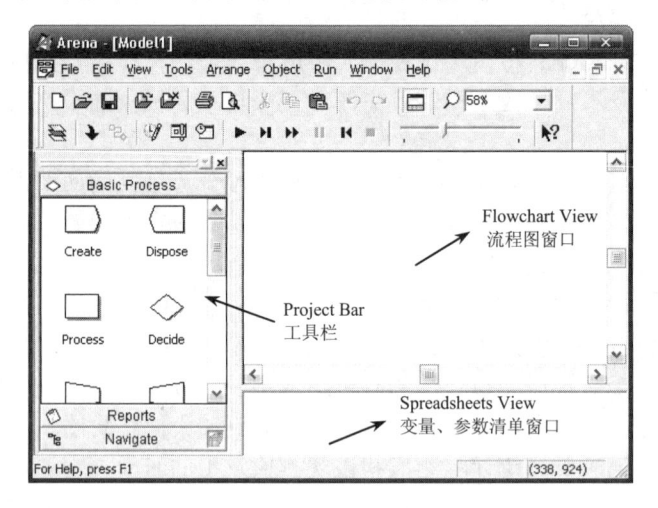

图 3.7 Arena 建模环境

Arena 的建模环境包括基本处理模块区域、报告区和导航区三个区域。

（1）基本处理模块区域（Basic Process）包含建模图标，也叫做模块，用来定义 Arena 模拟模型；

（2）报告区（Reports）包含很多报告，这些报告用来显示模拟运行的结果；

（3）导航区（Navigate）用来显示模型的不同部分。

在上述建模环境中，还有流程图窗口和变量、参数清单窗口两个主要的窗口。前者主要处理模拟模型，包括流程图、动画设置和其他的绘图要素；后者则用来处理模型数据，如时间、成本和其他参数。

> **示例模型是重要的学习资源。**
> Arena 共附带有 200 多个分类的 Smarts 示例模型，供学习和掌握 Arena 的基本技巧和基本模块的使用方法。在 Arena 中，依次单击"Help"→"Arena Help"→"Arena SMART Files"菜单即可。

3.4.2 Arena 基本过程面板

Arena 基本过程面板包括流程图模块和数据模块两部分。流程图模块有可视化图标，拖动流程图模块的可视化图标到流程图窗口内，即可生成流程图模块实例；而数据模块没有实例，也不能在流程图窗口形成可视化的图标。

1. 流程图模块

流程图（Flowchart）模块包括生成（Create）模块、处理（Process）模块、判断（Decide）模块、赋值（Assign）模块、组合（Batch）模块、分解（Separate）模块、记录模块（Record）和清除（Dispose）模块。双击流程图模块实例，可以打开流程图模块实例的设置对话框。

1）生成模块

生成模块是一个模拟模型的开始点，用于产生到达的实体，其典型的应用包括如下几个方面：

（1）用于服务系统（如零售店、餐厅和信息服务）中模拟顾客的到达规律。
（2）模拟文档按照一定规律进入业务流程（如预订或检查等流程）；
（3）发出一个用于启动生产线的信号。

> **生成模块的一个特殊性。**
> 建立 Arena 模拟模型需围绕实体的流动过程展开。生成模块是实体流动的起点，生成模块自己没有流入点，这一点不同于多数模块。

生成模块的实例图标如图 3.8 所示。
生成模块的属性设置对话框如图 3.9 所示。

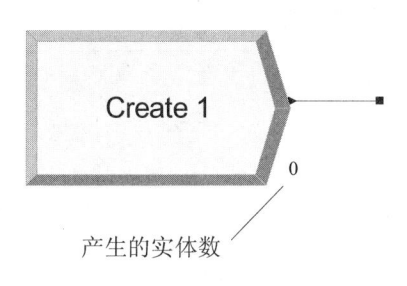

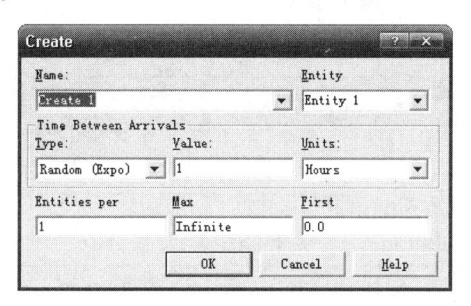

图 3.8　生成模块的实例图标　　　　图 3.9　生成模块的属性设置对话框

生成模块的提示词与描述如表 3.5 所示。

表 3.5　生成模块的提示词与描述

提示词		描　述
Name	名称	显示在模块图形上的唯一模块标志
Entity (Type)	实体类型	定义产生的实体类型名称
Type	到达时间间隔类型	指定产生实体的时间间隔类型，包括① "Random(Expo)"（指数分布型），需用户指定指数分布的均值；② "Schedule"（时间表），需用户指定实体到达的时间表；③ "Constant"（常数型），需用户指定常数值；④ "Expression"（表达式），在下拉列表中包括有各种分布类型
Value	数值	当产生实体的时间间隔类型为 "Random（Expo)"（指数分布型）时，定义指数分布的均值；当为类型 "Constant"（常数型）时，定义该常数值。且仅当时间间隔类型为 "Random（Expo)" 或 "Constant" 时适用
Schedule Name	时间表名称	当产生实体的时间间隔类型为 "Schedule"（时间表）时，指定所需使用的时间表。且仅当时间间隔类型为 "Schedule" 时适用。注意 "Schedule" 中指定的是到达的速率，而不是时间间隔
Expression	表达式	当产生实体的时间间隔类型为 "Expression"（表达式）时，指定到达时间间隔的随机分布类型及参数，且仅当时间间隔类型为 "Expression" 时适用
Units	单位	指定时间单元。当时间间隔类型为 "Schedule"（时间表）时不适用

续表

提 示 词	描 述
Entities per (Arrival)[①]	每次到达的实体数量	定义生成模块每次产生的实体批量大小
Max (Arrivals)	最大到达批数	定义生成模块产生实体的最大批数,当产生的批数达到最大批数时,生成模块将停止产生新实体
First (Creation)	首次生成时间	定义生成模块产生实体的开始时间。当时间间隔类型为"Schedule"(时间表)时不适用

2)处理模块

处理模块用于处理到达的实体,其典型应用包括如下几个方面:

(1)模拟零件的加工过程;

(2)模拟检查申请表的完整性的过程;

(3)模拟零件装配过程;

(4)模拟顾客接受服务过程。

> **子模型的"妙处"。**
>
> 处理模块中"submodel"(子模型)的引入正好符合"由简入繁"的建模思想。如果要进一步细化某个处理过程,那么可在原来模型基础上,将"standard"修改为"submodel",在子模型写入细节。除此之外,"submodel"还支持嵌套。

处理模块的实例图标如图 3.10 所示。

处理模块的属性设置对话框如图 3.11 所示。

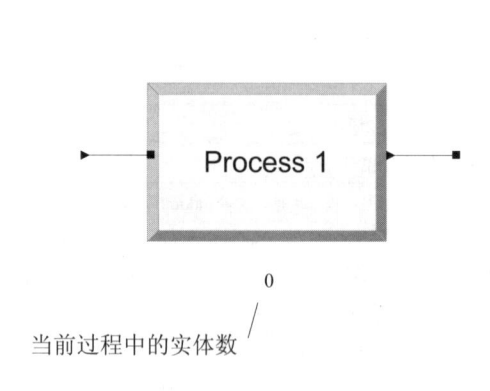

图 3.10　处理模块的实例图标 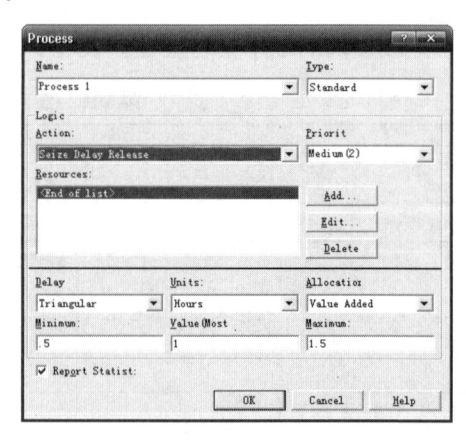　　　图 3.11　处理模块的属性设置对话框

> **打开表达式生成器。**
>
> 要自定义延迟表达式,在 Delay 下拉框中选择"Expression"项,在出现的"Expression"下拉框中单击鼠标右键,在弹出菜单中选择"Build Expression..."项,然后进入"Expression Bulider"对话框。

[①] 界面上的提示词是缩写形式,括号中的内容为界面中省略掉的内容。

处理模块的提示词与描述如表 3.6 所示。

表 3.6 处理模块的提示词与描述

提示词		描述
Name	名称	显示在模块图形上的唯一模块标志
Type	类型	指定处理模块的类型，包括"submodel"（子模型）和"standard"（标准型）两种
Action	处理过程类型	指定在处理模块中可能发生的处理过程类型。"delay"（延迟）表示处理过程没有资源参与，仅仅是延迟一段时间。"seize delay"（占用延迟）表示在处理过程要使用资源，且资源将在以后被其他模块（如"advance process"面板中的"release"模块）释放。"seize delay release"（占用延迟释放）表示处理过程中有资源参与，处理过程完成后释放资源。"delay release"（延迟释放）表示资源（通过其他模块，如"advance process"面板中的"Seize"模块）已事先分配给处理过程，处理过程结束后释放资源。且仅当处理模块类型为"standard"（标准型）时适用
Priorit(y)	优先度	指定处理模块中实体等待资源的优先值，当其他模块中的一个或多个实体在等待同样的资源时使用。当处理过程类型为"delay"（延迟）或"delay release"（延迟释放），或处理模块类型为"submodel"（子模型）时不适用
Resources	资源	指定处理过程所用的资源或资源组。当处理过程类型为"delay"（延迟）或处理模块类型为"submodel"（子模型）时不适用，为其他类型时必须指定处理过程所用的资源或资源组名称和数量。在选取资源组时，还要设置在资源组中选择资源的规则，对选择规则的定义又包括多种方式
Delay (Type)	延迟类型	指定延迟的分布类型及参数。当分布类型为"Constant"（常数）时只有一个参数；而为"Normal"（正态分布）、"Uniform"均匀分布和"Triangular"三角形分布时，则有几个参数；当为"Expression"（表达式）时需要定义表达式，该表达式的值相当于一个参数
Units	单位	指定延迟的时间单元
Allocation	分配	定义处理时间和处理成本分配给实体的方式。Arean 中为了方便考察系统效益，将模拟过程的时间分为"Value Added"（增值的）、"Novalue-Added"（非增值的）、"Transfer"（运输的）、"Wait"（等待的）和"Other"（其他）五种方式。处理成本是处理时间与单位时间成本乘积的累加，因此处理成本也对应有五种。当然，除了使用这种内置的时间和成本类型，也可以通过设置变量来自定义时间和成本类型
Minimum	最小值	定义均匀分布或三角形分布的最小值参数域
Value	数值	定义正态分布的期望参数域，或常数的延迟值，或三角形分布的模值参数域
Maximum	最大值	定义均匀分布或三角形分布的最大值参数域
Std Dev	标准差	定义正态分布的标准差参数域
Expression	表达式	定义表达式的参数域，其中表达式的值表示处理时间
Report Statistics	统计数据报告	指定是否自动收集统计数据

3）判断模块

判断模块用以表述系统中的决策过程，可用于到达实体的分类，也可用于实体流动的分流，其典型应用包括如下几个方面：

（1）按一定比例，挑选次品进入返工工序；

（2）按一定条件，挑选优先级高的顾客到指定的处理过程；

（3）按一定比例，将到达的工件分为多种类型。

判断模块的实例图标如图 3.12 所示。

判断模块的属性设置对话框如图 3.13 所示。

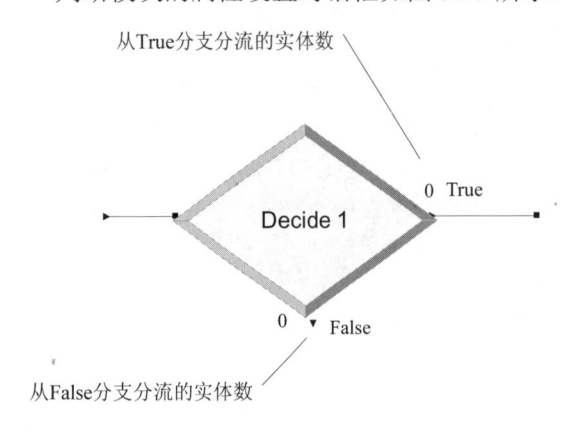

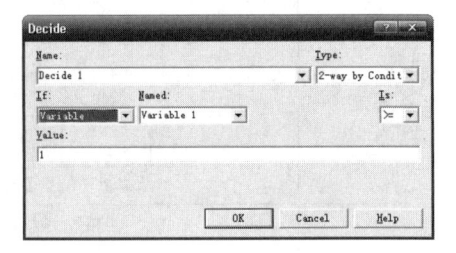

图 3.12　判断模块的实例图标　　　　图 3.13　判断模块的属性设置对话框

> **命名规则。**
> 模块、属性和变量名称不要少于三个字符，因为有些短名称是系统的保留字，具有特殊含义。命名的名称中允许存在空格，但是空格数量不能超过一个，复杂的模型中最好不要使用空格（建议用下划线），因为肉眼难以区分是使用了一个还是两个空格，出错后难以检查。

判断模块的提示词与描述如表 3.7 所示。

表 3.7　判断模块的提示词与描述

提示词		描述
Name	名称	显示在模块图形上的唯一模块标志
Type	判断类型	指定判断类型，包括"2-way by Chance"、"2-way by Condition"、"N-way by Chance"和"N-way by Condition"共四种。"by Chance"表示判断是基于概率的；"by Condition"表示判断是基于条件的。"2-way"指通过一个条件或者直接按概率分配产生两种可能性。"N-way"则表示通过多个条件或者直接按概率分配产生多种可能性
Conditions	条件	定义实体流向不同模块的条件，且仅当判断类型为"N-way by Condition"时适用
Percentages	百分比	定义实体流向不同模块的概率，且仅当判断类型为"N-way by Chance"时适用
Percent (True)	真实百分比	定义从"True"分支流出的实体的百分比，且仅当判断类型为"2-way by Chance"时适用
If	If	指定判断条件类型，且仅当判断类型为"2-way by Condition"时适用
Named	指定变量名称	指定变量、属性的名称和实体类型。当判断条件类型为"Expression"（表达式）时不适用
Is	Is	表示条件判断器，仅当判断条件类型为"Attribute"（属性）和"Variable"（变量）时适用
Value	数值	定义判断条件的具体表达式，如果判断条件类型为"Expression"（表达式），必须包含判断器（如 Color<>Red）；当判断条件类型为"Entity Type"时不适用

4）赋值模块

赋值模块用于对变量、实体特性、实体类型、实体图片或其他系统变量赋值，且一个模块可以完成多个赋值。

赋值模块的典型应用包括如下几个方面：

（1）计算组成某个部件的零件数；

（2）改变实体类型以表示多页形式的顾客备份；

（3）建立顾客的优先度。

> **执行过程的先后。**
> 赋值模块中如果有多个赋值过程，那么执行顺序是先上后下。某些情况下，计算顺序对计算结果有重大影响。

赋值模块的实例图标如图 3.14 所示。

赋值模块的属性设置对话框如图 3.15 所示。

图 3.14　赋值模块的实例图标　　　图 3.15　赋值模块的属性设置对话框

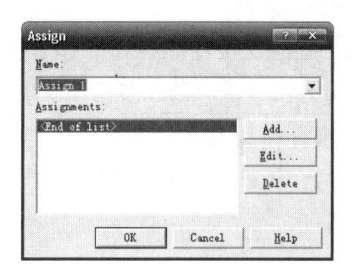

赋值模块的提示词与描述如表 3.8 所示。

表 3.8　赋值模块的提示词与描述

提示词		描　　述
Name	名称	显示在模块图形上的唯一模块标志
Assignments	赋值	指定当一个实体进入赋值模块时可能的一个或多个赋值任务
Type	类型	指定赋值任务的类型，其中"Other"类型可以包括系统变量，如资源容量或模拟结束时间
Variable (Name)	变量名称	当一个实体进入赋值模块时被赋予的变量名称，且仅当赋值任务类型为"Variable"、"Variable Array (1D)"或者"Variable Array (2D)".时适用
Attribute (Name)	属性名称	当一个实体进入赋值模块时被赋予的属性名称，且仅当赋值任务类型为"Attribute"（属性）时适用
Entity (Type)	实体类型	当一个实体进入赋值模块时被赋予的新实体类型，且仅当赋值任务类型为"Entity Type"（实体类型）时适用
Entity (Picture)	实体图形	当一个实体进入赋值模块时被赋予的新实体图形，且仅当赋值任务类型为"Entity Picture"（实体图形）时适用
Other	其他	当一个实体进入赋值模块时被赋予的内置系统变量，且仅当赋值任务类型为"Other"（其他）时适用
New Value	新值	指定属性、变量或系统变量的值。当赋值任务类型为"Entity Type"或"Entity Picture"时不适用

> **属性与变量的区别。**
>
> 属性和变量能增强模型的灵活性，但两者又有重要不同：属性是某个对象的属性，比如实体，就好像是对象的标签；而变量一般是模拟模型的全局变量。

5）组合模块

组合模块用于模拟模型中的组合功能，组合方式分为永久性组合和临时组合，其典型应用包括如下几个方面：

（1）将零件按一定的批量进行组合；
（2）按照到达零件的不同类型，分别按一定批量进行组合；
（3）按照到达零件的不同属性值，分别按一定批量进行组合。

> **组合模块的特殊性。**
>
> 临时方式组合的实体必须在退出系统前被分解模块分解开来，逐个退出系统，否则系统报错。
>
> 组合形成的实体也被记录在退出实体的数量中，所以往往出现退出系统的实体数量大于进入系统的实体数量的情况。

组合模块的实例图标如图 3.16 所示。

组合模块的属性设置对话框如图 3.17 所示。

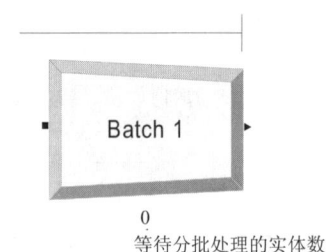

图 3.16　组合模块的实例图标 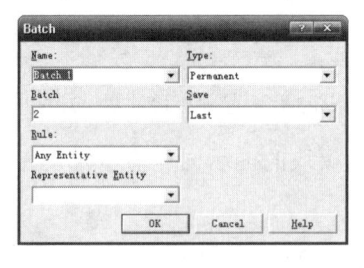　　　　图 3.17　组合模块的属性设置对话框

组合模块的提示词与描述如表 3.9 所示。

表 3.9　组合模块的提示词与描述

提示词		描述
Name	名称	显示在模块图形上的唯一模块标志
Type	类型	指定组合方式是临时方式还是永久方式
Batch (Size)	批量大小	指定每次组合的批量大小
Save (Criterion)	保存标准	指定组合实体代表中用户自定义的属性值的分配方式
Rule	规则	指定输入实体组合规则。选项"Any Entity"（任何实体）表示直接按照"批量大小"对进入的实体进行组合；选项"By Attribute"（按属性）表示按照"批量大小"组合具有相同属性名称的实体
Attribute Name	属性名称	指定属性名称，该属性的值必须与其他输入实体的属性值相匹配，以便能进行组合，且仅当组合规则为"By Attribute"（按属性）时适用
Representative Entity Type	组合实体类型	用于表示组合得到的组合实体代表（组合实体）的实体类型

6）分解模块

分解模块用于将一个输入实体复制到多个实体中，或将已有的一组实体分解。其典型应用包括如下几个方面：

（1）从临时组合实体中分离出独立的实体，如将一个临时组合形成的一袋零件分解为多个独立的零件；

（2）实现并行加工，如当一项订货到达后，通过复制多个实体来启动多个处理过程。

> **分解模块的特殊性。**
> 如果临时组合实体在分解模块中被分解，由此该临时组合实体便退出了模拟系统；如果临时组合实体进入分解模块不是被分解，而是被复制，那么复制出来的实体是永久实体。
> 如果存在分解模块的模型，可能出现退出系统的实体数量多于进入系统的实体数量的情况。

分解模块的实例图标如图 3.18 所示。

分解模块的属性设置对话框如图 3.19 所示。

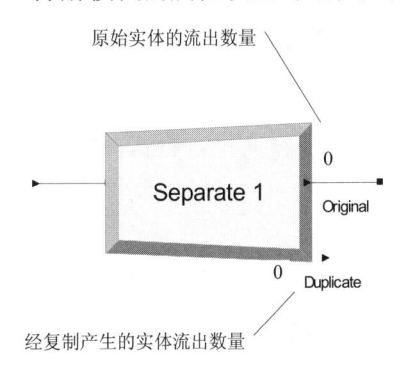

图 3.18　分解模块的实例图标 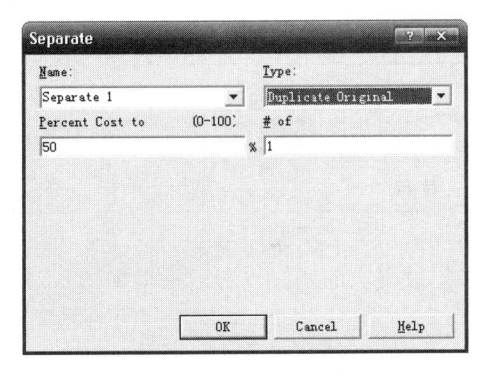　　　　图 3.19　分解模块的属性设置对话框

分解模块的提示词与描述如表 3.10 所示。

表 3.10　分解模块的提示词与描述

提示词		描述
Name	名称	显示在模块图形上的唯一模块标志
Type	类型	指定分解实体的方式，包括"Duplicate Original"（复制原始实体）和"Split Existing Batch"（分解现有组合实体）两种类型。复制原始实体方式是指复制原始实体为多个同样的实体；分解现有组合实体为原始实体时，要求进入分解模块的实体为临时组合实体
Percent Cost to（Duplicates）	复制成本百分率	分配进入实体的成本和时间给离开实体。分配值是按照原始实体的成本和时间的百分率（0%～100%）指定的。所指定的百分率将在复制实体之间均匀地分配，而原始实体将保留剩下的百分率。且仅当分解类型为"Duplicate Original"时适用
# of（Duplicates）	复制实体数量	指定离开分解模块的复制实体数量，仅当分解类型为"Duplicate Original"时适用

提示词		描述
Member (Attributes)	成员属性	定义如何将组合实体的属性赋值给原始实体，赋值方式包括"Retain Original Entity Values"（保留原始实体属性值）、"Take All Representative Values"（赋值组合实体代表所有属性值）和"Take Specific Representative Values"（赋值组合实体具体属性值）三种。当选择"Take Specific Representative Values"方式时，可供选择的属性包括"Entity.Type"、"Entity.Picture"、"Entity.Station"、"Entity.Sequence"、"Entity.HoldCostRate"、"Entity.Jobstep"及用户自定义的属性。成员属性仅当分解类型为"Spite Exiting Batch"（分解现有组合实体）时适用
Attribute（Name）	属性名称	赋值给原始实体的组合实体属性名称，仅当"Member Attributes"（成员属性）为"Take Specific Representative Values"（赋值组合实体具体属性值）时适用

7）记录模块

记录模块用于收集模拟模型中各种观察数据，如实体相关的统计量（如时间、成本等）、全局观察量和间隔统计量（如从某一时刻到当前模拟时间）。其典型应用包括如下几个方面：

（1）统计模拟过程中，通过某些特殊位置的实体数量，如返工的零件数量；
（2）统计模拟过程中，某些特殊位置实体到达的时间间隔，如急诊病人到达的时间间隔；
（3）统计模拟过程中，某些实体的属性，比如 VIP 顾客结账所花的时间等。

> **记录模块的特殊性。**
>
> 记录模块有入口和出口，它与全局统计不同的是，它只统计经过记录模块的实体相关特性。

记录模块的实例图标如图 3.20 所示。

记录模块的属性设置对话框如图 3.21 所示。

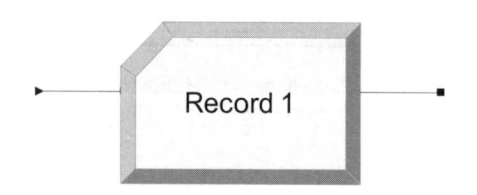

图 3.20　记录模块的实例图标

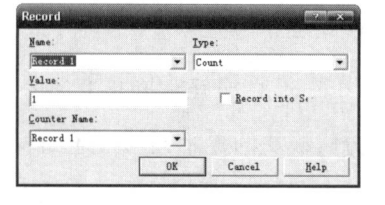

图 3.21　记录模块的属性设置对话框

记录模块的提示词与描述如表 3.11 所示。

表 3.11　记录模块的提示词与描述

提示词		描述
Name	名称	显示在模块图形上的唯一模块标志
Type	类型	指定观察或计数的类型，包括"Count"（统计）、"Entity Statistics"（实体统计值）、"Time Interval"（时间间隔）、"Time Between"（时间区间）和"Expression"（表达式）五种。"Count"将指定的统计器累加一定数量；"Entity Statistics"将产生通用实体统计值，如时间和成本信息；"Time Interval"将计算或记录某属性值与当前模拟时间之间的差别；"Time Between"将跟踪并记录紧邻的前后实体进入模块的时间差；"Expression"将记录指定的表达式值

提 示 词		描 述
Attribute Name	属性名称	当记录类型为"Time Interval"（时间间隔）时，指定统计的属性名称
Value	数值	当记录类型为"Expression"（表达式）时，指定记录到观察统计值中的值，或当记录类型为"Count"（统计）时，指定累加到统计器中的值
Tally (Name)	观测变量名称	定义观测变量的名称，且仅当记录类型为"Time Interval"（时间间隔）、"Time Between"（时间区间）或"Expression"（表达式）时适用
Counter Name	统计器名称	定义统计器的名称，且仅当记录类型为"Count"（统计）时适用
Record into Set	集合记录	指定是否使用一个观测变量或统计器集合
Tally Set Name	观测变量集合名称	定义统计集合的名称，该集合用于记录观察类型统计值，且仅当记录类型为"Time Interval"（时间间隔）、"Time Between"（时间区间）或"Expression"（表达式）时适用
Counter Set Name	统计器集合名称	定义统计器集合的名称，该集合用于记录计数类型统计值，且仅当类型为"Count"（统计）时适用
Set Index	集合索引	表示统计器集合或观测变量集合的索引号

8）清除模块

清除模块表示模拟模型的结束点，用于清除被处理完的实体。在实体被清除前，将记录与该实体相关的统计量，其典型应用包括如下几个方面：

（1）模拟工件离开加工系统事件；

（2）模拟业务过程结束事件；

（3）模拟顾客离开商店事件。

清除模块的实例图标如图 3.22 所示。

清除模块的属性设置对话框如图 3.23 所示。

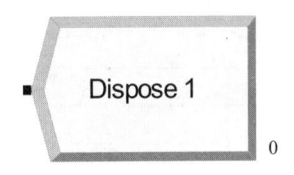

图 3.22 清除模块的实例图标

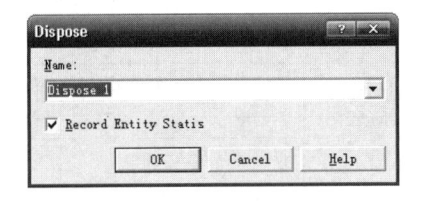

图 3.23 清除模块的属性设置对话框

清除模块的提示词与描述如表 3.12 所示。

表 3.12 清除模块的提示词与描述

提 示 词		描 述
Name	名称	显示在模块图形上的模块唯一标志
Record Entity Statistics	记录实体统计信息	指定是否记录进入清除模块的实体的统计值。其统计值包括"value added time"（增值时间）、"non-value added time"（非增值时间）、"wait time"（等待时间）、"transfer time"（运输时间）、"other time"（其他时间）、"total time"（总时间）、"value added cost"（增值成本）、"non-value added cost"（非增值成本）、"wait cost"（等待成本）、"transfer cost"（运输成本）、"other cost"（其他成本）和"total cost"（总成本）

2. 数据模块

数据（Data）模块包括实体（Entity）模块、排队（Queue）模块、资源（Resource）模块、时间表（Schedule）模块、集合（Set）模块和变量（Variable）模块六种。双击 Arena 基本过程面板中的数据模块图标，然后在流程图窗口的设置对话条（参见图 3.24）中设置相关属性。比较好的设置方式是以鼠标右键单击该设置对话条，在弹出的菜单中选择"Edit via Dialog…"选项，打开设置对话框。以实体模块为例，如图 3.24 所示。

1）实体模块

实体模块定义了模拟中各实体的类型、初始图形、初始成本和维持成本，其典型应用包括以下三个方面：

（1）表示制造或组装的产品（如零件或托盘等）；
（2）表示文件（表格、电子邮件、传真和报告等）；
（3）表示业务过程中的人员（如顾客或访客等）。

实体模块的属性设置对话框如图 3.25 所示。

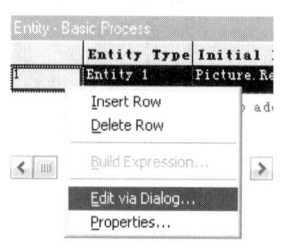

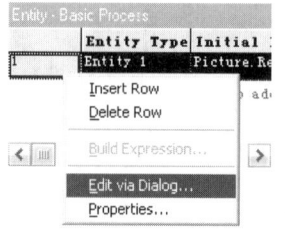

图 3.24　打开数据模块设置对话框的菜单　　　图 3.25　实体模块的属性设置对话框

实体模块对话框的提示词与描述如表 3.13 所示。

表 3.13　实体模块对话框的提示词与描述

提 示 词		描　　述
Entity (Type)	实体类型	定义实体类型的名称，该名称必须是唯一的
Initial (Picture)	初始图形	指定实体产生时描述实体的图形。该图形在模拟过程中可以通过赋值模块改变
Holding Cost/(Hour)	每小时维持成本	定义实体停留在模拟系统中每小时产生的成本。当实体出现时就开始计算此成本
Initial VA Cost(Value)	增值初始成本	定义实体产生时发生的增值初始成本值。在发生增值过程时，该实体的增值成本属性将在该值的基础上增加
Initial NVA Cost(Non-Value)	非增值初始成本	定义实体产生时发生的非增值初始成本值。在发生非增值过程时，该实体的非增值成本属性将在该值的基础上增加
Initial Waiting Cost(Waiting)	初始等待成本	定义实体产生时发生的初始等待成本值。在发生等待过程时，该实体的等待成本属性将在该值的基础上增加
Initial Transfer Cost(Transfer)	初始运输成本	定义实体产生时发生的初始运输成本值。在发生运输过程时，该实体的运输成本属性将在该值的基础上增加
Initial Other Cost(Other)	其他初始成本	定义实体产生时发生的其他初始成本值。在发生其他过程时，该实体的其他成本属性将在该值的基础上增加
Report Statistics	报告统计值	指定是否自动收集统计值

2）排队模块

排队模块可以用于改变排队系统的排队规则，默认的排队规则是先进先出。其典型应用包括如下两个方面：

（1）存储等待加工的工件；

（2）存储等待组合的文件。

排队模块的属性设置对话框如图 3.26 所示。

排队模块对话框的提示词与描述如表 3.14 所示。

表 3.14 排队模块对话框的提示词与描述

提示词		描述
Name	名称	定义排队的名称，该名称必须是唯一的
Type	类型	定义排队规则。排队规则包括"First In First Out"（先进先出）、"Last In First Out"（后进先出）、"Lowest Attribute Value"（最低属性值优先）、"Highest Attribute Value"（最高属性值优先）
Attribute (Name)	属性名称	当排队规则为"Lowest Attribute Value"（最低属性值优先）或"Highest Attribute Value"（最高属性值优先）时，指定进行比较的属性名称。当属性值相同时，采用先进先出规则
Shared	共享	指定是否允许该队列在模型的其他地方使用
Report Statistics	报告统计值	指定是否自动收集统计信息

3）资源模块

资源模块用于定义模拟模型中的资源，包括成本和资源能力。资源能力可能是固定的，也可能基于时间表来运作的。资源模块的典型应用包括如下两个方面：

（1）表示设备，如机器、现金出纳机或电话线等；

（2）表示人员，如办事员、订单处理员、销售员或操作工等。

资源模块的属性设置对话框如图 3.27 所示。

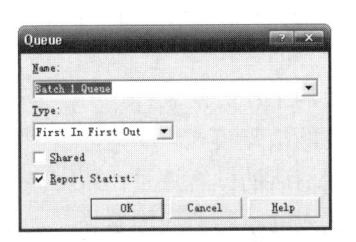

图 3.26 排队模块的属性设置对话框

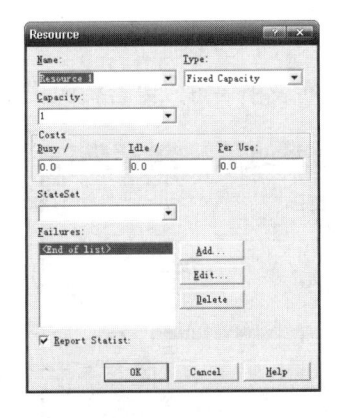

图 3.27 资源模块的属性设置对话框

"Failures" 属性。

要设置资源的 "Failures" 属性，请打开 Advanced Process（高级过程面板）。

资源模块对话框的提示词与描述如表 3.15 所示。

表 3.15 资源模块对话框的提示词与描述

提示词		描 述
Name	名称	定义资源的名称，该名称必须唯一
Type	类型	定义资源数量变化的方式，包括"Fixed Capacity"（固定数量）和"Based on Schedule"（基于时间表）两种方式。固定数量是指在模拟模型运行的过程中资源数量不改变；基于时间表是指使用时间表模块来指定资源数量和时段信息
Capacity	容量	定义模拟模型运行的过程中可用的资源数量，且仅当资源数量类型为"Fixed Capacity"（固定数量）时适用
Schedule Name	时间表名称	指定资源数量时间表名称。该时间表指定了一个既定时间范围内的资源数量
Schedule (Rule)	时间表规则	当由时间表定义的资源数量将减少，而将要退出的资源正处于繁忙状态时，由此会产生冲突。时间表规则指定解决这种冲突的方式，包括"Ignore"（忽略）、"Wait"（等待）和"Preempt"（提醒）三种方式。且仅当资源数量类型为"Based on Schedule"（基于时间表）时适用
Busy/Hour	繁忙/小时	定义一个资源处于繁忙状态时每小时发生的费用。在运行/设置菜单项的"Replication Parameters"（模拟参数）选项时，每小时繁忙成本自动转换成按照基础时间单位计算的成本
Idle/Hour	闲置/小时	定义资源处于闲置状态时每小时发生的费用。当资源处于闲置状态时，在运行/设置菜单项的"Replication Parameters"（模拟参数）选项时，每小时闲置成本自动转换成一个相应的基础时间单位
Per Use	单位使用成本	定义资源的单位使用成本。资源每次由闲置状态转变为繁忙状态都将产生的（启动）成本，它与资源的使用时间无关
StateSet (Name)	资源的状态集名称	指定资源的状态集名称。资源的状态集是资源在模拟过程中可能出现的状态的集合
Report Statistics	报告统计值	指定是否自动收集统计值

4）时间表模块

时间表模块可以结合资源模块定义资源的运行时间表，也可以结合生成模块定义实体的到达时间表。另外，时间表模块还可用于构造基于模拟时间单位的延迟因子。时间表模块的典型应用包括如下四个方面：

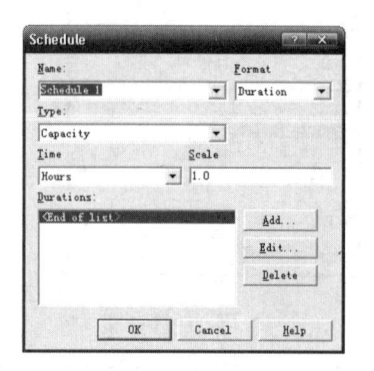

（1）定义员工的工作时间表；

（2）定义设备的故障模式；

（3）定义到达商店的顾客流量；

（4）表示新工人的学习曲线因素。

时间表模块的属性设置对话框如图 3.28 所示。

时间表模块对话框的提示词与描述如表 3.16 所示。

图 3.28 时间表模块的属性设置对话框

表 3.16 时间表模块对话框的提示词与描述

提示词		描述
Name	名称	定义时间表的名称，该名称必须唯一
Format Type	时间表格式	定义时间表的格式，包括"Duration"和"Calendar"两种类型
Type	时间表类型	定义时间表的类型。时间表类型包括为"Capacity"（容量）类型，应用于资源模块；"Arrival"（到达）类型，应用于生成模块；"Other"（其他）类型，应用于各种时间延迟或影响因子
Time Units	时间单位	指定时间表的时间单元
Scale (Factor)	乘积因子	当时间表类型为"Arrival"（到达）或"Other"（其他）类型时，为统一增加或减少所定义的值而设置的乘积因子。当时间表类型为"Capacity"（能力）类型时不适用
Durations	区间	指定构成时间表的时间持续区间和区间上对应值的序列。该区间上对应值可以是资源的容量、到达的速率或其他类型的值，时间区间设有一定的时间单元。该序列既可以通过时间表图形编辑器以图表形式输入，也可以使用"Value/Duration"（值/区间）字段来手动输入。在图表形式输入中，可以指定当所有定义的序列完成后，该序列是重复得到新的序列还是将后续时间区间上的值置为 0
Value (Capacity)	数值	用于指定时间表序列中资源的数量，仅当时间表为"Capacity"类型时；以及用于其他类型的值，仅当时间表为"Other"类型时
Duration	区间	指定时间表序列的时间持续区间

5）集合模块

集合模块定义了各种类型的集合，包括资源集合、计数器集合、统计集合、实体类型集合及实体图形集合等。资源集合可用于处理模块，计数器和统计集合可用于记录模块。集合模块的典型应用包括如下四个方面：

（1）表示在制造工厂中完成相同工作的机器；
（2）表示商店中的监事和出纳；
（3）表示发货员和接待员；
（4）表示不同实体类型的实体图形集合。

集合模块的属性设置对话框如图 3.29 所示。
集合模块对话框的提示词与描述如表 3.17 所示。

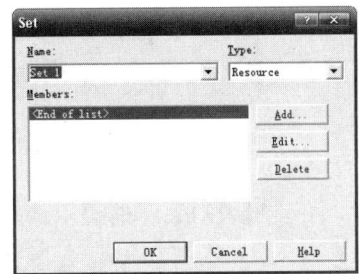

图 3.29 集合模块的属性设置对话框

表 3.17 集合模块对话框的提示词与描述

提示词		描述
Name	名称	定义集合的名称，该名称必须唯一
Type	类型	定义集合的类型，包括"Resource"（资源）、"Counter"（统计器）、"Tally"（观测变量）、"Entity Type"（实体类型）和"Entity Picture"（实体图形）五种
Members	成员	指定各种集合中的资源、统计器、观测变量、实体类型或者实体图形成员
Resource Name	资源名称	定义资源集合中的资源名称，且仅当集合类型为"Resource"（资源）时适用
Tally Name	观测变量名称	定义观测变量集合中观测变量的名称，且仅当集合类型为"Tally"（观测变量）时适用
Counter Name	统计器名称	定义计数器集合中统计器的名称，且仅当集合类型为"Counter"（统计器）时适用

续表

提示词	描述
Entity Type	实体类型	定义实体类型集合中实体类型的名称，且仅当集合类型为"Entity Type"（实体类型）时适用
Picture Name	图形名称	定义实体图形集合中实体图片的名称，且仅当集合类型为"Entity Picture"（实体图形）时适用

6）变量模块

变量模块用于定义变量的维数和初始值，其中的变量可在其他模块（如判断模块）中引用，可通过赋值模块重新赋值，也可以在任何表达式中使用。变量模块的典型应用包括如下三个方面：

（1）构造开关变量，模拟库存系统是否处于订货状态；

（2）构造统计变量，计算模拟系统中当前的总成本；

（3）用变量替代固定参数，以便在优化过程中灵活控制参数的取值。

变量模块的属性设置对话框如图 3.30 所示。

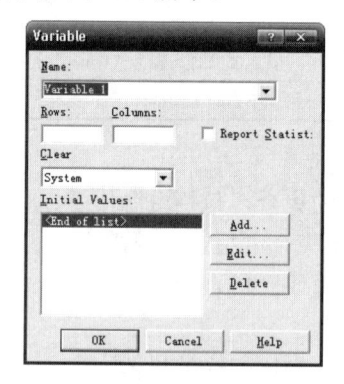

图 3.30 变量模块的属性设置对话框

变量模块对话框的提示词与描述如表 3.18 所示。

表 3.18 变量模块对话框的提示词与描述

提示词		描述
Name	名称	定义变量的名称，该名称必须唯一
Rows	行	定义空间变量的行数
Columns	列	定义空间变量的列数
Report Statistics	报告统计值	指定是否收集统计值的复选框，且仅当未指定行和列时适用
Data Type	数据类型	定义变量的数据类型
Initial Values	初始值列表	定义变量的初始值列表。这些初始值可通过赋值模块更改
Initial (Value)	初始值	定义变量的某个初始值
Clear (Option)	变量清零选项	定义变量还原为初始值的时间。当清零方式选择为"Statistics"时，表示当统计值被清零时变量将还原为初始值；当清零方式选择为"System"时，表示当系统被清零时变量将被还原为初始值；当清零方式选择为"None"时，表示变量模拟过程中不能被还原为初始值，只有在模拟过程结束后才被清零

3.5 Arena 建模示例

下面以一个简单的抵押申请处理过程为例，说明如何用 Arena 10.0 实现建模、模拟、可视化、分析和优化。

> **优先使用基本过程面板。**
> 运用基本过程面板中的模块，可以灵活地组建各种简单的模拟模型。而对于一些更灵活的复杂模拟模型，往往需要使用高级过程与高级传输面板中的模块。在选择模块时应该优先考虑基本过程面板中的模块，然后是高级过程与高级传输面板中的模块，最后才考虑块和元素面板。

在该抵押申请处理过程中，申请单的到达时间间隔服从均值为 2 h 的指数分布。系统中有一名评审员负责评审抵押申请单，评审一份申请单最短需要 1 h，最长需要 3 h 时，最可能需要 1.75 h。评审员的人力资源成本为 12 美元/h，无论繁忙还是空闲。根据以往的经验，88%的申请单可以通过评审。抵押申请的处理流程如图 3.31 所示。现在需要分析在 20 天内，申请单的平均停留时间、平均成本、最长停留时间、排队等待的最大申请单数以及评审员负荷率。

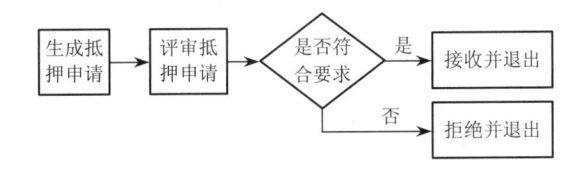

图 3.31 抵押申请处理流程

> **手工连接模块。**
> 手工将 Create 和 Process 模块连接：双击 Object/Connect Menu 项或 Connect Toolbar 按钮，以画出一条连线。
> 画连线的方式是：单击 Create 模块中的输出点，然后单击 Process 模块中的进入点（如果此时要取消连线，按"Esc"键）。其他模块连接类似。

3.5.1 画流程图

（1）产生抵押申请单实体。为模拟申请单的到达事件，添加一个生成模块（Create Module）。用鼠标从基本过程面板中拖曳生成模块到流程图窗口中。该模块的默认名称为"Create 1"。后面将对该模块进行更多的数据定义。

（2）处理申请单的过程。为模拟抵押申请单的处理过程，添加一个处理模块（Process Module）。用鼠标将处理模块拖曳至流程图窗口中，将其放置在生成模块的右边，同生成模块类似，处理模块也有一个默认名称"Process 1"。当自动连接功能（Auto-Connect）打开，且生成模块处于选择状态时，Arena 将自动把处理模块与生成模块连接起来。如果它们没有被自动连接，可以单击工具栏中的"📎"连接工具或选择"Object"菜单中的"Connect"选项，手工将生成模块和处理模块连接起来。下面讲述过程中假定自动连接功能已经打开。

（3）判断申请单是否通过审查。为了模拟申请单是否通过审查，在处理模块之后，用一个判断模块（Decide Module），来判断申请单是否通过审查。

用鼠标拖曳判断模块到处理模块的右边。如果处理模块处于选择状态，那么判断模块将自动连接到处理模块上，否则通过手工方式连接。后面遇到类似的问题时，不再赘述。

（4）清除（Dispose）申请单以终止流程。为了模拟所有的申请单最终都将退出处理过程，需要添加两个清除模块（Dispose Module）。通过评审的申请单将从判断模块的"True"分支流出，进入一个清除模块。没有通过评审的申请单将从判断模块的"False"分支流出，进入另外一个清除模块。

添加第一个清除模块：选择判断模块，用鼠标拖动 Dispose 模块到 Decide 模块的右边，这样第一个清除模块将自动地与判断模块连接。Arena 将把它连接到判断模块的"True"分支。

> **复杂寓于简单中。**
> 该抵押申请单处理流程是一个非常简单的离散型流程。复杂流程的复杂性在于处理过程的复杂化。复杂化的处理过程是由多个并联或者串联的处理和判断模块（或者起类似作用的模块）构成，而诸多其他模块往往作为辅助模块，比如组合、分解、赋值模块等。

添加第二个清除模块：再一次选择判断模块，拖动第二个清除模块到判断模块的右下方，Arena 将自动地把第二个清除模块连接到判断模块的"False"分支。

这样，一个非常简单的离散型模拟模型流程就建立好了，该流程实体流（Entity Flow）从生成模块开始，经过处理后到清除模块终止，如图 3.32 所示。

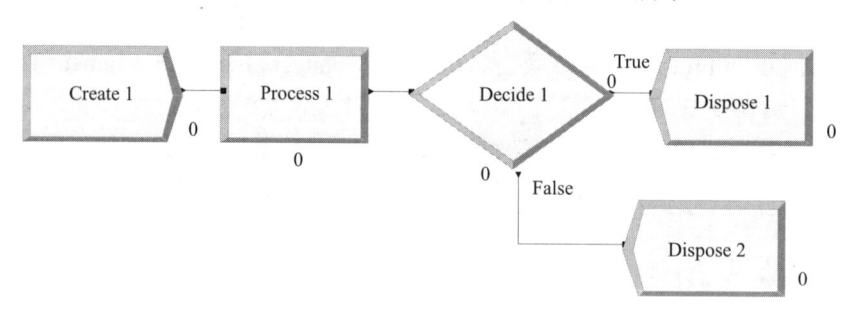

图 3.32　一个简单的离散型模拟模型流程图

3.5.2　定义模型数据

下面定义图 3.32 中各模块相关的数据，包括模块的名称和在模块过程中要使用的信息。

1）设置申请单到达规律

申请单在生成模块中产生，其到达规律需要在生成模块中设置。

双击生成模块以打开它的属性设置对话框，在"Name"下拉框中，键入/选择"Initiate

Mortgage Application",在"Entity Type"（实体类型）字段中，键入/选择"Application"。申请单的到达时间间隔从均值为 2 h 的指数分布，在"Type"下拉框中选择"Random (Expo)"分布类型，在"Value"文本框中键入"2"，其他的属性值则使用默认值，如图 3.33 所示，单击"OK"按钮关闭对话框。

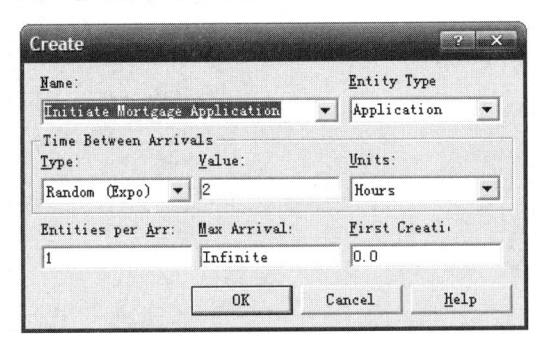

图 3.33　生成模块"Initiate Mortgage Application"的设置

2）设置申请单评审过程规律

申请单评审过程在处理模块中进行。由于申请单评审过程存在一段时间延迟，并且需要资源——抵押评审员，所以要在处理模块中设置申请单评审过程的时间延迟和抵押评审员的使用情况。

> **Arena 的自动添加对象功能。**
> 在弹出的资源对话框中的 Resource name 字段处，如果需要键入的资源名称没有预先定义，那么系统自动增加该名称的资源。要进一步定义资源的信息，需要双击基本过程面板中的资源模块图标，请参考"5）设置抵押申请评审员成本"。这种自动定义的功能在许多地方都存在，比如建立生成模块时自动创建一个默认的实体类型。

双击处理模块以打开它的属性设置对话框，在"Name"下拉框中，键入/选择"Review Application"，为了定义处理该过程的一个资源，在"Action"下拉框中，选择"Seize Delay Release"。"Seize Delay Release"表示到达的实体将会等待空闲资源出现，当出现空闲资源时，实体将占用该资源，占用的时间由所定义的处理时间（Process Time）确定，占用时间截止，然后释放资源，以使资源可以处理别的实体。

单击"Add…"以添加资源，在弹出的资源对话框中的"Resource Name"字段处，键入"Mortgage Review Clerk"，其他参数则使用默认值，单击"OK"按钮关闭资源对话框。所有添加的资源将会出现在"Resources"列表中。

最后定义处理延迟时间。评审一份申请单最短需要 1 h，最长需要 3 h，最可能需要 1.75 h，可以选择使用三角形分布来模拟申请单的处理延迟时间。在"Delay Type"下拉框中选择"Triangular"（三角形分布），在"Minimum"（最小值）文本框中键入"1"，在"Value（Most Likel）"文本框中键入"1.75"，在"Maximum"文本框中键入"3"，其他参数则使用默认值，如图 3.34 所示，单击"OK"按钮完成处理模块的设置。

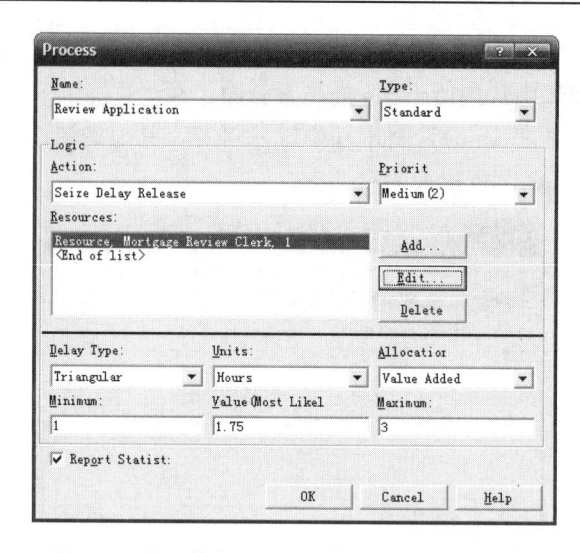

图 3.34 处理模块"Review Application"的设置

> **更详细地设置资源的属性。**
> 设置 Resource（资源）的属性时，可以直接单击如图 3.36 所示的项目进行修改，也可以鼠标右键单击某一项目，然后选择"Edit via Dialog…"或者双击最左端弹出的"Resource"对话框（参见图 3.27），在该对话框中更详细地设置资源的属性。

3）设置接收或退回申请单规则

申请单被处理完后决定是否接收或退回申请的判断规则通过判断模块来设置。

双击判断模块打开它的属性设置对话框，在"Name"字段中，键入"Complete?"，在"Percent"字段中，键入"88"，表示通过评审的申请单的百分比，这些申请单将从判断模块的"True"分支流出，其余的没有通过评审的申请单将从判断模块的"False"分支流出，单击"OK"按钮关闭对话框。

> **重新排列模块。**
> 如果流程图窗口中模块排列得不整齐，可以使用 Arena 中的"Snap"和"Grid"功能调整它们。检查"View"菜单中的"Snap to grid"选项，使它处于选择状态，选择主模块图形（黄色的），按住"Ctrl"键，同时单击每一个图形，然后单击"Grid"菜单中的"Arrange/Snap Object to grid"选项，完成重新排列。

4）设置不同的申请单清除事件

流程图中用不同的清除模块来分别模拟通过评审的申请单和未通过评审的申请单的清除事件，现需要更好地区分它们，并分别统计它们的数量。

双击第一个清除模块（连接在判断模块右边的清除模块），打开它的属性设置对话框，在"Name"字段中，键入"Accepted"；选择"Record Entity Statistics"选项，单击"OK"按钮关闭该对话框。

双击另外一个清除模块（连接在判断模块右下方的清除模块），打开它的属性对话框，在"Name"字段中,键入"Returned";选择"Record Entity Statistics"选项,单击"OK"按钮关闭该对话框。

经过上面的设置后,完成的抵押申请单处理模型流程图如图 3.35 所示。

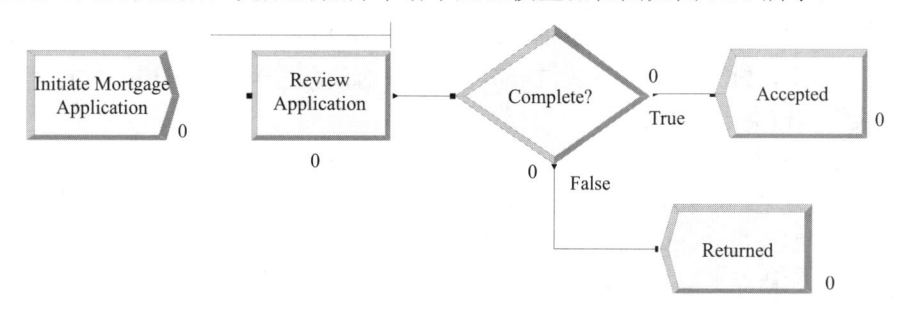

图 3.35　完成的抵押申请单处理模型流程图

5) 设置抵押申请评审员成本

抵押评审员的单位使用成本为 12 美元/h,这种信息需要在资源模块(Resource Module)中通过资源扩展单(Resource Spreadsheet)来设置。

> **离散系统模拟建模过程的核心。**
> 从上面的建模过程中可以看出,离散系统模拟建模过程的核心是:在计算机上还原研究对象(排队系统)的流程。

首先,在基本过程面板中,单击资源模块图标以显示资源扩展单。由于在设置申请单处理过程时添加了处理申请单的资源"Mortgage Review Clerk",Arena 在资源扩展单中自动添加了该资源。在"Idle/Hour"(空闲/小时)字段中,键入"12"以设置评审员空闲时的单位使用成本;同样,在"Busy/Hour"(忙碌/小时)字段中,键入"12"以设置评审员繁忙时的单位使用成本,如图 3.36 所示。

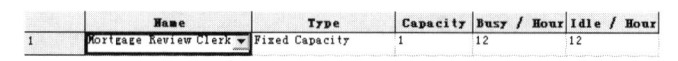

图 3.36　资源扩展单

6) 设置模拟模型运行参数

首先,单击"Run/Setup…"菜单项,在弹出的运行参数设置对话框中,单击"Project Parameters"(项目参数)选项,在"Project Title"(项目标题)字段中,键入"Mortgage Review Analysis";分别在"Statistics Collection"(统计数据收集)中的"Costing"(成本)、"Entitie"(实体)、"Queues"(排队)、"Resources"(资源)、"Process"(处理过程)复选框中打"√"。

> **Arena 模型文件知多少。**
> 保存一个新建的模拟模型至一个空目录时,该目录中仅有一个模型文件,扩展名为".doe"。此时该模型文件保存模拟模型的流程图和模型数据。
> 运行该模拟模型后,请观察该目录下文件的变化。它们分别保存着什么信息?

> 提示：扩展名为".mdb"的文件用 Access（Office 2003 或以上版本）打开，扩展名为".err"或".out"或".opw"的文件用记事本打开，扩展名为".p"的文件将在利用"Process Analyzer"分析和优化流程中用到。

接着，单击"Replication Parameters"（复制参数）页，在"Replication Length"（复制长度）字段中，键入"20"；在"Time Units"（时间单位）下拉框中，选择"days"，单击"OK"按钮关闭对话框。

7）保存模拟模型

单击工具栏上的"Save"按钮或选择菜单中的"File/Save"选项，Arena 将提供一个目标子目录（默认为 C:\My Document）和文件名。选择保存模拟模型的路径，并在文件名字段中键入"Mortgage Review"。

> **逐步运行。**
>
> 在 Arena 中可以通过单击"Step"按钮或按"F10"键，实现每次只模拟一个事件或者暂停模拟的功能。
>
> 通常，单击"Step"按钮或按"F10"键时可以看到实体移动的动画过程。有些时候，屏幕上也看不到什么东西。例如，当下一个事件是产生一个新的实体时。

3.5.3 模型运行过程

要运行模拟模型，可单击工具栏中"▶"运行按钮或选择菜单中的"Run/Go"选项。Arena 首先要检查模型的有效性，然后才开始模拟。

随着模拟的进行，将看到代表申请单的图形（申请单的实体图形默认为"Report"）在流程图模块之间移动。并且，随着申请单实体的产生和处理，各变量的值也在变化，如图 3.37 所示。

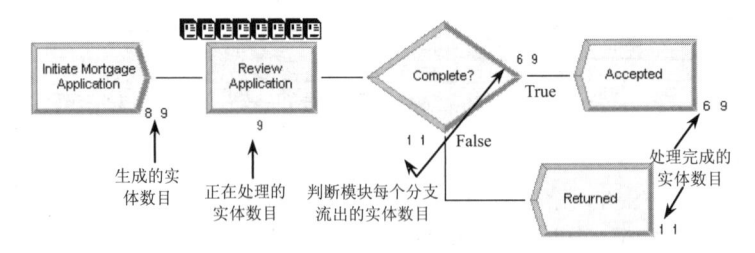

图 3.37 模型处理动画过程示意图

如果感觉动画的移动过程太快，则可以通过调整动画尺寸因子（Animation Scale Factor）让它慢下来。这有两种调整方式：

一是依次选择"Run/Setup…/Run Speed/Animation Speed Factor"选项，在相应的对话框中，键入一个更小的值（如 0.005）；二是在运行过程中，使用"<"键，每使用一次可减小速度 20%。注意当前窗口应是模型窗口，否则"<"、">"键将不起作用。按"<"键是微调动画速度的简便易行的方法。类似地，每按一次">"键可使速度上升 20%。

要暂停模拟，可以单击工具栏中的"❙❙"暂停按钮或按"Esc"键。在图 3.37 所示的动画流程中，可以观察到有多少实体被产生，有多少实体正在被处理，有多少实体从判断模块的各分支流出。这些变量的数据有助于验证所建立的模拟模型。例如，如果判断模块中的判断概率输错了，输入的接收概率是 12，而不是 88，那么将显示有更多的申请单实体从"False"分支流出。

3.5.4 模拟结果分析

在考察了流程的动画以后，可快速终止模拟，以查看模拟结果。暂停模拟，然后单击工具栏中的"▶▶"按钮快速完成模拟，而不显示动画过程。

在模拟运行完成后，Arena 将提示是否想查看模拟结果。单击"Yes"按钮，模拟综合报告（Category Overview）将会在报告窗口中显示，如图 3.38 所示。

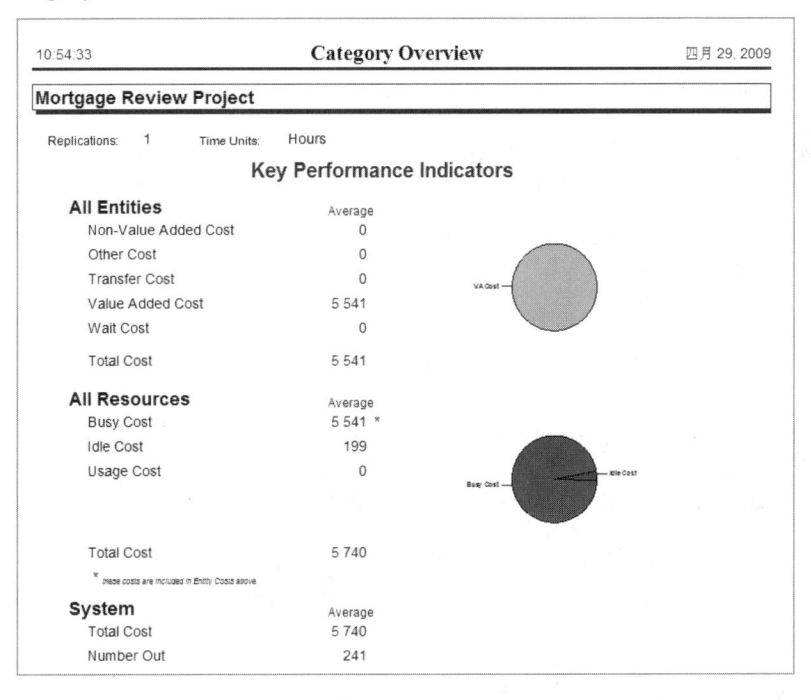

图 3.38 抵押申请过程的模拟综合报告

> **导出模拟报告。**
> Arena 支持导出其生成的模拟报告为多种格式文件，比如 Excel 文件。单击报告窗口按钮，依次操作即可。
> 报告窗口左边的导航工具能方便查看模拟报告。

报告区包含了多个报告窗口，每一个报告窗口的左边，是该报告中所涉及的各种类型的树状信息。项目的名称在树的顶上列出，下面是各类数据的条目。

单击报告区中的其他报告以查看模拟的细节。例如，单击实体报告（Entries），可以查看有关实体的各种模拟细节。根据这些模拟结果报告，可以回答一些与模拟有关的问题，如表 3.19 所示。

表 3.19　模拟有关的问题及回答

问题（Question）	报告节（Report Section）	回答（Answer）
申请单的平均停留时间	Entities/Application/Time/Total Time/Average	16.514 4 h
申请单的平均成本	Entities/Application/Cost/Total Cost/Average	22.992 3 美元
申请单的最大停留时间	Entities/Application/Time/Total Time/Maximum	33.452 2 h
排队等待的最大申请单数	Queues/Review Application.Queue/Other/Number waiting()/Maximum	21 个
评审员的负荷率	Resources/Mortgage Review Clerk/Instantaneous Utilization/()Value	96.54%

浏览了模拟结果报告后，单击关闭按钮可以关闭报告。每一个报告只在它自己的窗口中显示。要回到模拟模型窗口，则关闭所有的报告窗口。回到模拟模型窗口以后，单击"■"停止按钮，终止模拟模型的运行，否则将不能修改本模型的参数或是运行其他模拟模型。

3.5.5　增强可视化效果

由于动画有利于直观地考察模拟的处理过程，下面增加两个动画组件到模型中：①显示评审员的当前状态，繁忙或者空闲；②为了能够更好地了解有多少申请单实体处于加工过程中，采用一个动态曲线图显示模拟变量——在制品（Work-In-Process，WIP）的动态变化过程。

1）动画显示抵押评审员资源

在模拟运行中，抵押评审员资源存在两种状态。如果没有申请单实体在处理，那么评审员资源就处于空闲状态，这时用一个人坐在桌边加以描述；当一个申请单实体占用了评审员资源，评审员的状态就转为繁忙，这种情况是用一个人在阅读文件来表示。

> **Arena 的图片资源库。**
> Arena 的图片资源库中的图片都是矢量图，可以直接在 Arena 中编辑，并可以保存到图片资源库中。如果双击图片不能编辑，请以鼠标右键单击图片后选择"Ungroup"，解除图片组合。

单击"Animate"工具条上的"　"资源按钮，在弹出资源设置对话框中的"Identifier"下拉框中选择资源"Mortgage Review Clerk"（抵押评审员）；接着单击"Open"按钮，找到文件"Workers.plb"（默认在 C:\Program Files\Arena 中），并双击该文件以打开"Workers Picture"库。

改变空闲状态图片（Idle Picture）。单击资源状态列表中的"Idle"按钮，接着单击图片库列表中一个人坐着的图片，然后单击"　"按钮，改变评审员资源空闲状态的图片。改变繁忙状态类似，单击资源状态列表中的"Busy"按钮，接着单击图片库列表中一个人阅读文件的图片，然后单击"　"按钮，改变评审员资源繁忙状态的图片。其他的字段都使用默认值，单击"OK"按钮关闭对话框。这时，光标将变为一个"十"字形，把光标移动到模拟模型窗口的适当位置，并单击鼠标左键以放置图片。如果想调整评审员图形的大小和位置，可以先使用鼠标选中图片，然后进行调整。

2）给正在加工处理的实体绘曲线图

第二个动画增强功能是：在模拟进程中，给多个正在接受处理的实体画曲线图。当有随机因素添加进模拟模型时，将能观察到工作负荷的动态过程。

> **绘图技巧。**
> 在一个 Plot 对象的对话框中可以增加多个表达式，以在相同的坐标平面中给多个表达式绘图。通过绘图颜色的不同，可以方便地比较这些表达式的动态变化情况。

单击"Animate"工具条上的"📈"曲线图按钮，在弹出曲线图对话框中单击"Add"按钮增加表达式，在出现的曲线图表达式对话框（Plot Expression）中，以鼠标右键单击"Expression"（表达式）字段，在弹出的菜单中选择"Build Expression…"选项，打开表达式编辑器；这里要绘制正处于抵押申请处理过程中的申请单实体数目的曲线图，在"Expression Type"列表中选择"Basic Process Variables/Process/Number In Process"选项，在右侧的"Process Name"下拉框中选择"Review Application"选项，单击"OK"按钮关闭表达式编辑器，返回曲线图表达式对话框。

从前面模拟运行的报告中，可以看到处理过程中最大的实体数目是 21，所以此处设置曲线图的最大值为 25，在曲线图表达式对话框中，在"Maximum"（最大值）文本框中键入"25"。为了收集足够的样本以绘制出清晰的曲线图，在"History Point"（历史数据点）字段中，键入"5 000"以定义曲线图的密度。单击"OK"按钮关闭曲线图表达式对话框。为完成曲线图的设置，在曲线图对话框中，在"Time Range"（时间范围）文本框中键入"480"，表示曲线图的水平轴代表 480h（20 天），单击"OK"按钮关闭曲线图对话框，回到模拟模型窗口，此时光标变成了一个"十"字形，把光标移动到模拟模型窗口的适当位置，单击鼠标左键以确定曲线图左上角的点，拖曳鼠标调整曲线图的大小，然后再次单击鼠标左键确定曲线图右下角的点。要想进一步调整曲线图的位置和大小，可以先使用鼠标选中曲线图，然后进行调整。

上述编辑工作完成后，可以单击"💾"按钮或按"Ctrl+S"键以保存模型。增强可视化效果具有资源动画的抵押模型如图 3.39 所示。

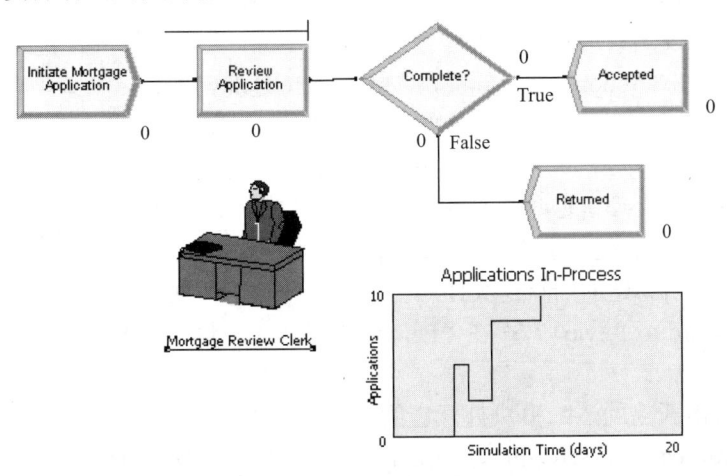

图 3.39 具有资源动画的抵押模型

3）重复模拟运行

单击运行按钮或者按"F5"键以开始模拟。随着模拟的进行，将会看到当抵押评审员从空闲变为繁忙时，抵押评审员的图片从坐在桌前变为阅读文件，当抵押评审员从繁忙变为空闲时，其图片又从阅读文件变为坐在桌前。曲线图则显示正处于评审申请过程中的申请单实体的数量变化，如图3.40所示。

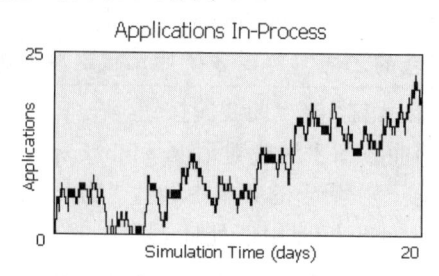

图 3.40　评审申请过程中申请单实体数量变化曲线图

3.5.6　进一步分析与讨论

到目前为止，已成功地建模、模拟、可视化和分析了一个简单的离散型模拟过程。为了更深入地探索 Arena 的功能，可以尝试在原来的模型中增加如下一些扩展处理功能。

在评审申请单以前，增加一个申请单浏览处理的过程。浏览申请单的时间至少需要 15min，更多的情况是需要 25min，最多需要 45min。一名接待员负责浏览申请单，成本为 6.75 美元/h。在进行了浏览申请单处理工作以后，将退回一些不合格的申请单，根据以往的经验，有8%的申请单将要退回。而且，由于经过了一道申请单浏览的处理工序，在下一步的评审处理过程中通过评审的申请单的比例将达到94%，并且抵押申请单的处理时间将减少10%。通过模拟，观察接待员浏览申请单所花的时间，评审员评审一份申请单的时间变化及评审总时间。

1）申请单浏览处理过程

在基本过程面板中，分别拖曳处理模块、判断模块和清除模块到流程图窗口，并按图 3.42 进行连接。双击新建的处理模块，在"Name"下拉框中，键入/选择"Screen Applications"；在"Action"下拉框中，选择"Seize Delay Release"选项；在"Resources"对话框中，单击"Add…"按钮，在弹出的对话框中，在"Resource Name"字段处，键入"Receptionist"，单击"OK"按钮完成；然后设置延迟类型为三角形分布，时间单位为分钟，分别定义处理延迟时间参数为最小值"15"，最可能值"25"和最大值"45"，单击"OK"按钮完成处理模块"Screen Applications"的设置，如图3.41所示。

类似地，双击新建的判断模块打开它的属性设置对话框；在"Name"下拉框处，键入/选择"Forward to Review?"；在"Percent"字段中，键入"92"，单击"OK"按钮关闭对话框。

同样，双击新建的清除模块打开它的属性设置对话框，在"Name"下拉框处，键入/选择"Returned from Screening"；单击"OK"按钮关闭该对话框。

图 3.42 为增加了申请单浏览处理过程的抵押模型。

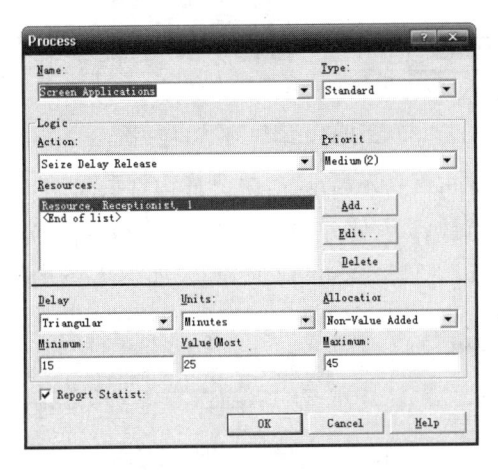

图 3.41　处理模块 "Screen Application" 的设置

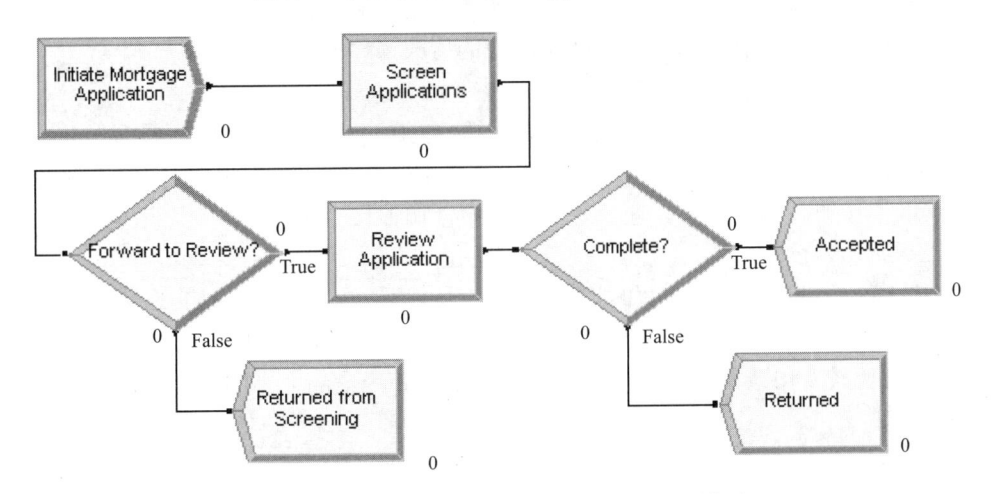

图 3.42　增加了申请单浏览处理过程的抵押模型

接待员单位使用成本定为 6.75 美元/h，在基本过程面板中，单击资源模块图标，在出现的资源扩展单中，分别在 "Receptionist" 资源的 "Busy/Hour"（忙碌/小时）和 "Idle/Hour"（空闲/小时）字段处键入 "6.75" 以定义接待员单位使用成本，如图 3.43 所示。

图 3.43　接待员资源扩展单

2）添加浏览影响因子

添加了申请单浏览过程，评审申请单的时间将减少 10%。在基本过程面板中，单击变量模块图标，在出现的变量扩展单中，双击 "Double-click here to add a new row" 字段以添加一个新变量，在该变量的 "Name" 下拉框处，键入/选择 "Screening Factor" 以定义变量的名称；在 "Initial Values" 字段处，单击 "0 rows" 按钮，在弹出的对话框中键入 "0.9" 以定义变量的初始值，如图 3.44 所示。

	Name	Rows	Columns	Clear Option	Initial Values	Report Statistics
1	Screening Factor			System	1 rows	✓

Double-click here to add a new row.

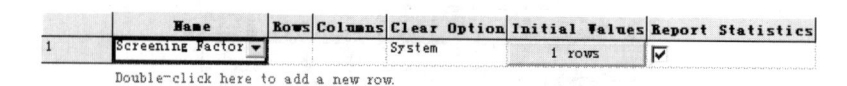

图 3.44 添加浏览影响因子

因为评审申请单的时间将减少 10%，所以处理延迟时间将变为原来的 90%。双击 "Review Application" 模块，将处理延迟时间参数分别改为 "1*Screening Factor"、"1.75*Screening Factor" 和 "3*Screening Factor"，如图 3.45 所示。

Delay: Triangular	Units: Hours	Allocation: Value Added
Minimum: 1 * Screening Factor	Value(Most): 1.75 * Screening Factor	Maximum: 3 * Screening Factor

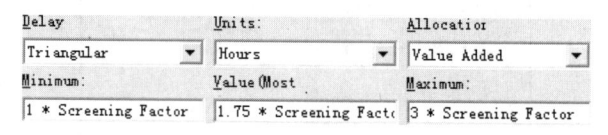

图 3.45 修改处理延迟时间

同时，添加申请单浏览过程，抵押申请单的通过率将提高到 94%。双击 "Complete?" 模块打开它的属性对话框，将 Percent 字段中的值改为 "94"。

3）动画显示接待员

单击 "Animate" 工具条上的 " " 资源按钮，在弹出的资源设置对话框的 "Identifier" 下拉框中选择资源 "Receptionist"（接待员），分别改变其空闲状态和忙碌状态的图片，单击 "OK" 按钮关闭对话框。在流程图窗口中，调整接待员的图片至合适大小。

4）模拟结果分析

完成上面的设置后，单击 " " 运行按钮或选择菜单中的 "Run/Go" 选项，运行模拟模型。改进后的模型中，处于评审过程中申请单实体数量的变化如图 3.46 所示。与改进前的模型比较，申请单实体数量达到峰值的次数和峰值的大小明显减少，而且波动也比较小。

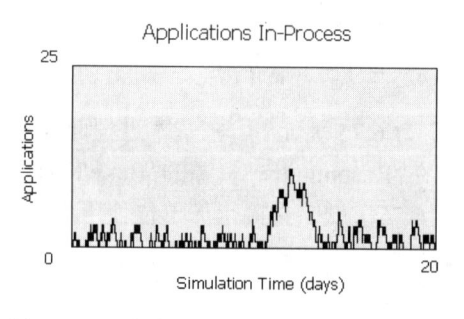

图 3.46 评审过程中申请单实体数量的变化

运行结束后，在弹出的对话框中单击 "Yes" 按钮以查看模拟的综合报告，其模拟的综合报告如图 3.47 所示。

与改进前的模型相比，改进后的模型总成本增加了（改进前 Total Cost=5740；改进后 Total Cost=8991），但繁忙成本减少了（改进前 Busy Cost=5541，改进后 Busy Cost=4862），空闲成本则明显增加了（改进前 Idle Cost=199，改进后 Idle Cost=4130）。同样，可以选择报告区中其他报表来观察模拟的细节。针对模拟改进前提出的三个问题，可以通过查看不同的报表来获得答案。

```
16:09:39                    Category Overview                    四月 29, 2009
Mortgage Review Project
Replications:   1      Time Units:   Hours
                        Key Performance Indicators
All Entities                        Average
    Non-Value Added Cost              0
    Other Cost                        0
    Transfer Cost                     0                    VA Cost
    Value Added Cost                4 862
    Wait Cost                         0
    Total Cost                      4 862

All Resources                       Average
    Busy Cost                       4 862 *                Idle Cost
    Idle Cost                       4 130
    Usage Cost                        0
                                                           Busy Cost
    Total Cost                      8 991
    * these costs are included in Entity Costs above
System                              Average
    Total Cost                      8 991
    Number Out                      219
```

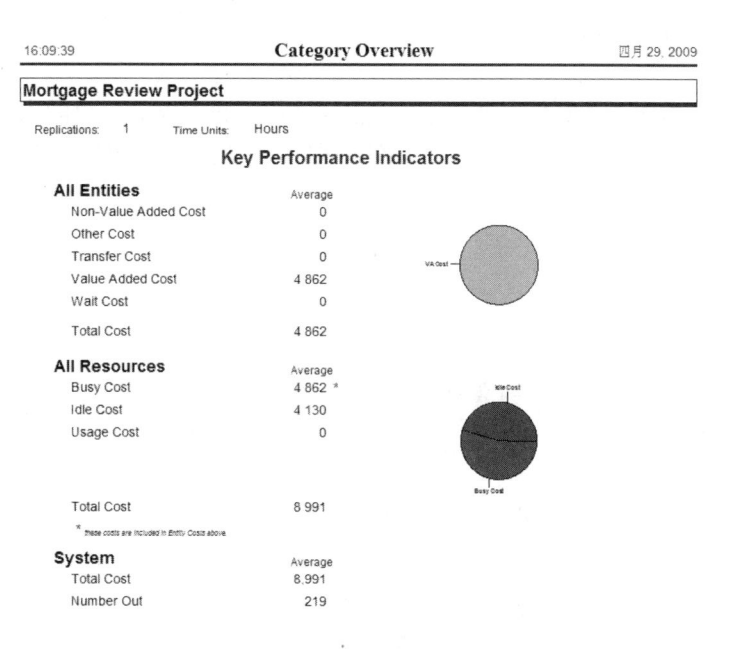

图 3.47 模拟的综合报告

优化了吗？

你认为造成这种变化的原因是什么？与以前的模型相比，哪种模型结果更优？

依次查看 "Processes/Screen Applications/Accumulated Time/Total Accum Time" 选项，得到申请单接待员浏览申请单所花的时间为 122.22 h。

同样，查看 Processes/Review Applications 选项，可以得到评审员评审一份申请单所花的平均时间为 1.712 1 h，评审总时间为 884.55 h。

通过表 3.20 所示的模型结果，可以比较模型改进前和改进后的一些模拟结果，改进后的模型，抵押申请单的平均处理时间（包括浏览、评审和等待时间）明显减少，最大停留时间也明显减少，同时排队等待评审的最大申请单实体数也大大减少，但是改进后的模型的评审员的负荷率也减少了，所以造成了很大的空闲成本。

表 3.20 模型结果比较

问题	报告所在位置	改进前	改进后
平均停留时间	Entities/Application/Time/Total Time/Average	16.514 4（h）	4.593 5（h）
每份申请单的平均成本是（不包含空闲成本）	Entities/Application/Cost/Total Cost/Average	22.993 3（h）	22.175 2（美元）
最大停留时间	Entities/Application/Time/Total Time/Maximum	33.452 2（h）	19.805 6（h）
排队等待评审的最大申请单实体数	Queues/Review Application.Queue/Other/Number waiting()/Maximum	21（个）	10（个）
评审员的负荷率	Resources/Mortgage Review Clerk/Instantaneous Utilization/()Value	96.5%	72.2%

3.5.7 参数寻优

假设接待员和评审员的总人数不超过 5 人，接待员和评审员各自的人数不超过 3 人，那么如何安排接待员和评审员的人数，以使抵押申请单的平均停留时间最短呢？

> **参数寻优的一般步骤：**
> （1）建立模拟模型。
> （2）设置优化：
> ① 选择控制变量；
> ② 确定约束条件和目标函数相关的变量；
> ③ 确定并定义约束条件；
> ④ 确定并定义目标函数。
> （3）运行优化、分析结果，选择方案。

其实，Arena 提供了这样的优化组件——OptQuest。OptQuest 采用禁忌搜索算法和遗传算法对仿真模型进行优化，增强了其对复杂问题的决策支持。用户可以根据需要选择决策变量，并根据决策变量和对应的因变量来定义约束条件和目标函数，OptQuest 根据用户的目标，通过各种算法，自动搜寻仿真模型的最优解，让仿真优化变得更简单易懂和直观具体。

在运行 OptQuest 之前，首先要确定决策问题的资源和变量。在此模型中，接待员和评审员被定义为资源，因此可以把这些资源的数量作为模型优化的控制变量。

下面通过以下操作来完成模型优化操作。

（1）启动 OptQuest。选择"Tools/OptQuest for Arena"选项，弹出 OptQuest 的初始界面。

（2）建立新的优化。在 OptQuest 的初始界面中单击"New Optimization"按钮为改进后的抵押模型建立新的优化。

（3）选择优化的控制变量。选择 OptQuest 窗口左侧的"Controls"选项，在"Controls Summary"表格中，选中"Receptionist"（接待员）和"Mortgage Review Clerk"（评审员）复选框。

（4）确定控制变量的取值范围和建议取值。双击"Controls Summary"表格中的控制变量——"Mortgage Review Clerk"（评审员），在弹出的"Controls Resources"对话框中，在"Upper Bound"字段处键入"3"，其他字段取默认值，此操作表明评审员的数量取值范围为 1~3，建议取值为 1。

相似地，可以设定"Receptionist"（接待员）的数量的取值范围和建议取值。

（5）选择优化的因变量。选择 OptQuest 窗口左侧的"Responses"选项，在其右边的"Reponses Summary"表格中，勾选"Entity"类的"Total Time"数据类型前面的复选框。

然后选择 OptQuest 窗口左侧的"Constraints"选项，此时右侧将会出现"Constraints Sunmmary"表格。因为还没有添加任何约束条件，所以"Constraints Sunmmary"表格是空的。单击屏幕左下侧的"Add"按钮以添加新的约束条件。在出现的对话框中,在"Name"下拉框中,键入/选择"Constraints",在"Description"字段处键入对新建的约束条件的描述。因为假设接待员和评审员的总数量不能超过 5,所以把光标置于"Expression"字段处,单击右侧的"Sum All Controls"按钮,然后键入"<= 5"。此时"Expression"字段将生成新的表达式"1 * [Mortgage Review Clerk] + 1 * [Receptionist] <= 5",单击"OK"按钮完成约束条件的添加。

(6) 添加目标函数。选择 OptQuest 窗口左侧的"Objectives"选项,单击"Objectives Summary"表格左下方的"Add"按钮以添加新的目标函数。在出现的窗口中,在"Name"下拉框键入/选择"Objective";因为模型优化的目标是使抵押申请单平均停留时间最小,所以将鼠标置于"Expression"字段处,单击 OptQuest 窗口上方的"Application.TotalTime (Tally Value)"选项,选择"Expression"字段下方的"Minimize"单选框;再单击"Check Expr"按钮以检查目标函数的有效性,最后单击"OK"按钮完成设置。

(7) 运行优化。选择"Run/Start Optimization"选项,或者单击工具栏上的运行按钮运行优化。此时,优化窗口将显示寻优的进展情况。最上方的表格将显示目前的最佳目标函数值和当前的目标函数值。控制变量表格将显示目前最好的解决方案和当前的解决方案。如果有界定的限制,约束表格将会显示最好的解决办法是否满足约束条件(是否可行)。图 3.48 所示为优化运行时的状态。

(8) 寻优结果。在优化运行结束后,六个解决方案都会显示在"Best Solutions"报告表中。排在表第 1 行的是最佳的解决办法,排在表第 2 行的是次优的解决办法,依次类推。

选择特定的解决方案,单击 OptQuest 窗口下方的"View"按钮,可以更详细地了解该解决方案,包括方案的目标函数值、控

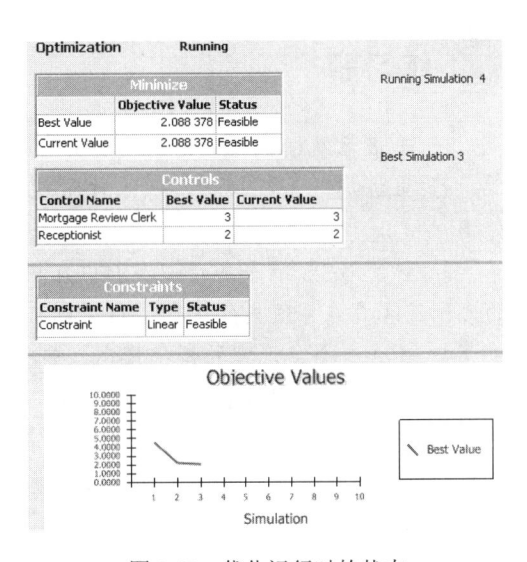

图 3.48 优化运行时的状态

制变量、因变量和约束条件等。对于本例的优化,最佳解决方案是 3 名评审员和 2 名接待员;目标函数值是 2.088 378,即抵押申请单的平均停留时间为 2.088 378 h。

知识归纳

为描述离散系统的流程和运行过程,离散系统模拟方法引入了实体、属性及事件、活动和进程等概念。可以将离散系统模拟方法建模过程看做是将研究对象(排队系统)抽象为与这些概念相对应的数据结构。计算机模拟软件提供了识别这些结构,进行逐步推理和统计相关数据的功能。围绕这些功能,计算机模拟软件往往还提供辅助建模的用户图形化操作界面和参数寻优的功能。如何发现问题,分析问题,将问题转化为计算机

模拟软件识别的数据结构，以及在模拟优化后如何利用模拟结果等都不是计算机模拟软件所擅长的，这些问题正是学习和应用模拟方法中的主要问题。

计算机模拟软件在规定相关数据结构的基础上，通过一定的模拟算法来实现对输入模型的模拟。模拟算法的核心是解决系统状态（在数据结构中定义）如何随模拟时间的推进逐步演化，所以对模拟时钟的控制是离散系统模拟方法原理的核心问题。当前的模拟算法主要有固定时间步长法和最短时间事件步长法两种。不同的模拟算法对系统流程和运行过程的描述方法又有不同，分别是以事件为基础的（Event Orientation）、以活动扫描为基础的（Activity Scanning Orientation）和以过程为基础的（Process Orientation）三类。

Arena 是典型的离散型系统模拟工具（也能进行连续系统模拟），它提供了随机分布拟合、辅助建模、模型动画、模拟和分析功能及优化组件——OptQuest。Arena 建立离散系统模拟模型的过程即是画出流程图的过程。同样还有非常多的类似模拟软件，其基本原理和功能与 Arena 基本相同，操作和使用方法上也大同小异。

练习题

1. 离散系统模拟模型的组成要素有哪些？
2. 根据离散系统模拟按照工作机理的不同，简述离散系统模拟的分类标准和具体分类。
3. 计算 3.3.3 节手工模拟实例中在模拟开始后的 30min 内，出纳员的空闲时间所占的比例及客户在系统内的平均停留时间，并简要阐述离散系统模拟的时间推进机理。
4. 建立一个急诊室的模拟模型。病人到达后，根据他们的病情，把病人分为 5 个等级（见下表）。类型 1 的病人是最严重的，被立即送到医生处等候医学观察诊断，此时所有其他的病人必须在接待室等候，直到完成必要的登记手续再送到医生处。病人到达间隔时间服从指数分布，均值为 20 min。急诊室有 2 名医生和 1 名登记护士，他们为 2~5 类型的病人登记的时间是 15 min。所有类型病人的处理时间服从均匀分布，不同类型的病人处理时间的上、下限不同。不同类型病人的数量分布及处理时间的上、下限如下表所示。

病人类型	说明	所占比例	下限（min）	上限（min）
1	开放性外伤	8	25	35
2	内伤	13	25	30
3	多处外伤	33	15	25
4	内脏病	20	10	20
5	慢性疾病	26	5	15

根据上述条件，建立 Arena 模拟模型，模拟 8 h 内不同类型病人的就医时间及医生和护士的工作负荷率。

第 4 章
Arena 建模实例分析

问题导航

- Arena 中基本过程面板与高级过程面板的关系是什么？
- 如何模拟信号的启动、传递与接收？
- 如何模拟加工过程中下游控制上游的过程？
- Arena 中高级传输面板中流程图模块是如何用颜色分类的？
- 如何模拟故障处理逻辑过程？

4.1 引言

建模是一个创造性过程，没有固定的模式，但是经验和创造性同样重要，要通过实例学习不断积累经验。

本章基于第 3 章的基础，进一步讲述如何利用基本过程面板、高级过程面板和高级传输面板来建立离散系统模拟模型并展开分析。

在没有使用或者很少使用高级过程面板和高级传输面板中的模块时，基本过程面板也可以表达比较复杂的处理逻辑，比如本章第一个关于工厂加工过程的例子。高级过程面板中的模块将处理流程分解为若干更为基本的原子模型。用户可以通过巧妙组合以描述更多复杂的工作流程。而建模遇到运输或者传送过程时，就需要考虑使用高级传输面板。

建模中的关键之一是对问题需求展开分析，采用分解法，将 Arena 提供的模块与各子需求对应起来。一些子需求（或者称为子过程），如"下游控制上游过程"和"故障处理过程"有很强的复用性。

动画过程并不是模拟优化过程中必须的内容，但是逼真的动画能非常形象地展示模拟对象的运行过程，所以同样要积累建立动画的经验。

4.2 Arena 基本过程面板与应用实例

Arena 基本过程面板中包含了最常使用的一些通用模块，使用高级过程面板和高级传输面板时往往也离不开基本过程面板。相对于高级过程面板和高级传输面板，基本过程面板中的模块更具有灵活性。虽然为了讲解 Arena 的基本操作，在第 3 章中介绍了基本过程面板，但是要学习如何使用基本过程面板中的模块，还需要结合具体实例来展开。

4.2.1 工件加工过程的模拟问题

设有某加工车间的单位工件到达的间隔时间均值为 0.5 h 的指数分布随机变量。在到达车间的工件中，1 类工件占 40%，2 类工件占 60%，第一个工件在开始模拟后 5min 到达。

该车间分为 A 组和 B 组两个加工小组。A 组有两台可以平行加工工件的机器，称为 1 号机器和 2 号机器。1 类工件的单件加工时间为 0.5~1.4h 区间内的均匀分布随机变量，2 类工件的单件加工时间的最小值、众数、最大值分别为 50min、60min 和 80min 的三角形分布随机变量。在 A 组安排加工顺序的原则是最短加工时间优先。

A 组的工作地面积有限，仅能容纳存放 4 个工件（包括正在加工的工件，每台机器每次只能加工 1 件）。当这两台机器同时空闲时，工件（无论 1 类或 2 类）送往 1 号机器加工的概率为 0.35，送往 2 号机器加工的概率为 0.65。

当工件到达时，如果 A 组工作地已经放满工件，那么就将工件转往 B 组，B 组仅有一台 3 号机器加工工件，存放面积不受限制，1 类工件和 2 类工件的单件加工时间均为 3~5 h 区间内的均匀分布随机变量，安排加工顺序的原则是先到的先加工。

要求对这个系统进行 240h 的模拟，然后分析和评价下列指标：

(1) 各台机器的负荷率；

(2) 各类工件在系统内的停留时间。

另外，变更加工顺序原则。A 组改为最长加工时间优先，B 组改为后到的先加工，再次进行模拟，并将两次模拟所得到的结果进行分析和比较。

4.2.2 建模分析

由于上面的问题不涉及输送过程和复杂的过程控制逻辑，因此用基本过程面板的模块就可以实现（其中用到一个保持模块请参考附录 B）。如何灵活使用基本过程面板中的模块来实现建模与分析需求，特做如下分析：

(1) 由于 A 组机器加工两类工件的时间服从不同的随机分布，所以容易让人想到用两个生成模块分别产生 1 类工件和 2 类工件，这样就可以解决加工时间不同的问题。但模型中又要求工件到达时间服从均值等于 0.5h 的指数分布，要用两个独立的生成模块产生 1 类工件和 2 类工件，因此很难让工件总体达到时间服从均值等于 0.5h 的指数分布。若用一个生成模块先生成服从均值等于 0.5h 的指数分布的工件，再将工件分类并赋予它们不同的加工时间属性，这样就能很好地模拟 A 组机器加工两类工件的时间，并服从不同的随机分布。

(2) 既然选择用一个生成模块来产生两类工件，又要满足 A 组机器加工不同类工件的时间要求，这里只能将由生成模块产生的工件按照 1 类工件占 40%，2 类工件占 60% 的比率分成两类，并为每类工件赋予一定属性，以记录该类工件的加工时间信息，以便后面的 A 组机器可以根据该属性来加工。

(3) A 组工作地面积有限，仅能存放 4 个工件，而 B 组工作地面积没有限制。所以产生加工实体后，在确定由哪台机器加工时，需要首先决定是到哪个组。决定是到哪个组要通过一个判断模块来实现。具体的判断规则取决于 A 组两台机器的状态及在 A 组排队的数量。

(4) 由于 A 组工作地面积有限，仅能存放 4 个工件，且 A 组安排加工顺序的原则是最短加工时间优先，同时当 A 组两台机器同时空闲时，工件（无论 1 类或 2 类）送往 1 号机器加工的概率为 0.35，送往 2 号机器加工的概率为 0.65。所以可以首先用一个保持模块对即将进入 A 组的工件进行排序，再用一个判断模块来判断两台机器都是繁忙（Busy）还是只有一台处于空闲（Idle），对两台机器都处于 Busy 状态的情况，直接按照概率进入不同的机器加工，对只有一台机器处于 Idle 状态的情况可以再利用一个判断模块来判断到底是哪台机器处于 Idle 状态，从而决定工件应该进入哪台机器加工。

4.2.3 模拟模型流程图与数据描述

1. 工件进入系统的流程

由于 A 组机器加工 1 类工件和 2 类工件的时间分别服从不同的分布，要使其可以分辨出工件的类型，需要对产生的两类工件分别贴上标签，同时为了能区分两类工件，需要为其设置不同的实体图案，工件进入系统的流程图如图 4.1 所示。

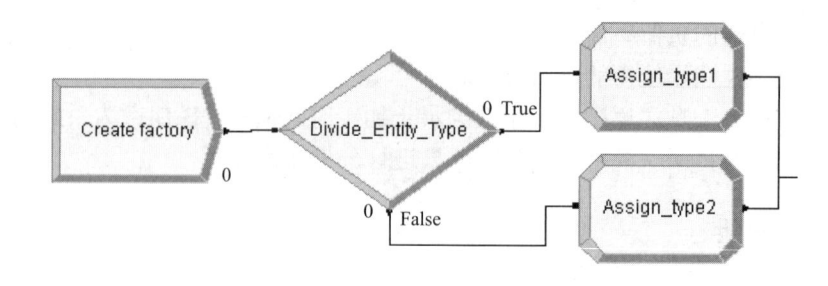

图 4.1 工件进入系统的流程图

生成模块"Create factory"只产生一种实体类型，其间隔时间为均值等于 0.5h 的指数分布随机变量，并且满足第一个工件在模拟开始后 5min 到达的要求，用鼠标左键双击生成模块"Create factory"，其设置如图 4.2 所示。

当实体产生后需要对其进行分类，其中 1 类工件占 40%，2 类工件占 60%，用鼠标左键双击判断模块"Divide_Entity_Type"，其设置如图 4.3 所示。

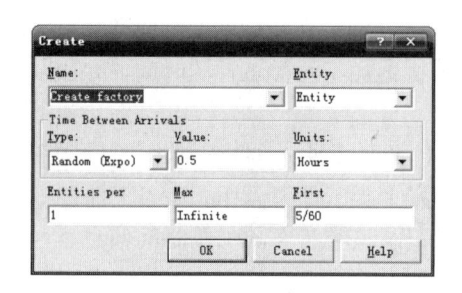

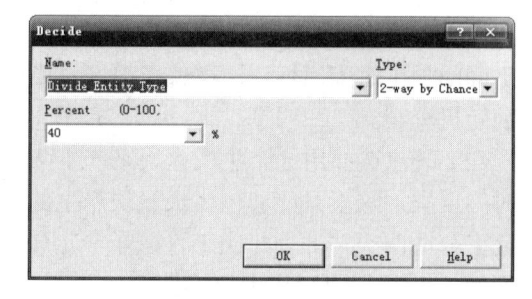

图 4.2 生成模块"Create factory"的设置　　图 4.3 判断模块"Divide_Entity_Type"的设置

对 1 类工件需要选择一个实体图案来区别，用鼠标左键双击赋值（Assign）模块，单击"add"按钮弹出对话框，在"Type"的下拉列表框中选择"Entity Type"，并在右侧的"Attribute"文本框中输入"Entity1"进行命名，再单击"Edit"按钮弹出对话框，在"Type"的下拉列表框中选择"Entity Picture"，并在右侧"Entity"的下拉列表框中任意选择一种图案，这里选择"Picture.Yellow ball"，其设置如图 4.4 所示。

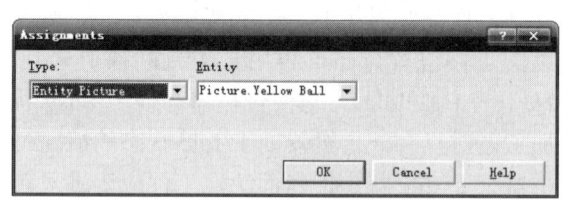

图 4.4 工件 1 的图案设置

用一个标签"Item_dl"来识别 1 类工件在 A 组机器上的单件加工时间为 0.5～1.4h 区间内的均匀分布随机变量，继续单击"Edit"按钮弹出对话框，在"Type"的下拉列表框中选择"Attribute"，在右侧的"Attribute"文本框中对其进行命名，这里命名为"Item_dl"，其设置如图 4.5 所示。再以鼠标右键单击"New Value"文本框，在快捷菜单中选择"Bulid Expression"，弹出对话框，在"Random Distribution"的子目录中选择

"Uniform",在"Minimum Value"文本框输入"0.5",在"Maximum value"文本框输入"1.4",其设置如图 4.6 所示。

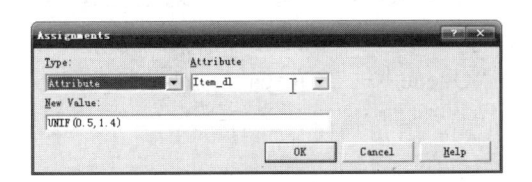

图 4.5 工件 1 的标签设置

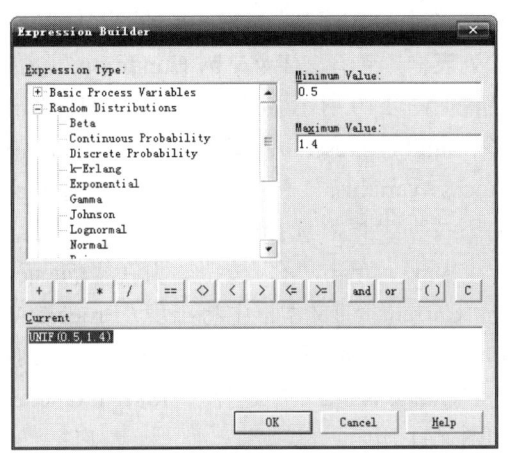

图 4.6 工件 1 的标签值设置

赋值模块"Assign_type1"的所有设置结束后呈现的窗口如图 4.7 所示。

赋值模块"Assign_type2"的所有设置步骤与"Assign_type1"基本相同,只是这里选择的图案为 Picture.Van,在"Random Distribution"的子目录中选择"Triangular",所有设置结束后呈现的窗口如图 4.8 所示。

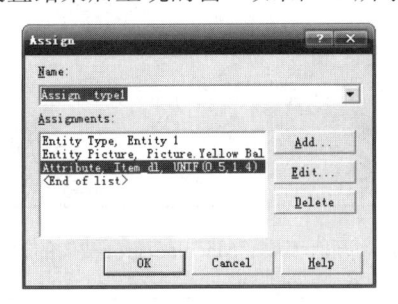

图 4.7 赋值模块"Assign_type1"的设置

图 4.8 赋值模块"Assign_type2"的设置

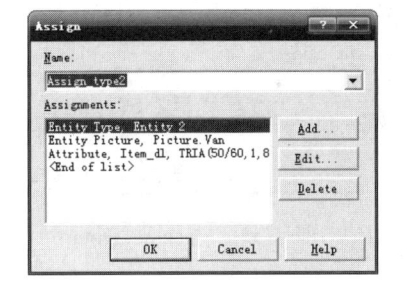

2. 工件进入 B 组机器加工的流程

当两类工件生成后,由于 A 组的工作地面积有限,仅能容纳 4 个工件(包括正在加工的工件),如果 A 组工作地已经放满工件,那么就将工件转往 B 组。工件进入 B 组机器加工的流程图如图 4.9 所示。

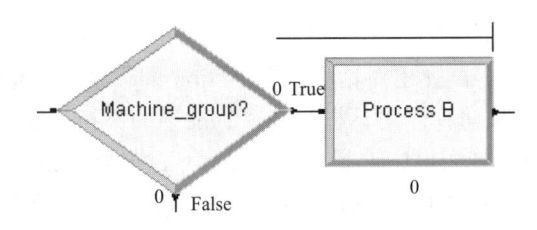

图 4.9 工件进入 B 组机器加工的流程图

两类工件到达判断模块"Machine_group?"后，将决定是进入 A 组加工还是进入 B 组加工，当 A 组中两台机器正在加工的工件数和队列中等待的工件数之和不小于 4 时，工件将进入 B 组加工，双击判断模块"Machine_group?"弹出对话框，在"Type"的下拉列表框中选择"2-way by Condition"，在"If"的下拉列表框中选择"Expression"，其设置如图 4.10 所示。接着，以鼠标右键单击"Value"的文本框，在弹出的快捷菜单中选择"Bulid Expression"选项，而后弹出对话框，再在"Expression Type"下依次选择"Basic Process Variables"→"Process"→"Number In Process"，用鼠标左键单击右侧"Queue"的下拉列表框，选择"Process A_1"，此时在"Current"的文本框中将出现"Process A_1.Wip"，单击"+"按钮，再在"Queue"的下拉列表框中选择"Process A_2"，此时在"Current"的文本框中将出现"Process A_2.Wip"，单击"+"按钮，然后在"Expression Type"下依次选择"Basic Process Variables"→"Queue"→"Current Number In Queue"，在"Queue Name"中选择"Hold_in.Queue"，单击">="按钮，之后输入"4"，其设置如图 4.11 所示。

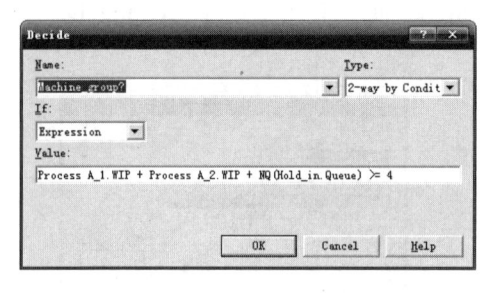

图 4.10　判断模块"Machine_group?"的设置 1 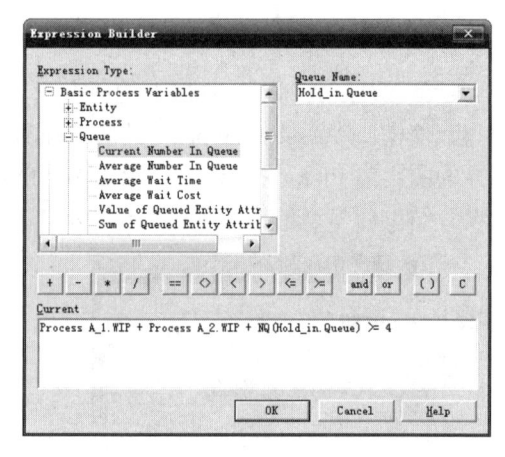　　图 4.11　判断模块"Machine_group?"的设置 2

> **是大于 4 还是大于或等于 4？**
>
> 在判断模块"Machine_group?"的设置中，"Process A_1.Wip"和"Process A_2.Wip"分别表示在"Process A_1"和"Process A_2"中正在加工的工件数量，"NQ（Hold_in.Queue）"表示在队列"Hold_in"中的工件数量。请思考图 4.10 中的表达式，为什么是大于或等于 4，而不是大于 4。

B 组仅有一台 3 号机器加工工件，存放面积不受限制，1 类工件和 2 类工件的单件加工时间均为 3~5h 区间内的均匀分布随机变量，安排加工顺序的原则是先到的先加工。双击处理模块"Process B"，弹出对话框，在 Action 的下拉列表框中选择"Seize Delay Release"，单击"Add"按钮弹出对话框，在"Type"的下拉列表框中选择"Resource"，在"Resource Name"下拉列表框中选择"Resource 3"，在"Quantity"文本框中输入"1"，单击"OK"按钮，其设置如图 4.12 所示，之后在"DELAY"的下拉列表框中选择"Uniform"，其设置如图 4.13 所示。

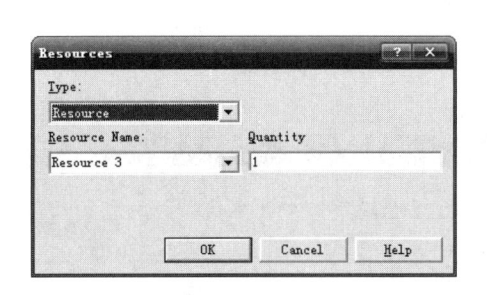

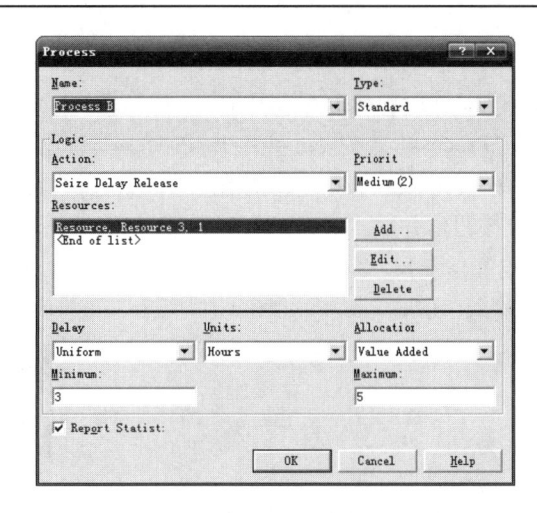

图 4.12　处理模块"Process B"的设置 1　　图 4.13　处理模块"Process B"的设置 2

在 B 组中要满足先到先加工的原则，在排队模块中设置队列的类型为"First In First Out"，如图 4.14 所示。

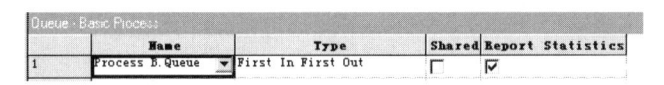

图 4.14　B 组机器队列类型的设置

3．工件进入 A 组机器加工的流程

两类工件到达判断模块"Machine_group?"后，当 A 组中两台机器正在加工的工件数和队列中等待的工件数之和小于 4 时，工件将进入 A 组加工。在 A 组的工件首先需要进行等待，只有当 1 号机器和 2 号机器至少有一个空闲时才进行加工。工件进入 A 组机器加工的流程图如图 4.15 所示。

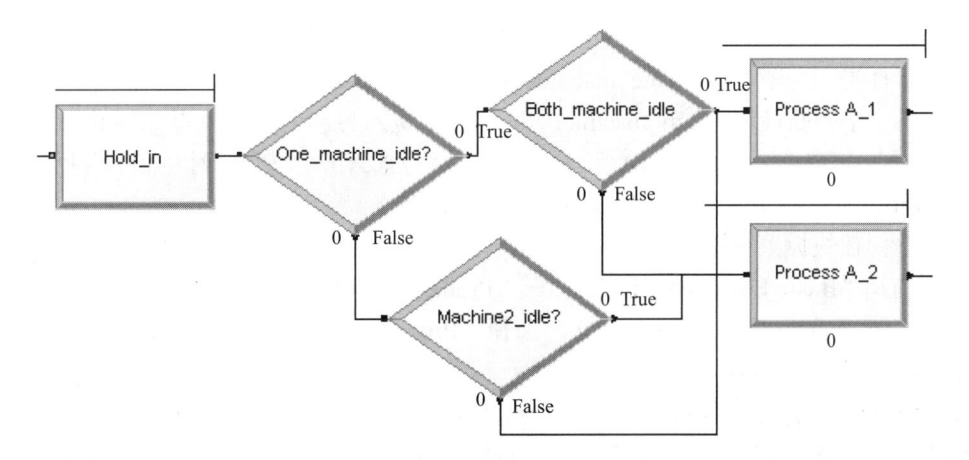

图 4.15　工件进入 A 组机器加工的流程图

当 A 组机器中至少有一个处于空闲状态时，工件将进入队列"Hold_in"中，双击保持模块"Hold_in"，弹出对话框，在"Type"的下拉列表框中选择"Scan For Condition"，

其设置如图 4.16 所示。再以鼠标右键单击"Condition"文本框，在弹出的快捷菜单中选择"Bulid Expression"对话框，依次选择"Expression Type"→"Basic Process Variables"→"Process"→"Number In Process"，用鼠标左键单击右侧"Queue"的下拉列表框，选择"Process A_1"，此时在"Current"的文本框中将出现"Process A_1.Wip"，单击"＝＝"按钮，并输入"0"，然后单击"||"按钮，再在"Queue"的下拉列表框选择"Process A_2"，此时在"Current"的文本框中将出现"Process A_2.Wip"，再单击"＝＝"按钮，并输入"0"，其设置如图 4.17 所示。

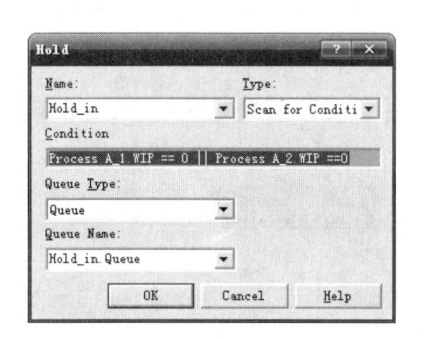

图 4.16　保持模块"Hold_in"的设置 1 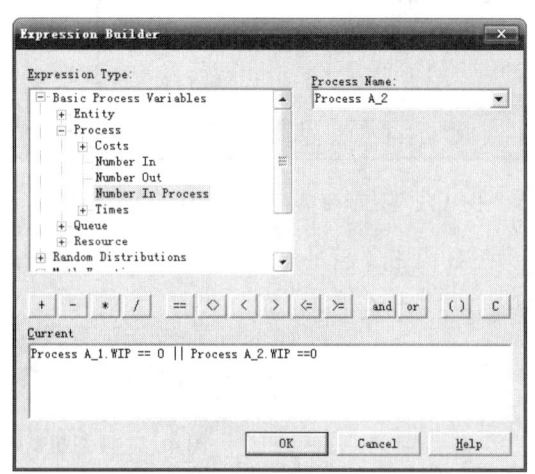　　　图 4.17　保持模块"Hold_in"的设置 2

由于 A 组安排加工顺序的原则是最短加工时间优先，为此利用前面设置的时间标签"Item_dl"，其设置如图 4.18 所示。

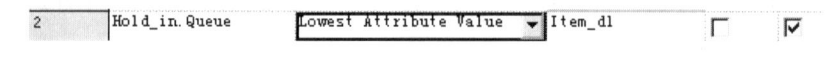

图 4.18　保持模块"Hold_in"中加工顺序的设置

当工件进入判断模块"One_machine_idle?"后，如果 1 号机器和 2 号机器都空闲，则进入下一个判断模块"Both_machine_idle"，否则进入另一个判断模块"Machine2_idle?"中。单击模块"One_machine_idle?"，弹出对话框，在"Type"的下拉列表框中选择"2-way by Condition"，在"If"的下拉列表框中选择"Expression"，再以鼠标右键单击"Value"的文本框，在快捷菜单中选择"Bulid Expression"，弹出对话框。在"Expression Type"下依次选择"Basic Process Variables"→"Process"→"Number In Process"，用鼠标左键单击右侧"Queue"的下拉列表框，选择"Process A_1"，此时在"Current"的文本框中将出现"Process A_1.Wip"，单击"＝＝"按钮，并输入"1"；单击"&&"按钮，再在"Queue"的下拉列表框，选择"Process A_2"，此时在"Current"的文本框中将出现"Process A_2.Wip"，再单击"＝＝"按钮，并输入"1"，单击"OK"按钮，其设置如图 4.19 所示。

当 A 组两台机器同时空闲时，工件（无论 1 类或 2 类）送往 1 号机器加工的概率为 0.35，送往 2 号机器加工的概率为 0.65，其设置如图 4.20 所示。

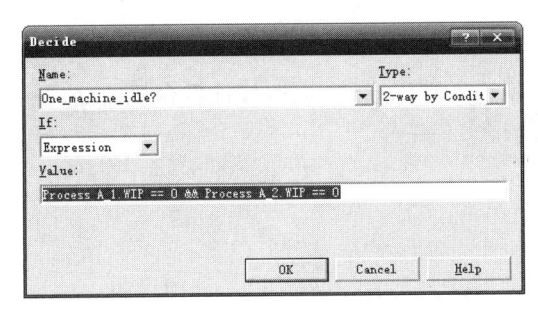

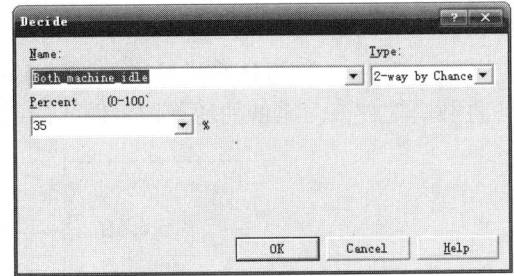

图 4.19 判断模块"One_machine_idle?"的设置　　图 4.20 判断模块"Both_machine_idle?"的设置

当 A 组只有一台机器空闲时,哪台机器空闲,工件将进入哪台机器加工,设置方法与判断模块"One_machine_idle?"的设置完全相同,其结果如图 4.21 所示。

对进入 A 组的工件,1 类工件的单件加工时间为 0.5~1.4h 区间内的均匀分布随机变量,2 类工件的单件加工时间为最小值、众数、最大值分别等于 50min、60min、80min 的三角形分布随机变量,且每台机器每次只能加工 1 件,此时可以通过前面的标签来决定工件的加工时间。单击处理模块"ProcessA_1",

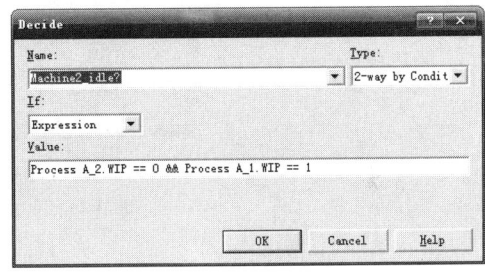

图 4.21 判断模块"Machine2_idle?"的设置

弹出对话框,在"Action"的下拉列表框中选择"Seize Delay Release",单击"Add"按钮,在弹出对话框"Type"的下拉列表框中选择"Resource",在"Resource Name"文本框中输入"Resource1",并在"Quantity"文本框中输入"1",单击"OK"按钮;再在"DELAY"的下拉列表框中选择"Expression",在"Expression"的下拉列表框中选择"Item_dl"。处理模块"ProcessA_2"的设置与处理模块"ProcessA_1"的设置基本相同,它们的设置分别如图 4.22 和图 4.23 所示。

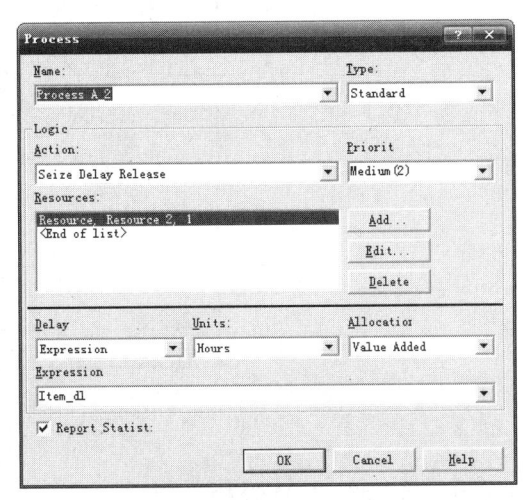

图 4.22 处理模块"Process A_1"的设置　　图 4.23 处理模块"Process A_2"的设置

4．工件离开系统的流程

当工件在 A 组和 B 组机器中加工结束后就进入清除模块，同时统计各台机器处理的工件数，工件离开系统的流程图如图 4.24 所示。

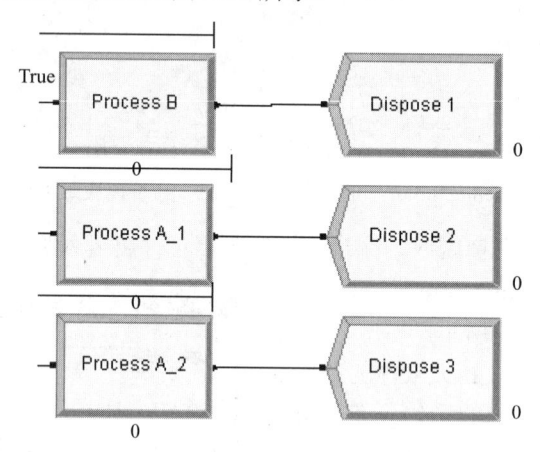

图 4.24　工件离开系统的流程图

4.2.4　模型运行参数的设置

按要求，要对该系统进行 240 h 的模拟，为此需要设置相应参数。单击菜单"Run"，选择"Run Setup"，在弹出的对话框"Replication Parameters"选项卡中的"Replication Length"文本框中输入"240"即可，其设置如图 4.25 所示。

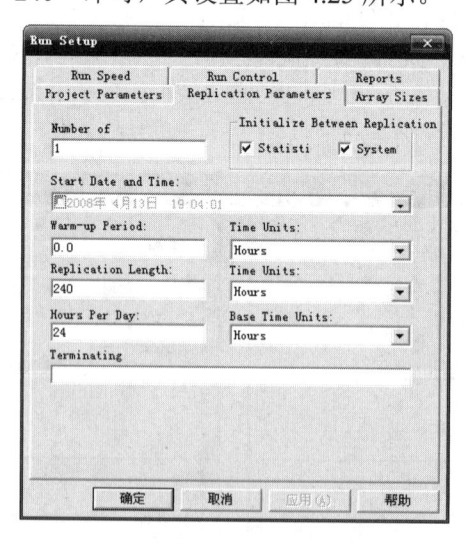

图 4.25　模型运行参数的设置

4.2.5　模拟结果及分析

模拟模型运行结束后，两种工件的加工数据统计表如图 4.26 所示。从图中可以看出，

1 类工件（Entity 1）和 2 类工件（Entity 2）的平均等待时间分别为 4.701 5 min 和 9.127 3 min，平均加工总时间分别为 5.811 5 min 和 10.647 7 min。到达加工车间的 1 类工件有 197 个，加工处理完的也有 179 个；到达加工车间的 2 类工件有 313 个，加工处理完的有 279 个，总共工件为 510 个，加工处理完的为 458 个。

VA Time	Average	Half Width	Minimum Value	Maximum Value
Entity 1	1.1099	(Insufficient)	0.5031	4.9242
Entity 2	1.5204	(Insufficient)	0.8442	4.9498

NVA Time	Average	Half Width	Minimum Value	Maximum Value
Entity 1	0.00	(Insufficient)	0.00	0.00
Entity 2	0.00	(Insufficient)	0.00	0.00

Wait Time	Average	Half Width	Minimum Value	Maximum Value
Entity 1	4.7015	(Insufficient)	0.00	135.05
Entity 2	9.1273	(Insufficient)	0.00	126.15

Transfer Time	Average	Half Width	Minimum Value	Maximum Value
Entity 1	0.00	(Insufficient)	0.00	0.00
Entity 2	0.00	(Insufficient)	0.00	0.00

Other Time	Average	Half Width	Minimum Value	Maximum Value
Entity 1	0.00	(Insufficient)	0.00	0.00
Entity 2	0.00	(Insufficient)	0.00	0.00

Total Time	Average	Half Width	Minimum Value	Maximum Value
Entity 1	5.8115	(Insufficient)	0.5058	139.71
Entity 2	10.6477	(Insufficient)	0.8442	130.40

Number In	Value
Entity	510.00
Entity 1	197.00
Entity 2	313.00

Number Out	Value
Entity	510.00
Entity 1	179.00
Entity 2	279.00

图 4.26　两种工件的加工数据统计表

3 台机器负荷率的数据统计如图 4.27 所示。从中可以看出，1 号机器（Resource 1）的负荷率为 81.51%，2 号机器（Resource 2）的负荷率为 84.19%，3 号机器（Resource 3）的负荷率为 95.97%。

4 个队列中工件的平均等待时间和数量的统计如图 4.28 所示。从中可以看出，1 号机器和 2 号机器的平均等待时间和数量为 0，Hold_in 队列（Hold_in.Queue）中的平均等待时间为 0.572 3 min，平均等待的工件数量为 0.660 5 个；3 号机器的平均等待时间为 4.465 6 min，平均等待的工件数量为 27.421 2 个。

变更加工顺序原则以后，A 组改为最长加工时间的优先，B 组改为后到的先加工顺序，重新模拟运行多次，将上面运行的结果和重新模拟运行的结果进行比较，如表 4.1 所示。

Instantaneous Utilization	Average	Half Width	Minimum Value	Maximum Value
Resource 1	0.8151	(Insufficient)	0.00	1.0000
Resource 2	0.8419	(Insufficient)	0.00	1.0000
Resource 3	0.9597	(Insufficient)	0.00	1.0000

Number Busy	Average	Half Width	Minimum Value	Maximum Value
Resource 1	0.8151	(Insufficient)	0.00	1.0000
Resource 2	0.8419	(Insufficient)	0.00	1.0000
Resource 3	0.9597	(Insufficient)	0.00	1.0000

Number Scheduled	Average	Half Width	Minimum Value	Maximum Value
Resource 1	1.0000	(Insufficient)	1.0000	1.0000
Resource 2	1.0000	(Insufficient)	1.0000	1.0000
Resource 3	1.0000	(Insufficient)	1.0000	1.0000

Scheduled Utilization	Value
Resource 1	0.8151
Resource 2	0.8419
Resource 3	0.9597

图 4.27　3 台机器负荷率的数据统计

Time

Waiting Time	Average	Half Width	Minimum Value	Maximum Value
Hold_in.Queue	0.5723	(Insufficient)	0.01912319	2.0571
Process A_1.Queue	0.00	(Insufficient)	0.00	0.00
Process A_2.Queue	0.00	(Insufficient)	0.00	0.00
Process B.Queue	4.4656	(Insufficient)	0.00	35.0237

Other

Number Waiting	Average	Half Width	Minimum Value	Maximum Value
Hold_in.Queue	0.6605	0.121767343	0.00	2.0000
Process A_1.Queue	0.00	(Insufficient)	0.00	0.00
Process A_2.Queue	0.00	(Insufficient)	0.00	0.00
Process B.Queue	27.4212	(Insufficient)	0.00	52.0000

图 4.28　4 个队列中工件的平均等待时间和数量的统计

表 4.1　两种方案模拟结果的比较

统计量	方案	方案 1（Average）	方案 2（Average）
Number Out	Entity	458	453
	Entity1	179	192
	Entity2	279	261
Utilization	Resource1	81.51%	80.95%
	Resource2	84.19%	83.47%
	Resource3	95.97%	95.97%
Waiting Time （Queue）	Hold_in	0.572 3	0.593 4
	ProcessA_1	0	0
	ProcessA_2	0	0
	ProcessB	4.465 6	4.425 9
Number Waiting （Queue）	Hold_in	0.660 5	0.667 6
	ProcessA_1	0	0
	ProcessA_2	0	0
	ProcessB	27.421 2	28.553 3

从表 4.1 可以看出，方案 1 比方案 2 加工出来的工件数量多，机器利用率高，在队列中的平均等待时间要短，单位时间内平均等待加工的工件数量少，所以总的来说方案 1 优于方案 2。

4.3　Arena 高级过程面板与应用实例

要细致描述流程较复杂的离散系统，除了使用基本过程面板中的模块，还需要灵活使用高级过程面板中的模块来实现。相对于基本过程面板中的模块，高级过程面板中的模块对类似于加工处理过程的离散过程的抽象粒度较细，模块数量更多，同时部分模块功能单一，学习起来相对容易些。本节结合一个简单的 JIT 系统，使用了高级过程面板中的许多模块。在本章学习中，除了需掌握高级过程面板中各模块的基本用法外，学习重点是如何将复杂的流程抽象为多个模块组合而成的模拟模型。

4.3.1　一个简单的 JIT 系统的建模与分析问题

JIT 是一种倒拉式管理，即由顾客需求开始，从订单→产成品→组件→配件→零部件和原材料，最后到供应商。具体来说，就是企业根据顾客的订单组织生产，根据订单要求的产品数量，上道工序就应该提供相应数量的组件，更前一道工序就应该提供相应的配件，再前一道工序提供需要的零部件或原材料，且由供应商保证供应。整个生产是动态的，逐个向前逼进的，上道工序提供的正好是下道工序所需要的，并且时间恰好合适（准时，Just In Time），数量满足下道工序。由于是"后工序向前工序传递需求信息"，后工序的需求拉动前工序的需求，所以 JIT 又被称为拉动式生产方式。JIT 系统要求企业的供、产、销各环节紧密配合，大大降低了库存，从而降低了成本，提高了生产效率和效益。

设某制造企业从事零部件加工业务，包含零部件仓库、加工车间、控制室及成品仓库等若干部门。该企业正在采用看板生产方式（JIT 中控制系统生产流程的工具），其工作流程如图 4.29 所示。

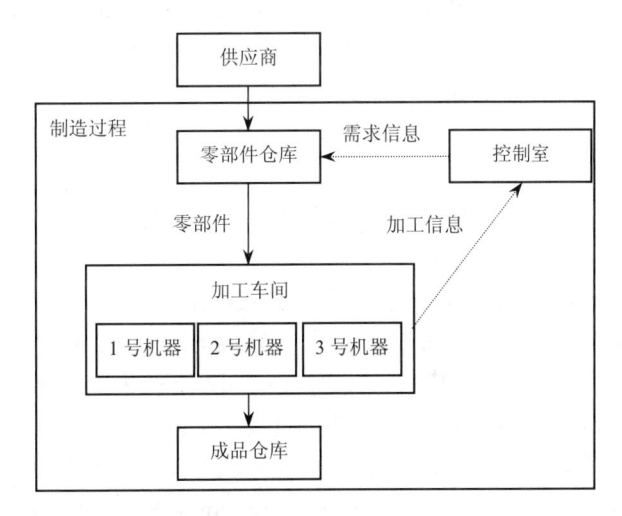

图 4.29　JIT 生产系统流程图

1）零部件仓库

零部件仓库中的零部件按照均值为 70 min 的指数分布时间间隔到达，每次到达的零部件数量为 25 个。当零部件仓库接收到控制室发送的零部件需求信息且仓库中有足量的零部件时，仓库将需求的零部件按照 8 个一包，运送到车间，运输时间为 2 min。

2）加工车间

加工车间有 3 台同样的加工机器。处理工件的时间服从均值为 25 min 的指数分布。零部件加工完成后，再经过 7 min 运输到成品仓库。

3）控制室

控制室监控加工车间队列中待加工零部件实体的数量及加工机器的状态。在加工车间的零部件加工完成并运输 5 min 后开始启动控制室的控制过程。如果加工车间的加工机器有空闲，并且加工车间中零部件队列的数量小于 5，那么控制室将向零部件仓库发出最多 8 个零部件的需求信息（首次零部件的需求个数为 10 个），发出信息到零部件仓库接收到信息的延迟时间为 3 min。

请通过模拟，试分析在 24 h 内，加工机器的使用率情况、零部件队列情况和零部件在模拟过程中的总停留时间。

4.3.2 Arena 高级过程面板与新的建模特性

4.3.1 节的问题是一个相对复杂的加工处理过程，相对于一般加工处理过程的不同在于：一般加工过程中是上游的工件数量决定下游工件数量，而本例则严格控制下游在制品数量，通过一定的信息传导机制，根据下游的工件数量控制上游供给。

新的建模特性主要是下游控制上游的信息传导机制的实现，下面结合 Arena 中的高级过程面板进行具体分析。

1. Arena 高级过程面板概述

Arena 的基本过程（Basic Process）面板提供了最高层环境，可以既迅速又容易地创建大部分系统的高层模型。高级过程（Advanced Process）面板中的模块将基本过程面板中的与流程相关的高层模型分解为若干更为基本的原子模型。用户可以通过任意组合以描述更多复杂的工作流程。例如，基本过程面板中的"处理"模块与"占用—延时—释放"模块（Seize-Delay-Release）的组合就是基本相同的功能。除此之外，高级过程面板还提供了其他一些更详细的建模能力，补充了基本过程面板的功能，如匹配模块、查找模块、删除模块等。由高级过程面板建立的模型对用户来说会更明晰，因此对于有经验的建模人员，建议从这一层开始建模。

Arena 高级过程面板包含 14 个流程图（Flowchart）模块和 7 个数据（Data）模块。流程图模块包括延时（DELAY）模块、卸载（Dropoff）模块、保持（Hold）模块、匹配（Match）模块、选择（Pickup）模块、读/写（ReadWrite）模块、释放（Release）模块、删除（Remove）模块、占用（Seize）模块、查找（Search）模块、信号（Signal）模块、进仓模块（Store）模块、出仓（Unstore）模块和调整变量（Adjust）模块；数据模块包括高级组（Advanced Set）模块、表达式（Expression）模块、失效（Failure）模块、文件（File）模块、状态组（StateSet）模块、统计（Statistic）模块和仓库（Storage）模块。这些模块的详细介绍可参见附录 B。

显示/隐藏高级过程面板，请参考第 3 章如何显示/隐藏面板。

2．新的建模特性

本例的难点在于实现信号逆向传递，这个传递过程包括启动、控制、传递延迟和接收，逆向传递中还有一个比较复杂的控制逻辑。下面具体分析新的建模特性。

1）信号的启动、传递与接收

在模型的初始阶段，加工车间没有零部件在加工。为了初始化整个模拟过程，需要产生一个信号使仓库释放零部件，从而使模拟过程顺利进行。启动信号的产生需要使用一个单独流程。该流程中的生成模块在模型的初始过程中生成一个虚拟实体，以启动信号模块发送信号，将首次需求的零部件发送到加工车间。

当零部件到达仓库时，实体（零部件）需要在仓库中以队列的形式进行临时存储，直到获得需求信号和需求数量信息后，将指定数量的实体（零部件）组合，通过指定的路由发送到加工车间。因此，仓库面对两个主要任务：存储以指数时间间隔到达的零部件和等待接收需求信息后发送指定数量的零部件到控制室。

Arena 中的保持模块和信号模块可以实现以上仓库的信号处理流程。保持模块包含一个（或一组）实体队列，它将到达的实体保持在模块中。通过选择队列类型（Queue Type）选项，可以设置实体在保持模块中的队列类型。另外，保持模块包含一个释放实体的控制开关。该控制开关限制选项包括等待信号、条件扫描和无限制条件。当控制开关限制条件满足时，保持模块将从实体队列中释放一定数量的实体。

在本问题的建模中，可以设置保持模块中释放实体的控制开关限制选项为等待信号。保持模块等待的信号来自于信号模块。因此，需要在模型的适当位置使用信号模块。当有实体流过信号模块时，信号模块将发送信号到等待相应信号的保持模块中。当保持模块接收到相应的信号后，就释放指定数量的实体。

另外，加工车间首次需求的零部件数量与正常运作之后加工车间每次需求的零部件数量不同。可以通过信号模块中的限制选项设置。

2）延迟处理

在生产运输过程中，延迟处理普遍存在。在本问题中，包含两种不同类型的延迟处理。

第一种是需要消耗资源的延迟处理。这些延迟主要表现在当零部件进入加工车间加工时，加工的过程需要消耗资源（3 台同样的加工机器）和一定时间。对于需要消耗资源的延迟处理过程，可以使用基本过程面板中处理模块的"Seize Delay Release"功能实现。

第二种是不需消耗资源的延迟处理。

这些延迟主要表现在以下流程中：

（1）从控制室向仓库发出信息到仓库接收到信息的延迟为 3 min。

（2）从仓库中出来的实体运送到车间的运输延迟为 2 min。

（3）加工完成后，加工的实体被运输 5 min 后启动控制室的控制过程，再经过 2 min 后离开系统。

对于不需要消耗资源的延迟过程，Arena 提供许多模块可以达到延迟的效果（如延迟模块、路由模块等）。延迟模块和路由模块经常被用于描述简单的延迟过程。路由模块可以表示实体在运输过程中产生的延迟，而延迟模块可用于表示更广泛意义上的延迟。

在以上三种延迟处理中，两个模块均可以表示延迟。但是，在建模过程中，应根据模型结构、模型易理解性及建模简易性等角度选择适当的模块表现延迟效果。

> **消耗资源。**
> 此处的消耗资源主要针对问题中认为有限的资源，如加工机器等。运输设备其实也可以被看做资源，因为模型比较简单，所以可以忽略。

3）控制室的控制过程

当实体被运输 5 min 后，将启动控制室的控制过程。控制室的控制逻辑比较复杂。在本问题中，如果加工车间的加工机器有空闲，并且加工车间中零部件队列的数量小于 5，那么控制室向仓库发送需求信息。

其实，控制室的控制逻辑还包含由信息传递延迟和零部件运输延迟造成的两种特殊情况。由于信息传递及零部件运输存在延迟，在信息还没有传递到仓库及零部件在途时，可能会还有实体（零部件）经过选择模块被判断为需要补充零部件，此时会出现重复发送释放零部件信号的情况。

模拟过程需要排除这两种不合理的发出释放零部件信号的情况。对于需求信息传递延迟，可以设计一个开关用以控制控制室在发出释放信号后，信号未到达前，不重复发出需求信号。这个开关可以由某个变量实现，当变量的值为 1 时表示零部件的需求信号正在发送。此时，控制室不发送任何需求信息。需求信号经过延迟传递完成后，再将其值赋为 0，完成开关值的复原。对于零部件运输延迟，控制室可以判断是否有在途零部件。当存在在途零部件时，控制室不发送任何需求信息。

因此，控制过程需要获得加工机器繁忙（或空闲）信息、加工车间中零部件队列的长度信息、指示零部件的需求信号是否已经发送的开关信息及在途零部件数量信息。

控制室的控制过程可以由一个选择模块来完成。选择模块分成两路：若控制开关表达式为假，则不需要发出释放零部件的信号时，实体直接进入路由模块，经过 2 min 后离开系统；若开关表达式为真，则需要发出释放零部件的信号，此时实体经过信号模块向保持模块发送信号。

4.3.3 建模过程与动画

4.3.2 节已经对建立模型需要使用的新的建模特性做了简单介绍，本节将详细分析如何建立模型。

为了方便模型的分析与建立，将模型分为四个部分，即启动零部件进入加工过程、产生零部件供给过程、下游加工过程和控制上游过程补充零部件过程。下面分别对这些部分的建模过程进行介绍。

1. 启动零部件进入加工过程流程

由于 Arena 通过实体触发模块的特性，在模型模拟过程开始前要设置一个启动开关。

通过这个开关,加工车间发送首次零部件需求信息到仓库,以启动模型的第一次零部件供给。其具体过程可在一个独立的流程中,通过一个虚拟的实体生成一个需求信号来实现。启动零部件进入加工过程流程图如图 4.30 所示。

图 4.30　启动零部件进入加工过程流程图

生成模块"Initiate Process"只产生一个实体,该实体在 5min 后到达,实际作用就是充当启动开关,产生第一次零部件需求信息。生成模块"Initiate Process"的设置如图 4.31 所示。

为了完成发送需求信息的功能,还需要使用信号模块。信号模块"Release_Entities"发出一个"Release_Request"信息,收到该信号的保持模块将释放 10 个实体(零部件),如图 4.32 所示。

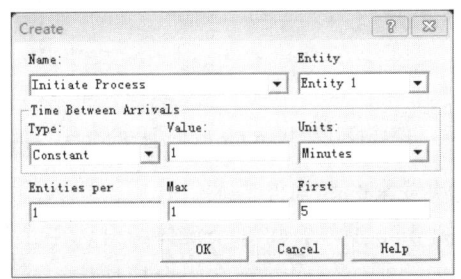

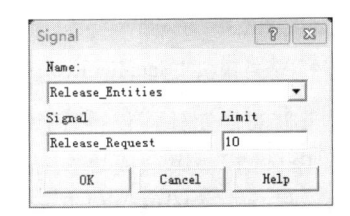

图 4.31　生成模块"Initiate Process"的设置　　图 4.32　信号模块"Release_Entities"的设置

2. 产生零部件供给过程

产生零部件供给过程用于描述仓库中的处理过程。仓库中的零部件实体按照均值为 70min 的指数分布时间间隔到达,每次到达的实体个数为 25 个。当接收到需求信息时,仓库中的实体将按照 8 个一包经过 2min 的运输时间运送到车间。产生零部件供给流程图如图 4.33 所示。

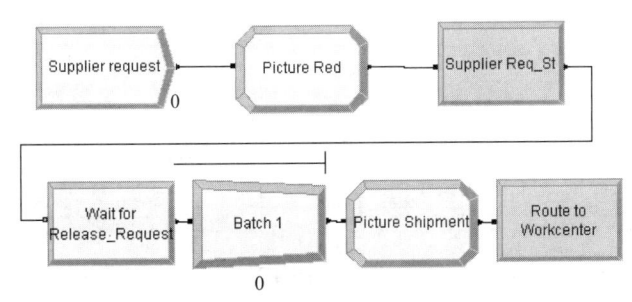

图 4.33　产生零部件供给流程图

首先,由生成模块"Supplier request"生成零部件实体,经赋值模块"Picture Red"赋予图案属性值"Picture Red"。在生成模块"Supplier request"中设置生成零部件实体按照均值为 70min 的指数分布时间间隔到达，每次到达的实体个数为 25 个。

实体产生后，经过站点模块"Supplier Req_St"（参考附录 A.1.5），进入保持模块"Wait for Release_Request"，等待零部件需求的信号到来。站点模块"Supplier Req_St"的设置如图 4.34 所示，其中定义站点名为"Request Station"，即实体将进入一个名为"Request Station"的站点。

保持模块"Wait for Release_Request"的设置如图 4.35 所示，实体进入保持模块后进行排队，等待信号"Release_Request"的到达。如果其他模块产生了信号"Release_Request"，那么将从队列中最多释放 10 个实体（在有足够实体的前提下），如图 4.35 所示。

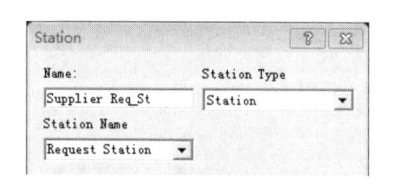

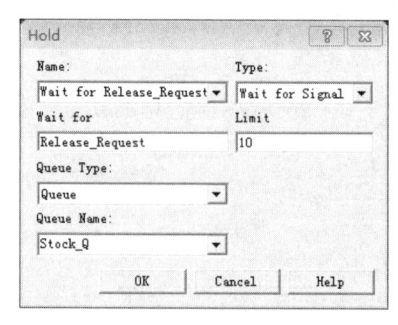

图 4.34　站点模块"Supplier Req_St"的设置　　图 4.35　保持模块"Wait for Release_Request"的设置

当零部件实体在保持模块中接收到信号模块发来的零部件需求信号后，进入组合模块"Batch 1"。组合模块"Batch 1"的设置如图 4.36 所示，每 8 个实体组合为 1 个临时实体，临时实体的属性值继承最后一个组合进来的实体的属性。在组合模块中，零部件实体积累到指定的数量后，被组合送入相邻的实体赋值模块"Picture Shipment"，图案属性值变为"shipment"。

临时实体通过赋值模块后，到达路由模块"Route to Workcenter"，准备经路由模块进入下一个站点。路由模块"Route to Decision Center"的设置如图 4.37 所示，路由时间设置为 2min，路由的目的地为站点"Workcenter"。

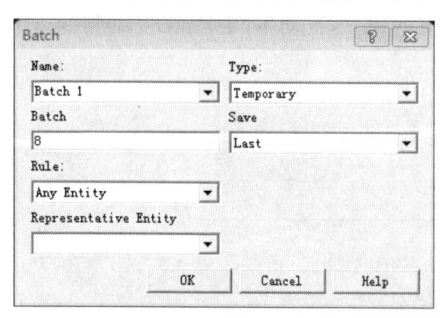

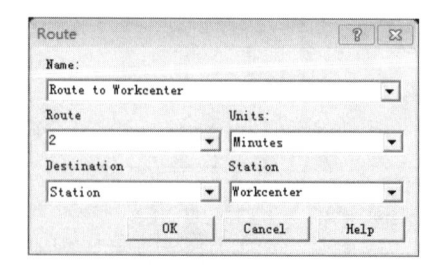

图 4.36　组合模块"Batch 1"的设置　　图 4.37　路由模块"Route to Workcenter"的设置

3. 下游加工过程

下游加工过程用于描述零部件到达加工车间的加工过程。经上面路由模块选择，零部件实体进入加工过程,加工车间有 3 台同样的加工机器,每个零部件在加工过程中将占用加工机器,直到加工完毕时释放。处理工件的时间服从均值为 25min 的指数分布。下游加工过程的流程图如图 4.38 所示。

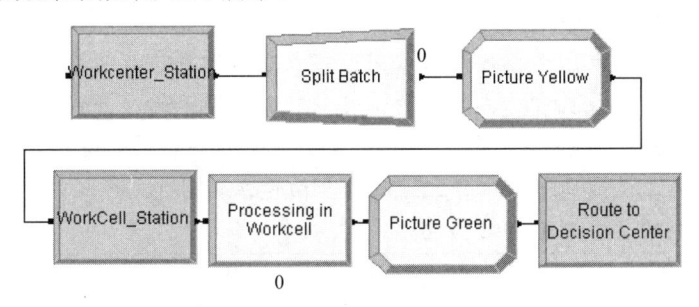

图 4.38 下游加工过程的流程图

经过产生零部件供给过程中的路由模块的零部件实体进入站点(Workcenter)。到达站点后,通过分解模块"Split Batch"分解在"Batch 1"组合的临时实体。站点模块"WorkCell_Station"定义了站点名称为"Workcell"。

然后,分解的零部件实体进入处理模块"Processing in Workcell"进行处理(处理过程需要占用加工机器的资源,处理零部件实体需要时间延迟)。加工车间有 3 台同样的加工机器,每个加工实体使用 1 台机器,直到加工完毕后实体释放该机器资源。处理工件的时间服从均值为 25 min 的指数分布。处理模块"Processing in Workcell"的设置如图 4.39 所示。

图 4.39 处理模块"Process in Workcell"的设置

工件的加工时间可以通过表达式模块进行设置。在"Delay"下拉框中,选择"Expression",在"Units"下拉框中选择"Minutes",在"Expression"文本框中键入"expo(25)",表示处理工件的时间服从均值为 25min 的指数分布。

注意,不熟悉 Arena 的读者也可以在"Expression"文本框中单击鼠标右键,选择"Build Expression…",此时弹出"Expression Builder"对话框,在左侧的"Random Distributions"

选项中选择"Exponential",在右侧的"Mean"字段处键入"25",最后单击"OK"按钮完成设置。

> **表达式建立器与表达式模块。**
> 表达式建立器与表达式模块都可以用于建立复杂的表达式。表达式建立器(参考图 4.43)是 Arena 为建立表达式提供的工具,可以获得 Arena 系统变量并建立类似复杂的表达式。表达式模块(参考图 4.15),定义了一系列表达式名称和与它相关的值。这些值可以由表达式建立器建立,也可以由手动建立。其建立可以简单,也可以复杂。模型通过表达式的名称来引用这些表达式。

加工机器数量需要通过资源模块进行设置。选择基本流程窗口"Basic Process"中的数据模块区域,单击资源模块,再双击资源列表框的序列号,在弹出对话框中的"Capacity"字段处键入"3"。

接着,零部件实体进入赋值模块,被赋予新的图案属性值"Picture Green",最后进入路由模块(Route to Decision Center),该模块的设置如图 4.40 所示。路由时间设置为 5min,路由的目的地为站点"Decision"。

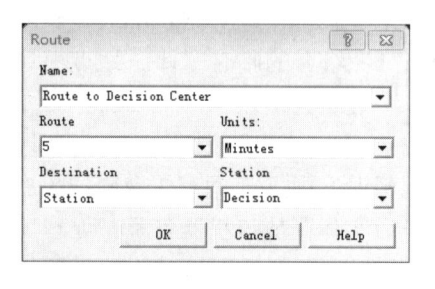

图 4.40 路由模块"Route to Decision Center"的设置

4. 控制上游过程补充零部件过程

控制上游过程补充零部件过程用于描述控制室控制发送零部件需求信息的过程。加工完成的零部件实体被运输 5min 后,启动控制室的控制过程,即根据"加工车间加工机器有空闲、加工车间中零部件队列的数量小于 5、在途中的实体数等于 0、没有正在发送的需求信号"这个条件判断是否进行零部件补充。如果需要补充零部件,则发送需求信息到仓库,信息到达需要 3min。最后,零部件实体再经过 2min 后离开系统。控制上游过程补充零部件流程图如图 4.41 所示。

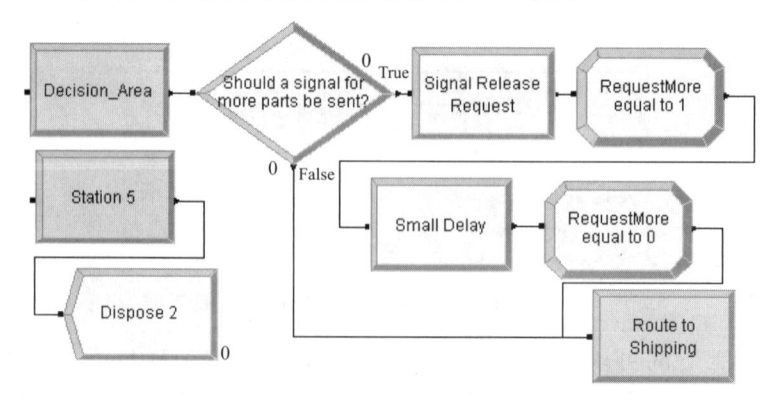

图 4.41 控制上游过程补充零部件流程图

控制室的控制功能通过一个站点模块(Decision Area)来实现。此模块将实体分成两部分:一部分直接进入路由模块,另一部分经信号模块、赋值模块、延迟模块(Delay module)、赋值模块进入路由模块。其中的关键模块——选择模块"Should a signal for more parts be sent?"的设置如图 4.42 所示。

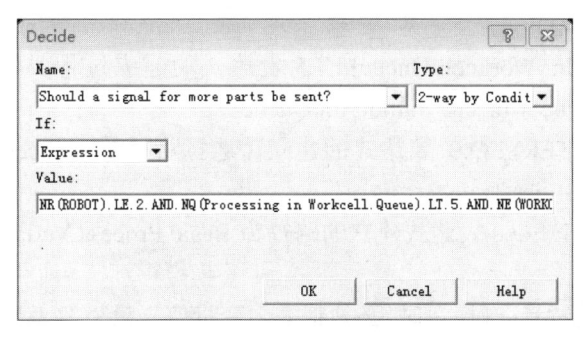

图 4.42 选择模块"Should a signal for more parts be sent？"的设置

在图 4.42 中，Value 表达式设置为：NR(ROBOT).LE.2.AND.NQ(Processing in Workcell.Queue).LT.5.AND.NE(WORKCENTER).EQ.0.AND.REQUESTMORE.EQ.0，该值表示如果繁忙的 Robot 机器数小于或等于 2、队列 Processing in Workcell 中排队的零部件实体数小于 5、站点 WORKCENTER 中的实体数等于 0、变量 REQUESTMORE 的值等于 0，则发送信号。

前两个条件在问题中明确给出，后两个条件已经在 2.4.2 节中做了详细的分析。对于需求信息传递延迟，可设置一个变量开关（REQUESTMORE）。当变量的值为 1 时，表示零部件的需求信号正在发送；当变量的值为 0 时，表示零部件的需求信号发送完毕。对于零部件运输延迟，控制室可以判断站点（WORKCENTER）的在途零部件数是否等于 0。

Value 值的建立过程比较复杂，为避免产生错误，请使用表达式建立器，如图 4.43 所示。其中的谓词可通过选择如图 4.43 所示的运算符及谓词进行添加。

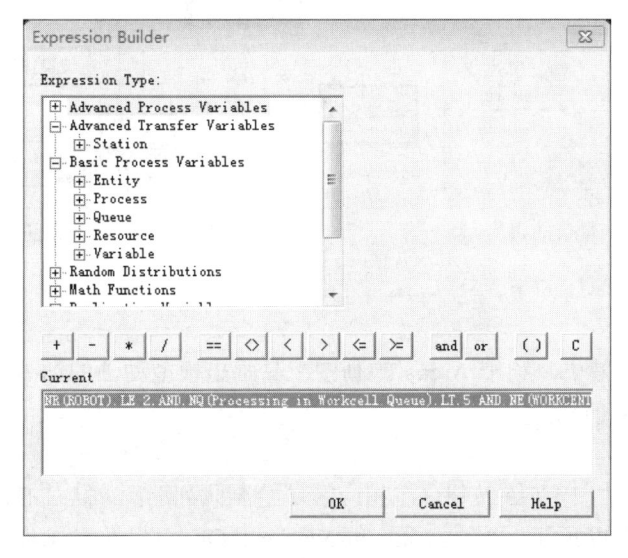

图 4.43 Value 表达式的设置

NR(ROBOT).LE.2.表达式建立的过程是：展开路径 Basic Process Variables/Resource/Usage/Current Number/Busy，在"Resource Name"中选择"Robot"项，然后单击"<="按钮，键入"2"。

NQ(Processing in Workcell.Queue).LT.5.表达式的建立过程类似，其路径为 Basic Process Variables/Queue/ Current Number in Queue。

NE(WORKCENTER).EQ.0 表达式的建立需选择路径 Advanced Transfer Variables/Station/Number Of Entities Transferring。

REQUESTMORE.EQ.0 表达式建立的路径为 Basic Process Variables/Variable/ Current Value。

零部件实体经过 Assign 模块时，必须将需求变量值先设为1(其设置如图 4.44 所示)，经过延迟表示信号传递完成后，还必须将其复原为 0（它的建模过程类似于前面赋值过程，在此省略）。

延迟模块的设置方法简单，选择"Units"为"Mintes"，时间值为"3"。

最后的路由运输过程由路由模块"Route to Shipping"与站点模块"Station 5"共同完成。它们的设置方法与前面的类似模块相同，这里不再赘述。

5. 模型动画

模型动画主要涉及 5 个站点模块，分别为"Request Station"、"Workcenter"、"Workcell"、"Decision"和"Shipping"，其效果如图4.45所示。零部件实体从 Request Station 出发，到 Shipping 站点结束，即由零部件需求出发，到达工作中心，接着到达加工车间、控制中心，最后到达运输中心。

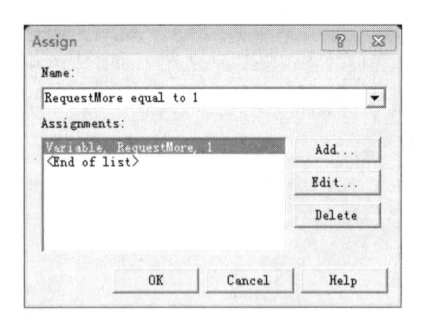

图 4.44 需求变量值的设置　　图 4.45 准时化生产方式的对话效果

具体建立过程简述如下。

1）动画背景

为了增加动画效果，利用 Arena 的画图工具画出模型动画的动画背景，其完成的模型背景图如图 4.46 所示。

2）队列动画

单击动画工具栏上的 按钮，在相应区域绘制队列动画，队列 Stock_Q 的队列动画的相关设置如图 4.47 所示。Processing in Workcell.Queue 队列动画设置比较简单，不再赘述。

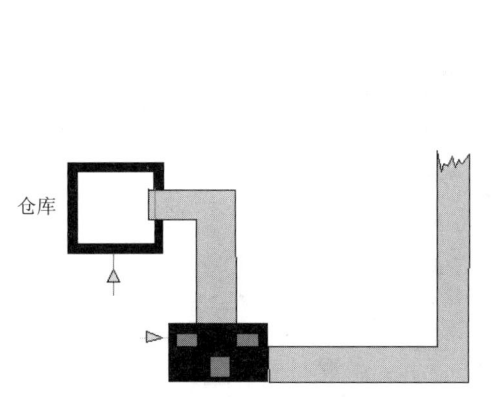

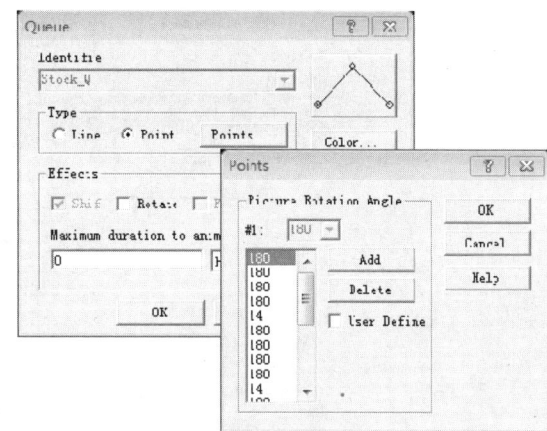

图 4.46　模型动画的背景图　　　图 4.47　队列"Stock_Q"的队列动画的相关设置

3）资源动画

单击动画工具栏上的 按钮，建立资源动画。可以从图形库中，选择可以表达相应含义的图标，分别表示机器的四种状态。资源"Robot"动画的相关设置如图 4.48 所示。

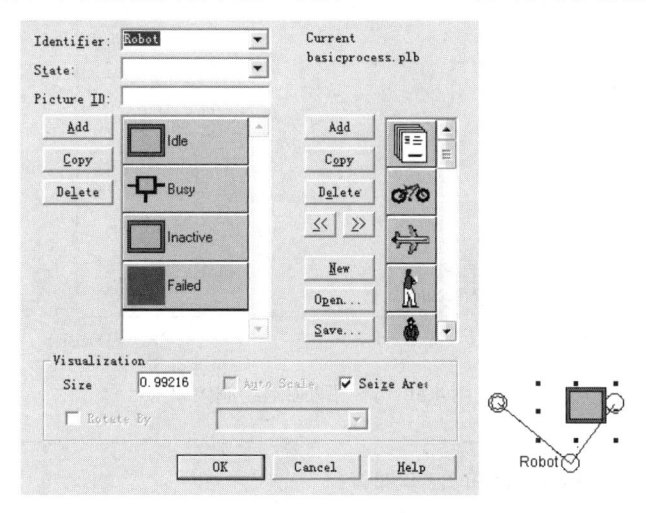

图 4.48　资源"Robot"动画的相关设置

4）全局动画

单击动画工具栏上的 按钮，建立全局动画。从图形库（各种图形库文件存放在 Arena 安装目录下，以 plb 结尾）中，选择可以表达相应含义的图标，分别表示需求变量的两个不同值，可通过"Trigger"的下拉按钮进行设置或直接填写。全局变量"RequestMore"动画的相关设置如图 4.49 所示。

5）路由动画

单击 Animate Transfer Toolbar 中的图标 ，分别将起点和终点放于模型动画背景的相应位置，其路由动画的绘制效果如图 4.50 所示。

注意：每放置一个路由时需要选择对应的站点标志"Request Station"。

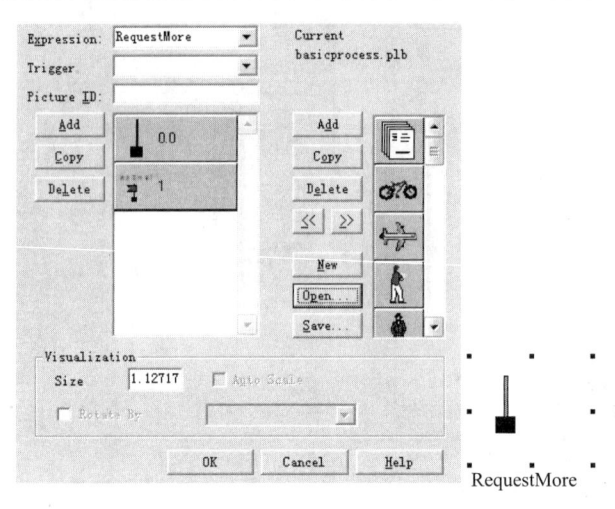

图 4.49　全局变量"RequestMore"动画的相关设置

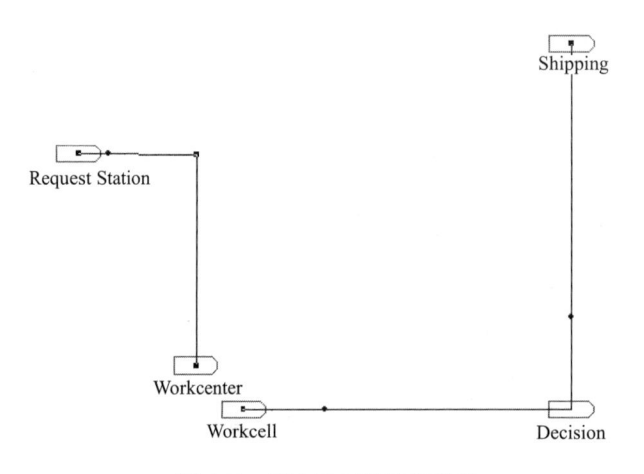

图 4.50　路由动画的绘制效果

> **Animate Transfer Toolbar 的添加。**
> 注意，若工具栏中没有 Animate Transfer Toolbar，可从"View"菜单中的"Toolbars…"中添加即可，或者单击鼠标右键在其工具栏选中"Animate Transfer"。

4.3.4　模拟结果及分析

在上述的系统模型及动画模型建立之后，就可以进行模拟相关设置以启动模拟模型。

为了保证在模拟结果具有可信度的前提下，快速得到模拟结果，修改模拟时间（Replication Length）的值为 2 400h，所有时间单位（Time Units）均设为"Hours"，模拟次数设置为"1"次。在"Run Setup"选项卡的"Reports"的"Default Report："中选择"SIMAN Summary Report(.out file)"。对模拟结果进行初步整理，得到准时化生产方式系统模拟结果如图 4.51 所示。

Identifier	Average	HalfWidth	Minimum	Maximum	Observations
Processing in Workcell	0.41898	0.00758	6.4504E-06	3.7371	16596
Processing in Workcell	0.85688	0.01861	6.4504E-06	4.4710	16596
Processing in Workcell	0.43790	0.01165	0.00000	2.4988	16596
Entity 1.VATime	0.41897	0.00742	0.00000	3.7371	16595
Entity 1.NVATime	0.00000	0.00000	0.00000	0.00000	16595
Entity 1.WaitTime	803.07	(Corr)	0.00000	1619.9	16595
Entity 1.TranTime	0.14999	(Corr)	0.00000	0.15000	16595
Entity 1.OtherTime	0.00625	(Corr)	0.00000	0.05000	16595
Entity 1.TotalTime	803.65	(Corr)	0.00000	1620.6	16595
Stock_Q.WaitingTime	802.79	(Corr)	0.08333	1619.7	16602
Processing in Workcell	0.43797	0.01175	0.00000	2.4988	16599
Batch 1.Queue.WaitingT	0.28902	0.00476	0.00000	2.8073	16600

DISCRETE-CHANGE VARIABLES

Identifier	Average	HalfWidth	Minimum	Maximum	Final Value
Entity 1.WIP	16131	(Corr)	0.00000	32082	32081
Robot.NumberBusy	2.8981	0.00256	0.00000	3.0000	3.0000
Robot.NumberScheduled	3.0000	(Insuf)	3.0000	3.0000	3.0000
Robot.Utilization	0.96606	8.5211E-04	0.00000	1.0000	1.0000
Stock_Q.NumberInQueue	16122	(Corr)	0.00000	32073	32073
Processing in Workcell	3.0295	0.04451	0.00000	7.0000	1.0000
Batch 1.Queue.NumberIn	1.9999	(Corr)	0.00000	8.0000	2.0000

图 4.51 准时化生产方式系统模拟结果

零部件实体在模拟过程中的总停留时间,在图 4.51 中可以看出,从零部件实体进入系统到离开系统的平均时间为 803.65h。

加工过程情况中,零部件实体的平均完工时间为 0.856 88h(包括平均等待时间 0.437 90h 与加工时间 0.418 98h)。进入加工的零部件个体数为 16 600,完成加工的零部件个体数为 16 596。

零部件实体在 3 个队列中的排队情况与资源的使用情况:在组合过程中,零部件实体的平均等待时间为 0.289 02h,平均等待零部件实体数为 1.999 9 个;而在加工过程中为 0.437 97h,平均等待零部件实体数为 3.029 5 个;在等待信号的保持模块类队列中,零部件实体的平均等待时间最长为 802.79h,平均等待的零部件实体数为 16 122 个。很明显,在这样一个系统中,等待信号的过程最长,也最关键,否则就达不到下游控制上游的效果了,相反若不是这样,可以猜想在加工模块的等待时间会很长。

在资源的使用上,资源(3 个加工机器)的平均即时使用率为 0.966 06,处于忙碌状态的资源平均数为 2.898 1 个。显然使用率是比较高的。3 个加工机器处理的零部件实体数为 16 599 个。

由于每次模拟运行后随机函数产生的随机数值不同,所以往往每次运行会得到不同的模拟结果。在图 4.51 中,通过指标"半长"(Half Width)来衡量模拟结果期望值的置信度。这里的"半长"是指期望值的 95%置信区间的 1/2 长。如果模拟时间不足,那么此栏将显示"(insuf)",即"数据不充分"。因此,今后在验证模型的过程中,建议多次重复模拟,以获得较高的置信度。

从该模型中模拟车间的控制设备向仓库发送零部件的需求请求的模拟结果看,控制室确保了加工车间一直处于繁忙状态,并且加工车间中待加工的零部件队列不会无限制地增长。设立控制室的作用主要是解决有限的缓冲区域和高的在制品运行成本问题。这是一个企业生产过程中下游控制上游过程的例子，很适合于 JIT 系统模拟。

4.4 Arena 高级传输面板与应用实例

前面 4.2 和 4.3 节中涉及的问题都没有具体到处理过程中传输或者运输过程，高级传输面板能直观方便地模拟传输或者运输过程。高级传输面板中的模块相对独立，往往在要模拟传输或者运输过程时才会被使用。本节设计的自动化仓库搬运设备故障处理模拟实例中包含了使用小车运输和使用传送带传输的过程，使用了高级传输面板中的大部分模块。学习重点是如何将实际传输或者运输过程抽象为高级传输面板的模块，以直观地模拟出传输或者运输过程。

4.4.1 自动化仓库搬运设备故障处理的建模与分析问题

自动化仓库是供应链系统的一个重要组成部分，国内外自动化仓库正逐步向智能自动化方向发展，仓储技术的智能化在 21 世纪将具有广阔的应用前景。

物料搬运是自动化仓库和工厂自动化中很重要的一种作业，它影响到生产成本和生产效益。设备故障问题是物料搬运中不可避免的问题，也是许多离散型模拟模型中常见的问题（子问题）之一。

某公司生产的各类产品抵达自动化仓库时，先通过自动导引小车将产品全部运输到仓库内部，之后将产品分别转载到一个主传送带，主传送带上带自动感应器能对产品标签进行识别，并且根据识别的结果将产品通过不同的辅传送带运输到仓库的 A 区（66%产品）和 B 区，进行下一步分拣。

经过统计，产品到达时间间隔服从均值为 3min 的指数分布，该公司的自动化仓库中有 2 名维修人员负责自动导引小车和传送带设备的维修，相同功能的自动导引小车共有 8 台，每台自动导引小车发生故障的时间间隔服从 5h 的指数分布（统计时，计入维修时间），维修自动导引小车所需的时间服从最小值、众数、最大值分别为 50、75、100min 的三角形分布。主传送带设备比较陈旧，发生故障的时间间隔服从 2.5h 的指数分布（统计时，不计入维修时间），新安装的辅传送带基本不发生故障。

每个自动导引小车平均运行速度为 10m/min，它将产品运输到仓库内部的距离是 100 m。每件产品被运输到仓库内部后卸载时间服从 8～10min 的均匀分布。主传送带长 100m，辅传送带各长 60m，在所有传送带上，每件产品占用带长 4m（传送带上的产品间距为 2m）。每件产品从主传送带转移到辅传送带的时间服从 5～9min 的均匀分布，忽略辅传送带上的产品卸载时间。所有传送带的速度为 5m/min。如果遇到堵塞情况，产品距离可以缩短，但是如图 4.52 所示。每件产品至少占用传送带带长 2m（每件产品长 2m）。

现在需要先分析维修人员的繁忙率、自动导引小车的利用率。如果自动导引小车减少 1 辆，对产品在系统内的总停留时间有什么影响？维修人员减少到 1 人，对产品在系统内的总停留时间是否有明显影响？两者对产品的总停留时间的影响，哪个更大？

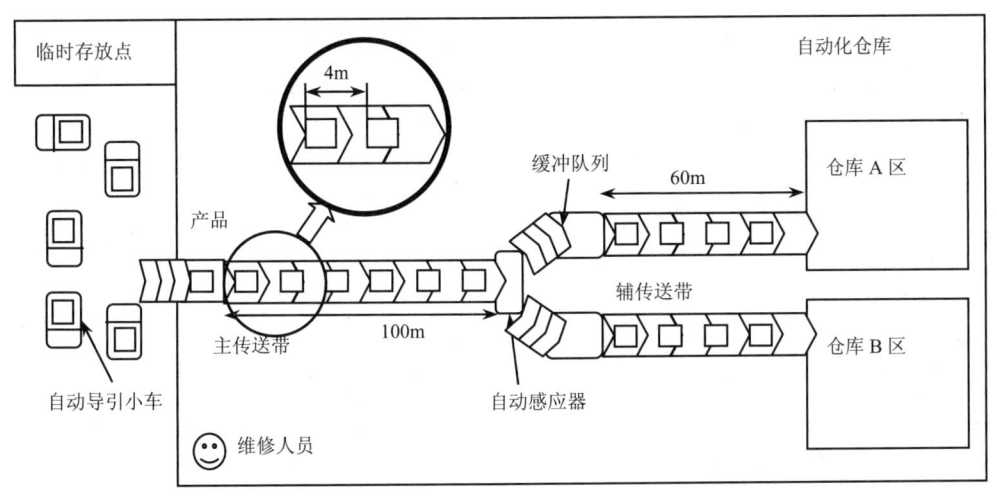

图 4.52 自动化仓库实体图

4.4.2 Arena 高级传输面板与新的建模特性

上面的问题主要是输送过程的处理，包括自动导引小车运输和传送带传送，以及其中故障的处理。Arena 中的高级传输面板提供了模拟传输过程的多个流程图模块和数据模块，请参考附录 A。

新的建模特性主要包括两个方面：一是传输过程的实现，二是故障处理的实现。下面结合 Arena 中的高级传输面板进行具体分析。

1. Arena 高级传输面板概述

在模块间运送实体时，最初使用的是连接（Connect）类型。这种传输方式不需要时间，而且随时间的运送没有任何约束，在传输路径上对运送实体的数量没有限制，这种传输方式是经过简化处理的，主要用来直观地表示实体传输过程。

然而，实际传输过程却并非如此简单。在实际传输中往往存在诸多限制因素，如物流公司中卡车的数量和容量，因此经常需要做出决策，以便在现有的条件下实现最快捷、成本最低、运量最大的运输。对于一个实际的自动化仓库中的物料传输，根据实际传输的物料及使用的传输设备的类型，可以将实体传输分为两种：①用物料传输设施的可用数量来限定同时运输实体的数量，如叉车的数量、搬运人员的数量等；②利用可用的空间来限定传输的能力，如电梯的空间等。Arena 高级传输面板能较好地模拟这两种不同的方式。

> **显示/隐藏高级传输面板。**
> Arena 在默认情况下没有打开高级传输（Advanced Transfer）面板。若需要打开高级传输面板，以鼠标右键单击工程栏（Project Bar），选择"模板面板"（Template Panel）选项下的"附加"（Attach）选项，并在弹出的"附加模板面板"（Attach Template Panel）对话框中打开"AdvancedTransfer.tpo"文件。此时，可以看到工程栏（Project Bar）增加了一个选择栏"Advanced Transfer"，其中包含若干高级传输模块。

> 隐藏高级过程面板也比较方便，首先选择高级过程面板，然后以鼠标右键单击工程栏（Project Bar），选择"临时模板"（Template Panel）选项下的"隐藏"（Detach）选项即可。
>
> 通过同样的方法可以显示/隐藏其他的临时面板，如高级过程（Advanced Process）面板、元素（Elements）面板等。

Arena 高级传输面板主要涉及实体的传输，其中的模块用以完成将实体从一个地方传输到另一个地方涉及的功能，主要分为两大部分：一部分是建模时可视化的流程图（Flowchart）模块，另一部分是不可见的数据（Data）模块。

其中，流程图模块按照不同的颜色可区分为三个部分：①通用流程图模块，它与需要传输的产品无关，包括进入（Enter）模块、离开（Leave）模块、路由（Route）模块、站点（Station）模块及选择站点（Pick Station）模块，这些模块可以表达不需要传输资源的过程，比如人在系统中的自由移动；②围绕使用传送带进行传送过程的传送流程图模块，包括访问（Access）模块、传送（Convey）模块、启动（Start）模块、停止（Stop）模块及退出（Exit）模块；③围绕使用运输设备进行运输过程的运输流程图模块，包括激活（Activate）模块、分配（Allocate）模块、释放（Free）模块、暂停（Halt）模块、移动（Move）模块、请求（Request）模块及运输（Transport）模块。

数据模块包括序列（Sequence）模块、传送（Conveyor）模块、片段（Segment）模块、运输（Transporter）模块、距离（Distance）模块、网络（Network）模块、网络链（Network Link）模块及活动区域（Activity Area）模块。

不同的模块在传输过程中发挥不同的作用，本章会涉及多数高级传输面板的模块。对于各个模块的详细介绍，读者可以参考 Arena 帮助文档和本书的附录 A。

2．新的建模特性

1）实体传输的类型与处理

本实例中，主要问题之一是实体传输的模拟，建模过程中的实体传输可分为如下三种类型。

（1）利用基础面板中模块间的连接来实现无时间延迟、无约束的实体传输。这种实体传输类型较简单，在此不再赘述。

（2）通过物料搬运设施的可用数量来限定传输实体的数量，在传输过程中传输设备通过空间位置上的变动来实现实体运送。这种类型的实体传输可以通过高级传输面板中的相应模块来实现。运输设备模块（"Transporter"）可以表示叉车、搬运工人等，在实际建模时可以通过设置运输设备的数量来实现对搬运设备数量的限制。

在本实例的问题中，自动导引小车的运输就属于第二种类型，可以使用围绕 Transport 的运输模块实现运输功能。

使用运输设备搬运零件需要完成请求（Request）运输设备、运输（Transport）零件和释放（Free）运输设备三个活动。请求运输设备活动与占用资源类似，就是请求为实体分配一台可用的运输设备，如果设备不在实体所在的位置，就将设备移到该实体所在的位置。运输零件就是让设备把零件运输到其目标位置，这与 Route 的功能类似，不过在这里是实体与设备一起移动。释放运输设备就是使设备空闲，这与释放资源的活动类似。

（3）利用可用空间来限定运输的能力，传输过程中的限制主要涉及传输设备的搬运容量。这种传输类型可以通过高级传输面板中的传送（Conveyor）模块及相关的模块来实现，在实际建模时可以通过先定义传输设备的长度及容量来实现对传输设备容量的限制。

在本实例的问题中，主传送带和辅传送带的传送就属于第（3）种类型，可以使用围绕传送模块实现传输功能。

2）运输设备状态处理

运输设备分为可用和不可用状态，模拟模型最开始时，设备为可用状态。一旦发现设备故障，则要停止设备的使用，使设备变为不可用状态；当故障设备维修完成以后，又要将其恢复为可用状态。启动模块和激活模块可以实现将运输设备的状态由不可用变为可用状态，停止模块和暂停模块可以实现将运输设备由可用变为不可用状态，退出模块和空闲模块则可实现释放最近分配给实体的运输设备的功能。

在上述模块中，启动模块、停止模块和退出模块与运输模块搭配使用，激活模块、暂停模块和空闲模块与运输模块搭配使用。

3）空间距离的表示

传送实体的起始点和目的地之间存在空间上的距离，这可以通过距离模块和片段模块来实现。其中，距离模块用于定义传送模块涉及的两个站点之间的距离，片段模块用于定义传送设备片段组上两个站点间的距离。片段组由开始站点、结束站点和片段构建，它定义了传送设备的运动路径。一般来说，至少需要一个片段模块定义片段组。

4.4.3 建模过程与动画

1．建模过程

1）产品到达仓库等待运输的过程

产品到达仓库后要等待运输设备将其运输到分拣区域。由于自动导引小车的数量有限，因此需要请求并等待自动导引小车将产品运输到仓库内部。产品到达仓库等待运输过程流程如图 4.53 所示。

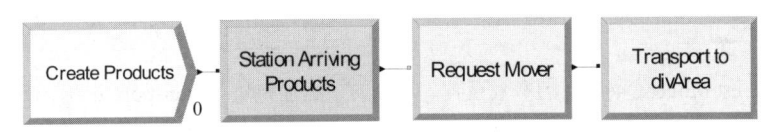

图 4.53　产品到达仓库等待运输过程流程图

产品到达时间间隔服从均值为 3min 的指数分布，通过生成模块"Create Products"来模拟产品抵达仓库的过程，其参数设置如图 4.54 所示。

产品抵达仓库后要等待运输设备，需要提供一个虚拟工作场所（不计算等待的成本与时间）供其等待运输设备。在图 4.53 中，站点模块"Station Arriving Products"用于模拟虚拟工作场所，名称为"Arriving Products"。

接下来，要为每一个产品分配一个运输设备以备运输，在图 4.53 中使用请求模块"Request Mover"来模拟分配运输设备的过程，其参数设置如图 4.55 所示。

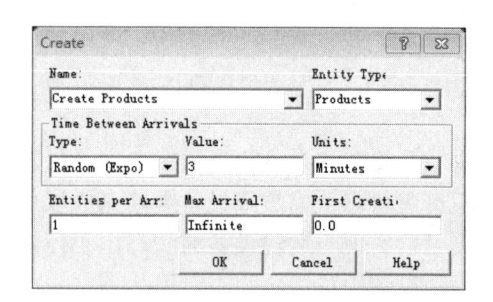

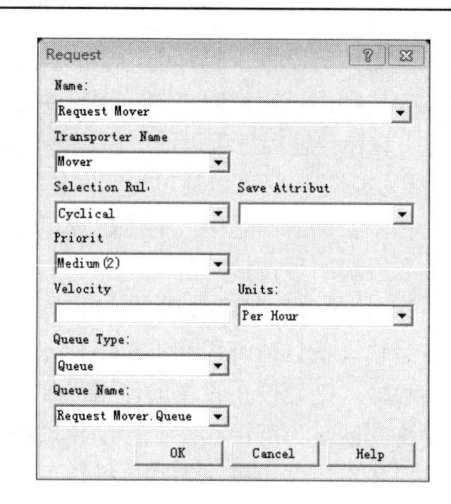

图 4.54 生成模块"Create Products"的参数设置　图 4.55 请求模块"Request Mover"的参数设置

在图 4.55 中,由于出现故障时优先处理故障,不进行产品的运输,因此此处优先级(Priority)设为"Medium(2)"或者"Lows(3)"。

在图 4.55 中,到达的产品可能会有很多,需要排队,并按照一定的次序进行运输设备的分配。这里的排队比较简单,队列类型选择比较简单的"Queue"型,队列名称为"Request Mover.Queue",队列的类型为"先进先出",其参数设置如图 4.56 所示。

产品得到运输设备后,运输设备要把产品转移至目的地。在图 4.53 中,使用运输模块"Transport to divArea"来模拟转移过程,其参数设置如图 4.57 所示。

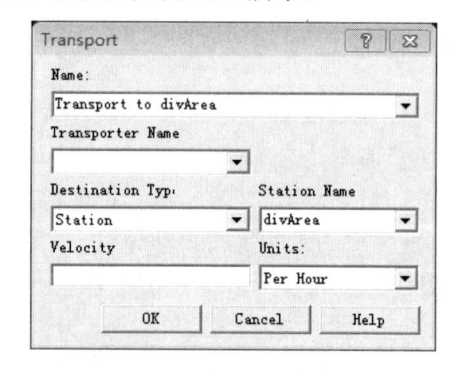

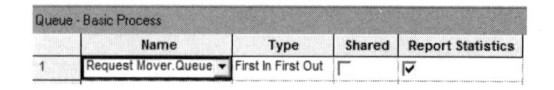

图 4.56 "Request Mover.Queue"的参数设置　图 4.57 运输模块"Transport to divArea"的参数设置

在图 4.57 中,运输设备(自动导引小车)运输一件产品需要占用一辆输送设备,运输的目的地是站点"divArea"。

自动导引小车有 8 辆,速度是 10m/min。假定初始状态为可用,初始位置为"divArea",其相关参数在高级传输面板中的运输设备模块"Mover"中进行设置,如图 4.58 所示。

自动导引小车的运输距离是 100m,使用高级传输面板中的距离模块"Distance"来表示,其参数设置如图 4.59 所示。

图 4.59 中的距离模块定义了距离"Mover.Distance",距离"Mover.Distance"是指从站点"Arriving Products"到站点"divArea"的长度。

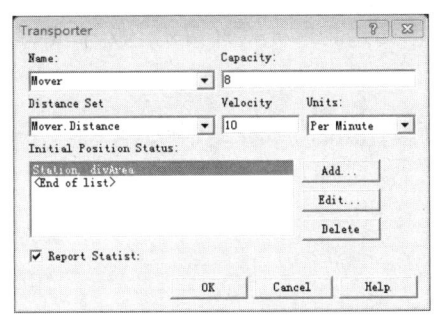

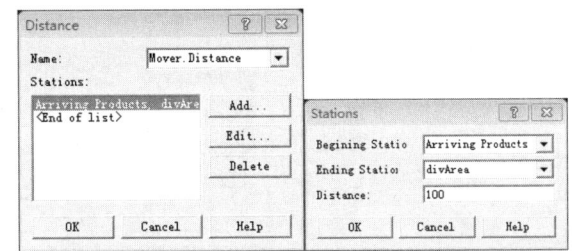

图 4.58 运输设备模块 "Mover" 的参数设置　　图 4.59 距离模块 "Distance" 的参数设置

2）产品通过主传送带传送的流程

自动导引小车将产品运输到仓库内部后，需要将产品装载到主传送带。由于主传送带长度和速度的限制，因此产品在到达仓库内部后，需要等待主传送带空闲。另外，传送带上每件产品占用传送带长 4m（传送带上产品间距离为 2m）。如果遇到堵塞情况，产品距离可以压缩，但是每件产品至少占用带长 2m（每件产品长 2m），所以需要对主传送带进行设置。产品通过主传送带传送流程图如图 4.60 所示。

进入模块 "Enter divArea" 提供了释放设备和站点的功能。使用进入模块来定义站点 "divArea"，并模拟释放传送设备的流程，其参数设置如图 4.61 所示。

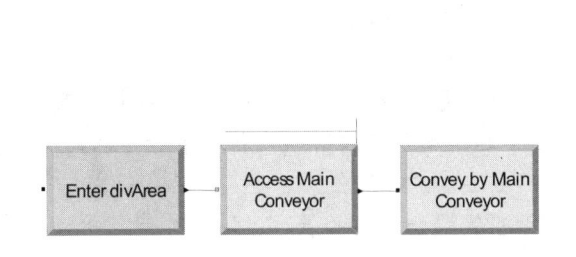

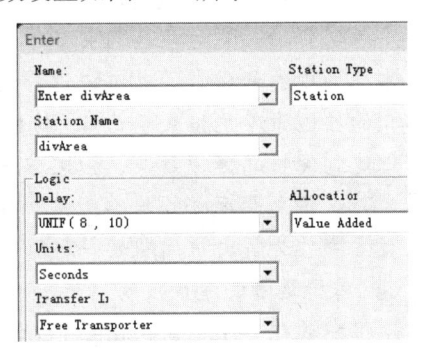

图 4.60 产品通过主传送带传送的流程图　　图 4.61 进入模块 "Enter divArea" 的参数设置

在图 4.61 中，"UNIF（8,10）" 模拟了 "每件产品被运输到仓库内部后装载到主传送带的时间服从 8～10min 的均匀分布"。

> **进入模块的使用。**
>
> 进入模块实际上是一个集成模块，它包含了站点模块、延迟模块、空闲模块（当实体传输通过运输设备时）、退出模块（当实体传输通过传送设备时）和释放（Release）模块（当实体占用资源时）。使用集成的模块可以简化建模过程。

在产品到达访问模块请求之前，先设置传送设备模块 "Main Conveyor" 表示主传送带。传送设备模块 "Main Conveyor" 的参数设置如图 4.62 所示。传送设备模块的类型设置为堆积（Accumulating），表示传送带上产品可能出现堵塞现象。单元格大小 "Cell Size"设置为 "4"，表示主传送带上单元格的长度为 4。最大单元格数量 "Max Cells Number"

选项设置为"5",表示每个产品最多可以占用 5 个主传送带单元格(事实上大于或等于 1 就可以了)。

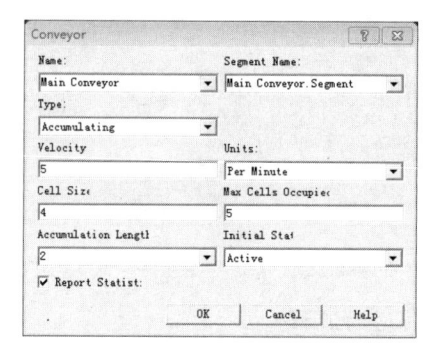

图 4.62 传送设备模块"Main Conveyor"的参数设置

> **传送带的设置问题。**
>
> 在 Arena 中并没有提供长度单位的设置,在传送带单元格大小"Cell Size"、堆积长度"Accumulating Length"等选项中都没有长度单位的设置。除此之外,在其他一些模块中有关于长度的设置,如传送带速度、传送带长度(在片段模块中设置)、运输设备的速度(在运输设备数据模块中设置)等,因此在设计模型时,需要统一长度单位。
>
> 传送带的设置方法往往并不唯一,可以根据问题具体分析以采用最适合的方法。在本问题中,传送带的也可以这样设置:传送带单元格长度为 1、每个产品最多可以占用的传送带单元格数量为 4、传送带单元格数量(# of Cell)为 4。这种设置方法也可以达到同样的模拟效果,但文中介绍的方法更符合题意。
>
> 传送带总长度必须被单元格长度整除,否则系统会报错。可以参考上面传送带的设置方法作为解决该问题的一种思路。传送带的速度是单位时间内传送带传送的距离,Arena 对传送带的速度没有特殊要求。
>
> 堆积长度(Accumulating Length)表示实体堆积状态的长度,即在本问题中遇到堵塞的情况下,表示实体所占用传送带的长度。在使用该设置时,需要首先将传送设备的类型(Type)设置为"Accumulating"。

在图 4.62 中,传送设备模块"Main Conveyor"的分段情况由片段模块"Main Conveyor.Segment"确定。相关参数主要是起始站点、终止站点和长度,可以在高级传输面板中的片段模块"Main Conveyor.Segment"中进行设置,其参数设置如图 4.63 所示。

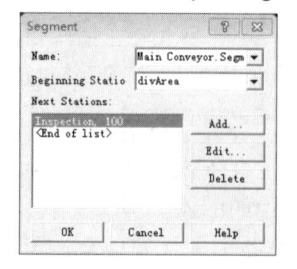

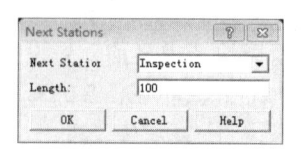

图 4.63 片段模块"Main Conveyor.Segment"的参数设置

在图 4.63 中，起始站点到终止站点的长度为 100，表示主传送带长为 100m。结合图 4.62 和图 4.63 看，主传送带共有 25 个单元格。

接下来，要为产品的传送申请使用传送带，这可通过访问模块"Access Main Conveyor"来实现。访问模块"Access Main Conveyor"的参数设置如图 4.64 所示，其中请求的传送带名称设置为"Main Coveyor"，产品占用传送带单元格数量（# of Cell）设置为 1，表示占用 4m 的传送带长度。

结合图 4.62 和图 4.64 看，如果发生拥挤，那么占用 2m 的传送带长度。

假定等待传送的产品队列参数设置按照默认的"先进先出"规则，具体设置可参考队列（Request Mover. Queue）的设置。

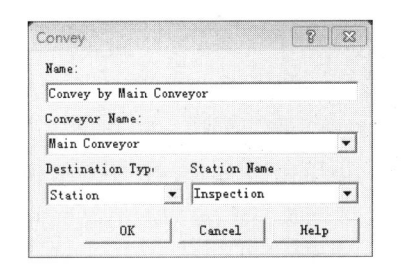

然后，使用传送模块（Convey by Main Conveyor）来模拟产品在主传送带上的传送过程，该模块指定了传送带名称和传送带要传送到的站点名为"Inspection"，其参数设置如图 4.65 所示。

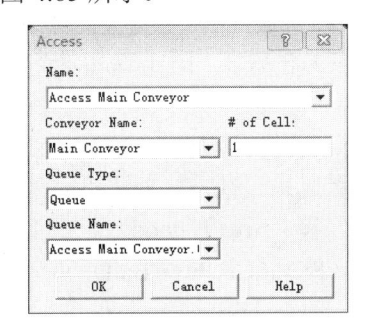

图 4.64 访问模块"Access Main Conveyor"的参数设置

图 4.65 传送模块"Convey by Main Conveyor"的参数设置

3）分类使用辅传送带传送产品的过程

产品经主传送带传送，应卸载到仓库 A 区的产品占 66%，卸载到仓库 B 区的产品占 34%。辅传送带长为 60m。

分类使用辅传送带传送产品的流程图如图 4.66 所示。

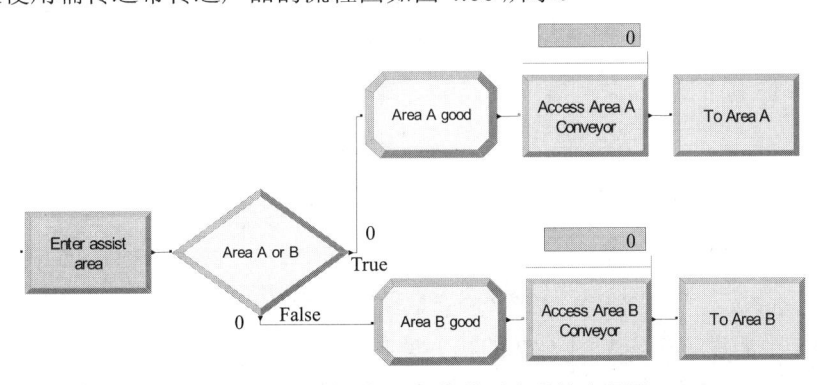

图 4.66 分类使用辅传送带传送产品的流程图

在图 4.66 中，用一个进入模块"Enter assist area"来模拟退出主传送带过程，其参数设置如图 4.67 所示。

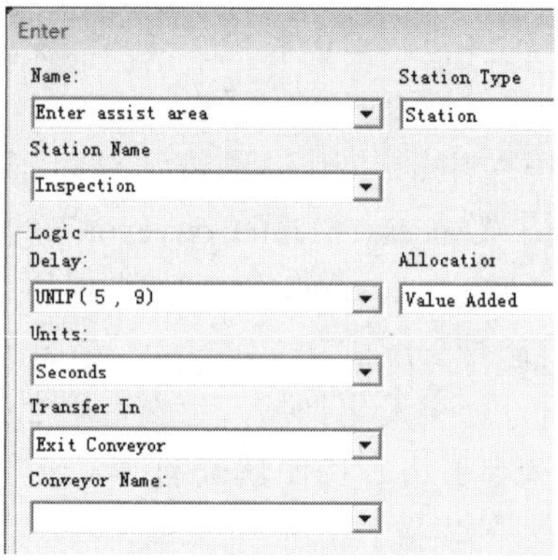

图 4.67 进入模块"Enter assist area"的参数设置

在图 4.67 中,"UNIF(5,9)"模拟了"每件产品从主传送带转移到辅传送带的时间服从 5~9min 的均匀分布"。

注意,图 4.67 与图 4.61 的不同在于"Transfer in"参数的设置,图 4.67 中的"Transfer in"参数指定了从主传送带卸载。

在图 4.66 中,使用判断模块"Area A or B"来进行分类,其中 66%的产品到达仓库 A 区,剩余的产品到达仓库 B 区。产品分类以后为了看起来直观,给抵达不同区域的产品赋予不同的图案属性,使用赋值模块"Area A good"和"Area B good"分别将进入 A 区和 B 区的实体图案(Entity.Picture)设为黄色小球(Picture.Yellow Ball)和绿色小球(Picture.Green Ball)。

产品通过辅传送带传送的过程与通过主传送带传送的过程类似,分别设置传送设备模块、访问模块、传送模块和片段模块。

传送设备模块"Area A Conveyor"的参数设置如图 4.68 所示。

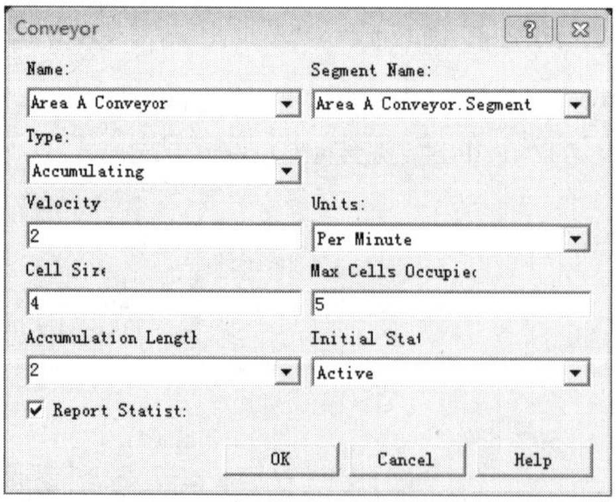

图 4.68 传送设备模块"Area A Conveyor"的参数设置

图 4.68 中的设置可参考图 4.62 的相关说明。

在图 4.68 中,"Area A Conveyor"的分段情况由"Area A Conveyor.Segment"确定,其相关参数主要包括起始站点、终止站点和长度,在片段模块"Segment"中进行设置,其参数设置如图 4.69 所示。

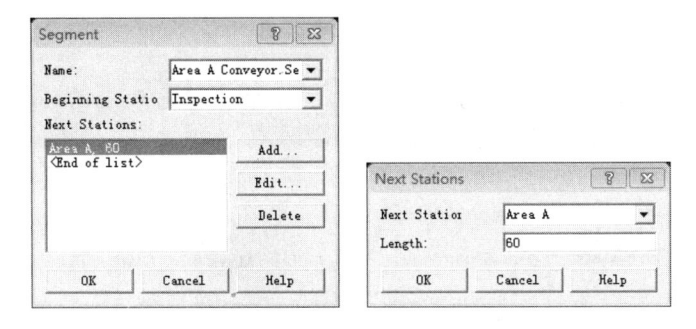

图 4.69 片段模块"Segment"的参数设置

在图 4.69 中，指定了辅传送带"Area A Conveyor"的长度为 60m，起始站点是"Inspection"，目标站点是"Area A"。

访问模块"Access Area A Conveyor"用于请求传送带传送产品的过程，请求的传送带名称设置为"Access Area A Conveyor"。产品占用传送带单元格数量（# of Cell）设置为 1，表示占用 4m 的传送带长度。

传送模块"To Area A"指定了要使用的传送带名称"Area A Conveyor"和传送目标站点"Area A"。

仓库 B 区使用的模块及参数设置过程与仓库 A 区类似，在此不再赘述。

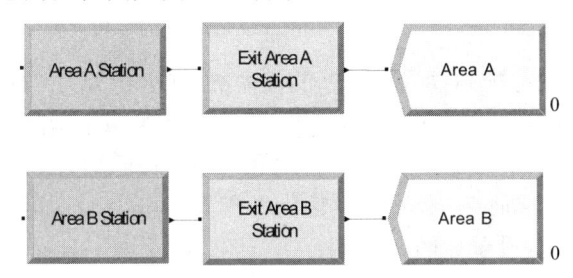

4）产品抵达目的地的流程

产品抵达目的地的流程图如图 4.70 所示。

图 4.70 产品抵达目的地的流程图

先用一个站点模块来表示目的地及卸载站点，然后再用一个退出模块来表示释放传送带单元格的流程。前文已经介绍了相关参数设置过程，此处不再赘述。

5）自动导引小车故障处理过程

当自动导引小车发生故障时，需要立即回到仓库由维修人员进行修理。每台自动导引小车发生故障的时间间隔服从 5h 的指数分布（统计时，计入维修时间）。在修理期间，自动导引小车将不允许被使用，其维修所需的时间服从最小值、众数、最大值分别为 50、75、100min 的三角形分布。自动导引小车故障处理流程图如图 4.71 所示。

自动导引小车发生故障的时间间隔服从 5h 的指数分布，使用生成模块（Create Failure）来模拟故障事件的产生。

然后，用分配模块"Allocate Mover"将故障事件实体分配给自动导引小车，用以表示该小车发生故障，分配模块"Allocate Mover"的参数设置如图 4.72 所示。

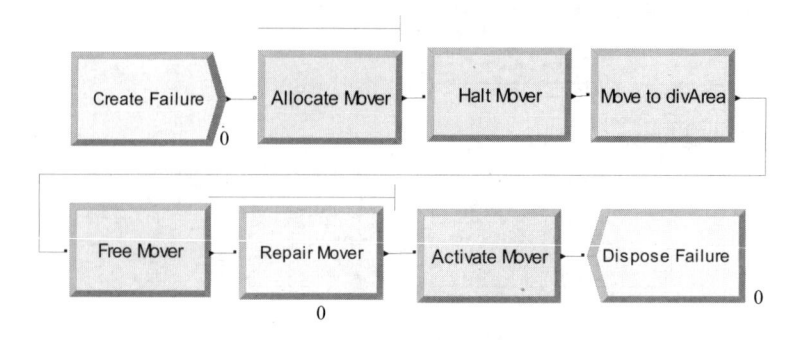

图 4.71　自动导引小车故障处理流程图

图 4.72　分配模块"Allocate Mover"的参数设置

在图 4.72 中,设置分配自动导引小车的优先级(Priorit)为"Height(1)",表示如果产品和故障同时请求自动导引小车,则故障优先,从而模拟了故障发生的实际情况。选择规则默认设置为"Cyclical",表示所有自动导引小车按照编号被依次选择。

对于产生故障的自动导引小车要将其状态变为不可用,这可通过暂停模块"Halt Mover"来实现,其参数设置如图 4.73 所示。

图 4.73 指定了"Halt"的对象:小车"Mover"。

故障出现后,将发生故障的自动导引小车转移至维修站点"divArea"以进行维修,使用移动模块"Move to divArea"来模拟自动导引小车的转移过程,其参数设置如图 4.74 所示。

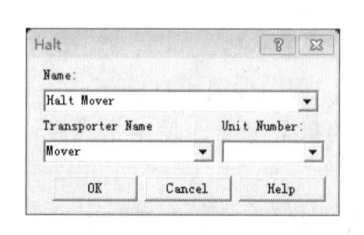

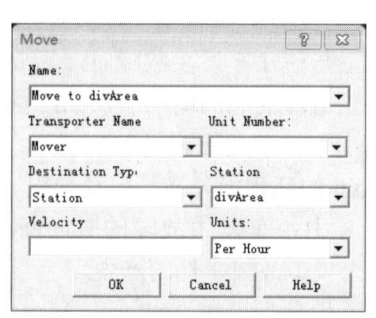

图 4.73　暂停模块"Halt Mover"的参数设置　　图 4.74　移动模块"Move to divArea"的参数设置

使用空闲模块"Free Mover"释放已经转移到站点"divArea"的故障自动导引小车，为维修工人的维修做准备。同时自动导引小车上的产品也会回到请求模块"Request Mover"请求新的自动导引小车。

维修自动导引小车的时间及占用维修人员情况可通过处理模块"Repair Mover"表示。在设置处理模块"Repair Mover"之前，需要先在资源模块中添加"Repair Operator"以表示维修人员，并且资源的容量为1。然后，设置处理模块"Repair Mover"用以表示维修自动导引小车所占用维修人员的资源和延迟的时间。维修自动导引小车所需的时间服从最小值、众数、最大值分别为 50、75、100min 的三角形分布。

维修完毕后将自动导引小车的状态恢复为可用，使用激活模块"Activate Mover"来改变自动导引小车的状态，使其重新被投入使用。

6）主传送带故障处理流程

主传送带设备比较陈旧，发生故障的时间间隔服从 2.5h 的指数分布（统计时，不计入维修时间）。从问题描述上看主传送带故障流程与自动导引小车故障流程非常相似。但是，在建模过程中还是有区别的。

自动导引小车有多个，因此虽然每台自动导引小车发生故障的时间间隔服从 5h 的指数分布，但是在同一段时间内，多个自动导引小车发生故障还是有可能的。表现在模型中，就是自动导引小车故障处理流程图中的生成模块与卸载模块之间可能有大于 1 个的故障事件实体存在，而主传送带设备只有一个。因此，主传送带故障处理流程图中的生成模块与卸载模块之间至多只可能有 1 个故障事件实体存在。主传送带故障处理流程与自动导引小车故障处理流程不同。主传送带故障处理流程图如图 4.75 所示。

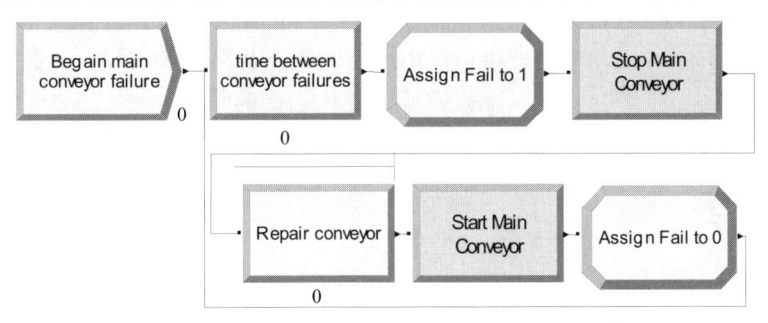

图 4.75 主传送带故障处理流程图

在图 4.75 中，由于维修时间不计入统计，因此只用一个生成模块来表示故障的开始，并一直按照正常运行时间间隔服从 2.5h 的指数分布运行，直到模拟结束条件满足。

故障的生成模块"Begin main convey failure"的参数设置如图 4.76 所示。

在图 4.76 中，最多产生一个实体，模拟开始后约 1s 即计算正常运行时间间隔。所以这点差距可以忽略。

用一个处理模块来模拟正常运行之间的时间间隔（服从 2.5h 的指数分布），处理模块"Time between conveyor failures"的参数设置如图 4.77 所示。

注意，这里也可以使用保持模块，保持模块属于高级过程面板，这将在后面章节中介绍。

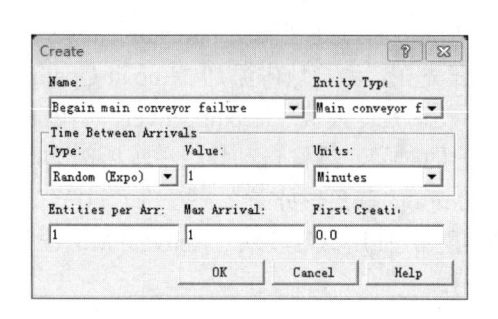

图 4.76　生成模块"Begin main convey failure"的参数设置

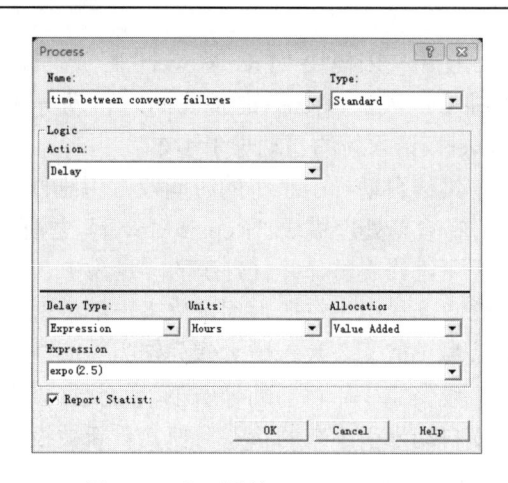

图 4.77　处理模块"Time between conveyor failures"的参数设置

为了模拟传送带的状态，使用一个变量"Fail"来表示传送带的状态，其值为 1 时表示发生了故障，其值为 0 时表示正常。此处，传送带发生了故障，因此使用赋值模块（Assign Fail to 1）来表示传送带已经发生故障。

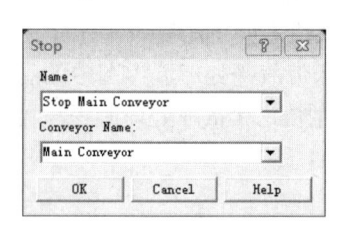

与自动导引小车类似，当传送带发生故障以后也要停止传送带的使用，这里可使用停止模块"Stop Main Conveyor"来实现该功能。停止模块"Stop Main Conveyor"的参数设置如图 4.78 所示。

接着，模拟传送带的维修，可以使用处理模块来表示。处理模块"Repair Conveyor"的参数设置如图 4.79 所示。

维修完毕恢复传送带的使用，使用启动模块"Start Main Conveyor"来实现该功能，其参数设置如图 4.80 所示。

图 4.78　停止模块"Stop Main Conveyor"的参数设置

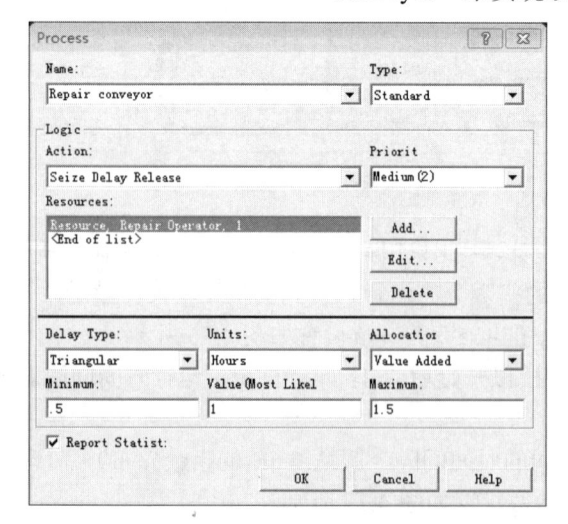

图 4.79　处理模块"Repair Conveyor"的参数设置

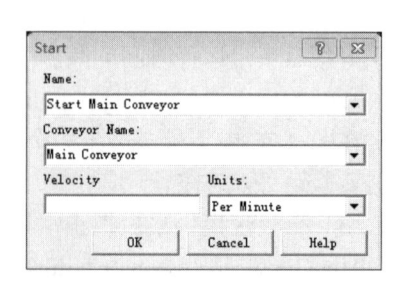

图 4.80　启动模块"Start Main Conveyor"的参数设置

传送带已经恢复正常使用,要将其状态恢复为正常,使用赋值模块"Assign Fail to 0"来改变"Fail"的属性值为 0。

2. 模型动画

模型动画主要涉及 Arriving Products、divArea、Inception、Area A 和 Area B 五个站点模块。其绘制的动画效果如图 4.81 所示,零部件实体从 Arriving Products 出发,到 Area A 站点或 Area B 站点结束,即表示产品由生产地点出发,到达仓库,接着到达主传送带、辅传送带,最后到达仓库 A 区或仓库 B 区。

1) 传输过程动画

传输过程动画是本模型最重要的动画,因此首先绘制传输过程动画构建整个动画的框架。利用 Animate Transfer Toolbar,可以绘制传输过程动画。

传输过程动画主要描绘包括运输模块、传送模块、站点模块、片段模块和距离模块在内的动画信息。首先根据模型的流程顺序摆放站点,通过单击动画工具栏上的 ⚫ 按钮建立站点,然后根据站点之间的传输模式,选择站点之间的连接类型。由于 Arriving Products 站点和 divArea 站点之间的实体通过传输模块进行运输,因此单击动画工具栏上的 按钮,用距离模块进行动画连接;divArea 与 Inspection 之间,以及 Inspection 与 Area A 或 Area B 站点之间的实体通过传送模块进行传运,因此单击动画工具栏上的 按钮,用片段模块动画进行连接。其绘制的动画效果如图 4.81 所示。

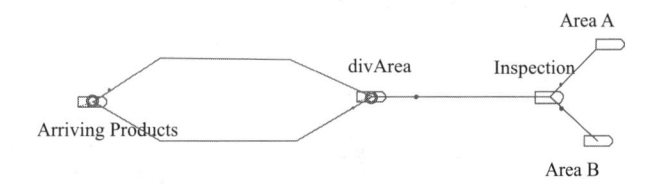

图 4.81 绘制的动画效果

单击动画工具栏上的 ▪ 按钮,继续建立运输设备动画,即建立自动导引小车(Move)的动画。从图形库中,选择可以表达自动导引小车状态含义的动画图标。

2) 队列动画

单击动画工具栏上的 按钮,在相应区域绘制队列动画。由于模型中的队列不少,如请求模块和访问模块都包含队列。因此可以按照分析模型的需要,添加相应队列动画。

3) 资源动画

单击动画工具栏上的 按钮,建立资源动画。本模型中的资源只有 Repair Operator。可以从图形库中,选择可以表达其含义的图标,以分别表示维修人员繁忙和空闲两种状态(状态 State 可从下拉按钮中选择)。

4) 全局动画

用全局变量"Fail"表示主传送带的状态,通过设置可以将其用动画形式表示。单击动画工具栏上的 ▪ 按钮,建立全局动画。从图形库中,选择可以表达其含义的图标,分别表示需求变量 0 或 1 的两个不同值,也可通过"Trigger"的下拉列表进行设置或直接填写。全局变量"Fail"动画的相关设置如图 4.82 所示。

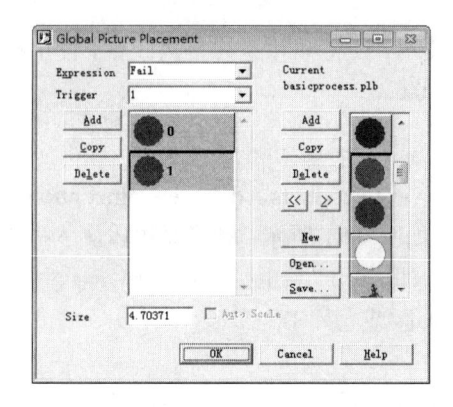

图 4.82　全局变量"Fail"动画的相关设置

5）变量动画

变量动画用于即时显示模型的变量运行信息，用户可以根据需要添加变量动画，本模型只建立"Access Area A Conveyor 和 Access Area B Conveyor"队列长度的变量动画。单击动画工具栏上的 按钮，在弹出的变量对话框的表达式区域中分别输入"NQ(Access Area A Conveyor.Queue)"和"NQ(Access Area B Conveyor.Queue)"，以建立变量动画。

注意，使用鼠标右键单击输入框选择"expression builder"，这样建立表达式会更方便。

6）动画背景

为了增加美观效果，利用 Arena 的画图工具画出模型动画的动画背景，模型动画结果如图 4.83 所示。

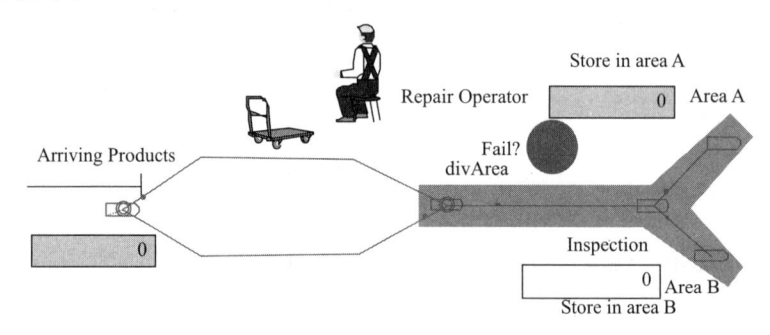

图 4.83　模型动画结果

4.4.4　模拟结果及分析

1. 模拟设置与模拟结果

在保证模拟结果可信度的前提下，以快速得到模拟结果，修改"Replication Length"（模拟持续时间）为 1 000h，所有时间单位（Time Units）均设为"Hours"。模拟次数设置为"1"次。在"Run Setup"选项卡的"Reports"的"Default Report："选项中选择"SIMAN Summary Report(.out file)"，在"Project Parameters"选项卡中分别选择"Entities"、"Resource"和"Transporters"选项。根据研究问题的目标，对模拟结果进行整理得到如图 4.84 所示的结果。

```
Replication ended at time      : 1000.0

                       TALLY VARIABLES

Identifier              Average   Half Width  Minimum   Maximum   Observations

Products.WaitTime       0.78180   0.10694     0.16667   5.6443    19883
Products.TranTime       1.2175    0.02816     0.99933   6.3777    19883
Products.TotalTime      2.0038    0.12982     1.1705    7.2996    19883

                   DISCRETE-CHANGE VARIABLES

Identifier              Average   Half Width  Minimum   Maximum   Final Value

Repair Operator.Number  0.79083   0.07242     0.00000   2.0000    0.00000
Repair Operator.Utiliz  0.39542   0.03621     0.00000   1.0000    0.00000
Mover.NumberBusy        6.6982    0.09172     0.00000   8.0000    7.0000
Mover.NumberScheduled   7.6576    0.03343     7.0000    8.0000    8.0000
Mover.Utilization       0.87605   0.01152     0.00000   1.1428    0.87500
```

图 4.84 自动化仓库与传输故障处理运行的结果

图 4.84 显示了产品的平均等待时间为 0.781 8h，平均运输时间为 1.217 5h 和平均总花费时间为 2.003 8h。处于繁忙状态的自动导引小车的平均数量为 6.698 2，对于是否有改进空间还难以判断。维修人员的繁忙率为 39.542%，存在改进的空间。

2. 进一步分析

1）减少一辆自动导引小车

为减少一辆自动导引小车，修改"Mover"的"Capacity"选项的值为"7"，得到整理后的模拟运行结果如图 4.85 所示。

```
Replication ended at time      : 1000.0

                       TALLY VARIABLES

Identifier              Average   Half Width  Minimum   Maximum   Observations

Products.WaitTime       2.2500    (Corr)      0.17094   8.5332    19727
Products.TranTime       1.2031    0.02164     0.99934   5.7045    19727
Products.TotalTime      3.4531    (Corr)      1.1719    9.8017    19727

                   DISCRETE-CHANGE VARIABLES

Identifier              Average   Half Width  Minimum   Maximum   Final Value

Repair Operator.Number  0.74209   0.09056     0.00000   2.0000    1.0000
Repair Operator.Number  2.0000    (Insuf)     2.0000    2.0000    2.0000
Repair Operator.Utiliz  0.37104   0.04528     0.00000   1.0000    0.50000
Mover.NumberBusy        6.6431    (Corr)      0.00000   7.0000    7.0000
Mover.NumberScheduled   6.7103    0.03848     6.0000    7.0000    7.0000
Mover.Utilization       0.99033   0.00722     0.00000   1.1666    1.0000
```

图 4.85 用 7 个自动导引小车的模拟运行结果

在图 4.85 中,平均运输时间变化不明显,但是产品的平均等待时间从 0.781 8h 延长到 2.25h,平均总花费时间从 2.003 8h 延长到 3.453 1h。这说明将"Mover"的"Capacity"选项的值改为"7"时,明显延长了产品的等待时间。

2)减少一名维修人员

为减少一名维修人员,修改"Repair Operator"的"Capacity"选项的值为"1",得到整理后的模拟运行结果如图 4.86 所示。

```
Replication ended at time      : 1000.0

                        TALLY VARIABLES

Identifier           Average   Half Width   Minimum    Maximum    Observations


Products.WaitTime    1.9015    0.48943      0.17030    15.026     19602
Products.TranTime    1.3088    0.04712      0.99935    12.686     19602
Products.TotalTime   3.2103    0.52378      1.1709     16.640     19602

                   DISCRETE-CHANGE VARIABLES

Identifier           Average   Half Width   Minimum    Maximum    Final Value


Repair Operator.Number  0.70634   0.04982   0.00000    1.0000     1.0000
Repair Operator.Number  1.0000    (Insuf)   1.0000     1.0000     1.0000
Repair Operator.Utiliz  0.70634   0.04982   0.00000    1.0000     1.0000
Mover.NumberBusy        6.6263    0.08309   0.00000    8.0000     8.0000
Mover.NumberScheduled   7.6623    0.03591   7.0000     8.0000     8.0000
Mover.Utilization       0.86689   0.01209   0.00000    1.1428     1.0000
```

图 4.86 用 1 个维修人员的模拟运行结果

在图 4.86 中,平均运输时间变化不明显,但是产品的平均等待时间从 0.781 8h 延长到 1.901 5h,平均总花费时间从 2.003 8h 延长到 3.210 3h。这说明减少一名维修人员时,明显延长了产品的等待时间。

减少一名维修人员对产品等待时间的影响要小于减少一辆自动导引小车的影响。如果允许平均等待时间在 2h 内,那么可以减少一名维修人员。

知识归纳

建立较复杂的模型结构时,要采用化整为零的策略,将整体的过程拆分为不同部分,拆分中要考虑子过程与 Arena 提供的模块的对应,并进行逐步分析。这就要求建模者对业务逻辑和 Arena 提供的模块熟悉,并灵活应用。同时,一些建模常用的技巧要通过大量学习实例来获得。要进一步系统地学习 Arena 建模,可以学习 Arena 提供的 Smart Files,也可以参考一些 Arena 的专业书籍,比如《Simulation with Arena》。

Arena 基本过程面板中的各模块使用频率最高,同时也能表达比较复杂的业务流程,而要表达复杂的传输或者处理流程往往需要结合高级传输面板和高级过程面板。

需求信号的启动、传递与接收的过程相当于信号看板在生产流程中的作用。在本章的 JIT 系统模型中，Arena 的保持模块和信号模块可以实现下游控制上游的功能。保持模块包含一个（或一组）实体队列，它将到达的实体保持在模块中。当控制开关限定条件为等待信号时，只有在收到相应的需求信号时，保持模块才从实体队列中释放一定数量的实体。保持模块等待的信号来自于信号模块。当有实体将流过信号模块时，先通过判断模块判断确实有必要的需求时，才通过信号模块发送相应补货信号。

实体运送可分为三种类型：利用基础面板中模块间的连接来模拟无时间延迟、无约束的实体传送；通过高级传输面板中与运输有关的模块来模拟通过物料搬运设施运送的实体运送；通过高级传输面板中与传送相关的模块来模拟连续的运送空间，占用空间固定且单位空间运送能力有限的实体运送。

在运输与传送问题的模拟建模中，要处理好运输或传送中距离的问题。激活模块、分配模块、移动模块、请求模块、暂停模块、释放模块和运输模块用于控制运输设备；启动模块、停止模块、访问模块、传送模块和退出模块用于控制传送设备。距离模块用于设定运输设备经过站点间的距离，片段模块用于设定传送设备经过站点间的距离。Arena 中并没有提供长度单位的设置，因此在设计模型时，需要统一长度单位，并且设置传送带总长度为单元格长度的正整数倍。

练习题

某医药销售企业，其业务是购进某种药品，然后销售给最终消费者。如果进货不足，会影响销售，如进货过多，则又会产生资金积压，增加库存费用，所以库存决策是企业的重要决策。该企业的库存问题描述如下：

（1）经市场需求分析发现，需求到达时间间隔（D）具有一定的时变性。不同的月份需求到达时间间隔有变化，同时需求到达时间间隔是满足一定经验分布的随机变量。

（2）从发现需要开始订货到货物到达的时间，即到货提前期（S）为满足一定经验分布的随机变量。由于到货提前期的延迟，所以当发现药品实际库存小于再订货点时，必须开始组织订货。

（3）订货到达为一次性到达，货物到达时付款。

（4）允许缺货。到货提前期内，库存还会下降，由此造成缺货，缺货会有一定损失。该企业希望将缺货控制在最高缺货率（m）以内。

（5）该药品具有替代性。如果缺货，顾客将选择其他类似药品替代。

该企业希望采用一种易于操作的库存控制策略：当库存量小于再订货点时，按照固定的订货批量组织进货。所以，本研究的目标是根据以往经验或一定计算方法得到估计订货批量（l）和估计再订货点（w），以 l 与 w 为参照，通过模拟优化，得到订货批量 l' 与再订货点 w' 的值，使年度计划库存系统总成本较小。

库存系统总成本由以下三部分组成：

① 储存费（记为 C_h），包括保管药品所占用资金的利息、药品的保管损耗、保管药品的保险费、库内搬运费、仓库建筑物及设备的修理折旧费等，记每单位时间保存每件

药品所需费用为 h（元/件·天）。

② 订货成本（记为 C_p），这里研究的订货成本包括订货过程中发生的固定成本和可变成本。固定成本是不论订货数量多少，每启动一次订货必须花费的会计成本 j（元/次），可变成本是超过一定的订货量时，每订货一单位的产品花费的会计成本 v（元/件）。

③ 缺货损失费（记为 C_s），指由于供不应求时所引起的损失。广义的缺货损失费包括失去销售机会的损失、失去顾客的损失及不能履行合同而缴纳的罚款等。由于该药品具有替代性，本文只考虑失去销售机会的损失，记单位药品缺货的损失费为 s（元/件）。

总成本（记为 C）包括库存保管费、订货成本短缺费和缺货损失费三大部分。

$$C = C_h + C_p + C_s$$
$$C = h \times \sum_t \sum_i f(Q_i, t) + g \times n + s \times Q_m + j \times n$$

式中，Q_i 为每天盘点的库存量，n 为订货次数，它是再订货点与订货批量的函数，即 $n = f(w', l')$；Q_m 为缺货量，它是需求到达时间间隔、再订货点与订货批量的函数，即 $Q_m = f(D, w', l')$。

通过统计分析，得到到货提前期服从最大值为 13 天，最小值为 7 天，众数为 10 天的三角形随机分布；该企业平均年订购总量为 16 384 件，每次订货平均成本为 800 元，单件年储存成本为 20 元；月需求到达时间间隔服从正态分布，平均值为 0.021 天，标准差为 0.123。

另外，该企业系统将年缺货率控制在 0.1%，模拟时间为 365 天，开始模拟时，库存剩余量为 1 000 件。当订货数量小于或等于 700 件时，订货成本为 600 元，订货数量大于 700 件时，订货成本在 600 元的基础上，每增加 100 件，订货成本增加 100 元，不够 100 件的按照 100 件计算。

第 5 章
基于系统动力学的连续系统模拟原理与 Vensim 入门

问题导航

- 为什么系统动力学是一门分析研究信息反馈系统的学科?
- 系统动力学是如何对实际系统进行抽象的?
- 常见的九种基模的实质是什么?
- 用 Excel 如何实现系统动力学模型模拟计算与寻优?
- 延迟有哪些类型,Vensim Ple 中是如何模拟指数延迟过程的?
- 系统动力学模拟与离散系统模拟有何区别?

5.1 引言

第 3 章介绍了离散系统模拟原理，本章论述的基于系统动力学（System Dynamics，SD）的管理系统模拟则属于连续系统模拟的范畴。

系统动力学是结构方法、功能方法和历史方法的统一。它基于系统论，吸收了控制论和信息论的精髓，是一门综合自然科学和社会科学的横向学科。一些复杂的管理系统，特别是在宏观的战略决策层面，主要采用系统动力学来建立系统模型。

本章将阐述系统动力学的有关概念、理论、方法和工具，并详细介绍模拟工具 Vensim Ple 的操作方法和主要函数。读者需要重点理解为什么系统动力学是一门分析研究信息反馈系统的学科，学会如何使用正反馈、负反馈和延迟以及九种基模来解释各种信息反馈系统中存在的问题和现象。

好的软件是理论和方法的衍生物，反过来，在学习理论和方法过程中，软件可以用来帮助理解。本章通过 Vensim 对延迟的表达和示例模型可以使读者加深对延迟概念的理解。

5.2 系统动力学概述

系统动力学主要用于处理社会经济系统问题，被称为"社会经济系统实验室"，下面从其发展历史的回顾入手，对系统动力学进行概要论述。

5.2.1 系统动力学发展简史

系统动力学是由美国麻省理工学院斯隆管理学院福瑞斯特（Jay W. Forrester）教授创立的。

自系统动力学问世以来，福瑞斯特教授在对社会经济系统问题的创造性研究中取得了一系列令人瞩目的成果。系统动力学的发展过程大致可分为初创期、成长期和成熟期三个阶段。

1）初创期

初创期（1956—1961 年）阶段，系统动力学逐步发展成为一门独立完整的学科。由于系统动力学这种方法创立初期主要应用于工业企业管理，处理诸如生产与雇员情况的波动、市场增长的不稳定性等问题，研究对象是以企业为中心的工业系统，故被称为工业动力学。这一阶段明确了结构的概念，即从反馈环或系统子结构的角度来认识系统，针对增长或衰减等瞬态过程，主要研究平衡条件的变动对稳态的影响。在这一"企业工程"年代，系统动力学主要用于公司的政策修订。该阶段以《工业动力学》一书的出版而告一段落。

2）成长期

成长期（1962—1975 年）阶段中，系统模型发展到非线性占重要地位并能模拟实际系统。新产品开发、公司经营及经济活动等增长过程中的正反馈机制得以阐明。同时，系统动力学的应用范围已不再局限于企业政策的制定,而是扩展到工程、医学、管理科学和经济学等领域。对如此广泛领域的系统,系统动力学都是以一种统一的观点去把握系统结构,因此系统动力学是作为一般系统理论而得以发展的。

这一阶段也迈开了由理论走向实际应用的重要步伐,是系统动力学成长的重要时期。一些重要的专著,如福瑞斯特教授的《城市动力学》和《世界动力学》,米都斯教授等人的《增长的极限》相继问世。系统动力学方法的研究领域已远远超出工业系统的范围,其应用范围几乎遍及各类系统,深入到各种领域。从民用到军事,从科研、设计工作的管理到城市摆脱停滞与衰退的决策,从世界面临人口指数式增长的威胁与资源储量危机到糖尿病的病理假设检验等问题,都成为系统动力学研究的对象。对于反馈过程,系统动力学并不拘泥于数学上复杂的反馈理论,而是做出了简明的实用解释。

> **增长的极限。**
>
> 1968 年,来自世界各国的几十位科学家、教育家和经济学家等学者聚会罗马,成立了一个非正式的国际协会——罗马俱乐部(The Club of Rome)。其工作目标是关注、探讨和研究人类面临的共同问题,使国际社会对包括社会、经济、环境等方面诸多问题在内的人类困境有更深入的理解,并提出应该采取的能扭转不利局面的新态度、新政策和新制度。
>
> 受俱乐部的委托,以麻省理工学院丹尼斯·米都斯(Dennis L. Meadows)为首的研究小组,于 1972 年提交了俱乐部成立后的第一份研究报告《增长的极限》,深刻阐明了环境的重要性及资源与人口之间的基本联系。该报告已被译成 40 多种语言,在世界上发行了 600 多万册。
>
> 该报告认为:由于世界人口增长、粮食生产、工业发展、资源消耗和环境污染这 5 项基本因素的运行方式是指数增长而非线性增长的,全球的增长将会因为粮食短缺和环境被破坏,于 21 世纪某个时段内达到极限。进而得出了要避免因超越地球资源极限而导致世界崩溃的最好方法是限制增长,即"零增长"的结论。40 年后,当年所预言的末日没有到来,但警钟长鸣。
>
> 2012 年,丹尼斯·米都斯又撰写了《2052》,尽其所能对"在接下来的 40 年中究竟会发生什么事情"做出预测,并对未来 40 年的发展提出了 20 条建议。
>
> 你如何评价他们的研究?你知道该研究小组是用什么方法研究的吗?学习了本章的内容之后,你对他们的研究成果有新的认识吗?

3)成熟期

成熟期(20 世纪 70 年代中期至今)阶段的 20 世纪 70 年代,系统动力学进入蓬勃发展时期。以米都斯为首的国际研究小组所承担的世界模型研究课题,研究了世界范围的人口、资源、工农业和环境污染诸因素的相互制约关系及产生后果的各种可能性;以福瑞斯特为首的美国国家模型研究小组,将美国的社会经济作为一个整体,成功地研究了通货膨胀和失业等社会经济问题,第一次从理论上阐明了经济学家长期争论不休的经济长波产生的机制,代表了系统动力学的新成果。

一个学科的发展需要从理论（假设）到方法体系，再到软件和广泛应用。目前，系统动力学在理论及应用方面都更为成熟。世界上已有很多大学和科研机构讲授系统动力学课程并开展科研工作，系统动力学正加强与大系统理论、系统数学、突变理论、耗散结构与分叉、结构稳定性分析、灵敏度分析、统计分析、参数估计、结构优化技术应用、人工智能等方面的联系。美国、英国、法国、德国和日本等国纷纷采用系统动力学方法来研究各自的社会经济问题，涉及经济、能源、交通、环境、生态、生物、医学、工业和城市等广泛的领域。

中国于 20 世纪 80 年代后期引入系统动力学，经过多年来的研究与发展，系统动力学已得到广泛的应用。

5.2.2 系统动力学的特点与基本观点

1．系统动力学的特点

系统动力学是一门分析研究信息反馈系统的学科，是一门认识与解决系统问题、沟通自然科学与社会科学的交叉学科，是系统科学的一个分支。与其他模拟方法相比，系统动力学方法具有以下四个特点。

（1）系统动力学模拟是一种"结构—功能"模拟。它适用于研究处理诸如社会、经济、生态和生物等之类的高度非线性、高阶次、多变量、多重反馈、复杂时变的大系统问题。系统的行为模式与特性主要取决于其内部的动态结构与反馈机制。由于非线性因素的作用，高阶次复杂时变系统往往表现出非直观的、多样化的动力学特性。系统功能是指系统中各单元活动的秩序，或指单元本身的运动或单元之间相互作用的总体效益。它从系统的微观构造入手，通过建立反映系统基本结构的模型，进而对系统随时间变化的行为进行模拟。建立系统动力学模型的过程，也就是剖析系统的结构与功能之间对立统一关系的过程。

（2）系统动力学适于用来对数据不足的问题进行研究。系统动力学是以定性与定量相结合、计算与推理相结合以及整体思考的方法来研究系统结构和模拟系统功能的。建模中常常遇到数据不足或某些数据难以量化的问题，它凭借各要素间的因果关系和有限的数据及一定的结构进行推理计算分析，从而求解复杂问题，所以适于用来对数据不足的问题进行研究。

（3）系统动力学可作为实际系统，尤其是社会、经济、生态系统等开放复杂的动态系统的模拟"实验室"，进行问题剖析和虚拟实验，从而探求系统的优化结构与参数，以获取优良的系统功能。

（4）系统动力学模型适合用于中长期决策，如自然界的生态平衡、人的生命周期和社会问题中的经济危机等都呈现周期性规律并需通过较长的历史阶段来观察，已有不少系统动力学模型对这些系统的运行机制做出了较为科学的解释。

2．系统动力学的几个基本观点

（1）结构决定功能观点：系统动力学认为系统结构决定系统功能和行为，系统行为反过来影响系统结构。

（2）内生观点：系统动力学认为，系统的行为模式与特性主要取决于其内部的动态结构与反馈机制，系统在内外动力和制约因素的作用下按一定的规律发展演化，这就是著名的系统动力学内生观点。

（3）主导结构和敏感因子观点：系统行为特征主要受主导结构和敏感因子的控制，主导结构和敏感因子在系统的动态变化过程中可能会变化。

（4）开放系统观点：系统动力学认为其研究对象是开放系统，在处理的过程中，需要首先确定具体研究对象的边界和环境。

> **假设和理论。**
> 一般来说，一个理论体系是建立在一定假设基础上的逻辑体系。
> 系统动力学的几个基本观点即是系统动力学关于研究对象的基本假设。
> 其他管理系统模拟方法也有其基本假设，但是不一定被明确提出来。例如，离散系统模拟关于研究对象的基本假设可以归纳为，事物发展按照一定流程进行。

5.2.3 系统动力学的基本概念

1. 复杂系统

复杂系统是具有高阶数、多回路和非线性信息反馈结构的系统。无论在自然界还是在社会经济领域，复杂系统比比皆是。例如，生物、生态系统、动植物本身及其赖以生存的环境；人体内的各种器官，人脑、人的神经系统、消化系统和血液循环系统都是极其复杂的系统；一切社会经济系统都是复杂系统；一个企业的管理结构具有复杂系统的诸多特性；人口系统、城市系统、能源系统、交通系统、贸易系统、金融系统和政府组织系统也都是复杂系统。

复杂系统的主要特征是高阶数、多回路和非线性等。系统的阶数由系统内状态变量的数目决定。复杂系统阶数一般较高，可根据不同的建模目的和要求，确定模型的阶数。复杂系统往往具有反直觉性，对大多数变动参数的不敏感性，长短期效果的矛盾性，对改变政策的顽强抵制性，存在杠杆作用点，全局与局部利益的冲突，向低效益发展的倾向等特性。

2. 反馈与反馈回路

1）反馈

系统内同一单元或同一子块的输出与输入间的关系就称为反馈，反馈可以从单元或子块或系统的输出直接传送到其相应的输入，也可以经由媒介，即其他单元、子块甚至其他系统来实现。

反馈包括正反馈和负反馈。正反馈通过自身运动，会使已有趋势不断加强，结果一般趋于发散，即正反馈能够产生自我强化的作用机制；负反馈通过自身运动，自动寻求给定的目标，结果趋于收敛，即负反馈能够产生自我抑制的作用机制。

根据反馈的性质，反馈系统分为正反馈系统和负反馈系统。从系统的行为来看，正反馈系统会产生增长过程，在此过程中行动所产生的结果将引起更大的行动；而负反馈系统会自动寻找目标，在达不到该目标时会产生偏差响应。例如，工业扩大再生产系统就是一个正反馈系统；人调节洗澡水温度的系统则是一个负反馈系统。

> **不存在永恒的正反馈。**
> 　　正反馈都是不可持续的，因为它越来越远离平衡，如股票市场的追涨杀跌、原子弹的链式反应、癌细胞的裂变等，最终必然导致系统的崩溃、爆炸或死亡。正反馈不仅是临时的，而且必然会作为一个子系统，处在一个更大的负反馈系统中。负反馈系统才是可持续发展的。

经典控制论的创始人维纳在他的名著《控制论》中指出，世界上的一切系统都是信息反馈系统，反馈是信息形成系统的桥梁。

2）反馈回路

在反馈系统中一定有闭环回路结构，它把过去行动的结果带回给系统，以控制系统未来的行动，此回路就是反馈回路。

反馈回路是系统动力学模型的基本单元，系统结构的研究正是基于反馈的因果关系。反馈回路是由一系列的因果与相互作用链组成的闭合回路。它由流位（系统状态）、率量、物质流和信息流组成。

反馈回路包括正反馈回路和负反馈回路。具有正反馈特性的回路称为正反馈回路，具有负反馈特性的回路称为负反馈回路。正反馈回路倾向于使系统离开某些非稳定平衡点，产生增长行为；而负反馈回路与之相反，它力图调节系统使之趋于特定目标。

复杂系统包含有多条反馈回路，其中有正反馈回路，也有负反馈回路。这些回路相互作用、相互耦合形成了系统的总体功能，而正、负反馈回路的交叉作用也决定了系统的复杂行为。

3. 状态与状态空间

1）状态

状态是完整地描述系统的时域行为的一组变量。若给定了 $t=t_0$ 时刻该组变量的值和 $t \geqslant t_0$ 时的输入函数，则系统在 $t \geqslant t_0$ 的任何瞬时的行为就完全确定。这样一组变量称为状态变量，以状态变量为元素组成的向量称为状态向量。

设 $x_1(t), x_2(t), \cdots, x_n(t)$ 是系统的一组状态变量，则其相应的状态向量为

$$X(t) = \begin{bmatrix} x_1(t) \\ x_2(t) \\ \vdots \\ x_n(t) \end{bmatrix}$$

2）状态空间

以 $x_1(t), x_2(t), \cdots, x_n(t)$ 为坐标轴所构成的欧氏空间称为状态空间。当坐标轴的数目有限时，此状态空间为有限维。状态空间的每个点都代表了状态变量的唯一的、特定的一组值，即系统的特定状态，而 $t \geqslant t_0$ 时瞬间的系统状态则构成状态空间中的一条轨迹。此轨迹的形状完全由 t_0 时刻的初始状态和 $t \geqslant t_0$ 时的输入，以及系统固有的动力学特征所唯

一确定。

4．延迟

参量变化需要经过一段时间的滞后才能得到响应，这种现象称为延迟。延迟是系统动力学中一个重要概念，因为在系统中存在大量延迟现象，如培训的学员要经过一段时间才能发挥作用；投资要经过一段时间才能成为新增生产能力；传染病有潜伏期；污染物排放到江河之中，要经过扩散才能使江河发生污染等。

延迟包括物流延迟和信息延迟。物流延迟是物质从一处到另一处转移中的时间花费，如订货和交货之间的延迟；而信息延迟包括信息传播延迟、信息处理延迟和信息与反应之间的延迟。在实际系统中，物质和信息的流动都有延迟现象发生，延迟是普遍存在的，它是信息反馈系统产生动力学行为的关键所在，对信息反馈系统的结构性质和行为特性有着明显的影响。

既然实际系统中存在延迟，在系统动力学中相应地考虑延迟也就应属自然，确有必要了。系统动力学为描述不同类型的实际延迟过程，将延迟分为固定延迟、一阶指数延迟、二阶指数延迟、三阶指数延迟和 n 阶指数延迟。一阶延迟和二阶延迟为指数形式，三阶及以上延迟为 S 形，阶数越高，S 形越陡峭，固定延迟可以看做是无穷阶指数延迟。

在系统动力学中，延迟是一个比较难以理解的概念。系统动力学认为，系统的复杂行为是多个反馈和延迟共同作用的结果。所以，建模前和建模过程中，要仔细调查研究延迟的特征。

> **延迟普遍存在，都重要吗？**
>
> 一般来说，所有的物质和信息在其流动过程中都会出现延迟，但在建模时，应抓住主要延迟进行设计，才能使复杂性与精确性得到统一。

5．流图和方程

流图由流量、率量、辅助变量和常量等基本要素组成，现以 Vensim Ple 软件所带示例模型中的一个简单的产销规模与工人规模模拟模型流图为例（如图 5.1 所示），加以说明。关于流图如何建立，见 5.4.1 节。

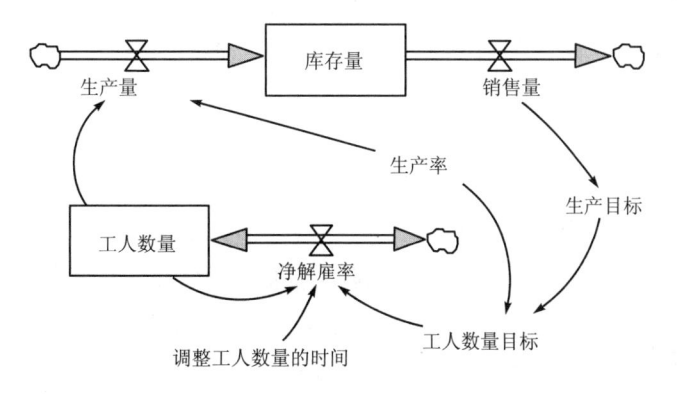

图 5.1　产销规模与工人规模模拟模型流图

流量，又称为积量、流位变量或者状态变量，是率量积累的结果，在系统流图中用矩形框来表示。本例模型中，库存量和工人数量就是流量。

率量是单位时间内流入或流出的流量，控制流入与流出的速度，往往与流量成对出现，在系统流图中用类似阀门的符号来表示。本例模型中，销售量、净解雇率和生产量就是率量。

辅助变量是为帮助建立速率方程，设置在流量与率量之间信息通道中的变量，是速率表达式中的一个组成部分。当率量的表达式很复杂时，可用辅助变量来描述其中的一部分，使率量的表达式得以简化。

常量是一种特殊的辅助变量，它是模拟模型的参数，不受模型中其他变量的影响。本例模型中，工人数量目标、生产目标、生产率、调整工人数量的时间都是辅助变量，其中生产率为常量。

系统动力学的数学模型由流量方程、率量方程、辅助方程、常量方程等方程式组成。

流量方程称为 L 方程、流位方程或水平方程。在 Vensim 中，流量方程是用函数 INTEG 描述。本例模型中，"库存量"的流量方程为

$$库存量=INTEG（生产量-销售量，300）$$

式中，INTEG 为 Vensim Ple 的积分函数，生产量是流进速率，销售量是流出速率，（生产量-销售量）表示积累速率，300 是初始值。

本例模型中，"工人数量"的流量方程为

$$工人数量=INTEG（净解雇率，目标工人数量）$$

式中，"净解雇率"是积累速率，"目标工人数量"是初始值。

率量方程称为 R 方程或率量方程。率量方程具有控制作用，它描述系统如何产生决策流或控制流。本例模型中，"净解雇率"的率量方程为

$$净解雇率=（目标工人数量-工人数量）/调整工人数量的时间$$

"生产量"的率量方程为

$$生产量=工人数量×生产率$$

辅助方程称为 A 方程。当率量方程非常复杂时，可引入辅助方程来描述率量方程的细节，将率量方程简化为较为简单的几个辅助方程。本例模型中，"工人数量目标"的方程为

$$工人数量目标=目标生产量/生产率$$

常量方程称为 C 方程，用于定义模型中的参数值。本例模型中，调整工人数量的时间为 3 个时间单位，其常量方程为

$$调整工人数量的时间=3$$

5.2.4 系统基模

进入 20 世纪 90 年代以后，系统动力学得到了进一步发展，其中彼得·圣吉的《第

五项修炼》的出版又一次在世界范围内引起了一场思想革命，其所提出的"系统思考"这一核心的修炼，不仅为企业的管理者开拓了思路，也为一般的公众提供了一种有力的思考方式。该书总结了系统科学的有关研究成果，揭示了深刻的系统原理，其中提出的高度概括的九种系统基模为解决很多企业或日常生活的问题提供了重要参考。下面通过对这些系统基模的解读来学习和掌握系统动力学的基本原理。

基模就是系统动力学中的基本的因果关系图。在建立因果关系图时，利用基模，能够更快地分析系统要素之间的关系及系统的特点，也能帮助人们深入分析研究对象的复杂性，更好地找到解决问题的策略。通过基模分析，可以更加直观地理解反直觉性、长短期效果的矛盾性、对改变政策的顽强抵制性、全局与局部利益的冲突等复杂系统特性。

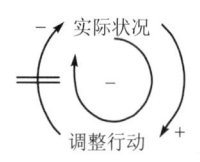

1. 延迟的调节环路

延迟的调节环路基模结构如图 5.2 所示，图中，"+"和"-"符号分别代表正反馈和负反馈，箭头上的两道横线表示延迟（下同）。

在具有时间延迟的调节环路基模系统中，个人、群体或组织朝向一个目标不断调整行动。若没有感到时间延迟，他们所采取的调整行动会比实际所需要的多；或者由于在短期内一直未看到任何进展，他们也会选择放弃调整行动。这两种反应对于系统而言，都会产生不良的后果，若不幸牵连上一些"增强环路"，将会使情况愈演愈糟，最终有可能毁掉整个系统。

因此，一旦察觉到面对的是具有时间延迟的调节环路系统，短期而言，一定要耐心、缓和、渐进地调整，等经验累积到一定程度，找到系统的稳定点，就沉稳地坚守该点，绝不过度反应。长期而言，其根本解则在于改造系统，使其能反应迅速。

例如，在生产与销售系统中，存在着时而短缺、时而供过于求的循环，可以利用本基模建立延迟环路基模结构，如图 5.3 所示。

延迟的调节环路的其他例子还有商品市场供需波动现象和股票市场大幅起落等。

图 5.2 延迟的调节环路基模结构

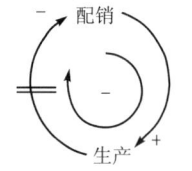

图 5.3 生产与销售延迟环路基模结构

2. 成长上限

成长上限基模结构如图 5.4 所示。

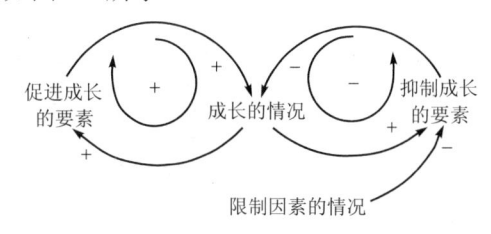

图 5.4 成长上限基模结构

在具有成长上限基模结构的系统中，存在自我繁殖的环路，它产生一段时期的加速成长或扩展后，会开始减慢成长，最终停止，甚至可能开始加速衰败。此种变化形态中的"快速成长期"，是由一个或数个"增强环路"所产生的；随后的"成长减缓期"，是在成长达到某种"限制"时，由"调节环路"所引起的。这种限制可能是资源的限制，或是系统内外部对成长的一种反应。若出现"加速衰败期"，则是由于"增强环路"反转过来运作，而使衰败加速的。

一旦察觉到所面对的系统具有成长上限基模结构，要谨慎行动，一方面，不要去推动"增强（成长）环路"；另一方面，要不断除去或减弱限制。

例如，销售的人力扩充系统就具有成长上限基模结构，如图 5.5 所示。

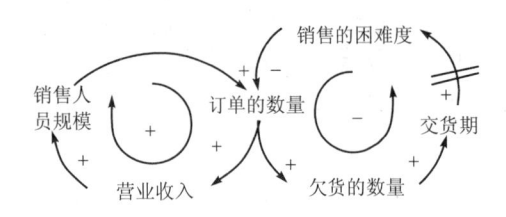

图 5.5 销售人力扩充系统的成长上限基模结构

成长上限的其他例子还有：一个新创事业迅速成长，但当它达到一定的规模时，成长渐缓，此时需要更专业的管理技巧和更完善的组织；一个城市持续发展，最后用完了所有可以取得的用来发展的土地，导致房屋价格上升，而使得城市不再继续发展。

3. 舍本逐末

舍本逐末基模结构如图 5.6 所示。

具有舍本逐末基模结构的系统，相当于使用一项"头痛治头"的治标方式来处理问题。在短期内，会产生看起来正面而快捷的效果。但这种暂时消除症状的方式使用愈多，治本措施的使用也相对的愈来愈少。一段时间之后，使用"根本解"的能力可能萎缩，而导致对"症状解"更大的依赖，这样不但不能彻底解决目前的症状，甚至会引发更大的问题。

一旦发现面对的是具有舍本逐末基模结构的系统，人们就应该将注意力集中在根本解上。若是问题急迫，由于根本解的效果受时间延迟影响，在寻找根本解的过程中，可暂时使用症状解来换取时间。

例如，转嫁负担给帮助者就是一个舍本逐末的典型案例，其基模结构如图 5.7 所示。

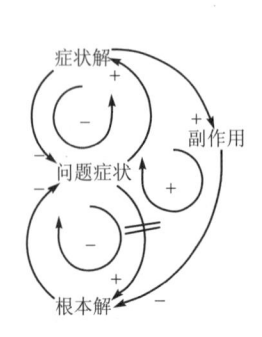

图 5.6 舍本逐末基模结构

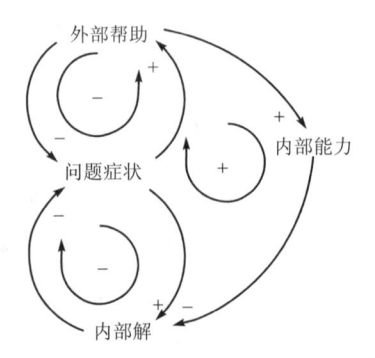

图 5.7 转嫁负担给帮助者基模结构

在这个系统中，由于有"舍本逐末"的结构存在，因而当外来的帮助者尝试帮助解决问题的时候，一定会受到成员的欢迎和感谢。帮助者企图改善恶化的问题症状，而且做得非常成功，以至于系统里面的人一直没学会如何自己处理问题。因此，"授人以鱼，不如授人以渔"，应该把重点放在加强系统本身解决自身问题的能力上。如果需要外面的帮助，应该严格限制仅此一次；或是能够帮助人们发展他们自身的技巧和资源。在政府补助、人员培训的例子里也都应有这样的考虑。

舍本逐末的其他例子还有：大量销售给现有的客户，而不开拓新的客户群；以借贷支付账款，而非强化量入为出的预算制度；借用酒精、毒品或运动来消除工作压力，而不是从根本上学会控制工作量。

4. 目标侵蚀

目标侵蚀基模结构如图 5.8 所示。

它类似"舍本逐末"的结构，其中短期的解决方案，会使一个长期、根本的目标逐渐降低。一旦面对具有这种结构的系统，一定要做到坚持目标、标准或愿景。

例如，企业不断降低质量标准的目标侵蚀基模结构如图 5.9 所示。

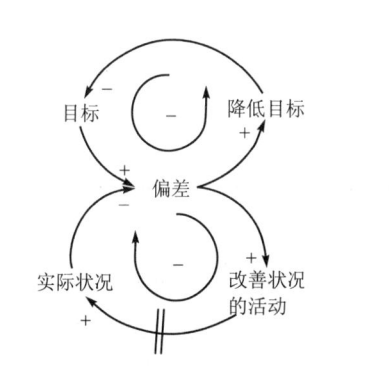

图 5.8 目标侵蚀基模结构

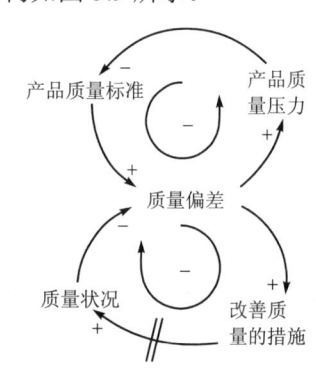

图 5.9 企业不断降低质量标准的目标侵蚀基模结构

目标侵蚀的其他例子还有：原本有成就的人降低了自我期望，其所取得的成就便逐渐减少；以削减预算或暗地里降低品质水准来解决问题，而非投资开发新的产品；政府在充分就业或平衡政府赤字的标准方面降低等。

5. 恶性竞争

恶性竞争基模结构如图 5.10 所示。

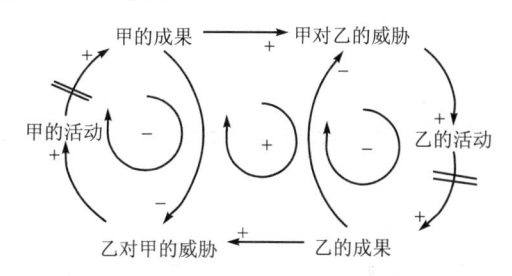

图 5.10 恶性竞争基模结构

不论组织或个人，往往都认为要保障自己的福祉，必须建立在战胜对手的基础上。但这样会产生一个对立形式增强的恶性竞争：只要有一方领先，另一方就会感受到更大的威胁，导致它更加积极行动，重建自己的优势；一段时间之后，这又对另一方产生威胁，于是又使它提高行动的积极程度……通常每一方都视自己积极的行为是为了防卫他方侵略的措施，但是每一方的防卫行动，都造成结果逐渐演变到远超过任何一方都不想要的程度。

一旦察觉到所研究的系统中存在恶性竞争，就应该着力去寻求一个双赢策略，将对方的目标也纳入自己的决策考虑中。在许多例证中，一方积极采取和平行动，会使对方感觉威胁减弱，最终逆转对立局势增强的情势。

作为恶性竞争特例的广告战的基模结构如图 5.11 所示。

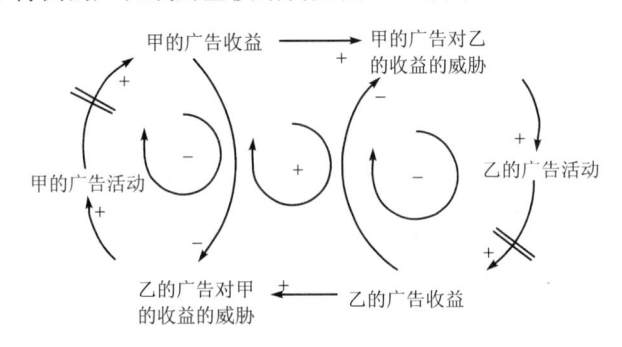

图 5.11　广告战基模结构

恶性竞争的其他例子还有：军备竞赛，帮派火拼，婚姻问题的恶性发展，浮夸风等。

6. 富者愈富

富者愈富基模结构如图 5.12 所示，它描述的现象是：两个活动同时进行，表现成绩相近，但为有限的资源而竞争。开始时，其中一方因得到稍多的资源而表现好些，便占有较大的优势去争取更多的资源，无意中产生了一个"增强环路"，于是，表现愈来愈好；而使另一方陷入资源愈来愈少，表现也愈来愈差的反方向的"增强环路"。

一旦察觉面对着这种结构，在决定两者之间的资源分配时，除了成绩表现这项标准外，更应重视整体均衡发展的更上层目标。在某些情况下，可以消除或减弱两者使用同一有限资源的竞争关系，尤其是一些无意中造成的不良竞争关系。有些情况可以将"同一"资源予以"区分"规划，以减少不必要的竞争。

例如，大家经常看到，成绩好的学生的学习成绩一般会越来越好，与成绩差的学生之间的差距会越拉越远，这可以用富者愈富基模来描述，学生成绩变化的基模结构如图 5.13 所示。

富者愈富的其他例子还有：家庭问题的起因往往源于工作很忙，需要常常加班，由此导致家庭关系恶化，家庭关系恶化使回家越来越成为一件痛苦的事情，从而可能更加疏于关注家庭生活。

7. 共同悲剧

共同悲剧基模结构如图 5.14 所示，它描述的现象是：许多个体基于个别需求，共同使用一项很充裕但存在极限的资源；起初他们使用这项资源逐渐扩展，并产生"增强环路"而使成长越来越快，但后来他们的收益开始递减，且越努力成长越慢；最后资源显著减少或不足。

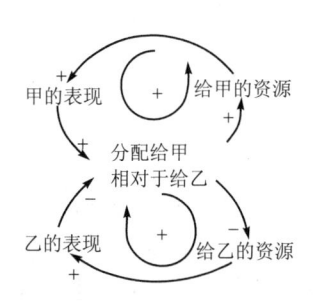

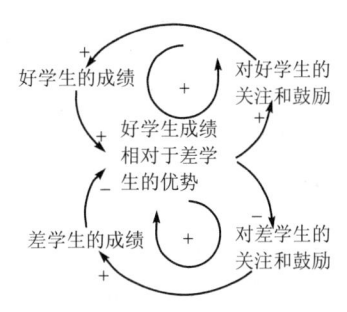

图 5.12　富者愈富基模结构　　　　图 5.13　学生成绩变化基模结构

一旦察觉到共同悲剧的结构，就一定要通过教育、自我克制或通过一个最好是由参与者共同设计的正式调节机制，来管理共同的资源。

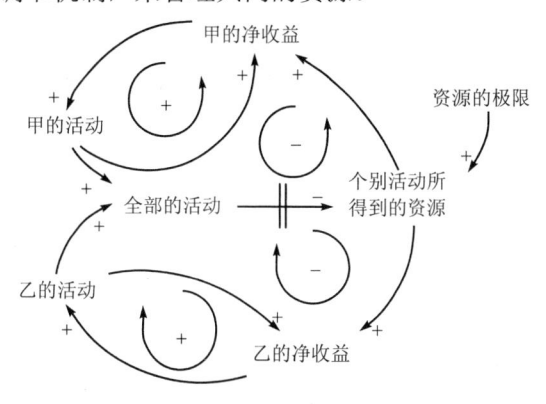

图 5.14　共同悲剧基模结构

时下常提到的环境污染问题（从酸雨到臭氧层耗损与温室效应），某些天然资源（如许多矿产）在各公司竞相开采的情况下急速耗竭，都可以用共同悲剧基模加以解释。矿产的过度开挖的基模结构如图 5.15 所示。

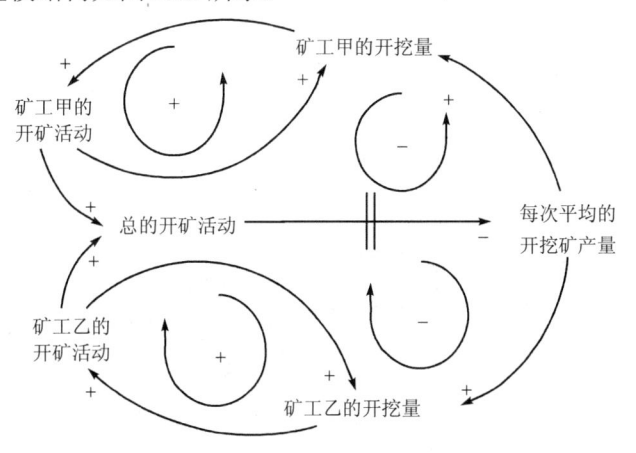

图 5.15　矿产过度开挖基模结构

共同悲剧的其他例子还有：同一企业的多个不同部门的销售人员，为实现产品促销而互相竞争，使得该企业形象大打折扣。

8. 饮鸩止渴

饮鸩止渴基模结构如图 5.16 所示，在此结构中，一个对策在短期内有效，但长期而言，会产生愈来愈严重的后遗症，使问题更加恶化，但同时又可能会更加依赖此短期对策，难以自拔。

面对这种结构，人们应该将眼光聚集在长期焦点上。如果可能的话，完全摒除那种短期对策。除非短期对策只是用来换取时间，以寻求更妥善的长期解决方案。

例如，汽车的折扣销售就可以用这种结构进行解释，其基模结构如图 5.17 所示。

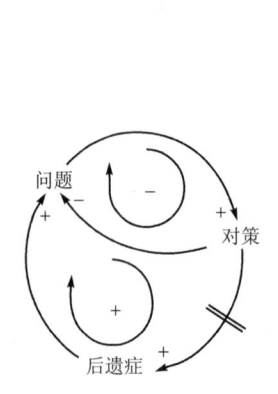

图 5.16　饮鸩止渴基模结构

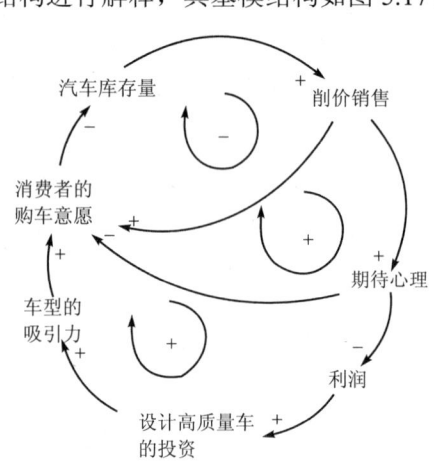

图 5.17　汽车的折扣销售基模结构

饮鸩止渴的其他例子还有：以借钱的方式支付借款利息，在日后必须付出更多的利息；减低维修预算以降低成本，从而导致更多的故障，造成更高的降低成本压力。

9. 成长与投资不足

成长与投资不足基模结构如图 5.18 所示。

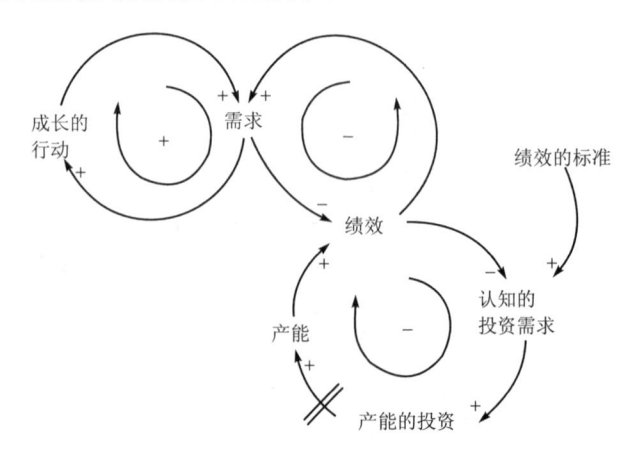

图 5.18　成长与投资不足基模结构

如果公司或个人的成长接近上限时，可以投资在"产能"的扩充上，以突破成长的上限，再创未来。但是这种投资必须积极，且必须在成长速度降低之前，不然将永远无法做到。然而大部分的做法是将目标或绩效标准降低，来使投资不足"合理化"。如此一来，"慢郎中"的产能扩充进度势将难以应付"急惊风"的需求快速成长，而使绩效愈来愈差，最后可能导致成长逆转而使需求大幅下滑。

面对这种结构，如果判断出确实有成长的潜能，应在需求之前尽速扩充产能，作为创造未来需要的一个策略。如果成长已经开始减缓，此时切忌再努力推动成长环，应致力于扩充产能并减缓成长的速度。

例如，中国加快了基础设施建设的步伐，这里采用成长与投资不足基模对此进行描述，基础设施建设投资基模结构如图 5.19 所示。

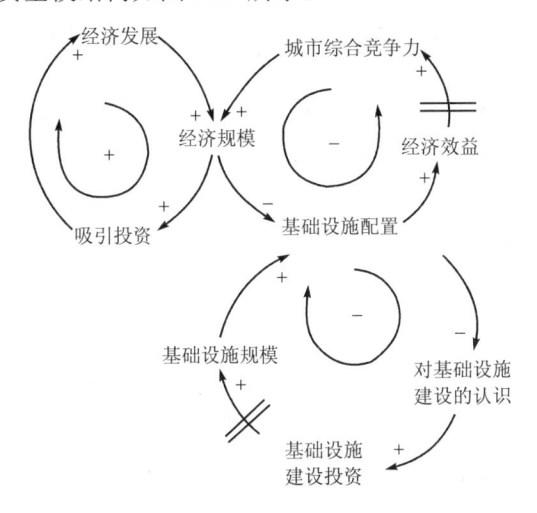

图 5.19 基础设施建设投资基模结构

成长与投资不足的其他例子还有：当经济快速发展时，如果不及早投资扩充运输、水利、电力和通信等设施，储备充裕人力，修订法令制度等耗时颇长的"产能"，反而努力推动成长，往往使成长愈来愈困难，甚或逆转而快速下滑；个人事业快速成长，然而身体健康或家庭和美却长期投资不足，以致到后来无法继续支持甚至妨害事业的发展。

> **系统动力学与道德经。**
>
> 这九个基模都是由一个或多个正、负反馈或延迟过程耦合而形成的，延迟过程又可以看做是由一个或多个反馈过程所构成。由此可见，系统动力学致力于揭示系统反馈的内部作用机理，基模展现了正、负反馈如何形成反直觉的复杂世界。
>
> 借用《道德经》中"道生一，一生二，二生三，三生万物"的说法，这里"道"即反馈，"二"即正反馈和负反馈，"三"即正反馈、负反馈和延迟，"万物"即现实世界中的复杂万象。

5.2.5 系统动力学解决问题的基本流程

上面通过引入系统基模，使大家对以反馈为核心的系统动力学的有关原理有了一定认识，这里进一步阐述系统动力学解决问题的基本流程，该流程包括问题识别、确定边界、建立因果关系图、建立系统流图、建立方程、模型实验、模型设计与优化等主要步骤。

1. 问题识别

对系统建模是为了解决现实系统存在的问题，实现设定目标和期望，所以首先要明确现实情况与设定目标及期望之间的差距，进行问题识别，即要搞清楚三个问题：① 现实的情况是怎样的？② 人们的期望和目的是怎样的？③ 它们之间存在怎样的差距？

例如，对于市场营销系统，投入了大量的人力、财力和物力做广告，期望销售能有大的收益，但是销售收益却未如期上升。因此，想通过对系统建模，找到问题存在的原因及处理方法，才能获得有效的广告收益。

建模者进行问题识别时，首先依据根本问题，对系统有个初步想法；然后根据这些初步想法，提出有关系统的某些假设及问题所涉及的要素；最后借助假设对问题形成新的认识，明确更进一步的问题并定义新的相关要素。

对于同一研究对象，不同的研究问题会有不同的建模考虑，对应不同的系统模型。建模之前，建模者应明确界定所要建立的系统模型的目的。

2. 确定边界

确定问题的边界是指明确系统考虑的因素。系统动力学划定问题边界的根据是问题本身的要求。

系统并不是孤立存在的，它受到外部环境和内部结构的影响。对于具体的问题，有些影响因素不必考虑或是目前难以考虑的，建模者应针对所识别的问题，找出问题的相关因素，即可确定问题的边界。

在实际情况中，常采用深度会谈和系统思考的方法，根据所研究的问题，集中系统工程专家、管理专家、经济专家及相关领域专业专家与实际工作者的知识，形成群体一致意见，在磨合的基础上找出系统要素，确定问题边界。

建模者确定问题边界时，首先要考虑问题的重要影响要素，即模型的重要变量；然后考察系统的主要信息环（即反馈回路）；最后勾画出待研究问题的基本轮廓。

3. 建立因果关系图

基于内生观点，系统动力学方法主要关注系统的内部结构，即反馈回路结构，尽力寻求系统结构与特定的行为模式之间的关联。因此，在问题识别及边界确定后，要对系统进行因果反馈关系分析，建立因果关系图。因果关系图将直接影响解决问题的效果。

首先对边界内的要素进行因果关系分析，即找出相互联系、相互影响的要素及它们之间的联系，并将这种联系以带符号的箭头连接成链，即为因果链。如果 A 变化使 B 产生同方向的变化，则称 A 到 B 的因果链为正，用如下符号表示：A $\xrightarrow{+}$ B。反之，如果 A 变化使 B 产生反方向的变化，则称 A 到 B 的因果链为负，用如下符号表示：A $\xrightarrow{-}$ B。

然后，进一步分析具有因果关系要素之间的反馈关系，即顺着因果链寻找反馈因关系结构，直到它们相连成环为止，形成系统的反馈回路。

但是，并不是所有的因果链的反馈极性都是一目了然的，如下的准则可用来判断因果链的反馈极性：反馈环上如果有偶数个负因果链，则为正反馈环；反馈环上如果有奇数个负因果链，则为负反馈环；即反馈环的极性实际上是环中负因果链的代数积。一般来说，正反馈会导致偏差加大，增强系统不稳定性；而负反馈则起着控制和稳定系统的作用。

4．建立系统流图

因果关系图只是定性地表达了系统发生变化的原因（即反馈结构），并未反映出系统中反馈回路的动态性能的积累效应，因此需要对因果关系图进一步加以量化，也就是建立系统流图。系统流图是对系统模型的更完整的定量描述。

建立系统流图时，首先要进行变量识别，分别确定流位变量、率量变量和辅助变量；然后找出变量间的反馈关系，建立反馈环路；最后找出整个系统的反馈环路，建立系统流图。

5．建立方程

系统流图只是直观地显示了各个变量之间的关系，而要在计算机上进行系统模拟还必须写出系统流图的方程。

利用系统动力学模拟软件，如 Vensim、Powersim、Ithink 和 Stella 等，画出系统流图后，多数方程的结构就基本确立了；再输入相关参数就能建立起完整的方程。因此，建立方程的重点就是参数的选取，参数可以通过统计、预估和分析得到。要注意的是，应根据收集得到的信息和研究的出发点，引入能与实际问题对应的参数和变量。例如，图 5.1 中的各参数和变量就具有实际意义。

6．模型实验

方程的建立表明已经有了系统模型，下一步就要对模型进行实验。

首先是要进行参数估计。模型中的参数有初始值、常数值和表函数等，参数估计的方法包括：① 应用统计资料、调查资料确定参数；② 应用一些常用的数学方法，如经济计量学方法；③ 依据其他模型的预测数据；④ 参照历史数据。系统模型涉及参数众多，而且有的不容易估计准确，所以可将参数估计与模型运行结合起来。一般来说，在参数值的变化范围内先粗略地试用参数进行模型实验，当模型行为无显著变化时，即确定了该参数值。

参数确定后，就可以运行模型，进行实验了。

7．模型检验与优化

为了反映模型的有效性，必须对模型实验结果进行检验，以此来验证所建立的模型获得的信息与行为是否反映了所研究系统的特征和变化规律，分析是否正确地认识和理解了所要解决的问题。

> **量纲检验有必要吗？**
>
> 不同系统动力学软件对模型的量纲一致性的要求不同。在 Vensim 中，设定变量的量纲是可选的，运行模型前不会强制检验量纲一致性，而 Powersim 则要求必须要设定变量的量纲，模型量纲不一致性时，模型不能运行。它们各有优缺点。
>
> 模型正确是量纲准确的充分条件，量纲检验是模型正确的必要条件。确定量纲有时是比较麻烦的。Vensim 更多地用于科学研究，探索新问题，建立模型时可以先不考虑变量的量纲，以充分关注系统结构；而 Powersim 更多地用于企业决策支持，从模型建立之初就强调新引入参数和变量所对应的实际意义。

模型检验有直观检验、运行检验、历史检验及灵敏度分析四种方法。

（1）直观检验：主要通过资料分析，直接对模型的结构进行检验。分析模型是否与所研究系统的内部机制相一致，模型的因果关系是否合理，模型对每个元素、变量的定义是否正确，模型方程表述是否合理，量纲是否一致。

（2）运行检验：通过对比系统模型运行情况和实际系统的行为来判断模型的有效性。

（3）历史检验：将模型所获得的信息和行为与所研究系统行为的历史数据进行对比，观察拟合度。通过不断对模型存在的问题进行修改和完善，就可在一定程度上保证模型的有效性。

（4）灵敏度分析：灵敏度分析即边际分析，考察模型的各种因素的变化对模型行为有什么影响。当合理的方案假设加入模型时，模型行为会怎样变化；当模型结构和参数值发生微小变化时，模型行为会怎样变化。因此，灵敏度分析就是通过改变模型中的参数和结构，运行模型并比较模型的输出，从而确定这些因素对模型行为的影响程度。

在模型检验时，必须注意以下两点：

（1）由于所研究的现实系统存在随机因素及资源限制，人们也不可能收集到所有的资料，所以只要所建立的模型反映的信息与行为能显示出系统的基本行为趋势，与历史记录相近或是达到了研究目的即可。

（2）建模者在整个建模过程中应时刻关注模型的有效性。

模型检验一般采用的是灵敏度分析法。在此基础上，通过不断地调试和优化，使模型能更有效地帮助人们解决问题。

系统动力学解决和分析问题的基本流程如图 5.20 所示。此流程并不是直线式推进的，而是一个通过修改完善或者调整来实现不断深化的螺旋式上升过程。

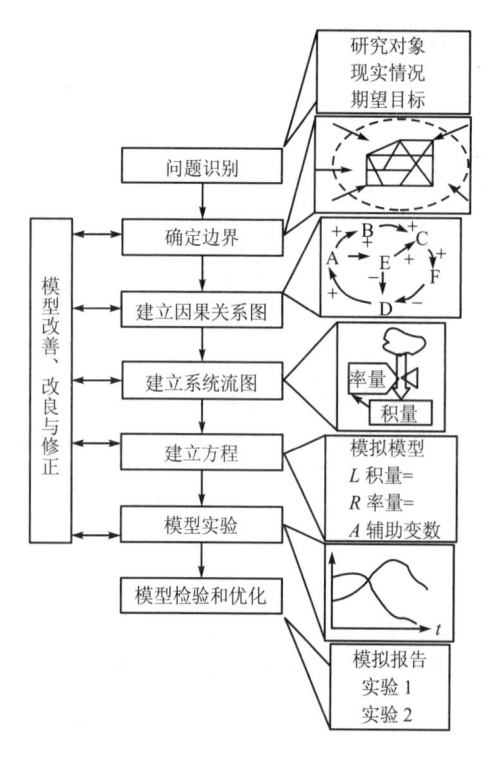

图 5.20　系统动力学解决和分析问题的基本流程

5.3 系统动力学的数学模型求解

系统动力学是一种连续系统模拟技术，其数学模型是以微分或差分形式表达的连续模型。

系统动力学模型由整个时间域内系统状态的变化关系所组成。如果用 x 表示系统的状态，则目标就是找到一个函数 f，使

$$x = f(t, \lambda, x_0) \tag{5.1}$$

式中，t 为时间，λ 为模型的参数，x_0 为系统的初始条件。

式（5.1）称为状态方程。虽然目标是建立状态方程，以便借助于系统的初始条件和参数，确定整个时间域内系统的状态。但是，实际中很难做到这一点。在大多数情况下，相对于直接为系统建立状态方程而言，人们洞察系统元素间复杂的交互作用的能力显得不足，不过建立 x 对时间的变化率这类关系则是可能的。

一般来说，系统动力学模型由辅助方程和微分方程构成，它们确定系统中各元素的交互作用。如果模型都是由辅助方程构成，则根据模型的初始条件和参数，便可知道所有时间内系统的状态。然而，通常系统动力学模型至少包含一个微分方程，所以为了确定整个时间内系统的状态，还必须求解微分方程。但除了特殊的某几类问题之外，微分方程很难精确地求解。在系统动力学模型中建立的大多数微分方程通常都太复杂，不能求出解析解。例如，方程 $\dfrac{\mathrm{d}x}{\mathrm{d}t} = x^2 + t^2$ 就无解析解。在这样的情况下，可以用数值积分法对变量 t 积分得到 $x(t)$ 的近似数值解。

> **为什么要了解数值积分法？**
>
> 系统动力学的数学模型是连续型模拟模型，如果某个模型中不包括积分或者微分方程，那么将时间离散化为具体的值，代入到模型中，进行简单的逐步推理，就可以得到时间点上的精确结果。而如果涉及积分过程，那么必须对积分过程离散化后，再进行推理，由此将产生误差。
>
> 系统动力学是研究反馈系统的学科，反馈结构是系统模型的主体结构，而一个简单的反馈过程在数学上表达为一个积分过程。所以，数值积分法在模拟推算过程中显得非常重要。

5.3.1 数值积分法

1. 基本概念

1）单步积分法与多步积分法

只由前一时刻的数值 y_n 就能计算出后一时刻的数值 y_{n+1} 的一种方法就是单步积分法，下面所讲到的欧拉法是单步积分法。反之，如果计算 y_{n+1} 时需要借助其他的非同一时刻的数值 y_n、y_{n-1} 等多个值的算法就称为多步积分法，显然由于多步积分法开始时要用到其他方法计算所得的该时刻前面的函数值，所以它不能自启动。下面讲解的改进的

欧拉法（即预估校正法）就是一个多步积分法的例子。

单步积分法相对于多步积分法来说，有以下优点：①需要存储的数据量少，占用的存储空间少；②只需要知道初值，就可以启动递推公式进行运算，即能够自启动；③容易实现变步长运算。

2）显式公式与隐式公式

在用递推公式进行迭代计算的时候，计算 y_{n+1} 时所用到的数据均已算出的计算公式称为显式公式。反之，在算式中隐含有未知量 y_{n+1} 的则称为隐式公式。使用隐式公式的时候需要另一显式公式来估计一个初值，然后再用隐式公式进行迭代运算，这就是预估校正法，显然这种方法不是自启动的算法。

用单步积分法和显式公式在计算上比用多步积分法和隐式公式方便。但要考虑精度与稳定性时，则一般采用隐式公式进行运算。

3）截断误差

数值积分公式的精度一般是使用泰勒级数来进行分析。为简化分析，假定前一步所得结果 y_n 是准确的，则由泰勒级数得出 t_{n+1} 处的精确解为

$$y(t_n + h) = y(t_n) + hy'(t_n) + h\frac{1}{2!}h^2 y''(t_n) + \cdots + \frac{1}{r!}h^r y^{(r)}(t_n) + O(h^{r+1})$$

欧拉法是从以上精确解中只取前两项之和来近似计算 y_{n+1}，由这种方法单独一步引进的附加误差通常称为局部截断误差，它是该方法给出的值与微分方程解的差值，又称为局部离散误差。欧拉法的局部截断误差为 $y(t_{n+1}) - y(t_n) = O(h^{r+1})$。

不同数值解法的局部截断误差也不同。一般来说，截断误差为 $O(h^{r+1})$ 的方法称为 r 阶的数值解法，所以求解方程所采用的数值积分法的阶数是衡量求解方法精确度的一个重要标志。例如，下面要讲到的欧拉法是一阶精度的数值解法，而改进的欧拉法（梯形法）由于相当于取泰勒级数的前三项，故其解为二阶精度。

4）舍入误差

由于计算机的字长有限，数字不能表示得完全精确，在计算过程中不可避免地会产生舍入误差。舍入误差与步长 h 成反比，如计算步长小，计算次数多，则舍入误差大。

产生舍入误差的因素较多，除了与计算机字长有关外，还与计算机所使用的数字系统、数的运算次序及计算所要求的精确度等因素有关。

5）数值解的稳定性

对于用差分方程描述的连续系统模型，可以把初始值代入递推公式进行迭代运算，但在迭代过程中，初始数据的误差及计算过程中的舍入误差对后面的计算结果会产生影响。当计算步长 h 选择不合理时，有可能使模拟结果不稳定。以下对这一问题进行简要讨论。

差分方程的解与微分方程的解类似，均可分为特解与通解两部分。与稳定性有关的为通解部分，它取决于该差分方程的特征根是否满足稳定性要求。为了考察欧拉法的稳定性，可用方程 $y' = \lambda y$（λ 为方程的特征根）来检验，对此方程有 $y_{n+1} = y_n + \lambda y_n h = (1+\lambda h)y_n$，要使该差分方程稳定，需使 $|1+\lambda h| < 1$。由此可得 $|\lambda h| < 2$ 或者 $h < 2T \left(T = \frac{1}{\lambda}\right)$。

因此，为了保证稳定性，积分步长的选择要慎重，不能随意取任何值。例如，要保证用欧拉法进行的计算是稳定的，积分步长 h 必须小于系统时间常数的两倍。

2．欧拉法

欧拉法是数值积分法中最简单的一种算法，虽然在实际中很少使用，但是它的推导过程简单，能说明构造一般数值解法计算公式的基本思想，而且模拟程序也清晰易懂，所以多被作为构造数值解法的入门例子。其一般解法如下。

有一阶常微分方程 $y(t)' = f(t, y(t))$，且满足初始解 $y(0) = y_0$。

在区间 $[t_n, t_{n+1}]$ 上对微分方程进行积分，则有

$$y(t_{n+1}) = y(t_n) + \int_{t_n}^{t_{n+1}} f(t, y(t)) \mathrm{d}t \tag{5.2}$$

式（5.2）中的积分的几何意义就是曲线 $f(t, y(t))$ 及 $t = t_n$ 和 t_{n+1} 所围成的面积，如图 5.21 所示。

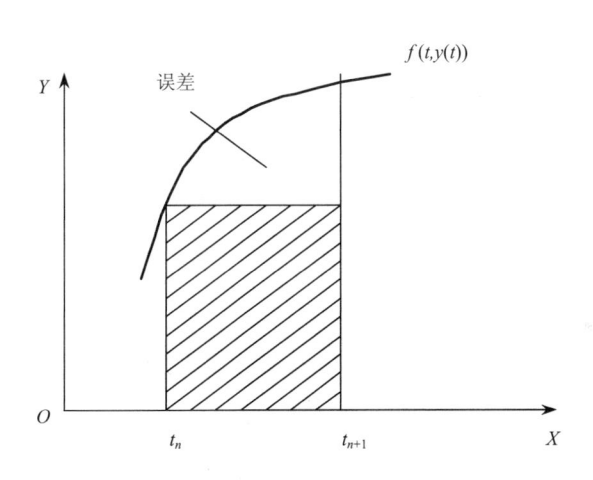

图 5.21 矩形近似及误差

如果积分区间间隔足够小，即步长 $h = t_{n+1} - t_n$ 足够小，$f(t, y(t))$ 就可以用 $f(t_n, y(t_n))$ 近似代替，则积分 $\int_{t_n}^{t_{n+1}} f(t, y(t)) \mathrm{d}t$ 的值可以用矩形的面积来近似（如图 5.21 中的阴影部分所示），即

$$y(t_{n+1}) = y(t_n) + f(t_n, y(t_n))(t_{n+1} - t_n)$$

于是得到

$$y(t_{n+1}) = y(t_n) + h f(t_n, y(t_n)) \tag{5.3}$$

式（5.3）即为欧拉公式。

用欧拉公式进行数值求解的方法称为欧拉法，也称为矩形法。

显然，在用欧拉公式计算 t_{n+1} 时刻的近似值 y_{n+1} 时，只用到了前一步的结果 y_n。这样，当给定了 t_0 时刻的值 y_0 时，就可以求出各个时刻 $t_0, t_1, t_2, \cdots$ 处的近似值 $y_0, y_1, y_2, \cdots$。故欧拉公式属于单步积分法。

在图 5.21 中，通过点 (t_0, y_0) 作积分曲线的切线，其斜率为 $f(t_0, y_0)$，此切线与过 t_1 平行于 y 轴直线的交点即为 y_1。再过 (t_1, y_1) 点作积分曲线的切线，它与过 t_2 平行于 y 轴的直线的交点为 y_2。这样过 $(t_0, y_0), (t_1, y_1), (t_2, y_2), \cdots, (t_n, y_n)$ 得到一条折线，称为欧拉折线。

由于是用矩形面积代替小区间的曲线积分，欧拉法精度较低。为了提高计算精度，可以减小步长 h，但这样会导致计算的次数增加，不仅使计算工作量增加，而且使得积累的舍入误差加大，因此通过减小步长来提高计算精度是有限度的，故欧拉法一般用于模拟精度要求不高的场合，而且在实际中也很少使用。下面介绍的预估校正法就是对欧拉法改进后所得到的一种算法。

3．预估校正法

欧拉法是用矩形的面积来近似积分的值，若用梯形的面积来近似积分的值，如图 5.22 所示即可得到改进后的计算公式，即

$$y(t_{n+1}) = y(t_n) + \frac{h}{2}[f(t_n, y(t_n)) + f(t_{n+1}, y(t_{n+1}))]$$

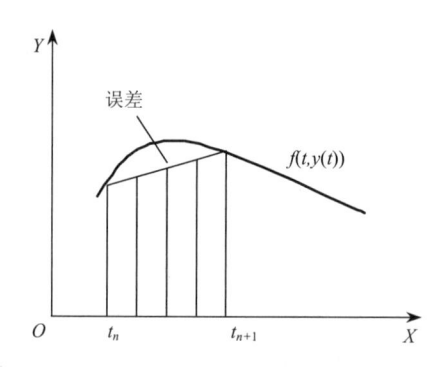

图 5.22　梯形近似及误差

由图 5.22 可以看出，预估校正法比矩形法的误差要小，精度要高。但是，改进后的公式是隐式公式。由于它的左右两边都包含有 $y(t_{n+1})$，故只能用迭代法进行计算。

在操作上，常用欧拉法启动求出一个初值，算出 $y(t_{n+1})$ 的近似值 y_{n+1}，然后将其代入原微分方程，计算 $f(t_{n+1}, y_{n+1})$ 的近似值，最后再利用梯形公式求出修正后的 $y(t_{n+1})$。为了提高计算精度，可用梯形公式反复迭代如下

$$y_{n+1}^{(0)} = y_n + hf(t_n)$$
$$y_{n+1}^{(0)} = y_n + hf(t_n, y_n)$$
$$y_{n+1}^{(1)} = y_n + \frac{h}{2}[f(t_n, y_n) + f(t_{n+1}, y_{n+1}^{(0)})]$$
$$y_{n+1}^{(2)} = y_n + \frac{h}{2}[f(t_n, y_n) + f(t_{n+1}, y_{n+1}^{(1)})]$$
$$\vdots \qquad \vdots \qquad \vdots \qquad \vdots$$
$$y_{n+1}^{(k+1)} = y_n + \frac{h}{2}[f(t_n, y_n) + f(t_{n+1}, y_{n+1}^{(k)})]$$

每迭代一次,判断 y_{n+1} 相邻两次近似值之差是不是小于给定的误差 ε,即 $|y_{n+1}^{(k+1)} - y_{n+1}^{(k)}| < \varepsilon$ 是否成立。若不等式成立,停止迭代过程,将 $y_{n+1}^{(k+1)}$ 作为 y_{n+1} 的近似值,即作为所求得的解;否则的话,继续迭代下去,直到得到满足不等式的值。

显然,迭代的过程要进行反复的计算,一般为了简化计算,只迭代一次。这样形成的方法称为预估校正法,改进后的欧拉公式为

$$y_{n+1}^{(0)} = y_n + hf(t_n, y_n) \tag{5.4}$$

$$y_{n+1} = y_n + \frac{h}{2}[f(t_n, y_n) + f(t_{n+1}, y_{n+1}^{(k)})] \tag{5.5}$$

式(5.4)称为预估公式,式(5.5)称为校正公式。欧拉法每计算一步只要调用函数 $f(t, y(t))$ 一次,改进后的欧拉法由于增加了校正过程,使计算量增加了一倍,但是精度也大大地提高了。

4. 龙格-库塔法

对于一阶微分方程 $y(t)' = f(t, y(t))$,且满足初始解 $y(0) = y_0$。在一个步长 h 的区间 $[t_n, t_{n+1}]$ 上,根据中值定理,有

$$\frac{y_{n+1} - y_n}{t_{n+1} - t_n} = \frac{y_{n+1} - y_n}{h} = y'(t_n + \theta h) \qquad 0 < \theta < 1$$

于是

$$y_{n+1} - y_{n+1} = hf(t_n + \theta h, y(t_n + \theta h)) \tag{5.6}$$

记 $\overline{K} = f(t_n + \theta h, y(t_n + \theta h))$,$\overline{K}$ 称为区间 $[t_n, t_{n+1}]$ 上的平均斜率。

如果设法在区间上多预报几个点的斜率值 K_i,然后将它们的加权平均值作为平均斜率 $\overline{K}$ 的近似值,代入式(5.6),再用待定系数法就可以构造出精度更高的计算公式,这就是龙格-库塔法的基本思想。

下面以二阶龙格-库塔公式的计算为例来进行说明。

假设 $y(t_1) \approx y_1$,且步长 $h = t_1 - t_0$,则

$$y_1 = y(t_0 + h)$$

对此式在 t_0 处用泰勒级数展开,只保留到 h^2 项,则可得

$$y_1 = y(t_0 + h) = y_0 + hf(t_0, y_0) + \frac{\left(\frac{\partial f}{\partial t} + \frac{\partial f}{\partial y}\frac{\partial y}{\partial t}\right)\bigg|_{t_0}}{2!}h^2 \tag{5.7}$$

在区间 $[t_n, t_{n+1}]$ 上取两个点 t_n 和 t_{n+p},其斜率值 K_1 和 K_2,将它们的加权平均值作为平均斜率的近似值。首先假设

$$y_1 = y_0 + (a_1 K_1 + a_2 K_2)h \tag{5.8}$$

式中

$$K_1 = \frac{\partial y}{\partial t}\bigg|_{t_0} = f(t_0, y_0) \qquad K_2 = f(t_0 + b_1 h, y_0 + b_2 K_1 h)$$

对 K_2 右端函数在 t_0 处用泰勒级数展开,只保留到 h 项,则可得

$$K_2 = f(t_0, y_0) + \left(b_1 \frac{\partial y}{\partial t} + b_2 K_1 \frac{\partial f}{\partial y} \right)\bigg|_{t_0} h$$

将 K_1 和 K_2 代入式(5.8),即

$$y_1 = y_0 + a_1 f(t_0, y_0)h + a_2 f(t_0, y_0)h + a_2 \left(b_1 \frac{\partial y}{\partial t} + b_2 K_1 \frac{\partial f}{\partial y} \right)\bigg|_{t_0} h^2$$

$$y_1 = y_0 + (a_1 + a_2) f(t_0, y_0)h + \left(a_2 b_1 \frac{\partial y}{\partial t} + a_2 b_2 K_1 \frac{\partial f}{\partial y} \right)\bigg|_{t_0} h^2 \tag{5.9}$$

将式(5.7)与式(5.9)进行比较,由待定系数法可知

$$a_1 + a_2 = 1$$
$$a_2 b_1 = \frac{1}{2!} = \frac{1}{2}$$
$$a_2 b_2 = \frac{1}{2!} = \frac{1}{2}$$

这 3 个方程有 4 个未知数,因此由无穷多组解,若限定 $a_1=a_2$,则可得出 1 组解为

$$a_1 = a_2 = \frac{1}{2} \quad b_1 = 1 \quad b_2 = 1$$

将这组解代入式(5.8),则有

$$y_1 = y_0 + \frac{h}{2}(K_1 + K_2) \tag{5.10}$$

式中

$$K_1 = f(t_0, y_0) \quad K_2 = f(t_0 + h, y_0 + K_1 h)$$

将式写成一般递推式,即

$$y_{n+1} = y_n + \frac{h}{2}(K_1 + K_2) \tag{5.11}$$

式中

$$K_1 = f(t_n, y_n) \quad K_2 = f(t_n + h, y_n K_1 h)$$

这里,由于对式(5.7)进行泰勒级数展开时,只保留到 h^2 项,它的截断误差是 $O(h^3)$,故此公式就称为二阶龙格-库塔公式(简称 RK-2),其实也就是梯形公式。

这样,可以很容易地看出,梯形公式是取区间$[t_n, t_{n+1}]$上的 t_n 和 t_{n+1} 两点斜率的算术平均值作为区间的平均斜率的近似值。

如果对式(5.7)进行泰勒级数展开时,只保留到 h 项,即截断误差为 $O(h^2)$ 时,就可以得到一阶的龙格-库塔公式,也就是欧拉公式。可以看出,欧拉公式是只取了一点 t_n 的斜率作为区间的平均斜率的近似值。同样,如果对式(5.7)进行泰勒级数展开时,保留到 h^4 项,即截断误差为 $O(h^5)$ 时,就可以得到四阶的龙格-库塔公式,即

$$y_{n+1} = y_n + \frac{h}{2}(K_1 + K_2)$$

$$y_{n+1} = y_n + \frac{h}{6}(K_1 + 2K_2 + 2K_3 + K_4) \tag{5.12}$$

式中

$$K_1 = f(t_n, y_n) \quad K_2 = f(t_{n+h/2}, y_{n+h/2}K_1) \quad K_3 = f(t_{n+h/2}, y_{n+h/2}K_2) \quad K_4 = f(t_{n+1}, y_{n+h}K_3)$$

四阶龙格-库塔公式取了 4 个点，只是第 2 点和第 3 点重合在一点 $t_{n+h/2}$ 上。

四阶龙格-库塔公式已具有较高的精度，可满足计算大部分实际问题的要求。但是每推进一步，都要计算 4 个点的 K 值，即对一阶微分方程对应的函数 $f(t, y)$ 要进行 4 次计算，增加了计算次数。

根据上述基本思想及计算原理，还可以推出更高阶的龙格-库塔公式。这里将各种龙格-库塔法写成如式（5.13）的一般形式，即

$$y_{n+1} = y_n + h \sum_{i=1}^{g} c_i K_i$$

$$K_i = f(t_{n+1}, y_{i+p_i} h) \sum_{j=1}^{i-1} r_{ij} K_j \quad i = 1, 2, \cdots, g \tag{5.13}$$

式中，c_i 和 r_{ij} 均为加权系数。

龙格-库塔法包含了欧拉公式和梯形公式。一般来说，对于一阶微分方程，至少要计算 1 次微分方程的右端函数。将微分方程次数为 g 的最小值记为 g_{min}，这时式（5.13）中取 $g=g_{min}=1$，而二阶微分方程至少取 $g=g_{min}=2$，三阶微分方程至少取 $g=g_{min}=3$，四阶微分方程至少取 $g=g_{min}=4$。但有时为了某种特殊需要，可以取 $g>g_{min}$ 的计算公式。

各阶龙格-库塔公式在计算 y_{n+1} 时只用到前一点 y_n 的值，而不直接用到前几点的值，所以龙格-库塔法是单步法，只要给定了初始值，就可自启动依次计算下去。

5.3.2 用 Excel 实现系统动力学模型模拟与寻优——以网民扩散为例

较为常见的系统动力学专业软件，如 Vensim、Powersim、Ithink、Stella 和 AnyLogic 等，为人们学习系统动力学模拟方法提供了方便，虽然这些软件大都提供试用版本，也提供比企业版或专业版价格低廉的教学版或个人版，但教学版或个人版往往缺少一些对理解和掌握模拟方法具有重要作用的功能，比如参数寻优功能。

经过研究发现，借助 Excel 实现连续系统模拟不仅能够演示连续型模拟计算过程，而且还能与相关专业软件结合，更加有效地解决问题，因此 Excel 本身是非常直观实用的求解工具和分析手段。

1. 网民数量扩散模型

技术扩散（Technological Diffusion）也被称为创新扩散（Innovation Diffusion），是创新在一定时间内，通过某种渠道，在社会系统成员中进行传播的过程。在过去的几十年中，社会学家、地理学家、经济学家和管理学家们对社会系统中的扩散现象，如新闻、

流言蜚语和创新传播等诸多方面，进行了深入的研究，并引入微分方程用于这些扩散问题的建模，其中有重要影响的是 Frank Bass 提出的预测消费品扩散的模型，即 Bass 模型。在 Bass 模型中，假设新产品的潜在采用者会受到两种传播方式的影响：①大众媒体。潜在采用者会受大众媒体的影响，又称为外部影响（External Influence），而此类的采用者称为创新者（Innovator）。②口碑。潜在采用者会受到口碑的影响，又称为内部影响（Internal Influence），而此类的采用者称为模仿者（Imitator）。

现在以网民数量扩散为研究对象，用 $n(t)$ 表示 t 时刻的网民数量，M 表示市场总体容量，那么潜在网民数量为 $M-n(t)$。假定平均每个网民单位时间内带来的新网民数量与潜在网民数量呈线性关系。假定潜在网民的转化率与当前潜在网民的数量呈线性关系。那么网民数量增加的速率可以用方程式（5.14）表示为

$$\frac{\mathrm{d}n(t)}{\mathrm{d}t} = c \times \frac{M-n(t)}{M} \times n(t) \tag{5.14}$$

式中，c 表示平均每个网民单位时间内带来的新网民数量。

2. 用 Excel 实现网民扩散模型模拟与寻优

1）用 Excel 实现网民扩散模型模拟

连续系统模拟就是将实际系统的模型放到计算机上进行研究的过程，其基本步骤如下：首先将连续系统的动态特性用微分方程、状态方程或传递函数等形式来描述；然后选择模拟算法，将数学模型转换成能被计算机接收的离散化模型；最后通过计算机实现模拟模型。

用 Excel 实现网民扩散连续型模型模拟的基本原理是利用 Excel 的电子表格计算功能，根据给定的初始值和模拟模型，按照一定的模拟步长，依次推理模拟时钟上的系统状态。

给模型的参数 (c, M, n_0) 设置一个初始值，初始取值只要不偏离实际意义太远即可。这里设置的市场总容量用 2007 年 1 月的数据 1370（单位：10 万人，下同），初始网民数量用 1999 年 7 月的数据 40，设定转换常数 $c=0.45$ 时，从图形上显示拟合情况比较好，参考示例程序（可从有关网站下载，下同）中电子表格"模拟 1 优化前"，进行模拟推算的电子表格如图 5.23 所示。

	A	B	C	D	E
1		转换常数	c=	0.45	
2		市场总容量	M=	1370.00	
3		初始网民量	n0=	40.00	
4	调查数据	模拟时钟	转换速率	模拟网民量	误差平方
5	40	0		40.00	0.00
6	89	1	17.47	57.47	993.86
7	169	2	24.78	82.25	7525.05
8	225	3	34.79	117.04	11654.39
9	285	4	48.17	165.21	9957.11
10	337	5	65.38	230.60	11321.92
11	458	6	86.30	316.90	19909.92
12	591	7	109.62	426.52	27055.20
13	680	8	132.18	558.69	14715.14
14	795	9	148.88	707.58	7642.44
15	870	10	153.96	861.54	71.63
16	940	11	143.89	1005.42	4280.40
17	1030	12	120.40	1125.83	9182.50
18	1110	13	90.29	1216.12	11261.53
19	1230	14	61.47	1277.59	2264.66
20	1370	15	38.78	1316.37	2876.33
21				均误差平方	8794.51

图 5.23 网民扩散模拟推算的电子表格

请思考：

为什么这里的市场总容量取 1.37 亿，而不是全国实际人数？

在图 5.23 中，电子表格区域 A5:A20 为实际的调查数据。为简化计算，模拟步长取 1（表示半年），见电子表格区域 B5:B20。

根据式（5.14）得到的第 t 阶段的转换速率 $\Delta n(t)$ 的差分方程为

$$\Delta n(t) = c \times \frac{M - n(t-1)}{M} \times n(t-1) \tag{5.15}$$

电子表格区域 C6:C20 为根据式（5.15）计算出来的转换速率，具体的 Excel 公式见图 5.24 的电子表格区域 C6:C20。

根据式（5.15）计算出转换速率，那么网民数量 $n(t)$ 为

$$n(t) = n(t-1) + t \times \Delta n(t) \tag{5.16}$$

电子表格区域 D5:D20 为根据式（5.16）计算出来的模拟网民量，具体的 Excel 公式见图 5.24 的电子表格区域 D5:D20。

在图 5.23 中，电子表格区域 B5:B20 为模拟时钟。模拟时钟从零时间开始，由模拟步长 1 决定，见图 5.24 的电子表格区域 B5:B20。

误差平方是模拟网民量与调查数据的差的平方，具体的 Excel 公式见图 5.24 的电子表格区域 E5:E20。电子表格区域 E21 为这 16 个平方值的平均值，具体的 Excel 公式见图 5.24。

	A	B	C	D	E
1		转换常数	c=	0.45	
2		市场总容量	M=	1370.00	
3		初始网民量	n0=	40.00	
4	调查数据	模拟时钟	转换速率	模拟网民量	误差平方
5	40	0		=D3	=(A5-D5)^2
6	89	=B5+1	=$D$1*(($D$2-D5)/$D$2)*D5	=C6*(B6-B5)+D5	=(A6-D6)^2
7	169	=B6+1	=$D$1*(($D$2-D6)/$D$2)*D6	=C7*(B7-B6)+D6	=(A7-D7)^2
8	225	=B7+1	=$D$1*(($D$2-D7)/$D$2)*D7	=C8*(B8-B7)+D7	=(A8-D8)^2
9	265	=B8+1	=$D$1*(($D$2-D8)/$D$2)*D8	=C9*(B9-B8)+D8	=(A9-D9)^2
10	337	=B9+1	=$D$1*(($D$2-D9)/$D$2)*D9	=C10*(B10-B9)+D9	=(A10-D10)^2
11	458	=B10+1	=$D$1*(($D$2-D10)/$D$2)*D10	=C11*(B11-B10)+D10	=(A11-D11)^2
12	591	=B11+1	=$D$1*(($D$2-D11)/$D$2)*D11	=C12*(B12-B11)+D11	=(A12-D12)^2
13	680	=B12+1	=$D$1*(($D$2-D12)/$D$2)*D12	=C13*(B13-B12)+D12	=(A13-D13)^2
14	795	=B13+1	=$D$1*(($D$2-D13)/$D$2)*D13	=C14*(B14-B13)+D13	=(A14-D14)^2
15	870	=B14+1	=$D$1*(($D$2-D14)/$D$2)*D14	=C15*(B15-B14)+D14	=(A15-D15)^2
16	940	=B15+1	=$D$1*(($D$2-D15)/$D$2)*D15	=C16*(B16-B15)+D15	=(A16-D16)^2
17	1030	=B16+1	=$D$1*(($D$2-D16)/$D$2)*D16	=C17*(B17-B16)+D16	=(A17-D17)^2
18	1110	=B17+1	=$D$1*(($D$2-D17)/$D$2)*D17	=C18*(B18-B17)+D17	=(A18-D18)^2
19	1230	=B18+1	=$D$1*(($D$2-D18)/$D$2)*D18	=C19*(B19-B18)+D18	=(A19-D19)^2
20	1370	=B19+1	=$D$1*(($D$2-D19)/$D$2)*D19	=C20*(B20-B19)+D19	=(A20-D20)^2
21				均误差平方	=AVERAGE(E5:E20)

图 5.24　网民扩散模拟推算的 Excel 公式

图 5.24 中的模拟计算公式等价于如下计算过程，即

$$n(t_0) = 40$$

$$n(t_1) = 40 + c\frac{(M - n(t_0))}{M} \times 1 = 57.47$$

$$n(t_2) = 57.47 + c\frac{(M - n(t_1))}{M} \times 1 = 82.25$$

……

上述模拟推算过程与利用欧拉法计算 $\mathrm{d}n(t)$ 积分的过程非常类似。只是积分计算过程中，采用的是差分方程。可以说，上面的模拟推算过程是利用欧拉法积分计算方法推导

积分的过程。

> 🔑 **连续问题的离散化。**
> 由于计算机所能表示的字长是有限制的，不能处理真正意义上的连续问题，计算积分中不能无限细分，最后还是要将模拟时间离散化，采用某种形式的差分方式来实现。

2）用 Excel 实现网民扩散模型参数寻优

上面模拟推算的结果与实际调查数据的拟合情况还不是非常好，因此需要调整参数来改进拟合状况。可以直接利用 Excel 中的非线性规划求解进行模型参数的寻优。优化的目标为使平均误差平方的值最小（拟合情况最好），需要调整的参数包括转换常数、市场总容量和初始网民数量。

单击 Excel 的"工具"菜单中的"规划求解（V）..."项目（如果没有该项目，请先单击"加载宏（I）…"，将"加载宏"对话框中的"规划求解"选中后安装），打开"规划求解参数"对话框，设置目标单元格为 E21，求最小值，可变单元格为 D1:D3。

求解得到的最优参数值分别为：转换常数 0.32，市场总容量 1 447.09，初始网民数量 105.19。

最优参数值情况下的平均误差平方为 1 644.97，较优化前的 8 794.51 结果好了许多。拟合的情况还可参考本书配套电子资源中的文件："用 Excel 实现系统动力学模拟与寻优.xls"中的电子表格"模拟 1"上的图表。

3）Excel 的进一步应用

（1）模拟步长的处理及与解析求解的处理。

上面模拟过程实际上是将微分方程转换为差分方程，按照一定步长求积分的过程。但是，上面模拟过程的步长比较大，还需要调整步长以提高精度。

现将模拟步长设置为 0.125，同样利用 Excel 模拟推算和非线性规划功能对参数寻优，寻优结果显示，平均误差平方为 1 421.60，比步长为 1 时的平均误差平方 1 644.97 要小。显然，按步长 0.125 模拟计算的结果对实际数据的拟合程度高，因此模拟效果改善，参考本书配套电子资源中的文件："用 Excel 实现系统动力学模拟与寻优.xls"中的电子表格"模拟 2"，各单元格的具体公式参考本书配套电子资源中的文件："用 Excel 实现系统动力学模拟与寻优.xls"中的电子表格"模拟 2 公式"。

本模型还可以直接通过解析求解方式求得市场成长的 Logistic 曲线，用 Excel 的规划求解功能得到最优的参数值，参考本书配套电子资源中的文件："用 Excel 实现系统动力学模拟与寻优.xls"中的电子表格"解析求解"和"解析求解公式"。比较两种方法，发现模拟求解得到的拟合程度都比解析求解略低些。这说明如果模型能用解析求解，就会比模拟求解的方式在精度上往往优良些。但是，解析求解过程往往非常复杂，没有统一的算法，而模拟求解有统一的算法。

得到了比较好的模型参数后，可以根据计算结果与实际数据的拟合情况对模型本身进行评价，将模型用于预测下一时期的网民数量。

（2）SyntheSim 功能的实现。

敏感性分析工具 SyntheSim 功能是在 Vensim 版本 5.0 才首先出现的。其实，在 Excel

中非常容易实现 SyntheSim 功能。

首先将原来电子表格复制一份，命名为"SyntheSim"。在 Excel 的工具栏单击鼠标右键，在弹出的菜单中选择"窗体"，显示窗体工具栏。

在窗体工具栏上单击滚动条窗体，鼠标变为"十"字形，在电子表格中的合适位置画出一个滚动条窗体，用以控制转换常数（单元格 D1）的大小。

因为滚动条窗体控制的单元格调节大小的最小刻度为 1，所以为了表示小数，选择电子表格的单元格 G1（可任意选择空白区域）为滚动条窗体控制的单元格，在 G1 输入数字"450"。修改单元格 D1 处的公式为：G1/1 000。在刚才建立的滚动条窗体上单击鼠标右键，设置控件格式，最大值设置为"2 000"，最小值设置为"0"。用与上面类似的方法建立一个滚动条窗体控制电子表格的单元格 D2，最大值设置为"2 000"，最小值设置为"1 000"。

为了图形化地描述 Excel 的 SyntheSim 功能，再建立一个图来表示模拟计算得到的网民数量结果与调查数据的对比关系。实现 SyntheSim 功能滚动条窗体与图表显示如图 5.25 所示。

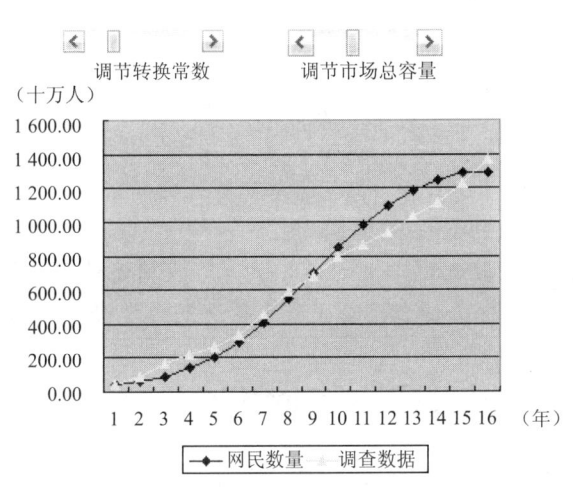

图 5.25 实现 SyntheSim 功能滚动条窗体与图表显示

此时，如果向左拖动图 5.25 中"调节转换常数"上的滑块，则网民数量曲线的"S"形越来越平滑，高度不变；如果向右拖动，则网民数量曲线的"S"形越来越陡峭，高度也不变。如果向左拖动"调节市场总容量"上的滑块，那么只会改变网民数量曲线的高度，而其基本形状不改变，陡峭程度变化不大。由此可见，转换常数明显影响传播速度，市场容量对速度的影响不明显。请参考本书配套电子资源中的文件："用 Excel 实现系统动力学模拟与寻优.xls"中的电子表格"SyntheSim"。

> **也可采用编程方法实现"SyntheSim"。**
>
> 同样还可以用编程的方法实现 SyntheSim 功能，具体内容参考本书配套电子资源中的文件："用 Excel 实现系统动力学模拟与寻优.xls"中的电子表格"SyntheSim_withcode"。代码需要进入到 Visual Basic for Application（VBA）编程开发环境查看。

4）关于 Excel 深入应用的探讨

用 Excel 实现模拟过程的意义在于不仅能在教学过程中演示原理，而且还表明 Excel 本身是非常实用的求解工具和分析手段。Excel 的优势体现在两个方面，一方面它是有效的模型参数确定方法，如上面例子的建模过程；另一方面它是一个开放的环境，能通过自带的开发环境 VBA 操纵模型的模拟过程，也能非常方便地与其他软件结合，如上面介绍的利用规划求解功能求模型最优参数过程。专业软件中也有优化功能和开发接口，但是往往只有商业版中才有这些功能。

虽然 Excel 模拟工具是非常有用的连续型模拟工具，但是相对于某些专业软件，其不足之处也是非常明显的。一是单张电子表格中能表达的最大列数（最大 256）和行数（最大 65536）是有限的，这在一定程度上限制了模拟时的步长精度。该问题可以结合数据库知识，通过编程来解决。二是有些很好的积分算法需要自己编程实现，对模拟结果的统计分析也可能需要自己编程实现。三是建立的模型不够直观，不能形象化地表示模型。解决方法之一是先用专业模拟软件画出因果结构图和建立模型方程，参数仅根据经验设置，然后将建好模型的推算过程用 Excel 实现，在 Excel 中进行数据分析与处理。

> 动手写个系统动力学模拟程序难吗？
>
> 常用系统动力学专业软件，如 Vensim、Powersim、Ithink、Stella 和 Anylogic 等，大都价格不菲。比如 Stella 的学生版超过 1 500 元人民币，专业版超过 7 000 元，Anylogic 的单机专业版要近 5 万元，仅包括基本模块的单机版 Anylogic 也超过 2 万元，而包括基本模块的网络版则超过 9 万元。
>
> 从 Excel 实现模拟过程来看，Excel 提供的电子表格无外乎是一个数组的功能，能用 Excel 实现模拟过程，那么，自己动手写个系统动力学模拟程序也就不难了。

5.4 系统动力学模拟工具 Vensim Ple

本章前面内容主要讲述的是系统动力学的基本概念和求解原理，在此基础上还应结合相应的模拟工具学以致用，因此下面详细介绍系统动力学模拟工具 Vensim Ple 的操作方法和主要函数。

5.4.1 Vensim Ple 的基本操作入门

Vensim Ple 的主界面如图 5.26 所示。

Vensim Ple 的工具栏包括主工具栏（Main Toolbar）、绘图工具栏（Sketch Tools）、分析工具栏（Analysis Tools）和状态栏（Status Bar），如图 5.26 所示。几乎所有的 Vensim 操作都可以用其提供的工具栏来实现，多数菜单项目也与工具栏提供的功能重复。

> 从哪里入手学习系统动力学。
>
> 学习系统动力学，必须结合软件（如 Vensim）的示例来学习，而系统动力学模型中的因素往往相互联系，互为因果，初学时难免有"无从入手"的感觉。

> 阅读和分析示例模型的一般方法是，首先找到流位变量，分析与流位变量对应的流率变量，形成对模型的大体印象；然后再分析反馈结构和辅助变量，细化到方程式，形成整体印象；最后模拟运行观察结果。

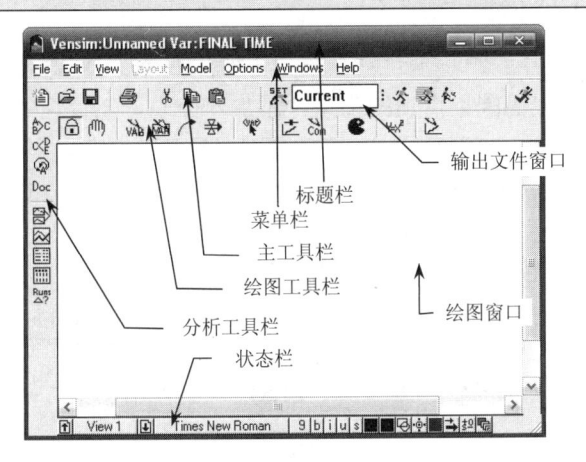

图 5.26 Vensim Ple 的主界面

下面以一个简单的复利存款问题的系统动力学模拟过程为例，介绍 Vensim Ple 的基本操作，同时认识其工具栏和菜单。

该复利存款问题中，初始时，本金为 100 元，年利率为 0.05，每个季度将季度利息自动转存为本金，模拟计算 100 年后存款的总额。显然该模型中需要设置存款为积量，利率为一个常数，利息是流量，存款是在初始本金的基础上，由利息积分得到的结果，利息的大小又由利率和期初存款多少的乘积决定。

1. 画流程图

启动 Vensim，单击主工具栏的"New Model"按钮，显示"Time Bounds for Model"对话框，改变"TIME STEP"为"0.25"，"Units for Time"为"Year"，然后单击"OK"按钮。设定后，可以通过菜单"Model"下的"settings…"查看和修改模型的模拟时间设置。

在绘图工具栏内，单击 ▣（Box Variable – Level）按钮，在工作窗口内单击鼠标左键，出现编辑框框，输入"存款"，再按"Enter"键即显示"存款"。

> **防止拼错变量名称。**
> 可使用鼠标单击在对话框中右方的变量表列与数字键盘；虽然对于简单的方程式，这种方式并不会节省时间，但是能确保不会拼错变量名称。

在绘图工具栏内，单击 ⌁（Rate）按钮，在变量"存款"左方，单击鼠标左键，则显示云图；移动鼠标至"存款"并单击它，出现编辑框，输入"利息"，再按"Enter"键，一条管道由云图指向"存款"，"利息"位于管道漏斗下。

在绘图工具栏内，单击 ⓥ（Variable – Auxiliary/Constant）按钮，于工作窗口内单击一空白点放置"利率"，出现编辑框，输入"利率"，再按"Enter"键即显示"利率"。

在绘图工具栏内，单击 ↗（Arrow）按钮，拖拉箭头从"存款"到"利息"，从"利率"到"利息"，即完成流程图。

> **注意流程图上的小圈。**
> 调节箭头的形状需要用鼠标按住箭头线上的小圈来进行。

为清晰表明模型中的因果反馈的类型，添加一个表示正反馈的批注。在绘图工具栏内，单击"Sketch Comments"工具，在工作窗口内需要添加批注的位置，单击鼠标左键，在弹出的对话框中的"Graphics"栏中选择"Image"，在其右边的下拉框中选择正反馈的图标，如图 5.27 所示。

至此已建立起存款过程的流图，如图 5.28 所示。

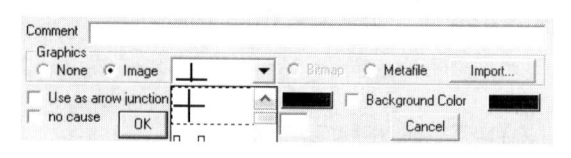

图 5.27　添加因果反馈的类型批注　　　图 5.28　存款过程的流图

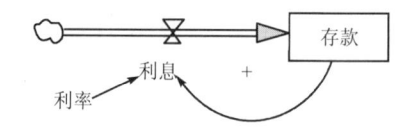

2. 方程和参数的输入

在绘图工具栏内，单击 ☒（Equations）按钮，则变量"利息"，"利率"与"存款"将反白显示于绘图工作区；反白的变量表示尚未建立方程式。

另外，方程和参数输入的快捷方式为，在按住"Ctrl+Shift"键的同时，用鼠标左键单击变量。

单击"利息"，显示"编辑方程式"对话框，在其上方"="号旁输入"存款*利率"，最后单击"OK"按钮即可完成。

若正确完成方程式的输入，则"编辑方程式"对话框就会关闭；而变量"利息"就不会反白显示了。（提示：在单击 ☒（Equations）按钮后，即可单击任何变量输入方程式；即使已完成方程式的建立，亦可再单击来更改方程式。）

单击"存款"，显示"编辑方程式"对话框，因为 Vensim 能够从模型区中，决定积量"存款"就等于"利息"的积分，此方程式在对话框的上方中，已显示于"="号旁；同时在对话框的上方，"Initial Value"设定为"100"。此值是设定给变量"存款"的方程式，最后单击"OK"按钮即可。

单击"利率"，在对话框的上方、"="号右方输入"0.05"，单击"OK"按钮即可。

输入界面中的"Check Syntax"对初步检验输入的方程和参数的有效性是非常有用的工具。

模型编辑过程有回溯功能，在模型建立过程中可以用菜单"Edit"中的"undo"和"redo"来撤销或者重做刚才的建模操作。模型建立好以后，要及时保存模型。注意保存模型后，模型编辑工作就不能回溯了，即不能撤销或者重做刚才的建模操作，这时菜单"Edit"中的"undo"和"redo"均显示为灰色。

上面建立的模型可参考本书配套电子资源文件中的"存款过程.mdl"。

3. 模型结构静态分析

建立了系统动力学模型后，在运行前和运行后均可以通过分析工具栏，进行静态的模型结构分析，以获得对复杂模型更清晰的认识。

单击变量"存款"，选择其为工作变量，单击 按钮，得到变量"存款"的前因树，如图 5.29 所示。

图 5.29 中，"存款"的数量受到利息大小的直接影响，而利息又受到利率大小和上期存款数量（括号中的变量"存款"）的直接影响。

单击 按钮，得到变量"存款"的后果树。通过观察"存款"的后果树，发现"存款"的数量，会直接影响利息大小，利息大小又直接影响存款数量。

单击 按钮，得到变量"存款"的所在的因果反馈回路，如图 5.30 所示。

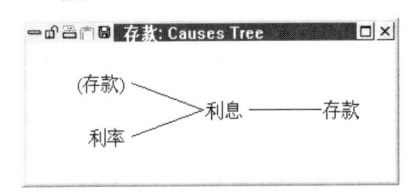

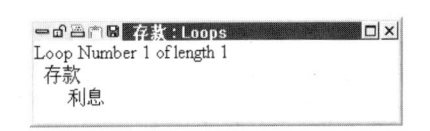

图 5.29　变量"存款"的前因树　　　图 5.30　变量"存款"所在的因果反馈回路

图 5.30 中，变量"存款"所在的因果反馈回路只有一条，即存款→利息→存款。

Vensim 没有"程序"，用户可以看到的是列举方程的文档，单击 Doc 按钮，得到模型文档。该文档详细列举了所有等式、参数、表函数、用户注释等信息。

4. 运行模拟与数据集分析

建好模型以后，就可以进行模拟和模拟结果数据集分析。在主工具栏上单击 （Run a Simulation）按钮来运行模拟模型。模拟开始前，如果模型已经保存，那么会在保存模型的同级目录下生成一个与此模型的名称同名并以".2mdl"结尾的模型备份文件（未保存对模型修改时的模型）。如果没有指定保存模拟结果的数据集的名称，那么系统默认的数据集为"Current"，模型模拟过程完成后，会在保存模型的同级目录下生成一个名为"Current.vdf"的模拟结果数据集。如果一个同名数据集已存在于模型的当前目录下，系统会提示是否需要覆盖它。

如果要查看和修改模型的模拟时间设置（如对于比较大型的模型，模拟步长小会影响模拟速度），可以通过菜单"Model"下的"settings…"对运行起始时间、步长进行重新设定。

如果在菜单"View"上选中了选项"Show Behavior"，那么模拟后，会直接在相关变量的图示上显示模拟的图形化结果，这样有助于观察模拟运行情况，如图 5.31 所示。

要观察单次模拟的详细运行情况，可以选择变量为工作变量后，通过单击分析工具栏的 按钮查看前因并排结果图，单击 按钮查看模拟结果图，单击 按钮按照横向表格查看模拟数值结果，单击 按钮按照纵向表格查看模拟数值结果。其中横向表格和纵向表格的数值结果

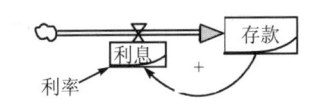

图 5.31　默认条件下的存款过程模拟结果

可以被用于复制到其他软件工具中，进行进一步分析。这些输出窗口都漂浮在绘图窗口上，如果它们完全将绘图窗口覆盖（绘图窗口没有暴露的地方），那么单击 ⚙ 按钮，将显示绘图窗口。如果用鼠标单击绘图窗口的暴露处，那么这些窗口都将暂时不可见，单击 ⚙ 按钮，将显示这些输出窗口，多次单击 ⚙ 按钮将轮流显示这些输出窗口。

按照不同的参数值，多次运行模拟模型，且保存为不同的数据集文件后，可以根据这些数据集对问题进行有效的敏感性分析。与结构静态分析一样，敏感性分析一般也是对于具体的变量进行的，需先选择要分析的变量。

对问题进行敏感性分析比较好的操作方法是，单击主菜单下面的 ⚙（Set up a Simulation）按钮。单击后，模型中的相关常数和表函数会反白，出现蓝色的底色，单击蓝色底色的参数，允许用户对它们进行临时性修改。这里对于参数和表函数的修改不会保存到模型文件中去。

现要对"利率"进行敏感性分析。先单击主菜单下面的 ⚙（Set up a Simulation）按钮，此时"利率"在流图中反白显示，然后单击主菜单下面的 ⚙（Run a Simulation）按钮，将原来模型按照原来的参数模拟一次，弹出提示时，选择"否"，将模拟结果另存名为"利率 005"（若存为"利率 0.05"时，系统认为 05 是文件后缀，不符合数据集名的后缀要求而被自动截去）的数据集中。

在 利率005 中输入所要保存模拟结果的数据集的名称"利率 006"，在绘图窗口，单击被反白的常量"利率"，将其临时修改为"0.06"，如图 5.32 所示，进行再次模拟。同样再模拟"利率"为 0.07 时的情况，保存模拟结果为"利率 007"。

此时，如果选中"存款"为工作变量后，直接单击分析工具栏上的 ⚙ 按钮，得到的结果将包含上面运行得到的 4 个数据集，包括第一次运行得到的数据集"Current"。其中，数据集"Current"与数据集"利率 005"的结果相同。为单独比较数据集"利率 005"、"利率 006"和"利率 007"，单击主工具栏上的 ⚙ 按钮，在打开的对话框中，单击 ⚙ 按钮，将数据集"Current"移动到左边，数据集"Current"将被排除在加载的数据集外，如图 5.33 所示。

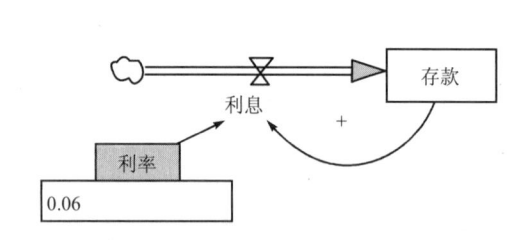

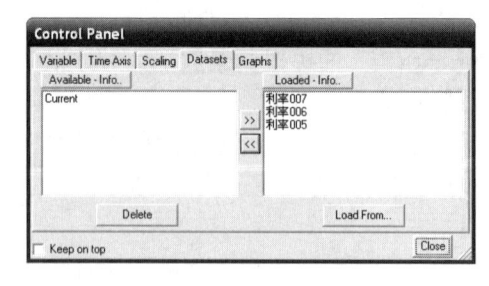

图 5.32 对常量"利率"的临时性修改　　图 5.33 在控制面板中管理加载的数据集

现在单击分析工具栏上的 ⚙ 按钮，得到的结果如图 5.34 所示。

单击分析工具栏上的 ⚙ 按钮，可以得到存款的多次模拟结果对照图。

单击分析工具栏上的 ⚙ 按钮，得到的结果（仅比较最近的两次模拟结果）如图 5.35 所示。

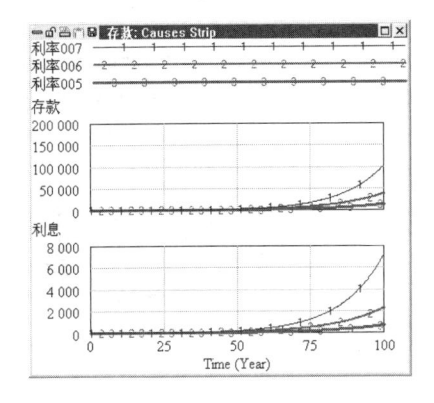

图 5.34　多次模拟的前因并排结果图 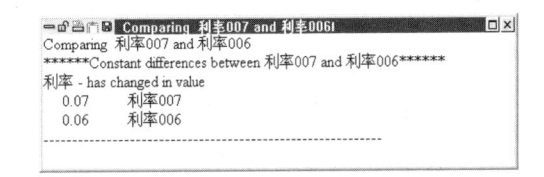　　　图 5.35　模拟结果比较

理解 Runs 按钮的作用：
按钮 Runs 只能比较常数不相同的模拟结果。

单击分析工具栏上的 ▦ 按钮，得到的结果如图 5.36 所示。

为了让模拟结果更美观，除了可以将图 5.36 中的模拟数据导入到其他软件（如 Excel 中）再画图外，用 Vensim Ple 中主工具栏控制面板中的相关工具，也可以让用户定制模拟结果图。单击 ⓘ 按钮，进入"Graphs"标签，新建立一个名为"用户自定义存款过程模拟结果图"的图，如图 5.37 所示。

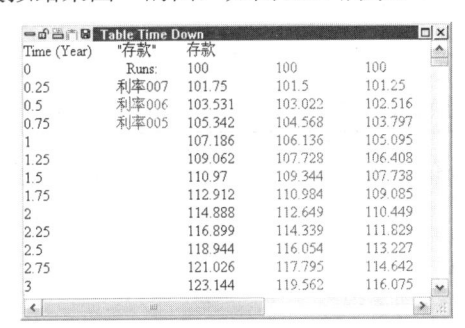

图 5.36　模拟结果纵向表格浏览　　　图 5.37　在控制面板中自定义模拟结果图

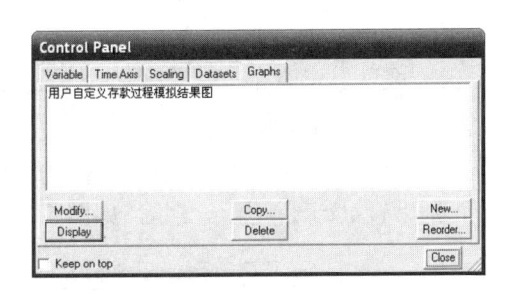

用户自定义存款过程模拟结果图的设置如图 5.38 所示。

双击用户自定义的图的名称，或者选择用户自定义的图的名称后，单击"Display"按钮，得到用户自定义的图。按照图 5.38 的设置，得到的模拟结果如图 5.39 所示。

上面建立的模型可参考本书配套电子资源文件中的"存款过程.mdl"。

5. 图形化敏感性分析（SyntheSim）

Vensim Ple 的"SyntheSim"功能（版本 5.0 以上才提供），能对常数进行可视化的敏感性分析。当用"SyntheSim"功能模拟状态时，常数上的滑块用于改变常数的大小，改变后的模拟结果会叠加在模型上。

单击主工具栏上的 ▦ （Automatically simulate on change）按钮来启动 SyntheSim，若数据集已经存在，系统会提示是否要覆盖它。

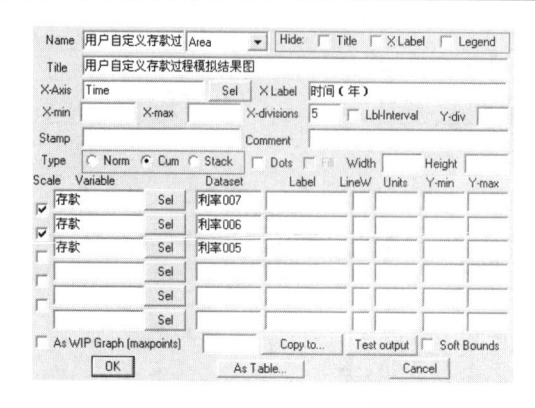

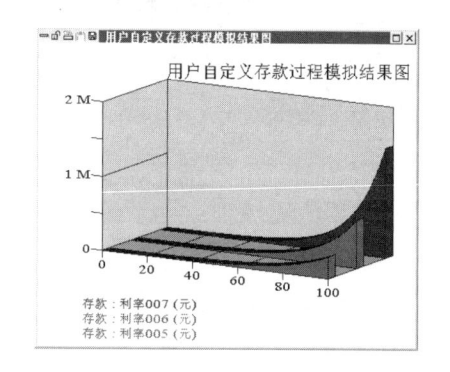

图 5.38　用户自定义存款过程模拟结果图的设置　　图 5.39　用户自定义存款过程模拟结果图

启动 SyntheSim 后，一些新的按钮出现在主工具栏上，其新按钮的具体说明如表 5.1 所示。

表 5.1　用 "SyntheSim" 模拟状态时的新按钮说明

按钮	说明
	Automatically simulate on change（常数改变时自动模拟）：开始模拟
	Stop simulating（停止模拟）：停止模拟且返回到模型定义视图
	Save this run to…（保存该次运行到）：保存该次运行的模拟结果到数据集
	Reset Current Slider to base model val（重置当前滑块对应的常数的值到最初值）：重置当前选中的滑块对应的常数的值到最初值，快捷键为 "Home"
	Reset all Constants/Lookups to base model vals（重置所有滑块对应的常数/查值表的值到最初值）：重置所有滑块对应的常数的值到最初值，快捷键为 "Ctrl+Home"

启动 SyntheSim 后，变量的模拟结果以较小的图形叠加在流图上。若要以较大的图来查看变量变化，移动鼠标指针到流图中的变量上方即可，如移动鼠标至变量 "利息" 上方，则以较大的图来显示变量，如图 5.40 所示。

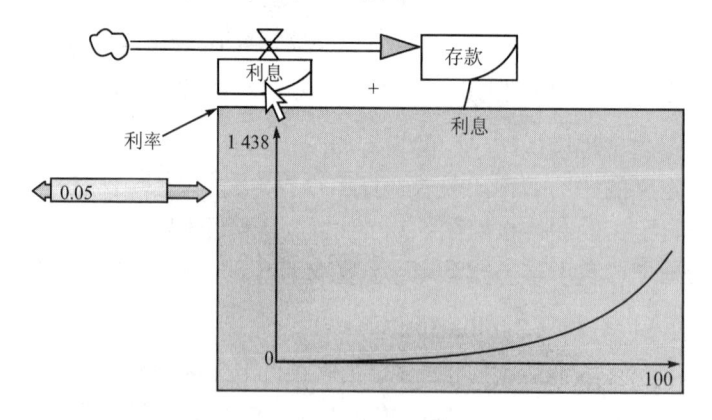

图 5.40　以较大的图查看变量变化

如果加载的数据集有多个，那么在大图和小图中都会显示多个模拟结果。拖动滑块改变的是当前数据集。如果要去掉或者增加加载的数据集，需要通过控制面板来管理，请参考前面的数据集分析部分。

假定所讨论的利率是零或正数，但是在拖动"利率"下面滑块到左边时，利率是负数，所以需要调节滑块所表达的取值范围（类似的问题比较普遍）。按住"Ctrl"键的同时，用鼠标左键单击变量"利率"，打开一个对话框。修改对话框中的"Minimum"值为0，"Maximum"值为"1"，如图 5.41 所示。

若要浏览模型敏感度，用鼠标拖动"利率"滑块左右移动，变量上的图形（模拟结果图示）就可实时显示。如此使用 SyntheSim 工具，可以直接观察常数的改变对模型敏感度的影响情况，而不需要储存每种情况下的模拟结果。从对模型的敏感性分析中，可以清楚地看到，当变量"利率"的值升高时，"利息"与"存款"变化曲线的陡峭程度也

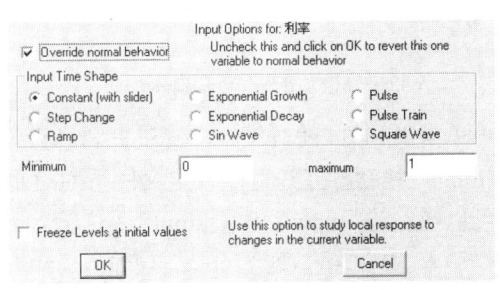

图 5.41 调节"利率"滑块表达的取值范围

随之提高，而且从较大的图中还可以看到，"利息"与"存款"变量值是增加的。

要比较 SyntheSim 当前运行与前一次运行的结果，请单击 ![icon]（Save this Run to …）按钮，改变数据集名称后再单击"Save"按钮。Vensim 将把当前的 SyntheSim 参数状态下的模拟结果储存到前面的数据集中。

注意，无论是上述拖动过程还是保存过程都没有改变原有模型，模型文档工具显示的是原有模型状态时的模型文档，退出 SyntheSim 状态后，变量都恢复到原有模型状态。

要重置模型的常数至原来模型值，使用 ![icon]按钮或者 ![icon]按钮。要停止 SyntheSim 工具，单击 ![icon]（Stop simulating）按钮，程序将回到模拟模型定义视图。

上面建立的模型可参考本书配套的电子资源文件中的"存款过程.mdl"。

6．查值表功能操作

使用查值表功能可以查看任意两个变量在一个模拟模型之间的函数关系。查值表功能通过一个表格来描述一对变量（因变量与自变量）的一组值。Vensim 通过线性查值法来获得自变量中没有出现（而需要用到）的值后，通过线性计算得到因变量的值。

> 📖 **改变数据集文件名称。**
> 在 SyntheSim 中，任何改变都会自动储存在输出的数据集中，因此，当设定 SyntheSim 的输出数据集或当储存时，要覆盖原有数据集都会给出提示。使用 SyntheSim 前，确认输出数据集是想要改变的数据集。如果不希望覆盖当前的数据集，那么在启动 SyntheSim 模拟，系统提示是否要覆盖现在的数据集时，回答"否"，新建一个临时数据集，改变数据集文件名称。

现考虑改变存款模型的一个假设。当存款少于 5 000 美元时，利率为 5%；存款不少于 5 000 美元时，利率为 7%。即当存款大于 5 000 美元时，基础的 5 000 美元部分还是按照 5%的利率计算，而大于 5 000 美元部分的利率为 7%。直接在查值表中表示该假设还比较困难，因此考虑通过直接计算在不同存款时的利息情况来反映该假设。存款为 0 美元时的利息是 0 美元，存款为 5 000 美元时的利息为 250 美元。如果超过 5 000 美元，

那么超过的部分按照利率为 7%计算，所以利息依然为本金的线性函数。再任意取超过 5 000 美元的某情况（如 20 000 美元）即可获得该线性函数。存款为 20 000 美元时的利息为 5 000×0.05+(20 000–5 000)×0.07=1 300 美元。

修改后的存款过程的流图如图 5.42 所示，更改常数名称"利率"为"利息查值表"。

在主工具栏中，单击 ![] (Equations) 按钮后，再单击"利息查值表"，将变量"利息查值表"的变量类型设置为"Lookup"。单击"As Graph"按钮，打开查值表定义图形对话框；进入查值表功能可以在对话框中央画线，也可以在左边"Input"和"Output"两栏输入一组数字；第一列"Input"栏输入"0"和"Output"栏输入"0"，第二列"Input"栏输入"5 000"和"Output"栏输入"250"，第三列"Input"栏输入"20 000"和"Output"栏输入"1 300"，如图 5.43 所示，然后单击"OK"按钮。这表示如果输入（存款）为"0"，那么输入（利息）为"0"；如果输入（存款）为"5 000"，那么输入（利息）为"250"；如果输入（存款）为"20 000"，那么输入（利息）为"1 300"。

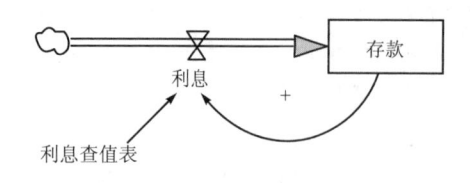

图 5.42 修改后的存款过程的流图

> **直接表达利率的变化。**
> 也可以不用"利息查值表"，直接表达利率的变化，只是计算利息的过程比较烦琐。具体过程可参见本书配套电子资源文件中的"存款过程_利率查值表_lookup.mdl"。

单击主菜单下面的 ![] (Run a Simulation) 按钮，运行模拟后，单击分析工具栏的 ![] 按钮查看前因并排结果图，如图 5.44 所示。

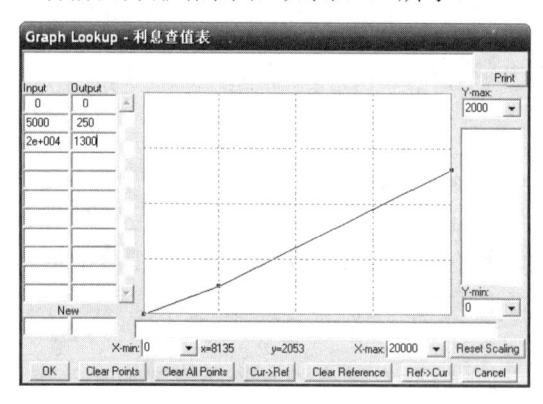

图 5.43 设定"利息查值表"

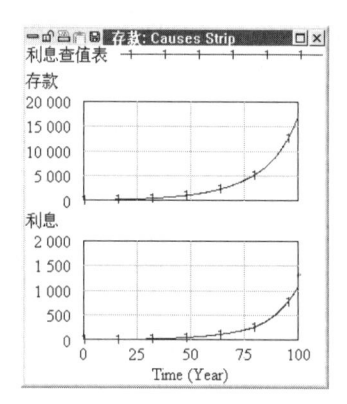

图 5.44 修改后的模拟结果

为了初步验证模拟结果，可以使用"Table"工具来得到"存款"与"利息"的值：100 年后"存款"的值为 17 057 美元，"利息"的值为 1 094 美元；而修改前的模拟结果显示，100 年后"存款"的值为 14 388 美元，"利息"的值为 719 美元。进一步比较发现，至 78.75 年时，存款超过 5 000 美元时，利息超过 250 美元，利率才调整为 7%。所以，在开始的 78 年间，修改后的存款和利息的变化与修改前的模型相同，从第 79 年开始，利率提高，存款增加和利息增加的速度变快。

敏感性分析中的查值表。

在 Vensim 的敏感分析中，能够暂时改变查值表，进行敏感性分析。它与临时改变常数的值类似，但是不能通过拖动滑块来改变值。

上面建立的模型可参考本书配套电子资源文件中的"存款过程_lookup.mdl"。

7．使用影子变量、复合视图和输入/输出对象

Vensim Ple 对流图提供的复合视图功能可以非常方便地将比较大的动力学模型分解为多个子部分，也能非常方便将流图与模拟结果区分开。

多个视图中引用同一变量时，经常用到影子变量（shadow variable）。影子变量可以看做是指向某个变量的一个"指针"，影子变量的值始终与原变量保持一致，形影不离，删除原变量时，影子变量也自动被删除。

上例中的模型非常简单，没有必要分解为多个子部分。现在要求在原来模型（未使用查值表的模型）的基础上，增加一个视图用于模拟时显示模拟结果，且将常数"利率"与模拟结果图放在同一视图中。这就要求同时用到影子变量、复合视图和输入/输出对象。具体操作如下。

删除对象的按钮。

Vensim Ple 中删除对象可以使用 ✂ 按钮，但是注意在删除箭头时，要使光标变成 ✂ 后，单击箭头的头部。

先把原文件另存，然后选中常数"利率"，再按"Ctrl+X"组合键，系统出现提示，单击"Delete variables, shadow variables and arrows changing model structure"按钮，将变量删除，同时改变影子变量和模型结构。剪切常数"利率"后单击控制复合视图按钮，如图 5.45 所示。

单击"**New**"按钮，增加一个新的视图"View 2"。在视图"View 2"中，按"Ctrl+V"组合键，将剪贴板中的变量粘贴到视图"View 2"中。单击 ⇗ （Input Output Object）按钮，在建模窗口中打开输入/输出对象设置对话框，单击"OK"按钮增加关于利率的"Causes Strip"图形。在建模窗口中用鼠标左键按住对象拖动调整其位置，拖动对象右下方的小圆手柄可以调整其大小。

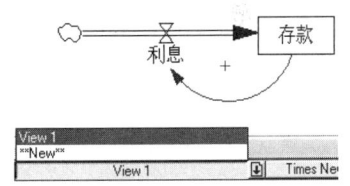

图 5.45 剪切常数"利率"后单击控制复合视图按钮

一个已被替代的功能。

输入/输出对象中的对象类型设置中，最左边的"Input Slider"（Vensim Ple 中不可用）功能在 Vensim 5.0 以后，由于"SyntheSim"功能的出现，基本上用不着了。

同样单击 ⇗ 按钮，打开输入/输出对象设置对话框，选择对话框选项栏"Object Type"最右边的"Output Custom Graph"项，显示用户自定义的图形。该图形是通过"控制面板"设置的。这里使用的是前面已经定义好的自定义图形"用户自定义存款过程模拟结果图"，设置如图 5.46 所示。

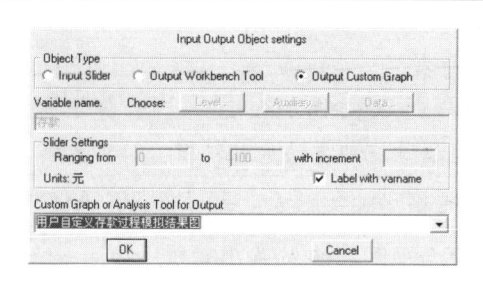

图 5.46　自定义图形的输入/输出对象设置

在建模窗口中画好对象后，单击控制复合视图按钮，再单击"View 1"，回到视图"View 1"中，添加常数"利率"的影子变量。

> **使用影子变量。**
>
> 任何变量包括模拟模型的模拟参数和时间本身都可以作为影子变量。一些 Vensim 函数是与时间相关的函数，为了使用这些函数，在模型中必须添加影子变量"Time"以完成函数的方程式设置。

单击 按钮后，在窗口中用鼠标左键单击建模窗口，在出现的对话框中选择"利率"，单击"OK"按钮后，建模窗口出现了影子变量"<利率>"。单击 （Arrow）按钮，从"利率"拖拉箭头到"利息"，即完成流图。

单击 按钮后，用鼠标左键单击反黑的变量"利息"，在弹出的对话框中可以看到，利息的计算公式没有改变，直接单击"OK"按钮退出，完成方程的输入。

回到视图"View 2"中，运行模拟模型得到的结果如图 5.47 所示。

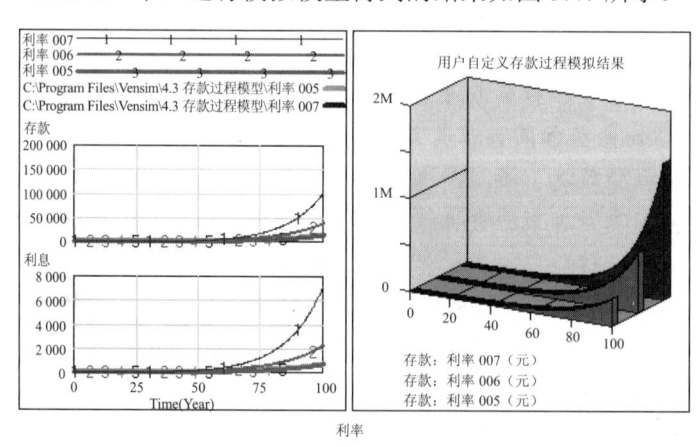

图 5.47　视图"View 2"中的模拟结果

如果使用 SyntheSim，在视图"View 2"中的模拟结果图形，包括用户自定义的图形都会随着常数滑块值的改变而改变。

上面建立的模型可参考本书配套资源文件中的"存款过程模型_multiview.mdl"。

8. 真实性检验

在现实系统中发生的现象，待验证的结论以及关于现实系统的基本常识等能否通过模型得到再现，对于检验模型非常重要。如果模型不违反现实，模型本身的合理性就提高了。

证实所建立的模型的合理性和有效性有许多方法，而 Vensim 所提供的真实性检验（Reality Check®）是一种简便有效的工具。

真实性检验工具的思想是：在模型建立后，通过标准的约束描述语言来表达被视为正确的基本的常识、规则和假设，并通过运行模型，自动地检验系统的动态行为过程是否违反这些约束。若违反，说明模型尚不完善，则要调整模型的结构和参数。

现在以前面的单一视图模型为基础，说明真实性检验的具体操作过程。通过对实际问题的分析和一些简单的计算，现对下面的一些特殊情况（论断）进行检验：

（1）如果利率为 0，那么存款额不变；
（2）如果不转存，那么 100 年后的存款额不超过 600 元；
（3）如果利率修改为 0.01，那么 80 年后，存款额将超过 180 元。

先将该模型另存为一个模型。新建立一个视图"View 2"，打开菜单"View"，然后单击"Rename"，将视图"View 2"更名为"Reality Check"，以区分模型区域与真实性检验区域。

在视图"reality check"中增加影子变量"存款"、"利息"和"利率"。

> **真实性检验与影子变量。**
> 真实性检验的描述一般要求独立于模型本身，不改变模型结构，从而方便对问题的分析。要达到这些要求，一个方法是在文本方式下修改模型，但比较麻烦，且容易出错。另外一个变通而有效的方法是通过不同的视图和使用影子变量来实现。

为检验论断（1），增加一个辅助变量，变量的名称为"利率为 0，存款不变"。用箭头按钮连接增加影子变量"存款"和"利息"到该变量。

通过单击绘图工具栏 按钮，打开一个对话框，在此对话框中，先将变量类型修改为"Reality Check"，子类型选择"Constraint"，如图 5.48 所示。

在":THE CONDITION:"右文本框中输入条件"利率=0"，在":IMPLIES:"右边文本框中输入待检查的结论"存款=100"，单击"OK"按钮确定。

为了进一步说明使用过程中的注意事项，先分析一下约束的结构。从图 5.48 可知，约束的一般结构为：

Name（约束名称）:THE CONDITION: Condition（约束条件）:IMPLIES: Consequence（待验结果）

其中，":THE CONDITION:"和":IMPLIES:"是约束语句的关键词。而"Condition"是约束语句的条件表达式部分，"Consequence"是结果表达式部分，它们都是逻辑表达式。

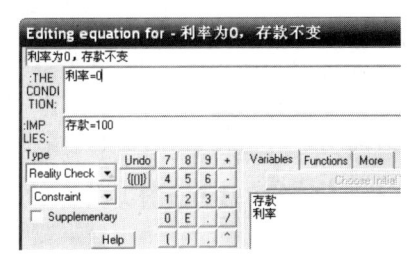

图 5.48 对约束变量"利率为 0，存款不变"的设置

Vemsim Ple 系统对约束名称同变量的取名的要求与其他的变量一样。但出于对模型的理解和区分模型变量与约束变量的目的，有别于一般的变量用名词命名，约束名称一般用表示判断的短语来命名。

逻辑表达式可以由"=、>、<、:AND:、:OR:和:NOT:"等构成。但是，在逻辑表达式中，一般除等式外，不允许出现代数运算，如加法、减法、乘法、除法和其他常见的数学函数。

约束的条件部分有时是空的，表示无论什么情况都成立的约束，或者没有约束。

约束变量的语法检查与模型变量的语法检查的方式相同，单击"Check Syntax"即可。

因为逻辑表达式中对代数运算的限制，为检验论断（2），增加一个 Test Input 辅助变量，变量的被命名为"不转存"。用箭头按钮连接影子变量"利率"和"利息"增加到该变量。

通过单击绘图工具栏 按钮，打开一个对话框，在此对话框中，先将变量类型修改为"Reality Check"，子类型选择"Test Input"，如图 5.49 所示。

在":TEST INPUT:"右边文本框中输入表达式"利息=100*利率"，表示利息根据本金 100 元和利率的乘积来计算。

注意在约束变量的 Condition 部分，应该尽量采用 Test Input 变量，这样便于理解。若不采用，尽量避免使用复杂的逻辑关系。

增加约束变量"利息加上本金不超过 600"，用箭头按钮连接增加的影子变量"存款"和"不转存"到该变量。输入的公式如图 5.50 所示。

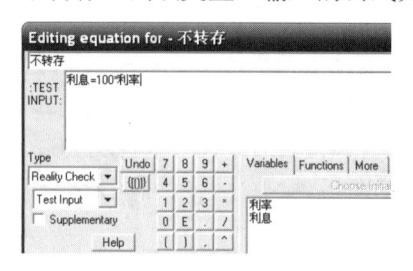

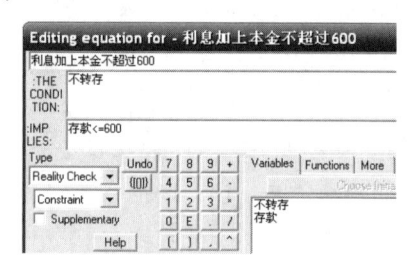

图 5.49　Test Input 变量"不转存"的设置　　图 5.50　约束变量"利息加上本金不超过 600"的设置

在约束变量"利息加上本金不超过 600"的真实性检验方程中，Test Input 变量（"不转存"）的返回值是"true"或者"false"，参与约束判断过程。

为检验论断（3），增加一个辅助变量，变量的名称为"利率为 0.01，80 年后存款至少翻 0.8 倍"。用箭头按钮连接影子变量"存款"和"利息"增加到该变量。输入的公式如图 5.51 所示。

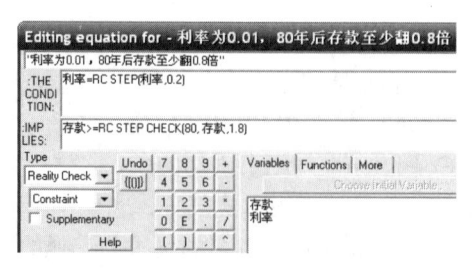

图 5.51　对约束变量"利率为 0.01，80 年后存款至少翻 0.8 倍"的设置

上面的输入中，出现了真实性检验函数，其形式如下：

RC COMPARE('runname',var,mult[,start[,duration]])
RC COMPARE CHECK('runname',var,grace,mult[,start[,duration]])
RC DECAY(basis,decaytime[,start[,duration]])
RC DECAY CHECK(grace,basis,decaytime[,start[,duration]])
RC GROW(basis,growrate[,start[,duration]])
RC GROW CHECK(grace,basis,growrate[,start[,duration]])
RC RAMP(basis,mult,ramptime[,start[,duration]])
RC RAMP CHECK(grace,basis,mult,ramptime[,start[,duration]])
RC STEP(basis,mult[,start[,duration]])
RC STEP CHECK(grace,basis,mult[,start[,duration]])

下面仅解释实例中出现的表达式，具体的真实性检验函数，请参考 Vensim Ple 的函数说明或者在帮助文件中搜索相关关键词。

"利率=RC STEP(利率, 0.2)"表示在模拟开始后，从真实性检验过程开始（INITIAL TIME + TIME STEP，对于本例，实际上是从 0.25 年开始），将利率修改为原来的 0.2 倍，即利率为 0.2×0.05=0.01。从此以后利率保持为常数 0.01，每个模拟推算过程都采用利率为常数 0.01。

"存款>=RC STEP CHECK(80, 存款, 1.8)"表示存款额在模拟到第 80 年时，要大于原来本金的 1.8 倍，即大于 1.8×100=180 元。

现在将 3 个论断都表达出来了，视图"reality check"如图 5.52 所示。

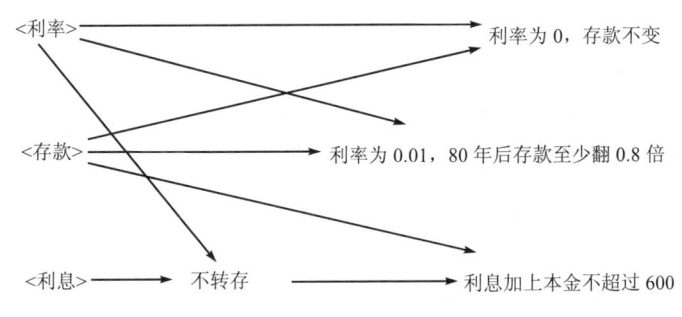

图 5.52　真实性检验视图

然后运行真实性检验工具，单击 按钮，系统提示用户是否覆盖已有的数据集，选择"是"后，顺利弹出一个对话框，如图 5.53 所示。

该对话框中，"Test Type"部分在 Vensim Ple 中不可用。在"Show Graphs"中选择什么时候显示模拟过程的图形。右边的按钮和下边的选择框，用于控制对一个或者多个约束变量进行真实性检验或者退出该对话框。

按照图 5.53 的设置，先对（1）进行检验，单击"Highlighted"按钮，得到一个关于该过程的文字说明和一个对模拟过程中有关变量变化的动态过程图，如图 5.54 所示。

从该图中可以看出，两条线重合，表明约束条件"存款=100"得到满足。

同样检验（2），得到的动态过程图如图 5.55 所示。

从该图中可以看出，两条线最后连到一起，表明约束条件"存款<=600"得到满足。

同样检验（3），得到的动态过程图如图 5.56 所示。

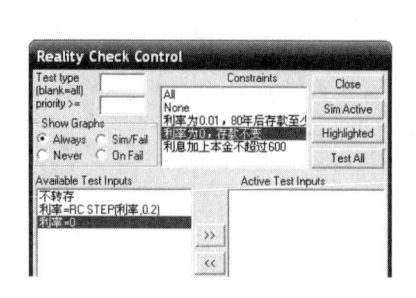

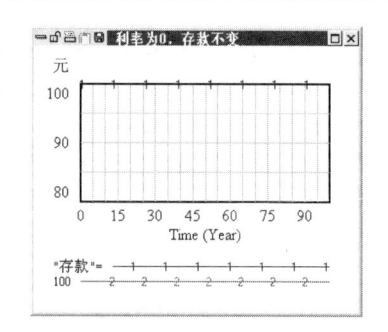

图 5.53　真实性检验运行控制对话框　　图 5.54　对"利率为 0，存款不变"检验的动态过程图

从该图中可以看出，在第 80 年及以后，模型变量"存款"大于"RC STEP CHECK(80, 存款,1.8)"，约束条件"存款>=RC STEP CHECK(80,存款,1.8)"得到满足。

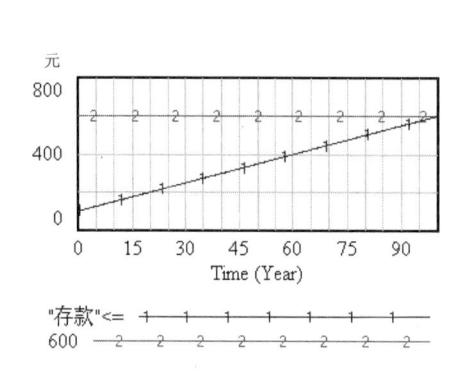

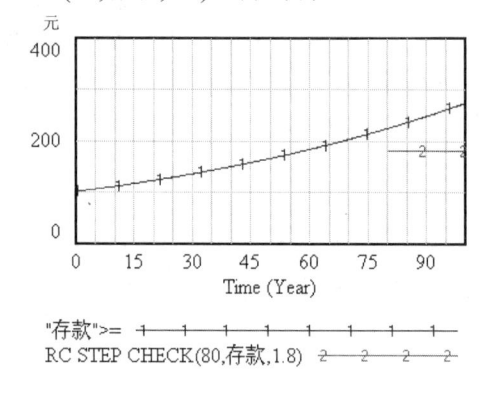

图 5.55　对"利息加上本金不超过 600"　　图 5.56　对"利率为 0.01，80 年后存款至少
　　　　　检验的动态过程图　　　　　　　　　　　　翻 0.8 倍"检验的动态过程图

最后，单击"Test All"按钮，除了得到上面的三个图外，还得到一个真实性检验的报告如下：

　　　Starting testing of Constraint- 利率为 0.01，80 年后存款至少翻 0.8 倍
　　　Test inputs :
　　　　　利率=RC STEP(利率,0.2)
　　　...testing - "利率为 0.01，80 年后存款至少翻 0.8 倍"

　　　Starting testing of Constraint- 利率为 0，存款不变
　　　Test inputs :
　　　　　利率=0
　　　...testing - 利率为 0，存款不变

　　　Starting testing of Constraint- 利息加上本金不超过 600
　　　Test inputs :
　　　　　不转存
　　　...testing - 利息加上本金不超过 600

****

3 successes and 0 failures testing 3 Reality Check equations

The Reality Check Index as run is 0.142857

Closeness score is 100.0% on 3 measurements

该结果显示出 3 个真实性检验的相关信息，表明通过 3 个真实性检验方程，3 个论断都成立。

下面将论断（2）中的参数 600 修改为 500，变量名称修改为"利息加上本金不超过 500"，同样单击"Test All"按钮。得到的结果表明通过三个真实性检验方程，两个论断成立。论断"利息加上本金不超过 500"中，发现在第 80.25 年时，违背了该论断。进一步查看"利息加上本金不超过 500"检验的动态过程图（如图 5.57 所示），发现正是如此。

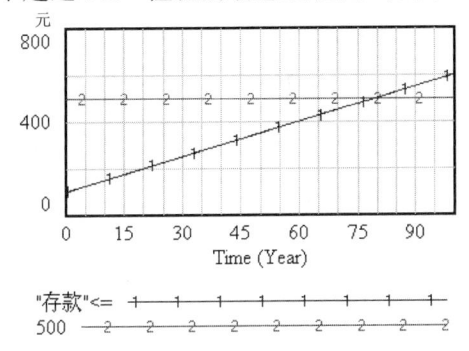

图 5.57 对"利息加上本金不超过 500"检验的动态过程图

上面建立的模型可参考本书配套电子资源文件中的"存款过程_真实性检验.mdl"。

5.4.2 Vensim Ple 的函数分析

Vensim Ple 的函数按照是否与时间（TIME）相关，可以分为与时间有关的函数和与时间无关的函数。

对于与时间有关的函数，因为实际的运行过程中 TIME 不是连续的，所以 TIME 取值与模型的"STEP TIME"有关。即系统模拟过程中，仅在模拟计算时间点进行相关判断和运算。常见的与时间有关的函数包括数字函数、逻辑函数、测试函数、离散函数、表函数和延迟函数。

1. 数学函数

Vensim Ple 备有多种普通数学函数供用户使用。

（1）SIN（X）。SIN（X）为三角正弦函数，X 须以弧度表示。当自变量是角度时，应通过乘以 $2\pi/360$ 转化为弧度。

（2）EXP（X）。EXP(X) = e^X，e 是自然对数的底，e=2.718 2…。人们常用指数函数去描述系统，此函数将会带来很大方便。

（3）LN（X），即以 e 为底的对数函数，它与 EXP（X）互为反函数，这样可以用 EXP（X）和 LN（X）来计算非以 e 为底的幂函数和对数函数。要求变量 X 大于零。

（4）SQRT（X）= $\sqrt{X}$，要求 X 必须是非负量。

(5) ABS（X）= $|X|$，即对 X 取绝对值。

(6) ZIDZ(A,B)。当 B≠0 时，ZIDZ(A,B)= A/B；当 B=0 时，ZIDZ(A,B)= 0。

人们常用 ZIDZ 函数表示分数中分母接近 0 或者等于 0 的情况，类似于 XIDZ(A,B,0.0)。例如，ZIDZ(3, 4)= 0.75。

(7) XIDZ(A,B,X)。当 B≠0 时，XIDZ(A,B,X)= A/B；当 B=0 时，XIDZ(A,B,X)= X。

人们常用 XIDZ 函数表示分数中分母接近或者有时被定义成 0 的情况。例如，XIDZ(3, 4, 1)=0.75，XIDZ(3, 0, 1)=1.0。

XIDZ(A,B,X)类似于 IF THEN ELSE (ABS(B) <1E-6, X, A/B)。XIDZ 函数和 ZIDZ 函数通常被用来判断 B 的绝对值与一个很小的数的比较，若 B 的绝对值小于这个数，就返回 X（这里 X=0）；否则，返回 A/B。

(8) MODULO(A, B)，即取余函数。例如，MODULO(9,5)=4.0，MODULO(76.5,70)=6.5。

(9) INTEGER(X)，即取整函数，INTEGER(X)返回小于或等于 X 的最大整数。例如，INTEGER(5.4) = 5.0。

2．逻辑函数

逻辑函数的作用类似于其他计算机语言中的条件语句，Vensim ple 的逻辑函数有三种。

1）最大函数 MAX（P, Q）和最小函数 MIN(P, Q)

MAX 表示从两个量中选取较大者，MIN 表示从两个量中选取较小者，即

$$\text{MAX}(P,Q)=\begin{cases} P & \text{若 } P \geqslant Q \\ Q & \text{若 } P < Q \end{cases}$$

$$\text{MIN}(P,Q)=\begin{cases} Q & \text{若 } P \geqslant Q \\ P & \text{若 } P < Q \end{cases}$$

式中，P 和 Q 是变量或常量。例如，MAX(1,2)=2，MAX(1,1)=1；MIN(1,2)=1。

可用 MAX 函数从多个量中选取较大者。例如，从 P、Q 和 D 三个变量中选择较大者，可用 MAX(D, MAX(P, Q))。MIN 与 MAX 一样，可以嵌套使用。

2）选择函数 IF THEN ELSE(C, T, F)

$$\text{IF THEN ELSE}(C, T, F)=\begin{cases} T & C\text{条件为真时} \\ F & C\text{条件为假时} \end{cases}$$

式中，C 为逻辑表达式。

IF THEN ELSE 函数常用于模拟过程中做政策切换或变量选择，有时也称为条件函数。

3．测试函数

设计这一部分函数的目的主要是用于检验系统动力学模型，所以称为测试函数。

在给出测试函数以前，必须重申一个概念，系统动力学的变量皆是时间 TIME 的函数，所以当模拟时间 TIME 发生变化时，各变量值都随之发生变化。不过，各变量与 TIME 的依赖关系存在差别，有的是以 TIME 为直接自变量，有的则是间接变量。测试函数以 TIME 为直接自变量，但在函数符号中常为默认。

1)阶跃函数 STEP(P, Q),即

$$STEP(P,Q)=\begin{cases} 0 & TIME \leq Q \\ P & TIME > Q \end{cases}$$

式中,P 为阶跃幅度,Q 为 STEP 从零值阶跃变化到 P 值的时间。

Vensim Ple 中的表达式为 STEP({height}, {stime}),{height}为阶跃幅度,{stime}为 STEP 从零值阶跃变化到{stime}值的时间。

在 Vensim Ple 中可构建一个包含两个阶跃函数的测试模型(模拟时间长度为 20 个月),如图 5.58 所示。运行模拟模型,得到的结果如图 5.59 所示。

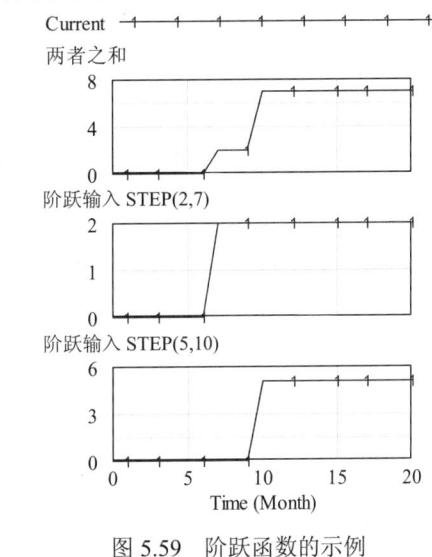

图 5.58 包含两个阶跃函数的测试模型

图 5.59 阶跃函数的示例

> **为什么图形中有斜线?**
>
> 从理论上讲,模拟模型运行到第 10 个月时,函数值(阶跃幅度)突然增加到 5,但是该图形显示的结果好像是在模拟模型将运行到第 10 个月时,函数值(阶跃幅度)逐步增加到 5。
>
> 这是因为上面图形是通过连接各被记录的模拟结果而画出来的,所以该假象与记录的模拟结果的时间间隔有关。如果此时单击分析工具栏的 ▦(横向表格)按钮,查看模拟结果,发现其与理论计算值相同。其他的图中也有类似的问题。

实际上该模型是一个计算过程,从结果中可以发现,多个阶跃过程可以通过多个阶跃过程的复合来实现。下面仅以变量"阶跃输入 STEP(5,10)"的阶跃过程为例说明阶跃问题。

变量"阶跃输入 STEP(5,10)"在模拟开始时为 0,在模拟运行到第 10 个月时间时,函数值忽然增加到 5,形成阶跃。

上面建立的模型可参考本书配套电子资源文件中的"阶跃函数.mdl"。

2)斜坡函数 RAMP(P, Q, R)

$$RAMP(P,Q,R)=\begin{cases} 0 & TIME \leq Q \\ P \times (TIME-Q) & Q < TIME \leq R \\ P \times (R-Q) & TIME > R \end{cases}$$

式中，P 为斜坡斜率，Q 为斜坡起始时间，R 为斜坡结束时间。

Vensim Ple 中的表达式为 RAMP({slope}, {start}, {finish})，其中，{slope}为斜坡斜率；{start}为斜坡起始时间，{finish}为斜坡结束时间。

在 Vensim Ple 中可构建一个斜坡函数的测试模型（模拟时间长度为 20 个月），模型建立后，单击按钮时，如图 5.60 所示。

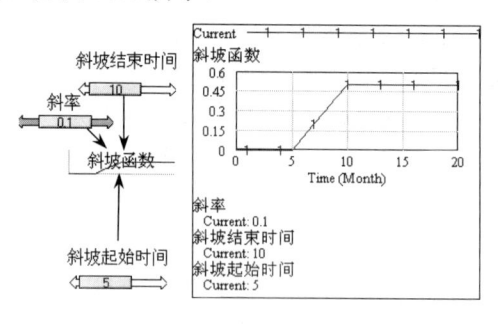

图 5.60 斜坡函数的测试模型

图 5.60 中，斜坡函数=RAMP（斜率，斜坡起始时间，斜坡结束时间），斜坡函数模拟的终值等于 0.5=0.1×（10–5）。此时，拖动斜率上的滑块到 1，发现斜坡函数模拟的终值在增加，最后增加到 5=1×（10–5）。依次还可以测试其他参数对模拟图形的影响。通过检验结果，可以增加对函数的理解。

上面建立的模型可参考本书配套电子资源文件中的"斜坡函数.mdl"。

3）脉冲函数 PULSE(Q, R)

PULSE(Q, R)表示随 TIME 变化产生脉冲。其中，Q 为第一个脉冲出现的时间，R 为相邻两个脉冲的时间长度，脉冲幅度为模拟步长。

Vensim Ple 中的表达式为 PULSE({start} , {duration})，其中，{start}为脉冲起始时间，{duration} 为斜坡持续时间。

在 Vensim Ple 中可构建一个脉冲函数的测试模型（模拟时间长度为 20 个月，步长为 1），模型建立后，单击按钮时，如图 5.61 所示。

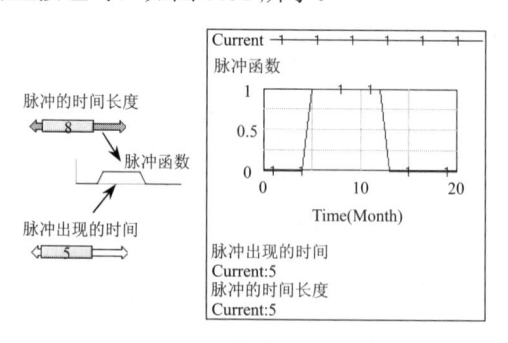

图 5.61 脉冲函数的测试模型

图 5.61 中，脉冲函数=PULSE（脉冲出现的时间，脉冲的时间间隔），脉冲幅度为模拟步长 1。改变脉冲出现的时间，只会平移脉冲，改变脉冲的时间间隔，将使图形上的脉冲形状变宽，它们都不改变脉冲的幅度。

上面建立的模型可参考本书配套电子资源文件中的"脉冲函数.mdl"。

4）均匀分布随机函数 RANDOM UNIFORM(A, B, S)

RANDOM UNIFORM(A, B, S)为产生在区间（A, B）内的均匀分布随机函数，S 表示随机取值的种子数，当 S 给定时，随机数序列就确定了，S 取不同的值时所产生的随机数序列也不同。

Vensim Ple 中的表达式为 RANDOM UNIFORM({min} , {max} , {seed})，其中，{min} 为取值区间的最小值，{max} 为取值区间的最大值，{seed} 为随机取值时的种子数。

在 Vensim Ple 中可构建一个均匀分布随机函数的测试模型（模拟时间长度为 20 个月），模型建立后，单击 按钮时，如图 5.62 所示。具体可参考本书配套电子资源文件中的"均匀分布随机函数.mdl"。

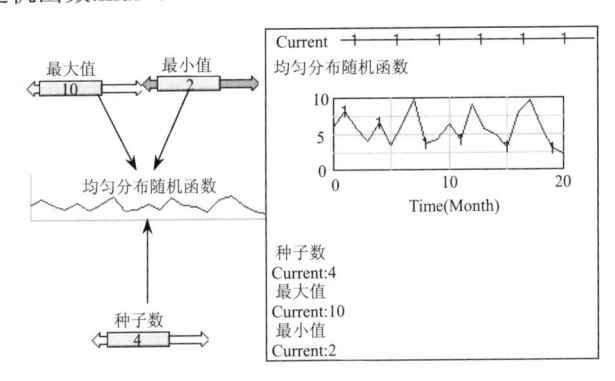

图 5.62 均匀分布随机函数的测试模型

图 5.62 中，均匀分布随机函数为 RANDOM UNIFORM(最小值, 最大值, 种子数)。拖动最小值或最大值的滑块，改变最小值或最大值，只会将图形拉伸或者压扁，不改变基本波动形状。改变种子数则可改变基本波动形状。

上面仅介绍了测试函数中的四种函数，其他的测试函数也可以用同样构造测试模型的方法去学习和理解。

一个系统动力学模型，可以通过改变常数再运行的办法实现多种测试函数分别进行测试。这些测试函数的主要目的是用于真实性检验，也可以用于模型构造。另外，前面介绍的数学函数 SIN(X)等也可以作为测试函数。

4．离散函数

在 Vensim Ple 中支持的离散函数仅包括 DELAY FIXED（固定延迟函数）。固定延迟函数用于在一定的时间后返回输入的值。

若用 DELAY FIXED（I, D, S）表示固定延迟函数，则有

$$\text{DELAY FIXED}(I, D, S) = \begin{cases} I & \text{TIME} \geqslant D \\ S & \text{TIME} < D \end{cases}$$

Vensim Ple 中的表达式为 DELAY FIXED({in}, {dtime}, {init})，其中，{in}表示"input"，是输入的值，即延迟时间到达时的值；{dtime}为固定延迟过程的延迟时间；{init}为延迟过程发生前的初始值。

Vensim Ple 中将固定延迟函数的返回值作为积量处理，其输入和输出必须保持相同的度量单位。

给定初始值时，延迟时间可以是表达式，但是不能作为复杂的数学表达式的一部分。

正确的例子如

$$DI = DELAY\ FIXED(I, 22, I)$$

$$DM = DELAY\ FIXED(MAX(A, B), C, A)$$

不正确的例子如

$$D = A + DELAY\ FIXED(R, 3.2, 0.0)$$

$$D = DELAY\ FIXED(B, T, B) + 1$$

在 Vensim Ple 中构建了一个固定延迟函数的测试模型（模拟时间长度为 20 个月），模型建立后，单击 按钮时，如图 5.63 所示。具体可参见本书配套电子资源文件中的"固定延迟.mdl"。

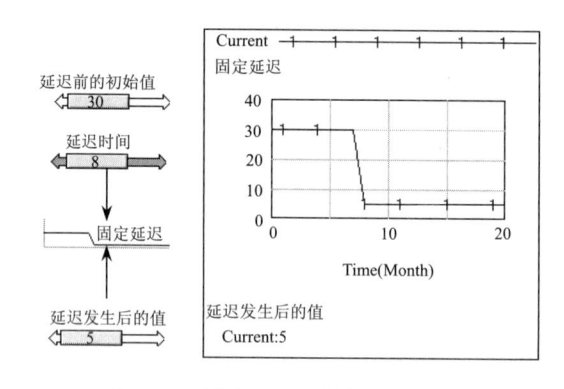

图 5.63 固定延迟函数的测试模型

图 5.63 中，固定延迟函数的延迟时间为 8 个月，延迟前的初始值为 30，延迟发生后的值为 5，固定延迟函数在模拟开始后的值为 30，持续了 8 个月后，其值被修改为 5。

5．表函数

自变量与因变量的关系通过列表给出的函数叫表函数，如表 5.2 就确定了一个表函数。

表 5.2　一个表函数示例

自变量 X	0	1	1.5	2	2.5
因变量 Y	0.5	1 1	2	5	10

在前面关于 Vensim Ple 的操作入门介绍中就有比较好的表函数示例（见图 5.43 的利息查值表）。

6．延迟函数

延迟函数可以被还原为一个或者多个反馈环（对应差分方程），它们又被称为宏函数。下面的测试模型表明，延迟过程的实质是一种反馈。由于物流和信息流的不同，延迟函数分为物流指数延迟函数和信息指数延迟函数。常将物流指数延迟函数简称为延迟函数,而将信息指数延迟函数称为平滑函数。在 Vensim Ple 中其函数名有固定的表示形式,物流指数延迟函数分别为 DELAY1、DELAY1I、DELAY2、DELAY3、DELAY3I 和 DELAY N 等,以及 SMOOTH、SMOOTH3 和 SMOOTH N 等。

> **延迟函数的时间与模拟步长。**
> 如果延迟函数的时间比模拟步长小,那么将按照一个模拟步长计算。

(1)一阶(指数)延迟函数。在 Vensim Ple 中,一阶(指数)延迟函数简称一阶延迟函数,它有如下两种形式:

DELAY1(input,delay time):一阶延迟函数。

DELAY1I(input,delay time, initial value):有初始值的一阶延迟函数。

函数 DELAY1I(input,delay time, initial value)等价于:

DELAY1I=LV/delay time

LV=INTEG(input−DELAY1I,initial value*delay time)

上述公式的等价关系还不能形象表明延迟的实质。根据函数 DELAY1I 的等价式,在 Vensim Ple 中构建一个有初始值的一阶延迟函数的测试模型(模拟时间长度单位为月),测试模型的作用是通过两种不同的方式产生一阶延迟作用,一种直接通过一阶延迟函数,另外一种通过一个临时的反馈回路。模型中的详细设置可参见本书配套电子资源文件中的"一阶延迟函数(有初始值).mdl"。

该模型建立后,单击 按钮得到的测试模型如图 5.64 所示,其模拟结果如图 5.65 所示。

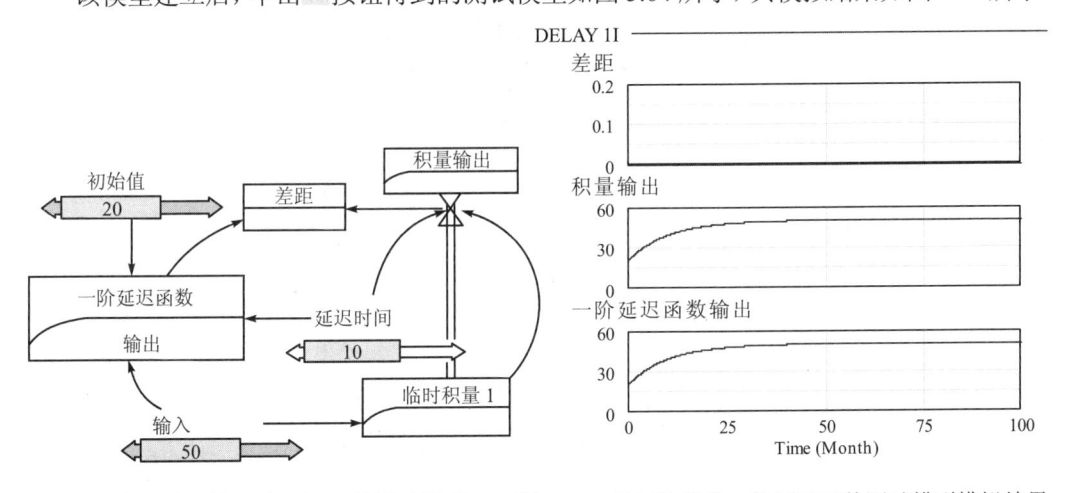

图 5.64 有初始值的一阶延迟函数测试模型　　图 5.65 有初始值的一阶延迟函数测试模型模拟结果

图 5.65 中,直接通过一阶延迟函数和通过一个临时的反馈回路产生的值完全相同。因此,有初始值的一阶延迟函数的测试模型模拟结果表明,延迟过程等价于某个反馈环。

在没有初始值的延迟过程中,当其输入值发生变化时,要经过一个过程才能得到输出值的大小。根据函数 DELAY1 的等价式,在 Vensim Ple 中构建一个一阶指数延迟的测试模型(模拟时间长度单位为月),模型中的详细设置可参见本书配套电子资源文件中的"一阶延迟函数.mdl"。模拟的结果和结论与上面分析类似。

（2）一阶平滑函数。在 Vensim Ple 中，一阶平滑函数有如下两种形式：

SMOOTH(input,delay time)：一阶平滑函数。

SMOOTHI(input,delay time, initial value)：有初值的一阶平滑函数。

函数 SMOOTHI(input,Delay time, initial value)等价于：

SMOOTHI=INTEG((input−SMOOTHI)/delay time,initial value)

现比较一阶平滑函数与一阶延迟函数的等价函数式，发现两者的函数等价式从数学推导看基本相同，但形式上的不同导致在实际处理过程中略有不同：一阶延迟函数中有中间积量"LV"，而 SMOOTHI 和 SMOOTH 中没有，这样处理时，积量"LV"的计算会存在一个计算精度问题。

上述公式的等价关系还不能形象表明延迟的实质。根据函数 SMOOTHI 的等价式，在 Vensim Ple 中构建了一个有初始值的一阶平滑函数的测试模型（模拟时间长度单位为月），测试模型的作用是通过两种不同的方式产生一阶延迟作用，一种直接通过一阶延迟函数，另外一种通过一个临时的反馈回路。模型中的详细设置可参见本书配套电子资源文件中的"一阶平滑函数（有初始值）.mdl"。

该模型建立后，单击 按钮得到的测试模型如图 5.66 所示，其模拟结果如图 5.67 所示。

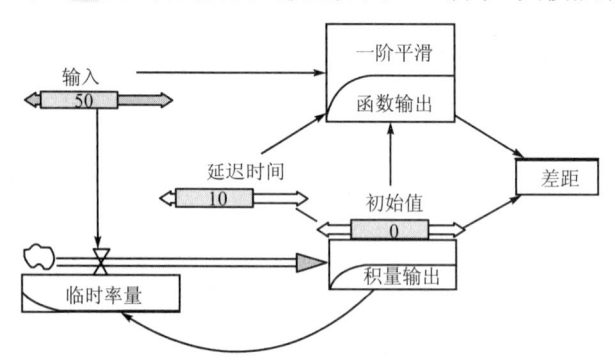

图 5.66 有初始值的一阶平滑函数测试模型

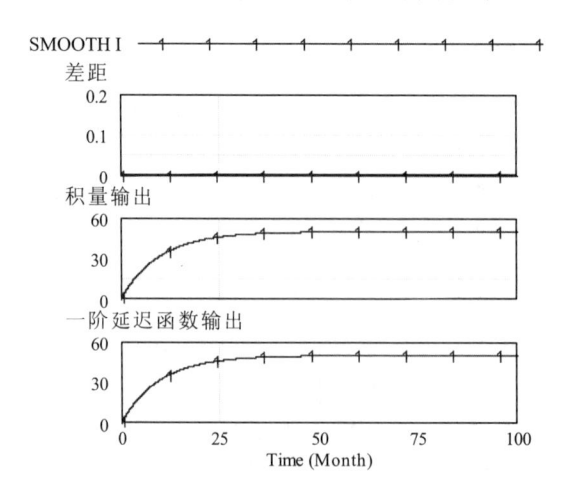

图 5.67 有初始值的一阶平滑函数测试模型模拟结果

图 5.67 中,直接通过一阶平滑函数和通过一个临时的反馈回路产生的值相同,有初始值的一阶平滑函数测试模型模拟结果表明,平滑过程等价于某个反馈环。

与一阶延迟函数类似,如果在研究中难以找到临时率量对应的真实含义,或者不关心这个临时量,用平滑函数来代表反馈过程比较合适。

没有初始值的平滑过程,当其输入值发生变化时,要经过一个过程才能得到输出值的大小。根据函数 SMOOTH 的等价式,在 Vensim Ple 中构建一个一阶平滑函数的测试模型(模拟时间长度单位为月),模型中的详细设置可参见本书配套电子资源文件中的"一阶平滑函数.mdl"。模拟的结果和结论与上面分析类似。

(3) 三阶(指数)延迟函数。在 Vensim Ple 中,三阶(指数)延迟函数简称三阶延迟函数,它有如下两种形式:

DELAY3(input,delay time):三阶延迟函数;

DELAY3I(input,delay time, initial value):有初始值的三阶延迟函数。

函数 DELAY3I(input,delay time, initial value)等价于:

DELAY3I=LV3/DL

LV3=INTEG(RT2−DELAY3I, initial value*DL)

RT2=LV2/DL

LV2=INTEG(RT1−RT2,LV3)

RT1=LV1/DL

LV1=INTEG(input−RT1,LV3)

DL=delay time/3

上述公式的等价关系还不能形象表明延迟的实质。根据函数 DELAY3I 的等价式,在 Vensim Ple 中构建一个有初始值的三阶延迟函数的测试模型(模拟时间长度单位为月),测试模型的作用是通过两种不同的方式产生三阶延迟作用,一种直接通过三阶延迟函数,另外一种通过一个临时的反馈回路。模型中的详细设置可参见本书配套电子资源文件中的"三阶延迟函数(有初始值).mdl"。

该模型建立后,单击 按钮得到的测试模型如图 5.68 所示,其模拟结果如图 5.69 所示。

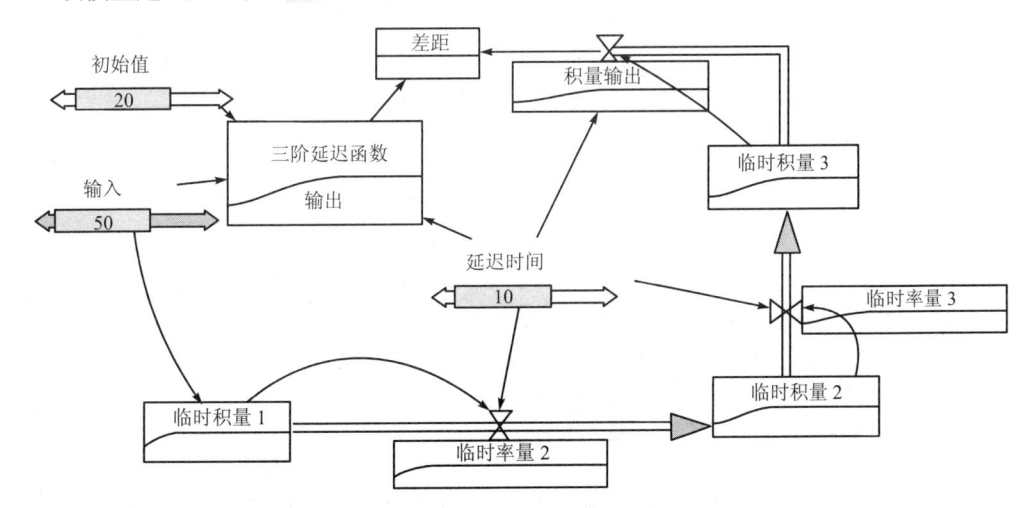

图 5.68 有初始值的三阶延迟函数测试模型

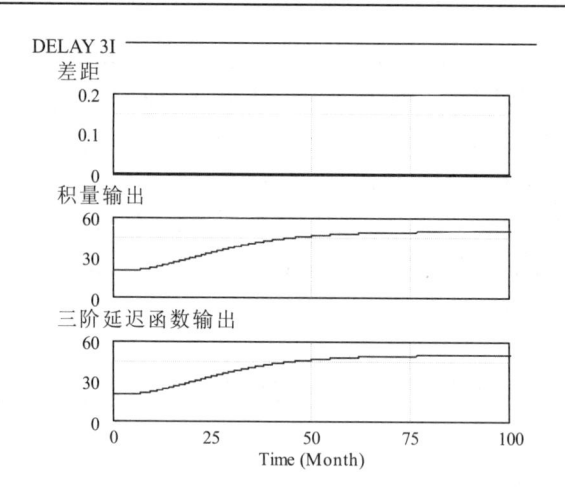

```
DELAY 3I
差距
  0.2
  0.1
    0
积量输出
   60
   30
    0
三阶延迟函数输出
   60
   30
    0
        0    25    50    75    100
              Time (Month)
```

图 5.69 有初始值的三阶延迟函数测试模型模拟结果

图 5.69 中，与一阶延迟函数测试模拟的结果类似，且直接通过三阶延迟函数和通过三个临时的反馈回路产生的值完全相同。因此，有初始值的三阶延迟函数测试模型模拟结果表明，延迟过程等价于多个反馈环。

根据函数 DELAY3 的等价式，在 Vensim Ple 中构建一个三阶指数延迟的测试模型（模拟时间长度单位为月），模型中的详细设置可参见本书配套电子资源文件中的"三阶延迟函数.mdl"。类似于一阶延迟过程，没有初始值的三阶延迟过程，当其输入值发生变化时，要经过一个过程才能得到输出值的大小。模拟的结果和结论与上面分析类似。

比较三阶延迟函数测试模型模拟结果与一阶延迟函数测试模型模拟结果，可以发现延迟过程的路径形状不同。三阶延迟函数为"S"形：先缓慢上升（下降），然后加速上升（下降），最后减速上升（下降）；而一阶延迟函数是一开始上升（下降）到最高（最低），然后减速上升（下降）。

> **被模拟出来的延迟现象。**
>
> 模拟方法中，各种实际现象都通过模拟方式来实现，延迟现象也不例外。延迟函数可以被还原为一个或者多个反馈环（对应差分方程），它们又被称为宏函数。可以将延迟过程看做是某些反馈过程形成的。因此，有人提出系统动力学是研究"反馈"的科学是颇有道理的。

（4）三阶平滑函数。在 Vensim Ple 中，三阶平滑函数有如下两种形式：

SMOOTH3(input,delay time)：三阶平滑函数。

SMOOTH3I(input,delay time, initial value)：有初始值的三阶平滑函数。

函数 SMOOTH3I(input, delay time, initial value)等价于：

SMOOTH3I=INTEG((LV2−SMOOTH3I)/DL, initial value)

LV2=INTEG((LV1−LV2)/DL, initial value)

LV1=INTEG((IN−LV1)/DL, initial value)

DL=delay time/3

现比较三阶平滑函数与三阶延迟函数的等价函数式。同样发现，两者的函数等价式从数学推导看基本相同，但是形式上的不同导致在实际在处理的过程中略有不同，处理过程中，存在一个计算精度问题。

上述公式的等价关系还不能形象表明延迟的实质。根据函数 SMOOTH3I 的等价式，在 Vensim Ple 中构建一个有初始值的三阶平滑函数的测试模型（模拟时间长度单位为月），测试模型的作用是通过两种不同的方式产生三阶平滑作用，一种直接通过三阶平滑函数，另外一种通过一个临时的反馈回路。模型中的详细设置可参见本书配套电子资源文件中的"三阶平滑函数（有初始值）.mdl"。

该模型建立后，单击 按钮得到的测试模型如图 5.70 所示，模拟结果如图 5.71 所示。

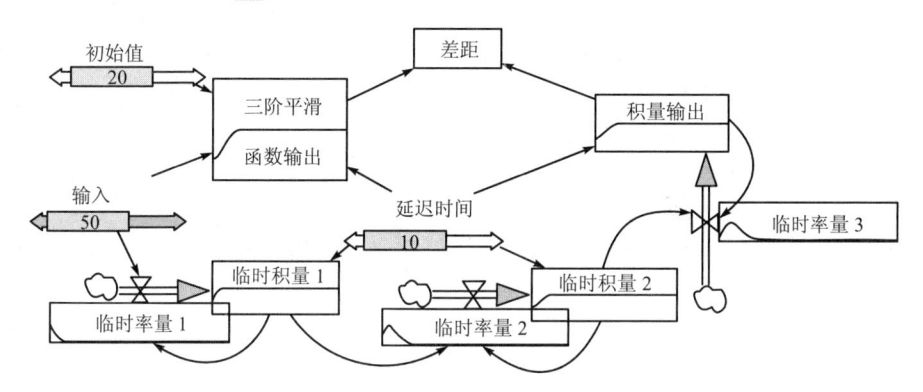

图 5.70 有初始值的三阶平滑函数测试模型

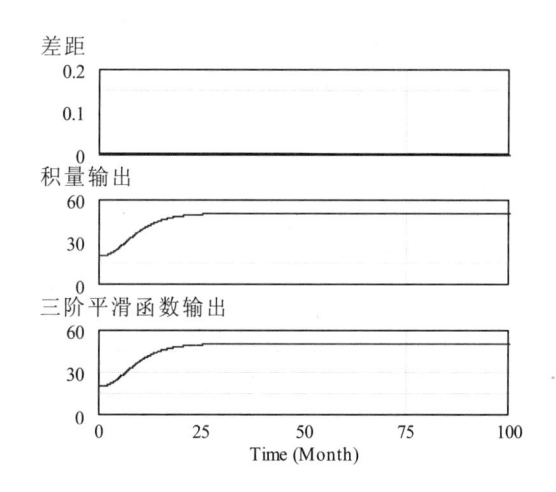

图 5.71 有初始值的三阶平滑函数测试模型模拟结果

图 5.71 中，直接通过三阶平滑函数和通过一个临时的反馈回路产生的值相同。

同样，没有初始值的三阶平滑过程，当其输入值发生变化时，要经过一个过程才能得到输出值的大小。根据函数 SMOOTH3 的等价式，在 Vensim Ple 中构建一个三阶平滑函数的测试模型，模型中的详细设置可参见本书配套电子资源文件中的"三阶平滑函数.mdl"。模拟的结果和结论与上面类似。

上面分析了常用的四种延迟函数，从该分析过程可以推导出 n 阶延迟函数的还原形式，并可用 n 个反馈环来实现 n 阶延迟函数。

> **仅仅是巧合吗?**
>
> 产品的传播过程,如前面的网民数量问题,一般为 Logistic 曲线(S 形),它与三阶平滑或三阶延迟的曲线非常类似,这仅仅是巧合吗?
>
> 我们可以将产品的传播过程看做是产品信息出现到被潜在客户认知的信息延迟过程。请举例说明,在什么情况下要建立产品传播过程的反馈结构?在什么情况下用延迟函数模拟传播过程?

从有初始值的延迟或平滑函数测试模型中可以清楚看到,如果用反馈来替代延迟或者平滑,那么有些变量(如临时率量和临时积累),在研究中往往难以找到其在真实系统中的含义,所以一般直接用延迟函数来代表该反馈过程。从另外的角度看,即使能找到临时变量在真实系统中的含义,但是研究的目的并不关心这个量,也没有必要将其显示表达出来,用延迟或者平滑函数来代表该反馈过程更为合适。

> **进一步学习延迟函数。**
>
> 延迟函数的详细说明请参考 Vensim Ple 帮助文件中的函数说明,或者在帮助文件中搜索相关关键词。

知识归纳

从系统动力学处理问题的手段和方法中可知它是一门系统化地认识与解决问题、沟通自然科学与社会科学的交叉学科,是系统科学的一个分支。系统动力学提供的理论、方法和工具提高了人们对复杂系统的认识水平。

与第 3 章中的离散系统模拟相比,离散型模型基于微观的个体(如某种商品)的相关事件,系统动力学模型则从宏观的相关变量间及其与时间的关系出发,用一组方程(以微分方程为核心)来表达。由此也导致了某些衍生性区别:离散型模拟模型描述的是系统状态在孤立时间点上的动态变化过程,许多信息需要通过统计方法获得;而系统动力学模拟模型描述的是系统状态在某一时间范围内连续的变化过程。尽管如此,有许多对象既可以用系统动力学来研究,也可以用离散系统模拟方法来研究,如库存系统。针对具体问题,是建立系统动力学模拟模型还是建立离散型模拟模型,与研究目的、研究条件及对系统的认识和基本假定有关。

系统动力学认为:反馈与延迟及其耦合关系导致了系统的复杂行为。与随机现象类似,延迟现象是通过多个临时的反馈环模拟出来的,即通过数学函数的形式来模拟延迟过程。所以系统动力学是一门分析研究复杂系统信息反馈的学科。常见的九种基模描述的正是反馈与延迟的一些常见的基本耦合关系形式。

系统动力学方法通过挖掘因素间的反馈与延迟关系来获得系统的主体结构,形成模拟模型。因此,反馈与延迟成为系统动力学抽象表达实际系统中各个因素相互作用的工具和途径。系统动力学模拟模型中的一个简单的反馈过程对应于一个积分过程,模拟模型对应的数学模型是由以微分方程或差分方程为核心的方程组构成的,它是一种连续型模拟，即系统动力学最终要将实际系统抽象为用方程组来表达的连续型模型。将此具体化到建模过程中，就是要首先确定流位变量，分析与流位变量对应的率量变量，然后再构造反馈结构和辅助变量，设置方程式，最后模拟运行观察结果。

系统动力学有多种模拟分析工具，Vensim Ple 提供了一套较为完整的基于系统动力学的分析和解决问题的工具，是初学者较好的选择。一些模拟软件（如第 3 章中的 Arena 和第 7 章中的 AnyLogic）都有系统动力学模拟模块，能实现离散系统模拟与连续系统模拟的有效结合。

练习题

1. 简述系统动力学的特点与基本观点。
2. 阐述系统动力学求解和分析问题的基本过程。
3. 利用九种基模来分析和理解一些实际问题和现象。例如，分析自己在高中阶段时，为什么有些同学成绩一直都好，有些同学成绩却越来越差，而有些同学成绩波动。
4. 举例说明延迟是如何影响系统行为动态变化的。例如，延迟是如何影响价格波动的或者延迟是如何导致环境污染与恶化的。
5. 请结合系统动力学的基本概念和系统动力学模型方程，说明为什么系统动力学是研究系统反馈的科学。
6. 在 Vensim Ple 的示例中，一个简单的产销规模与工人规模模拟模型的流图参见图 5.1。

请将其中的变量按照积量、率量、辅助变量加以分类。
7. 常用系统动力学专业软件有 Vensim、Powersim、Ithink、Stella 和 Anylogic 等，从中选择 2~3 个，浏览这些模拟软件中的模拟实例，讨论系统动力学方法主要用在哪些方面。
8. 用 Vensim Ple 实现本章的"网民数量模拟模型"，并与 Excel 模拟得到的结果对比。

第 6 章
Vensim 建模实例分析

问题导航

- 如何应用系统动力学逐步建立"啤酒游戏"模型?
- 如何检验"啤酒游戏"模型?
- 如何进行敏感性分析得到有意义的结论和发现新问题?
- 何时需要修改系统动力学模型参数和模型结构?

6.1 引言

系统动力学模型主要用于结构分析和预测,本章模拟案例展示了如何利用系统动力学理论和软件工具 Vensim 分析和解决问题。

对"啤酒游戏"和"牛鞭效应"的研究是系统动力学应用于结构分析的一个实例,该实例重点强调了利用系统动力学理论从定性到定量,循序渐进展开分析:首先,从划分系统边界开始,借助 Vensim 软件确定主要因素和因素间的因果关系,进而完善因果关系并按照"啤酒游戏"中给定的场景确定参数,建立模拟模型;其次,根据研究需要,设计出模拟方案并进行对比分析;最后,修改模型结构,进一步分析缓解"牛鞭效应"策略。

建模过程中的一个重要特点是利用结构相似性降低模型建立的难度,如利用相似的各级供应链的动力学结构。

下面介绍的 Microsoft 和 Intel 市场份额增长问题给出了系统动力学在预测中的应用。

6.2 Microsoft 和 Intel 的市场份额增长模型与分析

对 Microsoft 和 Intel 市场份额增长问题的研究是系统动力学应用于预测的一个实例。该实例强调了如何收集整理相关理论模型及结合理论模型得到关键参数,并基于已有模型和参数建立系统动力学模型,进行拟合分析与预测。

6.2.1 Microsoft 和 Intel 的市场份额模型与参数确定

1. Microsoft 和 Intel 的市场份额模型

> **口碑模型。**
> 口碑模型为新产品传播所产生的复杂的实际过程提供了一种相对简单的描述:购买新产品的顾客越多,新产品就会受到更多关注,也会被更多的潜在顾客所关注和购买。

经过调查,1984—1994 年 Microsoft 和 Intel 市场份额百分比(整个市场有 Microsoft, Intel, IBM, and Digital)如表 6.1 所示。

表 6.1 Microsoft 和 Intel 市场份额百分比

时　　间(年)	份　　额(%)
1984	3
1985	2.5
1986	4
1987	7.5
1988	7
1989	13
1990	17

续表

时　　间（年）	份　　额（%）
1991	29
1992	46.5
1993	50
1994	49.5

现在需要预测 Microsoft 和 Intel 1995 年的市场份额。

以 Microsoft 和 Intel 的市场份额为研究对象，用 $n(t)$ 表示 t 时刻 Microsoft 和 Intel 的市场份额百分比，M 表示整体市场份额百分比，那么 Microsoft 和 Intel 潜在市场份额百分比为 $M-n(t)$。假定扩散过程主要通过口碑模型传播，单位市场份额百分比，即单位时间内带来的新的市场份额百分比与潜在市场份额百分比呈线性关系。进一步假定潜在市场的转化率与当前潜在市场份额百分比（潜在顾客密度）呈线性关系。Microsoft 和 Intel 实际市场份额百分比增加速率可以用如下方程表示为

$$\frac{\mathrm{d}n(t)}{\mathrm{d}t}=c\times\frac{M-n(t)}{M}\times n(t) \tag{6.1}$$

式中，c 为整体市场份额百分比为 M 时，单位市场份额百分比所带来的新的市场份额百分比。

2．确定模型参数

本例问题的模拟比较简单，可以直接得到解析解。对式（6.1）求解，得到 Microsoft 和 Intel 市场扩散函数为

$$n(t)=\frac{M}{1+[(M-n_0)/n_0]\mathrm{e}^{-ct}} \tag{6.2}$$

式（6.2）即为著名的 Logistic 曲线，其中 n_0 表示开始时刻的实际顾客数。要进一步得到具体形式的扩散函数，需要确定模型的 M、c 和 n_0 三个参数。下面用 Excel 确定这三个参数。

> **Excel 的不同用途。**
> 显然，本节所研究的问题可以按照 5.3.2 节中阐述的方法，利用 Excel 进行模拟求解。但与 5.3.2 节不同的是，本节将利用 Excel 来确定模型参数。

用 Excel 确定相关参数基本思路是：采用平均误差平方和（Mean Square Error，MSE）表示按照初始参数计算的 Logistic 曲线与调查数据的差异程度，利用 Excel 中的非线性规划求解功能，求出平均误差平方和最小时的模型参数，包括整体市场份额百分比 M，转换常数 c 及 $t=0$ 时 Microsoft 和 Intel 的市场份额百分比 n_0。

先假定已知整体市场份额百分比 M，转换常数 c 及 $t=0$ 时，Microsoft 和 Intel 初始市场份额百分比 n_0，即对 M、c 和 n_0 给定一个初始值，初始值的来源可根据历史数据分析得来。这里暂时取 M 的值为 1994 年的市场份额 49.5，n_0 的值为 1984 年的市场份额 3，c 按照 1985 年和 1986 年市场份额的变化除以 1985 年的市场份额计算，即（4-2.5）/2.5=0.6。

调查情况与理论计算的平均误差平方和情况表如图 6.1 所示，其中理论计算的平均误差平方和公式如图 6.2 所示。

图 6.1 调查情况与理论计算的平均误差平方和情况表

图 6.2 理论计算的平均误差平方和公式

图 6.1 中，Logistic 曲线与实际调查数据的平均误差平方和为 85.7，拟合情况较差，因此需要调整参数来改进拟合状况。单击 Excel 的工具菜单中的"规划求解（V）…"项目，打开"规划求解参数"对话框，设置目标单元格为 E16，求最小值，可变单元格为 C1:C3，添加约束条件"$C$2<=100"。其非线性规划寻优结果如图 6.3 所示。此时，最优参数值情况下的平均误差平方为 8.71，拟合情况得到改进，其数据拟合曲线图如图 6.4 所示。

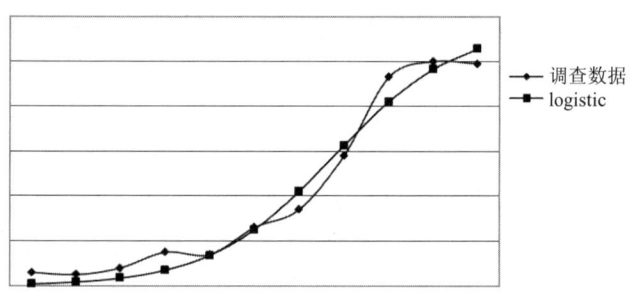

图 6.3 非线性规划寻优结果

图 6.4 Microsoft 和 Intel 市场份额数据拟合曲线图

获得最优参数值后，就可以得到 1995 年 Microsoft 和 Intel 市场份额的预测值为 55.24%。

6.2.2 用 Vensim 进行 Microsoft 和 Intel 的市场份额预测

1. 建模前分析

确定了重要参数，就可以建立系统动力学模拟模型来对未来 Microsoft 和 Intel 市场份额进行预测。用 Vensim 建立模拟模型首先要依次确定流量、率量和辅助变量，然后完善这些量间的因果关系，最后建立和完善流量方程、率量方程和辅助方程。

通过回顾问题描述可以发现，要进行预测，就是建立一个反映 Microsoft 和 Intel 市场份额（简称市场份额）动态变化情况的系统动力学模型。市场份额的变化动态情况即将潜在市场份额转换为实际市场份额的过程，于是可以确定"潜在市场份额"和"实际市场份额"两个流量。根据口碑模型，购买新产品的顾客越多，新产品就会受到更多关注，也会被更多的潜在的顾客所关注和购买，建立市场份额变化因果关系图如图 6.5 所示。

与这两个流量对应的率量为"转换速率"，"潜在市场份额"通过一定的"转换速率"转变为"实际市场份额"。影响"转换速率"的因素有"转换常数"、"实际市场份额"、"潜在市场份额"和"市场总份额"，所以还需要引入辅助变量"转换常数"和"市场总份额"。流量"实际市场份额"的初始值为"初始市场份额"，所以要引入辅助变量"初始市场份额"。

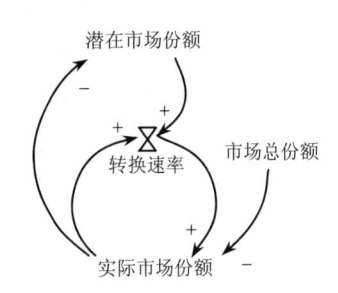

2. 建模操作过程

图 6.5　市场份额变化因果关系图

启动 Vensim，单击主工具栏的"New Model"按钮，显示"Time Bounds for Model"对话框，改变"TIME STEP"的值为"0.125"，"Units for Time"的值为"Year"，然后单击"OK"按钮。

在绘图工具栏内，单击 ▨（Box Variable – Level）按钮，接着在工作窗口内用鼠标左键单击，出现编辑框，输入"实际市场份额"，建立流量"实际市场份额"。用同样方法建立流量"潜在市场份额"。

在绘图工具栏内，单击 ⇒（Rate）按钮，用鼠标左键单击流量"潜在市场份额"，移动鼠标至流量"实际市场份额"并单击它，出现编辑框，输入"转换速率"，再按"Enter"键。

在绘图工具栏内，单击 ▨（Variable – Auxiliary/Constant）按钮，建立辅助变量"市场总份额"，同样建立辅助变量"初始市场份额"和"转换速率"。

在绘图工具栏内，单击 ↗（Arrow）按钮，拖拉箭头从"潜在市场份额"到"转换速率"，从"实际市场份额"到"转换速率"，从"转换常数"到"转换速率"，从"市场总份额"到"转换速率"，即完成 Microsoft 和 Intel 市场份额流图，如图 6.6 所示。

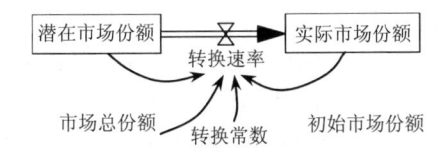

图 6.6　Microsoft 和 Intel 市场份额模型

单击 ▨（Equations）按钮，输入市场总份额为 57.76，初始市场份额为 0.41，转换常数为 0.73；输入转换速率的表达式为：转换常数×（潜在市场份额/市场总份额）×实际市场份额；潜在市场份额的初始值为：市场总份额−实际市场份额；实际市场份额的初始值为初始市场份额。

单击 Doc 按钮，复制模型文档，经过整理得到所有的 Vensim 方程如下：

（1）FINAL TIME = 10
（2）INITIAL TIME = 0
（3）SAVEPER = TIME STEP

（4）TIME STEP = 0.125

（5）市场总份额 = 57.76

（6）初始市场份额 = 0.41

（7）实际市场份额 = INTEG (+转换速率,初始市场份额)

（8）转换速率 = 转换常数×(潜在市场份额/市场总份额)×实际市场份额

（9）转换常数 = 0.73

（10）潜在市场份额 = INTEG (–转换速率,市场总份额–实际市场份额)

该模型的模拟结果如图 6.7 所示。

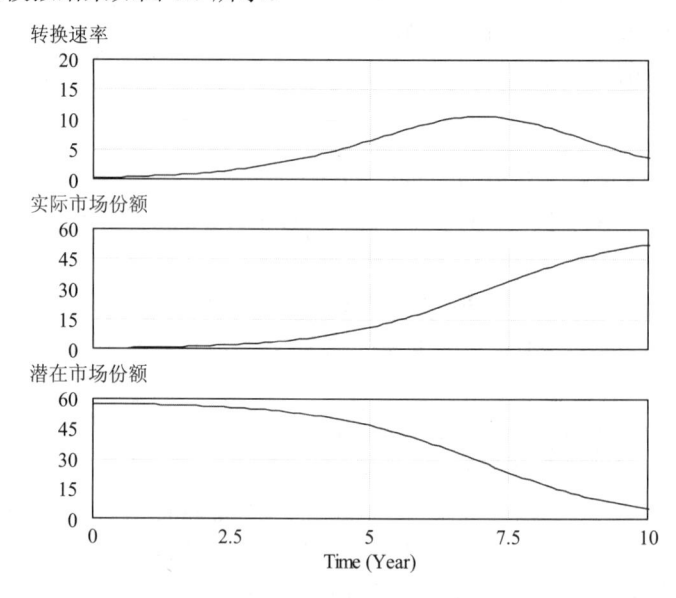

图 6.7 Microsoft 和 Intel 市场份额变化曲线

从图 6.7 可以看出，实际市场份额的增长呈现出"S"形，符合逻辑增长曲线，这可以作为模型检验的主要依据。

具体模型可参考本书配套电子资源文件中的"有限潜在顾客.mdl"。

单击分析工具栏上的 ▥ 按钮，得到模拟结果数据，将模拟数据导入前面通过解析方法得到的 Excel 表格中，得到 1995 年 Microsoft 和 Intel 市场份额的预测值为 55.04%，平均误差平方为 10.14，这个拟合程度略低于解析方法。所以，如果具体问题能通过解析方式求解，那么相对来说，解析解的信度要高，应该优先选择。

本例还可以使用统计学的有关研究方法进行研究，可以得到类似的结果。从图 6.7 中可以看出，Microsoft 和 Intel 市场份额增长明显具有上限。如果要进一步研究该增长上限，需要分析影响市场份额增长上限的因素，考虑市场竞争因素，建立一个扩展模型来进行研究。

> **参数寻优问题。**
>
> 本节中模型的参数来自于解析模型的拟合，在具体参数不能精确确定的情况下，如果通过模拟软件的自动寻优模块可以得到最优拟合度下的参数和预测值。

6.3 "啤酒游戏"和"牛鞭效应"的建模与分析

"牛鞭效应"指的是供应链上的一种需求信息变异放大现象,"啤酒游戏"则是一种广为人知的模拟"牛鞭效应"的角色扮演游戏。本节以"啤酒游戏"和"牛鞭效应"为应用实例,运用 Vensim 对其进行建模与分析。

6.3.1 "啤酒游戏"和"牛鞭效应"的概述

1. "啤酒游戏"简介

著名的"啤酒游戏",是在 20 世纪 60 年代由麻省理工学院的斯隆管理学院(Sloan School of Management)开发完成的一种类似"大富翁"的角色扮演游戏,但更简单些,参加者只需根据销售情况对采购或生产产品的数量进行决策。这些参加者有各种年龄、国籍、行业背景,有些人甚至早就经手此类产/配/销系统业务,但每次玩这个游戏,相同的危机还是一再发生,得到的悲惨结果也几乎一样:下游零售商、中游批发商和上游生产商起初都严重缺货,后来却严重积货,然而消费者的需求变动却只有第二周一次而已。

"啤酒游戏"的官方地址为 http://beergame.mit.edu/。在浏览器中打开该网页,并输入自己的 E-mail 地址,即可在网上直接参与"啤酒游戏",麻省理工学院的"啤酒游戏"界面如图 6.8 所示。

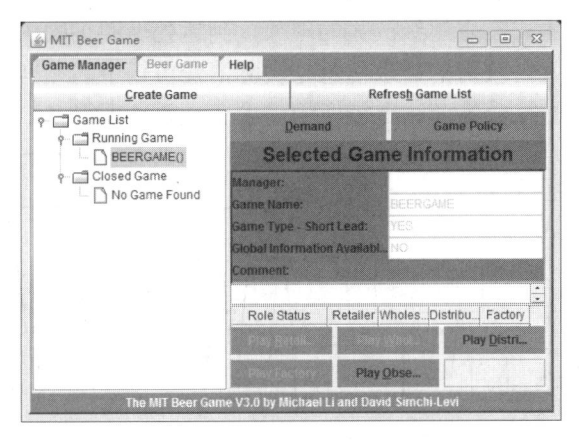

图 6.8 麻省理工学院的"啤酒游戏"界面

"啤酒游戏"的假设如下:

(1)"啤酒游戏"的供应链所涉及的供销存对象仅有啤酒一种商品;供应链点共 5 个,上游有 4 个节点,每个节点代表一个企业,分别是零售商(Retailer)、批发商(Distributor)、分销商(Wholesaler)和生产商(Manufacturer)。

(2)供应链为直线型供应链,商品(啤酒)与订单仅仅在相邻的两个节点之间传递,不能跨节点。供应链的最上游是生产商,其原材料供应商被视为供应链外部因素,并假设原材料供应商的供应能力无限大。除了下游节点向相邻上游节点传递订单信息之外,供应链点之间暂时没有其他信息。

(3)游戏过程的决策问题:各决策主体(零售商、批发商、经销商和生产商)基于实现自身利益最大化的目标来确定自身每周的订购量。

（4）生产商的生产能力无限制，各节点的库存量无限制，不考虑供应链的设备故障等意外事件。

（5）时间单位为周，每周发一次订单，本期收到的货能够用于本期销售。订货、发货与收货均在期初进行。

（6）供货期（提前期）分别如下：
① 零售商—消费者：0 周；
② 批发商—零售商：4 周（订单响应期为 2 周，送货时间为 2 周）；
③ 经销商—批发商：4 周（订单响应期为 2 周，送货时间为 2 周）；
④ 生产商—经销商：4 周（订单响应期为 2 周，送货时间为 2 周）；
⑤ 生产商制造周期：2 周。

2. "牛鞭效应"——需求信息扭曲

需求信息在沿着供应链向上传递的过程中被不断曲解，逐级放大，导致需求信息的波动越来越大，造成供应链上下游库存波动。此信息的波动在图形上很像一根甩起的牛鞭，因此被形象地称为"牛鞭效应"。

"牛鞭效应"是供应链中普遍存在的现象，当供应链上的各级供应商只根据来自其相邻的下级销售商的需求信息进行供应决策时，需求信息的不真实性及订货量的波动程度会沿着供应链逆流而上，产生逐级放大的现象，到达处于源头的供应商（如总销售商或该产品的生产商）时，其获得的需求信息与实际消费市场中的顾客需求信息发生了很大的偏差，需求变异系数比分销商和零售商的需求变异系数大得多，如图 6.9 所示。

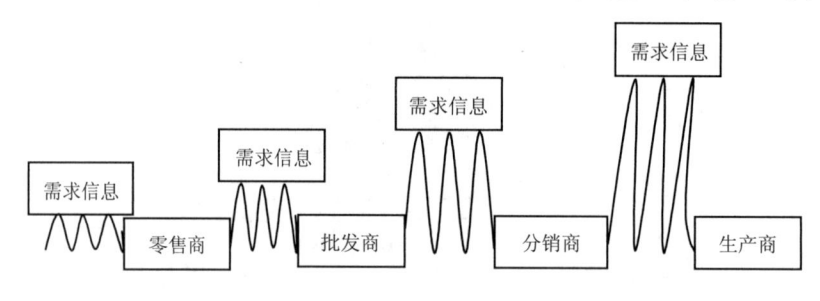

图 6.9 "牛鞭效应"形成图

由于这种需求放大变异效应的影响及应付销售商订货的不确定性，上游供应商往往需维持比其下游需求更高的库存水平，以应付销售商订货的不确定性，从而人为地增大了供应链中上游供应商的生产、供应、库存管理和市场营销风险，甚至导致生产、供应和营销的混乱。

从多年的研究来看，"牛鞭效应"造成供应链库存不稳定性增加，直接加重了供应商的供应和库存风险，甚至扰乱了生产商的计划安排与营销管理秩序，导致生产、供应和营销的混乱。解决"牛鞭效应"的难题是企业正常的营销管理和良好的顾客服务的必要前提。因此，了解"牛鞭效应"发生的原因就显得尤为重要。

需求预测修正是指当供应链的成员采用其直接的下游订货数据作为市场需求信息和

依据时，就会产生需求放大。例如，在市场销售活动中，假如零售商的历史最高月销量为 1 000 件，但下月正逢重大节日，为了保证销售不断货，他会在月最高销量基础上再追加 $A\%$，于是他向其上级批发商下订单（$1+A\%$）×1 000 件。批发商汇总该区域的销量预计后（假设）为 12 000 件，他为了保证零售商的需要又追加 $B\%$，于是他向生产商下了（$1+B\%$）×12 000 件的订单。生产商为了保证批发商的需求，虽然他明知其中有夸大成分，但他并不知道具体情况，于是他不得不至少按（$1+B\%$）12 000 件投产，并且为了稳妥起见，在考虑毁损、漏订等情况后，他又加量生产，这样一层一层地增加预订量，从而导致"牛鞭效应"。

一般情况下，销售商并不会来一个订单就向上级供应商订货一次，而是在考虑库存和运输费用的基础上，在一个周期或者汇总到一定数量后再向供应商订货；为了减少订货频率、降低成本和规避断货风险，销售商往往会按照最佳经济规模批量订货。同时，订货频繁也会增加供应商的工作量和成本，供应商也往往要求销售商按一定数量或一定周期订货。此时，销售商为了尽早得到货物或全额得到货物，或者为备不时之需，往往会人为提高订货量，这样，由于订货策略导致了"牛鞭效应"。

价格波动是由于一些促销手段或者经济环境突变而造成的，如价格折扣、数量折扣、赠票、与竞争对手的恶性竞争、供不应求、通货膨胀、自然灾害及社会动荡等。这些因素使许多零售商和推销人员预先采购的订货量大于实际需求量，因为如果库存成本小于由于价格折扣所获得的利益，销售人员当然愿意预先多买，这样订货没有真实反映需求的变化，从而产生"牛鞭效应"。

当需求大于供应时，理性的决策是按照订货量比例分配现有供应量，如总的供应量只有订货量的 40%，合理的配给办法就是按其订货的 40%供货。此时，销售商为了获得更大份额的配给量，故意夸大其订货需求是在所难免的。当需求降温时，订货又突然消失，这种由于短缺博弈导致的需求信息的扭曲最终导致"牛鞭效应"。

库存责任失衡加剧了订货量需求放大。在营销操作上，通常的做法是供应商先铺货，待销售商销售完成后再结算。这种体制导致的结果是供应商需要在销售商（批发商、零售商）结算之前按照销售商的订货量负责将货物运至销售商指定的地方，而销售商并不承担货物搬运费用；在发生货物毁损或者供给过剩时，供应商还需承担调换、退货及其他相关损失。这样，库存责任自然转移到供应商，从而使销售商处于有利地位。同时，在销售商资金周转不畅时，由于有大量存货可作为资产使用，所以销售商会利用这些存货与其他供应商易货，或者不顾供应商的价格规定，低价出货，加速资金回笼，从而缓解资金周转的困境。再者，销售商掌握大数量的库存也可以作为与供应商进行博弈的筹码。因此，销售商普遍倾向于加大订货量掌握主动权，这样也必然会导致"牛鞭效应"。

应付环境变异所产生的不确定性也是促使订货需求放大加剧的现实原因。自然环境、人文环境、政策环境和社会环境的变化都会增强市场的不确定性。销售商应对这些不确定性因素影响的最主要手段之一就是保持库存，并且随着这些不确定性的增强，库存量也会随之变化。当对不确定性的预测被人为渲染，或者形成一种较为普遍的认识时，为了持有应付这些不确定性的安全库存，销售商会加大订货，将不确定性风险转移给供应商，这样也会导致"牛鞭效应"。

6.3.2 "牛鞭效应"的系统动力学建模

1. 建模前的分析

下面将上面介绍的"啤酒游戏"为背景,建立一个四级供应链生产和分销库存的系统动力学模拟模型。

1)建模目的分析

建模的目的可以概括为通过模拟四级供应链生产和销售过程,再现"牛鞭效应"的形成过程,从而研究影响"牛鞭效应"形成的因素和控制"牛鞭效应"的对策。

2)明确系统边界

"啤酒游戏"的游戏过程从本质上描述了在某个特定场景下发生的一些现象,它是建立模型的一个现实依据。模型是对实际系统的抽象,是对与研究目的相关的问题主要方面的反映,而不是完全复制该过程到计算机中。如果要完全复制一个"啤酒游戏"到计算机中,那可能是开发一个"啤酒游戏"的计算机模拟程序。

明确系统边界要弄清楚哪些因素要被考虑在模型内,哪些将被视为对问题(目的)不重要的因素。根据"啤酒游戏",归纳出影响啤酒的生产和销售库存的主要因素,如图 6.10 所示。

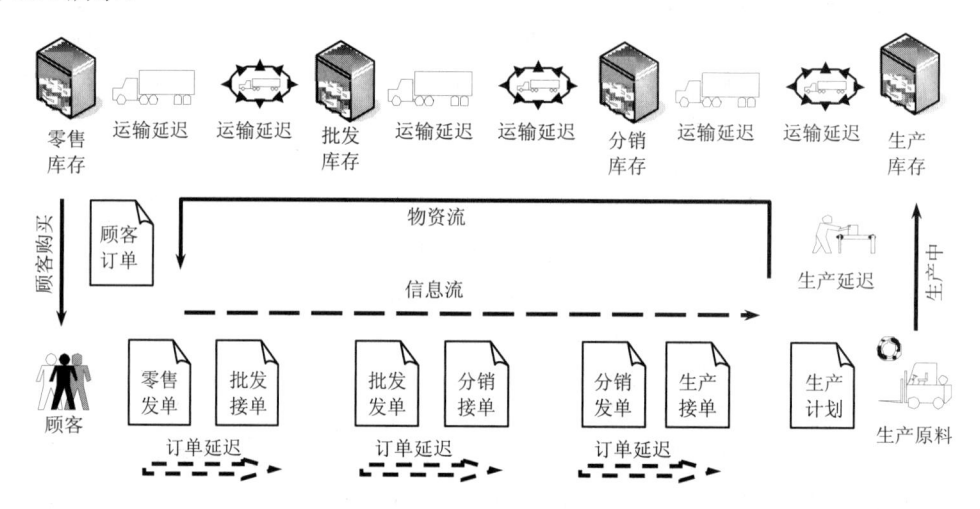

图 6.10 四级供应链生产和销售库存

在图 6.10 中,顾客和生产原料没有前向的影响因素,被视为所研究系统的外部环境,其他因素(如各种延迟、各种库存等)都是系统内的主要影响因素。这些因素又可以分为物资流(实线表示)和信息流(虚线表示)两种。这些因素被作为不可分割的元素来处理,即不考虑这些因素的内部运行情况,如不会考虑生产过程的随机性等。

虽然系统动力学模拟模型有助于对系统运行机理的理解,但是没有对系统运行机理的基本认识是不能建立有效的系统动力学模拟模型的。明确系统边界也是对系统的一种抽象过程,抽象过程的重点所在是需要把握问题的本质。

通过对"牛鞭效应"相关知识的初步学习和对"啤酒游戏"的分析,发现"啤酒游戏"过程中产生"牛鞭效应"的直接原因是需求量的增加。较之更隐讳的原因是在需求量增加后，零售商、批发商、分销商和生产商对市场需求的错误预期，而更深层次的原因在于零售商、批发商、分销商和生产商之间的信息交流和库存策略及啤酒供应链本身的结构。这些是对"牛鞭效应"问题本质的基本把握，对于建立系统动力学模拟模型和模拟分析过程有着重要的指导作用。

实际系统往往是复杂多变的，因此要明确系统边界，必须在基本把握问题本质的前提下，通过给所研究对象以明确的假定来排除某些具体形式上的复杂性，使研究更严谨。这些假定往往被研究者视为理所当然而被忽视。另外一种情况是在建立模型的开始一般会给出比较严格的假定，然后逐步放松该假定来进一步对问题进行深入研究，这样的假定往往不容易被忽视。

为明确研究问题的系统边界，先对所研究的问题做出以下假定。

（1）仅考虑一个零售商、一个批发商、一个分销商和一个生产商的情况，比"啤酒游戏"多了分销商。

（2）不考虑是否能购买生产原料以满足生产。

（3）不考虑零售商、批发商、分销商和生产商的资金和库存容量限制。

（4）不考虑所有过程中的随机性问题。

（5）不考虑商品紧俏情况下价格的变化。

（6）不考虑商品运输量不同情况下的运费问题。

（7）只有零售商才能直接面对消费者。

上面这些假定虽然与实际系统有些区别，但是不影响所探讨问题的实质，比如延迟对"牛鞭效应"的影响、订货决策策略的影响等。为了简化研究，进一步基于"啤酒游戏"给出如下假定。

（1）暂时认为零售商、批发商、分销商和生产商间不存在信息共享机制。

（2）各类信息延迟过程的时间相同。

（3）各类物资（运输）延迟过程的时间相同。

（4）信息延迟过程时间与物资（运输）延迟过程时间不一定相同。

（5）暂时认为零售商、批发商、分销商和生产商的订货策略相同，即保险库存+欠货量−到货量。

上面仅是影响系统结构的假定，还有些具体的假定，如某些初始值（参数）的假定将在建模过程中说明，它们被认为是不影响系统的结构。

2．建立系统模拟模型

1）基本因果关系分析

根据图 6.10 和上面的分析发现，在四级供应链中，零售商、批发商、分销商和生产商的库存变化的影响因素和订货决策的影响因素都比较类似。

先以零售商的库存变化为分析对象。零售商的库存变化受到零售销售和批发到零售两个因素的影响。零售库存的前向因果树如图 6.11 所示。

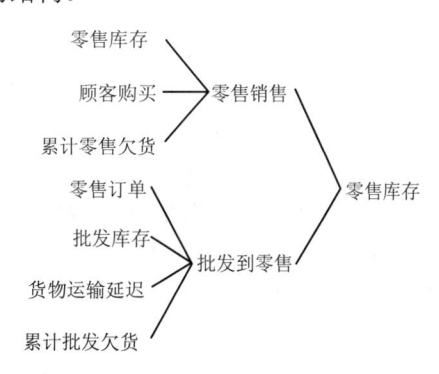

图 6.11 零售库存的前向因果树

对批发商、分销商、生产商的库存变化的影响因素的分析过程与对零售商的分析过程类似,不再赘述。

依照上面的分析建立四级供应链库存系统基本因果关系,如图 6.12 所示。

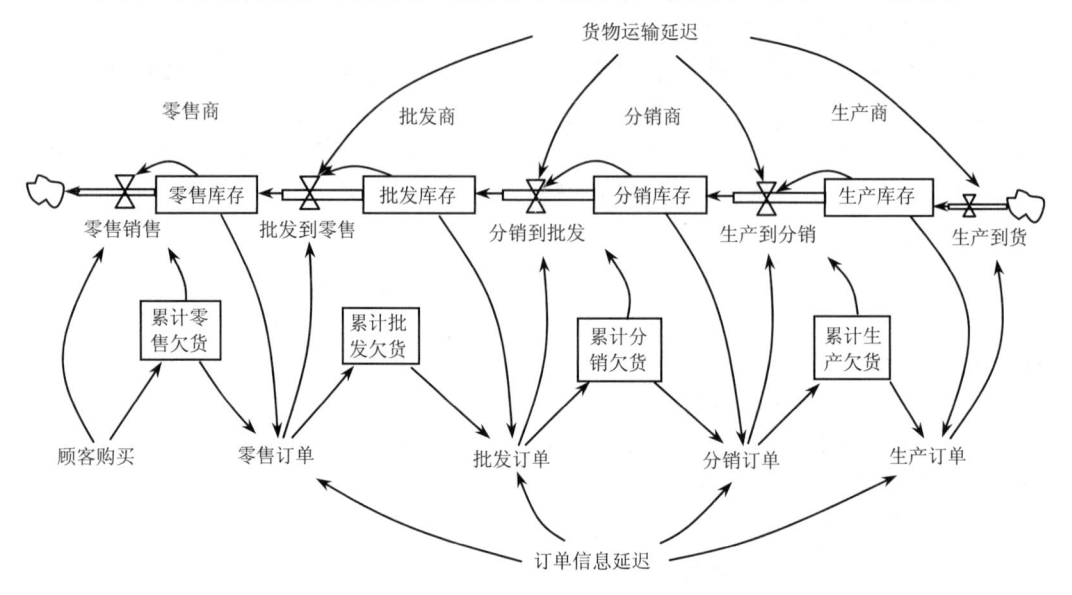

图 6.12　四级供应链库存系统基本因果关系

在图 6.12 中,零售订单、批发订单和生产订单分别相当于批发商、分销商、生产商的零售商的顾客购买,生产到货相当于零售商的批发到货。相应的计算也可以按照对零售商的分析依次得到,具体的公式可参见下面的进一步分析。

2)画系统流图

四级供应链库存系统的系统流图可以通过对上面的四级供应链库存系统基本因果关系图修改得到。

在图 6.12 中,基本上已经区分了系统流图中的积量:零售库存、批发库存、分销库存、生产库存、累计零售欠货、累计批发欠货、累计分销欠货和累计生产欠货,现在还需要加入与累计零售欠货、累计批发欠货、累计分销欠货和累计生产欠货这些积量对应的率量:零售欠货、批发欠货、分销欠货和生产欠货。

从批发到零售、分销到批发和生产到分销过程中有物资延迟。如果将这些过程作为单一的过程,那么当延迟时间到期,在延迟的作用下会出现库存的数量为负值的情况,与实际情况不符合。为了避免这种情况的发生,必须区分发货和到货过程,即将"批发到零售"分为"批发发货"和"零售到货",将"分销到批发"分为"分销发货"和"批发到货",将"生产到分销"分为"生产发货"和"分销到货"。

在零售订单、批发订单、分销订单和生产订单过程中有信息延迟,同样可以将这些过程区分为发单和收单过程。由于在现在的模型中暂时认为零售商、批发商、分销商和生产商的订货策略相同,不考虑零售商、批发商和分销商在发单时根据当前应到货未到情况进行发单调整的情况,所以暂时可不将这些过程分为复杂的发单和收单过程。

根据上面的分析,建立四级供应链库存系统的系统流图如图 6.13 所示。

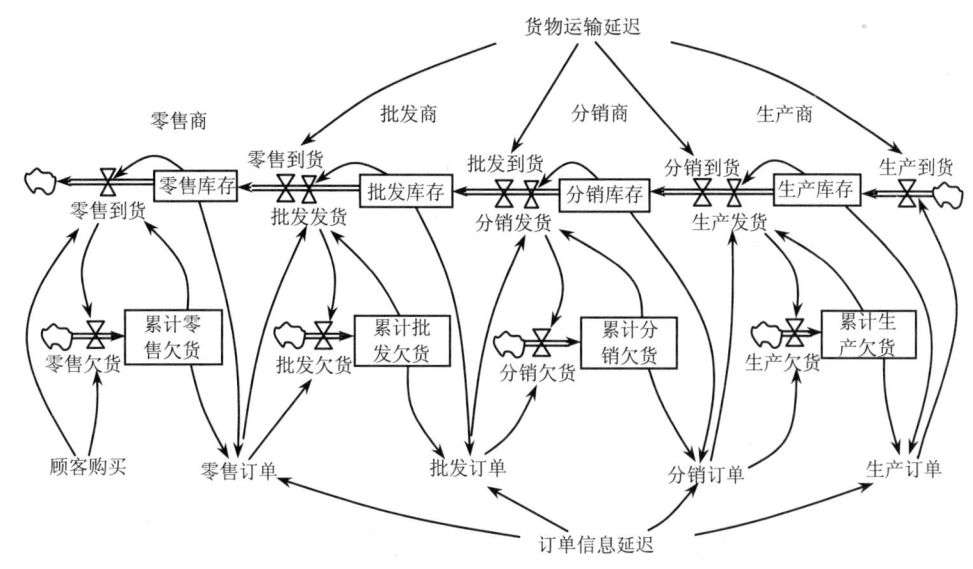

图 6.13 四级供应链库存系统的系统流图

由于后续模拟与分析部分还将基于该模型进一步分析更多情况下的模拟问题，所以将上面的模型称为"基本模型"。

新增加一个模型视图（View 2），用于计算零售商、批发商、分销商和生产商的有效库存、库存成本和供应链的总成本，如图 6.14 所示。

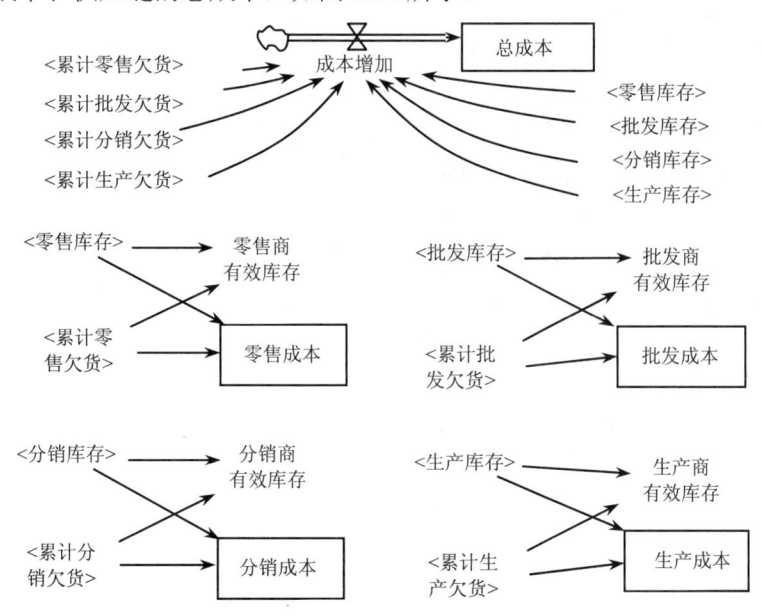

图 6.14 供应链的有效库存与相关成本计算

3）输入方程

用 Vensim 画出系统流图后，通过输入相关的方程和参数就得到了模型的方程。下面先给出最后的模型方程，然后简要分析。为表述方便，现将模型方程分为模型相关设置、四级供应链库存系统方程、供应链的有效库存与相关成本计算方程三种类型（相关计量单位和参数在后面说明）。

模型相关设置：

（1）FINAL TIME = 50

（2）INITIAL TIME = 0

（3）SAVEPER = TIME STEP

（4）TIME STEP = 1

四级供应链库存系统方程：

（5）顾客购买 = 4+STEP(4, 1)

（6）订单信息延迟 = 2

（7）货物运输延迟 = 2

（8）零售订单 = DELAY FIXED(MAX(0, 12−零售库存+累计零售欠货)，订单信息延迟, 4)

（9）批发订单 = DELAY FIXED(MAX(0, 12−批发库存+累计批发欠货)，订单信息延迟, 4)

（10）分销订单 = DELAY FIXED(MAX(0, 12−分销库存+累计分销欠货)，订单信息延迟, 4)

（11）生产订单 = DELAY FIXED(MAX(0, 12−生产库存+累计生产欠货)，订单信息延迟, 4)

（12）零售销售 = MIN(零售库存, 顾客购买+累计零售欠货)

（13）批发发货 = MIN(批发库存, 零售订单+累计批发欠货)

（14）分销发货 = MIN(分销库存, 批发订单+累计分销欠货)

（15）生产发货 = MIN(生产库存, 分销订单+累计生产欠货)

（16）零售到货 = DELAY FIXED(批发发货, 货物运输延迟, 4)

（17）批发到货 = DELAY FIXED(分销发货, 货物运输延迟, 4)

（18）分销到货 = DELAY FIXED(生产发货, 货物运输延迟, 4)

（19）生产到货 = DELAY FIXED(生产订单, 货物运输延迟, 4)

（20）零售欠货 = 顾客购买−零售销售

（21）批发欠货 = 零售订单−批发发货

（22）分销欠货 = 批发订单−分销发货

（23）生产欠货 = 分销订单−生产发货

（24）累计零售欠货 = INTEG (零售欠货, 0)

（25）累计批发欠货 = INTEG (批发欠货, 0)

（26）累计分销欠货 = INTEG (分销欠货, 0)

（27）累计生产欠货 = INTEG (生产欠货, 0)

（28）零售库存 = INTEG (零售到货−零售销售, 12)

（29）批发库存 = INTEG (批发到货−批发发货, 12)

（30）分销库存 = INTEG (分销到货−分销发货, 12)

（31）生产库存 = INTEG (生产到货−生产发货, 12)

有效库存与相关成本计算方程：

（32）零售商有效库存 = 零售库存−累计零售欠货

（33）批发商有效库存 = 批发库存−累计批发欠货

（34）分销商有效库存 = 分销库存−累计分销欠货

（35）生产商有效库存 = 生产库存−累计生产欠货

（36）零售成本 = INTEG (0.1×零售库存+0.2×累计零售欠货, 0)

（37）批发成本 = INTEG (0.1×批发库存+0.2×累计批发欠货, 0)

（38）分销成本 = INTEG (0.1×分销库存+0.2×累计分销欠货, 0)

（39）生产成本 = INTEG (0.1×生产库存+0.2×累计生产欠货, 0)

（40）成本增加 = 0.2×(累计零售欠货+累计批发欠货+累计分销欠货+累计生产欠货)+0.1 ×(零售库存+批发库存 +分销库存+生产库存)

（41）总成本 = INTEG (成本增加, 0)

在模型相关设置中，模型模拟的是 50 周的情况，模拟步长为 1 周，从第 0 周开始模拟，在模拟过程中记录结果的周期为模拟步长。

在四级供应链库存系统方程的许多参数设置中，参照了"啤酒游戏"，现说明如下。

（1）顾客购买在第 1 周的购买量由 4 箱增加到 8 箱，即增加到了每周 8 箱啤酒的供应量。

（2）暂时假定订单信息延迟和货物运输延迟都是 2 周。

（3）进入模拟初始状态时，零售订单、批发订单、分销订单和生产订单的初始值都是 4 箱。

（4）零售商、批发商、分销商和生产商的初始库存都是 12 箱。

（5）零售商、批发商、分销商和生产商的相关量（库存、发货、到货、欠货和订货）的计算公式类似，请参考上面的基本因果关系分析部分。

在有效库存与相关成本计算方程中，假定零售商、批发商、分销商和生产商的库存成本为每箱每周 0.1 单位，欠货成本为每箱每周 0.2 单位，假定有效库存为实际库存减去欠货数量。

上面的模型可参考本书配套电子资源文件中的"'啤酒游戏'——区分延迟.mdl"。

4）模型检验

首先通过运行模拟，观察模拟的结果，来判断上面建立的模型是否存在与已有常识或者研究结果不一致的地方。有效库存与相关成本计算方程比较简单，只是一些代数方程，对模拟的结构影响不大，所以该部分不是模型检验的重点。

运行模拟模型后，在菜单"View"中选择选项"Show Behavior"，可以查看模拟运行得到的变量变化的情况。

分别浏览零售订单、批发订单、分销订单和生产订单，如图 6.15 所示。

从各级订单的变化情况来看，各级订单的数量由非常低的水平开始，然后产生一个上升的趋势，最后下降到几乎为零的水平。

各级订单的数量都是大于或等于零，没有出现小于零的情况；订单的数量从零售商到批发商，到分销商，最后到生产商，逐步放大。这些与常识及以往的研究基本符合，能基本说明"牛鞭效应"。

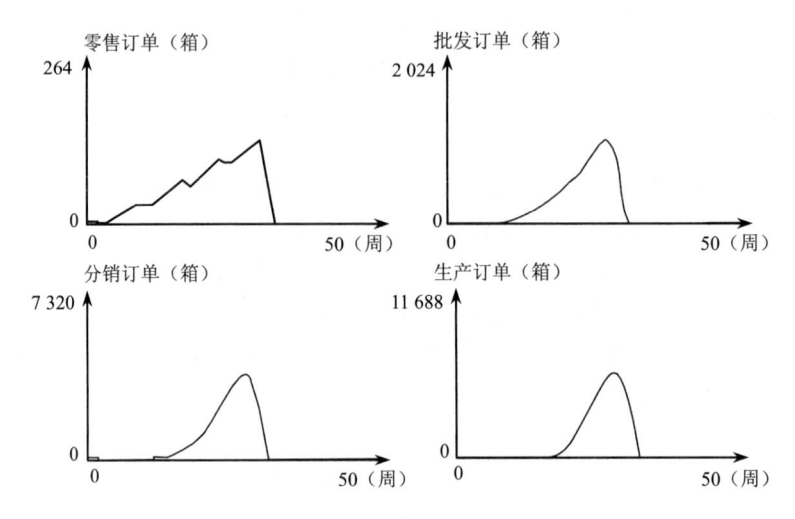

图 6.15　各级订单的变化情况

市场需求在提高后,一直稳定为 8 箱的水平。因此,依据前面假定的零售商、批发商、分销商和生产商的订货策略,各级订单数量的增加主要来自欠货的增加。依次查看各级累计欠货的变化情况,如图 6.16 所示,符合该推断。

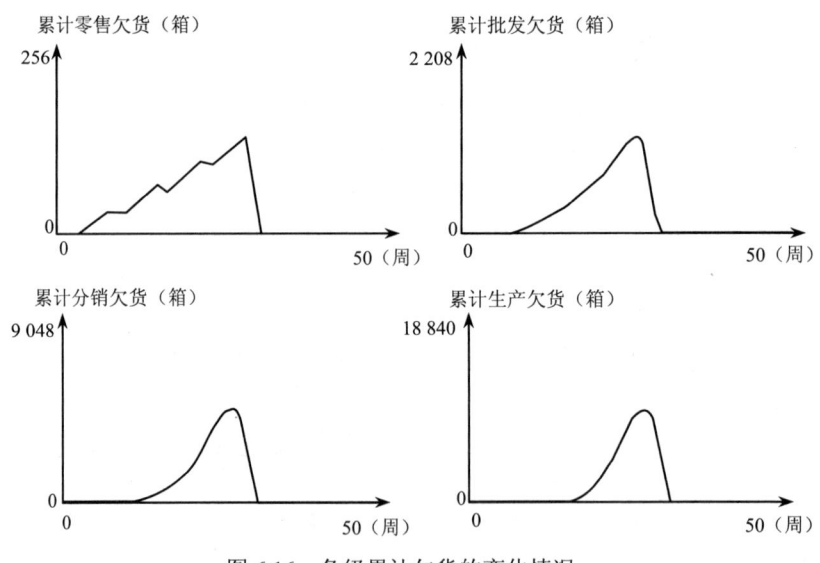

图 6.16　各级累计欠货的变化情况

各级库存的变化情况也应该有逐级放大效应,并且必须大于零。依次查看各级库存的变化情况,符合该推断,如图 6.17 所示。

还有其他变量的变化,如零售销售、零售欠货的波动等在模型的模拟结果中也能得到体现,不再赘述。

下面通过 Vensim Ple 的真实性检验功能来检验模型的真实性。

在模型中添加一个新的视图,名为"真实性检验"。对上面两种情况建立的真实性检验的结构如图 6.18 所示,其中,"顾客购买减少则零售不欠货"的设置如图 6.19 所示。

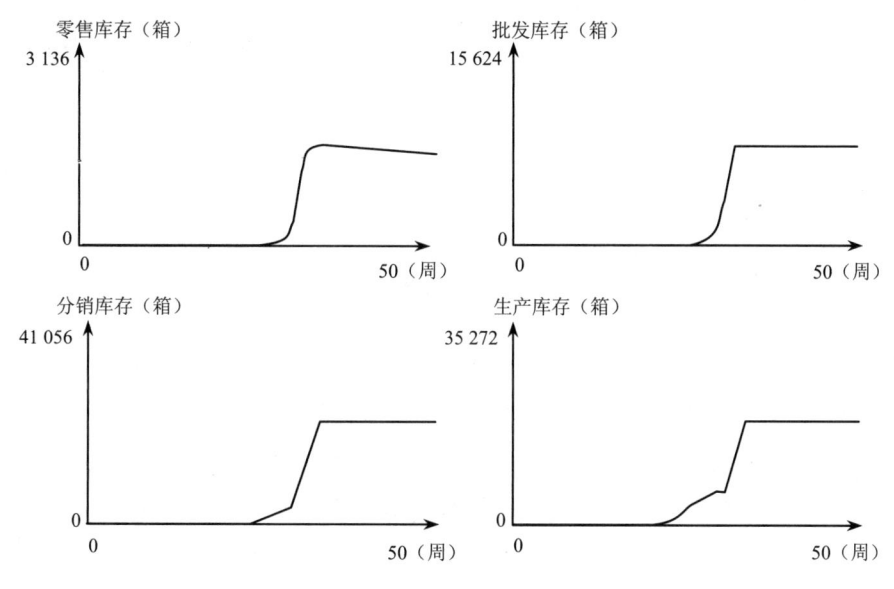

图 6.17 各级库存的变化情况

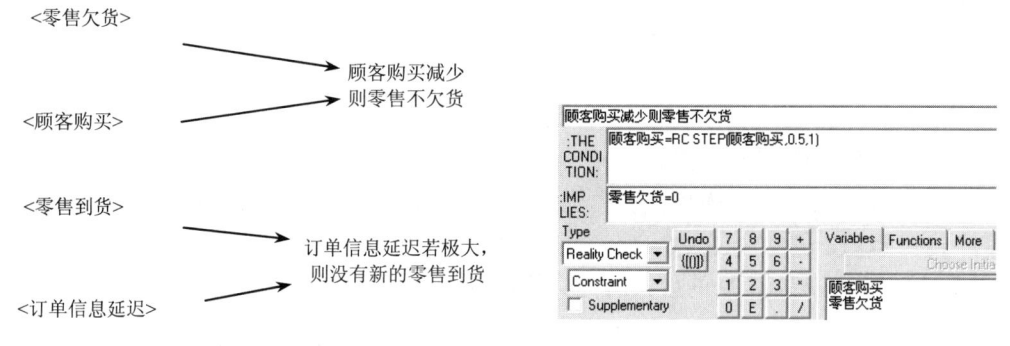

图 6.18 真实性检验的结构   图 6.19 "顾客购买减少则零售不欠货"的设置

在上面的设置中,测试条件实际是在模拟第 1 周,将顾客购买变为原来的 0.5 倍,即 2 箱(4×0.5=2)。表达式"RC STEP(顾客购买, 0.5, 1)"中的"顾客购买"为系统初始时的值。

"订单信息延迟若极大,则没有新的零售到货"的设置如图 6.20 所示。

在图 6.20 中,检验表达式为"零售到货<=4",而不是"零售到货<=0",是因为假定初始的订单值为 4。

还有许多其他类似的检验命题,如"运输延迟若极大(如大于 60),则没有新的零售到货"、"信息延迟若极大(如大于 60),则没有新的批发到货"等。

模型真实性检验的结果显示上面两个测试命题都成立,如图 6.21 所示。

如果模型和检验过程不是非常复杂,也可以不通过真实性检验工具来检验模型。例如,在对"顾客购买减少则零售不欠货"的检验中,也可以直接修改"顾客购买"为

"4+STEP(–2，1)"，然后模拟观察进行检验。同样的方法也适用于对"订单信息延迟若极大，则没有新的零售到货"的检验。

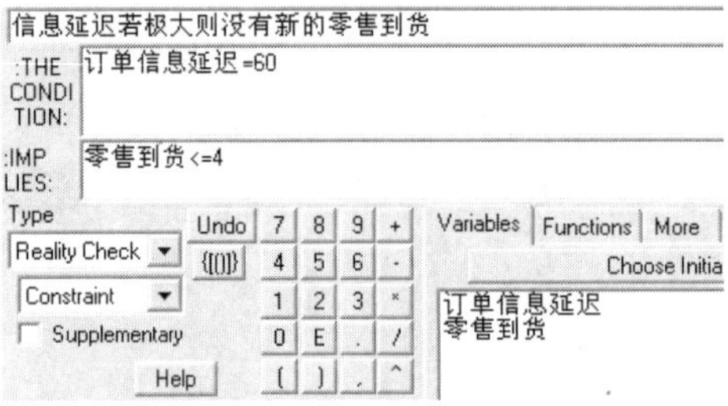

图 6.20 "订单信息延迟若极大，则没有新的零售到货"的设置 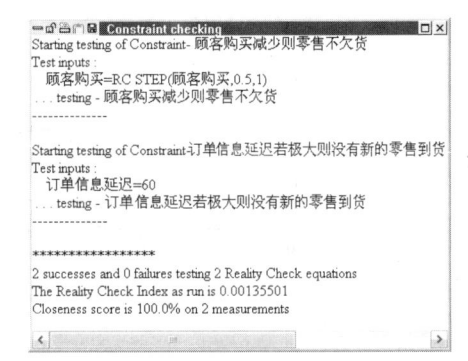　　图 6.21 模型真实性检验的结果

通过上面的观察检验和两项真实性检验，表明模型正确的可能性比较大，但是也不能完全肯定模型的真实性和准确性。如果有需要且条件允许，还需要进行更多的检验。另外，还有许多方法可以用来检验模型。例如，下面关于模型的敏感性分析过程也可以作为真实性检验的依据。

上面用的模型可参考本书配套电子资源文件中的"'啤酒游戏'——区分延迟——真实性检验.mdl"。

6.3.3 "牛鞭效应"模拟与分析

1. 需求信息放大效应分析

需求信息放大效应在模型检验中已得到初步验证，下面进一步借助图形方式进行分析。单击 ⊙ 按钮，在控制面板中自定义模拟结果图，用以比较各级订单的大小（如图 6.22 所示），以及分析需求信息的放大情况，其模拟结果图的具体设置如图 6.23 所示。

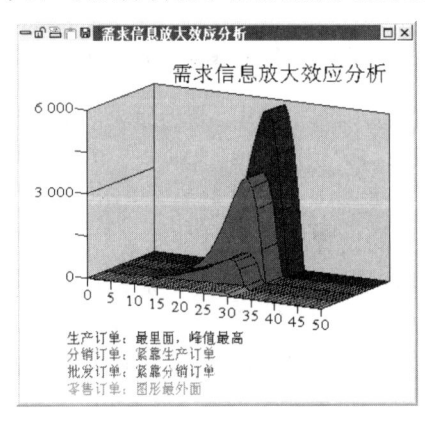

图 6.22 比较各级订单的大小 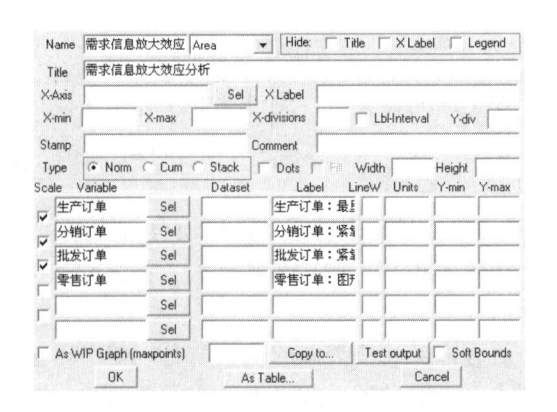　　图 6.23 需求信息放大效应模拟结果图的设置

从各级订单的大小比较来看，各级订单的大小从供应链的下游到上游逐步被放大。从需求信息放大效应分析中验证了"牛鞭效应"的存在。

2. 不同的初期库存对"牛鞭效应"的作用

从上面的分析中可以发现，市场需求由原来的 4 箱增加到 8 箱，而需求信息在多次的延迟后，到生产商时已被放大到接近 6 000 箱，这与实际情况可能相差太远。况且系统中的零售商、批发商、分销商和生产商都只有一个，被放大得太厉害。究其原因，除了结构方面的原因（"牛鞭效应"）外，是否与模型的某些初始条件相关呢？或者上面描述的"牛鞭效应"是否受到一些初始条件的影响？

回顾模型中的假定，发现假定中的各级初期库存都是 12 箱。虽然这种情况是可能存在的，但是在一般情况下，批发商的库存大于零售商的库存，分销商的库存大于批发商的库存，生产商的库存不一定大于批发商的库存。所以，需要建立一组模拟方案，分析不同初期库存情况下的"牛鞭效应"。

采用一种简单的机制来设计模拟方案。例如，零售商的初期库存不变，设定一个倍数值，让批发商的初期库存为零售商初期库存的倍数，让分销商的初期库存为批发商初期库存的倍数，让生产商的初期库存等于批发商的初期库存。分别令倍数值为 1、2、3、4 和 5，由此得到 5 个模拟结果。

对比零售商、批发商、分销商和生产商的库存变化情况，发现不同的方案对应的库存变化情况不同，如图 6.24 所示。

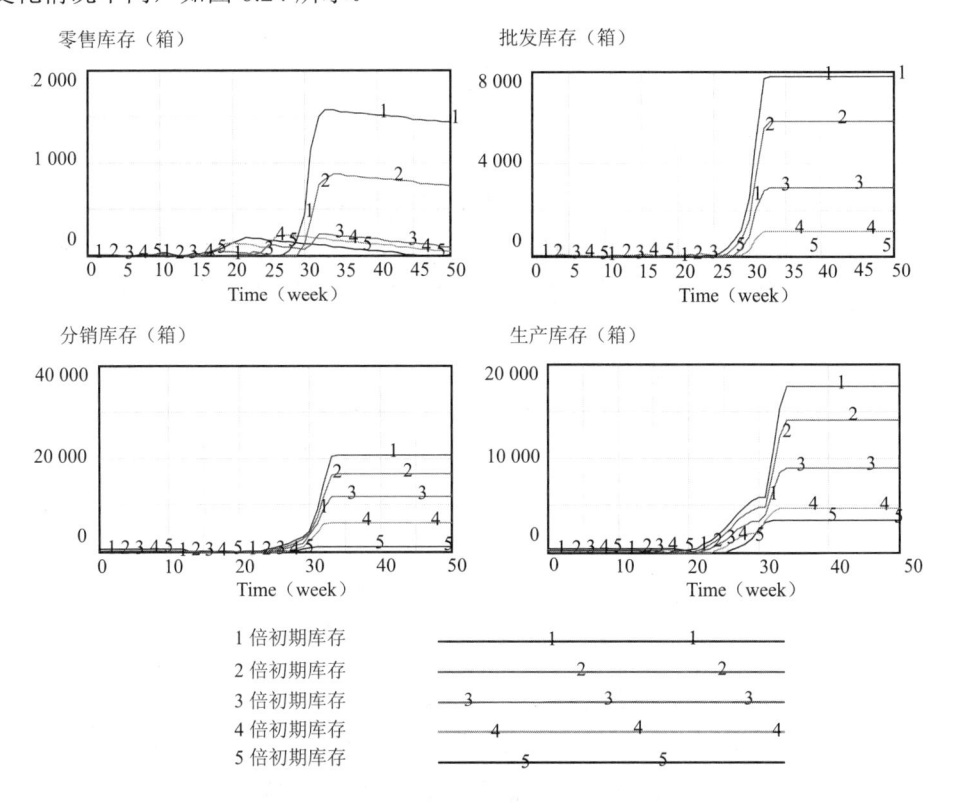

图 6.24 各级库存变化情况

在图 6.24 中，随着倍数的增加，初期库存放大，库存的放大效应减小。可见，如果初期库存比较大，那么在当前的订货策略下，能缓解库存的放大效应。

同样，如果初期库存比较大，那么在当前的订货策略下，能缓解欠货的放大效应，如图 6.25 所示。

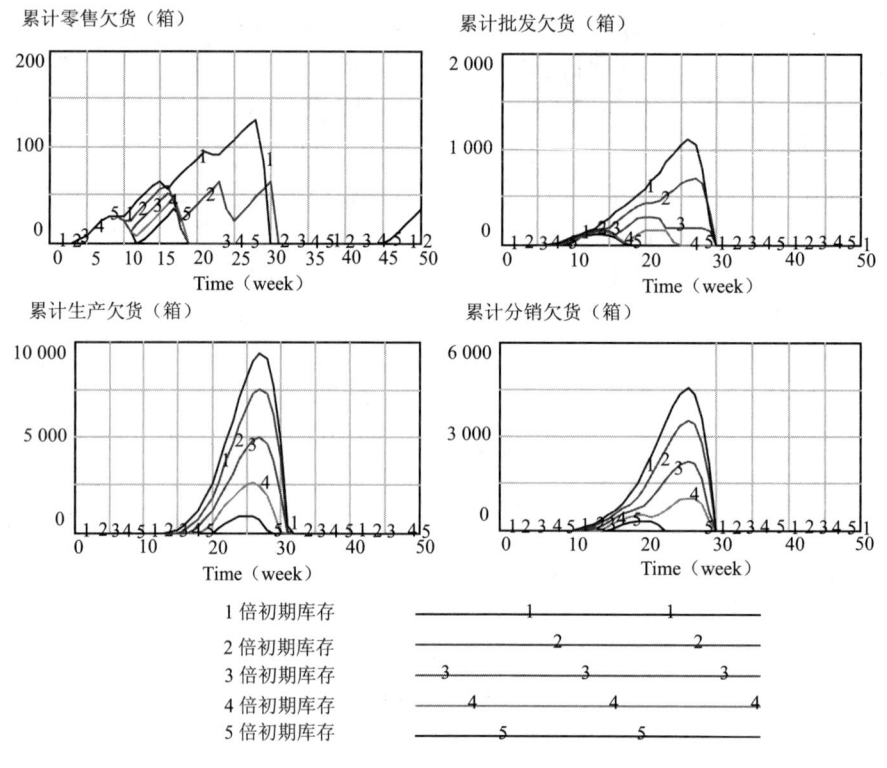

图 6.25　各级累计欠货变化情况

由图 6.25 中可见，随着倍数的增加，初期库存放大，累计欠货的放大效应减小。

考察供应链内部发生的总成本，随着倍数的增加，初期库存放大，总成本逐步减小，如图 6.26 所示。

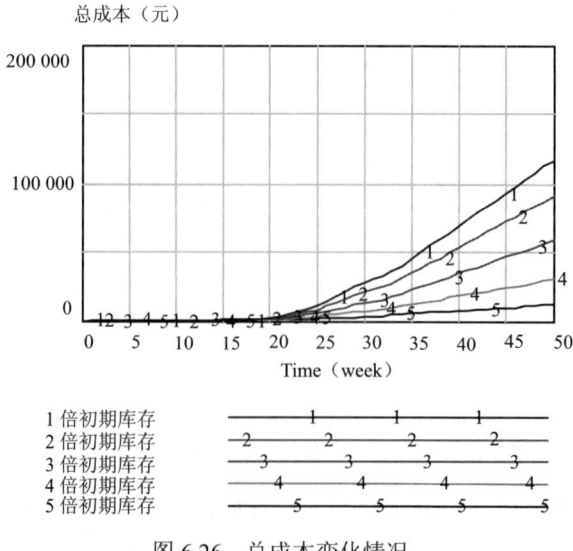

图 6.26　总成本变化情况

上面用的模型可参考本书配套电子资源文件中的 5 个模拟模型。

3．延迟的敏感性分析

通过 Vensim Ple 的敏感性分析工具，可以观察到货物运输延迟和订单信息延迟对系统状态变化有明显的影响。

通过敏感性分析，记录下货物运输延迟和订单信息延迟分别为 1、2、3 周的 9 种情况下的组合。现考察这 9 种情况下的零售库存，如图 6.27 所示。

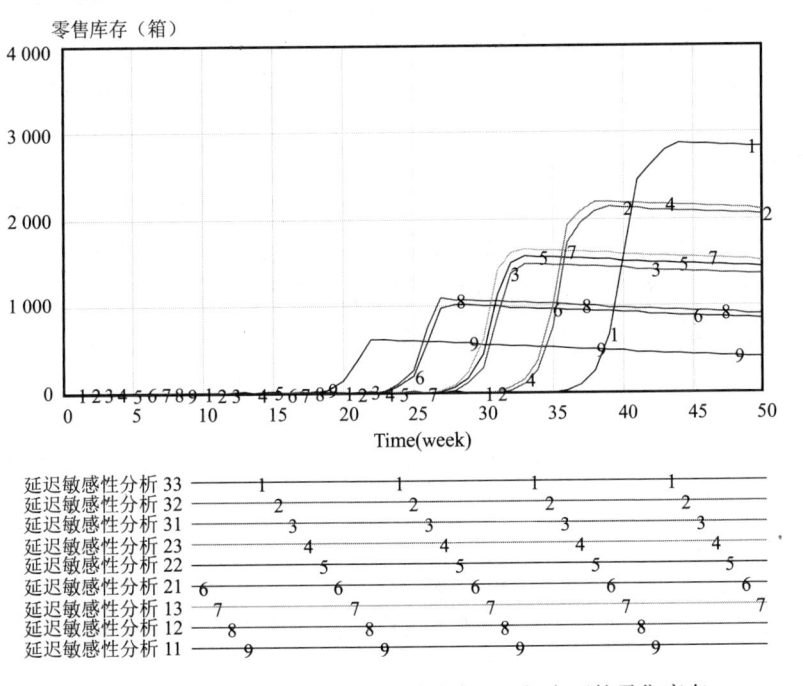

图 6.27　不同货物运输延迟和订单信息延迟组合下的零售库存

在图 6.27 中，"零售库存：延迟敏感性分析 21"表示货物运输延迟为 2 周，订单信息延迟为 1 周时的模拟结果，其他依此类推。

从图 6.27 中可以看出，9 种不同排列可以分为 5 组，分别是：1 为第一组，4 和 2 为第二组，7、5 和 3 为第三组，8 和 6 为第四组，9 为第五组。分析发现，同组的不同情况的货物运输延迟与订单信息延迟的和相同，第一组至第五组的货物运输延迟与订单信息延迟的和分别为 6、5、4、3 和 2。

由此可见，延迟会加剧放大效应，而且货物运输延迟与订单信息延迟对放大效应的作用基本相同。

上面用的模型可参考本书配套电子资源文件中的"'啤酒游戏'——区分延迟.mdl"。

6.3.4　对模型的进一步讨论

1．修改原来模型结构

1）彼得·圣吉的策略

彼得·圣吉在《第五项修炼》一书中引用了"啤酒游戏"，用以说明结构影响行为和系统思考。关于如何减小上面谈及的需求放大效应，彼得·圣吉提出了一种最简单的订购策略："没有策略"的策略，即如果收到新进的 4 箱啤酒的订单，就发出 4 箱的订单；收到 8 箱啤酒的订单，就发出 8 箱的订单。这个策略能消除如前所述的订购量急剧升跌及相伴而生的库存波动，但是将引诱新的竞争者进入市场，他们可能以提供更佳的交货服务来取胜。只有对市场拥有独占能力的产销公司才有可能坚守这样一个策略。

彼得·圣吉提出以下两项关键要领供游戏参加者思考。

（1）要把你已经订购，但是由于时间迟延而尚未到货的啤酒数量牢记在心。我的一帖秘方是："吞两颗阿司匹林，然后耐心地等。"如果你头痛需要服用阿司匹林，你不会每五分钟吃一颗阿司匹林，直到头痛消失为止，你会耐心地等待阿司匹林产生的药效，因为你知道阿司匹林要迟延一段时间以后才产生作用。许多参加游戏的人每周都订购啤酒，直到他们的欠货额消除为止，其后果可想而知。

（2）不要恐慌。当你的供应商无法像平常那样迅速地给你想要的啤酒时，你所能做的最糟糕的决策就是订购更多的啤酒；然而，这正好是许多参加游戏的人所做的。当欠货的数量持续增加，而顾客大声抗议的时候，便更需要修炼来抑制自己订购更多啤酒的冲动。缺乏这种修炼，你和其他人都将遭殃。

也就是说，在长期的博弈过程中，各种角色都会发现，如果只专注于自己这一部分的工作，那么将在不知不觉中带来振荡，对自己和其他角色都不利。自己和其他角色都应看清自己这一部分与其所处的更大的系统如何互动，以便做出全局上更加理性的决策。

2）模型结构修改

根据上面的分析改进上面的模型，使订单的决策过程符合彼得·圣吉提出的关键要领：引入"欠货订购系数"来反映角色对欠货的恐慌，引入"到货预期系数"来反映角色对"时间延迟而尚未到货的啤酒数量"的预期，使角色的行为更加理性，以考察这种理性带来的效果。

在修改模型的过程中，当零售商、批发商、分销商和生产商发出订单时，需要考虑应到而未到的货物数量。因为这个量是一个积量，并且与发出订单时的时间有关，所以将发出订单的过程与接收订单的过程区分开。如果进行这种模型结构上的修改，而依然用 DELAY FIXED 函数表达该过程，那么 DELAY FIXED 将使用接收订单时（延迟过程发生后）的应到而未到的货物数量。修改后的模型结构如图 6.28 所示。

暂时假定：欠货订购系数 = 0.2，到货预期系数 = 0.3，欠货订购系数和到货预期系数都是大于等于 0，并小于等于 1 的数，方程设置如下：

（1）FINAL TIME = 50

（2）INITIAL TIME = 0

（3）SAVEPER = TIME STEP

（4）TIME STEP = 1

（5）顾客购买 = 4+STEP(4, 1)

（6）订单信息延迟 = 2

（7）货物运输延迟 = 2

（8）欠货订购系数 = 0.2

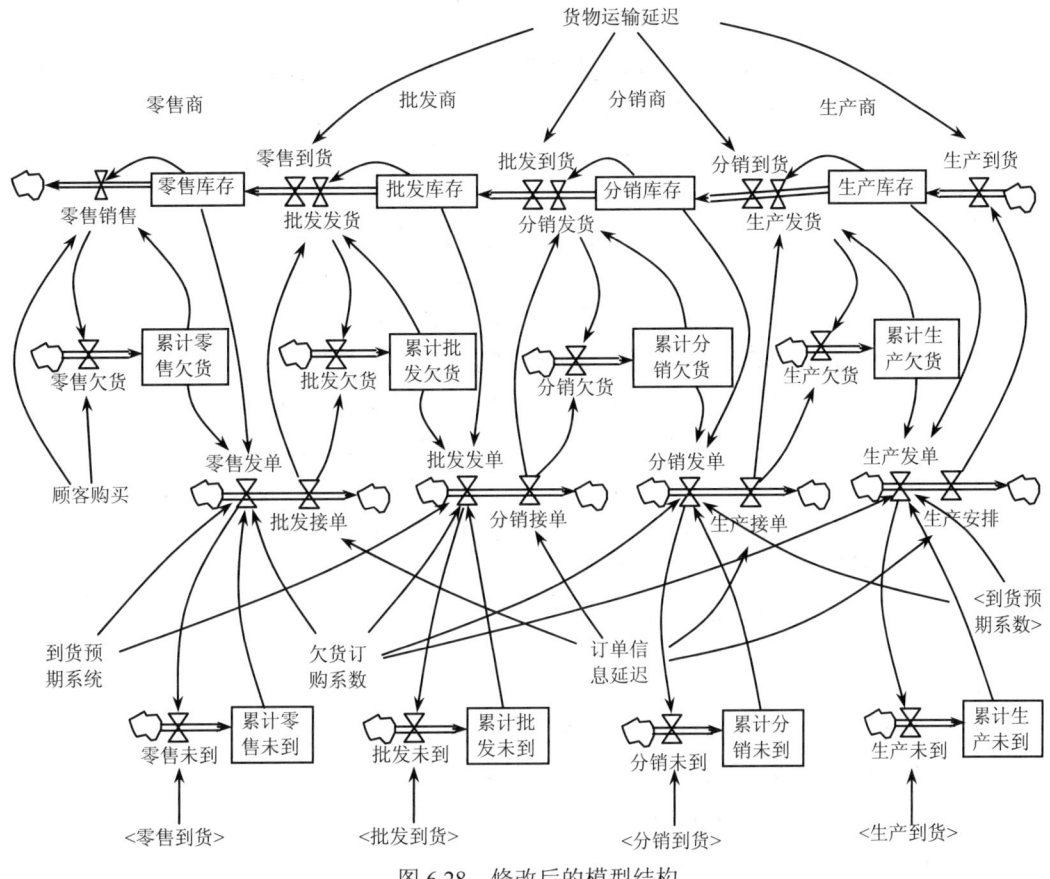

图 6.28 修改后的模型结构

（9）到货预期系数 = 0.3
（10）零售未到 = 零售发单−零售到货
（11）批发未到 = 批发发单−批发到货
（12）分销未到 = 分销发单−分销到货
（13）生产未到 = 生产发单−生产到货
（14）累计零售未到 = INTEG (零售未到, 0)
（15）累计批发未到 = INTEG (批发未到, 0)
（16）累计分销未到 = INTEG (分销未到, 0)
（17）累计生产未到 = INTEG (生产未到, 0)
（18）零售发单 = MAX(0, 12−零售库存+欠货订购系数×累计零售欠货−到货预期系数×累计零售未到)
（19）批发发单 = MAX(0, 12−批发库存+欠货订购系数×累计批发欠货−到货预期系数×累计批发未到)
（20）分销发单 = MAX(0, 12−分销库存+欠货订购系数×累计分销欠货−到货预期系数×累计分销未到)
（21）生产发单 = MAX(0, 12−生产库存+欠货订购系数×累计生产欠货−到货预期系

数×累计生产未到)

（22）批发接单 = DELAY FIXED(批发发单，订单信息延迟，4)

（23）分销接单 = DELAY FIXED(分销发单，订单信息延迟，4)

（24）生产接单 = DELAY FIXED(生产发单，订单信息延迟，4)

（25）生产安排 = DELAY FIXED(零售发单，订单信息延迟，4)

（26）零售销售 = MIN(零售库存，顾客购买+累计零售欠货)

（27）批发发货 = MIN(批发库存，批发接单+累计批发欠货)

（28）分销发货 = MIN(分销库存，分销接单+累计分销欠货)

（29）生产发货 = MIN(生产库存，生产接单+累计生产欠货)

（30）零售到货 = DELAY FIXED(批发发货，货物运输延迟，4)

（31）批发到货 = DELAY FIXED(分销发货，货物运输延迟，4)

（32）分销到货 = DELAY FIXED(生产发货，货物运输延迟，4)

（33）生产到货 = DELAY FIXED(生产安排，货物运输延迟，4)

（34）零售欠货 = 顾客购买−零售销售

（35）批发欠货 = 批发接单−批发发货

（36）分销欠货 = 分销接单−分销发货

（37）生产欠货 = 生产接单−生产发货

（38）累计零售欠货 = INTEG (零售欠货, 0)

（39）累计批发欠货 = INTEG (批发欠货, 0)

（40）累计分销欠货 = INTEG (分销欠货, 0)

（41）累计生产欠货 = INTEG (生产欠货, 0)

（42）零售库存 = INTEG (零售到货−零售销售, 12)

（43）批发库存 = INTEG (批发到货−批发发货, 12)

（44）分销库存 = INTEG (分销到货−分销发货, 12)

（45）生产库存 = INTEG (生产到货−生产发货, 12)

（46）零售商有效库存 = 零售库存−累计零售欠货

（47）批发商有效库存 = 批发库存−累计批发欠货

（48）分销商有效库存 = 分销库存−累计分销欠货

（49）生产商有效库存 = 生产库存−累计生产欠货

（50）零售成本 = INTEG (0.1×零售库存+0.2×累计零售欠货, 0)

（51）批发成本 = INTEG (0.1×批发库存+0.2×累计批发欠货, 0)

（52）分销成本 = INTEG (0.1×分销库存+0.2×累计分销欠货, 0)

（53）生产成本 = INTEG (0.1×生产库存+0.2×累计生产欠货, 0)

（54）成本增加 = 0.2×(累计零售欠货+累计批发欠货+累计分销欠货+累计生产欠货)
+0.1×(零售库存+批发库存+分销库存+生产库存)

（55）总成本 = INTEG（成本增加, 0)

其中，增加的方程在多级供应链的库存系统中，有效库存与相关成本计算和模型相关设置没有改变。增加的方程比较复杂，需要解释的是有关零售商、批发商、分销商和生产商订货决策的方程，即上述的方程（18）～（21）。由于这些方程在形式上类似，仅以"零售发单"为对象说明。

零售发单 = MAX(0, 12-零售库存+欠货订购系数×累计零售欠货-到货预期系数×累计零售未到)

使用 MAX 函数的目的是使零售发单的数量为正。当 12-零售库存+欠货订购系数×累计零售欠货-到货预期系数×累计零售未到>0 时，零售商开出零售发单要考虑到保持库存为 12 箱，按照欠货订购系数修正对累计零售欠货的订购量，同时估计应到而未到的货物将按照到货预期系数的概率到货。

上面用的模型可参考本书配套电子资源文件中的"'啤酒游戏'——欠货订购系数——到货预期系数.mdl"。

2. 模拟分析

1）模型修正前后的模拟结果对比分析

由于修正后的模型对欠货采用了比较克制的订购策略，欠货和库存情况得到了较好的改善。首先比较欠货情况，将模型修正前的模拟结果与修正后的模拟结果进行对比，发现零售商的欠货情况未见好转，而批发商、分销商和生产商的欠货情况大大好转，如图 6.29 所示。

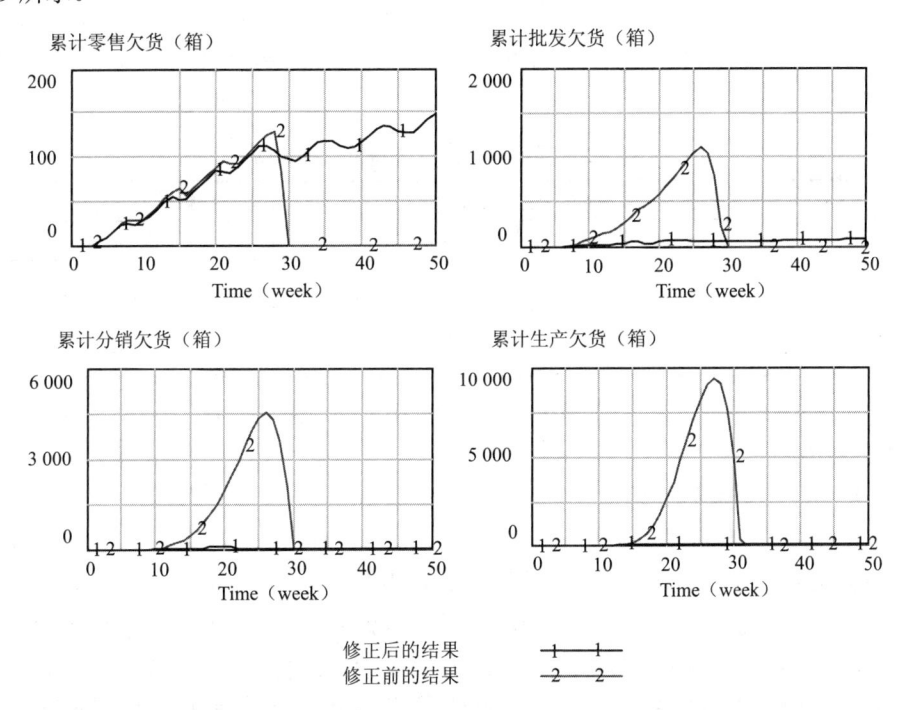

图 6.29 模型修正前后欠货情况对比

就欠货情况来看，这对零售商不利，而对批发商、分销商和生产商非常有利。零售商的欠货将在非常长的时间内得不到满足，增加了竞争者抢夺市场的市场风险，另外可能降低有效需求。因此，需要某种利益协调机制来让批发商、分销商和生产商鼓励零售商采用克制的订购策略。

但是从成本上看,对零售商、批发商、分销商和生产商都非常有利。零售商大大节约了成本,如图 6.30 所示。对于批发商、分销商和生产商,其成本也都大有改观,具体情况不再赘述。

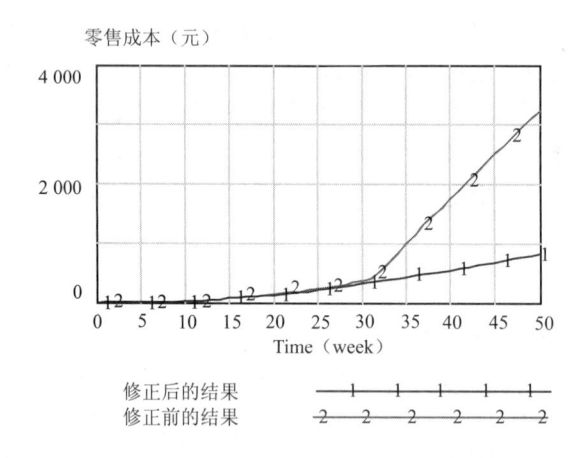

图 6.30 模型修正前后的零售商成本情况对比

从库存放大情况看,零售商、批发商、分销商和生产商的库存情况都得到改观。由于模型修正前后的库存放大情况差别太大,用图来表示不太清晰,可用各角色库存峰值来表述,如表 6.2 所示。

表 6.2 模型修正前后各角色库存峰值

角 色	修正后的库存峰值(箱)	修正前的库存峰值(箱)
零售商	16	1 568
批发商	19	7 812
分销商	20	20 528
生产商	20	17 636

上面用的模型可参考本书配套电子资源文件中的"'啤酒游戏'——欠货订购系数——到货预期系数.mdl"。

2) 欠货订购系数的敏感性分析

将到货预期系数调整为 0,再研究欠货订购系数的变化对系统变化的影响。利用 Vensim Ple 敏感性分析工具,先将到货预期系数调整为 0,然后依次记录欠货订购系数为 0.1 时的模拟结果为"欠货订购系数 001",欠货订购系数为 0.2 时的模拟结果为"欠货订购系数 002",欠货订购系数为 0.3 时的模拟结果为"欠货订购系数 003",欠货订购系数为 0.4 时的模拟结果为"欠货订购系数 004"。观察各级库存的变化,如图 6.31 所示。

由图 6.31 可见,到货预期系数调整为 0 时,各级库存变化随欠货订购系数的增大而明显变缓。如果欠货系数的增大不仅能改善库存的波动,而且能使欠货数量减少,使总成本减少,那么就是非常有效的策略。

观察到货预期系数调整为 0 时,欠货订购系数对累计欠货的影响,如图 6.32 所示。

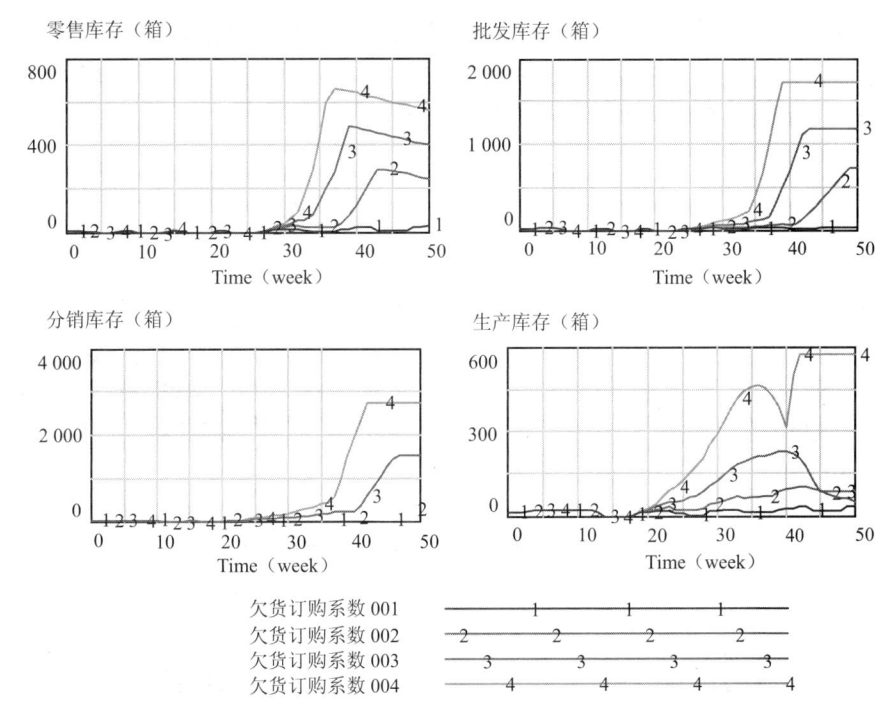

图 6.31 到货预期系数调整为 0 时欠货订购系数对库存的影响

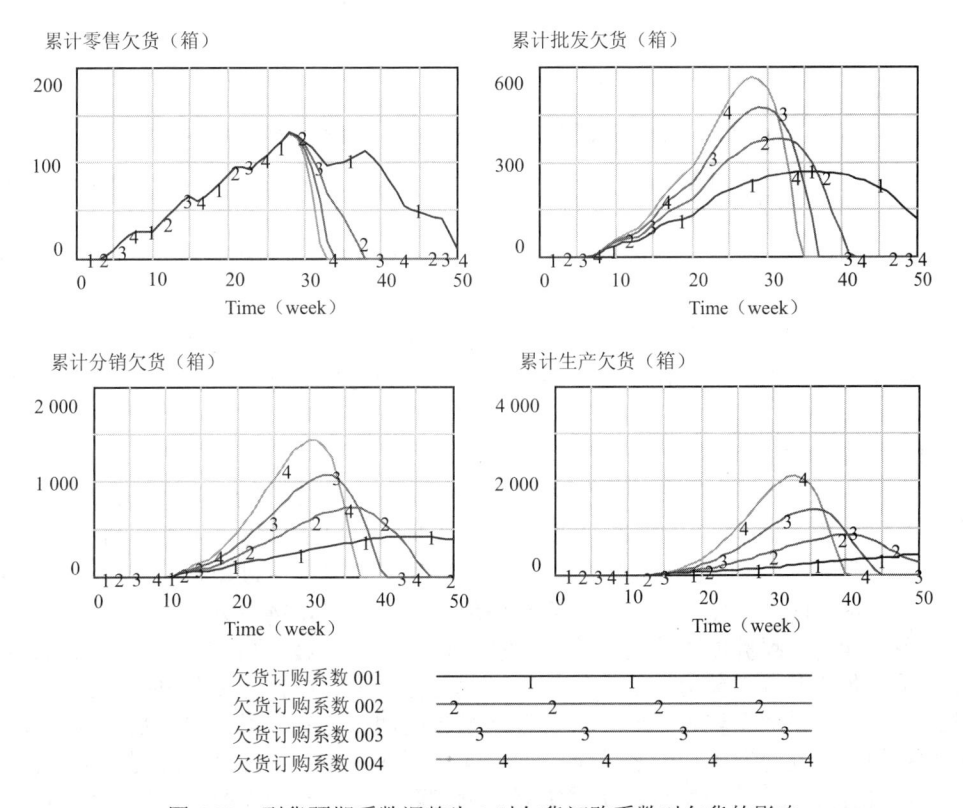

图 6.32 到货预期系数调整为 0 时欠货订购系数对欠货的影响

由图 6.32 可见，到货预期系数调整为 0 时欠货订购系数的加大对批发商、分销商和生产商都非常有利，不仅库存水平降低，而且欠货水平降低。对零售商有所不利，即欠货周期加长，增加了其他竞争者抢夺市场的市场风险。

进一步从成本上分析，随着欠货订购系数的减小，批发成本、分销成本和生产成本也大幅度降低。而零售商的成本变化趋势不明显，如图 6.33 所示。

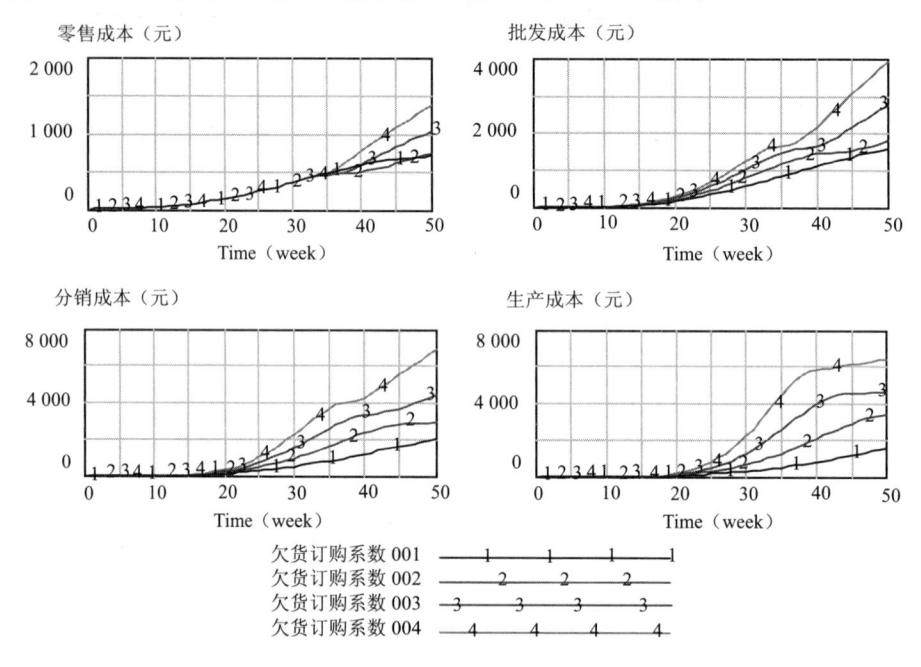

图 6.33 到货预期系数调整为 0 时欠货订购系数对成本的影响

由上述分析可见，到货预期系数调整为 0 时，需要某种利益协调机制来让批发商、分销商和生产商鼓励零售商采用克制的订购策略。

上面用的模型可参考本书配套电子资源文件中的"'啤酒游戏'——欠货订购系数敏感性 0.mdl"。

将到货预期系数调整为 1，考察欠货订购系数的变化对系统变化的影响。到货预期系数调整为 1，可以形象表述为供应商对应到而未到的到货有十足的信心，相信这些货物会马上到达。

利用 Vensim Ple 敏感性分析工具，先将到货预期系数调整为 1，然后依次记录欠货订购系数为 0.1 时的模拟结果为"欠货订购系数 101"，欠货订购系数为 0.2 时的模拟结果为"欠货订购系数 102"，欠货订购系数为 0.3 时的模拟结果为"欠货订购系数 103"，欠货订购系数为 0.4 时的模拟结果为"欠货订购系数 104"。通过敏感性分析，发现这种绝对的信任带来的效果使库存水平降低到理想水平，如图 6.34 所示。

在图 6.34 中，到货预期系数调整为 1 时，调整欠货订购系数对库存变化的影响不大，其原因是，各级发单在欠货订购系数不同时的变化不大。根据各级发单的计算公式可以推断，到货预期系数调整为 1 时，欠货订购系数的增加与各级累计欠货数量和各级累计未到数量的减少同时发生，两者的乘积基本保持不变。在敏感性分析过程中可以直观观察到，当欠货订购系数增加时，从零售商、批发商、分销商到生产商，影响他们的累计欠货数量减少速度越大，对累计未到数量的影响越弱。两者的共同减少抵消了欠货订购系数的增加在公式中的作用。

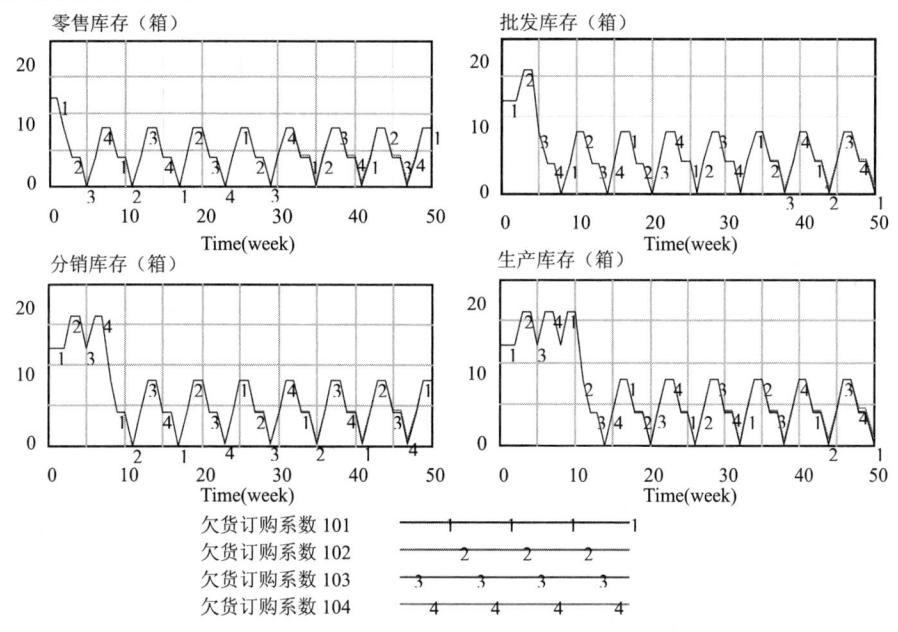

图 6.34 到货预期系数调整为 1 时欠货订购系数对库存的影响

虽然库存被降低到理想的水平，但是由于系统中的延迟依然存在，欠货依然在持续增加，如图 6.35 所示。

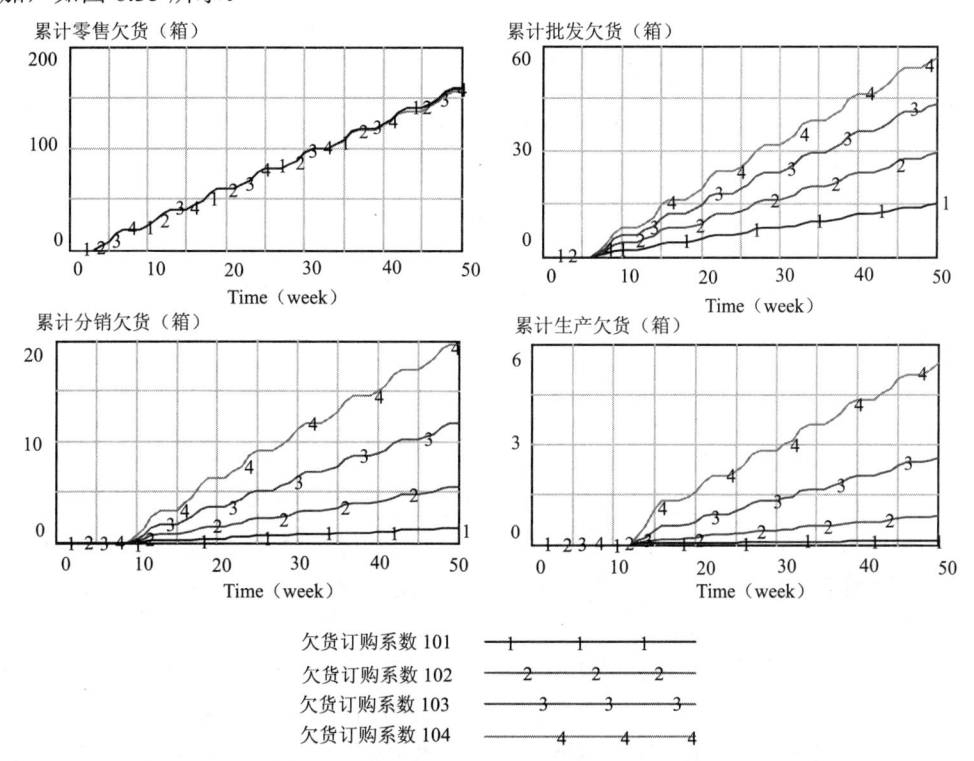

图 6.35 到货预期系数调整为 1 时欠货订购系数对欠货的影响

在图 6.35 中，欠货订购系数减少使批发商、分销商和生产商的欠货数量减少，而对零售商欠货的影响不明显。

到货预期系数调整为 1 时欠货订购系数对成本的影响如图 6.36 所示。

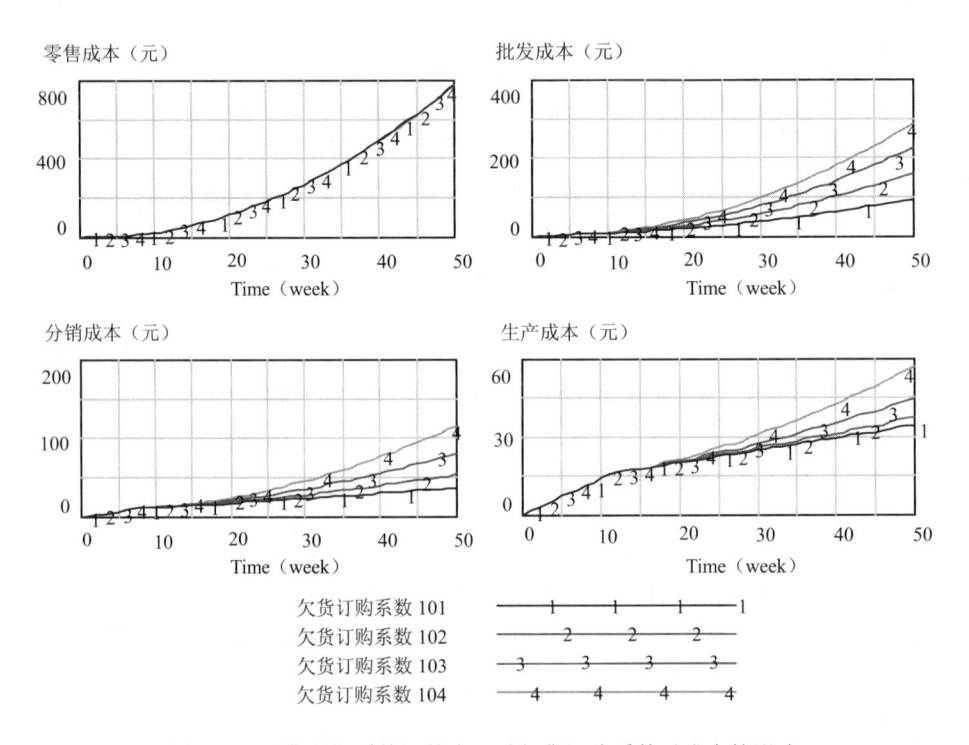

图 6.36　到货预期系数调整为 1 时欠货订购系数对成本的影响

在图 6.36 中，欠货订购系数减少使批发商、分销商和生产商的成本数量减少，而对零售商成本的影响不明显，零售商未在调整过程中得到好处。

由此可以基本推断，到货预期系数调整为 1，欠货订购系数比较小时，对于整个系统来说是比较优良的策略。

上面用的模型可参考本书配套电子资源文件中的"'啤酒游戏'——欠货订购系数敏感性 1.mdl"。

3）到货预期系数的敏感性分析

将欠货订购系数调整为 0，模拟上面提到的"没有策略"的策略，考察到货预期系数的变化对系统变化的影响。

利用 Vensim Ple 敏感性分析工具，先将欠货订购系数调整为 0，然后依次记录到货预期系数为 0.1 时的模拟结果为"到货预期系数 001"，到货预期系数为 0.2 时的模拟结果为"到货预期系数 002"，到货预期系数为 0.3 时的模拟结果为"到货预期系数 003"，到货预期系数为 0.4 时的模拟结果为"到货预期系数 004"。

在库存方面，发现不同的到货预期系数条件下零售商、批发商、分销商和生产商的库存波动情况的图形比较类似，仅以零售商的库存为例说明，如图 6.37 所示。

由图 6.37 可见，欠货订购系数调整为 0 时，库存水平保持在非常理想的水平。到货预期系数对库存的影响不明显，但是在波动的波长方面随着模拟时间的推进，影响渐明显。

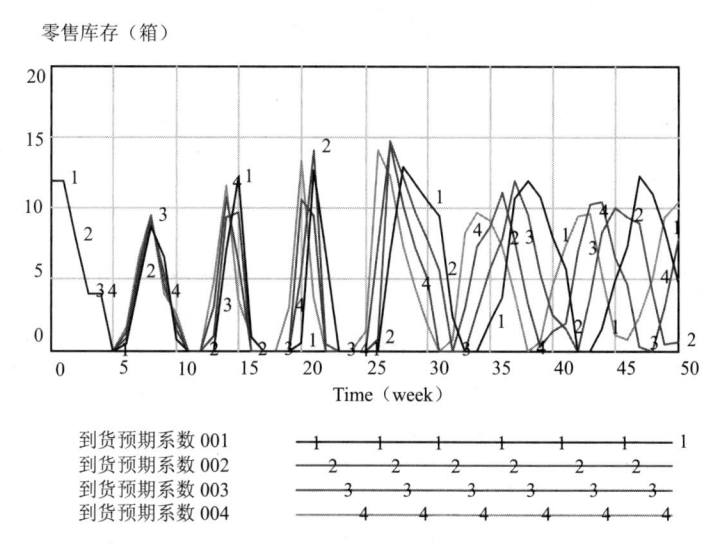

图 6.37　欠货订购系数调整为 0 时到货预期系数对库存的影响

从欠货水平（如图 6.38 所示）和成本情况（如图 6.39 所示）看，欠货订购系数调整为 0 时，到货预期系数越大越理想。

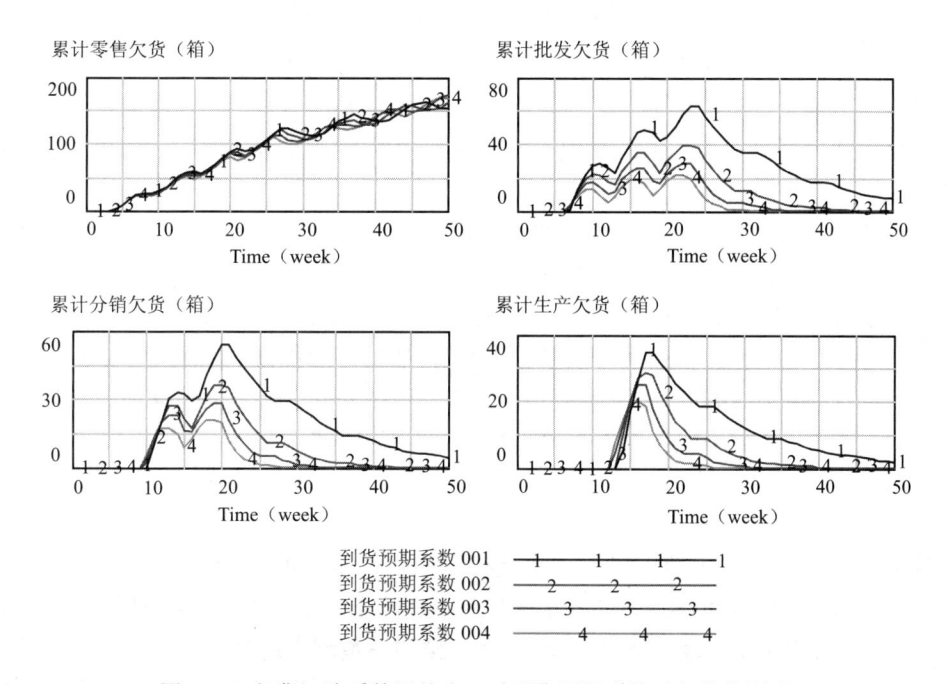

图 6.38　欠货订购系数调整为 0 时到货预期系数对欠货的影响

在图 6.38 中，到货预期系数的加大使批发商、分销商和生产商的欠货数量减少，而对零售商的影响不明显。

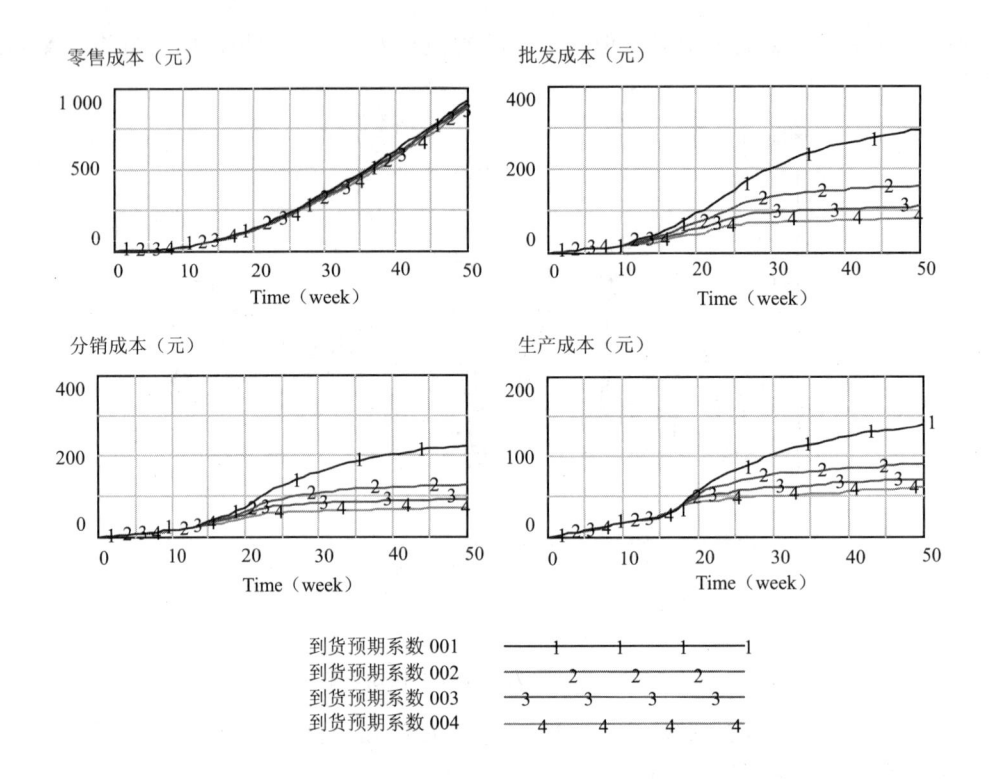

图 6.39　欠货订购系数调整为 0 时到货预期系数对成本的影响

在图 6.39 中，到货预期系数的加大使批发成本、分销成本和生产成本大幅度降低，而零售商也基本上没有占到便宜。

上面用的模型可参考本书配套电子资源文件中的"'啤酒游戏'——到货预期系数敏感性 0.mdl"。

将欠货订购系数调整为 1，即忽略订单决策中对欠货的克制，考察到货预期系数的变化对系统变化的影响。

利用 Vensim Ple 敏感性分析工具，先将欠货订购系数调整为 1，然后依次记录到货预期系数为 0.1 时的模拟结果为"到货预期系数 101"，到货预期系数为 0.2 时的模拟结果为"到货预期系数 102"，到货预期系数为 0.3 时的模拟结果为"到货预期系数 103"，到货预期系数为 0.4 时的模拟结果为"到货预期系数 104"。

分别观察库存（如图 6.40 所示）、欠货（如图 6.41 所示）和成本（如图 6.42 所示）情况。

从图 6.40 至图 6.42 中可以看出，欠货订购系数调整为 1 时，到货预期系数越大，各级库存量越低，各级成本越低，欠货水平也越低（除了对零售商影响不明显外），所以可以大致推断，欠货订购系数调整为 1 时，到货预期系数越大越好。

上面用的模型可参考本书配套电子资源文件中的"'啤酒游戏'——到货预期系数敏感性 0.mdl"。

4）全局较优策略

从上述分析可以看出，在策略调整的过程中，各级收益会有区别，因此需要进一步探讨整个供应链的全局较优策略。根据上面对多种情况的模拟分析的情况，已经可以初步断定全局较优策略处于到货预期系数接近 1、欠货订购系数接近 0 的情况。

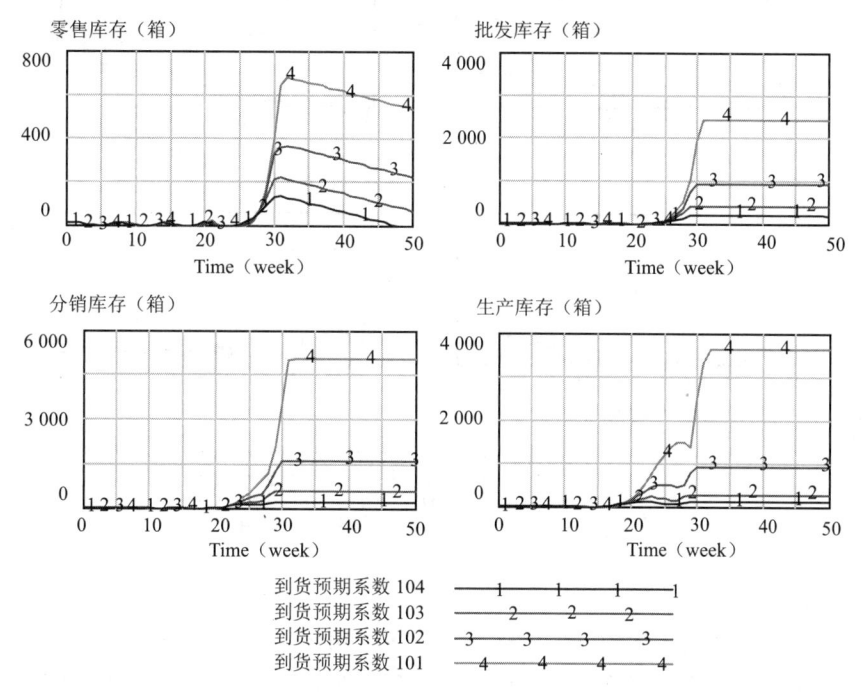

图 6.40 欠货订购系数调整为 1 时到货预期系数对库存的影响

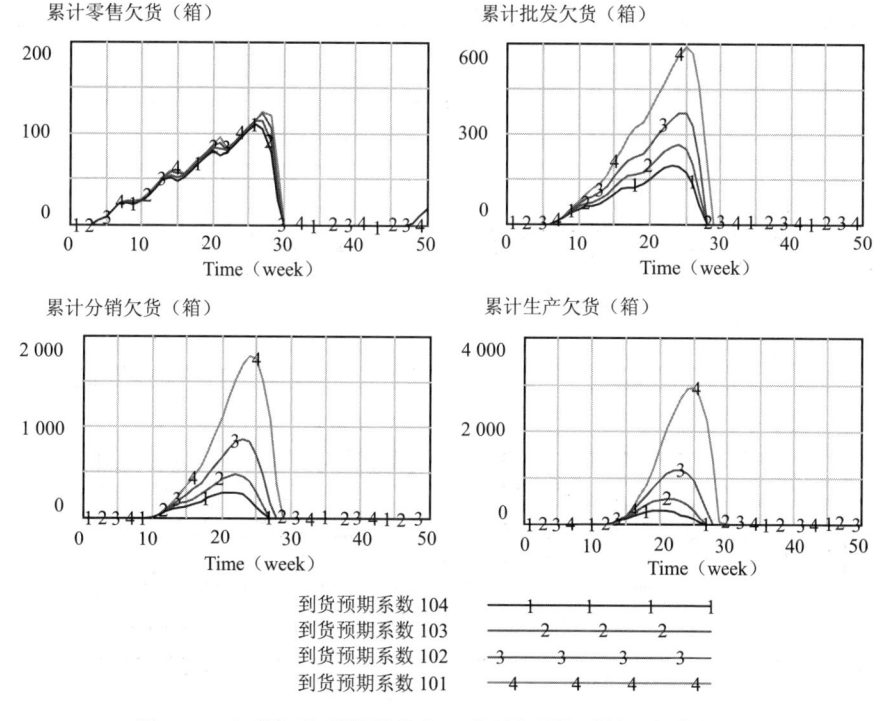

图 6.41 欠货订购系数调整为 1 时到货预期系数对欠货的影响

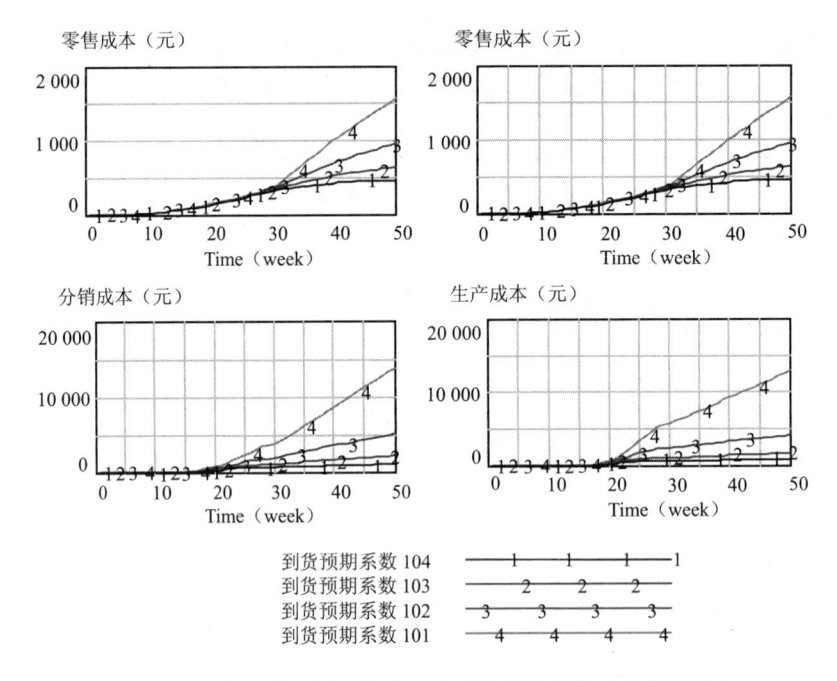

图 6.42 欠货订购系数调整为 1 时到货预期系数对成本的影响

为进一步确定全局较优策略，增加一个视图（View 3，如图 6.43 所示），引入积量总库存和总欠货，对应的率量为库存增加和欠货增加，库存增加为各角色当期库存的总和，欠货增加为各角色当期欠货的总和。总库存是对各模拟阶段系统内部库存量的累计计算，总欠货是对各模拟阶段系统内部欠货量的累计计算。在修改后模型的基础上增加如下方程：

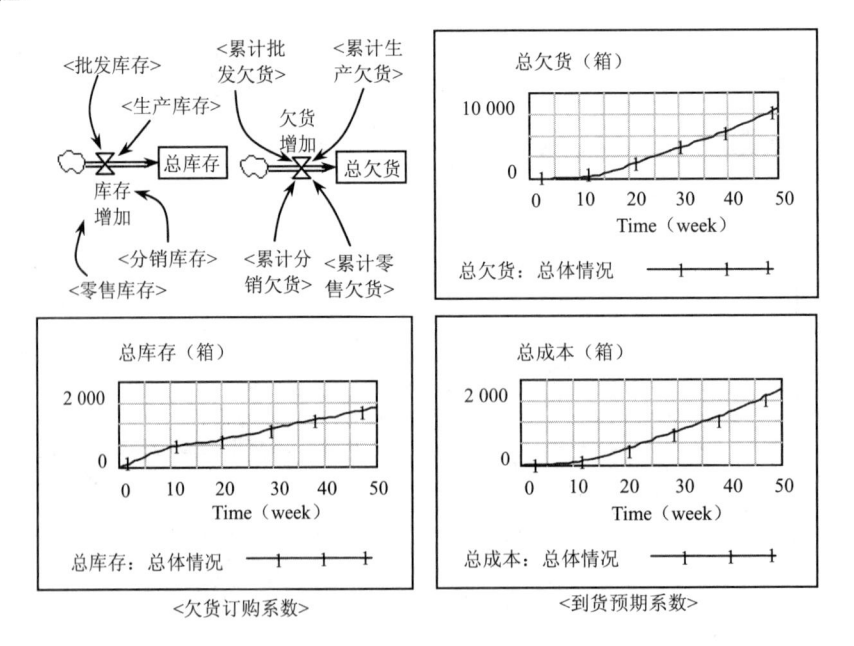

图 6.43 默认情况下的总体情况视图

（1）欠货增加 = 累计零售欠货+累计批发欠货+累计分销欠货+累计生产欠货
（2）库存增加 = 零售库存+批发库存+分销库存+生产库存
（3）总欠货 = INTEG (欠货增加, 0)
（4）总库存 = INTEG (库存增加, 0)

运行模拟模型并保存模拟结果为"总体情况"，新增加的默认情况下的总体情况视图如图 6.43 所示。

经过多次调整"欠货订购系数"和"欠货订购系数"的大小，发现模拟的结果都没有"欠货为 0 到货为 1"时的结果较优。图 6.44 所示为默认情况下的总体情况与全局较优策略结果的对比情况。

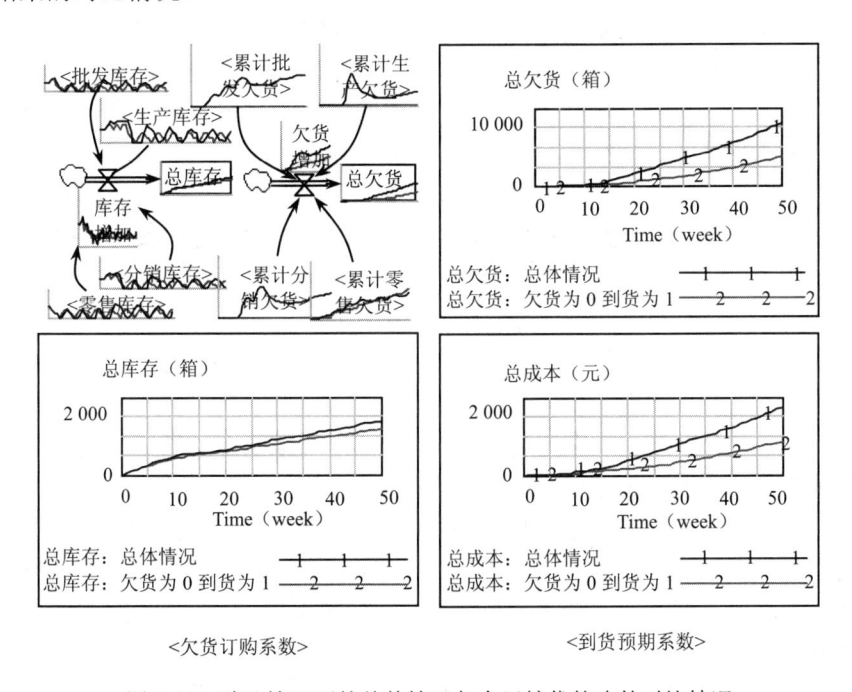

图 6.44 默认情况下的总体情况与全局较优策略的对比情况

通过模拟得到的全局较优策略正好与前面彼得·圣吉提出的两项关键要领一致。到货预期系数为 1，对应于"要把你已经订购，但是由于时间延迟而尚未到货的啤酒数量牢记在心"。欠货订购系数为 0，对应于"当欠货的数量持续累增，而顾客大声抗议的时候，便更需要修炼来抑制自己订购更多啤酒的冲动"。

针对找到的全局较优策略，还可以开展进一步的分析，如分析延迟的作用。降低延迟时间，会使总欠货量减少，而使总库存和总成本都增加。

上面用的模型可参考本书配套电子资源文件中的"'啤酒游戏'——全局较优策略.mdl"。

5）进一步的讨论

虽然全局较优策略已被找到，并且与前人的经验结果基本相同，但是其中还有许多问题有待研究，而其中有的问题已经超出了本书的主题。下面仅提出一些问题供读者进一步思考和研究。

全局较优策略是通过模拟实验观察与分析或者经验观察与分析得到的结论，严谨性难以保证。这一结论还有待进一步在数学上给予严格证明。

全局较优策略中没有考虑需求波动所带来的影响。对于如何评估波动带来的影响，如何降低这种波动，还需要提出新的策略，开展进一步的研究。

全局较优策略的要求在现实中如何得到满足？仅有彼得·圣吉提出的"修炼"，似乎还显得不够充分。在现实的经济活动中，零售商、批发商、分销商和生产商往往是相对独立的经济体，其经济能力的大小往往决定了他们的"修炼"水平是不一致的。如果出现连续多次的应该到达的订货没有及时到达，如何能让人沉得住气？不仅如此，而且从利益的重新分配上看，零售商、批发商、分销商和生产商不同。从上面的分析来看，在采用全局较优策略及在其他多种情况（策略）下，批发商、分销商和生产商在各方面情况都得到非常明显的改善，而带给零售商的改善却不明显。在全局较优策略条件下，欠货问题会长期存在（参考图6.35和图6.44）。在竞争性市场中，当欠货数量持续累增，顾客大声抗议的时候，甚至在顾客流失时，一味"抑制自己订购更多啤酒的冲动"似乎是不可行的。受这个问题影响最严重的是零售商，他们往往参与一个竞争性激烈的市场中。零售商在与批发商、分销商和生产商的多次博弈后，难免会偏离这个理想的全局较优策略。上面模型研究的是一个零售商、一个批发商、一个分销商和一个生产商的系统。如果考虑到相互的竞争和博弈，那么会出现更复杂的新情况。

零售商为了能尽快满足欠货需求，将累计欠货量作为市场需求向批发商传递，批发商为了能尽快满足欠货需求，将累计欠货量作为市场需求向分销商传递，依次下来，将积量不断向上级传递。这样，零售商、批发商、分销商和生产商在下订单时，对市场需求预测的依据是不准确的。零售商如果在给批发商传递累计欠货量的同时，还给批发商传递新增加的欠货量（实质上是需求增加的真实信息），依此类推，逐步上传，使信息保真，那么信息就不会被扭曲放大。如果能实现信息共享，共同关注市场需求变化情况，共同预测市场需求，那么其效果又会是怎样？如何实现信息共享，共同预测市场是另外一个需要进一步分析的问题。

市场需求变化的原因及带来的变化的复杂性比"啤酒游戏"中的情形要复杂许多，如价格变化和促销活动。如果能通过某种方式影响市场需求变化，使市场需求变化减少，从源头上减少这种波动的可能性，乃更好的策略。

从供应商的角度看，"牛鞭效应"是供应链上的各级销售商（总经销商、批发商、零售商）转嫁风险和进行投机的结果，它导致了生产无序，库存增加，成本提高，市场混乱和风险增大，因此妥善解决这些问题就能规避风险，减量增效。企业可以从订货分级管理，加强需求信息共享，合理分担库存责任，缩短提前期，实行外包服务等方面规避产品短缺情况下的市场风险。

知识归纳

供应链上的需求变异放大现象（"牛鞭效应"）是供应链中普遍存在的现象，它引发了供应链库存的不稳定性等问题。本章案例重点阐述如何利用系统动力学提供的分析思路、建模和模拟工具来实现对"啤酒游戏"中给定的假设场景进行模拟。

建立模拟模型从划分系统边界开始,然后借助 Vensim 确定模型需考虑的因素和因素间的因果关系,完善因果关系并按照"啤酒游戏"中给定的假设场景输入参数。

本例模型中一个重要特点是,"啤酒游戏"中各角色有一些相似的地方,所以模拟模型结构中各级供应链的动力学结构也明显相似。这一方面降低了本章模型的难度,另一方面也是许多研究对象的共同规律,即结构相似性。

本章的模拟方法除了能替代实际的"啤酒游戏"中多人参与,多次重复人工实验的复杂过程外,还能让研究者在超出个别角色、站在更高的角度观察系统行为和解决问题的同时,发现更多和更深层次的问题。

在对模拟实验的观察中,发现信息扭曲导致了"牛鞭效应"。信息扭曲主要来自延迟的存在和与之对应的订货决策上的扭曲。避免"牛鞭效应"的最有效策略是避免信息扭曲展开。

从对彼得·圣吉提出策略的模拟实验结果来看,如果零售商、批发商、分销商和生产商是相对独立的经济体,那么他们的"修炼"水平是不一致的,零售商在该策略下最为被动。

练习题

1. 本章实例现做适当变动,假设顾客在第 1 周的购买量由 4 箱增加到 8 箱,即顾客购买 = 4+STEP(4, 1),第 2 周又还原到 4 箱,第 3 周增加到 8 箱,依次波动。按照本章的分析步骤,依次分析需求信息放大效应、延迟的敏感性、欠货订购系数的敏感性和到货预期系数的敏感性。

2. 结合自己洗澡时调节水温的亲身体验,分析在陌生环境下导致水温调节困难的原因,分析水温调节过程的因果关系。然后建立水温调节过程的系统动力学模型(相关参数设置请根据自身经验来设置),运行模拟模型,找出影响水温调节到期望温度速度的主要因素;调节相关参数,说明是否存在水温变化波动越来越剧烈的情况。最后,思考是否可以简单修改所建立的模拟模型,用于解释产品市场价格波动过程。

第 7 章
多智能体模拟与实例

问题导航

- 多智能体模拟与前面几种模拟方法有什么区别?
- 多智能体模拟模型是如何将连续型模拟与离散型模拟集成起来的,它又是如何集成多领域知识的?
- 狭义的多智能体模拟的理论基础是什么,它又是如何对复杂系统进行抽象描述的?
- 关于多智能体的建模分析通常要考虑哪些方面,其中的重点是什么?

7.1 引言

传统的建模方法把系统当做一个整体,试图使用一个或一组方程来刻画系统的全部特性(如系统动力学特性)。如果系统结构简单,基于数学公式的建模方法一般能够较好地解决问题。但是如果系统结构复杂,特别是对由异构部分组成的系统,通常难以找到一个统一的公式来进行描述。基于多智能体的模拟则能有效地解决这一问题。

与传统的基于数理公式的建模方法不同的是,基于多智能体的模拟注重的是分散而不是集成,通过一种自然的方式来建模。它关注的是个体的行为,这些个体均能自主地根据环境做出决策。决策的过程是启发式的,可以根据以往的经验来找到最优策略或次最优策略。个体与个体之间也不是孤立的,它们之间存在动态的交互行为。通过交互、合作与协调机制,多个功能单一的智能体聚集在一起,就能在计算机中再现系统的一系列复杂现象。在多智能体模拟中,通过简单的智能体(Agent)间的交互可以产生复杂的行为。因此,对于异构分散的复杂系统来说,基于多智能体是适当的建模和模拟方式。

多智能体建模中使用的基本元素——智能体具有主动性、自治性和智能性,使得这种建模方法能够实现传统方法难以胜任的复杂系统模拟,如对人类的学习、合作、协商等行为的模拟,对自然生态系统中的演化行为的模拟等。鉴于智能体本身具有完整的计算能力,相应的模拟模型在结构和控制方式上与其他方法存在差别,具有更灵活的实现形式,并且能够充分利用计算机系统的并行计算和分布式计算能力,使模拟系统具有更强大的能力,如实现混合模拟等。因此,多智能体模拟作为一种集成多领域知识的手段,使得构造复杂经济、社会和生态系统的虚拟实验室成为可能。

本章将首先介绍多智能体模拟的相关概念,分析多智能体模拟方法是如何将连续型模拟与离散型模拟集成起来的。然后,阐述多智能体的建模思想和建模方法,介绍狭义的多智能体模拟的理论基础——复杂适应系统理论。进而根据多智能体的建模方法,使用多智能体模拟工具 AgentSheets 实现一个传染病传播模拟模型。最后重点介绍模拟软件工具 AnyLogic,并且给出一个基于 AnyLogic 的多智能体模拟实例——产品生命周期多智能体模拟。

7.2 智能体的相关概念

掌握智能体的相关概念是实现多智能体模拟的基础,应该透彻理解,下面围绕这些概念进行论述说明。

7.2.1 智能体的定义

多数控制过程都可以被认为是一个智能体或者多个智能体综合作用的过程。举个简单的例子,制造型企业原材料库存控制过程可以被看做是一个智能体。仓库管理人员定期对仓库各种原材料进行盘点,如果库存数量大于最大安全库存,管理人员会通知采购部门停止采购,以免增加原材料库存费用;如果原材料库存低于最低安全库存,管理人员会通知采购部门进行采购，以免因原材料缺乏而延误产品交货期。这样一个库存控制过程就是一个非常形象的智能体，为企业节约了库存和采购资金。

智能体最初来源于分布式人工智能的研究，被认为是一个可计算的实体。随着智能体技术向许多计算机科学技术领域和非计算机技术领域迅速渗透，要从一般意义上对智能体进行严格而清晰的界定，使之适于所有的领域，变得日益困难。不同领域的专家在设计和开发智能体系统时，根据自己的需要和认识，从各自领域的不同侧面对智能体给出了不同的定义。那么，究竟什么是智能体？

> **"Agent"的含义。**
>
> 在英文中，"Agent"这个词主要有三种含义：一是指对其行为负责的人；二是指能够产生某种效果的，在物理、化学或生物意义上具有活性的东西；三是指代理，即接受某人的委托并代表他执行某种功能。基于对Agent英文原意的理解，它通常被人解释为代理，如智能人-机界面和Internet搜索引擎中的Agent，可以代替用户管理用户界面和进行网络搜索。但随着Agent这一概念被广泛应用于不同的领域（包括人工智能、分布计算和智能制造等），其原始含义已逐渐发生变化，不再局限于"代理"。

一般认为，智能体是一种处于一定环境下包装的计算机系统，它能在该环境下灵活地、自主地活动，以实现设计目的。

通常情况下，一个智能体应该部分或者全部拥有以下特性。

（1）自治性：这是智能体最本质的特征，主要体现在智能体应该是一个独立自主的计算实体，具有不同程度的自治能力。智能体在其内部封装了自身的状态信息，在没有外加控制的情况下，根据其意图、愿望、习性及周围环境等进行决策，并自主地采取行动。正因为如此，社会学研究中的"Agent"往往被翻译为"主体"。

（2）社会性：无论是现实世界，还是虚拟世界，常常都是由多个智能体组成的系统。在多智能体系统中，单个智能体的行为必须遵循和符合智能体社会的社会准则，并能通过某种智能体的通信语言，以其认为合适的方式与其他的智能体进行灵活多样的交互，并进行有效的合作。

（3）反应性：反应性是指智能体对环境的感知和影响。智能体能够感知其所处的环境（可能是物理世界，或操纵人-机界面的用户，或与之进行交互与通信的其他智能体等），并能及时迅速地做出反应，以适应环境的变化并且通过行为改变环境。

（4）合作性：更高级的智能体可以与其他智能体分工合作，一起完成仅靠单个智能体无法完成的任务。

（5）移动性：智能体具有移动的能力，为完成某项任务，可以从一个节点移动到另一个节点。

对于特定领域的研究，特别是人工智能领域的研究，还要赋予智能体一些更高级的特性，使其更符合于所研究对象（如人）的特征。这样，在某些情况下，智能体还可能具有以下的特征：

（1）理性：智能体没有相互冲突的目标，智能体的行为总是为了实现自身的目标，而且其行为不会故意阻止目标的实现。

（2）诚实性：智能体不会故意传播虚假的信息。

（3）友好性：智能体总是尽可能地完成其他智能体的请求。

7.2.2 智能体与对象

从认识论的角度来说，对象是一种抽象技术，它的最基本的特征是封装、继承和多态性；从软件的角度来看，对象是一个计算实体，它封装了一些状态及可根据这些状态采取特定措施的方法，对象之间可通过消息的传递来进行交互。从这些方面将对象与智能体进行对比，可以看出它们之间有不少共同点，如对数据和方法的封装。不过智能体与对象之间还是在以下几个方面存在一些明显的区别。

首先就是智能体与对象的自治程度。面向对象编程的重要特征就是封装，即对象可以完全控制其内部状态。在诸如 Java 等程序设计语言中，可以申明实例变量（和方法）为私有的，这就意味着它们只能在对象内部被访问（当然也可以申明它们为公有的，但这并不是好的编程风格）。于是可以认为相对于自身状态而言，对象体现了自治性，它可以对状态进行控制。然而，对象并没有在控制其行为方面表现出自治性。也就是说，如果方法可以被其他对象所调用，那么这些对象可以随时执行这个行为。一旦一个对象申明了一个公有的方法，那么实际上它已经不能控制该方法是否被执行了。而在由多个智能体组成的系统中，具体实现某个行为的决策机制与面向对象技术有所不同：在面向对象的情况下，决策由调用方法的对象确定；在智能体的情况下，决策由收到请求的智能体确定。

其次，对象与智能体的另一个重要区别是有关自治行为的灵活性（自治性、反应性和社会性）。标准的对象模型并没有关于这些行为特性的说明，标准的面向对象编程模型本身是与这些行为特性完全无关的。

最后，对每一个智能体来说，它都有自己独立的控制线程；而在标准的对象模型中，整个系统才有一个控制线程。当然，现在也有很多工作在研究面向对象编程中的并发性问题。例如，Java 语言提供了内置的结构用于支持多线程编程。但这些语言都不具有作为自治体的智能体所具有的特性。

> **主动对象。**
> 标准对象模型中的主动对象可能与智能体概念最为接近。主动对象的定义如下：它是一组属性和一组服务的封装体，其中至少有一个服务不需要接收消息就能主动执行（也叫主动服务）。所以主动对象拥有自己的控制线程，可以在没有其他对象控制的情况下自主地实施自己的某种行为或某些行为。可以称主动对象是智能体，也可以称智能体就是主动对象。但是，从其定义也可看出，它不一定具有智能体那样灵活的自治行为。

值得注意的是，尽管智能体与对象存在明显的区别，但这并不妨碍用面向对象技术来实现智能体。事实上，现在许多智能体开发工具和应用实例都是用面向对象技术来实现的。虽然面向对象技术本身仍在进一步的发展之中，但是智能体技术在继承了面向对象技术的所有优点的基础上，赋予了智能体更多人性化的特征，使其与实际的自然系统或人工系统更贴近,因此它是一种更为先进的计算模式。从这个意义上讲,面向对象技术能做的事,智能体技术都可以做;同时,智能体技术还可以处理许多更为复杂的问题。

7.2.3 多智能体系统概述

1. 多智能体系统的出现及发展

多智能体系统(Multi-Agent System,MAS)是分布式人工智能(Distributed Artificial Intelligence,DAI)研究的一个前沿领域,MAS 的研究重点在于如何协调系统中多个智能体的行为使其协同工作。DAI 在 20 世纪 70 年代后期出现,其研究重点经历了从分布式问题求解(Distributed Problem-Solving Systems,DPS)到多智能体系统的变迁,这是对 DAI 研究中遇到问题不断深入到其基础的结果,也反映出整个人工智能研究和计算机科学中对集体行为和社会性因素的重视。早期的 DAI 研究人员主要从事 DPS 研究,即如何构造分布系统来求解特定的问题。研究的重点在于问题本身及分布系统求解的一致性、鲁棒性和效率,个体智能体的行为是可以预先定义好的,这样就难以为社会系统建模。MAS 研究基于理性智能体的假设,与协调一组可能预先存在的自主智能体的智能行为有关,研究重点在于智能体及智能体之间的交互,即智能体为了联合采取行动或求解问题,如何协调各自的知识、目标、策略和规划。

多智能体系统是分布式人工智能研究的一个重要分支,是人工智能的重要发展方向。其目标是将大的复杂系统(软/硬件系统)建造成小的、彼此相互通信及协调的、易于管理的系统。多智能体的研究涉及智能体的知识、目标、技能、规划及如何使智能体协调行动解决问题等。

多智能体系统是由多个可计算的智能体组成的集合,其中每个智能体是一个物理的或抽象的实体,能作用于自身和环境,并与其他智能体通信。多智能体技术是人工智能技术的一次质的飞跃:首先,通过智能体之间的通信,可以开发新的规划或求解方法,用以处理不完全、不确定的知识;其次,通过智能体之间的协作,不仅改善了每个智能体的基本能力,而且可从智能体的交互中进一步理解社会行为;最后,可以用模块化风格来组织系统。

2. 多智能体系统的特点

(1)多智能体系统中,每个智能体具有独立性和自治性,能够解决给定的子问题,自主地推理和规划并选择恰当的策略,并以特定的方式影响周围的环境。

(2)多智能体系统支持分布式应用,具有良好的模块性,易于扩展,设计简单灵活,克服了建造一个庞大知识库所造成的知识管理和扩展的困难,能有效降低系统构造成本。

(3)在多智能体系统的实现过程中,不追求单个、庞大、复杂的体系,而是按面向对象的方法构造多层次和多元化的智能体,其结果降低了系统的复杂性,也降低了各个智能体问题求解的复杂性。

(4)多智能体系统是一个协调式的系统,各个智能体之间相互协调合作可以解决大规模的复杂问题;多智能体系统也是一个集成系统,它采用信息集成技术,将各子系统信息集成在一起，完成复杂系统的集成。

（5）在多智能体系统中，智能体之间相互通信，彼此协调地并行求解问题，因此能有效提高问题求解效率。

（6）同一个多智能体系统中各个智能体可以异构，因此多智能体技术对于复杂系统具有无可比拟的表达力，它为各种实际系统提供了一种统一的模型。

（7）多智能体技术打破了当前知识工程领域中仅使用一个专家系统的限制，在 MAS 中，不同领域、同一领域不同的专家系统可以协作求解单一专家系统无法解决或无法很好解决的问题。

> **"终极食豆"游戏。**
>
> "终极食豆"（Ultimate Pacman）是 AgentSheets 自带的一个富有挑战性和趣味性的游戏。该游戏包含精灵、幽灵和记分员三种角色，玩家通过控制精灵，吃到尽可能多的豆子，并避免被到处游荡的幽灵吃掉，当吃掉全部豆子后则过关。精灵有多条生命，若吃到蓝色的能量豆子，可以暂时冻结幽灵一段时间；当生命耗尽时若还没有吃掉全部豆子，则游戏失败。
>
> 在游戏中，两个幽灵总是可以有效地跟踪并围堵精灵，具有主动性、自治性和智能性。那么程序是如何实现的？打开幽灵智能体模型就会一目了然。

3. 多智能体系统的应用

多智能体技术具有自治性、分布性、协调性，并具有自组织能力、学习能力和推理能力。采用多智能体系统解决实际应用问题，具有很强的鲁棒性和可靠性，具有较高的问题求解效率。多智能体技术在表达实际系统时，通过各智能体间的通信、合作、协调、调度、管理及控制来表达系统的结构、功能及行为特性。多智能体技术为各种实际系统提供了一种统一的模型，从而为各种实际系统的研究提供了一种统一的框架，其应用领域十分广阔，具有潜在的巨大市场。

随着网络技术的发展，多智能体技术的应用领域不断扩大，现已面向社会领域的各个方面。该项研究刚刚起步，还有许多理论与实际问题有待深入研究。如何将多智能体技术应用于生产实际，已成为当前最为迫切的任务之一。多智能体技术将为复杂系统的综合集成提供一条新的途径。

多智能体在各个领域中的应用包括：智能机器人、交通控制、柔性制造、协调专家系统、分布式预测、监控及诊断、分布式智能决策、软件开发、虚拟实现、网络自动化与智能化、分布式计算、产品设计、商业管理、网络化的办公自动化、网络化计算机辅助教学及医疗等。

7.3 多智能体建模

多智能体模拟的成败依赖于建立多智能体模型，即多智能体建模，它是实现多智能体模拟的关键所在。

7.3.1 多智能体建模概述

1. 多智能体模拟的理论基础

多智能体模拟技术特别适用于个体具有相对独立性、智能性、适应性、主动性、并发性的复杂适应系统，如与人类生活密切相关的经济系统、社会系统和生态系统。对于系统整体行为规律和系统整体运行过程不清楚，或者难以用数学模型表达的复杂系统，可以通过使用多个不同的智能体来模拟现实世界中的主动对象，用智能体来刻画个人、组织、生物或细胞的行为特征等，利用多个智能体的相互作用，完成对复杂系统的行为描述。

广义的多智能体模拟指基于面向智能体的程序设计技术的计算机模拟，它包括基于智能体的模拟和狭义的多智能体模拟。基于面向智能体的程序设计技术是对传统的基于模块和面向对象的模拟技术的继承与发展。

将生产商、批发商、零售商分别作为智能体（可能存在多个实例），构建一个多智能体系统，通过模拟他们的交互过程，来模拟供应链过程，具体可参考 AnyLogic 示例模型中的 Supply Chain（在 Supply Chains 类别下）。由于不涉及个体的微观行为如何导致宏观复杂性的问题，该模拟系统属于基于智能体模拟的范畴。

> **CAS 理论的产生。**
>
> CAS 理论是自 20 世纪 90 年代以来，在复杂性研究领域出现的一种新理论。1994年，遗传算法的提出者——美国约翰·霍兰（John Holland）教授在美国圣塔菲研究所（SFI）成立十周年时，以"隐秩序"（Hidden Order）为题做了演讲。在这个演讲报告中，霍兰凭借多年对复杂系统的研究提出了关于复杂适应系统的比较完整的理论。

本章所论述的多智能体模拟是狭义的多智能体模拟，它以复杂适应系统（Complexity Adaptive System，CAS）理论为基础，主要用于研究微观行为如何导致宏观现象。

CAS 理论的提出对于人们认识、理解、控制和管理复杂系统提供了新的思路。CAS 理论包括微观和宏观两个方面。在微观方面，CAS 理论的最基本的概念是具有适应能力的、自治个体，简称智能体。所谓适应能力表现在它能够根据行为的效果修改自己的行为规则，以便更好地在客观环境中生存；在宏观方面，由这样的智能体组成的系统，将在智能体之间及智能体与环境的相互作用中发展，表现出宏观系统的分化、涌现等种种复杂的演化过程。

1）CAS 理论的基本思想

CAS 理论是霍兰在系统演化规律的思考中得到的，其基本思想可以概括为：复杂性起源于其中个体的适应性，正是这些个体与环境及其他个体的相互作用，不断"学习"和"积累经验"，并且根据学到的经验不断地改变其自身结构和行为方式，同时也在改变环境；动态变化的环境则以"约束"的形式对个体的行为产生影响，如此反复。整个微观与宏观系统的演化或进化，包括新层次的产生、分化和多样性的出现，新的聚合而成的更大的智能体的出现等，都是在这个基础上逐步派生出来的。

CAS 理论把系统的成员看做是具有自身目的性和主动性的智能体。更重要的是，

CAS 理论认为，正是这种主动性及它与环境反复的相互作用，才是系统发展和进化的基本动因。宏观的变化和个体分化都可以从个体的行为规律中找到根源。霍兰把个体与环境之间这种主动的、反复的交互作用采用"适应"一词加以概括。这就是 CAS 理论的核心思想——适应产生复杂性。

2）CAS 理论的基本概念

围绕智能体这个核心的概念，霍兰进一步提出了研究适应和演化过程中特别要注意的七个有关概念：聚集（Aggregation）、非线性（Non-Linearity）、流（Flow）、多样性（Diversity）、标识（Tag）、内部模型（Internal Model）和积木块（Building Block）。

在这七个概念中前四个是个体的某种属性，它们将在适应和进化中发挥作用；而后三个则是个体与环境进行交互时的机制。

聚集：主要用于个体通过"黏合"（Adhesion）形成较大的多智能体的聚合体（Aggregation Agent）。聚合体具有新的功能和属性，在系统中像一个单独的智能体一样行动。聚集不是简单的合并，而是在更高层次上出现的新类型的个体。

非线性：指个体及其属性在发生变化时，并非遵从简单的线性关系。特别是在与系统或环境的反复交互作用中，这一点更为明显。CAS 理论认为个体之间相互影响不是简单的、被动的、单向的因果关系，而是主动的"适应"关系。在这种情况下，线性的、简单的、直线式的因果链已经不复存在，实际情况往往是各种反馈作用交互影响、互相缠绕的复杂关系。正因为如此，霍兰德在提出具有适应性的主体这一概念时，特别强调其行为的非线性特征，并且认为这是复杂性产生的内在根源。

流：在智能体与环境之间或者智能体与智能体之间存在着物质流、能量流和信息流。这些流的渠道是否通畅、周转情况如何，都直接影响着系统的演化过程。越复杂的系统，其中的各种交换（物质、能量和信息）就越频繁，各种流也就越错综复杂。

多样性：在适应过程中，个体之间的差别会发展和扩大，最终形成分化，这是系统复杂性的重要思想之一。霍兰指出，正是相互作用和不断适应的过程，造成了个体向不同的方面发展变化，从而形成了个体类型的多样性。而从整体来看，这事实上是一种分工。如果和前面提到的聚合结合起来看，就是宏观上看到的"结构"的"涌现"，即所谓"自组织现象"的出现。

标志：为了相互识别和选择，智能体的标志在智能体与环境的相互作用中是非常重要的。无论是在建模中，还是在实际系统中，标志的功能与效率是必须认真考虑的因素。标志的作用主要在于实现信息的交流。流的概念包括物质、能量和信息，起关键作用的是信息流。CAS 理论把信息的交流和处理作为影响系统进化过程的重要因素来考虑，标志的意义就在于提出了智能体在环境中搜索和接收信息的具体实现方法。

内部模型：这一点体现出层次观念。每个智能体都具有复杂的内部机制，对整个系统来说，统称为内部模型。

积木块：复杂系统常常是在相对简单的构件基础上，通过改变它们的组合方式形成的。因此，事实上的复杂性往往不在于块的多少和大小，而在于原有积木块的重新组合。

通过上述七个概念，可将智能体的特点充分表现出来：它是多层次的、与外界不断交互、不断发展和演化的活生生的个体。这就是 CAS 理论思想的独特之处。正是这一特点，给 CAS 理论带来了巨大的发展空间。

3) CAS 理论的主要特点

CAS 理论的核心思想——适应产生复杂性，这一点可以从以下四个方面来加以说明。

首先，适应性智能体（Adaptive Agent）是主动的、活的个体。这点是 CAS 与其他建模方法的关键区别。这个特点使得它能够有效地应用于经济、社会、生态等其他方法难于应用的复杂系统。

其次，个体与环境（包括个体之间）的相互影响和相互作用是系统演变和进化的主要动力。以往的建模方法往往把个体本身的内部属性放在主要位置，而没有对个体之间及个体与环境之间的相互作用给予足够的重视。"整体大于其部分之和"指的就是这种相互作用带来的"增值"，复杂系统丰富多彩的行为正是来源于这种"增值"。这种相互作用越强，系统进化过程就越是复杂多变。

再次，将宏观和微观有机地联系起来。它通过智能体与环境的相互作用，使个体的变化成为整个系统变化的基础，统一地加以考察。

最后，引进了随机因素的作用，使之具有更强的描述和表达能力。CAS 理论处理随机因素的方法是很特别的。简单地说，它从生物界的许多现象中得到了有益的启示，其集中表现为遗传算法（Genetic Algorithm，GA）。

4) CAS 理论与多智能体模拟

基于 CAS 理论的多 Agent 建模模拟方法所研究的主要问题与分布式人工智能领域所研究的智能体/多智能体系统（MAS）既有相同之处，又有所区别。目前，分布式人工智能领域研究 Agent/MAS 的目标是将大型复杂系统（软/硬件系统）建造成小的、彼此相互通信及协调的、易于管理的系统。它的主要研究内容包括智能体的理论模型、多智能体合作机制、实现工具与技术及实际应用系统等。而基于 CAS 理论的多智能体建模模拟方法在研究内容上虽然都是以已有的 Agent/MAS 研究为基础，但侧重点却不相同，它主要研究：采用什么样的智能体模型和结构才符合 CAS 理论对智能体适应性的要求；采用什么样的智能体的规则学习和演化机制才符合 CAS 理论对智能体自治性的要求；多智能体之间及智能体与环境之间如何交互和协调，以充分体现适应产生复杂性的复杂适应系统的本质特征；在实现工具方面主要研究合适的模拟平台，在应用系统方面主要是以 CAS 理论为指导，对实际的复杂适应系统进行多智能体建模模拟研究，从而找到管理、控制这一类系统的有效方法。

2. 基于智能体建模的思想

基于智能体建模的基本思想来源于智能和交互两个基本的推动力。人们将智能体作为系统的基本抽象单位，必要的时候可赋予智能体一定的智能（Intelligence），然后在多个智能体之间设置具体的交互（Interaction）方式，从而得到相应系统的模型。这样，智能体、智能和交互便是基于智能体建模思想中最基本也是最重要的内容，尽管在前面已给出了一些基本的分析，但这里从建模的角度，再次强调说明如下。

智能体是一个自治的计算实体，它可以通过感应器（物理的或软件的）来感知环境，并通过效应器作用于环境。说它是计算实体，是指它是以程序的形式物理地存在于并运行于某种计算设备上；说它是自治的，是指它在一定的程度上可以控制自己的行为，并可在没有人或其他系统的干预下采取某种行动。为了满足系统的设计目标，智能体将追求相应的子目标并执行相应的任务，通常这些子目标和任务可能是互为补充的，也可能是相互冲突的。

智能体的智能由设计者来赋予和规划，规则的多少、规则的灵活性及规则中对应的智能体行为的灵活性等决定了个体智能体的智能水平。而模型的整体智能水平还取决于个体智能体的交互方式和交互过程。

交互是指智能体可以被其他的为追求自己的子目标而执行相应任务的智能体(或人)所影响。交互可以通过彼此之间共享的环境或共享的语言来实现。在合作的情况下，多个智能体通过交互，以团队的方式一起工作来共同完成系统的目标；在冲突的情况下，智能体之间要通过交流来化解冲突，最终实现系统的目标。通常，智能体之间既有合作也有冲突，交互是多智能体系统所必需的。

多智能体模拟往往通过单个智能体之间的交互作用产生了复杂的整体效应，如"热虫实验"中，热虫简单活动规则导致复杂的群体行为，在对经济运行机制（无形的手）的模拟中，个体的自私行为导致整体效用的最大化，从而产生了反直觉现象。

> **热虫实验。**
>
> "热虫实验"通过一个简单的模型，再现了一种"涌现"现象，形象地演示了简单的局部行为产生复杂全局行为的过程。
>
> "热虫实验"中，每只热虫（对应一个智能体）有一个适合自身生存的理想温度。它们在一个限定的空间里，不断散发热量。因为自身散发的热量是不足以温暖自己的，所以它们会向理想温度附近的热源移动。但当一个地方的温度过高时，它们也会离开。
>
> 在以上规则的作用下，模拟结果显示，独立行动的热虫在自己目标效用（理想温度）的驱动下，自动聚成一些相对稳定的热虫团以互相取暖（可以作为一种合作方式），"涌现"出了聚集效应，形成了复杂群体行为。
>
> 如果将"热虫实验"进行拓展，可以用以解释许多经济和社会现象。

交互与智能是分不开的。单个智能体的智能是非常有限的，多智能体模拟中的智能更多是指一种社会智能。在多智能体模拟的对象中，对于社会、经济和管理系统，智能体现在人、组织和社会的互相交互作用中，如博弈、合作、领导、控制、协作等相互影响过程。所以，多智能体中的智能是交互过程的智能选择和智能行为过程。只有通过交互过程，才能实现整体效应大于局部效应之和，整体智能大于局部智能之和。

7.3.2 多智能体建模分析

面向智能体的系统分析就是用智能体来抽象所研究（或要开发）的系统并建立系统模型。在一般情况下，建立的系统模型是由一群智能体组成的多智能体系统，它可通过3个层次结构来描述，图7.1反映的是包括2个卖主和8个买主的生产要素市场模型，买方智能体和卖方智能体各自有自己的特征行为层；他们之间会发生交互，包括买方智能体之间、卖方智能体之间、买卖双方的交互，形成多智能体智能交互层。

多智能体智能交互层包含多个反映问题域的智能体个体，他们的交互关系组成了系统的智能体群体的体系结构。体系结构和交互关系主要通过智能体之间的通信与协调过程实现。图 7.1 下方表示的是买方智能体与卖方智能体之间的交互，买主智能体与卖主智能体讨论现在市场上某种产品的价格和质量如何；买主智能体与卖主智能体之间的讨价还价行为都属于智能体之间的交互行为。

单智能体特征行为层即智能体的结构与特征，包括内部状态（也就是数据，如变量）和行为规则（如函数和方法等）。图 7.1 上方表示的是买方智能体和卖方智能体特征行为层，包括行为集和属性集，其中属性集表示买主智能体和卖主智能体的性别、受教育程度等智能体的属性；而行为集表示智能体行为对应的方法，如买卖双方智能体进行讨价还价的方法。

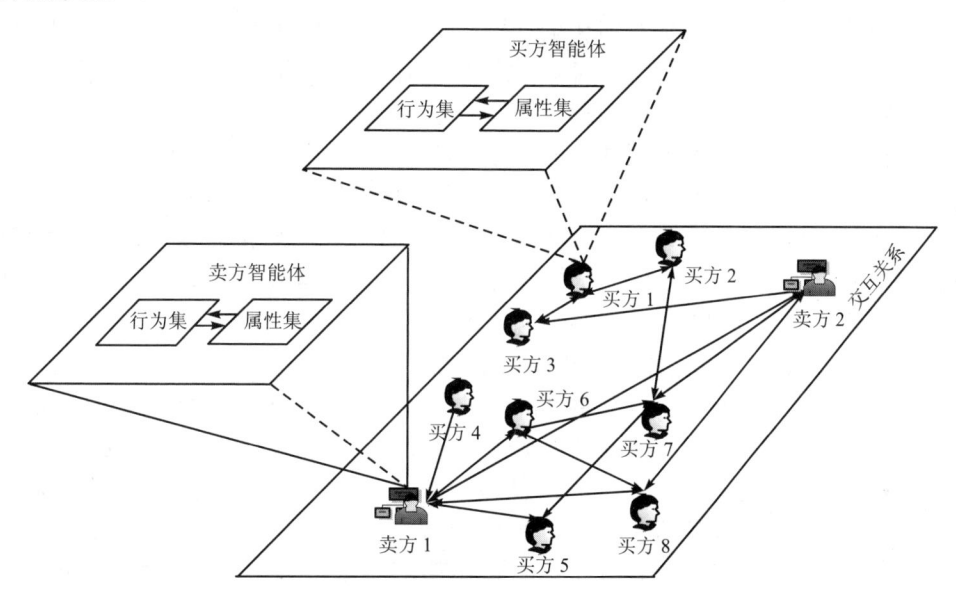

图 7.1 基于智能体的系统模型的层次

这里所划分的层次只是为了便于说明问题，其实多智能体智能交互层主要是通过单智能体特征行为层来实现的，单智能体特征行为又是通过多智能体智能交互层来体现的，两者关系紧密、不可分割。

1. 规划单智能体

对于给定的系统（有确定的系统问题域和系统边界），发现个体智能体的任务就是解决这样的问题：将系统中的什么对象映射为智能体？也就是对系统进行智能体抽象。对系统进行智能体抽象的基本原则是：从系统的物理结构出发，围绕系统的目标来对系统进行抽象。

以系统的物理结构作为抽象的基点，就意味着可根据物理世界的实际构成来划分智能体。一般的处理原则是，将组成系统的每个实体都抽象为一个智能体（可将其称为实体智能体），这对自然的分布式系统尤为实用，但有两个问题需要注意：

一是异质智能体与同质智能体的处理。通常，系统是由多个实体构成的，实体之间可能是异质的（存在本质上的区别，如经济系统中的人、企业、政府等）或同质的（在本质上是相同的,如一个生物种群中多个生物个体),处理方法是将异质的智能体分别形成相应的智能体类,而将同质的多个智能体的抽象归结为一个智能体类。在系统模型运行时,这些智能体类可以实例化相应数目的同质智能体(根据系统的要求确定为一个或多个),关于异质智能体与同质智能体的处理在 7.3.4 节中的传染病传播实例中将做详细介绍。

二是抽象的粒度。根据研究或应用的需要,要给系统确定一个抽象的层次应该有所为又有所不为,即要有所取舍。举例来说,在研究两个企业之间的协调(或博弈)问题时,可以将每个企业看做是一个智能体,而不必考虑企业内部的诸多细节;而要研究企业对订单的处理速度时,可能要将企业内若干部门(如销售部门、计划部门、采购部门和生产部门等)都作为相应的智能体来对待。抽象粒度非常关键,粒度太小,即把所有角色都抽象成智能体,则智能体数目多,系统重组的灵活性增加,适应性增强;但由于规模大,系统的组织与控制的复杂程度增加,通信负载重,相应的运行效率也低。粒度太大,如只抽象主角,则系统灵活性差,并且降低了系统的并行性;但系统结构简单,管理和控制容易。所以进行智能体抽象时,把握好粒度是非常重要的。

在确定了实体智能体(即类型智能体)后,有时为了实现系统的目标,还要设计一些其他的辅助智能体,通常这类智能体被称为集中服务智能体。一般来说,组成智能体群体的多个智能体有共同的状态(与智能体相关的数据)和行为(如常规的群体特性的统计),由此抽象出这类智能体,为一个智能体群体提供某些共同的服务,或是为研究人员(或用户)提供有关这个智能体群体的信息。例如,在一个经济系统中,所有的企业智能体可能共同享受一个投标智能体所提供的投标服务。这种辅助智能体主要是为了满足系统模型的灵活性(如模块化、可变性等)、处理问题的方便及功能等要求,而对系统所进行的功能抽象。对于物理上分布的系统来说,为了传输信息或执行特定的功能,可能还需要一些移动智能体,如在分布式模拟系统和分布式应用系统中就存在这种需求;对于单机系统的建模与模拟可不考虑。

经过了上面的处理后,便可确定组成系统的所有智能体,下面进行智能体体系结构和交互行为的分析。

2. 多智能体群体的交互关系分析

规划好了单个智能体之后,开始建立多智能体模拟模型中智能体的结构和交互关系,包括确定模拟模型中智能体的数量、通信渠道、通信协议、智能体之间的协调规则,控制系统行为和人-机交互。

1)智能体之间的依赖关系

如果一个智能体需要另一个智能体帮助实现自己的目标,则称两个智能体之间存在依赖关系。依赖关系可分为以下几种:

独立:智能体之间没有依赖关系。

单向依赖:一个智能体单向依赖另一个智能体。

相互依赖:为了共同的目标,两个智能体相互依赖。

交叉依赖:为了某一目标第一个智能体依赖于第二个智能体,而第二个智能体为了实现某一目标也依赖于第一个智能体(两个目标不必相同)。相互依赖意味着交互依赖。

2）智能体之间的关联结构和协商

智能体之间存在依赖关系，为了有效地实现系统与各自的目标，各智能体之间必须就共同关心的问题达成一致，进而才有可能统一行动。由于它们的目标、可支配资源、在系统中的地位存在差异，要达成一致就需要协商。

虽然智能体间的结构关系最终通过交互关系（协商）体现出来，但是在设计过程中，先大致描述智能体间的结构关系有助于进一步确定交互关系。例如，在 7.3.4 节中，图 7.3 中表达的智能体间行为交互模型就是一种关联结构的分析与设计。

一般来说，任何一个协商框架包含四个部分：①一个协商集合，表示智能体可能提出建议的空间；②一个协议，定义智能体提出的合法的建议，它是先验的协商历史的函数；③一组策略，每个智能体有一组策略，决定智能体将会提出什么建议或者采用什么样的行为等；④一条规则，决定什么时候达成交易及交易内容。协商通常进行多轮，每个智能体每一轮都给出建议。智能体给出的建议由其策略决定，必须来自协商集合且合法，依据协议定义。如果达成一致，则协商结束。这四个部分的组合可以使协商过程变得非常丰富和复杂。

3）智能体之间的通信

如果从头设计一个多智能体模拟平台，智能体间的通信往往是其中的重要工作内容。但随着一些优秀的多智能体平台的涌现，对于应用多智能体模拟方法解决实际问题的过程，智能体间的通信相对来说不是建立多智能体模拟模型过程中关注的重点。

3. 单智能体特征行为的建模分析

规划好单智能体和对多智能体的体系结构和相互之间的交互行为分析之后，现在主要是对单智能体进行建模。

单智能体的通用模型如图 7.2 所示，其中的智能体由事件感知器、事件处理分发器、外部效应执行器、方法集和内部状态集等主要部分构成，环境指智能体本体以外的软件系统（主要是其他智能体）和用户。智能体的事件感知器随时捕捉所关注的事件状态的出现，并根据事件状态的类型启动相应事件处理分发器，进而执行对有关事件的处理。智能体的方法集是其大脑，决定了该智能体的能力，描述了智能体处理相关事件的方法，方法的执行由事件处理分发器引发，其执行过程可能影响智能体的内部状态，从而导致新的事件发生，也可能触发外部效应执行器，对其环境发生影响，改变系统的状态，并且被其他智能体所感知。智能体的内部状态集用于表现该智能体当前状态的成分，其中包括表征事件的状态。在智能体的行为过程中，其内部状态可能不断发生变化，内部执行机制实现认知行为，它们改变智能体的内部状态集。由于内部状态的改变不能直接影响环境，环境与其他智能体感知不到其内部状态的变化及其认知行为的执行。根据图 7.2 的分析，结合系统的智能体类图，逐个分析每个智能体的内部状态、事件感知器中的方法和外部效应执行器中的方法，并根据需要来采用相应的处理手段（如逻辑演绎和一般的函数等），其处理原则是：能简单则尽量简单，而不用过分地追求方法的复杂性或一致性，应以实用且具操作性为最大的法则。这样就建立了每个实体的智能体特征模型。当然，在不同的智能体开发平台上实现时（即编程）可能会有所不同，一般在这个阶段可不考虑这个问题，可以认为智能体的特征模型是与平台无关的。

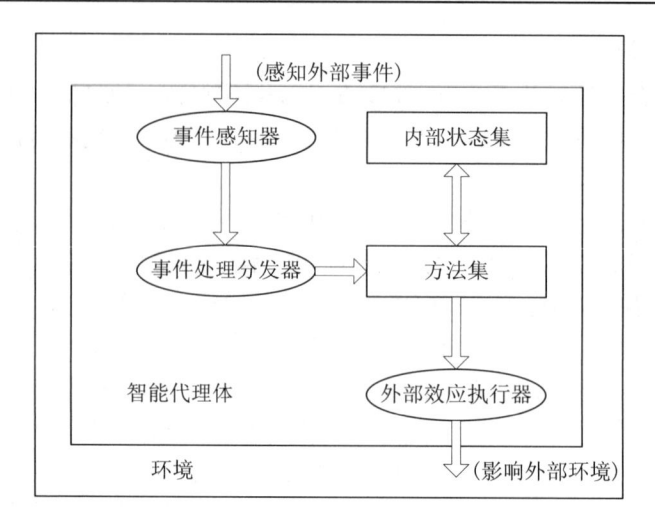

```
┌─────────────────────────────────────────┐
│              (感知外部事件)              │
│                  ↓                       │
│    ╭─────────╮      ┌──────────┐        │
│    │ 事件感知器│      │ 内部状态集│        │
│    ╰─────────╯      └──────────┘        │
│         ↓                ↕              │
│    ╭───────────╮    ┌──────────┐        │
│    │事件处理分发器├──→│  方法集  │        │
│    ╰───────────╯    └──────────┘        │
│                           ↕              │
│    智能代理体        ╭──────────╮        │
│                     │外部效应执行器│      │
│                     ╰──────────╯        │
│        环境              ↓               │
└──────────────────(影响外部环境)──────────┘
```

图 7.2　单智能体的通用模型

7.3.3　常用多智能体模拟工具

自从 20 世纪 90 年代美国圣达菲研究所（Santa Fe Institute）为复杂系统建模设计出软件平台 Swarm 以来，很多大学和研究机构投身于这类系统平台开发研制工作，出现不少多智能体建模软件平台，形成后浪推前浪的态势。特别是基于 Java 语言，开源代码的多智能体模拟软件，可以聚集众多开发者的智慧，呈现出版本不断更新的活跃局面。下面仅介绍几种比较活跃并有较大影响的多智能体模拟软件工具（其中 AnyLogic 将在 7.4 节中介绍）。

1. NetLogo

NetLogo 是美国西北大学网络学习和计算机建模中心推出的可编程建模环境，可以对自然和社会现象进行模拟。它特别适合对随时间演化的复杂系统进行建模，允许建模人员向成百上千独立运行的智能体下达指令进行并行运作。这就使得探究微观层面上的个体行为与宏观模式之间的联系成为可能，这些宏观模式是由许多个体之间的交互涌现出来的。

NetLogo 可以让学生运行模拟模型并参与其中，探究不同条件下的行为。它也是一个编程环境，学生、教师和开发人员可以创建自己的模型。NetLogo 足够简单，学生和教师可以非常容易地进行模拟；它也足够强大，在许多领域都可以作为一种有效的研究工具。它还提供了一个课堂参与式模拟工具，称为 HubNet。通过连网计算机或者一些如 TI 图形计算器这样的手持设备，每个学生可以控制模拟模型中的一个智能体。

NetLogo 有详尽的文档和教学材料。它还带着一个模型库，库中包含许多已经写好的模拟模型，可以直接使用也可进行修改。这些模拟模型覆盖自然和社会科学的许多领域，包括生物和医学、物理和化学、数学和计算机科学及经济学和社会心理学等。

NetLogo 是用 Java 语言实现的，因此可以在所有主流平台上（Mac、Windows 和 Linux 等）运行。它可以作为一个独立应用程序运行，其模型也可以作为 Java Applets 在浏览器中运行，并且它提供了应用程序接口，用户可以通过 Java 编程对 NetLogo 进行外部控制或者增加扩展功能。

NetLogo 更新频繁，对于教学和科研等非商业目的应用它可免费下载，其网址是：http://ccl.northwestern.edu/netlogo/。

2. StarLogo

StarLogo 是在美国自然科学基金会和乐高集团（LEGO Group）的赞助下，由麻省理工学院多媒体实验室开发的基于智能体的可编程建模环境，用于研究分散系统（如鸟群、蚁群、交通运输及市场经济等）的运行机制。分散系统是指没有组织者和协调者，而系统整体却呈现出有组织的协调形态的系统。随着人们对分散系统认知程度的逐渐加深，越来越多的研究者选用分散模式来构造组织机构和技术，甚至是构建关于世界的理论基础。不过，还是有很多人反对这种观点，他们坚持认为某些根本不存在集中控制的地方存在着集中控制。例如，他们错误地认为鸟群中存在着领导者。StarLogo 可以帮助学生和研究者更好地思考和理解分散系统。

StarLogo 采用基于智能体的建模方法。其中，"智能体"是一只只的海龟（turtles），可以并行地控制数千只海龟，同时也可以为它们制定不同的行为模式。而这些智能体所处的"环境"则是用点（patch）来表现的，数千个点组成智能体所处的环境。StarLogo 允许对海龟和点进行编程，这使得海龟与海龟所处的环境都有了自己的变化方式。海龟与点之间可以彼此交互。例如，可以编程让海龟在它的世界里到处"闻"，根据在它所在的点上闻到的"气味"来决定它的行为。

为了便于模拟结果的分析、观察和控制，StarLogo 提供了良好的操作界面，如图表、按钮和窗口等，用户可以通过界面来进行模拟分析、控制和显示结果。这种图形化的表现方式简单、方便，使得 StarLogo 能够吸引"外行人"的驻足与使用。此外，StarLogo 还考虑到对某些模型的需求来说，图形化的表现方式不够精密准确，因而它还提供了 plot 窗口和 output 窗口。在 plot 窗口中，用户可以选择创建折线图、条形统计表、柱状图等来精确地刻画某些变量；output 窗口则可以用来记录在程序运行过程中输出的变量值，便于定量分析。StarLogo 特别适合复杂分散系统的建模，这对于没有高级数学和编程技术基础的人来说从传统的角度是不可能的。

早期版本的 StarLogo 只能在 Macintosh 机器上运行，2000 年 2 月发布了基于 Java 的版本，摆脱了计算机平台的限制。2008 年 7 月推出了 StarLogo TNG1.0 版本，其网址是：http://education.mit.edu/starlogo/。麻省理工学院、桑塔费研究所和美国国家科学基金会共同赞助了一个网上社区（http://education.mit.edu/aim/），专门讨论用 StarLogo 开展教学的体会和经验。

StarLogo 和 NetLogo。

StarLogo 和 NetLogo 系统本身提供很多内置原语，支持多智能体建模和并行操作，用于建立模型的编程语言是一种扩展的 Logo 语言的"方言"。

Logo 是 20 世纪 60 年代末期由麻省理工学院教授 Seymour Papert 和 Wally Feurzeig 设计的一种解释型程序设计语言，其初衷是为了方便儿童学习计算机编程技能。Logo

一词源自希腊语"logos",意思是"word"。Logo 的原型取自 LISP 语言,它内置一套海龟绘图(Turtle Graphics)系统,用户通过向海龟发送命令,可以直观地学习程序的运行过程,因此适合没有很强程序设计基础的人学习编程。

3. AgentSheets

AgentSheets 是一种基于智能体的模拟工具,它能让不同层次的使用者构建自己的交互式模拟模型或游戏。由于内嵌了一种叫做 Ristretto 的 Java 技术,AgentSheets 可以让使用者通过网络与世界上其他的人交流想法。

在 AgentSheets 中,智能体是使用者可编程的对象。智能体能响应鼠标单击及键盘输入,可以自由移动,变换自己的外观,播放数码音乐盒视频,可以说话,阅读网页,发送邮件及计算公式等。Agent 并不是单独运转,几十个、上百个甚至成千上万个智能体在一个类似于电子工作表似的网格中互相交互影响,形成 AgentSheets 模拟模型。

AgentSheets 将智能体的结构分为感应器、效应器、状态和行为四个部分,并利用基于规则的 Visual AgenTalk 语言,提供基于规则的开发环境,为基于行为集、规则集和状态集智能体提供完整的框架,使使用者避开智能体设计中通信能力和感知能力等方面的设计,将注意力集中到智能体规划、个体智能体分析和多智能体系统的体系结构设计上。

初学智能体模拟的选择。

AgentSheets 界面友好,不管是儿童,还是专业的研究人员,都能轻松地使用它,且使用时仅需要轻点几下鼠标,敲击几下键盘,就能实现一些好玩的小模拟游戏;同时,它的功能也非常强大,支持插件技术,可以用它实现一些非常复杂的模型。

4. Swarm

Swarm 是一个多智能体复杂系统模拟软件工具集,最初是由圣达菲研究所于 1994 年用一种被称为 GNU Objective-C 的扩展 C 语言开发的,其目的是为研究人员进行多智能体建模提供可用工具。Swarm 的建模思想就是让一系列独立的智能体通过独立事件进行交互,帮助研究由多个智能体组成的复杂适应系统的行为。由于 Swarm 没有对模型和模型要素之间的交互施加任何约束,所以 Swarm 可以模拟任何物理系统、经济系统或社会系统。

Swarm 实际上是一组用 Objective-C 语言写成的类库,这是一种面向对象的 C 语言。Swarm 类库包括 Swarmobject 和 Swarm 两个重要的类。Swarmobject 是所有模拟主体的根类,它定义了内存管理的接口并提供对探测器的支持。Swarm 类是模型的总控,ModelSwarm 和 ObserverSwarm 都从这一基类处继承有用的代码。对于大多数用户来说,Swarm 中提供的大部分类可以直接使用,这样就免去了用户大量事务性的工作。

大多数 Swarm 的模拟程序包括四类对象:ModelSwarm、ObserverSwarm、模拟主体和环境。其中的 ModelSwarm 和 ObserverSwarm 是 Swarm 类的子类。Swarm 类是 Swarm 模拟模型的基本构造块,一个 Swarm 是一系列对象及这些对象的行为时间表的组合。模拟主体通常从 SwarmObject 中继承方法以提供对探测器和内存管理的支持。不同的模拟系统具有不同的环境,生态系统通常是一个二维的平面环境,如 Swarm 中提供的 Grid2D。

Swarm 最初只能运行在 UNIX、Linux 操作系统平台上，1998 年 4 月，其推出了可以在 Windows 95/98/NT 上运行的版本。1999 年，Swarm 又提供了对 Java 的支持。目前，Swarm 可以在 Linux 系统、UNIX 系统和 Mac OS X 下运行；要在 Windows 下运行，必须先安装 Cygwin 环境。2004 年 6 月，Swarm 发布了 Windows XP 下运行的 Swarm 2.1.1 版。从 2004 年 3 月起，Swarm 网站迁移到新址：http://wiki.swarm.org/，新的维基网站由密执安大学复杂系统研究中心主持更新。

5. REPAST

REPAST 是 Recurslve Porous Agent Simulation Toolkit 的缩写。这是一个用 Java 开发的基于智能体的模拟框架。Repast 从 Swarm 中借鉴了很多设计理念，形成一个"类 Swarm"的模拟软件架构。REPAST 最初是由芝加哥大学的社会科学计算实验室开发研制的，后来俄勒冈国家实验室维护了一段时间，现在由来自政府、教育界和行业组织成员组成的非营利性机构 ROAD（Repast Organization for Architecture and Development）管理，网址是：http://repast.sourceforge.net/。

REPAST 最初的设计目标是为社会模拟提供一个易于使用、易于扩展且功能强大的模拟工具包，但现在 REPAST 已发展成一个通用的多 Agent 模拟平台。自从 2000 年 1 月 REPAST 发布 1.0 版本以来，开发活动一直很活跃，2004 年 11 月又推出了 REPAST 3.0 版本。

REPAST 的核心部分是一个基于智能体建模服务的内核，支持三种实施平台：Java 平台的 REPAST J、微软.Net 框架下的 REPAST.Net、支持 Python 脚本语言的 REPAST Py，因此它支持 Java、Python 和 DotNet 三种编程接口。其高级模型需要在 REPAST J 中用 Java 编写，或者在 REPAST .Net 中用 C#编写。

REPAST 提供了多个类库，用于创建、运行、显示和收集基于智能体的模拟数据，并提供了内置的适应功能，如遗传算法和回归等。它包括不少模板和例子，具有支持完全并行的离散事件操作、内置的系统动态模型等诸多特点。

6. TNG Lab

TNG Lab 代表 Trade Network Game Laboratory（商业网络博弈实验室），它是美国爱荷华州立大学的 McFadzean、Stewart 和 Tesfatsion 用 C++开发的软件包。TNG Lab 提供了一个在 Windows 下运行的可计算"实验室"，可用于研究在多种特定市场环境下，商业网络是怎样形成和演化的。其模型中包括买家、卖家和经销商，他们可根据自己的预期效用重复地选择更合适的商业伙伴，参与无合作博弈的双方交易，并随着时间的推移不断调整自己的商业策略。

TNG Lab 有标准组件，并具有可扩展性，操作相对来说比较简单。它适于作为经济研究和教学的工具，只要用户对有关经济参数的设置有清晰的认识，就可以在 TNG Lab 搭建的商业网络实验室中进行相关的研究。

7. Ascape

Ascape 代表 Agent Landscape 的意思，它是美国布鲁金斯研究所的 Miles T. Parker 开发的基于智能体的建模平台。它除了具有其他基于智能体建模工具的许多共同特点外，用户可以在运行模型时选择不同的制图特征来定制自己的视图。Ascape 全部用 Java 语言实现,可以在 Windows、Mac、UNIX、Linux 及网络环境下使用。因为 Ascape 有选择性地使用了 Java 1.2 API,其网络应用可以在任何浏览器中使用。

> **快速入门的途径。**
>
> 大多数模拟软件都有许多基于多智能体的建模实例(Sample Models),这些例子通常是模拟软件的典型应用,初学者可以通过研究这些实例迅速掌握软件的基本操作和应用。同时在实践中也可以加深对多智能体建模思想的理解。

7.3.4 多智能体建模分析实例——以传染病传播为例

目前对传染病扩散的研究比较多并且比较经典的模型是 Kermack 和 McKendrick 在 1927 年用动力学的方法建立的 SIR 传染病模型。SIR 模型把总人群的状态分为三类:易受感染的(Susceptible)、感染的(Infectious)和痊愈的(Recovered),处于三种状态下的人群分别称为:易受感染者、感染者和痊愈者。当人被感染后,他就从易受感染者转为感染者,然后当其通过治疗恢复健康后,就会转为痊愈者。当感染者与易受感染者接触后,就会以一定的概率将疾病传染给他(正反馈环),同时也会降低易受感染者人群的数量(负反馈环);从疾病中恢复的过程形成了另一个负反馈环。

当然,除动力学方法外,也可以用基于智能体建模的方法研究传染病的扩散问题。下面将简化 SIR 模型的假设,通过多智能体模拟工具 AgentSheets 建立一个传染病传播实例,并以此来说明如何对多智能体模型进行系统分析。

> **传染病扩散模型。**
>
> SIR 模型是比较简单的模型,这个模型得到了历史上发生过的大规模的传染病数据的有力支持,后来很多研究人员对 SIR 模型做了推广。在不考虑出生与死亡等种群动力学因素的情况下,传染病若无潜伏期,动力学模型有如下多种:SI 模型,患病后难以治愈;SIS 模型,患病后可以治愈,恢复者不具有免疫力;SIR 模型,患病者治愈后获终身免疫力;SIRS 模型,病人康复后只有暂时免疫力,单位时间内将有部分康复者丧失免疫力而可能再次被感染。若考虑传染病的潜伏期,在三类人群中增加一类,感染而未发病者(Exposed),这可在 SIR 或 SIRS 模型的基础上得到更复杂的 SEIR 或 SEIRS 模型。
>
> 若考虑种群动力学、疫苗接种、隔离及密度制约、年龄结构等更为复杂的因素,模型的参数和复杂程度也将增加。

此传染病传播实例的假设如下:
(1)假设这是一个封闭的区域,区域中有医生、健康人和感染者三类人;
(2)假设人在移动的过程中会发生接触传染,因此只在划定的区间中移动;
(3)假设感染者治愈后不具备免疫能力;
(4)假设医生也会因为与病人接触被感染,感染后成为感染者,不能治疗其他人。

下面要通过传染病传播的实例来说明多智能体的建模过程,这里研究的是在一个封闭的且简化的群体中，存在医生、健康人和感染者三类人，首先规划智能体。

1．规划智能体

有三种智能体规划方案来实现模拟。第一种方案是建立一种智能体（包括医生、健康人和感染者），第二种方案是建立三种智能体（医生、健康人和感染者各为一类智能体），第三种方案是建立两种智能体（医生智能体，健康人和感染者合为另一类智能体）。

如果采用第二种方案，所建立的模拟模型将与实际系统非常类似，符合人们的思维习惯。但这种方案过分重视医生、健康人和感染者在行为上的区别，而忽略了健康人和感染者的属性及行为存在相似性。健康人和感染者在模拟过程中，状态可以相互转变，即健康人可以被感染变为感染者，感染者可被医生治疗变为健康人，从而可以用同一类智能体表示。将它们划分为两个智能体会导致模型毫无意义的复杂化。

如果在传染病传播过程中医生不会被感染，那么将健康人和感染者合为另一类智能体，采用第三种方案是比较好的选择。

在本模型中，由于假设医生在移动过程中也会以一定的概率被感染，那么医生就与健康人、感染者有共同的属性，可以把他们看做一类人以简化建模。当然，他们也有不同的行为：医生可以治愈感染者使其成为一个健康人，这一行为是其他两类人所不具备的。但是可以通过设置一个属性（状态）来标示医生、健康人和感染者，然后对其做不同的描述。

值得注意的是，还有一类特殊的环境智能体，它为其他智能体的交互提供活动的空间。

2．智能体行为建模

接着考虑人智能体间的行为交互，如图 7.3 所示。人智能体在封闭的环境智能体中四处移动：①表示当健康人移动到感染者附近时，会以一定的概率被感染而成为感染者。②表示在移动的过程中，医生可以医治人智能体中的感染者，不过要在模型中设置医生医治感染者的条件，那就是当感染者移动到他的左方并与之发生接触，医生才能将感染者变为健康人。同时，感染者也能以一定的概率感染医生，这也是有条件的，感染者只有移动到医生的周围并与之接触，才能将医生感染为感染者。

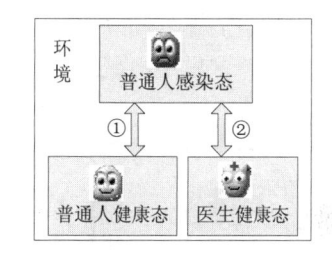

图 7.3　人智能体间行为交互模型

3．传染病传播模型建立过程

现在利用模拟软件 AgentSheets 建立传染病传播多智能体模型，详细步骤如下所述。

1）新建工程

打开 AgentSheets 的主界面，在菜单中选择"File-New Project..."，选择工程存放的路径，建立一个工程命名为 Virus Attack 的工程文件，最后单击"OK"按钮。

> **智能体的导入。**
>
> 　　模型中智能体外观的高度和宽度在以后不能修改。如果需要将本模型中的智能体大小设置得更小，可新建一个工程，将智能体大小设置为所需要的值，然后选择"File-Import Agents..."，导入本实例模型中的智能体即可。

2）设置智能体的大小

进入到 Define Agent Size 界面，单击下拉菜单，选择"Customer…"，然后设定智能体的高和宽均为"24"，最后单击"OK"按钮。

如果需要设置的模拟实体比较多，那么可以将智能体外观的高度和宽度设置小些，从而可以在模拟场景中看到更多的智能体。本例为一个示例模型，设置得比较大是为了便于阐述建模过程。

3）定义智能体

随后就进入了 Gallery 界面，单击"New Agent"按钮，给智能体命名为"person"，单击"OK"按钮，这样就建立了一个智能体。在"Gallery"界面中选择"person"，然后在此界面中单击"Edit Depiction"按钮，改变"person"的外观。

可以手工画出智能体的外观，也可以直接导入在其他编辑软件下编辑好的图片。下面导入 AgentSheets 中自带的模型（安装目录下 Projects\Virus Attack finished\classes 的文件夹）中的图片。单击"File-Import Image…"图片，选择该图片所在的路径，选中"person.jpg"，单击"OK"按钮，这样就完成了对 person（Agent）外观的改变。同时，由于感染者 infected_person、person 与 doctor 属于同一类，这样就必须将他们归并为一个智能体，选中"person"智能体，单击鼠标右键，选择"Duplicate Depiction-Same…"，命名和添加图片同"person"智能体相似。环境智能体的设置与"person"智能体设置方式相同，这里不再赘述。

所有智能体设置完毕后的界面如图 7.4 所示。按"Ctrl+S"组合键进行保存，所有保存文件都放在以工程文件 Virus Attack 命名的文件夹下面。

4）新建运行环境

同样在主界面中选择"File-New Worksheet"，出现一个 Worksheet，按"Ctrl+S"组合键或者在菜单中选择"File-Save"后，弹出对话框，选择所要存放的路径，填写 Worksheet 的名字"Epidemic"，按"OK"按钮，一个运行环境就设置好了。

打开 Worksheet（Epidemic），在 Gallery 界面中选中"person"，在 Epidemic 中选择铅笔图标，接下来就可以在 Epidemic 中任意位置添加健康的"person"，同样添加医生和感染者。设置效果参考图 7.4。

图 7.4 三种智能体

> **让智能体随机分布。**
>
> 模拟运行过程中，健康人和医生智能体会随机运动。如果要得到随机分布的初始状态，那么可以在没有添加感染者前让模型运行，再添加感染者智能体后保存场景。

5）设置智能体运行条件

人智能体在模拟环境中随机移动，当一个健康人智能体移到感染者智能体旁边时，就会以 5% 的概率被感染，成为感染者智能体。为健康人智能体设置运行条件和运行行为，双击 Gallery 窗口的人智能体，出现"person"设置窗口。首先设置健康人被感染的行为规则，以鼠标右键单击"If"后的空白块设置运行条件，选择"Add Condition"，然后再选择"See"，参照图 7.5 进行设置。

下一步设置健康人智能体的运行行为。以鼠标右键单击"Then"后的空白块，选择"AddAction"，接着选择"Change"，参照图 7.5 设置。然后单击"New Rule"按钮添加另一个规则，运行条件保持空白，再以鼠标右键单击"Then"后的空白块，选择"AddAction"，接着选择"Move random on"项，参照图 7.5 进行设置。其中"@infect_percentage"表示感染概率，"@total_sick"表示感染者数量。

医生智能体在环境智能体中四处移动，既能被感染而成为感染者，又能医治感染者，因此要为医生智能体定义两种行为：一种是医生的被感染行为，另一种是医生的医治行为。当感染者智能体移到医生的左方时，医生才能将感染者变为健康人。为医生智能体分别定义这两种行为规则，结果分别如图 7.6 和图 7.7 所示。

同理，按照上述行为规则对感染者智能体进行行为规则设置，如图 7.8 所示。

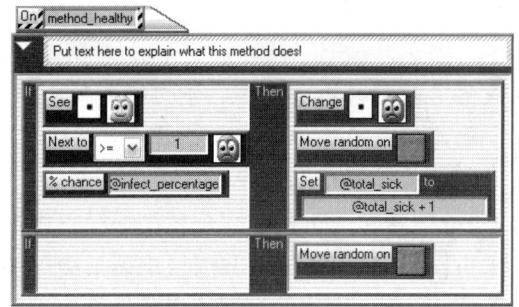

图 7.5　健康人智能体行为规则　　　　图 7.6　医生智能体的被感染行为规则

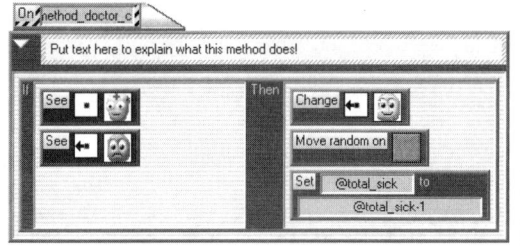

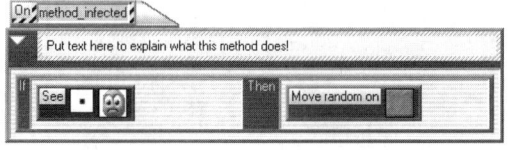

图 7.7　医生智能体的医治行为规则　　图 7.8　感染者智能体行为规则

以上设置了四种行为规则，下面将添加模拟运行时调用以上四种行为的规则，如图 7.9 所示。

当创建一个新的智能体时，对其属性值进行初始化，添加另一个规则，如图 7.10 所示。

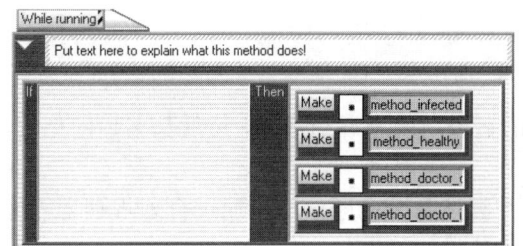

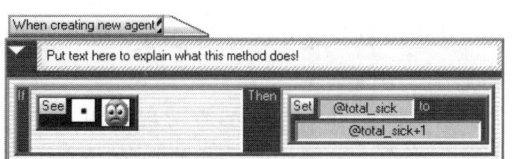

图 7.9　模拟运行时的规则　　　　　　图 7.10　创建新智能体时的行为规则

6）传染病传播的运行

在模拟运行前，需要设置模拟属性，在主界面中选择"Tools-SimulationProperties"。在弹出的窗口中单击"New"按钮，在弹出的"New property"窗口的"Property Name"编辑框中输入"total_sick"，单击"OK"按钮。用同样的方法添加另一个新属性 infect_percentage，赋值为"5.0"。要在模拟运行时显示 total_sick 的变化趋势，可以用随时间变化的曲线来表示，选中新添加的 total_sick 属性，然后单击"Plot"按钮，在弹出的窗口中选中 Plot Property "total_sick"，单击"OK"按钮。

> **是并行运行，还是多线程？**
>
> 从严格意义上讲，多智能体模拟中的智能体应该是自主的运行单元，因而要求各智能体并行运行。但实际的情况是，普通 PC 不能变为数万 CPU 核心的超级计算机。即使在互联网这个"超级计算机"条件下，随研究需求来调整 CPU 的核心数量也不现实。
>
> 通过多线程来模拟并行运行过程吗？数以万计的线程，线程间通信的代价，对于普通 PC 还是不现实。
>
> 所以，当前多数的多智能体模拟平台还没有真正意义上实现智能体的完全独立运行：智能体不是并行运行，也不是独立线程，而是将智能体编号，使各智能体逐个运行完本周期内的程序后，进入下一个周期，直到满足模拟结束条件。

最后，在运行环境 Epidemic 窗口中单击"Run"按钮，可以观察到传染病传播模型的模拟效果。图 7.11 显示的是模拟运行效果图，此时还可以通过调节滑块来调节模型的模拟速度。图 7.12 显示了感染者数量随着模拟时间变化而变化的情况。通过鼠标右键单击感染者数量变化图还可以导出模拟数据，进一步利用其他统计软件进行分析。

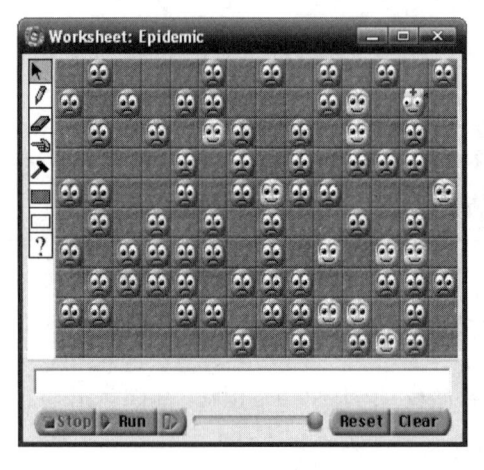

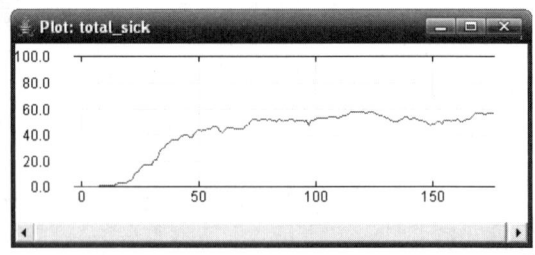

图 7.11　模拟运行效果图　　　　图 7.12　感染者数量变化图

从模拟结果来看，总的患者人数在开始的一段时间里逐渐增加，然后基本趋向稳定，系统达到均衡状态。

本实例避开复杂的编程过程，将重点放在阐述具体问题，如何通过合理规划智能体类型和结构，设置相互行为规则来建立多智能体模拟模型。

> 设计一个简单的流言传播模型。
>
> 发生公共危机事件时，比如汶川大地震，流感爆发等，有些可能产生危害流言。如何再现流言传播过程，控制流言传播呢？
>
> 请参照传染病传播的多智能体模拟实例，合理规划智能体类型和结构，设置传播规则，建立流言传播多智能体模拟模型。

7.4 多智能体模拟工具 AnyLogic

关于常用的几种多智能体模拟工具，7.3.3 节已有简要介绍。鉴于 AnyLogic 在多智能体模拟工具中应用最为广泛，本节专门进行详细讲解。

7.4.1 AnyLogic 的建模语言和方法

1. AnyLogic 的建模语言

AnyLogic 建模语言已经成功应用于大规模和复杂系统的建模。AnyLogic 模型的主要构建模块是活动对象（Active Object）。活动对象可以用于对现实世界中类型广泛的各种对象建模，如加工工作台、资源、人员、硬件、具体的物体和控制器等。

一个活动对象是活动对象类的一个实例。在开发一个 AnyLogic 模型时，实际上是在开发活动对象的类及定义这些类之间的关系。当然也可以很方便地使用 AnyLogic 库中的活动对象类。

活动对象类被映射到 Java 类上。因此，活动对象类允许继承、虚函数和多态等特性。面向对象的方法给建模带来了显著的益处。使用类进行建模具有结构分解和活动对象重用的特性。在定义了一个具有所需结构的活动对象类后，就可以在模型中创建此类的多个活动对象。类等级结构允许对上述概念进行更进一步的扩展。

1）活动对象继承

由于活动对象类都是 Java 类，因此一个活动对象类可以继承自另一个活动对象类。子类继承了父类的接口，并且可以加入自己独有的结构元素和方法。继承允许对代码的重用，并使得对模型的修改变得简单易行。在定义了基础类之后，如若基础类代表一辆汽车，则它的通用属性可以被子类所继承；又如子类可以分别代表运动型车辆和卡车。

实际上现实世界中的所有对象都具有复杂的结构。为便于管理和掌握大规模系统的复杂结构，分解就成了一条重要原则。通过将一个整体的系统分解为各个部分，并且对这些部分进一步分解，这样就克服了人类认知能力的局限。

2）等级化分解

由于一个活动对象可能在任意所需的深度上封装其他活动对象，因此 AnyLogic 模型可以等级化地分层分解。由于每个活动对象通常代表模型中的一个逻辑部分，因此可以根据需要，将一个模型分解为具有不同细节的多个层次。每个 AnyLogic 模型中都有一个根活动对象，其中包含了被封装起来的其他对象，而这些对象又包含其各自的被封装对象，依此类推，就创建了活动对象的等级树。封装也能够隐藏被建模对象中的所有复杂细节。

3）结构分解

由于 AnyLogic 模型都具有定义良好的交互接口，因此这些模型可以被结构化地加以分解。活动对象通过边界对象与它们周围的环境进行交互，通过定义连接器以模拟实际的耦合关联，可以很方便地描述不同对象之间的关联。这样就将对象的内部实现与关于环境的直接知识分离开来，使得活动对象可以重用。

4）活动对象重用

除了使用继承之外，建模知识的重用也包括对含模型类的库的使用。AnyLogic 允许创建可重用的活动对象类库，这些库可以在一些特定的应用领域或建模工作中进行创建。库允许在不同模型中对类更好地重用。只需要对一个类开发一次，并进行存储，即可在多个工程中使用这个类。

AnyLogic 的建模语言是对 UML-RT 的扩展。UML-RT 在许多复杂大系统的建模设计中被证明是一组最佳设计方法的集合。构建 AnyLogic 模型的主要方图是活动对象。活动对象有其内部结构和行为，可以任意向下封装其他对象。设计 AnyLogic 模型，实际上就是设计活动对象类并定义它们之间的关系。运行时可将模型看做活动对象瞬间展开的层次。活动对象通过边界对象与周围环境产生交互作用，如通过接口（用于离散交流）或变量（用于连续交流）。

2. AnyLogic 的建模方法

> 强大而灵活的 AnyLogic。
>
> AnyLogic 强大而灵活，并提供多种建模方法。它支持基于 UML 语言的面向对象的建模方法，支持基于方图的流程图建模方法（离散建模），支持普通的和混合的 Statecharts（状态图）建模方法（智能体建模），也支持传统的微分和代数方程（连续建模），能方便地构造混合模拟模型。另外，其所有代码都基于 Java 语言，具有非常好的移植性。

1）离散建模

AnyLogic 的离散建模结构包括对象间通信层的信息传递机制、状态图和位于对象内部行为层上的各种基本数据单元（如时钟和事件）。

信息通过端口被发送和接收。端口是双向的，并且接收的信息有可能在端口排成队列。信息一经发送，就在端口所有的外部连接通道上传播。接收的信息可能被储存在队列中，也可能沿着内部连接通道前行。端口的默认行为可以任意修改。

对象内部的行为如果非常简单，可以用时钟来定义，但如果事件和时间顺序较为复杂，就应该用状态图来定义。

AnyLogic 支持 UML 中的状态图，包括复合状态、分支、历史状态等。信息、各种事件、条件和延时都可以触发状态图中的转移行为。

AnyLogic 中有静态时钟和动态时钟之分，后者是用来确定由多个对象和信息组成的多个事件的时间进度。

AnyLogic 的模拟器执行离散事件的模拟，并保留模拟的顺序和原子数。同时发生的事件模拟顺序是随机的。

2）连续建模

在 AnyLogic 中，离散逻辑关系用状态图、事件、时钟和信息来描述，而连续过程则用微分方程表示不断变化的变量。这些变量可以放在活动对象的外面与其他对象相连接。

AnyLogic 支持一般的微分方程、代数方程及两者的结合。方程中的变量类型可以是标量，也可以是矢量。模拟器的多种数学计算方法可以处理简单或复杂的系统，此外用户还可以使用外部的数学库文件。模拟器自动检查方程的正确性，调整计算方法，监测并打断数学循环。

3）混合建模

事实上，许多研究对象是混合型的，它们既包含时间连续的过程，又包含离散的事件。在许多现实的系统中，这两种类型的行为相互依赖，这就需要在模拟建模时使用特殊的方法。传统的工具往往只支持完全离散或完全连续的建模。AnyLogic 是创新开发混合建模的商用模拟工具之一。它的离散建模和连续建模能力都非常强，尤其是当两种行为紧密结合的时候。

AnyLogic 混合建模最显著的特点体现在混合状态图上。在混合状态图中，用户可以将方程与状态图结合起来，状态的转移可以引发连续行为的改变。用户也可以在连续变化的变量上定义条件，触发状态的转移，这样连续的过程就能驱动离散的逻辑关系了。

AnyLogic 将 UML 加以扩展，自然地将两种类型的行为结合在一起，因此 AnyLogic 所建立的混合系统模型简洁而高效。

7.4.2 AnyLogic 中基于智能体的建模

1. AnyLogic 中建模方法的选择

AnyLogic 支持基于智能体的建模，也支持离散事件建模和系统动力学建模，并允许将它们有效地结合，建立混合模型。

在使用基于智能体建模的方法之前，应该明确所研究的问题是否可以通过传统建模方法来解决。例如，如果需要模拟的对象为典型的排队系统或者服务系统，那么应该考虑离散事件建模，使用 AnyLogic 企业库对象将会比通过定义这些实体的个体行为（多智能体模拟）来实现离散事件模拟更好些。相似地，如果研究的问题并不关注个体或者实体的行为，且能比较好地使用微分方程组来表达问题的本质规律，那就应该考虑用系统动力学建模，使用 AnyLogic 企业库对象。某些更复杂的系统可能需要结合多种建模方法来实现。

当设计一个基于智能体的模型时，建模前需要识别对象实体、智能体（可以是人、公司、项目、资产、车辆、城市、动物、船和产品等），定义它们的行为（主要驱动者、反应、历史等），把它们放到一定的环境中，建立它们之间的联系，最后运行模拟模型。由于许多个体行为的相互作用，全局（系统水平）行为就可能随之涌现。

2. AnyLogic 中基于智能体建模的应用

基于智能体建模的一个典型应用就是消费者市场。在高度动态、竞争和复杂的市场环境里，消费者的选择本质上取决于一系列因素，如消费者的个性、内在动力、关系网、外在影响。而基于智能体的建模规范很好地包含了这些因素，特别是考虑到可以从 CRM（顾客关系管理）系统轻松获得以个体为中心的数据，这些数据可以直接用来确定智能体的参数。

另一个典型应用是传染病学。智能体可以是易受感染的人、已被感染的人、恢复健康的人、对疾病有免疫力的人等。基于智能体建模可以明确地采集社交网络和人们之间的联系，以及他们的异质性等信息，从而可以更好地得到对疾病传播的预测。

基于智能体建模并不只是应用于大型人群的分析方法，在制造业、物流、供应链和业务流程领域里的一些问题上，基于智能体建模会比其他方法更好。例如，一个复杂机器的行为包含内部状态、固有定时、在不同模块有不同的反应等，那么用一个内部与制造流程相连的状态图就可以有效地模拟这个行为。供应链的参与者（生产商、批发商和零售商）因拥有各自的目标和规则，所以可以很自然地表示为智能体。智能体甚至可以是一个公司内的项目或产品，它们有内部状态和动力学特性，为获取公司的资源而竞争。

7.4.3 产品生命周期模型

1. 新产品市场扩散模型假定与建模分析

国内外对新产品市场扩散模型的研究比较多，各种新产品市场扩散模型都是在一定假定的基础上，不断放宽已有模型的假定，在更广泛的领域（如多阶段决策、随机性、竞争性和重购等）探索新产品市场扩散模型问题。但是，大多数模型从宏观角度研究新产品被市场接受的程度及新产品在市场中的扩散速度，以此来探讨影响扩散规模和扩散速度的主要因素。例如，Bass 于 1969 年建立的耐用品的一次购买模型（Bass 模型）。本章采用基于多智能体模拟技术，从消费者的购买行为出发，逐步深入研究新产品的市场扩散问题。

本模型假定：①无竞争和替代产品，市场潜力不变；②不存在创新；③地域固定；④营销战略仅包括广告；⑤没有供给约束；⑥购买行为存在随机性；⑦存在重复购买；⑧产品信息非稳态渗透。

在产品生命周期扩散模型中，通常只考虑了受广告、口头传播、产品消耗等方面的影响。而在扩展生命周期模型中加入了更复杂的影响因素，如考虑了厂商进行广告促销的区域性和周期性、人群移动等因素。首先对系统进行抽象，将模型规划为顾客智能体（包括现有顾客和潜在顾客）和环境智能体两类智能体。多智能体的体系结构框架如图 7.13 所示。

图 7.13 中，①表示广告商向顾客智能体发送产品信息，影响顾客的购买行为，使得潜在顾客变为现有顾客。②表示顾客的购买行为受到产品寿命的影响，这样会使现有顾客变为潜在顾客。③表示现有顾客的口头传播对顾客购买行为的影响，主要考虑了现有顾客对产品的正面传播，而没有涉及现有顾客对产品的负面传播。这种正面传播同样会

使得潜在顾客变为现有顾客。

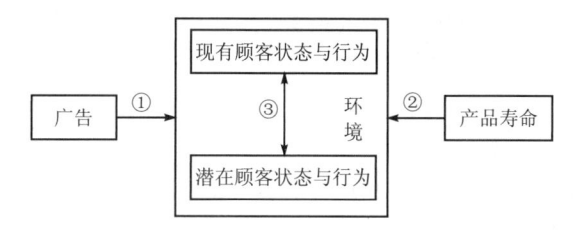

图 7.13 多智能体的体系结构框架

本例中，个体智能体的特征设计只有顾客智能体。顾客智能体的属性值包括每人每年联系其他人的数量（ContactRate）、个人受广告影响程度（AdEffectiveness）等；状态包括潜在顾客（PotentialAdopter）和现有顾客（Adopter）两种。顾客智能体的行为如现有顾客向周围人群传播购买行为的信号等。

下面将建立产品生命周期模型，这一模型描述了产品的扩散过程。产品的潜在客户会受到广告和现有客户（那些已经购买了这种新产品的人）的口碑影响而购买产品。

2．初步模型的建立

1）建立一个新的模型

单击 （New Model）按钮，出现"New Model"对话框中，在"Model name"编辑框中，输入"Product Life Cycle"，单击"Finish"按钮。若需要修改模型文件的位置，单击"Browse…"按钮，然后设置保存工程文件的文件夹。

新的模型建立后，可以看到结构图（Structure Diagram）显示在"AnyLogic"工作区中，"Project"窗口显示在左侧面板中，"Palette"窗口显示在右侧面板中，中部是图表编辑区，底部是"Properties"窗口。

> **随时保存模型。**
> 当编辑工程之后，请记住随时单击 按钮以保存此模型。

2）创建智能体并放置于环境中

智能体是基于多智能体模拟模型的基本单元，基于智能体的模型包括多个智能体及它们依赖的环境。因此，创建基于智能体的模型时，必须首先创建智能体，每个智能体将被赋予一系列规则；该智能体根据这些规则与其他智能体进行交互，其交互将产生整个系统的总体行为。在本模型中，智能体对应的原型是人。

为了在 AnyLogic 中创建智能体，需要使用活动对象类（Active Object Class）定义智能体的内部结构，然后创建所需数量的类实例，每一实例即代表一个智能体。

（1）创建顾客智能体。

在"Project"窗口中，以鼠标右键单击类"Main"，依次选择"New"→"Active Object Class"项，在打开的对话框中，指定新活动对象类的名称（Name）："Person"，单击"Finish"按钮后，Person 活动对象类图即自动打开，系统自动创建了一个 Person 类。此类用于定义智能体（人）的内部结构。在"Properties"窗口的"General"页面中，选中"Agent"

复选框，将此活动对象类设置成为智能体。为向模型中加入该智能体，需要将该智能体放置于模型环境中，即将该智能体的对象封装到建模环境（Main）类中去。

（2）将顾客智能体放置于环境中。

顾客智能体要在一定的环境中才能活动，为此还要将顾客智能体放置于环境中。本例中要将顾客智能体放入 Main 类中。

在"Project"窗口中，双击"Main"，打开 Main 类图。将 Person 类从"Project"窗口中拖动到 Main 类的结构图中。在"Properties"窗口的"General"选项中，输入对象的名称（Name）"people"。

最后还要指定模型中的智能体数量：在"Properties"窗口的"General"选项中，输入对象的数量（Replication）"1 000"。此时系统将自动创建 1 000 个 Person 类的实例，每个实例是一个智能体。

3）添加来自广告影响的购买

本模型中，广告的数量及潜在消费者由于受广告影响而购买产品的可能性被假定在各个时期内是不变的。因此，可以用一个参数来衡量广告效果——受广告影响产生的购买比例。下面将在 Person 类中创建此参数。

（1）定义个人受广告影响程度。由于广告效果一般是恒定的，因此可以用一个参数变量来表示。下面创建一个参数变量 AdEffectiveness，其值为 0.011，表示在所有收到广告的潜在顾客中，约有 1.1%的人会受广告影响而购买产品。

在"Project"窗口中，双击打开 Person 类。在"Palette"窗口中的"Model"项中，拖曳 Parameter 元素到 Person 类编辑区中。

在"Properties"窗口中的"General"选项中设置参数的属性：在"Name"编辑框中输入"AdEffectiveness"，在"Type"单选框选中"double"，在"Default value"编辑框中定义参数值为"0.011"。其结果如图 7.14 所示。

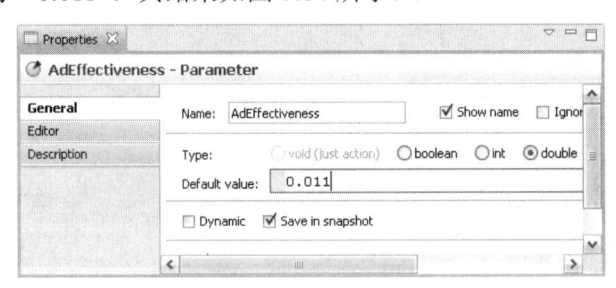

图 7.14　设置个人受广告影响程度的值

（2）创建状态图。AnyLogic 通过状态图来表示智能体各种状态之间的转化关系，非常直观，且可以在状态图中设置状态转化的条件。下面创建状态图表示潜在顾客由于受广告影响而购买产品，从而转化为现有顾客这一状态过程。

首先从"Palette"窗口的"Model"项中拖曳 State 元素到 Person 类的编辑区，改变其名字为"PotentialAdopter"，还可以通过拖曳状态的边框改变其大小。然后拖曳 Statechart Entry Point 元素到图表编辑区，使其终端与 PotentialAdopter 状态的上边相连。

用同样的方法创建一个 Adopter 状态，使其处于 PotentialAdopter 状态的正下方。

拖曳 Transition 元素到图表编辑区，使其起始端与 PotentialAdopter 状态的下边相连，终端与 Adopter 状态的上边相连，并命名为 Ad，表示受广告影响。其结果如图 7.15 所示。

在转变 Ad 的"Properties"窗口中的"General"选项里定义转变的属性：在"Triggered by"复选框的下拉选项中选中"Rate"，在"Rate"编辑框中输入"AdEffectiveness"。当输入参数名时可以使用代码完成帮助（Auto Code Completion）功能，如只输入名字的前几个字母，然后按"Ctrl+Space"组合键，打开帮助对话框，其中列出了模型中的参数、变量和函数。滚动到参数 AdEffectiveness，通过双击它插入其名字，如图 7.16 所示。

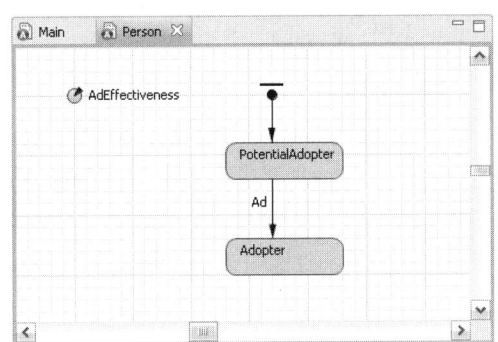

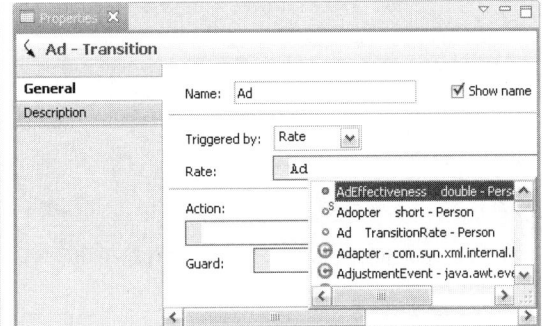

图 7.15　状态图　　　　　　　　图 7.16　设置转变 Ad 的属性

4）统计产品购买者数量

本模型的主要目的是研究新产品被接受的过程。因此，为显示在任意时刻已购买产品的人数，增加两个变量来统计产品的购买者和潜在购买者的数量。

（1）创建统计变量。在"Project"窗口中双击"Main"项目，打开 Main 类图。然后选中嵌入对象"people"，进入"Properties"窗口的"Statistics"选项。

定义统计变量计算购买者数量：单击"Add Statistics"按钮，打开属性编辑框。在"Name"编辑框中输入"adopters"，保持选中的类型"Type"为"Count"，在"Condition"编辑框中输入"item.statechart.isStateActive(item.Adopter)"，这个变量将统计满足特定条件的人的数量，如处在 Adopter 状态中人（购买者）的数量。

定义统计变量，计算潜在购买者数量：用同样的方法创建另一个统计变量 potentialAdopters，并在"Condition"编辑框中输入"item.statechart.isStateActive(item. PotentialAdopter)"。

（2）为 potentialAdopters 创建一个数据集。统计变量记录的是变量在每一时刻的瞬间值，不能在图表中显示，必须为其定义一个数据集。数据集用来保存统计变量的历史数据，可以在图表中直接显示。下面为 potentialAdopters 创建一个数据集 PotentialAdoptersDS。

打开"Main"类图表编辑区，从"Palette"窗口的"Analysis"项中拖曳 Data Set 元素到 Main 类中。

在"Properties"窗口中的"General"选项中定义数据集属性：在"Name"编辑框中输入"PotentialAdoptersDS"，保持"Use time as horizontal axis value"复选框的默认设

置，因为要显示变量随模拟时间变化的趋势。在"Vertical axis value"编辑框中输入"people.potentialAdopters()"，这样数据集就会自动保存统计变量 potentialAdopters 的历史数据，其结果如图 7.17 所示。

（3）为 adopters 创建一个数据集。用同样的方法为 adopters 创建一个数据集，命名为 AdoptersDS，在"Vertical axis value"编辑框中输入"people.adopters()"，其结果如图 7.18 所示。

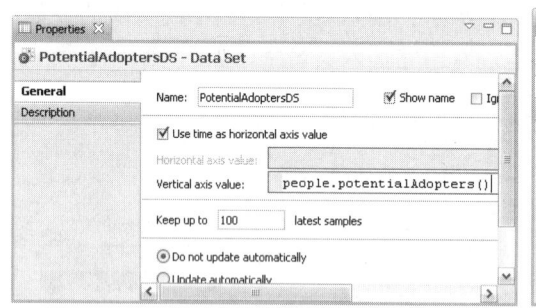

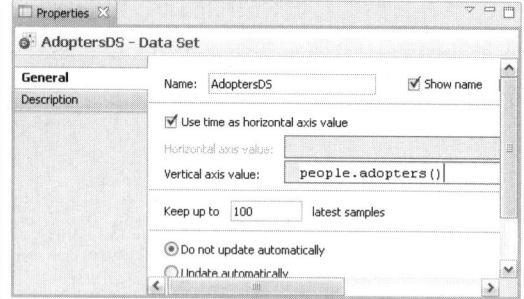

图 7.17 potentialAdopters 数据集设置结果图　　　图 7.18 adopters 数据集设置结果图

5）添加图表

可以创建一个图表显示产品购买者和潜在购买者的人数如何随时间变化。因为已经创建了可以在图表中显示的数据集，现在就可以添加图表了。

从"Palette"窗口的"Analysis"项中拖曳 Time Plot 元素到 Main 类的图表编辑区，将其调整到合适的大小。

然后添加要在图表中显示的数据集，在"Properties"窗口中的"General"选项中单击"Add data set"按钮，添加数据集：在"Title"编辑框中输入"Potential Adopter"，在"Data Set"编辑框中输入"PotentialAdoptersDS"，在"Point style"中选择 ——▲——，其余选项保持默认值。用同样方法添加另外一个数据集，在"Title"编辑框中输入"Adopter"，在"Data Set"编辑框中输入"AdoptersDS"，其余选项保持默认值。

设置数据更新的频率，即设置"Time Window"的值为 8，选中"Update automatically"选项，在"Recurrence time"编辑框中输入"0.1"，其结果如图 7.19 所示。

6）配置实验

AnyLogic 的模型中可以包容多组模拟设置，其中的一组模拟设置称为一个实验（experiment）。创建多个模拟设置后，只需选择模型的当前实验即可改变当前模拟的配置。在默认情况下，建立模型时自动创建一个名为"Simulation"的实验。模拟参数起着非常重要的作用，当需要分析这些参数如何影响模拟行为，或需要找到模型的最优参数时，可以选择其他相应类型的实验（如优化、风险评估和变化测试）。

如果不修改系统自动生成的实验"Simulation"，而是直接运行模型，那么模拟过程将无限期运行下去。观察在用户接受产品过程中对应的系统状态（主要指购买者数量和潜在购买者数量）变化，当系统达到平衡状态时可停止模拟。通过按照自动生成的实验"Simulation"进行模拟的过程可以发现，超过 8 周后，购买过程趋于平稳。由于在此模型中，一个单位模拟时间对应于一周，因此将模拟停止时间设置为 8 个单位模拟时间

（周）。下面将设置模型停止条件。

图 7.19　图表属性设置结果图

在"Project"窗口中，单击"Simulation"实验项目。在"Properties"窗口的"Model Time"选项中找到"Stop"编辑框，在其下拉列表中选择"Stop at specified time"选项，在"Stop time"编辑框中输入"8"。这样模型将在运行 8 个单位模拟时间后自动停止，如图 7.20 所示。

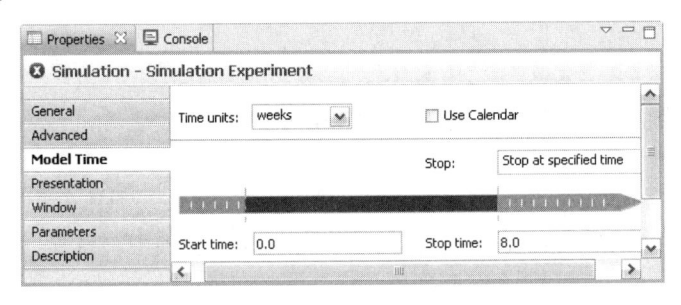

图 7.20　设置模拟停止条件

7）运行模型

单击按钮 (Build model) 来编译模型。如果模型中存在错误，则此编译操作失败，并在 Problems 窗口列表中列出模型中存在的错误。双击列表中的某个错误，程序将自动定位到模型中该错误的位置。

在模型编译成功之后，可以通过单击按钮 (Run) 来运行此模型。在此之前，程序一直在 AnyLogic 的编辑器模式中工作。模型开始运行之后，即切换到查看器模式。在查看器模式下，可以控制模型执行、查看图表或动态改变参数等。

单击"Run the model and switch to Main view"按钮并考察系统动态变化过程，模拟运行结果如图 7.21 所示。从该图显示的结果可以看出，广告会在各段时期内引发固定比例的潜在购买者人群产生购买行为，从而使其转变为购买者。

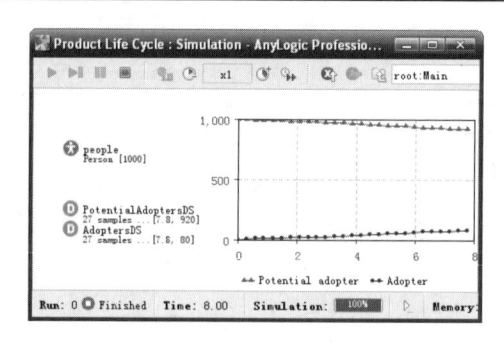

图 7.21　模拟运行结果图

3. 考虑口碑的影响

> **口碑效应。**
> 口碑效应是由于消费者在消费过程获得的满足感、荣誉感而形成对外逐步递增的口头宣传效应，客户满意并不仅仅是对结果满意，更多的是对过程的挑剔。只有客户的需求得到了满足，他们才会为你自觉自愿地传扬口碑。

在上面模型中，人们购买产品的原因仅仅是由于受到广告的影响。实际上，广告效应只是在产品投放到市场初期时起主要作用。随着时间的推移，人们购买产品的主要原因转为受已购买者的影响。为考虑口碑效应的影响，应稍微修改模型。

口碑的影响依赖于智能体之间的相互交流，而这些交流必须在一定的环境中才能进行，因此需要为智能体创建一个环境对象。

1）添加一个对象来定义智能体的环境

打开 Main 类图，从"Palette"窗口的"Model"项中拖曳 Environment 元素到 Main 类中。如图 7.22 所示。

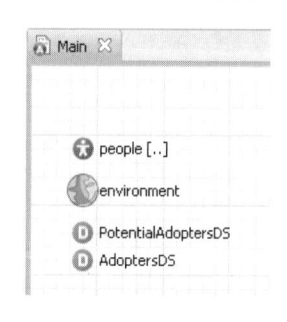

图 7.22　添加环境对象

设置此对象为智能体的环境，单击嵌入对象 people，在"Properties"窗口的"General"选项中，设置"Environment"编辑框的值为"environment"。

下面将定义一些新参数：

ContactRate——潜在购买者与购买者联系的频率；

AdoptionFraction——在此人与别人的联系中，能以多大比例说服其他人来购买此产品。

2）定义每人每年联系的数目

假定每人每年联系的数目为 100，打开 Person 类图，添加新参数 ContactRate，在"Default Value"编辑框中输入"100"。

3）定义个人说服力

假定一个智能体在与别人的联系中，能以 1.5%的概率说服别人购买此产品，此时添加另一个新参数，命名为 AdoptionFraction，设置初始值为 0.015。

在原先的状态图中，智能体内部是不能交流的，因此还要修改状态图，使智能体内部可以相互交流，从而产生口碑效应。

4）修改状态图以引进智能体之间的相互交流

打开 Person 类图，为 Adopter 状态添加一个"内部状态转变"：拖曳 Transition 元素到 Adopter 状态内部，使其起点在 Adopter 状态的一边，终点落在 Adopter 状态的另一边，如图 7.23 所示。

转变的比例取决于个人说服力和联系的频率。在该转变的"Properties"窗口的"General"选项中，从"Triggered by"的下拉列表中选择"Rate"，并设置其值为"ContactRate*AdoptionFraction"。

转变发生时要触发特定的行为来表示智能体间的交流，AnyLogic 中智能体之间的交流是基于消息机制的。在本模型中，假定转变发生时该智能体向随机选定的其他智能体发送消息，设置该转变的 Action 选项：在"Action"编辑框中输入"send("Buy!", RANDOM)"。Send()方法表示向其他智能体发送消息，第一个参数说明发送消息的内容，第二个参数定义智能体发送消息的方式。如图 7.24 所示。

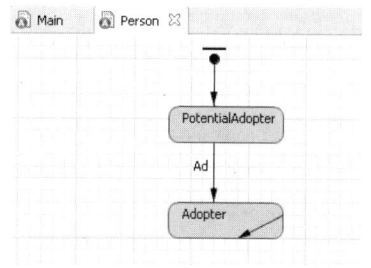

图 7.23　添加内部状态转变示意图

再添加从 PotentialAdopter 状态到 Adopter 状态的转变 WOM（word of mouth），此状态转变模拟了口碑影响带来的产品购买，如图 7.25 所示。

图 7.24　内部状态转变属性设置结果图

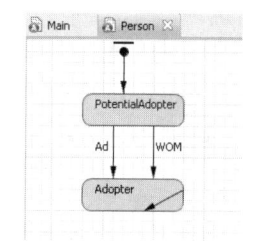

图 7.25　添加 WOM 转变结果图

设置 WOM 转变的属性：当智能体的状态图接收到它的熟人发来的"Buy!"消息时，此转变会发生。为触发此转变，从"Triggered by"下拉列表中选择"Message"，选择 String 作为 Messagetype。在"Fire transition"复选框中选中"If message equals"，并在其编辑框中输入"Buy!"。

5）修改智能体属性

智能体至此还不能自动处理消息，必须在其属性中定义处理消息的行为。打开 Person 类图，进入"Properties"窗口的"Agent"选项，在"On Message Received"编辑框中输入"statechart.receiveMessage(msg)"。当一个智能体收到另外一个智能体发来的消息时，它把此消息传给它的状态图，并在其中按定义的行为进行处理。

保存模型后，单击按钮 （Run）来运行模型，其模拟结果如图 7.26 所示。

从图 7.26 中可以看到一条经典的 S 形扩散曲线。这一过程与传染病扩散过程类似。

4．加入产品消耗因素

上面建立的模型并未涉及产品被消耗、被丢弃或被升级的情况，但是这些情况都会引起购买者对此产品的重复购买。现假定购买者在其购买的产品被丢弃或消耗之后变为潜在购买者，建立顾客重复购买行为模型，模拟产品生命周期过程中顾客重复购买行为。

1）修改状态图

在"Project"窗口中双击 Person 类，打开 Person 类图。添加一个从 Adopter 到 PotentialAdopter 的转变 Discard，此转变在一个单位时间后发生，因此保持其默认属性不变，如图 7.27 所示。

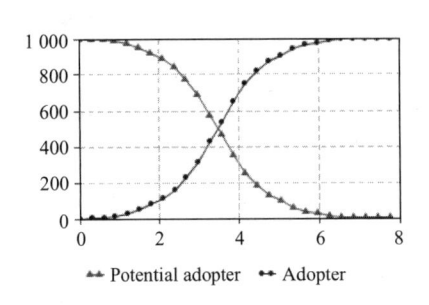

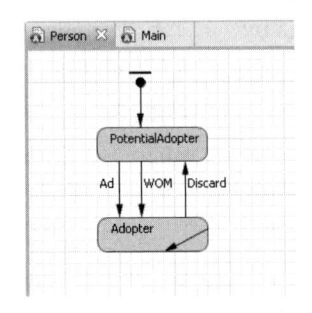

图 7.26　模拟运行结果　　　　　　图 7.27　添加 Discard 转变结果图

至此就完成了顾客重复购买模型的建立。为研究在长时间段内产品的扩散过程，修改模型运行时间为无限。

2）去除模型停止条件

在"Project"窗口中，单击"Simulation:Main experiment"项目。在"Properties"窗口中的"Model time"选项中的"Stop"下拉列表中选择"Never"。

运行模型进行模拟，其结果如图 7.28 所示。从该图的模拟结果可以看出，8 周内市场未达到饱和。

5．添加智能体动画

通过创建模型动画可以可视化地显示模拟过程。现在画智能体，把智能体分布在模拟环境的各个坐标上，产品购买者和潜在购买者会以不同的颜色表示。

1）画一个图形代表顾客智能体

打开 Person 类图，在"Palette"窗口中的"Presentation"项中，拖动 ◯ Oval 元素到 Person 类图中。在其"Properties"窗口的"Advanced"选项中设置其坐标位置和半径，结果如图 7.29 所示。

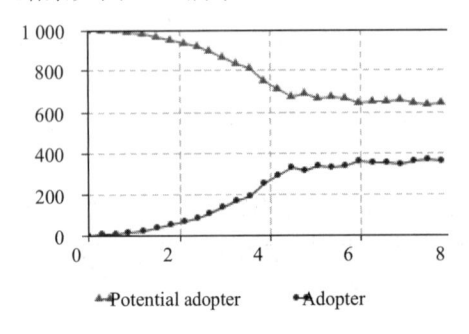

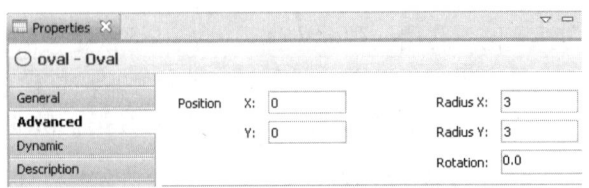

图 7.28　模拟运行结果　　　　　　图 7.29　Oval 的 Advanced 属性设置结果图

在"Dynamic"选项中,设置"Fill Color"的值为"statechart.isStateActive(Potential Adopter) ? royalBlue : red"。此表达式检验顾客智能体是否是潜在购买者,潜在购买者显示 royalBlue 色,购买者显示 red 色。

2) 修改模型以合适地显示动画

定义智能体的位置:打开 Main 类图,单击 people 对象,在其"Properties"窗口的"General"选项中,单击"Create Presentation"按钮,此时智能体图形出现在(0, 0)点,拖动智能体图形到位置(20, 20)。

定义智能体填充区域:选中"environment"对象,在其"Properties"窗口中打开"Advanced"选项,设置"Width"的值为"300","Height"的值为"300"。

为智能体填充区域添加一个边界矩形:在"Palette"窗口的"Presentation"选项中拖曳 □Rectangle 元素到 Main 类中,在其"Properties"窗口中打开"General"选项,在"Fill Color"复选框中选择"No fill"。单击"Advanced"选项,设置位置"X"的值为"10","Y"的值为"10","Width"的值为"320","Height"的值为"320"。

添加一个条形图,分别显示 PotentialAdopter 与 Adopter 的动态值:从"Palette"窗口的"Analysis"项中拖曳 Bar Chart 元素到 Main 类图中。在其"General"选项中,单击 Add data item 按钮,添加一个数据项。在"Title"编辑框中输入"Potential Adopters",将"Color"设置为"royalBlue",在"Value"编辑框中输入"people.potentialAdopters()"。用同样的方法添加另一个数据项 Adopters,其中"Color"设置为"red",在"Value"编辑框中输入"people.adopters()"。在"Scale"复选框的下拉列表中选择"Fixed",在范围"From"中选择 0~1 000,如图 7.30 所示。

至此,已经完成了添加智能体填充区域边界矩形和条形图。运行模型进行模拟,其结果如图 7.31 所示。

图 7.30 条形图属性设置示意图

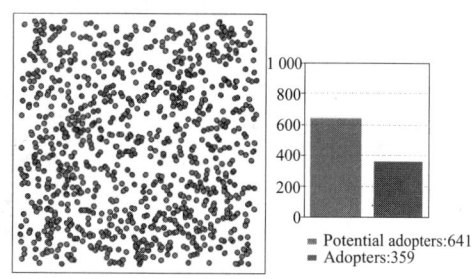

图 7.31 模拟运行结果

6. 定义智能体之间的联系距离

此时智能体被分布在 300 单位距离×300 单位距离的区域里,现在假定只有距离不超过 25 个单位距离的两个智能体才能相互联系。首先要在环境中更改网络类型。

1) 设置环境属性

打开 Main 类图,选中 environment 对象,打开其"Properties"窗口中的"Advanced"选项,改变"Network type"类型为"Distance based",并设置"Connection range"的值为"25"。

2）修改智能体的状态图

因为只有距离不超过 25 单位距离的智能体才能联系，所以还要更改发送消息的方式。

打开 Person 类图，单击 Adopter 状态的内部转变，把此转变的"Action"修改为"send ("Buy!", RANDOM_CONNECTED)"，如图 7.32 所示。

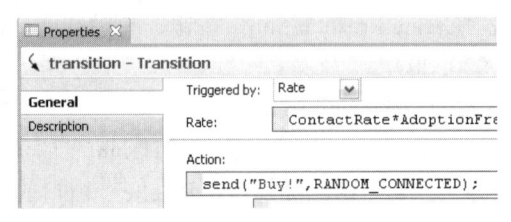

图 7.32　Adopter 状态内部转变属性设置结果图

3）画一条直线代表智能体之间的联系

为更形象地表示智能体之间的联系，可以用一条直线将相互联系的智能体连接起来。

打开 Person 类图，从"Palette"窗口中的"Presentation"项拖曳 Line 元素到 Person 类图中，使其起点在点（0，0）上，打开直线"Properties"窗口的"General"选项，设置"Line style"的类型为点线，结果如图 7.33 所示。

打开直线"Properties"窗口的"Dynamic"选项，修改直线的动态属性：在"Replication"编辑框中输入"getConnectionsNumber()"，此函数返回与此智能体相连的其他智能体的数量。在"dX"编辑框重输入"getConnectedAgent(index).getX()-getX()"，在"dY"编辑框中输入"getConnectedAgent(index).getY()-getY()"。此时相互联系的智能体将用直线相连接并出现在查看器模式中。

保存模型后运行模型，其模拟结果如图 7.34 所示。

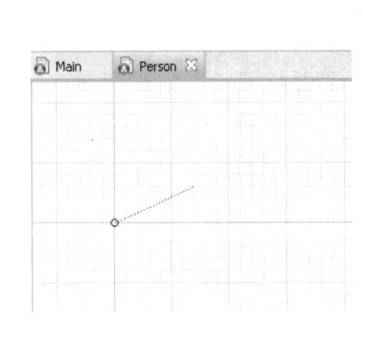

图 7.33　添加直线结果图　　　　图 7.34　模拟运行结果

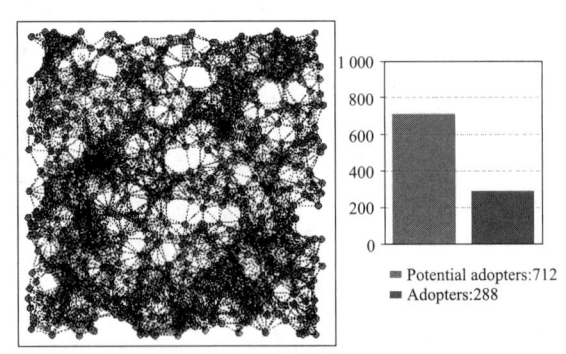

7. 扩展产品生命周期模型

下面通过考虑进一步的细节信息，使用 AnyLogic 的一些高级特性来扩展上述模型。

1）广告活动

在上面的模型中，广告对模型的影响一直被认为是恒定的。实际上，商家会周期性地举行广告活动以促进在特定地区的产品销售。现在希望将这个因素添加到模型中。

第 7 章 多智能体模拟与实例

（1）创建新变量和函数。假定广告活动区域是一个圆，那么通过圆心坐标和半径就可以确定整个活动区域。

在"Project"窗口中双击 Main 类，打开 Main 类图。

创建变量 adX，类型为 double；创建变量 adY，类型为 double。

创建变量 adTime，类型为 double，设置初始值为–1。

创建变量 adRange，类型为 double，设置初始值为 50。

变量 adTime 用于记录上次广告活动举行的时间，变量 adX 和 adY 用于记录上次促销区域中心的坐标位置，变量 adRange 用于记录该区域的半径。

由于 AnyLogic 中没有计算距离的函数，下面将创建一个函数计算智能体之间的距离。

打开 Person 类图，创建变量 x 和 y，其类型均为 double，初值均为 uniform（300）。从"Palette"窗口的"Model"项中拖曳 Function 元素到 Person 类图中，命名为"distance"，在"Return type"中选择"double"，然后创建两个 double 类型的参数 $x1$ 和 $y1$，如图 7.35 所示。

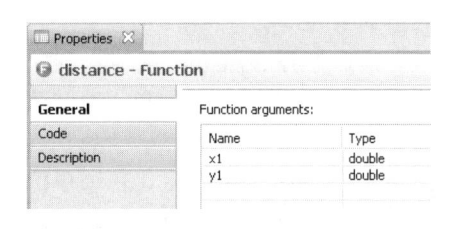

图 7.35 函数 distance 参数设置示意图

然后打开 Code 选项，在"Function body"编辑框中输入如下代码：

```
return sqrt((x-x1)*(x-x1)+(y-y1)*(y-y1));
```

（2）创建事件 Event）。事件可以用来模拟延迟和定时，模型可以按照预先设置的时间或条件触发事件，从而产生预定的行为，因此可以使用一个事件来模拟广告活动。

在"Project"窗口中双击 Main 类，打开 Main 类图。

从"Palette"窗口的"Model"项中拖曳 Event 元素到 Main 类图中，命名为 Timer。打开属性窗口的"General"选项，在"Trigger type"的下拉列表中选择"Timeout"。为了模拟商家周期性地进行广告活动，需要让该事件按照一定周期重复被触发，因此 Mode 选择 Cyclic。在"Recurrence time"编辑框中输入"uniform（0.5, 1）"，在"Action"编辑框中输入以下代码：

```
adX=uniform(adRange,300-adRange);
adY=uniform(adRange,300-adRange);
adTime=getTime();
for(int i=0;i<people.size();i++)
{
    Person p=people.get(i);
    if(p.distance(adX,adY)<adRange)
        p.statechart.receiveMessage("Buy!");
}
```

事件被触发时的行为模拟如下：首先在模拟区域内，随机获取一个点，在以该点为圆心，在以 adRange 为半径的圆之内，激发每个智能体信号事件"Buy!"，使其在有效范围内的智能体可能代表潜在购买者，也可能代表购买者，而只有代表潜在购买者的智能体具有事件"Buy"，所以该状态转变的行为只对代表潜在购买者的智能体起作用。激发信号事件"Buy!"时，使代表潜在购买者的智能体转变为代表购买者的智能体。

（3）修改状态图。由于使用了定时触发事件，广告效应通过发送消息来实现，所以应移除由广告引起的产品购买状态的转变 Ad。

在"Project"窗口中双击 Person 类图，打开状态图。单击从 PotentialAdopter 状态到 Adopter 状态的转变 Ad，然后按"Delete"键将其删除。

（4）绘制圆。先对动画进行一些细小改动，使用绿色圆形区域标示促销区域。

在"Project"窗口中双击 Main 类，打开 Main 类图。从"Palette"窗口的"Model"项中拖曳 Oval 元素到智能体填充区域，打开"General"选项，在"Fill color"选择"No fill"，在"Line color"选择"green"，以及在"Line width"选择"3pt"。

再打开 Advanced 选项，设置位置：X 值为 240，Y 值为 150，Radius X 与 Radius Y 的值均为 50。

最后打开 Dynamic 选项，各项设置如图 7.36 所示。

圆形位置用 adX 和 adY 这两个变量定义，标明当前促销区域中心的位置。"getTime()<adTime+0.3"表示只有在促销开始之后的 0.3 个单位时间内，此圆形才可见，即在促销开始之后显示 0.3 个单位时间，直观地表示在某个区域做了广告。如果将 0.3 修改为更小的值，如 0.01，那么模拟该圆的动画显示时间会非常短，一闪而过。

运行模型，其模拟动画结果如图 7.37 所示。

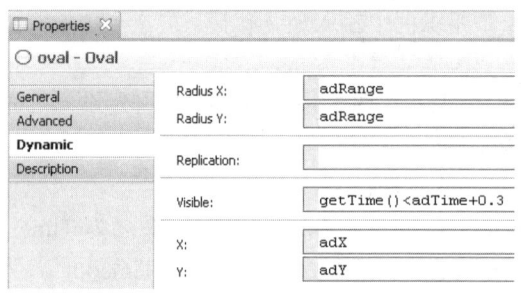

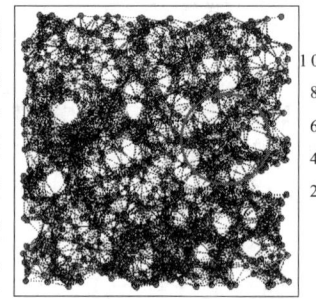

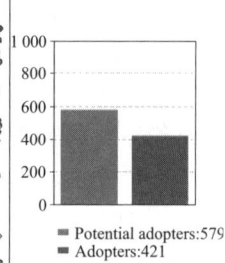

图 7.36　圆 Oval 的 Dynamic 属性设置示意图　　　图 7.37　模拟运行动画结果

2）人群移动

前面的模型中，智能体都固定于预先定义的地点。如果智能体能够在该区域中四处移动，模型会显得更为真实。

（1）创建新变量。创建两个变量分别表示智能体原先的 x 坐标和 y 坐标。

在"Project"窗口中双击 Person 类，打开 Person 类图。创建变量 oldx 和 oldy，类型为 double。对这两个参数，指定相同的初始值为 uniform（300）。

创建变量 tmoved，记录系统的当前时间，类型为 double，初始值为–10。

下面再创建一个事件模拟人的移动。

（2）创建事件。在"Project"窗口中双击 Person 类，打开 Person 类图。创建事件 moveTimer，其中在"Trigger type"中选择"Timeout"，在"Mode"中选择"Cyclic"，以及在"Recurrence time"中选择"uniform（2,6）"，之后在"Action"编辑框中输入如下代码：

　　　　oldx=x;
　　　　oldy=y;

```
tmoved=getTime();
x=triangular(0,30,60);
y=triangular(0,30,60);
```

当事件 moveTimer 被触发时，系统先通过函数 getTime()返回当前的模型时间，并暂时存储于变量 tmoved 中。变量 oldx 和 oldy 存储了当前智能体对象的坐标 x 和 y。变量 tmoved、oldx 和 oldy 在该事件下次被触发时，其值将被再次更改。临时存储智能体的坐标值后，新坐标的 x 和 y 将在[0,300]间随机取一值，所取值的随机性服从 triangular(0,30,60)，即新坐标的 x 和 y 都服从 0~60 之间的三角形分布，且值均为 30。

（3）定义智能体的平滑移动。可以通过定义一个移动函数使智能体的移动过程更平滑，动画效果更逼真。

在 Person 类图中分别创建 moveX 和 moveY 两个函数，类型 Return type 均为 double。

moveX 的 Function body 为：

```
if(getTime()>tmoved+0.5)
    return x;
return oldx+(x-oldx)*(getTime()-tmoved)/10;
```

moveY 的 Function body 为：

```
if(getTime()>tmoved+0.5)
    return y;
return oldy+(y-oldy)*(getTime()-tmoved)/10;
```

上面两个函数用于确定每个智能体的图形在模拟区域内的位置，并使其产生平滑移动。在事件 moveTimer 被触发后的 0.5 个模拟时间后，智能体的图形会在模型范围内朝预定的目标位置平滑移动（执行代码为：return oldx+(x-oldx)*(getTime()-tmoved)/10 和 return oldy+(y-oldy)*(getTime()-tmoved)/10）。该目标位置是在刚才发生的事件 moveTimer 产生的，x 坐标和 y 坐标的随机取值都服从 triangular(0,30,60)。经过 0.5 个单位模拟时间的平滑移动过程后，智能体的图形移动到目标位置。

（4）修改智能体的动画形状。现在需要对前面的动画做一些修改。

在"Project"窗口中双击 Person 类，打开 Person 类图。单击智能体代表图形，打开其"Dynamic"选项，在"X"编辑框中输入"moveX（）"，在"Y"编辑框中输入"moveY（）"。当智能体移动时，与智能体相连的直线也应该随之移动，因此还需定义直线的 Dynamic 属性。单击直线"line"，打开"Dynamic"选项，在"X"编辑框中输入"moveX（）"，在"Y"编辑框中输入"moveY（）"。

x 坐标和 y 坐标的位置在模拟前的位置分别是 0 和 0，模拟开始后的位置分别由 moveX 和 moveY 决定，即每个 people 智能体由自己的逻辑函数 moveX 决定 x 坐标，由逻辑函数 moveY 决定 y 坐标。

由于变量 oldx 和 oldy 的初始值均为 uniform(300)，模拟开始时智能体的图形将在模拟区域内呈现随机分布，一段时间之后，智能体的图形位置将由事件 moveTimer 决定。

下面通过修正智能体填充区域边界矩形的大小，使得图形更加美观。

打开 Main 类图，单击边界矩形，在其属性的"Advanced"选项中，将"Width"和"Height"的值均改为"360"，然后将智能体代表移动到位置（10,10），即与边界矩形的左上顶点重合。

现在运行模型,观察智能体图形在模拟区域内的平滑移动,其结果如图7.38所示。

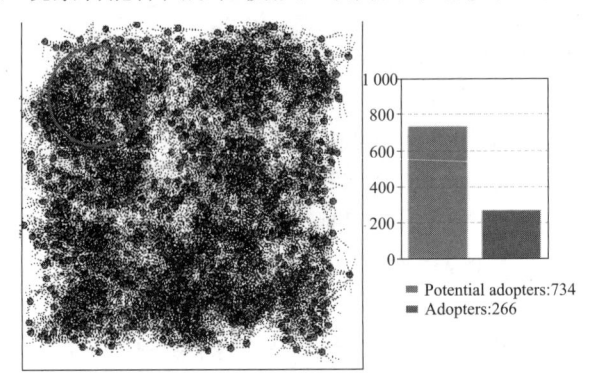

图7.38 模拟运行动画结果

从模拟的过程中发现,模拟开始时,智能体的图形在模拟区域内呈现无序分布,经过一段时间模拟后,智能体的图形有朝模拟区域中间聚集的趋势,这是因为新坐标的 x 和 y 值被设置为服从 triangular(0,30,60)的随机分布。

> **网聚人的力量。**
>
> 正如网易的广告语"网聚人的力量"所言,网络媒体正在利用众多学生和社会上的年轻人来争夺注意力和话语权。
>
> 没有网络之前,个人的传播能力和空间是非常有限的,而借助成本几乎为零的网络媒体,普通人第一次真正拥有了媒体传播权,人人成了传播者。有人将网络称为"草根媒体",但正是这个草根媒体越来越显示出其强大的影响力,且正日益改变着传统的传播形式。网络上涌现了许多以"芙蓉姐姐"为代表的网络"红人"。她们在网络上的迅速走红,是网络媒体日趋重要的生动写照和深刻诠释。
>
> 传统的传播是"一传十,十传百",那么在网络传媒下,各种消息是如何快速传播的,受到哪些因素的限制,又该如何控制?请参考产品生命周期模型进行思考。
>
> 提示:互联网和人际网络都为复杂网络,请自学复杂网络方面的知识及 AnyLogic 中关于复杂网络的内容。

知识归纳

多智能体模拟继承了从抽象提取,建立相应模型到计算机实验,最后进行实践检验的一般模拟思路。但是从另外的角度来看,多智能体模拟的思路与传统的模拟思路存在本质的不同。传统模拟是通过对系统整体结构与功能的分析,寻找其中的规律,建立逻辑模型,并使模型沿着时间进行逐步演算,得到模拟结果,其本质是在计算机中还原实际系统。而多智能体模拟则通过建立反映个体特征和行为的模型,模拟个体之间相互独立又交互作用的现象,从而研究系统的整体结构和功能,其实质是在计算机中还原实际系统由部分到整体，由个体行为到系统整体行为的过程。

智能体是一个相对独立的程序，可以包容单个子离散型模拟系统或者子连续型模拟系统，甚至子混合型模拟系统。鉴于单个智能体智能的有限性，多智能体系统通过适当的体系结构把智能体组织起来，从而弥补各个智能体的不足，使得整个系统的能力超过任何单个智能体的能力。智能体具有社会性和能动性，还可以赋予智能体推理、规划和学习的能力，使智能体的智能性提高。智能体也有响应性，可使与用户的交互性大为提高，用户可以在模拟过程中，作为运行过程的参与者和控制者，将新的规则和知识输入模拟过程，使模拟结果更接近实际系统行为，提高了整个系统的智能性和模拟的智能性与交互性。基于分布式计算的智能体，具有分布性和移动性，可以运行在网络中的任意位置。所有这些为更加灵活、简单实现离散型模拟系统、连续型模拟系统和专业领域知识的集成提供了研究平台。

狭义的多智能体模拟是以CAS理论为基础的，通过从微观层次抽象实际问题以研究个体的微观行为如何导致宏观现象。CAS理论认为宏观变化和个体分化都可以从个体的行为规律中找到根源——适应产生复杂性。狭义的多智能体模拟采用自下而上的研究方法，将个体映射为智能体，将个体特征映射为智能体的属性，将个体行为映射为智能体的方法，利用智能体间的自治、推理、通信和协作机制，模拟个体之间相互独立又交互作用的现象，从而研究系统的整体结构和功能。所以，多智能体模拟方法在研究复杂现象和问题形成、发展和控制的微观机理方面有不可替代的作用。

建立多智能体模拟模型要围绕"智能"进行。智能来源于个体的智能水平和交互作用，即智能体如何自适应地对环境做出反应。围绕"智能"，必须规划好智能体的结构和行为。

在众多的多智能体建模工具中，StarLogo和AgentSheets适合初学者，NetLogo适合只有一般编程基础的研究者，Repast、Swarm和AnyLogic适合有良好编程基础的研究者建立比较复杂的模拟模型。

练习题

1. 简述基于智能体模拟的基本思想和CAS理论的基本思想。
2. 浏览模拟软件AnyLogic、AgentSheets和NetLogo中的智能体模拟实例，阐述多智能体模拟的典型应用领域。
3. 结合其他专业课程中的内容，举例说明哪些问题可以利用多智能体模拟方法开展进一步研究。以其中一个为对象，讨论建立多智能体模拟模型时应如何规划智能体。
4. 假设互联网是一个典型的无标度网络，结合AnyLogic的相关案例，建立一个网络度为3、节点数为10万的虚拟互联网下的消息传播模型。如果修改网络度，分析它对传播的速度影响如何。

第 8 章
混合型模拟与实例

问题导航
- 什么情况下需要使用混合型模拟？
- 在连续离散混合型模拟中如何实现时间同步与控制？
- 混合型模拟建模过程中哪些地方有类似的情况？
- 同一问题可以既用离散方式模拟也用连续模拟方法模拟吗？

8.1 引言

本书前几章探讨了离散型和连续型模拟方法和工具,随着研究问题的深入广泛和研究对象的复杂化,计算机模拟方法更能体现出其在知识集成方面的优势。管理系统模拟方法要成为集成管理领域多学科知识的方法,进行混合型模拟是必要的。

本章首先分析管理系统中的混合型模拟;然后在围绕模拟时钟控制介绍离散系统的基础上,分析混合型模拟的算法实质和时间同步问题,探讨混合型模拟的集成方式;最后介绍基于混合型模拟工具 AnyLogic 的一个应用实例。

本章以 AnyLogic 为模拟平台,建立了一个形象生动的生产—销售系统作为混合型模拟实例,该实例假定产品市场形成过程是连续过程,而产品供应过程被假定为一个离散过程,通过智能体模拟来描述。智能体模拟过程和产品市场扩散动力学过程通过 AnyLogic 提供的接口适时交换数据。

模拟方法相对于解析数学方法的重要优势是按照符合人的"自然思维方式",即事物直观上给人的印象来建立模拟模型,本章的实例较好地体现出这一特点。

8.2 混合型模拟原理

混合型模拟是在其有关原理的基础上,通过分析问题对象的特点,利用相应的模拟工具,建立模拟模型来实现的,为此首先要论述说明混合型模拟的有关原理。

8.2.1 混合型模拟概述

离散系统模拟和连续系统模拟在管理系统中都有广泛应用领域。离散系统模拟常用的领域非常多,举例如下:

(1) 企业运作管理,如需求量预测,财务预测,生产作业计划制订,设备的平面布置和作业安排,人员安排,工厂生产过程设计等。

(2) 物资分配与流通管理,如企业内部物料的流动,仓库布局,集装箱传送,存储订货规则设计等。

(3) 交通运输管理,如航空运输控制排队服务,飞机维修作业计划,机场设计,公共汽车线路设计,公共汽车作业安排,停车场设计,城市交通系统设计,港口设计,谷物装卸作业,铁路运输调度,交通路口灯光控制,出租汽车调度等。

(4) 卫生及教育管理,如医院运作模型,医药物资管理,医疗救护车的布局和调度,医院人员安排,学校区域模型,图书馆作业设计,大学财务和作业预测等。

(5) 服务部门管理,如商场服务员安排,银行出纳作业安排,保险人员雇佣决策,文书档案管理系统设计,通信系统设计,信息系统设计等。

(6) 军事及保安管理,如军事作战模拟,军事后勤系统设计,警察系统设计,监视系统安置等。

连续系统模拟的应用领域也很广泛,举例如下:

（1）宏观管理，如宏观经济政策设计与评价，区域经济社会发展中长期规划，经济、社会与生态协调发展规划等。

（2）企业决策，如客户行为预测，工业企业模型，营销计划设计、促销计划设计及效果评价，企业中长期发展规划，企业战略设计等。

（3）紧急事故处理管理，如餐厅紧急事故的处理，地质灾害的应急管理，大规模传染性疾病的防范管理，大规模设施的安全保障管理等。

（4）资源管理，如人力调节系统，自然资源安排和水利资源开发等。

从这些典型的应用中可见，连续型模拟和离散型模拟的应用范围都相对独立。在现实系统中，大量的实际情况是系统同时表现出具有连续和离散系统的特性。例如，一个用于安装的机器人，其各个关节的载荷表现为连续的变化；而机器人对外部命令的响应及安装时产生的干涉，表现为离散变化；此外，机器人内部的故障产生又表现为服从某种统计规律的随机特性。因此，只用连续或者离散系统建模与模拟方法是不能描述系统的实际特性的，必须以混合系统方式来实现该系统的建模与模拟。

混合模拟的另外一个重要应用领域是在分布式模拟中的应用。在分布式模拟中，可能面对的是异构数据和模拟系统，如一部分系统是离散模拟系统，而另外部分是连续模拟系统或者混合型模拟系统。

事实上，混合系统（Hybrid System）广泛存在于自然及人工系统中。由于其本身的复杂性，到目前为止，并没有理想的理论分析方法，致使关于混合系统的研究较之离散系统或连续系统落后许多。

8.2.2 混合系统与混合模拟

一般来说，连续型模拟与离散型模拟的应用范围是相对独立的。但当研究对象更复杂、更庞大或者更深入，如复杂的化工生产过程，考虑了生态因素的生产系统，考虑了企业操作层和战略层的企业模拟等，连续型模拟和离散型模拟模型都将不能很好地反映实际对象。在这样的情况下，连续与离散相结合的混合模拟非常有必要。从管理系统模拟发展历史看，管理系统模拟并不仅仅是在得不到解析解的情况下的替代方案（"没有办法的办法"），更重要的是它提供了一个集成多领域知识的平台和手段，使构造复杂的经济、社会和生态系统虚拟实验室成为可能。

混合系统是包含有连续事件、离散事件和推理决策事件的一类复杂动态系统，其特征是既包含连续过程变量，又包含离散过程变量。混合系统模型可表述为

$$\left. \begin{array}{l} x = f_{z(t)}(t, x(t), u(t)) \\ y(t) = g(t, x(t)) \\ z_{n+1} = d_{n+1}(\eta_{n+1}, z_n, q_n, x_n) \\ \xi(t) = \xi_n, \Lambda(n) \leqslant t \leqslant \Lambda(n+1) \end{array} \right\}$$

式中，第一式为连续系统的状态方程，$x(t)$ 为连续系统的状态变量，$u(t)$ 为连续系统的输入，$z(t)$ 为其在 t 时刻的状态；第二式为连续系统的量测方程，$y(t)$ 为连续系统的输出；第三式为离散事件系统的状态方程，q_n 为离散事件系统的输入，z_n 为离散事件

系统在第 n 次转移后的状态；第四式是离散事件系统的测量方程，$\xi(t)$ 为离散事件系统的输出，ξ_n 为系统离散状态发生第 n 次转移时的输出状态，$\Lambda(n)$ 为第 n 个转移点发生的时刻，记 $\Delta_{n+1}=\Lambda(n+1)-\Lambda(n)$ 为第 n 个转移发生到第 $(n+1)$ 个转移发生之间的间隔时间，η_n 为一个随机量序列。在此混合动态系统模型中，连续时间变量和离散事件变量存在相互的影响，这种系统被称为交互式的混合动态系统。

> **第一篇研究混合系统的文献。**
>
> 第一篇研究混合系统的文献出现于 1966 年（Witsen Hausen）。1979 年，瑞典人 Cellier 首次引入混合系统结构的概念，把系统分为离散、连续和接口三个部分。国外在该领域取得了较多的研究进展与成果，国内这方面研究也已开始起步，相关文献还不太多。

混合系统的种类繁多，研究范围广泛，需要跨学科合作，集控制、辨识、评估、通信、计算机科学和人工智能等多领域理论和技术方法于一体才可能获得突破。

目前的混合系统和混合系统模拟的研究主要集中在工程控制领域，混合系统的应用集中表现在混合系统的故障诊断和监控设计方面。工程控制领域对混合系统和混合系统模拟的研究主要有以下三个方面：一是混合系统的描述；二是混合系统的分析与设计；三是混合系统验证与模拟。混合系统的理论基础和应用研究尚处于开拓阶段。

8.2.3 多智能体与混合型模拟

1. 传统模拟下混合型模拟的集成方式

这里的传统模拟指用基于过程的方式实现的系统或者采用了传统的面向对象的思想实现的系统。连续型系统、离散型系统和推理决策系统的结合方式决定了混合模拟系统结构，如图 8.1 所示。该图中，连续型系统、离散型系统与推理决策系统之间有相互的作用关系，混合系统中不同系统过程间的数据交换，可以通过动态数据交换的接口，或者公共变量来实现。

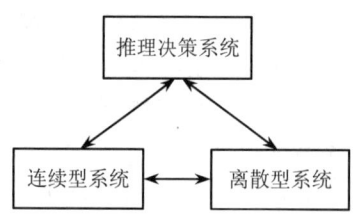

图 8.1 混合模拟系统结构

2. 基于多智能体的混合型模拟的集成方式

随着基于多智能体的建模和模拟技术的发展，智能体表达推理决策系统的能力和混合的深度进一步加强，混合型模拟的系统结构也发生了较大变化。基于多智能体的混合型模拟集成结构如图 8.2 所示。

智能体是一个相对独立的程序，可以包容单个子离散型模拟系统或者子连续型模拟系统，甚至子混合型模拟系统。图 8.2 中，智能体模拟系统被设计为相对于离散型系统和连续型系统独立。虽然基于多智能体模拟能表达离散型系统，但是根据模拟理论和模拟工具的发展现状，一些典型的离散型系统应用传统的离散型建模理论和工具还是相对比较容易，而对于发生复杂交互关系的离散型系统，智能体建模和模拟是更好的选择。所以，智能体中没有将离散型系统作为一个可选的混合情况。

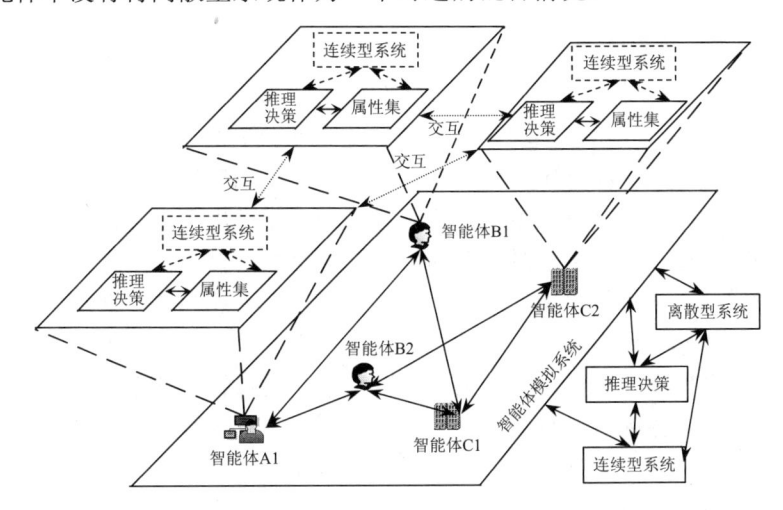

图 8.2 基于多智能体的混合型模拟集成结构

对于单个智能体，其行为受到其属性值或环境变量的影响，又由推理决策来决定，其行为的结果又将改变自己或改变其他智能体属性值或环境变量，依次动态推进。在这些推进过程中，甚至可能还包含有连续的模拟推进过程，所以用虚线来表示。

图 8.2 中的智能体模拟系统有多个智能体，这些智能体可能是由多种智能体构成的，每种智能体有多个实例，也可能仅有一个实例。多智能体模拟中往往是前一种情况，通过对多个智能体的个体行为的模拟来模拟整体系统。

基于多智能体模拟与混合模拟集成中有个非常明显的特点，即其混合程度加深了，建模更加灵活了。推理决策系统被分散开来，不仅有总控的推理决策过程，还有局部作用，如智能体内部的推理决策过程。

根据图 8.2，可以构造一些稍微简化的或者更为复杂的基于多智能体的混合型模拟集成结构。

3. 混合型模拟的工具与语言

可以直接运用某种通用的高级语言编写和运行模拟程序，如 C 语言或者 Java 语言，或者采用专门的计算机模拟语言来进行建模与分析，如 SLAM（Simulation Language for Alternation Modeling）、SIMSCRIPT 和 GASP 等。最新的一些模拟软件不仅在混合型模拟和建模上有所进步，而且在模拟的动画效果方面也有巨大进步。前面章节介绍的模拟工具 Arena 和 AnyLogic 都可用于混合型模拟。

虽然 Arena 的主要应用领域是离散型模拟，但是 Arena 也能实现连续型模拟。Arena 建模中在遇到离散与连续混合的系统模拟时，必须使用块和元素面板，通过编写必要的代码来实现。

在 AnyLogic 集成环境中可以方便地建立离散型、连续型和基于多智能体型的模拟模型，以及它们组合而成的混合型模拟模型，也能非常方便地加入推理决策过程。

8.2.4 混合型模拟的相关理论分析

1．混合型模拟的算法实质

管理系统模拟运行的算法实质是在给定初始条件和动态模型的基础上，从初始条件出发，通过动态模型的作用，推理计算得到系统的下一个状态，新的状态又成为一个输入，依此类推，得到一个动态轴上的状态序列。这个动态模型决定了模拟模型的类别是连续型的、离散型的，还是混合型的。甚至这个动态模型也可以不是数学模型，而是逻辑模型，动态特征也不一定是对时间轴的刻画，如定性模拟。

对于定量模拟，计算机模拟的算法实质可以简化地表述为是对动态系统在时间轴上进行动态推理。计算机模拟过程可以被看做对动态系统在时间轴上通过动态推理而逐步推进的过程。混合型模拟也不例外，但是混合型系统是包含连续事件、离散事件、推理决策（思维决策）事件的一类复杂动态系统，如何控制系统推进有其特殊性。

在连续型模拟中，变量连续地变化，通常表现为一个有时间变量的函数；而在离散型模拟中，状态变量在时间的离散点上产生瞬间变化。在连续系统模拟中，是将连续型模型进行离散化而成为模拟模型，而模拟时间的变化是基于模拟步长的，可以是定步长，也可以是变步长，因此模拟时钟就体现在对该步长的推进上。在离散事件系统模拟中，其状态本来就只在离散时间点上发生变化，因而不需要进行离散化处理。而且，两个相邻发生的事件之间的系统状态不会发生任何变化。因此，模拟时钟可以跨过这些"不活动"周期，从一个事件发生时刻推进到下一个事件发生时刻，模拟时钟的推进出现跳跃性。如果引起状态变化的事件发生的时间是随机性的，那么模拟时钟的推进步长就将是随机的。基于这种理论，可以将时间轴重合，并且要求模拟时钟同步来实现两种模拟的混合，即连续离散混合型模拟。

在连续离散混合型模拟中，连续时间变量和离散事件变量相互影响，系统状态的动态推进服从于离散型推进过程和连续型推进过程相结合的过程，它们的交互点具有时间上的离散性。推理决策过程应该不是动态推进过程，而是满足条件时的一个简单或者复杂的分支判断，也具有离散性。所以，连续事件系统、离散事件系统与推理决策系统的交互点具有时间上的离散性。因此，整个系统推进取决于事件序列，而这个事件不仅包括离散事件，而且还包括连续事件。推进过程产生的分支决定系统推进的状态发展的分支。

2．混合型模拟的时间同步与控制

混合型系统模拟可以分解为分别对连续事件系统、离散事件系统、推理决策系统及其关系的模拟。由于以上三个子系统是在同一个系统中被模拟分析，整个系统推进取决于事件序列，因此如何安排事件序列，即如何控制用于表示模拟时间变化的模拟时钟，依然是一个关键问题。

在对连续系统的模拟中，实际上是离散化后的推理过程，模拟时间变化是基于模拟

步长的，模拟时钟体现在该步长的推进上。模拟时钟推进是靠数据的自我修改，通过算法耗费的时间来建立与物理时间的某种对应关系，因此这种模拟速度具有一定程度的"匀速性"。步长选定与模拟中的性能需求有关，这里主要是模拟给定误差。当选定某一步长时，若模拟计算误差超过该给定误差，就减少步长，反之就增加步长。连续型系统模拟时间总是与模拟步长选取形成一个矛盾关系，也就是说，当加大模拟步长时，模拟时间就会缩短，反之就会延长。另外，模拟步长又与模拟精度有关，当步长加大时，其模拟精度就会下降，反之就提高。因此，在实际中总是利用模拟步长去实现模拟精度与模拟时间的折中。

在离散事件系统模拟中，两个相邻发生事件之间的系统状态不会发生任何变化，模拟时钟可以跨过这些"不活动"周期，跳跃性推进。模拟速度存在强烈的"变速性"。另外，如果引起状态变化的事件发生时间是随机性的，那么模拟时钟的推进步长也是随机的。

在推理决策系统中，其决策条件的产生受控于连续型系统或离散事件系统，它本身不具备时间特性，当然它又与时间（包括推理时间）相关。

从实际运行速度看，一般来说，连续型系统模拟要达到好的精度将产生更多事件，相对比较费时，而离散事件系统相对来说产生的事件要少。混合型系统是包含连续型系统与离散型系统的模拟，因此整个混合型系统模拟速度取决于连续型系统模拟及离散型系统与连续型系统之间的同步程度，当离散型系统模拟时钟与连续型系统模拟时钟具有严格同步时，混合型系统模拟时钟就完全等同于连续型系统模拟时钟。推理决策系统在连续型系统与离散型系统模拟时钟同步的基础上将不存在同步问题。

如果连续型系统与离散型系统是在单一系统下模拟，那么其同步方法可以用如下的模拟步骤来完成。

步骤1，产生下一离散事件的发生时间。

步骤2，推进一个连续型系统模拟步长。

步骤3，将连续型系统模拟步长累加，并与上述产生的离散事件发生时间进行比较。若满足大于离散事件发生时间，则实施同步处理。如果模拟最终时间到，则进入步骤4，否则返回步骤1。若小于离散事件发生时间，则返回步骤2。

步骤4，结束。

可见，由于连续型系统的存在，时钟同步问题同样存在模拟时间与精度的矛盾。

如果连续型系统与离散型系统不是在单一系统下模拟，如分布式模拟，当不同模拟系统之间通过数据接口各自运行时，同步问题就显得更加重要，近年也出现了非常多的研究。有些过程中包括复杂的推理计算，导致模拟的物理时间不一定相等。这将严重影响模拟时钟的同步，这种同步的控制也比较难。因为本书中的混合问题都是在同一软件系统中实现的，所以对同步问题不做深入探讨。

8.3 生产—销售系统

下面将要讨论的生产—销售系统由工厂、批发商、零售商和顾客组成。为了简单起见，不考虑工厂的原材料供应商，且只有一个工人、批发商和零售商，顾客的需求量受到广告效应和口碑效应的影响。在这个模型中，广告效应和口碑效应对顾客需求量的作用是一个连续过程，因此可描述为连续型系统，而顾客、工厂、批发商和零售商之间的订货行为被看成是离散事件。

1. 零售商

当顾客的需求产生时，如果零售商的库存量大于或等于顾客的需求量，顾客的需求立刻得到满足。零售商的新库存水平 I_R 等于旧库存量减去需求量。如果顾客的需求量超过了零售商库存量，顾客将购买所有的库存产品，超过库存量的需求量将被积压。

每天开始时，零售商将检查库存水平并决定向批发商的订货量，订单以电子方式发送给批发商并立即抵达。零售商采用固定的订货策略来决定订货量，即

$$Q_R \begin{cases} S_R - I_R & I_R < S_R \\ 0 & I_R \geqslant S_R \end{cases} \tag{8.1}$$

式中，S_R 和 I_R 为零售商的订货策略参数，其默认值分别为 4 000 和 2 000。

假设零售商的初始库存水平为 70，而且没有向批发商订货。

2. 批发商

每天开始的时候，批发商将查看是否有需要发货的订单，包括刚刚抵达的订单。如果有需要发货的订单，批发商将按照先进先出（FIFO）的规则进行发货。批发商发货到货物抵达零售商所需的时间均匀地分布在（0.25，0.5）之间。批发商的新库存水平 I_W 等于旧库存量减去发货量。发货后，批发商将检查现有的库存水平，并决定向工厂订货的数量。

批发商采用固定的订货策略来决定订货量，即

$$Q_W \begin{cases} S_W - I_W & I_W < S_W \\ 0 & I_W \geqslant S_W \end{cases} \tag{8.2}$$

式中，S_W 和 I_W 为批发商订货策略参数，其默认值分别为 4 000 和 2 000。

假设批发商的初始库存水平为 70，并且没有向工厂订货。

3. 工厂

每天开始的时候，工厂将查看是否有需要发货的批发商订单，包括刚刚抵达的订单。如果有需要发货的订单，工厂将按照先进先出（FIFO）的规则进行发货。工厂发货到货物抵达批发商所需的时间均匀地分布在（0.5，1）之间。工厂的新库存水平 I_F 等于旧库存量减去发货量。

在发货后，工厂将检查现有的库存水平，并决定生产量。假设工厂所需的原材料是充足的，生产率 M_R 为 200 件/h。

工厂采用固定的生产策略来决定生产量，即

$$M_F = \begin{cases} M_R & I_F < S_F \\ 0 & I_F \geqslant S_F \end{cases} \tag{8.3}$$

式中，S_F 为工厂订货策略参数，其默认值为 0。

假设工厂的初始库存水平为 70，没有任何产品处于生产流程中。

4．顾客需求

假设产品的市场容量（顾客总数）为 100 000，而且产品通过广告和口头传播来进行扩散。开始时，该产品没有顾客使用，产品通过广告进入市场，广告效应为 0.001 1；当有顾客开始购买并使用该产品后，该产品还将通过口头传播在市场中进行扩散，假设已购买该产品的顾客的联系频率为 10，说服率为 0.001。该产品有一定的使用寿命，假设产品的使用寿命为 60 天，当产品达到使用寿命期限时，已购买该产品的顾客将丢弃该产品。

该供应链运行时间为 2 年，下面分析与评价该产品潜在顾客与已购买产品顾客的数量变化情况；零售商、批发商和工厂在任一时刻的库存量的变化情况。

8.4 建模分析

AnyLogic 是一个面向对象的模拟建模工具，因此需要为供应链的每个元素（零售商、批发商和工厂）创建一个 Active Object 类。这些对象都是自治的，能够进行自主决策，并具有与其他智能体及环境交互的接口。

AnyLogic 采用图形方式，利用创建对象并连接它们的方法来构建供应链模型。因此，利用 AnyLogic 中的 ports（接口）来模拟供应链对象的接口，并使用鼠标来连接 ports。供应链元素的 ports 如图 8.3 所示。

图 8.3 供应链元素的接口

对于工厂的生产过程，需要通过系统动力学方法来模拟。

在供应链中存在着信息流和物质流两个方向相反的流。信息流是从终端客户流向零售商，再到批发商，最后抵达工厂；而物质流则是从工厂经过批发商和零售商抵达终端客户。在此模型中，需要描述这些流。这些流基本上都是被动的数据，模拟它们最简单的方法是对象化。在 AnyLogic 中，定义数据的语言是 Java。通过创建三个 Java 类，即 Demand、Order 和 Shipment 类来对象化这些数据。

（1）Demand（需求）——客户的需求，包括需求量。

（2）Order（订货）——批发商或工厂的订货，包括订货量和发货地址。发货地址是订货对象的 port（接口）。利用零售商对象的 portWholesaler 接口和批发商对象的 portFactory 接口发送 Order 的信息，利用批发商对象的 portRetailers 接口和工厂对象的 port 接口接收 Order 的信息。

（3）Shipment（发货）——向零售商和批发商发货，包括发货量。利用批发商对象的 portRetailers 接口和工厂对象的 port 接口发送 Shipment 的信息，并利用零售商对象的 portWholesaler 接口和批发商对象的 portFactory 接口接收 Shipment 信息。

在该供应链模型中，不需要为客户元素创建智能体。潜在客户的购买受广告效应和客户的口碑效应的影响。由口碑效应驱动的新产品购买行为就像流行病一样。潜在客户通过社会互动接触客户，这些接触的小部分将导致新产品的购买。在每个时间周期里，广告效应导致一部分潜在客户变为客户。在模型的顶层结构中，通过系统动力学方法来实现这一过程。

8.5 建模过程

1. 创建新模型

单击"New"（新建） 工具条按钮，在出现的对话框中指定模型的名称为"Supply Chain and Product Diffusion"，并且指定保存模型文件的位置。

2. 创建 Java 类

1）创建 Java 类：Demand

以鼠标右键单击" Supply Chain and Product Diffusion"按钮，在弹出的下拉框中单击"New"选项，然后单击"Java Class"选项，在弹出的"Name"对话框中输入"Demand"，单击"Finish"按钮完成。

在默认情况下，AnyLogic 将自动为 Demand 类生成一段代码，把默认的代码修改为如下代码：

```java
public class Demand {
    private static final long
    serialVersionUID = 4865342235607720104L;
    Demand( int a, double t ) {
        amount = a;
        timestamp = t;
    }
    int amount;
    double timestamp;
    public String toString() {
        return "Demand[" + Utilities.format(amount) + "] @"
        + Utilities.format(timestamp);
    }
}
```

2）创建 Java 类：Order 和 Shipment 类

用同样的方式创建 Order 类和 Shipment 类，它们的代码如下：

```java
publicclass Order implements java.io.Serializable {
    private static final long
    serialVersionUID = 6989473857823485592L;
    Order( int a, Port<?, ?> dest ) {
        amount = a;
        destination = dest;
    }
```

```
    int amount;
    Port<?,   ?> destination;
    public String toString() {
    return "Order[" + Utilities.format(amount) + "] from "
      + destination.getActiveObject().getFullName();
    }
}
publicclass Shipment {
    private static final long
    serialVersionUID = -1741986114265033056L;
      Shipment( int a ) {
      amount = a;
    }
    int amount;
    public String toString() {
      return "Shipment[" + Utilities.format(amount) + "]";
    }
}
```

这些供应链对象之间只有信息交流,因此它们没有必要了解各自的内部结构。这样,零售商、批发商和工厂就能够独立发展。

3. 批发商模型

在 AnyLogic 中,可以通过定义批发商对象的内部参数与方法来模拟批发商。

以鼠标右键单击"Supply Chain and Product Diffusion"按钮,在弹出的下拉框中单击"New"选项,然后单击"Active Object Class"选项,在弹出的"Name"对话框中输入"Wholesaler",单击"Finish"按钮完成。

首先记录批发商的库存量和积压订单数量。在模型中,产品都是同类型的,并且订单是以先进先出的方式进行处理,因此库存水平用普通变量来模拟,而订单则保存在一个集变量中。

1) 创建代表库存量的普通变量"I"

在"Palette"窗口的"Model"面板中选择 Plain Variable 元素,在绘图编辑区中单击,一个新变量就会出现在绘图编辑区中。

一旦把元素放置在绘图编辑区中,它就会被选中,同时其属性在"Properties"窗口中显示。如果稍后修改属性,应该首先选中元素(如在绘图编辑区单击元素),然后修改相关属性。

设置变量"I"的属性:在"Properties"窗口的"General"页面的"Name"编辑框中输入"I",在"Type"编辑框中选择"int"类型,在"Initial Value"编辑框中输入"70",表示批发商的初始库存量为 70。用同样的方法创建普通变量"expected",其属性设置如图 8.4 所示。

2）创建保存订单的集变量"Orders"

在"Palette"窗口的"Model"面板中选择 Collection Variable 元素，在绘图编辑区中单击以设置其属性。在"Properties"窗口的"General"页面的"Name"编辑框中输入"Orders"。Orders 是一个 LinkedList 类型的集变量，它保存 Order 类型的元素，其初始值为空，其属性设置如图 8.5 所示。

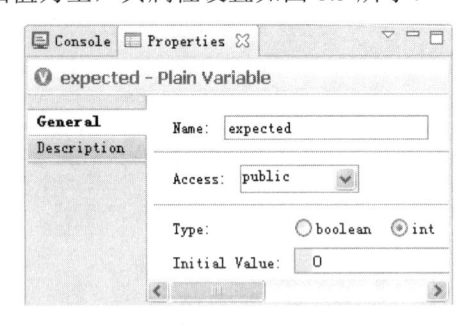

图 8.4　普通变量"expected"的属性设置 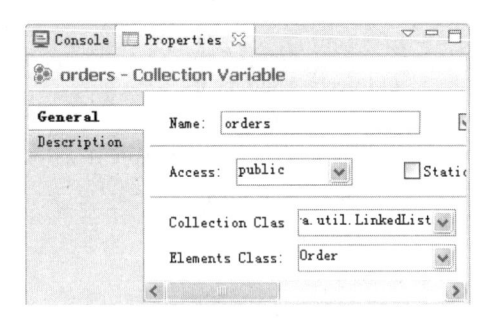　　　图 8.5　集变量"Orders"的属性设置

3）创建库存策略参数"s"

在"Palette"窗口的"Model"页面上单击 Parameter 元素，在绘图编辑区中适当位置单击以放置参数。

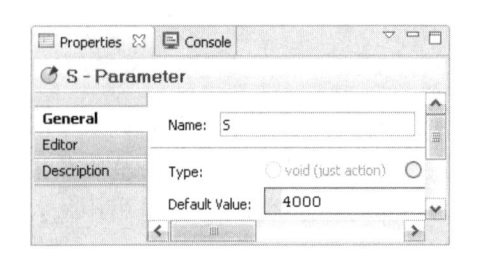

设置参数"s"的属性：在"Properties"窗口的"General"页面的"Name"编辑框中输入"s"，在"Default Value"编辑框中输入"2 000"。用同样的方法添加库存策略参数"S"，其属性设置如图 8.6 所示。

这里，s 和 S 都是库存策略参数。

4）确定触发对象行为的事件或条件

图 8.6　批发商对象库存策略参数"S"的属性设置

确定批发商模型的三个"triggers"（触发器）：

（1）收到订单（来自零售商或其他批发商）。

（2）发货抵达（来自工厂或其他批发商）。

（3）每天开始：传入订单的处理，货物的发运及传出订单（向工厂或其他批发商）的发送。

因为批发商对这些事件的反应不会改变（这些反应基本上不取决于批发商对象的内部状态），所以在批发商模型中没有必要使用"statechart"（状态图）。对这些反应的模拟，只需在信息抵达的接口处定义批发商对接收的订单和发货的反应即可。这是建立模型过程中的一个重要环节，需要仔细分析真实世界中对象的行为，并确定最适合的 AnyLogic 模拟语言：状态、事件、统计方程和过程流程图等。

5）创建接口"portRetailers"

在"Palette"窗口的"Model"页面上单击"Port"元素，在绘图编辑区中单击以设置其属性。在"Properties"窗口的"General"页面的"Name"编辑框中输入"portRetailers"，以改变接口的名称，在"In message Type"下拉框中选择"Order"类型，在"Out message

Type"下拉框中选择"Shipment"类型。用相似的方法创建接口"portFactory",其属性设置如图 8.7 所示。

```
Name: portFactory          □ Show Name  □ Ignore  ☑ Public  ☑ Show
□ Custom Port   In message Type: Shipment   Out message Type: Order
```

图 8.7 接口"portFactory"的属性设置

6) 定义批发商对象的行为

批发商对象的最简单行为是对发货抵达的反应,只需将收到的货物数量添加到库存中即可。嵌入此项行为的地方是批发商对象的"portFactory"接口的"On Receive"处,"portFactory"接口的"On Receive"代码如图 8.8 所示。

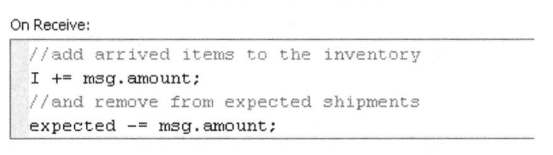

```
On Receive:
//add arrived items to the inventory
I += msg.amount;
//and remove from expected shipments
expected -= msg.amount;
```

图 8.8 "portFactory"接口的"On Receive"代码

批发商对象对订单抵达的反应也很简单,即将此接收到的订单添加到订单队列的尾部,嵌入此项行为的地方是批发商对象"portRetailers"接口的"On Receive"处,"portRetailers"接口的"On Receive"代码如图 8.9 所示。

```
On Receive:
//add incoming order to the queue
orders.addLast( msg );
```

图 8.9 "portRetailers"接口的"On Receive"代码

上述代码片段中的"msg"用于存取刚刚抵达的信息。

批发商对象的最后一项行为是订单处理(包括发运货物)。在定义这项行为之前,首先需要考虑如何模拟货物发运。从批发商发运货物到零售商(或其他批发商)收到货物之间存在着随机分布的发运时间。一旦货物被发运,逻辑上批发商将不会影响货物的未来活动。

AnyLogic 中的 Dynamic Event(动态事件)最适合模拟这种情况。Dynamic Event 能与其他的 Dynamic Event 进行信息与行为连接。在批发商对象中,信息是"Shipment"类型,包括发运数量与发运目的地的接口。

首先,创建动态事件"Delivery"。在"Palette"窗口的"Model"页面上单击"Dynamic Event"元素,在绘图编辑区中适当位置单击以放置元素。在"Properties"窗口的"General"页面的"Name"编辑框中输入"Delivery",以改变动态事件的名称,在"Action"编辑框输入"destination.receive(shipment);"以定义其行为。动态事件"Delivery"的属性设置如图 8.10 所示。

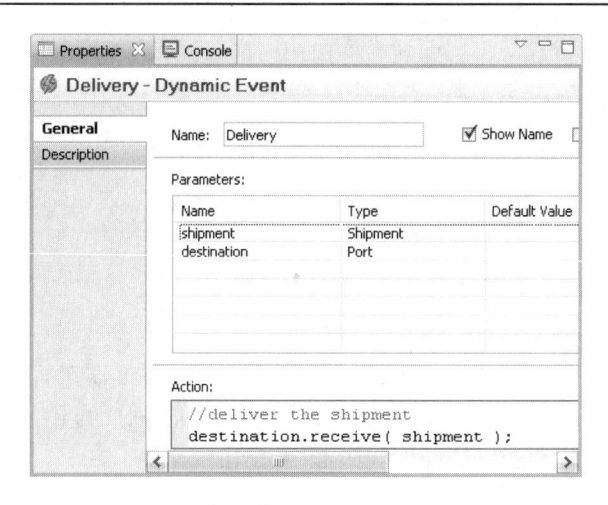

图 8.10　动态事件"Delivery"的属性设置

在定义"Delivery"行为时，引用了接口的"receive(<message>)"方法，此方法立即而直接地将信息传递给目标接口。

其次，利用"checkOrders"函数来完成订单处理。在"Palette"窗口的"Model"页面上单击"Function ⓕ"元素，在绘图编辑区中的适当位置单击以放置元素。在"Properties"窗口的"General"页面的"Name"编辑框中输入"checkOrders"；在"Code"页面的"Function Body"编辑框中输入如下代码：

```
//check orders and ship
while( ! orders.isEmpty() ) {
  //take first order
  Order order = orders.getFirst();
  //check if it can be shipped
  if( order.amount <= I ) {
    //initiate shipment
    Shipment shipment = new Shipment( order.amount );
    create_Delivery( uniform( 0.25，0.5 )*day()，
      shipment， order.destination );
    //decrement inventory level
    I -= order.amount;
    //remove order from the queue
    orders.removeFirst();
  } else {
    //order cannot be shipped - stop processing orders
    break;
  }
}
//what is the inventory level plus
//expected shipments minus backlog?
int IEB = I + expected - backlog();
```

```
//how much to order? - apply inventory policy
int O = IEB < s ? S - IEB : 0;
if( O > 0 ) {
    //order from the factory
    portFactory.send( new Order( O,   portFactory ) );
    //remember we expect that shipment
    expected += O;
}
//update stats
InventoryDS.update();
```

用相似的方式定义 backlog()函数来计算批发商对象的积压订单总数量。backlog()函数的代码如下：

```
//calculate the total of backlogged orders
int bo = 0;
for( Order o : orders )
        bo += o.amount;
return bo;
```

以上就是对批发商对象的模拟。在上面的建模过程中，设置批发商的行为只使用了低级的 AnyLogic 原语：接口、事件、变量和函数，而没有使用过程图等更高级的构建方法。

> **订单处理的模拟。**
> 订单处理是利用"Funtion"（函数）来完成的。当然，也可以使用 AnyLogic 企业库中的排队、延迟和其他更高级的构建方法来完成订单处理。

4．工厂模型

工厂模型与批发商模型非常类似。工厂的内部状态也是由库存量和积压订单数量来定义的。唯一的区别是工厂不是由外部的货物来补充库存，而是由自身进行补充的。所以使用相似的方法来创建工厂模型。

以鼠标右键单击" Supply Chain and Product Diffusion"按钮，在弹出的下拉框中单击"New"选项，然后单击"Active Object Class"选项，在弹出的"Name"对话框中输入"Factory"，单击"Finish"按钮完成对工厂对象的创建。

1）创建工厂对象的参数、普通变量和集变量

用相同的方法添加参数"S"和"NormalManufacturingRate"，在"S"的设置中将"Default Value"设置为"0"，生产策略参数"NormalManufacturingRate"的属性设置如图 8.11 所示。

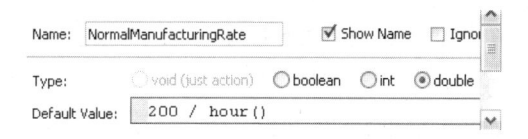

图 8.11　生产策略参数"NormalManufacturingRate"的属性设置

用相似的方法创建普通变量"ManufacturingRate"和集变量"orders"。普通变量"ManufacturingRate"的属性设置如图 8.12 所示，集变量"orders"的属性设置如图 8.13 所示。

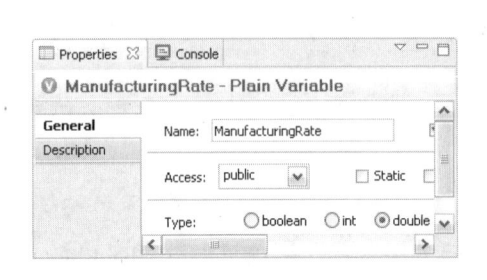

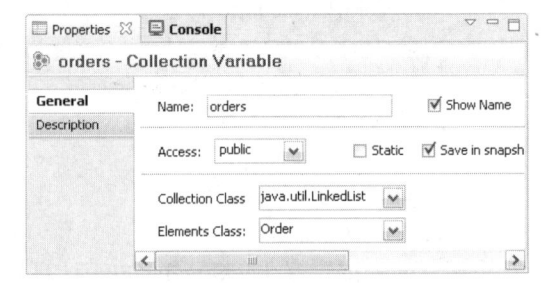

图 8.12　普通变量"ManufacturingRate"的属性设置　　图 8.13　集变量"orders"的属性设置

2）创建代表库存量的存量"I"

在"Palette"窗口的"Model"面板中选择"Stock□"元素，在绘图编辑区中单击，一个新存量就会出现在绘图编辑区中，显示为一个蓝色的矩形。

改变存量"I"的名称：在"Properties"窗口的"General"页面的"Name"编辑框中输入"I"，在"Intial Value"编辑框中输入"70"，表示工厂元素的初始库存量为 70。

然后，在存量 I 的"Properties"窗口的"General"页面中的"d(I)/dt="编辑框中输入"ManufacturingRate"，存量 I 与普通变量"ManufacturingRate"之间将自动生成一条带箭头的曲线，如图 8.14 所示。

图 8.14　工厂生产过程的系统动力学模型

3）确定触发对象行为的事件或条件

工厂对象的三个 triggers（触发器）：一是收到的订单（来自批发商或零售商），二是完成的产品数量，三是对每天开始传入订单的处理，货物的发运和生产的调整准备。

4）创建接口"port"

用相同的方法创建工厂对象的接口"port"，其设置如图 8.15 所示。

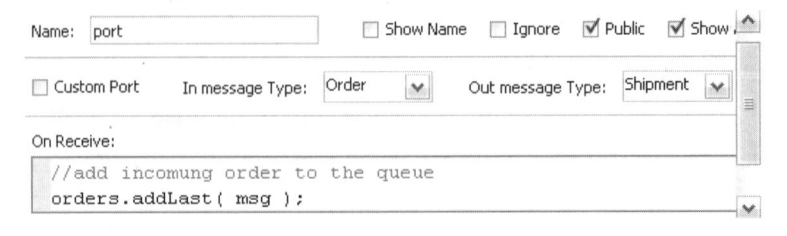

图 8.15　工厂对象接口"port"的设置

5）工厂对象的订单处理

首先，添加动态事件"Delivery"来模拟货物的发运，其设置如图 8.16 所示。

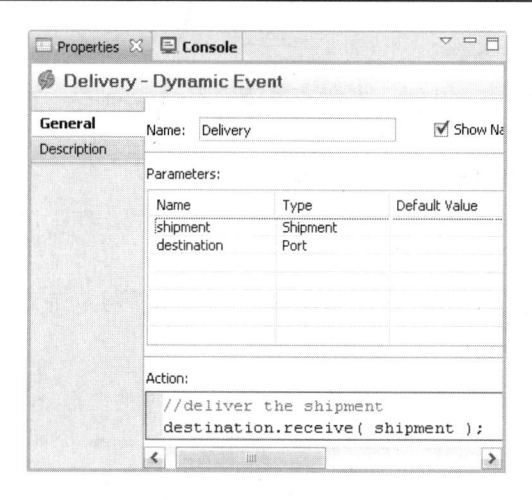

图 8.16 工厂模型动态事件 "Delivery" 的设置

其次，创建 "checkOrders" 函数来完成工厂对象的订单处理。"checkOrders" 函数的代码如下：

```
while( ! orders.isEmpty() ) {
    //take first order
    Order order = orders.getFirst();
    //check if it can be shipped
    if( order.amount <= I ) {
        Shipment shipment = new Shipment( order.amount );
        create_Delivery( uniform( 0.5，1 )*day()，
            shipment， order.destination );
        I -= order.amount;
        orders.removeFirst();
    } else {
        break;
    }
}
int IB = (int)I - backlog();
ManufacturingRate = IB > S ? 0 : NormalManufacturingRate;
InventoryDS.update();
```

用相似的方式定义 "backlog()" 函数来计算工厂对象积压订单的总数量。工厂对象的 "backlog()" 函数代码和前面批发商对象的 "backlog()" 函数代码相同。

5．零售商模型

零售商模型也类似于批发商模型。零售商对象也发出订单和接收货物，不同的是零售商把产品卖给终端客户。

用相似的方法来模拟零售商。以鼠标右键单击 "Supply Chain and Product Diffusion" 按钮，在弹出的下拉框中单击 "New" 选项，然后单击 "Active Object Class" 选项，在弹出的 "Name" 对话框中输入 "Retailer"，单击 "Finish" 按钮以完成对零售商对象的创建。

1）创建普通变量和参数

在"Palette"窗口的"Model"页面上单击"Parameter"元素，在绘图编辑区中适当位置单击以放置参数。在"Properties"窗口的"General"页面的"Name"编辑框中输入"s"，在"Default Value"编辑框中输入"2 000"。

用同样的方法添加零售商对象的库存策略参数"S"，在"Default Value"编辑框中输入"4 000"。

用相似的方法创建代表库存量的普通变量"I"和普通变量"expected"，其属性设置分别如图8.17和图8.18所示。

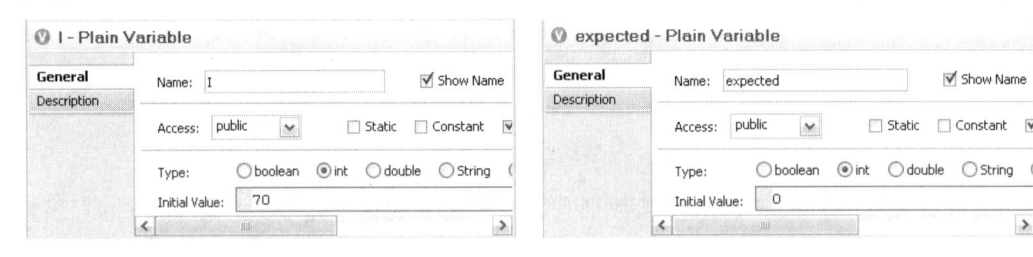

图 8.17　代表库存量的普通变量"I"的属性设置　　图 8.18　普通变量"expected"的属性设置

2）创建相关接口

用相同的方法创建工厂模型接口"portWholesaler"，其设置如图8.19所示。

图 8.19　工厂模型接口"portWholesaler"的设置

3）添加辅助变量"Demand"

在"Palette"窗口的"Model"面板中选择"Flow Aux Variable"元素，在绘图编辑区中单击以放置元素。

改变辅助变量"Demand"的名称：在"Properties"窗口的"General"页面的"Name"编辑框中输入"Demand"，并在"External"复选框中打钩。

4）零售商对象的需求处理

首先，利用"checkDemand"函数来完成零售商对象的需求处理。"checkDemands"函数的代码如下：

```
//check demand and satisfy what's possible
if( (int)Demand > 0 && I > 0 ) {
    //supply what we can
    int amount = min( (int)Demand, I );
    //this call will decrease the Demand and
    //increase Users at Main level
    get_Main().supply( amount );
    //decrease inventory
    I -= amount;
```

}
```
//what is the inventory level plus
//expected shipments minus backlogged demand?
int IEB = I + expected - (int)Demand;
//how much to order? - apply inventory policy
int O = IEB < s ? S - IEB : 0;
if( O > 0 ) {
    //order from the wholesaler
    portWholesaler.send( new Order( O,    portWholesaler ) );
    //remember we expect that shipment
    expected += O;
}
DemandDS.update();
InventoryDS.update();
```

其次，定义货物抵达时的行为。此行为在零售商对象的"portWholesaler"接口的"On Receive"处定义，其代码如图 8.20 所示。

```
On Receive:
//add arrived items to the inventory
I += msg.amount;
//and remove from expected shipments
expected -= msg.amount;
```

图 8.20　零售商对象的"portWholesaler"接口的"On Receive"代码

6．需求模型

在模型的顶层 Main 对象中，利用 Bass 扩散模型和系统动力学方法来模拟客户的需求。模拟产品扩散过程需要添加三个存量来分别模拟客户、潜在客户数量及需求。

1）添加一个代表潜在客户数量的存量"PotentialUsers"

在 Main 对象中，在"Palette"窗口的"Model"面板中选择"Stock▢"元素，在绘图编辑区中单击以放置存量。

设置存量"PotentialUsers"的属性：在"Properties"窗口的"General"页面中的"Name"编辑框输入"PotentialUsers"，在"Initial Value"编辑框中输入"100 000"来表示潜在客户的初始数量。

以同样的方式添加另两个存量"Users"和"Demand"，并调整它们的放置位置。因为最初没有客户，并且存量的默认值为 0，所以不必专门设置存量"Users"和"Demand"的初始值。

2）添加一个从潜在客户到需求的流量"AdoptionRate"

使用 AnyLogic 的"flow tool"（流工具）添加一个流量。流工具创建流变量并配置存量，以便使它们的值随着具体的流量值自动地改变。双击"PotentialUsers"存量，然后单击"Demand"存量以创建新的流量，创建的流量从"PotentialUsers"存量流出，流入"Demand"存量。

重命名流量。在绘图编辑区中选中流，在"Properties"窗口的"General"页面的

"Name"编辑框中输入"AdoptionRate";然后,按下"Ctrl+Enter"组合键对存量中所涉及此流量的公式进行更新。重命名后的从潜在客户到需求的流量"AdoptionRate"如图 8.21 所示。

图 8.21　从潜在客户到需求的流量"AdoptionRate"

现在再看一下存量的属性:AnyLogic 自动地为存量调整表达式。流入流量(增加存量值的流量)的值增加到了流入的存量中,如图 8.22 所示;流出流量(即减少存量值的流量)的值从流出的存量中减少了,如图 8.23 所示。

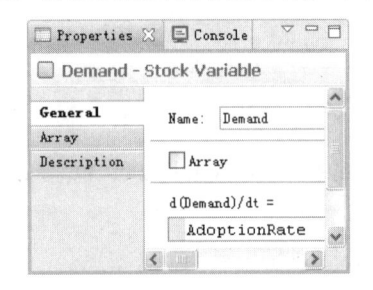

图 8.22　自动调整后的流入存量 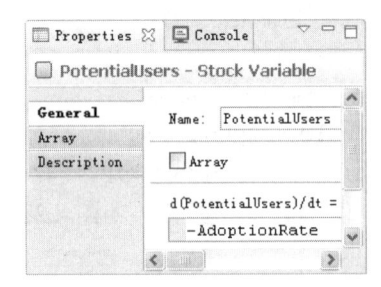　　　　图 8.23　自动调整后的流出存量

用相同的方法添加一个从客户到需求的流量,重命名为"DiscardRate",如图 8.24 所示。此时存量"Demand"的属性如图 8.25 所示。

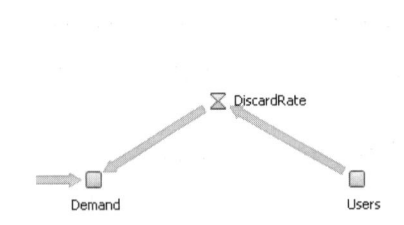

图 8.24　从客户到需求的流量 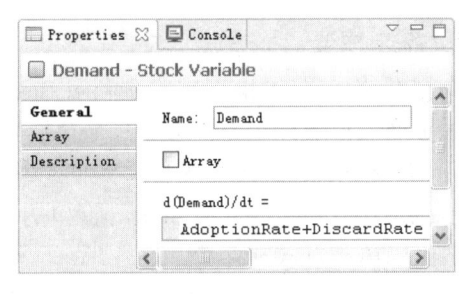　　　　图 8.25　存量"Demand"的属性变化

下面将进一步设置公式来计算流量的值。

3)定义联系率常量"ContactRate"

在此模型中,假定潜在客户与客户的联系比例是一个常量,因此需要定义一个参数来描述联系比例。

假设每人每年联系的频率是 10。在"Palette"窗口的"Model"页面上单击"Parameter"元素,在绘图编辑区中单击以放置元素。在"Properties"窗口的"General"页面的"Name"编辑框中输入"ContactRate",在"Default Value"编辑框中输入"10"。

在此模型中,假定在每个时期内,广告效应及一个潜在客户由于接触既定的广告而购买产品的可能性是恒定的。以相似的方式定义一个参数来描述广告效果,命名为"AdEffectiveness",设置其默认值为"0.001 1"。

以相似的方式定义一个采用比例参数"Fraction",设置其默认值为"0.001"。

以相同的方法添加代表产品生命周期的参数"ProductLifetime",设置其默认值为"60",其属性设置如图 8.26 所示。

图 8.26 产品生命周期"ProductLifetime"的属性设置

4)定义购买率"AdoptionRate"的公式

假定购买流的两个源头(广告和口碑效应)是相互独立的。因此,总购买率等于口碑效应导致的购买率加上广告导致的购买率。

在绘图编辑区中单击刚刚创建的流量"AdoptionRate",在"Properties"窗口的"General"页面的"AdoptionRate="编辑框中输入表达式"PotentialUsers * AdEffectiveness+ Users * ContactRate * Fraction * PotentialUsers / (PotentialUsers + Users)",其设置如图 8.27 所示。

设置完成后,相关量之间会有箭头自动链接起来。

用相似的方法定义抛弃率"DiscardRate"的公式,其设置如图 8.28 所示。

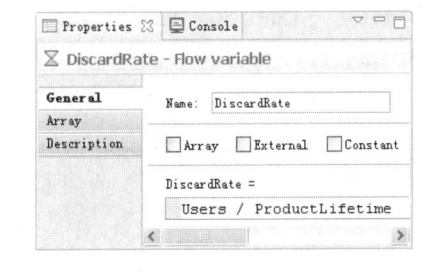

图 8.27 购买率"AdoptionRate"的公式设置　　图 8.28 抛弃率"DiscardRate"的公式设置

完整的需求模型流量图如图 8.29 所示。

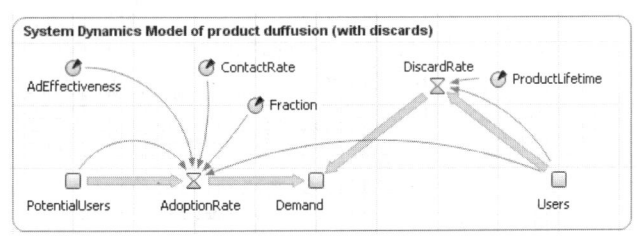

图 8.29 完整的需求模型流量图

5)添加一个 supply 函数

添加一个 supply 函数来模拟供给,其属性设置如图 8.30 所示,代码如图 8.31 所示。

7．组装模型——模拟同步机制

前面已经创建了"Wholesaler"、"Factory"和"Retailer"三个 ActiveObject 类,并利用系统动力学方法模拟了客户的需求。现在,开始建立一个供应链和产品扩散模型。

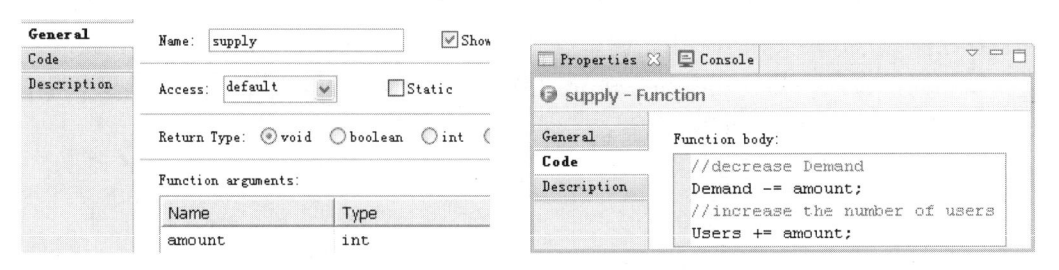

图 8.30 supply 函数的属性设置　　　　图 8.31 supply 函数的代码

1）将智能体嵌入环境

在项目视图中，双击 Main 类以打开 Main 对象，从项目视图中拖曳"Wholesaler"类到 Main 对象中，在"Properties"窗口的"General"页面的"Name"编辑框中输入"wholesaler"。采用同样的方法将"Factory"与"Retailer"类拖曳到 Main 对象中。在"Palette"窗口的"Model"面板中选择"Connect"元素，在绘图编辑区中单击"factory"对象的"port"接口和"wholesaler"对象的"portFactory"接口，来连接"factory"对象和"wholesaler"对象。采用同样的方式连接"retailer"对象和"wholesaler"对象。

在"Palette"窗口的"Model"面板中选择"Connect"元素，单击产品扩散模型中存量"Demand"，然后单击"retailer"对象的辅助变量"Demand"，AnyLogic 将生成一条由存量"Demand"指向辅助变量"Demand"的箭头线。系统动力学模型通过这条箭头线与智能体模型联系在一起。

供应链和产品扩散模型的整体结构如图 8.32 所示。

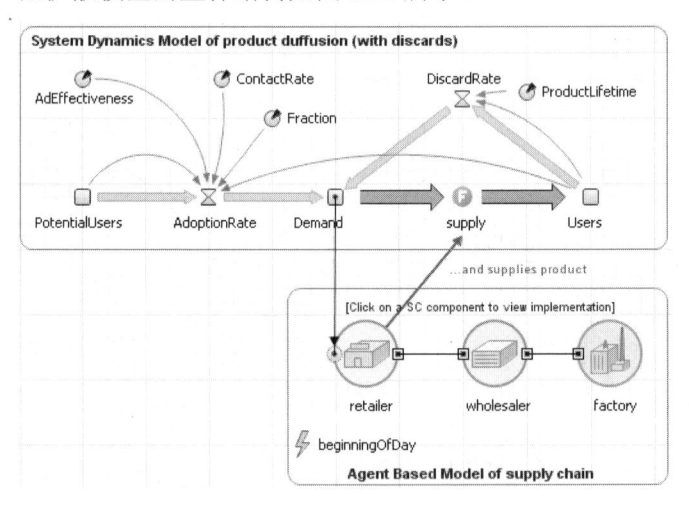

图 8.32 供应链和产品扩散模型的整体结构

2）添加"beginningOfDay"事件

目前，只定义了供应链元素发货和订货的方法，但没有定义何时及以何种命令来执行发货和订货策略。因此，需要在 Main 对象中创建一个"Cyclic Timeout Event"（循环超时事件）"beginningOfDay"，在每天开始执行，并调用供应链元素的发货和订货策略。

添加"beginningOfDay"事件。在"Palette"窗口的"Model"面板中选择"Event"

元素，在绘图编辑区中单击以放置元素。在"Properties"窗口的"General"页面的"Name"编辑框中输入"beginningOfDay"，在"Trigger Tpye"下拉框中选择"Time"类型，在"Mode"下拉框中选择"Cyclic"，在"Recurrence Time"编辑框中输入"1"，其设置如图8.33所示。

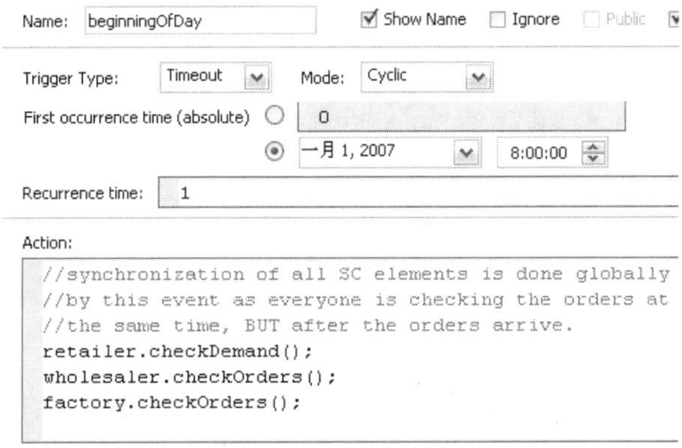

图 8.33 "beginningOfDay"事件的设置

8. 添加图

使用图可以观察到模拟过程中变量值是怎样变化的。在模拟模型中，可以使用图来观察客户和潜在客户数量，以及批发商、零售商和工厂的库存量的动态变化。

1) 绘制显示潜在客户和客户数量的时间图

首先为"PotentialUsers"存量创建一个数据集：在绘图编辑区中，以鼠标右键单击"PotentialUsers"存量并从弹出的菜单中选择" Create Data Set"（创建数据集），数据集"PotentialUsersDS"就会被创建，它将储存"PotentialUsers"存量的历史数据并在图上进行处理。

以同样的方式为"Users"存量创建数据集"UsersDS"。

在"Palette"窗口的"Analysis"页面中选择"Time Polt "元素，在绘图编辑区中单击，并重新调整其大小和位置。

在"Properties"窗口的"General"页面上，单击"Add Data Set"按钮添加"PotentialUsersDS"数据集，在"Title"编辑框中指定数据集的标题"Potential Users"。

同样，单击"Add Data Set"按钮添加"UsersDS"数据集，在"Title"编辑框中指定数据集的标题"Users"，如图8.34所示。

在"Time Window"编辑框中输入"1 000"。

定义显示数据集的自动更新：在属性页面的底部，选中"Update automatically"项并在"Recurrence（in time units）"编辑框中指定更新频率为"10"，如图8.35所示。

2) 绘制显示零售商、批发商和工厂库存量的时间图

类似地，可以分别为代表零售商、批发商和工厂对象库存量的变量"I"及零售商对象中的"Demand"辅量创建数据集，然后添加显示的数据集。显示工厂库存变化的时间图设置如图8.36所示。

图 8.34 添加显示的数据集

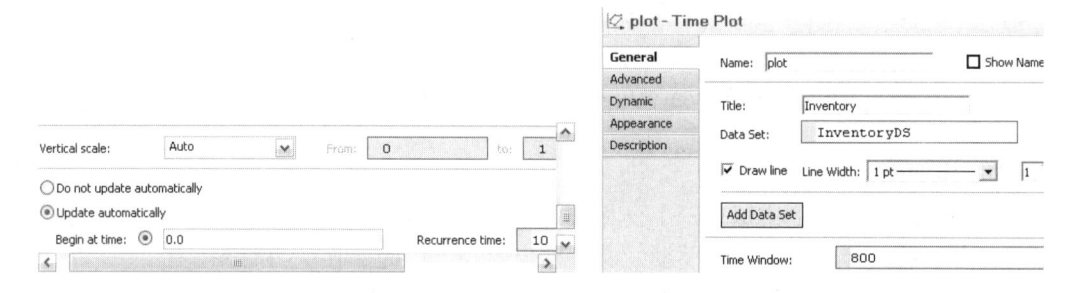

图 8.35 指定显示数据集的自动更新

图 8.36 显示工厂库存变化的时间图设置

零售商和批发商库存变化的时间图设置方法与工厂库存变化的类似。为了方便分析和比较，向零售商的库存变化的时间图中加入需求变化的数据集。

8.6 模型运行参数设置

1. 定义模拟试验

在运行模型之前，首先需要定义模拟试验的运行时间和时间单位。在此模型中，时间单位是天，运行时间是 2 年。这些在模拟试验的"Model Time"属性页中进行定义，其定义如图 8.37 所示。

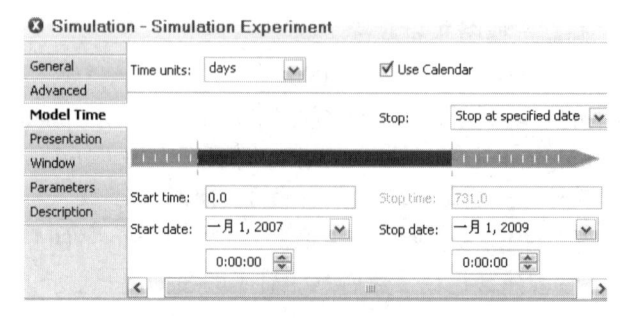

图 8.37 模拟试验的运行时间和时间单位

2. 运行模型

单击"Run ▶"工具条按钮并从下拉列表中选择希望运行的实验"Supply Chain and Product Diffusion/Simulation",如图 8.38 所示。

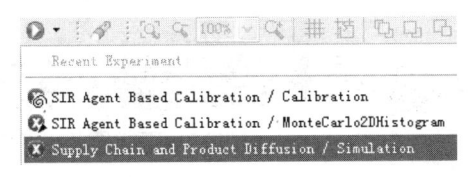

图 8.38 运行工作区中的模型

3. 模型运行结果

运行模型可以看到有动画的系统动力学流量图,其元素与系统动力学的标志相匹配,变量的实际值也会动态显示,如图 8.39 所示。

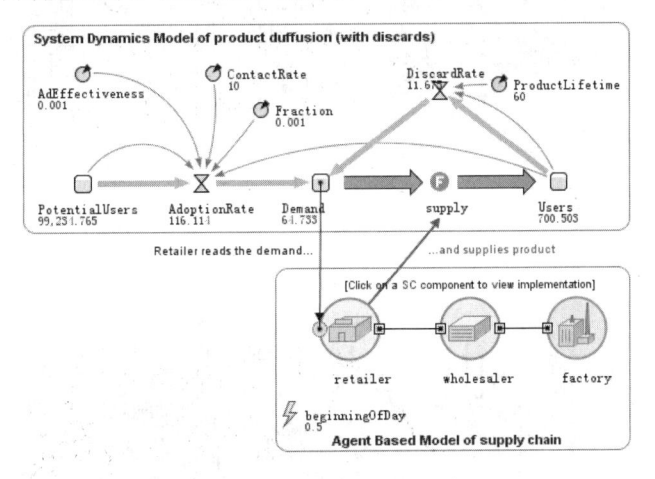

图 8.39 有动画的系统动力学流量图

模型运行的结果显示,潜在客户和客户的趋势为典型的 S 形扩散曲线,如图 8.40 所示。

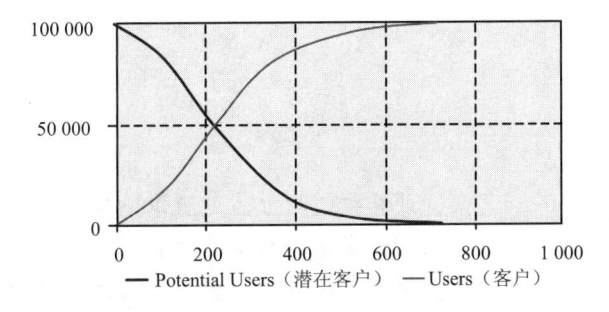

图 8.40 潜在客户和客户的趋势

零售商库存量和需求的变化如图 8.41 所示,批发商和工厂库存量的变化分别如图 8.42 和图 8.43 所示。可见,随着需求的不断增加,零售商、批发商和工厂库存量变化的动态特征不同。零售商和批发商在需求持续增加时，发生波幅不平稳的波动，且零售商波动频率快，需求达到平稳时，发生波幅稳定的波动。工厂在需求持续增加时发生波幅不平稳的波动，需求达到平稳后，又经过了较长一段时间才达到波幅稳定的波动。

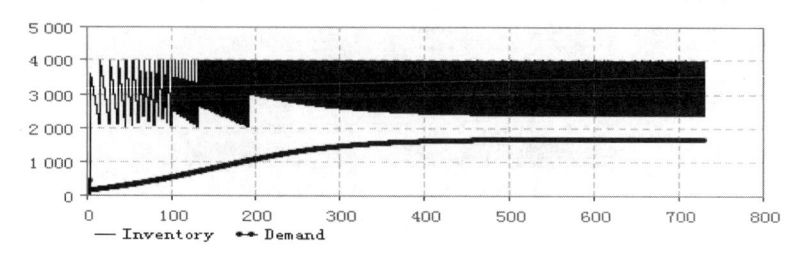

图 8.41　零售商库存量和需求的变化

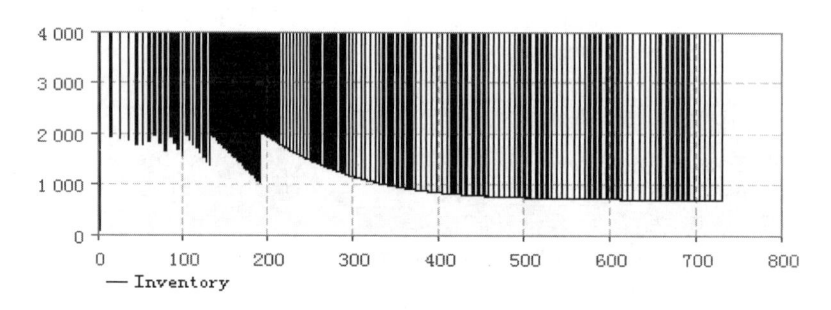

图 8.42　批发商库存量的变化

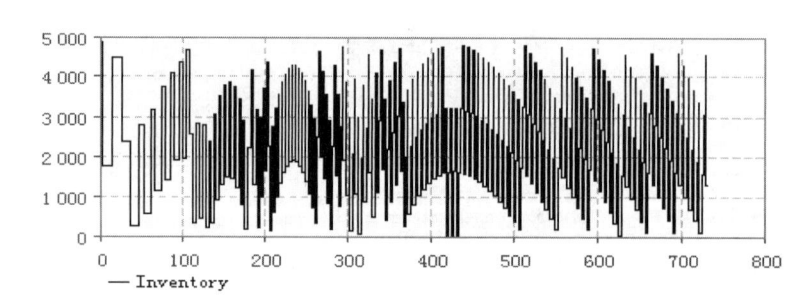

图 8.43　工厂库存量的变化

知识归纳

随着研究问题的深入和复杂，计算机模拟方法更能体现其在知识集成方面的优势。管理系统模拟方法要成为集成管理领域多学科知识的方法，进行混合型模拟是必要的。但是，从研究的目标和出发点看，管理系统关注的重点与绝大多数工程控制文献中所关注的重点不同。工程领域的混合系统模拟中用到的推理过程可能是一些简单的分支判断，而管理系统混合模拟中的推理过程会非常复杂，可能包括定量、定性推理和专业领域知识的表达。工程领域的控制系统一般是可以人为控制、可重现的和精确的，而管理系统往往是不能直接试验和重现的，输入数据和结论也不是非常精确的。

混合型系统模拟可以分解为分别对连续事件系统、离散事件系统、推理决策系统及其关系的模拟。如何安排事件序列，即如何控制用于表示模拟时间变化的模拟时钟，依然是一个关键问题。

AnyLogic 能轻松实现混合模拟的原因是，连续事件系统、离散事件系统、推理决策系统都能在统一的平台下表达，混合模拟的时间轴能方便控制。不同的软件间控制模拟时钟需要建立另外一种更复杂的同步机制，实现起来比较困难。

建立模拟模型必须赋予研究对象一定的假设前提，对同一个研究对象，从不同角度进行研究，可以对其赋予不同的假设。要发挥模拟方法的优势，非常重要的一个方面是，建立模拟模型时给的假设要符合人的"自然思维方式"，即根据事物给人的直观印象建立相应的模拟模型。

本章中的模拟案例以 AnyLogic 为模拟平台，假定产品扩散（市场形成）过程是连续过程，并按照系统动力学的假定，通过微分方程组来描述；而产品供应过程被假定为一个离散过程，通过智能体模拟来描述。如果将产品扩散过程和产品供应过程都假定为连续过程，用系统动力学方法展开研究，或者都假定为离散过程，用智能体方法展开研究也是可以的。当然，还可以将产品扩散过程假定为离散过程，将产品供应过程假定为连续过程，用混合模拟方法展开研究。

练习题

1. 通过举例对离散型模拟方法、连续型模拟方法和混合型模拟方法的特点加以说明。
2. 本章的生产——销售系统连续离散混合型模拟中分为哪两部分，这样分的优点是什么？
3. 请尝试结合第 7 章的内容，用多智能体仿真的方法实现产品扩散过程，并与本章的结果进行对比。

附录 A
高级传输模块简介

A.1 通用流程图模块

Arena 高级传输面板中通用流程图模块可以表达不需要运输或者传送资源的过程，与需要传输的产品无关，包括进入（Enter）模块、离开（Leave）模块、路由（Route）模块、站点（Station）模块及选择站点（Pick Station）模块。

A.1.1 进入模块

进入模块（Enter Module）定义了一个（或一组）站点，站点是发生处理过程的特定物理或逻辑的位置。当实体到达进入模块时，可能发生卸载延迟等过程，在该卸载延迟过程中，传输该实体的传输设备将被释放。

进入模块通常是定义一个或多个处理步骤的一系列模块中的第一个模块。例如，一个进入模块随后可以连接两组占有模块（Seize Module）、延迟模块（Delay Module）、释放模块（Release Module）和一个退出模块（Exit Module），以代表一个带有两个加工步骤的处理过程。

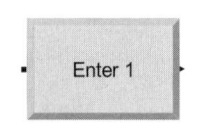

实体可以通过其他模块的设定，被传输到进入模块或者通过流程图中的连接直接流入进入模块。

应用实例请参考 SMART Files 库（Arena 安装目录下）中的模型 Smarts150.doe。

进入模块的实例图标如图 A.1 所示。

图 A.1 进入模块的实例图标

进入模块的属性设置对话框的相关提示词与描述如表 A.1 所示。

表 A.1 进入模块的属性设置对话框的相关提示词与描述

提 示 词		描 述
Name	名称	指该模块显示在流程图中的唯一名称
Station Type	站点类型	指站点的类型。站点的类型包括 Station（单个站点）或者 Set（站点组）
Station Name	站点名称	指单个站点的名称。站点在模型中必须是唯一的
Set Name	组名	指站点组的名称。站点组的名称在模型中必须是唯一的
Save Attribute	保存属性	用来保存为到达进入模块的实体指定的站点，在站点组中的索引属性值
Set Members	组成员	指定站点组的成员站点。一个站点组至少要包含一个站点。仅当站点类型为"Set"时适用
Set Member Station Name	成员站点名称	指定站点组的成员站点的站点名称。一个单一站点在一个模型中必须是唯一的，因而一个单一站点只能成为一个站点组的成员，而且其他站点模块也不可以使用相同名称。仅当站点类型为"站点组"时适用
Parent Activity Area	父活动区域	指站点组父活动区域的名称。仅当站点类型为"Set"时适用
Associated Intersection	关联的交叉区域	在制导运输设备（指定运输路线的运输设备）的导向网络中，与站点（进入模块定义的站点）互相关联的交叉区域的名称。仅当站点类型为"站点组"时适用

续表

提 示 词		描 述
Report Statistics	报告统计	指定是否为站点及其相应的活动区域自动收集统计信息，并且存储到报告数据库中。仅当站点类型为"Set"时适用
Allocation	分配	指定分配给通过进入模块的实体的延迟时间和成本的类型
Delay	延迟	指定实体到达站点后，立即发生的延迟时间
Units	单位	指延迟的时间单位
Transfer In	转移入	如果实体通过资源、运输设备或者传送装置转移到这个站点，该选项可以用来释放或者解除实体对设备或资源的占用。如果选择"Release Resource（释放资源）"，那么（资源把实体转移到这个站点时）指定的资源被释放。如果选择"Free Transporter（释放运输设备）"，那么（运输设备把实体运输到这个站点时）被指定的运输设备被释放。如果选择"Exit Conveyor（退出传送设备）"，那么（传送设备把实体转移到这个站点时）实体退出指定的传送设备
Transporter Name	运输设备名称	把实体转移到这个站点的运输设备的名称。仅当转移入选项中选择"Free Transporter"时适用
Unit Number	释放实体的单位数量	当运输设备是多容量时，运输设备释放实体的单位数量
Conveyor Name	传送设备名称	退出的传送设备（把实体转移到这个站点后）的名称。仅当转移入选项中选择"Exit Conveyor"时适用
Resource Type	资源类型	运输设备把实体转移到这个站点时，被释放资源的类型。类型包括单个资源或者资源组。仅当转移入选项中选择"Release Resource"时适用
Resource Name	资源名	运输设备把实体转移到这个站点时，被释放的资源的名称。仅当转移入选项中选择"Release Resource"且资源类型为"Resource（单个资源）"时适用
Set Name	组名称	指定将被释放的资源所在的资源组的名称
Release Rule	释放规则	指定组中被释放成员的规则，包括"Last Member Seized（最后的成员）"、"First Member Seized（第一个的成员）"和"Specific Member（指定的成员）"
Set Index	组索引	指定组中被释放成员的索引号
Attribute Name	属性名称	指定要释放资源实例编号的属性名称
Expression	表达式	确定要释放资源实例编号的表达式

A.1.2 离开模块

离开模块（Leave Module）用于将实体传输到站点或模块。实体的传输方式有两种：一种是通过流程图中模块之间的连接传输实体，另外一种是通过运输、传送或路由等方式，将实体传输到预先在模块中定义的站点。当实体到达离开模块时，它可能需要等待传输设备（资源、运输设备或传送设备）。当获得传输设备后，实体可能经过一个装载延迟过程。最终，实体通过离开模块被传输到目的模块或站点。

如果实体请求（等待）运输设备，那么要在运输模块（Transport Module）中定义运输设备，而且要在距离模块（Distance Module）中定义运输设备在站点之间的运动路径。

如果实体请求（等待）传送设备，那么要在传送模块（Convey Module）中定义传送设备，而且要在片段模块（Segment Module）中定义实体如何在传送设备中流动。

离开模块通常是定义一个或多个处理步骤的一系列模块中的最后一个模块。例如，一个进入模块随后可以连接一系列占用模块、延迟模块、释放模块和一个退出模块，以代表一个带有系列加工步骤的处理过程。

优先选项被用于有多个来自其他模块的实体等待同一个资源或者运输设备的情况。

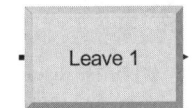

当使用传送设备时，实体没有等待传送设备优先权的区别，是按照自己的位置和传送设备的当前状态进入传送设备。

应用实例请参考 SMART Files 库中的模型 Smarts150.doe。

离开模块的实例图标如图 A.2 所示。

离开模块的属性设置对话框的相关提示词与描述如表 A.2 所示。

图 A.2　离开模块的实例图标

表 A.2　离开模块的属性设置对话框的相关提示词与描述

提　示　词		描　　述
Name	名称	指该模块显示在流程图中的唯一名称
Allocation	分配	指实体在模块中被延迟时间的类型。延迟时间中发生的成本根据被延迟时间的类型来计算
Delay	延迟时间	指定实体在得到运输设备后的装载时间
Units	时间单位	延迟时间的时间单位
Transfer Out	转移出	指定实体从离开模块转移出来前是否需要占用资源，以及请求运输设备或访问传送设备
Priority	优先权	确定来自其他模块的实体等待资源或运输设备时，实体占用资源或得到运输设备的优先权。该选项在传输类型为"Access Conveyor（访问传送设备）"或"None（无）"时不可见
Transporter Name	传输设备名称	所请求的传输设备的名称
Queue Type	队列类型	指定队列的类型。选项包括"Queue（单独队列）"、"Set（队列组）"、"Internal Queue（内部队列）"、"Attribute（队列属性）"和"Expression（表达式）"
Queue Name	队列名称	指单独队列的名称
Queue Set Name	队列组名称	指队列组的名称
Set Index	组索引	指定队列组的队列成员的索引号。注意，这里是队列组成员的索引编号而不是队列成员的名称
Queue Attribute Name	队列属性名称	指定队列的属性名称。通过计算属性名称的值决定被使用的队列
Queue Expression	队列表达式	指定队列的表达式。通过计算表达式的值决定被选择的队列
Selection Rule	选择规则	指在运输设备组中选择运输设备单元的方法。"Cyclical"方法将依次轮流选择运输设备组中的运输设备成员；"Random"方法将随机选择运输设备成员；"Preferred Order"方法将总是从第一个可以获得的运输设备成员开始选择；"Specific Member"方法需要指定一个用于选择运输设备组中的具体运输设备成员的属性值（预先在保存属性选项中指定）；"Largest Distance"方法将选择最远的运输设备；"Smallest Distance"方法将选择最近的运输设备

续表

提示词		描述
Save Attribute	保存属性	用于保存所选择的运输设备组中运输设备组成员索引号的属性名称。该保存属性可以被选择规则 "Specific Member" 引用。仅当转移出的类型为请求运输设备
Set Index	组索引	指定运输设备组成员设备的索引号。仅当选择规则为 "Specific Member" 时可见。使用该选项时,进入该模块的实体必须事先被指定一个属性值
Resource Type	资源类型	指定被占用资源的类型,包括 Resource(特定的资源)、Set(资源组)、Attribute(通过属性值的引用)和 Expression(通过引用表达式的值)
Resource Name	资源名称	指定被占用资源的名称。仅当转移出的类型为 "Resource" 时可见
Conveyor Name	传送设备名称	指定传送设备的名称。仅当转移出的类型为 "Access Conveyor" 时可见
# of Cells	传送单元数量	指定每个被运输的实体所占用的传送设备上的连续传送单元的数量
Connect Type	连接类型	指定实体是通过 Route(路由设备)或 Convey(传送设备)或 Transport(运输设备)传输到其他的站点或 Connect(连接到其他模块)
Move Time	转移时间	通过路由从本模块转移到目标站点花费的时间
Units	转移时间单位	指路由转移时间的时间单位
Station Type	站点类型	指定被转移实体的目标站点的类型,包括单个站点、由属性值或表达式的值确定的站点或者是按照某一站点序列确定的站点
Station Name	站点名称	指定被转移实体的单个目标站点的名称
Attribute Name	属性名称	指定被转移实体的目标站点的属性值。通过计算属性名称的值决定目标站点
Expression	表达式	用于指定被转移实体的目标站点的表达式,通过计算表达式的值决定目标站点

A.1.3 选择站点模块

选择站点模块(PickStation Module)用于让实体从多个指定的站点中选择一个特定的站点。该模块根据站点选择规则来选择实体将流向的站点。站点选择规则是由多种系统变量或表达式的最大值或最小值决定的。

实体的移动方式包括路由、运输设备、传送设备或连接到指定的站点。该模块可以将实体通过路由、运输设备或传送设备转移到所期望的站点,而不需要任何其他模块的辅助。如果选择"连接到指定的站点"方式,那么被选择站点由指定的实体属性决定。

在选择站点的过程中,如果根据站点选择规则,系统变量或表达式同时有两个或多个相等的值,那么系统会按照在站点分组框中的排列顺序,选择第一个符合规则的站点。

当使用运输或传送方式作为传输方法时,实体必须首先已经占用(控制)传输过程需要使用的传输设备。所以在实体进入选择站点模块前,需要使用请求模块(Request Module)或访问模块(Access Module)获得传输设备。

当编辑选择站点模块时,如果按照复选框所设定的站点(复选框改变时,所设定的站点会变化),如果列表框中出现了重复的组,那么要将重复的组重新设定,否则会出现运行时错误。

应用实例请参考 SMART Files 库中的模型:Smarts113.doe。

选择站点模块的实例图标如图 A.3 所示。

图 A.3 选择站点模块的实例图标

选择站点模块的属性设置对话框的相关提示词与描述如表 A.3 所示。

表 A.3　选择站点模块的属性设置对话框的相关提示词与描述

提示词		描述
Name	名称	指该模块显示在流程图中的唯一名称
Test Condition	测试条件	指定站点选择过程的测试条件，测试条件包括最大值或最小值
Number En Route to Station	路由到站点的实体数量	指定在站点选择过程中是否考虑路由到站点途中的实体数量
Number in Queue	队列中的实体数量	指定在站点选择过程中是否考虑队列中的实体数量
Number of Resources Busy	繁忙资源数量	指定在站点选择过程中是否考虑繁忙的资源数量
Expression	表达式	指定在站点选择过程中是否考虑其他附加的用户自定义表达式
Transfer Type	传输类型	指定实体被传输到下一站点的传输类型，包括 Route（路由）、Convey（传送）、Transport（运输）或 Connect（连接）
Save Attribute	保存属性	定义用来存储所连接站点信息的属性名称。仅当传输类型为"Connect"时可见
Route Time	路由时间	（通过路由）从当前站点移动到模块中指定站点的时间
Units	路由时间单位	路由时间的时间单位

选择站点模块的站点设置对话框的相关提示词与描述如表 A.4 所示。

表 A.4　选择站点模块的站点设置对话框的相关提示词与描述

提示词		描述
Station Name	站点名称	指选择站点过程中使用的站点名称，可以是所有可能被用到的站点。该选项是必须的，即使选择站点模块中"Number En Route to Station"选项可能没有选中
Queue Name	队列名称	指定义与站点相对应的队列的名称。仅当选择规则中"Number in Queue"选项选中时可见
Resource Name	资源名称	指定义与站点相对应的资源的名称。仅当选择规则中"Number of Resources Busy"选项为选中时可见
Expression	表达式	指定义将在站点选择过程中附加用于计算的表达式。仅当选择规则中"Expression"选项为选中时可见

A.1.4　路由模块

路由模块（Route Module）用于将实体转移到指定的站点或实体预先定义的站点访问序列中的下一个站点（目标站点）。通过设定路由时间可以预先定义转移到下一个站点过程的时间延迟。

当实体进入路由模块，实体的站点属性值（Entity.Station）将设置为目标站点。实体按照指定路由时间被传输到目标站点。

如果目标站点设置为"By Sequence（按照站点序列）"，那么实体转移的下一个站点由实体的站点序列属性和加工步骤属性确定（分别由实体的两个特殊属性"Entity.Sequence"和"Entity.Jobstep"指定）。

注意：

实体的移动也可以使用传送设备（在传送模块 Convey Module 中定义）或者运输设

备（在运输模块 Transport Module 或移动模块 Move Module 中定义）来指定。

变量 NE（Station）用于计算正在经路由模块（Route Module）、传送模块（Convey Module）或运输模块（Transport Module）传输到目标站点的（在途）实体数量。

应用实例请参考 SMART Files 库中的模型：Smarts168.doe。

路由模块的实例图标如图 A.4 所示。

路由模块的属性设置对话框的相关提示词与描述如表 A.5 所示。

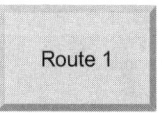

图 A.4 路由模块的实例图标

表 A.5 路由模块的属性设置对话框的相关提示词与描述

提示词		描述
Name	名称	指该模块显示在流程图中的唯一名称
Route Time	路由时间	指实体从当前的位置移动到目标站点的时间
Units	路由时间单位	路由时间参数的时间单位
Destination Type	目的地类型	指确定实体目的地的方法。如果选择"By Sequence（通过站点序列）"方法需要预先定义站点序列及将站点序列赋值给实体的站点序列属性
Station Name	站点名称	指单个目标站点的名称
Attribute Name	属性名称	指存储实体目标站点名称的实体属性的名称
Expression	表达式	用于计算实体目标站点的表达式

A.1.5 站点模块

站点模块（Station Module）定义一个站点（或站点组），该站点（或站点组）与处理过程发生的物理或逻辑位置相对应。如果站点模块定义一个站点组，那么该模块实质是定义了多个处理过程发生的位置。

当实体的运输设备已经初始化，不管相应的（初始化）站点模块在模型的什么位置，实体将直接从运输设备初始化的模块向相应的（目标）站点模块行进。

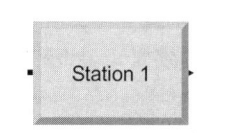

应用实例请参考 SMART Files 库中的模型：Smarts095.doe。

站点模块的实例图标如图 A.5 所示。

站点模块的属性设置对话框的相关提示词与描述如表 A.6 所示。

图 A.5 站点模块的实例图标

表 A.6 站点模块的属性设置对话框的相关提示词与描述

提示词		描述
Name	名称	指该模块显示在流程图中的唯一名称
Station Type	站点类型	指定站点的类型，包括 Station（单个的站点）和 Set（站点组）两种类型
Station Name	站点名称	指单个的站点的名称
Set Name	组名称	指站点组的名称

续表

提 示 词		描 述
Save Attribute	保存属性	用于存储站点组某个组成员的索引值的属性名称
Station Set Members	站点组成员	指站点组成员的名称
Station Name	站点名称	指定站点组成员站点的站点名称。一个单一站点的名称在一个模型中必须是唯一的，因而一个单一站点只能成为一个站点组的成员，而且其他站点模块也不可以使用相同名称
Parent Activity Area	父活动区域	指站点组成员的父活动区域的名称
Associated Intersection	相联系的交叉区域	制导运输设备网络中与站点相关的交叉区域的名称
Report Statistics	报告统计量	指定是否为站点及其相应的活动区域自动收集统计信息并且储存到报告数据库中

A.2 传送流程图模块

Arena 高级传输面板中传送流程图模块是对使用传送带进行传输过程的抽象表达，包括访问（Access）模块、传送（Convey）模块、启动（Start）模块、停止（Stop）模块及退出（Exit）模块。

A.2.1 访问模块

访问模块（Access Module）用于给实体分配一个或多个传送设备的传送单元格，以从一个站点移动到另一个站点。一旦实体占用了传送设备的传送单元格，那么实体将被传送到下一个站点。

当实体到达访问模块时，实体将在一个内部队列或指定的队列中等待传送设备，直到该实体所在站点位置的传送设备上出现所要求数量的连续空闲传送单元。

传送设备的类型决定了一旦实体占用传送设备时，传送设备的移动方式。其中，非积聚式传送设备需要停下来装载实体（装载完成后继续传送过程），积聚式传送设备则持续进行传送过程，装载实体时也不会停止。

实体的站点属性（Entity.Station）必须是一个它将占用的传送设备上的有效站点位置。

应用实例请参考 SMART Files 库中的模型：Smarts105.doe。

访问模块的实例图标如图 A.6 所示。

访问模块的属性设置对话框的相关提示词与描述如表 A.7 所示。

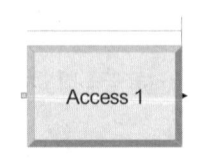

图 A.6 访问模块的实例图标

表 A.7 访问模块的属性设置对话框的相关提示词与描述

提 示 词		描 述
Name	名称	指该模块显示在流程图中的唯一名称
Conveyor Name	传送设备名称	指实体将占用的传送设备的名称
# of Cells	单元格数量	指传送实体所要求的连续传送单元格的数量

续表

提示词		描 述
Queue Type	队列类型	指定实体在该模块中排队的队列类型。队列类型包括："Queue（单独队列）"、"Set(队列组)"、"Internal Queue(内部队列)"，以及用于计算队列名称的"Attribute（队列属性）"或"Expression（表达式）"
Queue Name	队列名称	容纳实体直到实体占用传送设备的队列名称
Set Name	组名称	指队列组的名称
Set Index	队列组索引号	指定队列组中成员的索引号。注意，组索引是队列组成员的索引值而不是成员队列的名称。比如，如果有一个表达式用于计算有 3 个队列成员的队列组的组索引，那么表达式计算得到的值只能是 1、2 或者 3
Attribute Name	属性名称	指定存储实体在访问模块中所属队列名称的属性值
Expression	表达式	指定存储实体在访问模块中所属队列名称的表达式

A.2.2 传送模块

传送模块（Convey Module）用于将传送设备上的实体从实体的当前站点位置移动到指定的目标站点。实体从一个站点移动到另外一个站点过程中消耗的时间为站点间的距离（在片段模块 Segment Module 中指定）除以传送设备的传送速度（在传送设备模块 Conveyor Module 中指定）的值。

当一个实体到达传送模块时，将实体的站点属性（Entity.Station）置为实体的目标站点，然后实体被传送到目标站点。如果目标站点类型被指定为"By Sequence（通过站点序列）"，那么实体传送的下一个站点由实体的序列属性和加工步骤属性决定（分别由实体的两个特殊属性，即"Entity.Sequence"和"Entity.Jobstep"定义）。

实体在被传送前必须（使用访问模块 Access Module）占用传送设备上的传送单元格。

实体的当前站点属性（Entity.Station）和目标站点属性必须在传送设备的片段属性（在片段模块 Segment Module 中定义）中成对出现。

如果没有指定传送设备名称，那么实体将使用最近占用的传送设备。

应用实例请参考 SMART Files 库中的模型：Smarts095.doe。

传送模块的实例图标如图 A.7 所示。

传送模块的属性设置对话框的相关提示词与描述如表 A.8 所示。

图 A.7 传送模块的实例图标

表 A.8 传送模块的属性设置对话框的相关提示词与描述

提示词		描 述
Name	名称	指该模块显示在流程图中的唯一名称
Conveyor Name	传送设备名称	指传送实体的传送设备的名称。如果该名称没有被指定，那么系统默认使用实体先前占用的传送设备传送实体
Destination Type	目标类型	指定实体目标站点的方法（By Sequence、Station、Attribute、Expression）。如果选择"By Sequence"方法，需要预先定义站点序列及将站点序列赋值给实体的站点序列属性

续表

提 示 词		描 述
Station Name	站点名称	指单一站点的名称
Attribute Name	属性名称	指定实体的目标站点的属性名称
Expression	表达式	指定实体的目标站点的表达式

A.2.3 退出模块

退出模块（Exit Module）用于将实体传送到目标站点后，释放先前占用的传送单元格。如果释放传送设备单元格时，该站点中有其他实体正在排队等待传送设备，那么其他实体将占用传送设备上被释放的传送单元格。

注意：

实体必须在先前已占用传送设备，才能存在退出传送设备。

如果没有指定传送设备名称，那么实体将退出其最近占用的传送设备。

如果实体已占用传送设备但不能到目标站点（比如，传送设备在某站点被堵塞），那么实体将仅仅在一定时间内占用传送设备中的单元格。

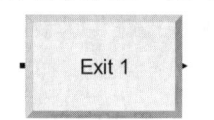

应用实例请参考 SMART Files 库中的模型：Smarts079.doe。

退出模块的实例图标如图 A.8 所示。

退出模块的属性设置对话框的相关提示词与描述如表 A.9 所示。

图 A.8　退出模块的实例图标

表 A.9　退出模块的属性设置对话框的相关提示词与描述

提 示 词		描 述
Name	名称	指该模块显示在流程图中的唯一名称
Conveyor Name	传送设备名称	指实体将退出的传送设备的名称。如果没有指定传送设备名称，那么实体将退出最近占用的传送设备
# of Cells	单元格数量	指定传送实体退出传送设备时，所释放的连续单元格的数量

A.2.4 启动模块

启动模块（Start Module）用于将传送设备的状态由非活动状态改变为活动状态。

注意：

当传送设备被激活时，传送设备的状态变量 ICS（Conveyor）从非活动状态（值为 3）变为空闲状态（值为 0）、移动状态（值为 1）或滞留状态（值为 2）。

当传送设备停止时，实体将驻留在传送设备上。一旦传送设备开始运转（激活），实体位置不变。

传送设备的速度变量 VC（Conveyor）置为指定的传送速度。

应用实例请参考 SMART Files 库中的模型：Smarts106.doe。

启动模块的实例图标如图 A.9 所示。

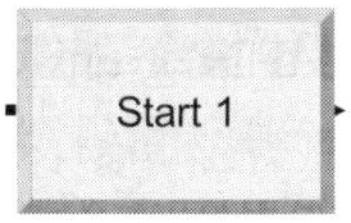

图 A.9 启动模块的实例图标

启动模块的属性设置对话框的相关提示词与描述如表 A.10 所示。

表 A.10 启动模块的属性设置对话框的相关提示词与描述

提示词		描述
Name	名称	指该模块显示在流程图中的唯一名称
Conveyor Name	传送设备名称	指被启动的传送设备的名称
Velocity	传送速度	一旦传送设备启动,传送设备的速度将被永久改变为该选项设定的值,直到被其他模块改变
Units	单位	指传送速度的时间单位

A.2.5 停止模块

停止模块（Stop Module）用于将传送设备的状态改变为非活动状态。传送设备可以通过停止模块（Stop Module）或模拟初始化置为活动状态。当实体到达停止模块时,传送设备将立即停止（不论传送设备是什么类型,装载有多少实体）。

注意:

当传送设备被置为非活动状态时,传送设备的状态变量 ICS（Conveyor）变为非活动状态（值为 3）。

当传送设备停止时,驻留在传送设备上的实体位置不变,直到传送设备被激活。

将传送设备的速度,即变量 VC（传送设备名称）的值被置为 0 时,其与停止传送设备意思是不同的。当传送设备的速度为 0 时,传送设备的状态保持不变,并不是变成非活动状态。

应用实例请参考 SMART Files 库中的模型：Smarts106.doe。

停止模块的实例图标如图 A.10 所示。

停止模块的属性设置对话框的相关提示词与描述如表 A.11 所示。

图 A.10 停止模块的实例图标

表 A.11 停止模块的属性设置对话框的相关提示词与描述

提示词		描述
Name	名称	指该模块显示在流程图中的唯一名称
Conveyor Name	传送设备名称	指定需要停止的传送设备的名称

A.3 运输流程图模型

Arena 高级传输面板中运输流程图模块是对使用运输设备进行运输过程的抽象,包括激活（Activate）模块、分配（Allocate）模块、释放（Free）模块、暂停（Halt）模块、移动（Move）模块、请求（Request）模块及运输（Transport）模块。

A.3.1 激活模块

激活模块（Activate Module）用于通过激活先前被暂停的运输单元，以增加运输设备的容量。被激活的运输单元将驻留在运输设备所暂停的站点中，直到被移动或有实体请求。如果运输设备的运输单元被激活时，有实体正在请求占用运输设备，那么该实体将立即可以占用该运输设备。

当运输单元激活时，如果没有实体正在等待运输设备，那么变量 IT（Transporter，Unit）的值从 2（非激活）变为 0（空闲）；如果有实体正在等待运输设备，那么变量 IT（Transporter，Unit）的值从 2（非激活）变为 1（繁忙）。

如果没有指定激活运输设备单元的数量，那么将激活 1 个运输单元。

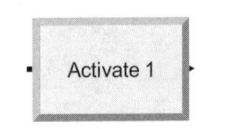

应用实例请参考 SMART Files 库中的模型：Smarts151.doe。

激活模块的实例图标如图 A.11 所示。

激活模块的属性设置对话框的相关提示词与描述如表 A.12 所示。

图 A.11 激活模块的实例图标

表 A.12 激活模块的属性设置对话框的相关提示词与描述

提示词	描述
Name	名称	指该模块显示在流程图中的唯一名称
Transporter Name	运输设备名称	指需要激活的运输设备的名称
Unit Number	运输单元编号	指定被激活的运输设备单元的编号

A.3.2 分配模块

分配模块（Allocate Module）用于在没有将运输设备移动到实体所在站点位置的情况下，将运输设备分配给实体。它可以模拟因故障或失效而暂停运输设备的处理过程，比如强制将故障设备分配给某个维修工人。

为了给实体分配运输设备，可以在分配模块中指定一个特定的运输设备或者指定运输设备的选择规则，只有当运输设备有一个或多个可分配的运输单元时，选择规则才被使用。选择规则中的实体位置选项用于选择最长距离或最短距离的运输设备时，确定运输设备与请求设备的距离。如果在多个模块中，存在多个优先级相同的等待分配运输设备的实体，那么将空闲的运输设备单元分配给最近的实体。

应用实例请参考 SMART Files 库中的模型：Smarts151.doe。

分配模块的实例图标如图 A.12 所示。

分配模块的属性设置对话框的相关提示词与描述如表 A.13 所示。

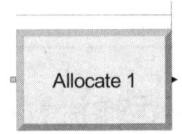

图 A.12 分配模块的实例图标

表 A.13　分配模块的属性设置对话框的相关提示词与描述

提 示 词		描 述
Name	名称	指该模块显示在流程图中的唯一名称
Transporter Name	运输设备名称	指将要被分配的运输设备的名称
Selection Rule	选择规则	决定被分配给实体的运输设备的选择规则。选择规则包括循环的、随机的、偏好顺序、指定成员、最长距离和最短距离选项
Save Attribute	保存属性	用于保存所选择的运输设备单元编号的属性名称
Unit Number	运输单元编号	指定要分配给实体的运输设备单元的编号,仅当选择规则是"指定成员"时可见
Priority	优先级	当在模型中的任意位置存在一个或多个实体等待同一个运输设备时,该优先级指在分配模块中等待的实体被分配到运输设备的优先级
Entity Location	实体位置	当选择最长或最短距离的运输设备规则时,用于确定运输设备与请求设备的距离。对于自由路径的运输设备,其实体位置必须为站点;对于制导的运输设备,实体位置可以为站点、交叉区域或网络连接点
Queue Type	队列类型	指在分配模块中排队等待分配运输设备的实体队列的类型。其队列类型包括单一队列、队列组、内部队列和由表达式或属性计算得到的队列
Queue Name	队列名称	指单一队列的名称
Queue Set Name	队列组名称	指包含被引用队列的队列组的名称
Set Index	队列组索引号	指队列组成员的索引号。注意,队列组索引是队列组的索引值而不是队列成员的队列名称。比如,如果有一个表达式用于计算有 3 个队列成员的队列组的组索引,那么计算表达式得到的值只能是 1、2 或者 3
Attribute Name	属性名称	指通过计算得到队列名称的属性名称
Expression	表达式	用于通过计算得到队列名称的表达式

A.3.3　空闲模块

空闲模块（Free Module）释放最近分配给实体的运输设备单元。如果有实体正在排队请求或分配运输设备,那么释放的运输设备单元将立即分配给等待的实体。如果释放运输设备单元时,没有实体等待请求运输设备,那么被释放的运输设备单元将在该站点位置被转为空闲状态,除非在运输模块（Transport Module）中被另有指定。

空闲模块可以既不指定要释放的运输设备名称,又不指定要释放的运输设备单元号,在这种情况下,实体将释放最近分配给它或者请求得到的运输设备的单元。

应用实例请参考 SMART Files 库中的模型：Smarts148.doe。

空闲模块的实例图标如图 A.13 所示。

图 A.13　空闲模块的实例图标

空闲模块的属性设置对话框的相关提示词与描述如表 A.14 所示。

表 A.14　空闲模块的属性设置对话框的相关提示词与描述

提 示 词		描 述
Name	名称	指该模块显示在流程图中的唯一名称
Transporter Name	运输设备名称	指将被释放的运输设备的名称
Unit Number	运输设备的单元号	指将要被释放的运输设备单元号

A.3.4 暂停模块

暂停模块（Halt Module）用于将运输设备转变为非活动状态。一旦运输设备单元被转变为非活动状态，则任何实体不能使用该运输设备，直到运输设备单元被激活为止。

当占用运输设备的实体进入暂停模块，如果该运输设备处于繁忙状态，那么运输设备被认为是繁忙且非活动的，直到有占用该运输设备单元的实体释放运输设备单元；如果因某种原因，实体正被释放，该运输设备处于空闲状态，那么运输设备将立即被置为非活动状态。

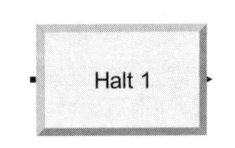

运输设备单元的初始状态可以在运输模块（Transport Module）中置为非活动状态。

应用实例请参考 SMART Files 库中的模型：Smarts152.doe。

图 A.14 暂停模块的实例图标

暂停模块的实例图标如图 A.14 所示。

暂停模块的属性设置对话框的相关提示词与描述如表 A.15 所示。

表 A.15 暂停模块的属性设置对话框的相关提示词与描述

提 示 词		描 述
Name	名称	指该模块显示在流程图中的唯一名称
Transporter Name	运输设备名称	指将被暂停的运输设备的名称
Unit Number	运输设备单元号	指运输设备中将被暂停的运输设备单元号

A.3.5 移动模块

移动模块（Move Module）可以将运输设备从一个位置转移到另外一个位置，占用该运输设备的实体将停留在当前的模块位置（移动模块中），直到该运输设备到达它的目的地。之后，停留在当前位置的实体将可以移动到其他模块或执行下一任务。

如果被转移的运输设备是自由路径运输设备，那么从一个站点到另外一个站点的转移时间是通过站点间的距离[在距离模块（Distance Module）中设定]除以运输设备的运输速度得到；如果被转移的运输设备是制导运输设备，那么从一个站点到另外一个站点的转移时间不仅依赖于运输设备的运输速度和站点间的距离，而且与运输设备的加速度、减速度和运输设备遇到的交通情况相关。

在移动运输设备前，实体必须拥有对运输设备的占用权[通过请求模块（Request Module）或分配模块（Allocate Module）实现]。

如果移动模块中没有指定运输设备的单元号，那么实体将使用最近被请求或被分配的运输设备单元。

如果在移动模块中指定运输速度，那么该设定值只是临时的且只是由正在转移的运输设备使用。

当模拟过程初始化时，自动生成制导运输设备的运输网络中所有交叉区域间的最短距离表。所有经由移动模块和运输模块的占用运输设备的实体，其移动过程将按照最短距离路径执行。

如果被转移的运输设备是制导运输设备,且转移目标类型是"station",那么要通过设置站点模块(Station Module)或通用流程图模块中的关联交叉区域选项将该站点与某个交叉区域联系起来。

应用实例请参考 SMART Files 库中的模型:Smarts197.doe。

移动模块的实例图标如图 A.15 所示。

移动模块的属性设置对话框的相关提示词与描述如表 A.16 所示。

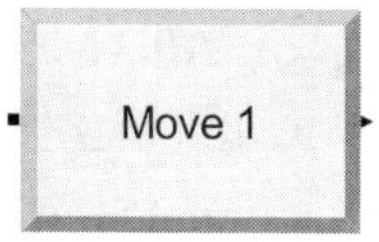

图 A.15 移动模块的实例图标

表 A.16 移动模块的属性设置对话框的相关提示词与描述

提 示 词		描 述
Name	名称	指该模块显示在流程图中的唯一名称
Transporter Name	运输设备名称	指移动的运输设备的名称
Unit Number	运输设备单元号	指转移实体的运输设备的单元号
Destination Type	目标类型	确定运输设备转移到目标站点的方法。其中涉及的交叉区域和网络连接仅适合制导运输设备
Station Name	站点名称	指单一站点的名称
Attribute Name	属性名称	实体的目标站点名称的属性名称
Expression	表达式	计算实体的目标站点位置的表达式
Intersection Name	交叉区域名称	定义制导运输设备将移动到交叉区域的名称
Network Link Name	网络链名称	定义制导运输设备将移动去网络链的名称
Zone	运输区域	网络链的指定区域编号
Velocity	速度	指定运输设备转移到目标站点的临时速度
Units	速度单位	指定速度的时间单位

A.3.6 请求模块

请求模块(Request Module)用于将一个运输设备单元分配给实体,并且将该运输设备移动到该实体所在的站点位置。

当实体到达请求模块时,如果有未分配的运输设备单元,那么请求模块将给该实体分配运输设备单元,否则实体将停留在请求模块中直到有运输设备达到实体所在的站点。当被分配运输设备单元后,实体从请求模块中流出。

请求自由路径的运输设备时,要求实体位置属性是站点名称或计算站点编号的表达式。

请求制导运输设备时,要求指定实体位置属性为交叉区域、网络链或站点,或者分别通过表达式 INTX(IntersectionID)、LINK(NetworkLinkID,Zone)和 STATION(StationID)替代。

请求一个特定的运输设备单元时,可以通过明确指定或者基于一定的规则进行选择。选择规则仅当有一个或多个运输设备可以被分配时使用。当运输设备的选择规则为基于距离时,实体位置属性将是实体在系统地图中的位置。

如果在多个模块中,拥有多个相同优先级别的实体等待同一运输设备,那么将使用就近原则分配运输设备。

可以将请求模块把运输设备分配给实体并且转移到该实体位置的功能，看成是分配模块（Allocate Module）和移动模块（Move Module）的功能组合。

如果请求模块中指定了转移速度，那么该速度只能被所请求的运输设备临时使用。

当实体请求到运输设备时，运输设备状态变量将发生改变。其中，变量 NT（Transporter）表示运输设备组中繁忙的运输设备单元数量，当实体请求到运输设备时，其值增加 1；变量 IT（Transporter，Unit Number）表示特定运输单元的状态，当实体请求到该运输设备单元时，该运输设备单元变为繁忙，其值或变为 1。其他信息请参考 Arena 参考文档"transporter variables"。

应用实例请参考 SMART Files 库中的模型：Smarts149.doe。

请求模块的实例图标如图 A.16 所示。

请求模块的属性设置对话框的相关提示词与描述如表 A.17 所示。

图 A.16 请求模块的实例图标

表 A.17 请求模块的属性设置对话框的相关提示词与描述

提示词		描述
Name	名称	指该模块显示在流程图中的唯一名称
Transporter Name	运输设备	指请求分配的运输设备的名称
Selection Rule	选择规则	指选择分配给实体的运输设备单元的规则。选择规则包括"Cyclical（循环）"、"Random（随机）"、"Preferred Order（偏好顺序）"、"Specific Member（指定成员）"、"Largest Distance（最长距离）"和"Smallest Distance（最短距离）"
Save Attribute	保存属性	保存所选择的运输设备单元的编号属性
Unit Number	运输单元编号	指实体所请求的运输设备单元的编号。仅当选择规则是"Specific Member"时可见
Priority	优先权	当在模型中的任意位置存在一个或多个实体正在等待同一个运输设备时，该优先权指在请求模块中等待的实体被分配运输设备的优先权
Entity Location	实体位置	指定运输设备被分配给实体后，将要移动到的位置。如果是自由路径运输设备，其实体位置属性必须为站点；如果是制导运输设备，实体位置属性可以为"STATION（Station ID）"、"INTX（Intersection ID）"或"LINK"
Velocity	速度	指定运输设备转移到目标站点的速度
Units	时间单位	运输设备转移速度的时间单位
Queue Type	队列类型	指在请求模块中排队等待分配运输设备的实体队列类型。队列类型包括单一队列、队列组、内部队列和由表达式或属性计算得到的队列
Queue Name	队列名称	指单一队列的队列名称
Set Name	队列组名称	指队列组的名称
Set Index	组索引	设置队列组的索引。注意，组索引是队列组的索引值而不是队列成员的名称。比如，如果有一个表达式用于计算有 3 个队列成员的队列组的组索引，那么表达式计算得到的值只能是 1、2 或者 3
Attribute Name	属性名称	用于通过计算得到队列名称的属性名称
Expression	表达式	用于通过计算得到队列名称的表达式

A.3.7 运输模块

运输模块（Transport Module）用于转移占用该运输设备的实体到目标站点。经过转移过程所要求的时间后，实体将重新出现在模型的站点模块中。自由路径运输设备总是与实体移动到同一站点，而制导运输设备通过使用制导运输设备的转移目的地类型，可以移动到不同的网络位置，而不仅局限于实体的目标站点。

当实体进入运输模块，那么它的站点属性（Entity.Station）值被改变为目标站点。然后，实体被运输到目标站点。

如果目标站点是按照站点序列设置，那么下一个站点取决于实体的站点序列属性和加工步骤属性（分别由实体的两个特殊属性，即"Entity.Sequence"和"Entity.Jobstep"定义）。

在移动实体前，实体必须拥有对运输设备的控制权（通过请求模块 Request Module 或分配模块 Allocate Module）。

如果该模块中没有指定运输设备的单元号，那么将使用该实体最近请求或分配的运输设备的单元。

如果指定运输设备的移动速度，那么该指定的速度只能用在运输设备移动到目标站点的过程中。对移动速度的永久改变需要通过对变量 VTU（Velocity of Transporter Unit：运输单元速度）重新赋值。

模拟过程初始化时，将自动生成制导运输设备所在运输网络中所有交叉区域间的最短距离表。所有经由移动模块和运输模块的移动过程将按照最短距离路径执行。

如果制导运输设备的运输目的地类型被指定为站点，那么要通过设置站点模块或进入模块中关联的交叉区域选项，将该站点与某个交叉区域联系起来。

应用实例请参考 SMART Files 库中的模型：Smarts149.doe。

运输模块的实例图标如图 A.17 所示。

运输模块的属性设置对话框的相关提示词与描述如表 A.18 所示。

图 A.17 运输模块的实例图标

表 A.18 运输模块的属性设置对话框的相关提示词与描述

提示词		描述
Name	名称	指运输模块的唯一标志名称，该名称显示在运输模块图形上
Transporter Name	运输设备名称	指转移实体的运输设备名称
Unit Number	运输设备单位编号	指转移实体的运输设备的运输单元号
Entity Destination Type	实体目标站点类型	确定实体目标站点类型的方法。如果选择"By Sequence（按照站点序列选择）"，需要预先定义站点序列且将站点序列赋给实体的序列属性
Destination Station Name	站点名称	定义实体将要转移去的目标站点名称
Destination Attribute Name	属性名称	指储存实体目标站点的属性名称
Destination Expression	表达式	用于指定实体目标站点的表达式

提 示 词		描 述
Velocity	速度	指定运输设备移动到目标站点的速度。该速度为单位时间内运输设备移动的长度单位。时间单位在时间单位选项中设定
Units	速度单位	指定速度选项的时间单位（如"Per Second"、"Per Hour"等）
Guided Tran Destination Type	制导运输设备的运输目的地类型	允许制导运输设备的目的地与实体的目的地不同。如果是自由路径运输设备，那么该选项将被忽略
Guided Station Name	站点名称	定义与制导运输设备将要移动去的交叉区域相联系的站点名称
Guided Attribute Name	属性名称	定义储存与制导运输设备将要移动去的交叉区域相联系的站点属性名称
Guided Expression	表达式	用于指定实体将移动到的网络位置（交叉区域、站点或网络链）的表达式
Intersection Name	交叉区域名称	定义制导运输设备将移动到的交叉区域名称
Network Link Name	网络链名称	定义制导运输设备将移动到的网络链的名称
Zone	区域	网络链的指定区域号

A.4 数据模块

Arena 高级传输面板中的数据模块用于定义通用流程图模块、传送流程图模块和运输流程图模块中涉及的相关数据，包括序列（Sequence）模块、传送（Conveyor）模块、片段（Segment）模块、运输（Transporter）模块、距离（Distance）模块、网络（Network）模块、网络链（Network Link）模块及活动区域（Activity Aren）模块。

A.4.1 序列模块

序列模块（Sequence Module）用于为实体流经模型定义一个序列。一个序列由实体将依次访问的站点组成。在该序列的各站点中，实体的属性和变量可以被重新赋值。序列经常在制造业中被用于制造过程规划的建模中。序列中的每个工序对应于制造过程规划中的作业步序。

每个序列中的站点被看做一个工序（或作业步序）。所有实体都包含序列属性、作业步序属性和计划站点属性三个特殊用途的属性。

序列属性（Entity.Sequence）定义了实体遵循的站点序列。在使用序列选项传输实体之前，必须将先前定义好的序列赋值给实体的实体序列属性，该过程可以在赋值模块（Assign Module）中完成。在实体开始访问序列中的站点前，实体的作业步序属性（Entity.Jobstep）值应该为 0，即实体被创建时的默认值。

作业步序属性（Entity.Jobstep）保存实体在实体序列中的当前工序编号，作业步序名称必须是唯一的。在按照序列依次访问序列中站点的实体传输过程中，实体的作业步序属性值（Entity.Jobstep）将自动更新。如果需要跳到下一个访问站点或者回到当前序列的前一个站点，那么可以明确地给该值赋予一个新值。

计划站点属性（Entity.PlannedStation）保存与工作序列中下一个作业步序有关的站

点号。用户只能读取该属性的值，而不能对其赋值。当实体序列属性或实体作业步序属性改变或者实体进入某个站点时，它的值将被自动更新。如果没有定义实体序列属性（Entity.Sequence）或者实体在序列的最后一个作业步序中，该属性值为 0。

可以使用变量 MSQ（sequence，jobstep）检索特定序列中指定的作业步序的站点。

应用实例请参考 SMART Files 库中的模型：Smarts090.doe。

序列模块的属性设置对话框的相关提示词与描述如表 A.19 所示。

表 A.19　序列模块的属性设置对话框的相关提示词与描述

提示词		描述
Name	名称	指序列的名称
Steps	工序	定义该序列中的实体将访问的一系列按序排列的站点，以及在访问序列的每个站点中对实体的属性和变量的赋值
Station Name	站点名称	指实体序列中下一个站点的站点名称
Step Name	作业步序名称	指实体序列中，与每个站点相联系的作业步序名称。同一个作业步序名称可以出现在不同的序列中，但是在一个序列中的出现不能超过一次
Next Step	下一工序	指在实体序列中，与下一工序相联系的作业步序名称。如果不指定下一工序的名称，那么默认设置为实体序列中所定义的下一工序
Assignments	赋值	用于定义属性、变量、图片、图片组或其他赋值的多重分组
Assignment Type	赋值类型	指在实体被传输到序列中指定的工序前，对实体相关属性重新赋值的类型。赋值类型包括 Attribute、Variable、Picture、Picture Set 或 Other
Attribute Name	属性名称	指被赋予特定值的属性名称
Variable Name	变量名称	指被赋予特定值的变量名称
Picture	图片	指赋值给实体图片（Entity.Picture）属性的图片名称
Picture Set	图片组	指赋值给实体图片（Entity.Picture）属性的图片组名称
Set Index	组编号	指赋值给实体图片（Entity.Picture）属性的图片在图片组中的索引号
Other	其他	指赋值给其他任意模型状态变量或有特别用途的属性值
Value	值	指赋值给指定的其他变量的值

A.4.2　传送设备模块

传送设备模块（Conveyor Module）用于定义一个积聚式（累加）或非积聚式（非累加）的传送设备，使实体能在站点间传送。当使用传送设备使实体在模块间传送时，必须使用传送模块定义传送设备。

传送设备的传输速度、单元格大小和片段模块（Segment Module）中的节长度必须使用相同的长度单位（比如：米）。

对于非积聚式的传送设备，当装载或卸载实体时，在传送设备上的所有实体也将停止传送。在传送设备上的实体间原始空间距离为常数。

而对于积聚式传送设备，当装载或卸载某实体时，传送设备装载其他实体的单元格在物理意义上不会停止。当局部发生堵塞时，实体将被继续传送直到遇到堵塞物。

实体将占用传送设备的一个或多个单元格。传送设备的所有站点间距离（在片段模块中定义）的总和必须被单元格数量或长度的值整除。如果不能整除，则在模型检查的过程中报告该错误。

在积聚过程中，实体将基于指定的空间进行积聚，其最终获得的单元格数量可能与实体原先获得的单元格数量不同。在不同的情况下，当消除堵塞物且去除积聚后，实体将恢复原先获得的单元格数量。

系统中有多个既用于积聚式传送设备又用于非积聚式传送设备的状态变量。公共变量 LEC（Conveyor）和 NEC（Conveyor）分别用于计算在传送设备上的实体长度和数量。另外，积聚传送变量如变量 CLA（Conveyor）用于计算在传送设备上的积聚实体的长度，变量 NEA（Conveyor）用于计算在传送设备上的积聚实体的数量。传送设备的速度可以通过变量 VC（Conveyor）来修改。

应用实例请参考 SMART Files 库中的模型：Smarts105.doe。

传送设备模块的属性设置对话框的相关提示词与描述如表 A.20 所示。

表 A.20　传送设备模块的属性设置对话框的相关提示词与描述

提　示　词		描　　　述
Name	名称	指传送设备的名称
Segment Name	片段名称	指在片段模块中定义的，与传送设备相联系的片段组的名称。片段组定义了传送设备传送实体的多个站点
Type	类型	指定传送设备的类型，包括"Accumulating（积聚式）"和"Non-Accumulating（非积聚式）"
Velocity	移动速度	指定传送设备初始移动的速度
Units	时间单位	指移动速度的时间单位
Cell Size	单元格大小	指实体可以占用的最小传送设备的空间
Max Cells Occupied	最大单元格占用	指任何实体每次占用传送设备单元格的最大数量
Accumulation Length	积聚长度	指实体积聚的长度，仅当传送设备类型是"Accumulating"时可以使用
Initial Status	初始状态	指传送设备初始的状态，包括激活和非激活的状态
Report Statistics	报告统计量	指定是否自动收集和统计与该模块相关的统计量

A.4.3　片段模块

片段模块（Segment Module）定义了传送设备片段组上两个站点间的距离。片段组由开始站点、结束站点和片段构建，定义传送设备的运动路径。一般来说，至少需要一个片段模块定义片段组。

片段组中的各片段连续地相连，从而形成一个片段网络。因此，片段 i 的结束站点编号是片段 $i+1$ 的开始站点编号。片段是有向的，约束实体只能从开始站点移动到结束站点。当实体到达片段对应的结束站点时，可以离开传送设备或者继续进入到下一个连接的站点。

如果传送设备有唯一的开始点和唯一的结束点（代表直线传送设备），那么在该传送设备网络中没有重复的站点。但是，如果传送设备是环路传送设备，那么开始站点应该与结束站点相同。环路中的任意站点都可以作为开始站点。

在直线传送设备上，如果指定实体被传输到当前站点，那么实体立即到达（已经在当前站点）。但是，如果在环路传送设备上，实体可以绕环路一圈重新到达当前站点。

应用实例请参考 SMART Files 库中的模型：Smarts105.doe。

片段模块的属性设置对话框的相关提示词与描述如表 A.21 所示。

表 A.21 片段模块的属性设置对话框的相关提示词与描述

提 示 词		描 述
Name	名称	指片段的名称
Beginning Station	开始站点	指传送设备上第一个站点的名称
Next Station	下一站点	指位于传送设备上下一个站点的名称
Length	长度	指当前站点与前一个站点间的距离

A.4.4 运输设备模块

运输设备模块（Transporter Module）用于定义自由路径运输设备或制导运输设备将实体从一个位置移动到另外位置。

运输设备模块中的所有距离单位必须一致（比如米或英尺等）。通过改变变量 VT（Transporter）的值可以调整运输设备组的速度，而改变 VTU（Transporter, Unit Number）的值可以调整运输设备单元的速度。另外，可以在移动模块（Move Module）、请求模块（Request Module）或运输模块（Transport Module）中临时改变运输设备的速度。

自由路径运输设备必须与距离模块（Distance Module）结合使用。距离模块定义了运输设备行进中经过的站点之间的距离。对于制导运输设备，运输设备在运输网络上行进。而运输网络通过网络模块（Network Module）和网络链模块（Network Link Module）定义。"初始位置状态组"中的"初始位置"区域定义了运输设备单元的初始状态是处于活动还是非活动。在模拟运行过程中，暂停模块（Halt Module）可以暂停激活运输设备单元，激活模块（Activate Module）可以激活运输设备单元。

对于制导运输设备，运输设备单元的大小可以在"初始位置状态组"中定义，其单元的大小值可以指定为按长度单位计算的数量或按传输区域计算的数量。如果通过长度单位指定运输设备单元的大小，那么它占用的实际区域是在运输网络中能容纳该运输设备单元空间的最少运输区域数量（按距离单位计算）。

如果系统中运输设备单元的数量大于在"初始位置状态组"中定义的初始位置状态的数量，那么多余的运输设备单元将取"初始位置状态组"中最后指定单元的数量值。如果系统中运输设备单元的数量大于在"初始位置状态组"中定义的初始位置状态条目的数量，那么系统将发生错误。

运输设备状态变量，比如 NT（Transporter）和 MT（Transporter）分别用于计算繁忙或活动的运输设备的数量。其他的变量可用于监视单个运输设备单元的状态。

应用实例请参考 SMART Files 库中的模型：Smarts149.doe。

运输设备模块的属性设置对话框的相关提示词与描述如表 A.22 所示。

表 A.22 运输设备模块的属性设置对话框的相关提示词与描述

提 示 词		描 述
Name	名称	指运输设备名称。可以代表一组多个运输设备单元,运输设备中的每个运输设备单元可以独立移动
Number of Units	单元数量	指运输设备中设备单元的数量
Type	类型	用于指定运输设备的类型,包括"Free Path(自由路径)"运输设备和"Guided(制导)"的运输设备
Distance Set	距离组	用于指定距离组的名称。距离组包含自由路径运输设备行进的站点名称和站间的距离。但距离在距离模块中定义
Network Name	运输网络名称	用于指定制导运输设备将遵循的运输网络名称。该运输网络定义了运输设备运行的所有路径的距离和区域。运输网络在网络模块中定义,组成网络的网络链和片段在网络链模块(Network Link Module)中定义
Velocity	速度	用于指定运输设备组的初始速度(单位时间内移动的单位长度量)
Velocity Units	单位	用于速度的时间单位
Acceleration	加速度	用于指定当制导运输设备减速或停止后,恢复到原来速度时的加速度,其时间单位在单位选项中指定
Deceleration	减速度	用于指定制导运输设备减速或停止过程中的减速度,其时间单位在单位选项中指定
Turning Velocity Factor	转弯速度因子	用于定义制导运输设备在拐弯处时的速度变化因子。为了使运输设备在拐弯时自动减速,运输网络的所有网络链必须定义方向
Zone Control Rule	区域控制规则	用于定义制导运输设备控制或释放某个区域或允许其他运输设备访问该区域的规则
Units	单位	用于指定减速度和加速度的单位(比如"Per Second Squared"、"Per Hour Squared"等)
Initial Position Status	初始位置状态	用于详细指定运输设备单元的初始位置状态的多组数据。一个输入条目可以用于所有运输设备单元(根据定义的容量)
Initial Position	初始位置	用于定义运输设备单元初始位置的类型。对于自由路径运输设备,其默认位置是在距离模块中定义的距离组的第一个站点的位置;对于制导运输设备,默认的位置是在网络模块(Network Module)中定义的运输网络的第一个网络链
Station Name	站点名称	指运输设备单元初始位置所在站点的名称
Intersection Name	交叉区域名称	用于定义制导运输设备单元初始位置所在的交叉区域的名称
Network Link Name	运输网络链名称	用于定义制导运输设备单元初始位置所在的运输网络链的名称
Zone	运输区域	用于定义制导运输设备单元初始位置所在的运输网络链的运输区域号
Initial Status	初始状态	用于定义制导运输设备单元初始化时的状态是活动的或非活动的
Size Based On	大小基于	用于定义制导运输设备的大小是基于单位长度或运输区域的数量
Size Value	大小数值	用于指定基于"大小基于"选项的运输设备的初始大小,可通过单位长度或运输区域的数量
Report Statistics	报告统计量	用于指定是否自动收集和统计与该模块相关的统计量

A.4.5 距离模块

距离模块（Distance Module）用于定义自由路径运输设备可能访问的所有站点间的距离。它包含了一个距离名称和一系列站点对（开始站点与结束站点）的距离。

其中，输入的距离值必须是非负整数。如果实际的距离不是整数，那么可以将与距离长度单位相关的所有运输设备数（比如速度、距离）按比例缩放为整数，或者将距离值通过四舍五入转化为整数。

如果一个特殊的站点对仅在指定的距离组中出现一次，那么系统认为从结束站点到开始站点的距离与从开始站点到结束站点的距离相同。

如果运输设备在没有使用距离模块定义的两个站点间行进，那么系统默认这两个站点间的距离为 0，运输设备行进的动画也不会显示。而且，系统将生成警告信息列举该站点对。

注意，在距离模块中定义距离不是基于在模拟动画中画出的相对长度。因此，模拟运行时，如果距离相同的两个站点对的动画不在同一比例下，那么当一个运输设备以相同的速度在这两个不同的站点对移动时，可能显示出不同的速度。

应用实例请参考 SMART Files 库中的模型：Smarts149.doe。

距离模块的属性设置对话框的相关提示词与描述如表 A.23 所示。

表 A.23　距离模块的属性设置对话框的相关提示词与描述

提　示　词		描　　述
Name	名称	指距离组的名称
Beginning Station	开始站点	指开始站点的名称
Ending Station	结束站点	指结束站点的名称
Distance	距离	指从开始站点到结束站点的距离

A.4.6　网络模块

网络模块（Network Module）用于定义一个制导运输设备行进路线的地图。一个运输网络包含一组在网络链分组框中指定的链。网络链的参数（比如长度、交叉区域和方向）在网络链模块（Network Link Module）中指定。一个网络链可被两个或多个运输网络分享。

应用实例请参考 SMART Files 库中的模型：Smarts195.doe。

网络模块的属性设置对话框的相关提示词与描述如表 A.24 所示。

表 A.24　网络模块的属性设置对话框的相关提示词与描述

提　示　词		描　　述
Name	名称	指运输网络的名称
Network Link Name	网络链名称	指运输网络中网络链的名称

A.4.7　网络链模块

网络链模块（Network Link Module）用于定义制导运输设备在交叉区域上行进路径

的规格参数表,该交叉区域是由开始交叉区域名称和结束交叉区域名称所决定的。网络模块(Network Module)将引用网络链模块中定义的网络链来引导制导运输设备移动。

网络链的类型(包括单向的、双向的和支脉状的)决定运输设备是否能由结束交叉区域移动到开始交叉区域。当在单向的网络链中行进时,运输设备仅能从开始交叉区域移动到结束交叉区域;当在双向的网络链中行进时,运输设备既可以从开始交叉区域移动到结束交叉区域,也可以由结束交叉区域移动到开始交叉区域;对于支脉状的网络链,结束交叉区域必须是"死节点",即不与除其他支脉状网络链以外的任何类型的网络链相连接。当运输设备到达支脉状的结束交叉区域时,运输设备不会失去对开始交叉区域与结束交叉区域间网络链区域的控制,而是保持对整个网络链的控制以确保使其能够回到交叉区域的主路径(开始交叉区域)上。

在一个网络链中,每个链区域的长度相同。链区域的长度累加即得到网络链的总长度。度量网络链区域长度的单位必须与使用该网络链的运输设备的所有其他度量单位一致。

开始方向和结束方向选项用于定义当运输设备离开开始交叉区域和进入结束交叉区域时网络链的方向。开始方向和结束方向应该是 0°～360°的整数值代表行进的角度(0°和 360°表示向右或向东)。这些方向值与运输设备的转弯速度因子(在运输模块中定义)结合使用,可以降低运输设备转弯时的速度。如果从开始交叉区域到结束交叉区域的网络链方向不同,那么运输设备通过网络链中间区域时的速度将是当前的速度与转弯速度因子的乘积。同样,如果运输设备从一个网络链移动到另外一个方向不同的网络链中时,运输设备通过连接的交叉区域时的速度也将是当前的速度与转弯速度因子的乘积。双向的或支脉状的网络链中相反的行进方向会导致在其指定的方向基础上,发生 180°偏移。

应用实例请参考 SMART Files 库中的模型:Smarts195.doe。

网络链模块的属性设置对话框的相关提示词与描述如表 A.25 所示。

表 A.25 网络链模块的属性设置对话框的相关提示词与描述

提 示 词		描 述
Name	名称	指网络链的名称
Type	类型	指经过的网络链的类型
Beginning Intersection Name	开始交叉区域名称	指网络链连接的交叉区域对的开始交叉区域的名称
Ending Intersection Name	开始交叉区域名称	指网络链连接的交叉区域对的结束交叉区域的名称
Beginning Direction	开始方向	指离开开始交叉区域时,网络链的方向
Ending Direction	结束方向	指离开结束交叉区域时,网络链的方向
Number Of Zones	运输区域数量	指网络链中的运输区域数量
Zone Length	运输区域长度	指网络链中的每个运输区域长度。总的网络链长度等于网络链中的运输区域数量乘以网络链中的运输区域长度
Velocity Change Factor	速度改变因子	指任意经过网络链的运输设备速度的乘数

A.4.8 活动区域模块

活动区域是指一个与单个或多个站点相联系的区域。这些区域被用于收集与站点相关的统计信息。每个活动区域可以有一个用于定义所描述系统分层结构的父活动区域。

模拟过程的统计信息将自动通过所定义的系统分层结构进行累积。

一个活动区域可以收集实体在该活动区域中的子活动区域或站点中所有时间和成本的累积。该活动区域的时间和成本变量在其子活动区域更新时被自动更新，子活动区域的更新又是模拟过程中更新与子活动区域关联的站点时启动的。

如果指定活动区域组织级别的值为"−1"，那么该活动区域是用户自定义的级别。用户自定义的活动区域可以被置于活动区域等级结构中高于组织级别"0"的任何位置。任何用户自定义的活动区域的子活动区域的组织级别必须低于用户自定义的父活动区域。

活动区域模块（Activity Area Module）的属性设置对话框的相关提示词与描述如表 A.26 所示。

表 A.26　活动区域模块的属性设置对话框的相关提示词与描述

提示词		描述
Name	名称	指活动区域的名称
Description	描述	指用于描述该活动区域的可选区域
Organization Level	组织级别	用于定义活动区域的分层级别
Parent Activity Area	父活动区域	指父活动区域的名称
Report Statistics	报告统计量	指定是否自动收集和统计与该活动区域相关的统计量，并存储在报告数据库中

附录 B
Arena 高级过程模块简介

B.1 流程图模块

Arena 高级过程面板中的流程图模块（Flowchart Module）用于定义复杂的处理流程，它包含延时（DELAY）模块、卸载（Dropoff）模块、保持（Hold）模块、匹配（Match）模块、选择（Pickup）模块、读/写（ReadWrite）模块、释放（Release）模块、删除（Remove）模块、占用（Seize）模块、查找（Search）模块、信号（Signal）模块、进仓（Store）模块、出仓（Unstore）模块和调整变量（Adjust）模块共 14 个流程图（Flowchart）模块。

B.1.1 延时模块

延时模块（Delay Module）用来使实体在模拟过程中按照预定的时间进行延迟。

当实体到达延时模块的时候，实体按照时间延迟表达式计算出的延迟时间被延迟。延迟时间包括"Value Added"（增值时间）、"Non-Value Added"（非增值时间）、"Transfer"（转移时间）、"Wait"（等待时间）或者"Other"（其他时间）五种类型。

实体在延迟的过程中，系统会根据延迟时间和相应时间类型的时间单位成本，自动计算和记录延迟时间中产生的成本。

如果指定的表达式在模拟过程中返回负值，那么系统将返回值置为零，即实体不会在延时模块中延迟。

当实体离开父模块时，系统根据设定的"Allocation"（时间分配方式），将延时模块的延迟时间和延迟成本加到子模型的父过程中。

应用实例请参考 SMART Files 库中的模型：Smarts075.doe。

延时模块的实例图标如图 B.1 所示。

延时模块对话框的提示词与描述如表 B.1 所示。

图 B.1　延时模块的实例图标

表 B.1　延时模块对话框的提示词与描述

提　示　词		描　　述
Name	名称	指显示在模块图形上的唯一模块标志
Allocation	分配	用于定义实体在模块中发生的延迟时间类型，延迟过程中发生的成本根据延迟时间类型来计算
Units	单位	用于定义实体的延迟时间单位
Delay Time	延迟时间	用于定义实体的延迟时间数值

B.1.2 卸载模块

卸载模块（Dropoff Module）将一定数量的实体从一个临时实体组中移动到另外一个模块中。

卸载模块有一个输入口和两个输出口，默认名称为"Original"和"Members"。实体组的实体从"Original"出口流出，被卸载的实体从"Members"出口流出。

卸载模块的输入一般是由组合模块（Batch Module）或选择模块（Pickup Module）

生成的临时实体组。当临时实体组进入卸载模块时，卸载模块将一定数量（小于临时实体组中的实体数量）的实体从实体组中卸载到与"Members"出口连接的模块中，临时实体组的实体从"Original"出口流出，流出后，临时实体组中的实体数量将相应减少。

变量"NG"记录了当前实体组的大小（组成员的数量）。通过该变量可以卸载实体组中的所有实体成员。

被卸载出来的实体组成员首先在卸载前的模拟过程中更新时间和成本属性值，然后按照"Member Attributes"中设置的方式获得属性值。实体成员获得属性的方式包括"Retain Original Entity Values"（保留原始实体属性值）、"Take All Representative Values"（赋值组合实体代表所有属性值）和"Take Specific Representative Values"（赋值组合实体具体属性值）三种。当选择"Take Specific Representative Values"方式时，可供选择的属性包括"Entity.Type"、"Entity.Picture"、"Entity.Station"、"Entity.Sequence"、"Entity.HoldCostRate"、"Entity.Jobstep"及用户自定义的属性。被卸载的实体是由组合模块或选择模块生成的临时实体组中的成员。

不论从卸载模块"Original"出口流出的实体组的实体中是否还有实体成员，实体组的实体将依然存在系统中。当实体组实体代表不包含任何实体成员时，卸载模块将忽略对实体成员的卸载过程，而仅让进入的实体组代表实体从"Original"出口流出。

卸载模块（Drop off Modual）与分解模块（Separate Module）在实体流向等方面略有不同。分解模块在分解实体的过程中，所有的实体成员从实体组中分解出来以供进一步处理，实体组代表实体随即被舍弃；而卸载模块允许删除实体组中选择的实体成员，保留实体组的代表实体及剩余的实体成员从"Original"出口流出以供进一步处理。实体组中剩余的实体成员也可以继续通过分解模块释放，或者通过卸载模块从实体组中卸载实体成员。

应用实例请参考 SMART Files 库中的模型：Smarts197.doe。

卸载模块的实例图标如图 B.2 所示。

卸载模块对话框的提示词与描述如表 B.2 所示。

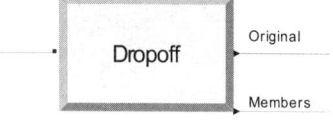

图 B.2 卸载模块的实例图标

表 B.2 卸载模块对话框的提示词与描述

提示词		描述
Name	名称	指显示在模块图形上的唯一模块标志
Quantity	数量	指从实体组中卸载的实体数量
Starting Rank	起始位置	指卸载实体在实体组中的起始位置
Member Attributes	成员属性	指从实体组中卸载的实体成员的属性值分配方式
Attribute Name	属性名称	指实体组代表分配给卸载的实体成员的属性的名称

B.1.3 保持模块

保持模块（Hold Module）用于将实体组保持在模块中，直到移出条件满足为止。

当实体流入保持模块时，实体将在模块中排队等待，如果移出条件是"Wait for Signal"（等待移出信号），那么需要在模型中定义一个信号模块（Signal Module）使实体流入到下一个模块中；如果移出条件是"Scan for Condition"（条件扫描），那么当移出条件为真时，实体流入到下一个模块中；如果移出条件是"Infinite Hold"（永久保持），那么需要在模型中定义一个删除模块（Remove Module）使实体流入到相连通的下一个模块中。

保持模块包含唯一的流入点和流出点。流入点的类型取决于队列的类型：当排队队列为"Internal"（内部队列）时，流入点类型与其他类型的队列不同（流程图上流入点图示为白框，其他的为灰框）；如果排队队列被指定为"Queue"，那么模块中会显示通过队列的动画演示实体的等待过程。

1）"Scan for Condition"选项

如果移出条件是"Scan for Condition"选项，当一个实体进入包含空等待队列的模块中时，模块将计算判断条件是否为真。如果条件为真，那么实体将继续流动；如果条件为假，那么实体将置于队列之中。当一个实体进入包含不为空的等待队列的模块时，实体将根据先入先出（FIFO）原则在队列中排列。

每当有一个或多个实体在队列中时，检查条件将作为每次离散时间推移时的最近任务。

扫描条件数值表达式的计算结果以"true/false"的形式表达。"0"等价于"flase"；所有"非0"数值表示条件为"true"。如果扫描条件包含（基于）属性值，那么扫描条件将随着每个到达的实体而改变。

2）关于"Wait for Signal"选项

当移出条件是"Wait for Signal"选项时，每个进入该模块的实体都分配一个信号值。如果使用表达式作为信号值，那么进入同一个模块的实体可能等待不同的信号值。一个信号模块可以通过设置一个全局变量来限制接收该信号的模块释放实体的数量。

应用实例请参考 SMART Files 库中的模型：Smarts061.doe。

保持模块的实例图标如图 B.3 所示。

保持模块对话框的提示词与描述如表 B.3 所示。

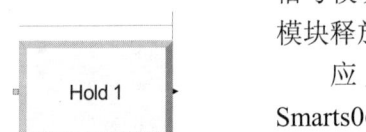

图 B.3　保持模块的实例图标

表 B.3　保持模块对话框的提示词与描述

提　示　词		描　　述
Name	名称	指显示在模块图形上的唯一模块标志
Type	类型	用于指示模块对队列中实体的保持方式。如果选择"Wait for Signal"（等待信号）类型，实体会一直等待，直到接收到相同数值的信号为止；如果选择"Scan for Condition"（条件扫描）类型，模块就会保持实体现状，直到相一致的条件出现；如果选择"Infinite Hold"（永久保持）类型，实体就会一直被保持，直到被删除模块（Remove Module）移走为止
Wait for Value	等待信号值	用于定义等待中的实体所等待的信号值。仅当选择的类型为"Wait for Signal"（等待信号）时适用

续表

提 示 词		描 述
Limit	极限	用于定义等待中的实体在接收信号之后释放等待实体的最大数量。在等待实体数量充足情况下，当每次信号到来时，按照最大数量释放等待的实体；如果数量不足，释放所有实体。仅当选择的类型为"Wait for Signal"（等待信号）时适用
Condition	条件	用于定义控制实体是否流过保持模块的条件。当条件不满足时，实体将在模块中排队；当条件满足时，实体就会立即离开模块。仅当选择的类型为"Scan for Condition"（条件扫描）时适用
Queue Type	队列类型	用于定义保持模块中实体的队列类型。如果选择"Queue"（队列）类型，那么就需要指定队列的名称；如果选择"Set"（组合）类型，那么就要指定队列组合和组合中的成员；如果选择"内部队列"类型，那么就会产生一个内部队列来保持所有等待的实体；"属性"类型和"表达式"类型选项是定义所使用队列的另外两种方法
Queue Name	队列名称	用于定义队列的符号名称，仅当选择的队列类型为"Queue"（队列）时适用
Set Name	组合名称	用于定义包含引用队列的队列组合，仅当选择的队列类型为"Set"（组合）时适用
Set Index	组合索引	用于定义队列组合对应的索引。注意：该索引针对队列组合中队列本身的数值索引，而不是针对队列组合中队列的名称。仅当选择的队列类型为"Set"（组合）时适用
Attribute	属性	用于通过属性值指示使用的队列，仅当选择的队列类型为"Attribute"（属性）时适用
Expression	表达式	用于通过表达式指示使用的队列，仅当选择的队列类型为"Expression"（表达式）时适用

B.1.4 匹配模块

匹配模块（Match Module）的功能是，让在不同队列中等待的实体在指定条件满足的情况下，每个队列同时流出一个实体。

匹配模块内包含至多 5 个入口和 5 个出口。实体分别从入口进入匹配模块后，将停留在各自的队列中等待匹配过程发生。只有当每个目标队列中至少有一个实体时，方能进行匹配。此外，如果匹配类型是"Based on Attribute"（根据属性判断），那么只有当各队列中的实体属性相同时，才能开始匹配过程。

在每次匹配发生时，由每个队列中的一个实体进行匹配，并同步从相应的出口流出，同时流出的实体数量为队列的数量。此时，系统将自动生成与匹配数量相等的队列动画。

应用实例请参考 SMART Files 库中的模型：Smarts 134.doe。

匹配模块的实例图标如图 B.4 所示。

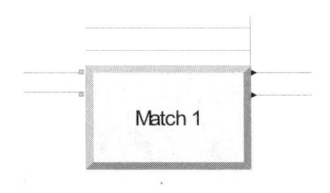

图 B.4 匹配模块的实例图标

匹配模块对话框的提示词与描述如表 B.4 所示。

表 B.4 匹配模块对话框的提示词与描述

提示词		描述
Name	名称	指显示在模块图形上的唯一的模块标志
Number to Match	匹配数量	用于定义每次自不同队列参与匹配的实体数量。匹配模块的数目最多为 5 个，最少为 2 个
Type	类型	用于指定进入实体的匹配类型。如果匹配类型是"Any Entities"（任何实体），每个队列中必须至少有一个实体等待匹配；如果匹配类型是"Based on Attribute"（根据属性判断），那么各队列中的实体属性必须相同
Attribute Name	属性名称	用于定义各队列实体进行匹配的属性名称。仅当匹配类型是"Based on Attribute"时适用

B.1.5 选择模块

选择模块（Pickup Module）用于从指定队列位置开始，移出一定数量的连续排列的实体。被移出的实体将加入到到达实体组的尾部。

其应用实例请参考 SMART Files 库中的模型：Smarts197.doe。

选择模块的实例图标如图 B.5 所示。

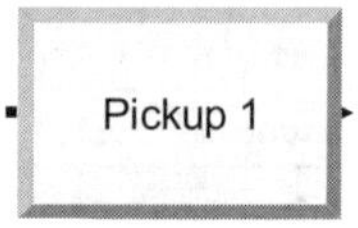

图 B.5 选择模块的实例图标

选择模块对话框的提示词与描述如表 B.5 所示。

表 B.5 选择模块对话框的提示词与描述

提示词		描述
Name	名称	指显示在模块图形上的唯一的模块标志
Quantity	数量	用于定义从队列中移出的实体数量
Queue Name	队列名称	用于指定被移出实体所在的队列名称
Starting Rank	起始位置	用于定义被移出实体所在队列中的起始位置

B.1.6 读/写模块

读/写模块（ReadWrite Module）常常用于从输入文件中读取数据或者记录由键盘输入的数据，并且把数据分配给一系列变量或者属性值（或者其他表达式）。读/写模块也用于把数据写到一台输出设备上，如屏幕或者文件。

当读取或写入数据到文件中时，读/写模块根据 File 模块中指定的不同（Arena 支持的）文件类型，按照不同的逻辑方式读取。

1）序列文件或者 LOTUS 电子文件

如果指定的文件访问类型为序列（文本）文件或者 LOTUS 电子文件，那么当实体到达读/写模块时，读/写模块将检测指定的文件是否已经打开（激活）。如果没有打开或激活，就自动打开它们，并且根据指定的文件格式将数据读入到属性、变量或表达式等模型的元素中，或者将文件中的数据按照指定的格式写入文件。读/写模块会按照其支持的文件类型读/写文件，读/写过程不需要用户干预。

如果需要将 Lotus（.wks）文件导入到 Excel，请参考 Lotus 1-2-3 发布指南中的 1.x

（WKS）文件格式的说明。

2）"Microsoft Excel"、"Microsoft Access"和"ActiveX"数据对象

如果指定的文件访问类型为"Microsoft Excel"、"Microsoft Access"和"ActiveX"数据对象，那么当实体到达读/写模块时，读/写模块将检测是否已经打开（激活）一个连接到所指定文件的 ADO 链接对象。如果文件目前处于关闭状态，那么读/写模块将自动打开一个连接到数据源（所指定文件）的 ADO 对象的链接。如果访问类型是"Microsoft Excel"或者"Microsoft Access"，系统将使用"Microsoft Jet OLE DB Provider"数据库引擎；如果访问类型是"ActiveX"数据对象，系统将使用指定的数据库连接字符串。

3）扩展标记语言

如果指定的文件访问类型为"Extensible Markup Language"（扩展标记语言）文件，那么实体到达读/写模块时，读/写模块将检测文件是否打开（激活）。如果没有打开或激活，则自动打开该文件并且把扩展标记语言文件中的数据写入到单独的 ADO 记录集中。读/写模块通过记录集与扩展标记语言文件进行数据交换（如属性、变量或表达式等模型元素）。

其应用实例请参考 SMART Files 库中的模型：Smarts137.doe。

读/写模块的实例图标如图 B.6 所示。

读/写模块对话框的提示词与描述如表 B.6 所示。

图 B.6 读/写模块的实例图标

表 B.6 读/写对话框的提示词与描述

提示词		描述
Name	名称	指显示在模块图形上的唯一的模块标志。默认名称由模型名称与即时数值组成
Type	类型	用于定义读或写的方法。数据可以从文件或键盘被读取，也可以写入到文件或输出到终端设备（如显示器），包括"Read from Keyboard"（从键盘读取）、"Read from File"（从文件读取）、"Write to File"（写入文件）和"Write to Screen"（输出到显示器）四种类型。默认为"Read from Keyboard"
Arena File Name	ARENA 文件名称	用于识别在文件模型中的标志文件，即文件的标志名称。默认名称为"File 1"。仅当选择"Read from File"（从文件读取）和"Write to File"（写入文件）两种类型时适用
Overriding File Format	首选文件格式	用于指定读或写数据的格式。该指定的格式优于文件模块"Structure"（文件结构）标签中设定的任何具体格式。有效输入为 FORTRAN 和 C 格式（需要放在双引号内）
Variable Type	变量类型	用于指定读或写信息的类型，包括"Attribute"（属性）、"Variable"（变量）、"Variable Array（1D）"（变量一维数组）、"Variable Array（2D）"（变量二维数组）和"Other"（其他）等选项。默认为"Attribute"
Recordset ID	访问记录编号	用于标示将要访问的文件记录集编号，仅当在文件模块中的文件设定为"Microsoft Excel"、"Microsoft Access"、"ActiveX Data Objects"或"Extensible Markup Language"时适用

提　示　词		描　述
Record Number	访问记录号	指"Recordset ID"（访问记录编号）中的访问记录号。仅当在文件模块中的文件设定为"Microsoft Excel"、"Microsoft Access"、"ActiveX Data Objects"或"Extensible Markup Language"时适用
Attribute Name	属性名称	用于定义读或写的属性的标志名称
Variable Name	变量名称	用于定义将被读或写的变量的标志名称
Other	其他	用于定义其他读或写信息类型的表达式。有效输入为表达式，默认为"J"

B.1.7　释放模块

释放模块（Release Module）用于释放之前被实体占用的资源。

当实体进入释放模块时，模块中指定的资源将被立即释放。释放模块可以释放单独的资源，也可以释放资源组内的资源。但是，释放模块必须指定被释放资源的名字和数量。

其应用实例请参考 SMART Files 库中的模型：Smarts194.doe。

释放模块的实例图标如图 B.7 所示。

释放模块对话框的提示词与描述如表 B.7 所示。

图 B.7　释放模块的实例图标

表 B.7　释放模块对话框的提示词与描述

提　示　词		描　述
Name	名称	指显示在模块图形上的唯一的模块标志
Type	类型	用于指定释放资源的类型，包括特定资源和资源组两种。资源名称可以通过"Attribute"（属性）或"Expression"（表达式）来指定
Resource Name	资源名称	用于指定被释放资源的名称
Set Name	资源组名	用于指定被释放资源组的名称。释放模块将从该资源组中释放资源成员
Attribute Name	属性名称	用于指定被释放资源的属性名称
Expression	表达式	用于指定被释放资源的名称的表达式
Quantity	数量	用于指定要释放的资源数量。对于资源组，该数量指定的只是选中的将要释放的资源的数量（根据资源的容量计算），而不是将要释放资源组中成员的数量
Release Rule	释放规则	用于决定在资源组中哪个资源将被释放的规则。"Last Member Seized"（最后占用的成员）规则将首先释放最后被占用的资源；"First Member Seized"（最先占用的成员）规则将首先释放最先被占用的资源；"Specific Member"（指定的成员）规则将按照指定的组索引编号释放资源成员。仅当被释放资源的类型为"Set"时适用
Set Index	组索引	用于将被释放资源组中资源成员的索引，仅当被释放资源的类型为"Set"且释放规则为"Specific Member"时适用

B.1.8　删除模块

删除模块（Remove Module）将一个实体从队列的指定的位置转移到指定的模块。

当实体进入删除模块时，被转移到与删除模块的"Removed Entity"端相连接的模块。转移后，进入删除模块的原始实体将从"Original"端口流出。

其应用实例请参考 SMART Files 库中的模型：Smarts085.doe。

删除模块的实例图标如图 B.8 所示。

删除模块对话框的提示词与描述如表 B.8 所示。

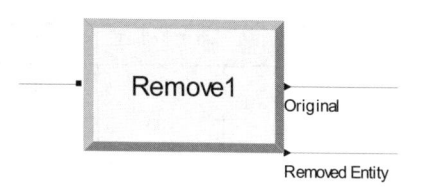

图 B.8　删除模块的实例图标

表 B.8　删除模块对话框的提示词与描述

提　示　词		描　述
Name	名称	指显示在模块图形上的唯一模块标志
Queue Name	队列名称	用于指定被转移实体所在的队列的名称
Rank of Entity	实体位置	用于定义被转移实体在实体队列中的排列位置

B.1.9　占用模块

占用模块（Seize Module）将占用一个或多个资源并且分配给一个实体。占用模块占用的资源可以是一定数量的单独资源或是资源组中的资源成员，也可以是通过可选择的方法（如属性或表达式）指定的资源。

当实体进入占用模块时，实体将同时在占用模块中排队等待，直到占用模块指定占用的资源可以使用。但占用模块中资源的分配类型必须设定。

其应用实例请参考 SMART Files 库中的模型：Smarts093.doe。

占用模块的实例图标如图 B.9 所示。

图 B.9　占用模块的实例图标

占用模块对话框的提示词与描述如表 B.9 所示。

表 B.9　占用模块对话框的提示词与描述

提　示　词		描　述
Name	名称	指显示在模块图形上的唯一模块标志
Allocation	分配	用于确定分配资源使用成本的类型
Priority	优先权	当其他模块中的一个或多个实体在等待同样的资源时，模块中实体等待资源的优先权
Type	类型	用于定义被占用资源的类型，包括单独资源和资源组。资源名称也可以通过属性值或表达式来指定
Resource Name	资源名称	用于指定将被占用的资源的名称
Set Name	资源组名	用于指定将被占用资源所在的资源组的名称
Attribute Name	属性名	用于指定被占用资源的属性名称
Expression	表达式	用于指定被占用资源的名称的表达式
Quantity	数量	用于指定将要占用的资源数量。对于资源组，该数量指定的只是选中的将要占用的资源的数量（根据资源的容量），而不是将要占用资源组中成员的数量

续表

提 示 词		描 述
Selection Rule	选择规则	用于定义资源组中的资源成员的占用规则。选择规则为"Cyclical"（循环）时，占用模块将轮流选择可以获得的资源成员，比如按照"1-2-3-1-2-3"的规则选择。选择规则为"Random"（随机）时，占用模块将随机选择可以获得的资源。选择规则为"Preferred Order"（指定的顺序）时，占用模块将从第一个可以获得的资源成员开始选择，比如第一个资源可用，那么选择第一个资源；如果第二个资源可用，那么选择第二个资源，直到达到设定的数量。选择规则为"Specific Member"（指定的成员）时，占用模块将需要在保存属性（Save Attribute）中设定一个属性值来确定从资源组中占用哪个资源成员。"Largest Remaining Capacity"（最大剩余容量）和"Smallest Number Busy"（最小繁忙数量）规则使用在多重资源情况下
Save Attribute	保存属性	用于存储占用资源组的资源成员索引号。这个属性将被"Specific Member"选择规则引用
Set Index	组索引	指资源组中将被占用的资源成员的索引号。如果使用属性名称，在使用该选项时，必须给实体的该属性赋值
Resource State	资源状态	指被占用的资源将被分配时的状态。所设定的资源状态必须在资源模块中定义
Queue Type	队列类型	用于指定实体在等待资源时排队的队列类型。如果指定队列类型为"Queue"（队列），那么必须指定队列名称；如果指定队列类型为"Set"（队列组），那么必须指定队列组名称和队列组成员；如果指定队列类型为"Internal"（内部队列），那么有一个内部队列为所有等待的实体提供排队空间；另外还可以通过设置队列属性或表达式来确定使用的队列
Queue Name	队列名称	用于定义队列的符号名称，只有指定队列类型为"Queue"时可见
Set Name	组名称	用于定义队列组的名称，只有指定队列类型为"Set"时可见
Set Index	组索引	用于定义队列组的队列成员的索引号，只有指定队列类型为"Set"时可见。注意，索引号不是队列组内队列的名称，比如，如果某队列组中只包含3个有效的队列，那么设置的条目只能是1、2和3。如果使用表达式，表达式的值只能是1、2和3
Attribute	属性	用于指定使用队列的属性值。只有指定队列类型为"Attribute"时可见
Expression	表达式	用于指定使用队列的表达式。只有指定队列类型为"Expression"时可见

B.1.10 查找模块

查找模块（Search Module）通过搜索一个队列、实体组或者一个表达式找到满足查找条件的实体位置编号（对于在队列或实体组中的实体）或者全局变量 J 的值。系统将第一个满足查找条件的实体的位置编号赋值给全局变量 J；如果查找条件不满足，全局变量 J 将被赋值为 0。

当实体到达查找模块时，全局变量 J 被赋值为"Starting Value"（开始值），然后系统检测搜索条件。如果搜索条件满足，那么全局变量 J 的当前值被保留；如果搜索条件不满足，那么全局变量 J 将从"Starting Value"（开始值）到"Ending Value"（结束值）的范围内增加或减少一定的值，并重复搜索过程，直到找到搜索结果或者全局变量 J 达到"Ending Value"（结束值）。如果搜索过程结束，查找条件仍没有满足或者队列中没有实体，那么全局变量 J 将被赋值为 0。

其应用实例请参考 SMART Files 库中的模型：Smarts141.doe。
查找模块的实例图标如图 B.10 所示。

图 B.10　查找模块的实例图标

查找模块对话框的提示词与描述如表 B.10 所示。

表 B.10　查找模块对话框的提示词与描述

提　示　词		描　述
Name	名称	指显示在模块图形上的唯一模块标志
Type	类型	指决定搜索对象的类型。搜索类型包括"Search a Queue"（实体队列）、"Search a Batch"（实体组合）或"Expression"（表达式）
Queue Name	队列名称	指被搜索队列的名称，仅当搜索对象的类型为"Search a Queue"时适用
Starting Value	开始值	在搜索对象为队列、实体组时，"Starting Value"（开始值）是搜索的开始编号；在搜索对象是表达式时，"Starting Value"是全局变量 J 的初始值
Ending Value	结束值	在搜索对象为队列、实体组时，"Ending Value"（结束值）是搜索的结束编号；在搜索对象是表达式时，"Ending Value"是全局变量 J 的初始值
Search Condition	搜索条件	搜索条件指与全局变量 J 有关的搜索表达式，或者是搜索队列或实体组的属性名称

B.1.11　信号模块

信号模块（Signal Module）用来向模型中的每个等待信号的保持模块发送信号值。保持模块得到其需要的信号值后将从保持模块中释放指定数量的实体。

当实体到达信号模块时，信号模块向模型中的每个等待信号的保持模块发送经过计算后的信号值。这时，进入信号模块的实体将不在信号模块中停留，而是继续进入接下来的模拟过程，直到遇到排队、延迟或者退出系统。而获得相应信号值的保持模块立即将指定数量的实体从保持模块（Hold Module）的队列中流出。如果保持模块中保持的实体数量达不到指定数量时释放所有保持实体。

其应用实例请参考 SMART Files 库中的模型：Smarts077.doe。

信号模块的实例图标如图 B.11 所示。

信号模块对话框的提示词与描述如表 B.11 所示。

图 B.11　信号模块的实例图标

表 B.11　信号模块对话框的提示词与描述

提　示　词		描　述
Name	名称	指显示在模块图形上的唯一模块标志
Signal Value	信号值	指发送给保持模块的信号的信号值
Limit	限制	用于指定接收信号值的保持模块（Hold Module）释放实体数量的最大值

B.1.12 进仓模块

进仓模块（Store Module）用来将实体加到实体仓库中。对应的出仓模块（Unstore Module）可以将实体从实体仓库中移出来。

当实体到达进仓模块时，指定的实体仓库中的实体数量将增加，而且实体将立即流入到模型的下一个模块中。此时实体仓库的实体数量会被系统统计。进仓模块对于展示实体在其他模块中的动画特别适用。

其应用实例请参考 SMART Files 库中的模型：Smarts095.doe。

进仓模块的实例图标如图 B.12 所示。

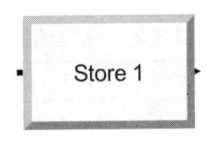

图 B.12　进仓模块的实例图标

进仓模块对话框的提示词与描述如表 B.12 所示。

表 B.12　进仓模块对话框的提示词与描述

提示词		描述
Name	名称	指显示在模块图形上的唯一模块标志
Type	类型	用于指定存储对象的类型。该类型包括"Storage"（仓库）、"Set"（仓库组）、"Attribute"（属性值）和"Expression"（表达式）
Storage Name	仓库名称	用于指定仓库的名称，仅当选择的类型为"Storage"时适用
Set Name	组名称	指被选择的仓库组的名称，仅当选择的类型为"Set"时适用
Set Index	组索引	用于指定期望得到的仓库在仓库组中的索引，仅当选择的类型为"Set"时适用
Attribute	属性	用于指定仓库，仅当选择的类型为"Attribute"时适用
Expression	表达式	用于指定实体存放的仓库，仅当选择的类型为"Expression"时适用

B.1.13 出仓模块

出仓模块（Unstore Module）用来将实体从实体仓库中移出。

当实体到达出仓模块时，指定在实体仓库中的实体数量将减少，而且到达的实体立即从出仓模块中流出到模型中的其他模块中。

其应用实例请参考 SMART Files 库中的模型：Smarts095.doe。

出仓模块的实例图标如图 B.13 所示。

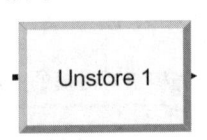

图 B.13　出仓模块的实例图标

出仓模块对话框的提示词与描述如表 B.13 所示。

表 B.13 出仓模块对话框的提示词与描述

提 示 词		描 述
Name	名称	指显示在模块图形上的唯一模块标志
Type	类型	用于指定存储对象的类型。该类型包括"Storage"(仓库)、"Set"(仓库组)、"Attribute"(属性值)和"Expression"(表达式)
Storage Name	仓库名称	用于指定仓库的名称,仅当选择的类型为"Storage"时适用
Set Name	组名称	指被选择的仓库组的名称,仅当选择的类型为"Set"时适用
Set Index	组索引	用于指定期望得到的仓库在仓库组中的索引,仅当选择的类型为"Set"时适用
Attribute	属性	用于指定仓库,仅当选择的类型为"Attribute"时适用
Expression	表达式	用于指定实体存放的仓库,仅当选择的类型为"Expression"时适用

B.1.14 调整变量模块

调整变量模块(Adjust Variable)按照指定的速率调整变量的值至目标值。调整变量模块可以用于实现在资源动画和全局动画中控制图形的旋转过程,使动画图形平滑旋转及实现近似表现变量随时间连续变化等功能。

当实体进入调整变量模块时,实体将按照变化速率调整变量的值,直到调整变量的值等于目标值。

"Update Interval"(更新间隔)选项用于指定随时间的推进和实际对变量值更新的时间间隔。较短的时间间隔会使引用调整变量的图表或图形旋转动画的效果细腻,并且连续的变量统计也更加精确;而比较长的时间间隔将加快模型运行速度。

其应用实例请参考 SMART Files 库中的模型:Smarts194.doe。

调整变量模块的实例图标如图 B.14 所示。

调整变量模块对话框的提示词与描述如表 B.14 所示。

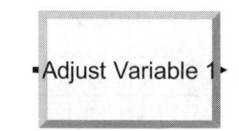

图 B.14 调整变量模块的实例图标

表 B.14 调整变量模块对话框的提示词与描述

提 示 词		描 述
Name	名称	指显示在模块图形上的唯一模块标志
Variable Type	变量类型	用于指定将被调整变量的数组特征
Row	行	当变量是数组时,用于指定数组的行号
Column	列	当变量是二维数组时,用于指定数组的列号
Variable Name	变量名称	用于指定被调整变量的名称
To Value	目标值	用于指定被调整变量的目标值
Rate	速率	用于指定调整的速率值
Units	单位	用于指定调整速率值的时间单位
Update Interval	更新间隔	用于指定变量值更新的时间间隔
Units	单位	用于指定更新间隔的时间单位
Allocation	分配	用于指定实体在调整变量模块中被延迟时间的类型,以及不同时间类型对象的不同成本花费

B.2 数据模块

Arena 高级过程面板中的数据模块（Data Module）用于定义流程图模块中涉及的相关数据，包含高级组（Advanced Set）模块、表达式（Expression）模块、失效（Failure）模块、文件（File）模块、状态组（StateSet）模块、统计（Statistic）模块、仓库（Storage）模块共 7 个数据模块。

B.2.1 高级组模块

高级组模块（Advanced Set Module）用来指定"Queue Set"（队列组）、"Storage Set"（仓库组）或其他类型的组及它们的成员。一个组定义了一些类似的元素，其他模块可以通过组的名称和组的索引号来访问它们。

"Queue Set"（队列组）需要在一个占用模块（Seize Module）或者其他类似的需要利用资源的模块中指定；"Storage Set"（仓库组）需要在 Store 模块（Store Module）和 Unstore 模块（Unstore Module）中指定；其他组需要包含一系列属性或其他不同的元素。

其应用实例请参考 SMART Files 库中的模型：Smarts157.doe。

高级组模块对话框的提示词与描述如表 B.15 所示。

表 B.15　高级组模块对话框的提示词与描述

提示词		描述
Name	名称	指高级组的唯一名称标志
Set Type	组类型	用于指定被定义的组的类型。它可以是"Queue Set"（队列组）、"Storage Set"（仓库组）组或"Other"（其他类型）的组
Queue Name	队列名称	用于定义队列组中队列的名称，仅当被定义的组是"Queue Set"时适用
Storage Name	仓库名称	用于定义仓库组中仓库的名称，仅当被定义的组是"Storage Set"时适用
Other	其他	用于指定当被定义的组是其他组时，组中成员的名称

B.2.2 表达式模块

表达式模块（Expression Module）用于定义一系列表达式及与其相关的值。

表达式可以选择定义为一维或者二维数组，其中每一项可以包含整数、实数、标志名称、统计分布（比如 NORM（10，2））、算术运算符（比如+，*）、圆括号、逻辑运算符（比如.GT. or >）、实体属性和变量。

各模型通过表达式的名称引用表达式，表达式也可以调用其他表达式，但是不允许递归调用（自己调用自己）表达式。

其应用实例请参考 SMART Files 库中的模型：Smarts123.doe。

表达式模块对话框的提示词与描述如表 B.16 所示。

B.2.3 失效模块

失效模块（Failure Module）要与资源模块（Resource Module）一起使用。当资源失效时，无论资源的容量多大，整个资源都将失效。如果资源失效，那么对于资源容量大于 1 的资源，其内部的各单位资源将同时失效。

其应用实例请参考 SMART Files 库中的模型：Smarts123.doe。

失效模块对话框的提示词与描述如表 B.17 所示。

表 B.16 表达式模块对话框的提示词与描述

提 示 词		描 述
Name	名称	用于指定被定义的表达式的唯一名称标志
Row	行	指被定义的表达式（数组）的最大行数
Column	列	指被定义的表达式（数组）的最大列数，仅当表达式（数组）的"Rows"（行数）设定后适用
Expression Value	表达式的值	指表达式的字符串值

表 B.17 失效模块对话框的提示词与描述

提 示 词		描 述
Name	名称	指定义失效的唯一名称标志
Type	失效类型	用于指定失效模块中的失效类型为"Time"（基于时间）或"Count"（基于数量）
Count	数量	用于定义资源失效的数量，仅当失效类型设定为"Count"时有效
Up Time	正常运行时间	用于定义失效发生的时间间隔（资源连续正常运行的时间），仅当失效类型被设定为"Time"时有效
Up Time Units	正常运行时间单位	用于定义失效发生的时间间隔的时间单位，仅当失效类型被设定为"Time"时有效
Down Time	失效持续时间	用于定义失效过程的持续时间
Down Time Units	失效持续时间单位	用于定义失效过程的持续时间的时间单位
Uptime in this State only	计算正常运行时间的状态	定义用来计算正常运行时间的资源状态（仅对"Time"的失效类型）。如果该状态值为空，那么资源的所有状态都被用来计算正常运行时间。如果某机器失效的时间间隔依赖于模拟时间，而不是其繁忙的时间，就不要将其设置为某个特定状态

B.2.4 文件模块

当使用读/写模块（ReadWrite Module）访问外部文件时，必须通过文件模块（File Module）定义被访问的文件。文件模块定义文件的名称、访问方法、类型和操作特征。比如，对数据库的访问要定义数据库引擎、连接字符串等。

其应用实例请参考 SMART Files 库中的模型：Smarts165.doe。

文件模块对话框的提示词与描述如表 B.18 所示。

表 B.18 文件模块对话框的提示词与描述

提 示 词		描 述
Name	名称	指被定义的文件的唯一名称标志
Access Type	访问类型	指访问文件的类型
Operating System File Name	被操作文件的系统文件名称	指实际被读取或写入的系统文件的名称

续表

提 示 词		描 述
Connecting String	连接字符串	用于打开并连接到数据源的 ADO 连接
Structure	结构	用于指定文件的结构，包括未格式化的（Unformatted）、自由格式（Free Format）、工作表格式（WKS File）或者一个明确的 C 或 Fortran 格式
End of File Action	文件结束活动	用于访问到达文件尾部时的活动类型，包括"Error"（错误）、"Dispose"（处理）、"Rewind"（转回）和"Ignore"（忽视）
Initialize Option	初始化选项	用于指定每次重复模拟（Simulation Replication）开始时对文件的操作
Comment	注释	用于被访问文件的注释记录的标识符，仅当文件访问类型为"Sequential Files"（顺序文件）时可见
Recordset Name	记录集名称	用于指定识别读/写模块中记录集的名称，该名称在读/写模块（ReadWrite Module）的读/写过程中必须是唯一的
Command Text	命令字符串	用于定义打开记录集的命令字符串（如 SQL 语句、存储过程的名称、数据表的名称），仅当文件访问类型为"ActiveX Data Objects（ADO）"时可见
Command Type	命令类型	用于指定命令字符串的命令类型，仅当文件访问类型为"ActiveX Data Objects（ADO）"时可见
Named Range	工作表区域	用于指定数据集指向的 Excel 工作簿中被操作的工作表区域，仅当文件访问类型为"Microsoft Excel（*.xls）"时可见
Table Name	表名	用于指定数据集指向 Access 数据库中被操作的数据表的名称，仅当文件访问类型为"Microsoft Access（*.mdb）"时可见

B.2.5 状态组模块

状态组模块（StateSet Module）被用来定义资源的状态，被定义的状态可能是资源的内置状态（繁忙、空闲、非活动、失效），也可能是新状态。基本过程面板的资源模块（Resource Module）可以引用状态组模块中定义的各种状态。

其应用实例请参考 SMART Files 库中的模型：Smarts078.doe。

状态组模块对话框的提示词与描述如表 B.19 所示。

表 B.19 状态组模块对话框的提示词与描述

提 示 词		描 述
State Set Name	状态组名称	指定义资源的状态组的唯一名称标志
State Name	状态名称	用于指定自定义的状态的名称
Auto State or Failure	内置状态或失效	用于联系状态名与资源内置的状态（如繁忙、空闲、非活动、失效）或者特定的失效名称。如果没有将它们联系起来，那么定义的资源状态必须使用赋值模块（Assign Module）、占用模块（Seize Module）或者处理模块（Process Module）中的资源状态选项，将资源状态赋值给资源

B.2.6 统计模块

统计模块（Statistic Module）用于定义用户追加的统计项。在模拟过程中，系统将收集这些统计项，并将它们写入到设定的输出数据文件中。

当系统为每个统计项目（如平均值和最大值）自动产生统计报告时，如果指定一个输出文件，那么每个单独观察项（如每个被记录的记录量）将被写入输出文件，以便于后续分析。

其应用实例请参考 SMART Files 库中的模型：Smarts128.doe。

统计模块对话框的提示词与描述如表 B.20 所示。

表 B.20 统计模块对话框的提示词与描述

提示词		描述
Name	名称	指定义统计项的唯一名称标志
Type	类型	用于定义数据统计的类型，包括"Time-persistent"（持续时间）、"Tally"（记录器）、"Counter"（计数器）、"Output"（输出值）和"Frequency"（基于频率）等统计项
Tally Name	记录器名	用于定义记录器的名称标志。这个名称标志会在统计报告中作为记录器标志出现，仅当统计类型是"Tally"时适用
Counter Name	计数器名	用于定义计数器的名称标志。这个名称标志会在统计报告中作为计数器标志出现，仅当统计类型是"Counter"时适用
Expression	表达式	用于指定统计的数据。对于"Frequency"数据统计类型，如果"Frequency Type"（统计频率类型）为"（资源）状态"，那么在表达式区域中指定统计模块将统计资源名称；如果统计频率的类型是"数值"，那么在"Expression"（表达式）区域指定统计对象的表达式字符串。仅当统计类型类型为"Time-persistent"（持续时间）、"Output"（输出值）或"Frequency"（基于频率）时适用
Frequency Type	频率类型	用于指定基于频率的统计项的统计类型，包括资源（的状态）或表达式（的值），仅当统计类型是"Frequency"时适用
Report Label	报告标签	用于定义表达式的名称标志。这个名称标志将作为相关表达式的报告标签出现在统计报告中。如果一个统计项已经在其他模块中定义，那么它们的名称标志也会自动出现在报告标签区域。仅当统计类型为"Time-persistent"（持续时间）、"Output"（输出值）或"Frequency"（基于频率）时适用
Limit	限制	用于定义结束重复模拟（Simulation Replication）的条件。当计数器的计数值超过指定值时，重复模拟结束，随即生成模拟报告。仅当统计类型是"Counter"时适用
Initialization Option	初始化选项	确定每次重复模拟（Simulation Replication）之间，计数器是否重置（重置为零）。在多次重复模拟过程中，如果初始化选项值设置为"No"，那么上一次模拟结束时的值将被保留，并作为下一次模拟开始时计数器的初始值；如果初始化选项值设置为"Yes"，那么下一次模拟开始时计数器重置为零；如果初始化选项值设置为"Replicate"，那么下一次模拟开始时计数器是否要被重置依赖于模拟模型的"Setup"选项中其他统计项（比如，记录器统计项和时间持续统计项等）的设置。如果"Setup"选项中其他统计项的值被设置为重置，那么计数器将被重置，反之亦然

续表

提示词		描述
Tally Output File	记录器输出文件	用于指定写入原始统计数据的系统文件名称，仅当统计类型是"Tally"时适用
Counter Output File	计数器输出文件	用于指定写入原始统计数据的系统文件名称，仅当统计类型是"Counter"时适用
Output File	输出文件	用于指定写入原始统计数据的系统文件名称，仅当统计类型为"Time-persistent"、"Output"或"Frequency"时适用
Constant or Range	常数或区间	用于指定基于频率（"Frequency"）的统计项的统计对象是常数还是数值区间，仅当统计类型是"Frequency"时适用
Value	值	统计某个常数出现的频率时，用于指定该常数的值。因此，当表达式指定的值等于该常数（或者资源状态值等于该常数）时，该统计就发生一次。如果基于频率的统计项的统计对象是数值区间，那么这个值是数值区间的最小值。因而，当表达式指定的值大于该值并小于或等于数值区间的最大值时，该统计发生一次。该项仅当统计类型是"Frequency"时适用
High Value	最大值	当基于频率（"Frequency"）的统计项的统计范围是数值区间时，用于指定数值区间的最大值。当表达式指定的值大于"Value"（最小值）并小于或等于"High Value"（最大值）时，该统计发生一次。该项仅当统计类型是"Frequency"时适用
Category Name	范畴名称	用于定义统计范畴的名称标志。该名称标志将作为该统计范畴的标识符出现在统计报告中。如果不指定该名称，统计报告中将以数值区间或常数作为该统计范畴的标志，仅当统计类型是"Frequency"时适用
Category Option	范畴选项	用于指定单独统计范畴的统计结果是否排除在统计报告中的限制列之外，仅当统计类型是"Frequency"时适用

B.2.7 仓库模块

仓库模块（Storage Module）定义了仓库的名称。因为当其他模块需要使用仓库时，系统将自动生成仓库，所以仓库模块较少使用。只有当一个仓库是某个仓库组的成员或者某个模块通过表达式或属性使用仓库（此时，在模型建立过程和系统在运行过程时都不会自动生成仓库）时，需要手动设置仓库模块以生成仓库。

其应用实例请参考 SMART Files 库中的模型：Smarts095.doe。

仓库模块对话框的提示词与描述如表 B.21 所示。

表 B.21 仓库模块对话框的提示词与描述

提示词		描述
Name	名称	指定义仓库的唯一名称标志

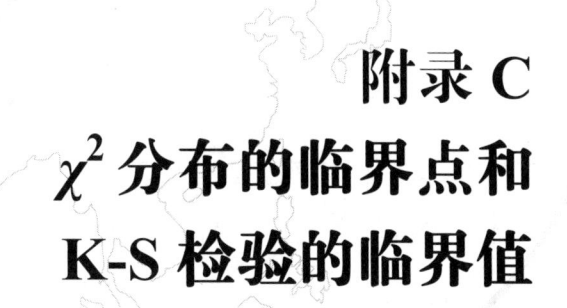

附录 C
χ^2 分布的临界点和 K-S 检验的临界值

(1) χ^2 分布的临界点。

v	\multicolumn{7}{c}{$1-\alpha$}
	0.250	0.500	0.750	0.900	0.950	0.975	0.990
1	0.102	0.455	1.323	2.706	3.841	5.024	6.635
2	0.575	1.386	2.773	4.605	5.991	7.378	9.210
3	1.213	2.366	4.108	6.251	7.815	9.348	11.345
4	1.923	3.357	5.385	7.779	9.488	11.143	13.277
5	2.675	4.351	6.626	9.236	11.070	12.833	15.086
6	3.455	5.348	7.841	10.645	12.592	14.449	16.812
7	4.255	6.346	9.037	12.017	14.067	16.013	18.475
8	5.071	7.344	10.219	13.362	15.507	17.535	20.090
9	5.899	8.343	11.389	14.684	16.919	19.023	21.666
10	6.737	9.342	12.549	15.987	18.307	20.483	23.209
11	7.584	10.341	13.701	17.275	19.675	21.920	24.725
12	8.438	11.340	14.845	18.549	21.026	23.337	26.217
13	9.299	12.340	15.984	19.812	22.362	24.736	27.688
14	10.165	13.339	17.117	21.064	23.685	26.119	29.141
15	11.037	14.339	18.245	22.307	24.996	27.488	30.578
16	11.912	15.338	19.369	23.542	26.296	28.845	32.000
17	12.792	16.338	20.489	24.769	27.587	30.191	33.409
18	13.675	17.338	21.605	25.989	28.869	31.526	34.805
19	14.562	18.338	22.718	27.204	30.144	32.852	36.191
20	15.452	19.337	23.828	28.412	31.410	34.170	37.566
21	16.344	20.337	24.935	29.615	32.671	35.479	38.932
22	17.240	21.337	26.039	30.813	33.924	36.781	40.289
23	18.137	22.337	27.141	32.007	35.172	38.076	41.638
24	19.037	23.337	28.241	33.196	36.415	39.364	42.980
25	19.939	24.337	29.339	34.382	37.652	40.646	44.314
26	20.843	25.336	30.435	35.563	38.885	41.923	45.642
27	21.749	26.336	31.528	38.741	40.113	43.195	46.963
28	22.657	27.336	32.620	37.916	41.337	44.461	48.278
29	23.567	28.336	33.711	39.087	42.557	45.722	49.588
30	24.478	29.336	34.800	40.256	43.773	46.979	50.892
40	33.660	39.336	45.616	51.805	55.758	59.342	63.691
50	42.942	49.336	56.334	63.167	67.505	71.420	76.154
75	66.417	74.334	82.858	91.061	96.217	100.839	106.393
100	90.133	99.334	109.141	118.498	124.342	129.561	135.807

（2）K-S 检验的临界值。

自由度（N）	$D_{0.10}$	$D_{0.05}$	$D_{0.01}$
1	0.950	0.975	0.995
2	0.776	0.842	0.929
3	0.642	0.708	0.828
4	0.564	0.624	0.733
5	0.510	0.565	0.669
6	0.470	0.521	0.618
7	0.438	0.486	0.577
8	0.411	0.457	0.543
9	0.388	0.432	0.514
10	0.368	0.410	0.490
11	0.352	0.391	0.468
12	0.338	0.375	0.450
13	0.325	0.361	0.433
14	0.314	0.349	0.418
15	0.304	0.338	0.404
16	0.295	0.328	0.392
17	0.286	0.318	0.381
18	0.278	0.309	0.371
19	0.272	0.301	0.363
20	0.264	0.294	0.356
25	0.24	0.27	0.32
30	0.22	0.24	0.29
35	0.21	0.23	0.27
35 以上	$\dfrac{1.22}{\sqrt{N}}$	$\dfrac{1.36}{\sqrt{N}}$	$\dfrac{1.63}{\sqrt{N}}$

主要参考文献

[1] 黎志成，冯允成，侯炳辉．管理系统模拟．北京：清华大学出版社，1993．
[2] 肖人彬，胡斌，龚晓光．管理系统模拟．北京：电子工业出版社，2008．
[3] 龚晓光，肖人彬．管理系统模拟应用——以供应链为背景．北京：电子工业出版社，2012．
[4] 龚晓光．管理系统连续型模拟与混合型模拟．武汉：湖北人民出版社，2008．
[5] Xiaoguang Gong, Renbin Xiao. Research on Multi-Agent Simulation of Epidemic News Spread Characteristics, Journal of Artificial Societies and Social Simulation 2007, 10(3) http://jasss.soc.surrey.ac.uk/10/ 3/1.html．
[6] 龚晓光，张娟．用 Excel 实现系统动力学模型模拟与寻优——以网民扩散为例．系统仿真技术，2008，4(1)：61-65．
[7] 黎志成，龚晓光，梁唯溪．基于多 Agent 的新产品市场扩散仿真研究．计算机仿真，2003，20(8)：74-75．
[8] J W Forrester. Industrial Dynamics, Cambridge. Mass.: The MIT Press, 1961．
[9] F M Bass. A new product growth for model consumer durables. Management Science, 1969, 15(5): 215-227．
[10] B C Draa, B Moulin. Trends in distributed artificial intelligence. Artificial Intelligence, 1992, 56(6): 35-66．
[11] W Michael, R J Nicholas. Intelligent Agents: Theory and Practice. The Knowledge Engineering Review, 1995, 10(2): 115-152．
[12] 刘金琨，尔联洁．多智能体技术应用综述．控制与决策，2001，16(2)：133-140．
[13] 陈旭，武振业．新一代可视化交互集成仿真环境 Arena．计算机应用研究，2000，17(1)：9-11．
[14] 王众托．系统工程引论（第 4 版）．北京：电子工业出版社，2012．
[15] 吴广谋．系统原理与方法．北京：北京师范大学出版社，2013．
[16] 蔡建峰．管理系统模拟．北京：机械工业出版社，2007．
[17] 许庆瑞．管理学．北京：高等教育出版社，1997．
[18] 宣慧玉，张发．复杂系统仿真及应用．北京：清华大学出版社，2008．
[19] 王其藩．系统动力学．上海：上海财经大学出版社，2009．
[20] 熊光楞，肖田元，张燕云．连续系统模拟与离散事件系统模拟．北京：清华大学出版社，1991．